Zoran Konstantinović

Grundlagentexte der Vergleichenden Literaturwissenschaft
aus drei Jahrzehnten

Comparanda

Literaturwissenschaftliche Studien
zu Antike und Moderne

Herausgegeben von Beate Burtscher-Bechter, Martin Korenjak,
Martin Sexl und Karlheinz Töchterle

Band 1

Comparanda – "(Literarische) Gegenstände, die man vergleichen kann und soll."

Literaturwissenschaftliche Grundlagenforschung über Konzepte nationalsprachlicher Literaturen hinaus verbindet Klassische Philologie und Vergleichende Literaturwissenschaft. Die Reihe Comparanda versteht sich als ein fachübergreifendes Forum, das Publikationen aus beiden Disziplinen Raum gibt.

Zoran Konstantinović **Grundlagentexte der Vergleichenden Literaturwissenschaft aus drei Jahrzehnten**

Arbeiten von Zoran Konstantinović, ausgewählt und herausgegeben zu seinem 80. Geburtstag von Beate Burtscher-Bechter, Beate Eder-Jordan, Fridrun Rinner, Martin Sexl und Klaus Zerinschek

STUDIENVerlag
Innsbruck–Wien–München

Gedruckt mit Unterstützung durch das Bundesministerium für Bildung, Wissenschaft und Kultur, das Amt der Tiroler Landesregierung, das Amt der Vorarlberger Landesregierung, die Universität Innsbruck, die Alexander von Humboldt-Stiftung.

Die Deutsche Bibliothek - CIP-Einheitsaufnahme
Konstantinović Zoran:
Grundlagentexte der Vergleichenden Literaturwissenschaft aus drei Jahrzehnten / Arbeiten von Zoran Konstantinović. Ausgew. und hrsg. zu seinem 80. Geburtstag von Beate Burtscher-Bechter ... - Innsbruck ; Wien ; München : Studien-Verl., 2000
(Comparanda; Bd. 1)
ISBN 3-7065-1452-4

© 2000 by StudienVerlag Ges.m.b.H., Amraser Straße 118, A-6010 Innsbruck
e-mail: order@studienverlag.at
homepage: http://www.studienverlag.at

Umschlag: Bernhard Klammer/STUDIENVerlag
Fotos: Arno Gisinger. Atelier für Fotografie, Innsbruck

Gedruckt auf umweltfreundlichem, chlor- und säurefrei gebleichtem Papier.

Inhaltsverzeichnis

Über die österreichische Identität als Beispiel kultureller Identität

**"Grau, teurer Freund, ist alle Theorie,
grün des Lebens goldner Baum"**

"Grenzgänger aus Leidenschaft"

Vor nunmehr zwanzig Jahren – zum 60. Geburtstag von Zoran Konstantinović – erschien die Festschrift *Komparatistik. Theoretische Überlegungen und südosteuropäische Wechselseitigkeit* (hrsg. von Fridrun Rinner und Klaus Zerinschek); zum 70. Geburtstag vor zehn Jahren haben ihm seine Belgrader Kollegen den Würdigungsband *Contemporary Studies in Methodology. Current Trends in Literary Theory* (hrsg. von Branislava Milijić) überreicht. Nun liegt zum 80. Geburtstag von Zoran Konstantinović ein dritter Band vor, der diesmal jedoch nicht Beiträge anderer Wissenschaftler enthält, sondern eine Auswahl seiner eigenen Schriften vereint. Die zusammengestellten Beiträge würdigen die Leistungen des Jubilars als Forscher und Lehrer, spiegeln gleichzeitig aber auch eine Entwicklung der Komparatistik als wissenschaftliche Disziplin wider. Wir haben die Editierung des vorliegenden Bandes nicht zuletzt deswegen mit besonderer Freude in Angriff genommen, weil der Jubilar die zehn Jahre nach seiner Emeritierung weiterhin in die Forschung (und teilweise auch in die Lehre) eingebunden blieb, sei es durch zahlreiche Publikationen oder durch die Teilnahme an Kongressen, die seine wissenschaftliche Neugier und seine Aufgeschlossenheit für neue Entwicklungen bekunden. Dabei bemühte sich Zoran Konstantinović auch in den vergangenen Jahren um die theoretischen Anliegen der Vergleichenden Literaturwissenschaft, wobei er neueste Forschungstendenzen nicht unberücksichtigt ließ, wie es auch in den Beiträgen dieses Bandes zum Ausdruck kommt.

Seit 1970, dem Jahr der Berufung von Zoran Konstantinović an den neugegründeten Lehrstuhl für Vergleichende Literaturwissenschaft an der Leopold-Franzens-Universität Innsbruck, war er zweifellos eine prägende Persönlichkeit für die Entwicklung der Vergleichenden Literaturwissenschaft, einerseits durch den Aufbau der Komparatistik in Österreich, andererseits durch sein unermüdliches Bemühen um Integration und interkulturelle Kommunikation. Der Ruf nach Innsbruck auf einen komparatistischen Lehrstuhl bot ihm die Möglichkeit, seine seit seinem Studium der Literatur und Sprachen manifeste Liebe zur vergleichenden Betrachtung von Literatur als einem völkerverbindenden Anliegen umzusetzen, und so wurde das Innsbrucker Institut unter seiner Leitung zu einer Drehscheibe des wissenschaftlichen Austausches. Wir als seine Schüler konnten diese Aufgeschlossenheit auch in seiner Lehrtätigkeit erleben, zahlreich und passionierend waren seine fachübergreifenden Seminare, die sehr oft durch Exkursionen ergänzt wurden. Seine Begeisterung, Menschlichkeit und Disziplin sind uns allen ein Vorbild.

Für eine Position als Vermittler zwischen verschiedenen Kulturräumen, zwischen der längst bewährten philologischen Tradition und dem Experiment ihrer Reform durch neue Schulbildungen war Zoran Konstantinović durch seine biographische und seine akademische Herkunft, durch seinen Charakter und auch durch seine Auffassung von der öffentlichen Verpflichtung des professoralen Berufs bestens vorbereitet. Aufgewachsen in einer "Grenzerfamilie", in einer serbischen Familie, die von den Habsburgern an der Militärgrenze der Monarchie als Schutz vor den Türken angesiedelt wurde, war Zoran Konstantinović schon von Beginn an für Fragen kultureller Identität sowie kultureller und sprachlicher Grenzüberschreitungen sensibilisiert worden. Es ist wohl auch diese Erfahrung des Grenzgängers, die ihn prägte und bis heute prägt. 1920 in Belgrad geboren, promovierte er als Schüler von Zdenko Škreb und wurde bald Professor für Germanistik in Belgrad, worauf 1970 der Ruf als Ordinarius und Begründer der Komparatistik nach Innsbruck folgte. Gerade die Erfahrung des zweiten Weltkriegs hat ihn zum Studium der Literatur und der Sprachen bewogen, geleitet von dem Wunsch, die vergleichende Literaturbetrachtung möge dem Anliegen der Verbindung von Völkern dienen.

So hat Hans Robert Jauß im Grußwort der ersten Festschrift in bezug auf Zoran Konstantinović von der "gelebten Hermeneutik der Grenze" gesprochen und vermerkt:

An der Grenze pflegen sich Horizonte des Vertrauten zu schließen und Horizonte des Unerwartbaren, Anderen und Fremden zu öffnen. Die erste Erfahrung der Grenzüberschreitung ist die des Trennenden, das Gesten der Abwehr hervorruft; eine zweite kann die Verlockung werden, sich dem Neuen auszusetzen und seine Gefahren zu bestehen. Beide Haltungen führen nur scheinbar über die Grenze hinaus: wer seinen eigenen Horizont mitführt, um ihn durchzuhalten, oder wer den fremden Horizont nur bestaunt, ohne sich auf ihn einzulassen, gelangt nicht zum Verstehen, zur Erfahrung des Andern im Horizont des Andersseins. Für den Grenzgänger aus Leidenschaft hingegen gibt es eine dritte Erfahrung: die Entdeckung, daß die Grenze zum Andern etwas Verbindendes werden kann.

Bei den zahlreichen wissenschaftlichen Begegnungen, die wir gemeinsam mit Zoran Konstantinović am Institut in Innsbruck miterleben durften, waren es zweifellos auch sein diplomatisches Gespür und seine persönliche Ausstrahlungskraft, die ihn als Vermittler der unterschiedlichsten wissenschaftlichen Positionen bestens qualifizierten.

Schon seine Antrittsvorlesung in Innsbruck "Litteratura Danubiana als Aufgabengebiet der Vergleichenden Literaturwissenschaft" stellte die Auseinandersetzung mit dem Anderen in den Vordergrund. Diese Form der Nachbarschaft – Einlassen, Auseinandersetzen, Respektieren – hat Zoran Konstantinović sein ganzes Leben hindurch zu realisieren versucht.

Dabei zeichnet sich Zoran Konstantinović dadurch aus, daß er Skeptiker und Widersacher in seine Nachbarschaft einbezieht. Es ist sein Verdienst, in den 70er Jahren die vernachlässigte Theoriediskussion in der Komparatistik wieder angeregt zu haben, die Konstanzer Schule mit der Zagreber, Belgrader und Berliner Schule zu verbinden und schließlich im Weltkongreß der AILC/ICLA (Association Internationale de Littérature Comparée/International Comparative Literature Association) 1979 in Innsbruck auch die internationale Komparatistik einzubeziehen. Damals wurden auch erstmals die Arbeitsbereiche "Literatur und andere Künste" und die "Übersetzung als ästhetische Transposition" als Aufgabengebiete der Vergleichenden Literaturwissenschaft auf breiter Ebene anerkannt. Die Überlegungen, die Zoran Konstantinović im Laufe der Zeit in seinen Arbeiten zum Ausdruck brachte, liegen in drei Versuchen einer zusammenhängenden Einführung in die Vergleichende Literaturwissenschaft vor. 1973 in dem Kapitel "Literaturgeschichte als Wechselwirkung" im Band *Literatur* (in der Reihe "Wissen im Überblick"), 1982 im Beitrag "Vergleichende Literaturwissenschaft", erschienen im *Reallexikon der deutschen Literaturgeschichte*, und 1988 in seinem Buch *Vergleichende Literaturwissenschaft. Bestandsaufnahme und Ausblicke.* Rückblickend meinte er, daß es ihm dabei nicht um eine eigene Theoriebildung ging, sondern vor allem darum, den jeweiligen Stand des Selbstverständnisses der Komparatistik zu vermitteln. Ausgehend vom Gedanken Karl Poppers, daß es eigentlich die Aufgabengebiete sind, die eine wissenschaftliche Disziplin definieren, bemühte er sich darum, diese Aufgabengebiete, so wie sie sich in der Entwicklung der vergleichenden Literaturbetrachtung abzuzeichnen begannen, in einen strukturierten Zusammenhang zu bringen und als ein Ganzes darzustellen.

Zum 80. Geburtstag von Zoran Konstantinović möchten wir als Herausgeber dieses Buches seinen diesbezüglichen Überlegungen nachgehen. Wir glauben, auf diese Weise auch einen Zeitraum der Selbstfindung der Komparatistik als Disziplin eingehender erhellen zu können. In diesem Sinne ist auch die Gliederung des Buches zu verstehen.

Der erste Teil – "Von der komparatistischen Reflexion zu einem System der komparatistischen Forschung" – enthält sechs Arbeiten, die im Laufe von zwanzig Jahren entstanden sind und die den grundlegenden methodologischen Weg von Zoran Konstantinović aufzeigen: von seinem Verständnis des Vergleichens als einer hermeneutischen Reflexion über die Integration strukturalistischer und rezeptionsästhetischer Positionen bis zur Hinwendung zu einem

Denken in Systemen. Auf diesem Weg war ihm Horst Rüdiger ein Vorbild; er arbeitete auch eng mit Dionýz Ďurišin und Hans Robert Jauß zusammen, obwohl Jauß der Komparatistik vorerst skeptisch gegenüberstand. Mit dem Systemdenken in der Literaturwissenschaft kam Zoran Konstantinović erstmals über die Arbeiten von Irina G. Neupokoeva in Berührung, der er sich gleichfalls verpflichtet fühlt.

Für den Abschnitt "Beiträge zur Integration einzelner Aufgabengebiete" wurden Arbeiten ausgewählt, in denen Zoran Konstantinović auf einzelne Aufgabengebiete eingeht, die im üblichen Literaturverständnis über die Betrachtung des literarischen Werkes als eines sprachlichen Gefüges hinausgehen und deren Ziel es ist, in einem solchen Gefüge die Gestaltung aller objektivierbaren Bereiche des Lebens als Ausdruck menschlichen Fühlens, Denkens, Handelns und Glaubens zu untersuchen: in der Kunst, in der Wissenschaft, der Religion oder Ideologie, in den einzelnen Formen sozialer Strukturen und im Geschichtsbewußtsein. Diese Ausweitung hat Henry H. H. Remak in die Komparatistik eingeführt und damit zunächst auch Widerstand hervorgerufen. Zoran Konstantinović hat eine solche Ausweitung der komparatistischen Forschung aufgegriffen und sie auch als ein Thema für dem schon erwähnten Kongreß 1979 in Innsbruck vorgeschlagen. Allerdings war er der Meinung, man solle in diesem Falle nicht von Interdisziplinarität, sondern von Transliterarität sprechen, da es sich seiner Meinung nach um Betrachtungen handelt, die von der Literatur ihren Ausgangspunkt nehmen, um von dort aus der Miteinbeziehung anderer Bereiche nachzugehen. In der Semiotik sah er eine Möglichkeit, diesen Fragenkreis aus der Sicht der Übertragbarkeit von Zeichen zu erhellen.

Der folgende Abschnitt "Ansätze zu einer Vergleichenden Methodenforschung" gibt dem Leser Einblick in das Bemühen von Zoran Konstantinović, sich mit einzelnen Methoden in der Literaturwissenschaft auseinanderzusetzen und diese auf ihre Nutzbarkeit für die Komparatistik zu überprüfen. Zu einem Zeitpunkt, da die positivistische Methode als überwunden galt und auch die geistesgeschichtliche Betrachtungsweise durch den Strukturalismus in Frage gestellt war, sah er in Husserls phänomenologischen Untersuchungen eine Alternative. In diesem Sinne verfaßte er sein Buch *Phänomenologie und Literaturwissenschaft. Skizzen zu einer wissenschaftstheoretischen Begründung* (1973) sowie zahlreiche andere Arbeiten. Der Wunsch, neue methodische Ansätze in Hinblick auf ihre Anwendbarkeit für die Komparatistik zu prüfen, ist auch an der Themenstellung des Komparatistenkongresses in Innsbruck erkennbar, wo erstmals die Frage nach dem Stellenwert der Rezeptionsästhetik in der Komparatistik diskutiert wurde. Dieser methodische Zugang ist in seiner weiteren Entwicklung wieder zur hermeneutischen Reflexion übergegangen, ein Phänomen, das auch in den Arbeiten von Zoran Konstantinović erkennbar ist, der eine solche Entwicklung bis zum Dekonstruktivismus verfolgte. Aus diesen Überlegungen ist auch seine Hinwendung zu einer Vergleichenden Methodenbetrachtung zu verstehen, der er in seinem Buch *Vergleichende Literaturwissenschaft. Bestandsaufnahme und Ausblicke* (1988) ein eigenes Kapitel widmet. Zoran Konstantinović stellt ein solches Arbeitsgebiet durch die Hinweise auf Berührungen und Ähnlichkeiten vor allem zwischen Russischem Formalismus, der Werkimmanenten Methode an den deutschen Universitäten und dem New Criticism heraus. Ebenso beschäftigt er sich mit dem Problem der Intertextualität, dem letztlich grundlegenden Aufgabengebiet jeder komparatistischen Betrachtung. Im Systemdenken sieht er für die Komparatistik den besten methodologischen Ansatz und meint, daß durch diesen Zugang die Weltliteratur als Thesaurus aller menschlichen Erfahrungen als ein System aller literarischen Systeme zu betrachten ist. Diesen Standpunkt hat er auch schon in seinem Buch *Weltliteratur. Strukturen. Modelle, Systeme* (1973) dargelegt.

Der vierte Teil des vorliegenden Bandes – "Zur Frage der Literatur in verschiedenen Kulturräumen" – beschäftigt sich nicht nur mit dem Begriff der "Weltliteratur", dem Konstantinović eine weit über Goethe hinausgehende – sehr scharfe politische – Akzentuierung gibt, sondern auch mit der Frage regionaler oder zonaler Systeme innerhalb einzelner Nationalliteraturen. Das besondere Interesse von Zoran Konstantinović bei der Erforschung solcher regionaler oder zonaler Systeme gilt Mitteleuropa und Südosteuropa, deren Literaturen er in entsprechende Zusammenhänge zu bringen versucht.

Im fünften Abschnitt – "Über die österreichische Identität als Beispiel kultureller Identität" – wird ein Beschäftigungsfeld vorgestellt, das Zoran Konstantinović als verpflichtend für eine österreichische Komparatistik betrachtet, nämlich die österreichische Literatur und das Phänomen des Österreichischen in anderen Literaturen und in der Literaturwissenschaft anderer Länder. Dieses Thema steht auch in enger Verbindung mit den Fragestellungen der sich intensiv entwickelnden modernen Literaturwissenschaft, die von einer zusammenhängenden Entwicklung der Kulturen ausgeht und Unterschiede in diesen Zusammenhang als jeweiliges Anderssein, als Alterität zu erklären versucht.

Der sechste und letzte Teil dieses Buches – "'Grau, teurer Freund, ist alle Theorie, grün des Lebens goldner Baum'" – vereint zwei Beiträge, deren Themenbereiche über das traditionelle Gebiet der Vergleichenden Literaturwissenschaft und damit auch – dies ist in unserem Fache ja immer impliziert – über den Elfenbeinturm der geisteswissenschaftlichen Forschung hinausreichen. Das politische Engagement von Zoran Konstantinović in der spannungsgeladenen Atmosphäre rund um die Auseinandersetzungen, Konflikte und Kriege im ehemaligen Jugoslawien und dem Kosovo zeigt auch, daß es Zoran

Konstantinović sehr ernst ist mit der Forderung, daß Wissenschaftler (auch Geisteswissenschaftler) sich nicht aus den aktuellen politischen Konflikten heraushalten dürfen. Dabei hält er es ähnlich wie Thomas Mann, der der Überzeugung war, daß sich der Schriftsteller, Intellektuelle und Wissenschaftler nicht in die Tagespolitik einmischen solle, wenn aber das Schicksal eines Landes auf dem Spiel stehe, dann dürfe sich auch der Mensch des Geistes nicht dem politischen Engagement enthalten. Daß historisch und literarisch gebildete Grenzgänger – vielleicht könnte man sie mit Edward Said auch als "Intellektuelle im Exil" bezeichnen – zur Klärung sozialer und politischer Konflikte beitragen können, davon war und ist Zoran Konstantinović immer überzeugt.

Die in diesem Sammelband veröffentlichten Beiträge sind nur eine Auswahl aus der großen Zahl der Veröffentlichungen von Zoran Konstantinović. Eine vollständige, chronologisch geordnete Bibliographie von Zoran Konstantinović hat die Serbische Akademie der Wissenschaften und Künste veröffentlicht, die wir am Ende des Bandes in einer nach den Arbeitsschwerpunkten gegliederten und ergänzten Form übernehmen. Somit liegt erstmals im deutschsprachigen Raum eine vollständige Bibliographie der Arbeiten von Zoran Konstantinović vor.

Abschließend möchten wir all jenen unseren Dank aussprechen, die zum Gelingen des vorliegenden Bandes beigetragen haben: Brigitte Kleiner und Anita Moser für die aufmerksame Lektüre des Manuskripts, Dunja Brötz und Darinka Völkl für die Korrektur der Bibliographie und Evelyne Kiss für die geduldige Schreibarbeit am Computer. Ihnen allen sei an dieser Stelle ganz herzlich für ihre Arbeit gedankt.

Die Herausgeber
Innsbruck/Aix-en-Provence im März 2000

Von der komparatistischen Reflexion zu einem System der komparatistischen Forschung

Der literarische Vergleich und die komparatistische Reflexion. Zur Theorie und Methode der Vergleichenden Literaturwissenschaft

In der Bestimmung von Theorie und Methode der Vergleichenden Literaturwissenschaft gehen die Auffassungen zur Zeit derart weit auseinander, daß sie weiter wohl nicht mehr auseinandergehen könnten. So vertritt René Wellek die Auffassung, daß es nur eine gemeinsame Literaturtheorie (für die Allgemeine und die Vergleichende Literaturwissenschaft zusammen) geben kann, wie es auch nur eine Literatur gibt.[1] Eine Behauptung, die wohl Ausdruck einer lebenslangen wissenschaftlichen Erfahrung ist und die man nicht ganz einfach von der Hand weisen kann. Sein jüngerer Kollege jedoch, Ulrich Weisstein, Vertreter des Bloomington Trend in der amerikanischen Komparatistik, baut seine Einführung in die Vergleichende Literaturwissenschaft ganz auf den Versuch eines geschlossenen theoretischen Systems und einer allgemein gültigen methodologischen Anweisung, und auch diesem Versuch muß man zugestehen, daß er für sich einzunehmen vermag.[2] Erwin Koppen steht dabei gewissermaßen in der Mitte, indem er einerseits Wellek zustimmt, daß die "Komparatistik zwar keine eigene literarische Theorie hat", sich andererseits aber wieder abgrenzt, da sie "wohl über eine eigene Methodologie [...] verfügt"[3]. Aber gerade hier erfolgt der Gegenschlag aus Bloomington. Henry H. H. Remak wartet nämlich mit der Behauptung auf, daß die Vergleichende Literaturwissenschaft "keine eigene, nur ihr allein vorbehaltene Methodolo-

---

[1] René Wellek: "The Concept of Comparative Literature". In: *Yearbook of Comparative and General Literature*, Nr. 2, 1953, 1-5; dt. u. d. Titel "Die Theorie der Vergleichenden Literaturwissenschaft". In: Norbert Fügen (Hg.): *Vergleichende Literaturwissenschaft*. Düsseldorf/Wien 1973, 101-107.

[2] Ulrich Weisstein: *Einführung in die Vergleichende Literaturwissenschaft*. Stuttgart 1968. Weissteins theoretisches System umfaßt die Untersuchung des Wesens literarischer Einflüsse und der Rezeption sowie der Begriffe Periodisierung, Gattungsgeschichte und -poetik und Stoff- und Motivgeschichte, klammert jedoch die Analogien, die Geistes- und Ideengeschichte und die Verknüpfungen von Literatur und Wissenschaft aus. Methodologisch verfährt Weisstein vorwiegend historisch und positivistisch.

[3] Erwin Koppen: "Hat die Vergleichende Literaturwissenschaft eine eigene Theorie?". In: Horst Rüdiger (Hg.): *Zur Theorie der Vergleichenden Literaturwissenschaft*. Berlin/New York 1971, 62.

gie" besitzt und auch nicht benötigt.[4] Haskell M. Block wiederum sieht sich berufen, vor theoretischen Exkursen zu warnen, und Horst Rüdiger empfiehlt, sich anstelle des "akademischen Spiels" mit der Literaturtheorie Werke wie F. Gundolfs *Shakespeare und der deutsche Geist*, Mario Praz' *La carne, la morte e il diavolo nella letteratura romantica* oder E. R. Curtius' *Europäische Literatur und lateinisches Mittelalter* vorzunehmen, weil diese paradigmatisch – jeweils auf ihre Weise – Theorie und Methodologie in Praxis umgesetzt haben.[5]

Betrachten wir aber eingehender die zahlreichen Arbeiten von Wellek, Koppen, Remak, Block oder Rüdiger, so erkennen wir sehr deutlich, daß sie sowohl ausgeprägte theoretische als auch methodologische Ansätze für die Komparatistik enthalten. Versuchen wir daher, in den Erörterungen dieser Frage den umgekehrten und für uns eigentlich logischen Weg zu gehen, denn nicht die Theorie und Methodologie schaffen eine wissenschaftliche Disziplin, sondern aus der Praxis der wissenschaftlichen Arbeit entwickeln sich Theorie und Methode. Die Praxis aber hat zusehends die Grenzen der Vergleichenden Literaturwissenschaft ausgedehnt. Diese umfaßt nicht nur Erscheinungen, die den Rahmen einer Nationalliteratur überschreiten und daher über monoliterarische Entwicklungen hinausweisen, nicht nur die Erforschung der genetischen Beziehungen und der typologischen Analogien, sondern sie erstreckt sich auch auf das Gebiet der außerliterarischen Verbindungen (der interdisziplinären Berührungen und Verknüpfungen von Literatur mit anderen Gebieten menschlicher Tätigkeit: der Kunst, Philosophie, Psychologie u.ä.m.) und erhebt zudem noch Anspruch auf einige spezifische Themen: Übersetzung und Nachdichtung, literarische Vermittlung sowie Image- und Mirageforschung.

Ein dynamisches, flexibles und entwicklungsfähiges Verständnis dieser wissenschaftlichen Disziplin wird daher wohl am besten verfahren, wenn es vorerst versucht, aufgrund der bestehenden Fülle von Einzelarbeiten Antwort auf die Frage zu geben: Wie man sich des Gegenstandes einer komparatistischen Untersuchung bemächtigt, welche Probleme man dabei aufwerfen kann und mit welchen Mitteln man arbeiten soll, um Lösungen für diese Probleme zu finden? Eine solche Darstellung wird immer wieder auf gewisse Schlüsselbegriffe stoßen, bestimmte Aufgabengebiete vor sich sehen und sich schemati-

---

4 Henry H. H. Remak: "Comparative Literature – Its Definition and Function". In: Newton P. Stallknecht/Horst Frenz (Hg.): *Comparative Literature – Method and Perspective*. Carbundale 1961, ²1973; dt. "Definition und Funktion der Vergleichenden Literaturwissenschaft". In: Horst Rüdiger (Hg.): *Komparatistik. Aufgaben und Methoden*. Stuttgart 1973, 26.

5 Haskell M. Block: *Nouvelles tendances en littérature comparée*. Paris 1970, 52; Horst Rüdiger: "Grenzen und Aufgaben der Vergleichenden Literaturwissenschaft". In: ders. (Hg.): *Zur Theorie der Vergleichenden Literaturwissenschaft*, a.a.O., 2.

sierter Ausgangspunkte bedienen. Dies scheint uns der entsprechende Weg zu sein, Gesetzmäßigkeiten zu entdecken, Verallgemeinerungen anzudeuten und Grundprinzipien aufzustellen, was letztlich auch die Aufgabe einer Theoriebildung sein müßte.

Ulrich Weisstein entschuldigt sich, daß er in seiner Einführung den Einfluß als Schlüsselbegriff aller komparatistischer Forschungen bezeichnet habe.[6] Eine solche Entschuldigung scheint uns jedoch überflüssig. Denn obgleich die mechanische Einfluß-Forschung mit Recht als überholt zu gelten hat, wird der Einfluß auch weiterhin ein grundlegender Begriff der Vergleichenden Literaturwissenschaft bleiben müssen, und zwar in der Bedeutung des individuellen Vorganges der Einwirkung eines Werkes oder Dichters auf einen anderen Dichter bis zum Augenblick, wo er in diesem Dichter schöpferische Kräfte in Bewegung zu setzen beginnt.[7] Die Bemühungen einer theoretischen Begriffsbestimmung werden daher vielmehr dahin ausgerichtet sein, den Übergang vom Einfluß zur Rezeption und den Unterschied zwischen Rezeption und Wirkung herauszuarbeiten. Das Autorenkollektiv um Manfred Naumann z.B. versteht unter Rezeption die vom Adressaten bedingte Konkretisation des literarischen Werkes im literarischen Kommunikationsprozeß,[8] und neuerdings bezieht auch Hans Robert Jauß die Wirkung auf die vom Text bedingte, die Rezeption auf die vom Adressaten bedingte Konkretisation.[9] Horst Rüdiger meint gleichfalls:

Mit der Darstellung von Einflüssen scheint es nun freilich nicht mehr getan. Wenn wir statt dessen den Ausdruck 'Wirkung' gebrauchen, so gießen wir nicht etwa neuen Wein in alte Schläuche, sondern meinen

---

[6]   Ulrich Weisstein: "Influences and Parallels – The Place and Function of Analogy Studies in Comparative Literature". In: Erwin Koppen/Beda Allemann (Hg.): *Teilnahme und Spiegelung. Festschrift für Horst Rüdiger.* Berlin/New York 1975, 593.

[7]   Zu erwähnen wären auch gewisse Modifizierungsversuche des Einflußbegriffes. Claudio Guillén z.B. sieht den Einfluß als psychologischen Prozeß des Fließens und bringt ihn damit in die Nähe der Inspiration ("The Aesthetics of Influence Studies". In: Werner Paul Friedrich (Hg.): *Comparative Literature, Proceedings of the Second Congress of the ICLA.* Chapel Hill 1959, 181 und 184), während Ihab H. Hassan ("The Problem of Influence in Literary History. Notes Toward a Definition". In: *American Journal for Aesthetics, Art, Criticism,* Nr. 14, 1955, 67) alle Einflüsse dem Bereich der Tradition und Konvention zuordnet, womit besagt wird, daß z.B. der Petrarkismus des 16. und 17. Jahrhunderts nicht etwa eine Summe von Einflüssen darstellte, sondern ein zur Konvention und sogar zur Tradition gewordenes System erotischer Metaphern.

[8]   Manfred Naumann u.a. (Hg.): *Gesellschaft – Literatur – Lesen, Literaturrezeption in theoretischer Sicht.* Berlin/Weimar 1973.

[9]   Hans Robert Jauß: "Rezeptionsästhetik – Zwischenbilanz". In: *Poetica,* Nr. 3-4, 1975, 338.

etwas prinzipiell anderes. Wirkungen gehen von Kräften aus – von lebendigen Kräften, denen die Fähigkeit eigen ist, eigene Verwandlungen hervorzurufen.[10]

So wie die Vergleichende Literaturwissenschaft dem Einfluß eine präzisere theoretische Bestimmung gegeben hat, verfährt sie auch in der Unterscheidung von Rezeption und Wirkung und geht damit über die gegenwärtigen Erkenntnisse der Rezeptions- und Wirkungsästhetik hinaus. E. Kunze hebt in der Einleitung seiner Darstellung der Wirkungsgeschichte der finnischen Dichtung hervor:

> Wirkung in einer fremdsprachigen Literatur auf die deutsche will hier nicht in der Begriffsverengung verstanden werden, die H. Fromm *(Finnische Literatur,* Merker-Stammlers Reallex. 2. Aufl. I, 462) eine Wirkung der finnischen leugnen läßt, sondern wird überall dort erblickt, wo passive Rezeption in aktive umschlägt und im empfangenden Teil einen Niederschlag findet.[11]

Rezeption wäre demnach die Phase des Urteilens und der Kritik über ein Werk, während unter Wirkung der direkte produktive Einwirkungsprozeß zu verstehen wäre. Diese Abgrenzung scheint man in den jüngsten komparatistischen Darstellungen schon in breitem Ausmaß akzeptiert zu haben, und wir könnten eine große Zahl von Arbeiten als Beleg hierfür anführen. Im Rahmen der Untersuchung von Wirkungen wiederum zeichnet sich die Nachlebensforschung als besonderes Thema der Vergleichenden Literaturwissenschaft ab, wobei dieser Terminus hauptsächlich für zwei Problemkreise angewandt wird: für das Nachleben der Bibel und für das Nachleben der Antike. Die tiefgehendste Form der Wirkung eines Dichters oder Schriftstellers in einer fremden Mitte jedoch ist die Aneignung. Ein klassisches Beispiel dafür ist die Aneignung Shakespeares durch die deutsche Literatur, wo dieser Dichter im Laufe eines langandauernden Prozesses die Stellung eines Klassikers der deutschen Literatur einzunehmen begann. Auch Schiller ist bei manchen slawischen Völkern zum ureigensten Dichter ihrer nationalen Wiedergeburt geworden.

Einen Durchbruch zur theoretisch-methodologischen Fragestellung der Vergleichenden Literaturwissenschaft erzielen wir sicherlich auch mit der Überprüfung ihres Aufgabengebietes. Neben den genetisch erklärbaren Er-

---

[10] Horst Rüdiger: "Nationalliteratur und europäische Literatur. Methoden und Ziele der Vergleichenden Literaturwissenschaft". In: *Schweizer Monatshefte*, Nr. 42, 1962, 206.

[11] Erich Kunze: "Die Wirkungsgeschichte der finnischen Dichtung". In: Wolfgang Stammler (Hg.): *Deutsche Philologie im Aufriss*. Bd. 3. Berlin [2]1967, 407.

scheinungen und den typologischen Analogien als den klassischen Aufgaben-
gebieten der Vergleichenden Literaturwissenschaft sind – wie schon erwähnt –
auch die außerliterarischen Beziehungen (die interdisziplinären Verknüpfungen von Literatur und Kunst, Literatur und Philosophie, Literatur und Religion
u.ä.m.) zum Interessengebiet der Vergleichenden Literaturwissenschaft geworden. Einen Entwurf für die Gliederung der theoretischen Grundlagen zur
Erforschung der genetisch erklärbaren Erscheinungen und der typologischen
Analogien hat Dionýz Ďurišin gegeben.[12] Auf dem Gebiete der genetisch
erklärbaren Erscheinungen unterscheidet er die Reminiszenz, den Impuls, die
Kongruenz (als Entlehnung, Imitation, Adaption, Nachgestaltung und Variation oder Paraphrasie) und die Filiation.[13] Auf dem Gebiete der typologischen
Analogien hatten schon die marxistische Literaturbetrachtung und der Strukturalismus vorgearbeitet. Viktor Žirmunskij war der erste, der in der Sowjetunion die theoretischen Grundlagen einer komparatistischen Literaturbetrachtung erörterte.[14] Für Žirmunskij ist der Vergleich, "d.h. die Feststellung von
Ähnlichkeiten und Unterschiedlichkeiten historischer Erscheinungen und ihre
historische Erklärung" ein obligater Bestandteil jeder historischen Untersuchung. Ausgehend von der Auffassung einer gesetzmäßigen Entwicklung der
Gesellschaft, in deren Rahmen Kunst und Literatur ideologische Überbauer-
scheinungen sind, deutet er solche Ähnlichkeiten, die nicht durch eine unmittelbare Wechselwirkung oder einen unmittelbaren Kontakt erklärt werden
können, als historisch-typologische Ähnlichkeiten oder historisch-typologische
Analogien. Da jedoch auch recht erhebliche, durch unterschiedliche geschichtliche Entwicklung bedingte Divergenzen auftreten können, entstehen
daraus intensive Bewegungen von einer Literatur zur anderen – genetische
Beziehungen –, und es kommt zu Wechselwirkungen. Historisch-typologische
Ähnlichkeiten und literarische Wechselwirkungen befinden sich daher in einem dialektischen Zusammenhang, so daß sie im Prozeß der literarischen
Entwicklung als zwei Aspekte ein und derselben historischen Erscheinung
betrachtet werden können. Die Strukturalisten konnten ergänzend von einer
wichtigen Erkenntnis der russischen Formalisten ausgehen. Jurij Tynjanov

---

[12] Dionýz Ďurišin: *Vergleichende Literaturforschung*. Berlin 1972 (^{2}1976), 50-89, 90-
109.

[13] Im Unterschied zu Jean-Jacques Ampères noch äußerst breiter Auffassung der Filiation als Verwandtschaft, Verbindung, Folge, wird sie bei Ďurišin für Erscheinungen
im Rahmen ethnisch verwandter Literaturen angewandt.

[14] Viktor M. Žirmunskij: "Sravnitel'noe literaturvedenie i problema literaturnych vlijanij". In: *Izvestija AN SSSR. Otdelenie obščestvennych nauk 3*. 1937, 383-403. Die
bestimmenden Gedanken seiner Ausführungen werden im Beitrag "Methodologische
Probleme der marxistischen historisch-vergleichenden Literaturforschung". In: Gerhard Ziegengeist: *Aktuelle Probleme der vergleichenden Literaturforschung*. Berlin
1968, 1-16, wiederholt.

hatte am Beispiel einer fast wörtlichen Übereinstimmung bei Heine und Fedor Tjutčev die Behauptung aufzustellen vermocht, daß aus der Unterschiedlichkeit der literarischen Tradition und vor allem der Stiltradition auch unterschiedliche ästhetische Qualitäten entstehen: bei Tjutčev wirkt die angeführte Stelle – eine Charakterisierung Napoleons – archaisierend, bei Heine komisch.[15]

Das literarische Werk wäre demnach, folgert Tynjanov, in seinem Verhältnis zur herrschenden Art der gesellschaftlichen Funktion von Literatur zu untersuchen. Indem die Prager Strukturalisten dann das literarische Werk als ein Zeichensystem mit ästhetischer Funktion in interliterarische Systeme stellten, wiesen sie der Komparatistik die Aufgabe zu, die entsprechenden Veränderungen der ästhetischen Werte und Qualitäten zu untersuchen. Felix Vodička lehrte in Verbindung damit, daß wir erst durch den Vergleich mit vorangegangenen Werken die in einem Werk aktualisierten ästhetischen Werte, die Veränderungen der literarischen Strukturen und die Vervollkommnung künstlerischer Verfahrensweisen zu erkennen vermögen; Jan Mukařovský erkannte den Unterschied zwischen dem traditionellen und dem strukturellen Vergleich darin, daß der Strukturalismus auf eine Rekonstruktion der Übereinstimmungen und Unterschiede sowohl beim rezipierten als auch beim rezipierenden Phänomen ausgeht.[16] Einzelphänomene sollen dabei nicht als unabhängige Werte analysiert und verglichen, sondern als repräsentativ für literarische Strukturen betrachtet werden, in die solche Erscheinungen eingebettet sind. Im Laufe der Entwicklung ändern diese Übereinstimmungen und Unterschiede ihren Stellenwert, und die strukturalistische vergleichende Forschung hätte daher vor allem die Gesetze der Entwicklung aufzudecken, die dem literarischen Prozeß eigen sind. Diese Gedanken haben übrigens in die gegenwärtig sehr aktuelle Wirkungs- und Rezeptionsästhetik Aufnahme gefunden, in ihrem Bemühen, die Normen der Vergangenheit und Gegenwart, der Entstehung und Aufnahme des Werkes zu verschiedenen Zeiten in ihrer Einheit und in ihrer Gegensätzlichkeit zu erforschen.[17]

---

[15] Jurij N. Tynjanov: *Archaisty i novatory*. Leningrad 1929, 391.

[16] Vgl. René Wellek: "Die Literaturtheorie und Ästhetik der Prager Schule". In: ders. (Hg.): *Grenzziehungen. Beiträge zur Literaturkritik*. Stuttgart/Berlin/Köln/Mainz 1972, 125.

[17] Desto überraschender ist das Verhältnis der Rezeptionsästhetiker zur Komparatistik. Hans Robert Jauß tritt ausgesprochen polemisch gegen die Vergleichende Literaturwissenschaft auf und behauptet, sie beschäftige sich mit "der zum Selbstzweck erhobenen 'Wechselwirkung'" (*Literaturgeschichte als Provokation*. Frankfurt a. M. 1970, 418). In Wirklichkeit ergänzen sich Rezeptionsästhetik und Vergleichende Literaturwissenschaft. Diese Auffassung vertritt meiner Ansicht nach auch Claus Träger, indem er die Vergleichende Literaturwissenschaft definiert als "Erforschung und Darstellung der allgemeinen Gesetzmäßigkeit der literarischen Produktion,

Ďurišin konnte in diesem Sinne eine Aufteilung der typologischen Analogien auf gesellschaftlich-typologische, literarisch-typologische (strukturell-typologische) und psychologisch-typologische vornehmen, wobei er wohlweislich unterstrich, daß diese Erscheinungen in der Praxis sehr eng miteinander verbunden sind, daß sie sich gegenseitig bedingen und überschneiden.[18] Ihre Unterscheidung ermöglicht es aber, die besonderen und die allgemeinen Komponenten historischer nationalliterarischer, also monoliterarischer Zusammenhänge präziser zu bestimmen. Gemeinsamkeiten der Formen des gesellschaftlichen Bewußtseins schlagen sich in der Literatur nieder und lassen gesellschaftlich-typologische Analogien erkennen. Der Byronismus in Rußland z.B. kann nicht allein auf Byrons Einfluß oder auf den für ihn typischen Helden zurückgeführt werden, sondern ist, zusammen mit dem Typ des "überflüssigen Menschen" in der russischen Literatur des 19. Jahrhunderts, auch gesellschaftlich bedingt. Ähnlich ist es beim historischen Roman und bei den historischen Gattungsformen der europäischen Romantik überhaupt, beim realistischen Gesellschaftsroman und vielen anderen Erscheinungen. So wie Gemeinsamkeiten der gesellschaftlichen Entwicklung bestimmte Analogien hervorbringen können, handelt es sich auch bei den literarischen Gattungen, Richtungen oder Typen von Werken gleichfalls um Rahmengebilde, in deren Grenzen es zu ähnlichen Erscheinungen kommen kann, ohne daß es eine unmittelbare Berührung hätte geben müssen. In der Weltliteratur sind viele Beispiele bekannt, daß Autoren aus einer ähnlichen psychologischen Situation ähnliche Themen und Motive gewählt haben, und daß ihre Werke daher auch Analogien aufweisen. So liegen dem *Werther* Goethes und dem *René* Chateaubriands ähnliche persönliche Erfahrungen ihrer Autoren zugrunde: Goethe litt an der politischen Zurücksetzung des Bürgertums, Chateaubriand spürte als Emigrant ein ähnliches Gefühl der Vereinsamung.

Die Erforschung der außerliterarischen Beziehungen, nämlich der interdisziplinären Berührungen und Verknüpfungen von Literatur mit allen anderen Gebieten der menschlichen Tätigkeit, war zur Zeit der Geistesgeschichtlichen Methode auf die Frage der Durchdringung von Philosophie und Dichtung und auf die sogenannte "Wechselseitige Erhellung der Künste" beschränkt. Heute

---

Kommunikation und Konsumation, wie sie sich aus den – schon Jahrhunderte lang währenden – Wechselbeziehungen der Literaturen untereinander ergeben [...] und zwar zu dem Zwecke, diese Erkenntnisse als Mittel bei der Steuerung von Bewußtseinsprozessen einzusetzen" ("Zum Gegenstand und Integrationsbereich der Allgemeinen und Vergleichenden Literaturwissenschaft". In: *Weimarer Beiträge*, Nr. 1, 1989, 94-95).

[18] Es ist bei den vorzüglichen Darlegungen von Ďurišin nur zu bedauern, daß er seine Betrachtungen über Typologien nicht auch auf die Verbindungen und Verknüpfungen von Literatur mit anderen Gebieten menschlicher Tätigkeit ausdehnte, sondern diesen Fragenkreis völlig ausklammert.

wissen wir, daß Philosophie und Dichtung zwei unterschiedliche Gebiete des geistigen Lebens sind, und auch die Auffassung von einer wechselseitigen Erhellung der Künste wird als einseitig, formal-analytisch abgelehnt.[19] Man ist eher geneigt, von einem historisch-gesellschaftlich bedingten gemeinsamen Stilwillen in den verschiedenen Künsten einer Epoche auszugehen. Henry H. H. Remak hat daher insgesamt das Aufgabengebiet der Komparatistik auf das

> Studium der Beziehungen zwischen der Literatur einerseits und anderen Wissens- und Glaubensbereichen andererseits, so etwa der Kunst (z.B. Malerei, Plastik, Architektur, Musik), der Philosophie, der Geschichte, den Sozialwissenschaften (z.B. Politikwissenschaften, Wirtschaftswissenschaften, Soziologie), den Naturwissenschaften, der Religion usw.

ausdehnen können, ohne im besonderen zwischen Kunst und den übrigen Tätigkeiten zu unterscheiden.[20] Diese Unterscheidung wird unter der Voraussetzung fallengelassen, daß man systematisch vorgeht: Ausgangspunkt ist das literarische Werk, und einbezogen in die Forschung kann nur eine "in sich geschlossene Disziplin außerhalb der Literatur" werden.[21] Man wird sich deshalb in jeder Untersuchung einem besonderen Problem gegenübergestellt sehen. Jedoch bemüht sich die Vergleichende Literaturwissenschaft zur Zeit, grundlegende Schemen zu erarbeiten. So hat z.B. Steven Paul Scher auf drei mögliche Verhältnisse für die Beziehungen zwischen Musik und Literatur hingewiesen: 1. Musik und Literatur stehen in einem gleichmäßigen Verhältnis (z.B. die Oper); 2. Literatur ist in der Musik anwesend (dieses Thema gehört zum Aufgabengebiet der Musikwissenschaft); 3. Musik ist in der Literatur anwesend, wobei Literatur a) versuchen kann, Musik nachzuahmen, und daher nur ein Medium der Musik ist; b) versuchen kann, gewisse musikalische Formen zu verwenden (die Sonate: Thomas Manns *Tonio Kröger*; die Fuge: Paul Celans *Todesfuge;* das Rondo: James Joyces *Ulysses*); oder c) völlig von Musik durchdrungen ist (z.B. das Werk von Thomas Mann).[22] In der Berührung und Verknüpfung von Literatur und Psychologie könnte eine solche Aufteilung auf Untersuchungen des Dichters oder Schriftstellers (seiner Neurosen

---

[19] Den bedeutendsten Vorstoß in diese Richtung hat Beate Pinkerneil unternommen ("Selbstproduktion als Verfahren. Zur Methodologie und Problematik der sogenannten 'Wechselseitigen Erhellung der Künste'". In: Viktor Žmegač/Zdenko Škreb (Hg.): *Zur Kritik literaturwissenschaftlicher Methodologie*. Frankfurt a. M. 1973, 95-114).

[20] Henry H. H. Remak: "Comparative Literature – Its Definition and Function", a.a.O., 3.

[21] Ebd., 11.

[22] Steven Paul Scher: "Literature and Music: Comparative or Interdisciplinary Study?". In: *Yearbook of Comparative and General Literature*, Nr. 24, 1975, 37-89.

und Psychosen), des Werkes (der darin enthaltenen Komplexe – des Ödipus-komplexes z.B. – oder der einzelnen Gestalten: Die Brüder Karamasov sind jeder für sich Aspekte von Dostojevskijs Psyche, so wie Werther, Faust, Me-phistopheles und Wilhelm Meister nur Projektionen von Goethes eigenem Wesen sind) und des Leserpublikums vorgenommen werden.[23] Auch die So-ziologie unterscheidet in diesem Sinne zwischen soziologischen Untersuchun-gen des Dichters in seiner Mitte, des Werkes und des Publikums. In neuester Zeit werden zudem Fragen der Übertragung literarischer Werke auf Bühne, Film und Fernsehen aktuell sowie das Verhältnis zwischen Literatur- und Sprachwissenschaft. Die jüngsten Entwicklungen in den Auffassungen des Struktur-, Text-, Stil- oder Metaphernbegriffes berühren in gleichem Maße die Linguistik, die Literaturtheorie und die Vergleichende Literaturwissenschaft.

Eine weitere Annäherung an den theoretisch-methodologischen Fragen-komplex ermöglicht auch die Überprüfung der Ausgangspunkte komparatisti-scher Betrachtung. Horst Rüdiger vertritt die Meinung, daß die vorwiegende Aufgabe der vergleichenden Betrachtung "das Studium der kleineren und grö-ßeren literarischen Elemente, der rhetorischen und stilistischen Figuren, der Topoi und Metaphern, der Verse und Strophen, der Stoffe und Motive, der Bauformen, Gattungen und Naturformen der Dichtung, der Allegorien und Symbole" umfaßt.[24] Dieser Hinweis fordert zwecks Übersichtlichkeit eine gewisse Gruppierung des Aufgabenbereichs. Zu vermerken ist dabei, daß komparatistische Betrachtungen sowohl im historischen Längsschnitt (Dia-chronie) als auch in der zeitlichen Horizontale (Synchronie) angestellt werden können. Es handelt sich nur darum, die entsprechenden Ausgangspunkte zu bestimmen. Eine mögliche Aufgliederung wäre: a) Elemente, Formen, darge-stellte Gegenständlichkeiten und Qualitäten des literarischen Werkes; b) Wer-ke als Ganzheit; c) Dichter und Schriftsteller als Gesamtpersönlichkeiten; d) größere literarische Systeme (Gattungen, Perioden, Epochen, Strömungen, Bewegungen und ganze Literaturen). Bei den Elementen und Formen als Aus-gangspunkten komparatistischer Betrachtung des literarischen Werkes wäre zwischen sprachlichen und lautlichen Elementen und Formen zu unterschei-den. Von den sprachlichen Elementen und Formen befaßt sich die Verglei-chende Literaturwissenschaft jedoch nur mit stilistischen Eigentümlichkeiten (Vergleichende Stilistik) und setzt sich somit von der Vergleichenden Gram-matik ab. Zu den sprachlichen Elementen und Formen gehören auch Metapher, Symbol, Topoi, Wortspiel, Erzählhaltung u.ä.m.[25] Einen bedeutenden Beitrag

---

[23] Vgl. Norbert Groeben: *Literaturpsychologie*. Stuttgart/Berlin/Köln/Mainz 1972.

[24] Horst Rüdiger: "Grenzen und Aufgaben der Vergleichenden Literaturwissenschaft", a.a.O., 7.

[25] Als beispielgebend für die Erforschung der Gruppe sprachlicher und lautlicher Aus-gangspunkte könnte Rüdigers Beitrag über die Entwicklung der Herz-Metapher

hat die Vergleichende Literaturwissenschaft in diesem Rahmen bisher schon zur theoretischen Grundlegung der Stoff-, Themen- und Motivforschung geleistet.[26] Bei den lautlichen Elementen und Formen führen die entsprechenden Ausgangspunkte zu vergleichenden Untersuchungen der Klangmalerei, Lautsymbolik, der Vers- und Prosarhythmen, aber auch der einzelnen Strophen- und Gedichtformen (Terzine, Stanze, Sonett, Madrigal usw.). Der Vergleich von dargestellten Gegenständlichkeiten (Gestalten und Dingen, aber auch ihrer Beziehung zueinander bis zur gesamten Handlung) ist eine bekannte Form der Betrachtung von Literatur. Unter Qualitäten (manchmal auch als metaphysische Eigenschaften bezeichnet) verstehen wir jene Eigentümlichkeit des Tragischen, Komischen, Grotesken, Humorvollen aber auch Romantischen u.a.m., die im Laufe einer harmonischen Konstituierung aller Schichten des literarischen Kunstwerkes zum Ausdruck kommt. Auf diese Weise verwirklichte Qualitäten wären auch Zeit und Raum (ein seit Marcel Proust und James Joyce beliebtes Thema des Vergleichs). Beim Vergleich von Werken als Ganzheiten ist der Ausgangspunkt gewöhnlich ein angenommenes Abhängigkeitsverhältnis. Henry H. H. Remak empfiehlt jedoch auch den Vergleich von Werken, die in keinem Einflußverhältnis zueinander stehen.[27] Es kann aber auch ein Werk im Längsschnitt seiner Rezeption in einer anderen Mitte betrachtet werden.[28] Beim Vergleich von Autoren bestehen gleichfalls die unterschiedlichsten Ausgangspunkte: ihre Bedeutung für eine literarische Bewegung (Goethe und Racine, Schiller und Corneille z.B. vor dem Hintergrund der deutschen bzw. französischen Klassik), für eine literarische Gattung (Proust und der moderne Roman), für eine fremde Literatur;[29] ihre gegenseitige Berührung und Beeinflussung; ihre Interessen und Stellungnahmen zu einzelnen Erscheinungen (geschichtlichen und kulturellen Ereignissen, Ländern und Völkern); ihre Verfahrensweisen (Thematik, Stoffwahl und Komposi-

---

("Die Metapher vom Herzen in der Literatur". In: Karl Thomae (Hg.): *Das Herz im Umkreis des Denkens*. Biberach 1969, 87-135) bezeichnet werden. Derselbe zeigt zugleich, wie das In-die-Tiefe-Dringen der komparatistischen Betrachtung die Brücke zur Allgemeinen Literaturwissenschaft bildet.

[26] Zu nennen wären die Arbeiten von Manfred Beller: "Von der Stoffgeschichte zur Thematologie. Ein Beitrag zur komparatistischen Methodenlehre". In: *Arcadia*, Nr. 1, 1970, 1-38, und von François Jost: "Grundbegriffe der Thematologie". In: Stefan Grunwald/Bruce A. Beatie (Hg.): *Theorie und Kritik. Zur vergleichenden und neueren deutschen Literatur. Festschrift für Gerhard Loose*. Bern/München 1974, 15-46.

[27] Henry H. H. Remak: "Definition und Funktion der Vergleichenden Literaturwissenschaft", a.a.O., 12.

[28] Ein Beispiel wäre die Arbeit von Johannes Hösle: "Die französische Werther-Rezeption". In: *Arcadia*, Nr. 11, 1976, 113-125.

[29] Z.B. das Buch von Fritz Strich: *Goethe und die Weltliteratur*. Bern ²1957, in dem die Beziehungen Goethes zu den einzelnen Literaturen zusammengefaßt werden.

tionstechnik, Art der Schilderung, Erzählhaltung usw.) und überhaupt ihr gesamter Schaffensprozeß und ihr Leben. Am nützlichsten erweist sich die Vergleichende Literaturwissenschaft zweifellos, wenn es ihr gelingt, im Rahmen der Beziehungen zwischen zwei Dichtern oder Schriftstellern die Entwicklung des einen von der Beeinflussung und Abhängigkeit bis zur verwirklichten Originalität zu verfolgen.[30] Zu den größeren literarischen Systemen – der Epoche, Periode, Generation und Bewegung – haben Viktor M. Žirmunskij, H. P. H. Teesing und Alexandru Dima versucht, die Aufgabe der Vergleichenden Literaturwissenschaft in der Bestimmung dieser Begriffe herauszuarbeiten,[31] für die Fragen der literarischen Gattungen war dies Angelegenheit eines wissenschaftlichen Symposiums.[32] Die Antwort wurde in einem Ausblick sowohl für eine vergleichende Gattungspoetik als auch vergleichende Gattungsforschung gefunden, die in der literaturwissenschaftlichen Praxis nicht isoliert zu betreiben sind, da sich literaturtheoretische und soziologische Probleme sowie Probleme der literaturhistorischen Epochenbildung ständig durchkreuzen. Zusammenfassende Überblicke über die Beziehungen ganzer Literaturen zueinander, des Orients, Indiens und Ostasiens zu Europa, besitzen wir in *Deutsche Philologie im Aufriß* von Paul Merker und Wolfgang Stammler.[33] Diese werden in umfangreichen Werken, in Einzelarbeiten oder entsprechenden Forschungsberichten fortgesetzt.[34] Sie enthalten die notwendi-

---

[30] Methodologisch richtungsweisend wäre hierfür die Arbeit von John Mc Cormick: "James Joyce and Hermann Broch: from Influence to Originality". In: François Jost (Hg.): *Actes du IVe Congrès de l'AILC.* Bd. 2. Den Haag/Paris 1966, 1344-1352.

[31] Viktor M. Žirmunskij: "Die literarischen Strömungen als internationale Erscheinungen". In: Horst Rüdiger (Hg.): *Komparatistik. Aufgaben und Methoden,* a.a.O., 104-126; H. P. H. Teesing: "Die Bedeutung der vergleichenden Literaturgeschichte für die literarhistorische Periodisierung". In: Kurt Wais (Hg.): *Forschungsprobleme der vergleichenden Literaturgeschichte.* Bd. 1. Tübingen 1951, 13-20; und Alexandru Dima: "Périodes et courants littéraires". In: *Neohelicon,* Nr. 1-2, 1978, 228-229.

[32] Horst Rüdiger (Hg.): *Die Gattungen in der Vergleichenden Literaturwissenschaft. Komparatistische Studien. Beihefte zur 'arcadia',* mit Beiträgen von Jörg-Ulrich Fechner, Gerhard R. Kaiser und Willy R. Berger. Berlin/New York 1974.

[33] Vgl. a. "Englische Literatur. (Einfluß auf die deutsche)". In: Paul Merker/Wolfgang Stammler (Hg.): *Reallexikon der deutschen Literatur.* Bd. 1. Berlin ²1958, 353-372; sowie: "Romanische Literaturen. Einfluß auf die deutsche". In: Paul Merker/Wolfgang Stammler (Hg.): *Reallexikon der deutschen Literatur.* Bd. 3. Berlin/New York, ²1977 519-557.

[34] Es sollen nur drei Beispiele angeführt werden: als Ausweitung zum umfangreichen Nachschlagewerk: Horst Oppel: *Englisch-deutsche Literaturbeziehungen.* 2 Bände. Berlin 1971; als Weiterführung: Norbert Honsza: "Literarische Wechselbeziehungen zwischen Deutschland und Polen". In: Dieter Papenfuß/Jürgen Söring (Hg.): *Rezeption der deutschen Gegenwartsliteratur im Ausland.* Stuttgart 1978; als Ergänzung: Hans Galinsky: *Amerikanisch-deutsche Sprach- und Literaturbeziehungen. Systematische Übersicht und Forschungsbericht 1945-1970.* Frankfurt a. M. 1972.

gen Bausteine, die es einmal ermöglichen werden, eine allgemeine Geschichte der internationalen Wechselseitigkeit (worum sich die *Association Internationale de Littérature Comparée* bemüht) zu verfassen, die nicht nur den bisherigen monoliterarischen Standpunkt der europäischen Literaturen, sondern auch den eurozentrischen Standpunkt der Vergleichenden Literaturwissenschaft zu überwinden und ein wahrhaft umfassendes Bild der Weltliteratur zu geben vermag.

Von den spezifischen Themen (Übersetzung und Nachdichtung – Literarischer Vermittler – Image- und Mirageforschung) hat Henry H. H. Remak die Untersuchungen von Übersetzungsliteratur völlig für die Vergleichende Literaturwissenschaft in Anspruch genommen.[35] Auf diese Weise betrachtet, wäre jede Übersetzung und Nachdichtung der Versuch einer Adaption des literarischen Werkes für eine anderssprachliche Sphäre. Die Vergleichende Literaturwissenschaft wird auch auf diesem Gebiet am besten paradigmatisch verfahren und von Meisterleistungen der Übersetzung ausgehen, z.B. von Lermontovs Nachdichtung von Goethes "Wanderers Nachtlied", Christian Morgensterns Übertragung von Ibsens *Peer Gynt*, Hans Wollschlägers deutscher Fassung des *Ulysses* von James Joyce u.ä. Neben solchen, meist rein phänomenologischen Analysen, die vor allem die ästhetischen Wertqualitäten aufdecken, untersucht die Vergleichende Literaturwissenschaft jedoch auch die vermittelnde Rolle einer Übersetzung in der literarischen Begegnung zweier Völker. Werk und Übersetzer werden auf diese Weise zu literarischen Vermittlern. Der literarische Vermittler wiederum ist ein eigenes Thema der Vergleichenden Literaturwissenschaft. Nicht nur Einzelpersonen, oft sogar unbewußt, oder einzelne Werke, sondern auch Gruppen und Institutionen, die Presse, Zeitschriften, Massenmedien, aber auch Verlage können zu Vermittlern werden, indem sie Ideen, Stoffe, Bilder, ganze Werke oder Fragmente von Nation zu Nation tragen. Diese Vermittlung findet zwischen der eigentlichen Schöpfung und deren geistiger Aufnahme, zwischen Produktion und Konsumation statt. Der Vermittler steht zwischen dem Schriftsteller oder dem produzierenden Land – dem Aussender – und dem aufnehmenden Schriftsteller oder dem konsumierenden Land – dem Empfänger. Weitaus häufiger etwa als im monoliterarischen Rahmen, im Rahmen nur einer Literatur, wird im interliterarischen Verkehr das Bild eines Autors und seines Werkes durch einen Vermittler fixiert und damit der Einfluß oftmals vorprogrammiert. (Das Bild der Slawen bei den Deutschen wurde von zwei Philosophen entscheidend geprägt, von Herder und Hegel; es

---

[35] Henry H. H. Remak: "Definition und Funktion der Vergleichenden Literaturwissenschaft", a.a.O., 26.

sind zwei Vorstellungen, wie durch eine Zäsur getrennt, jede jedoch für eine Epoche bestimmend.) Neben Übersetzungen und dem ausschlaggebenden Urteil eines einflußreichen Literaturkritikers spielten auch Reisebeschreibungen eine bedeutende Rolle als Vermittler. Aber auch ganze Länder, Städte, Universitäten, Akademien, Gesellschaften, Wandertruppen, Salons, Buchhandlungen, Lesegesellschaften, Bühnen u.ä.m. konnten und können Umschlagplatz literarischer Gedanken sein. Solche Gedanken bestimmen auch das Bild eines Volkes in der Vorstellung eines anderen Volkes. Besonders die französische Komparatistik befaßt sich mit diesem Thema, schon aus der Tradition der Wirkung des Deutschlandbuches der Madame de Staël, und sie konnte dabei feststellen, daß ein solches Bild (*image*) zum Scheinbild (*mirage*) tendiert, da entweder idealisierende oder karikierende Züge über die emotionsfreie Darstellung dominieren, je nach Sympathie oder Antipathie der Autoren. Im Hintergrund wirkt oft auch die Faszination durch das Fremde überhaupt, oft in Gestalt des Weiblichen, das meistens zur Verklärung des Bildes führt. Manche Komparatisten (vor allem Horst Rüdiger) sind daher eher der Meinung, daß solche Untersuchungen die Kompetenz der Literaturwissenschaft überschreiten und besser der Psychologie, Soziologie oder Politologie überlassen bleiben sollten.[36] Zu bedenken jedoch wäre dabei, daß gerade das Aufdecken des Positiven in den Beziehungen zwischen den Völkern der große Beitrag der Vergleichenden Literaturwissenschaft zu den humanistischen Bestrebungen unserer Zeit ist und auch sein soll.

Insgesamt betrachtet scheint daher die Antwort auf die Frage, ob die Vergleichende Literaturwissenschaft ihre eigene Theorie und Methode besitzt, durch die Praxis beantwortbar. Die komparatistischen Arbeiten haben den Schlüsselbegriffen literaturtheoretischer Forschung spezifische Bedeutungen im Rahmen einer allgemeinen Literaturtheorie gegeben. Sie weisen für das breite Gebiet der Erscheinungen, die über eine Nationalliteratur hinausgreifen, auf mögliche Verallgemeinerungen hin und entdecken in dieser Sphäre immer aufs neue Gesetzmäßigkeiten der Entwicklung. Vor allem aber sehen sie im Vergleich nur einen Ausgangspunkt der Betrachtung von Literatur und erkennen immer mehr als ihre wahre Methode die bis in jene Tiefe führende Reflexion, wo das Nationale nur noch ein einziges, in seiner Bedeutung von Fall zu Fall verschiedenes Moment unter anderen ist. Jener Zwischenraum zwischen den Nationalliteraturen und der Weltliteratur sowie deren theoretischer Grundlegung, der Allgemeinen Literaturwissenschaft, den die komparatistische

---

[36] Horst Rüdiger: "Grenzen und Aufgaben der Vergleichenden Literaturwissenschaft", a.a.O., 12.

Forschung ausfüllen möchte, scheint daher wohl auch theoretisch und methodologisch erfaßbar. Es gilt nur, anstelle abstrakter Diskussion das Gesichtete und Gewertete in einem einheitlichen System, das sowohl der historischen als auch ästhetischen Dimension Rechnung trägt, festzuhalten und jeden theoretischen und methodologischen Hinweis immer wieder mit den Erkenntnissen unmittelbarer Untersuchungen zu belegen.

Verwandlung im Wandel.
Komparatistische Betrachtungen zur
Kategorie der Dialogizität und Alterität

> Sind nun die Elemente nicht
> Aus dem Komplex zu trennen,
> Was ist denn an dem ganzen Wicht
> Original zu nennen?
> (Johann Wolfgang v. Goethe, *Sprüche*)

Zu den nachstehenden Ausführungen fühlte ich mich durch einige Fragen angeregt, die sich sicherlich aus den zur Zeit laufenden literaturwissenschaftlichen Diskussionen ergeben und die Komparatistik unmittelbar berühren. Es ist vorerst die Frage: Wie könnte sich und wie sollte sich wohl die vergleichende Betrachtung am besten in die allerneuesten methodologischen Bemühungen um die Entwicklung einer "Theorie der literarischen Kommunikation" (H. R. Jauß) einfügen? Daraus folgt, dem Stand der Dinge entsprechend, sogleich die weitere Frage: Was vermag die Komparatistik im besonderen zu einer Ästhetik der Nicht-Identität (J. Lotman) beizutragen, die die offensichtlich ungelöste Problematik der klassischen Ästhetik von Hegel bis Adorno, der Ästhetik der Identität, zu bewältigen versucht? Oder noch präziser: Wo bieten sich der Komparatistik besondere Möglichkeiten, die Auffassung von Literatur als einem kulturanthropologischen Phänomen, das uns vor allem als kommunikatives Handeln bewußt wird (R. Jakobson, K. Bühler, J. Mukařovský, J. Habermas), in Richtung einer Erkenntnis der ästhetischen Tätigkeit als Poiesis, als Aisthesis und als Katharsis (Jauß) auszuweiten, also als Hervorbringen von Kunst, als erkennenden Genuß des ästhetischen Sehens und sehenden Wiedererkennens und als Indienstnahme des Kunstwerkes für die gesellschaftliche Funktion oder – zusammenfassend ausgedrückt – als Produktion, Rezeption und Kommunikation?

Zum besseren Verständnis des gesamten Fragenkomplexes scheint mir jedoch eine kurze Besinnung auf die Komparatistik angezeigt, auf jenes Teilgebiet der Literaturwissenschaft, das sich mit der Erforschung aller Erscheinungen befaßt, die im Laufe der historischen Entwicklung und überhaupt ihrem Wesen nach den Rahmen einer Nationalliteratur (eines Systems monoliterarischer Zusammenhänge) überschreiten. Im Rahmen des Positivismus waren die vergleichenden Betrachtungen ausschließlich auf die *rapports de fait* (P. von Tieghem) ausgerichtet, auf eindeutig bestimmbare und kausal erklärbare Zusammenhänge, wobei man mit Vorliebe die *vivants rapports*, die durch die verschiedensten Vermittler verwirklichten Kontakte, in den Vordergrund stellte, um auf diese Weise bestimmte *courants d'échange* (F. Brunetière) festzustellen. Durch eine solche Ausrichtung war die Komparatistik lange Zeit hindurch dazu verurteilt, sich ausschließlich mit der Erforschung von Einflüssen befassen zu müssen. Daß es in der Welt der literarischen Phänomene auch Ähnlichkeiten gibt, ohne daß dabei eine einflußbedingte Beziehung erkennbar wird oder überhaupt besteht (typologische Analogie), blieb damals außerhalb des komparatistischen Beobachtungsfeldes. Das Interesse an solchen Ähnlichkeiten wurde eigentlich erst durch die marxistische Vorstellung aktuell, daß die gleiche Produktionsbasis auch ähnliche Erscheinungen im Überbau hervorbringen müsse. In der Abwendung vom faktensammelnden Positivismus war es in der Komparatistik jedoch vor allem R. Wellek, der über den Begriff der *rapports de fait* hinausging und auf die Notwendigkeit der *jugements de valeur* hinwies. Daß die Aufmerksamkeit seiner Betrachtungen mehr den *rapports intérieurs* als den *rapports extérieurs* gewidmet war, ist eben als Ausdruck der Auffassung von der Autonomie des Kunstwerkes zu verstehen, die von der Phänomenologie ausgehend die hervorragende Stellung der russischen formalistischen Schule begründete. Welleks *Theory of Literature* (1949) bildete sozusagen die Brücke von den russischen Formalisten zum New Criticism.

Der darauffolgende Strukturalismus jedoch, der sich vor allem die Funktion der einzelnen Elemente im Text zu vergegenwärtigen suchte, verhalf der Komparatistik zur Erkenntnis, daß eine äußerliche Übereinstimmung als Resultat vergleichender Betrachtung nicht zugleich auch eine funktionsmäßige und damit auch bedeutungsmäßige Gleichheit zum Ausdruck bringen muß. Schon J. Tynjanov hatte am Beispiel einer fast wörtlichen Übereinstimmung in der dichterischen Charakterisierung Napoleons bei Heine und dem russischen Romantiker F. I. Tjutčev in diesem Sinne bahnbrechend feststellen können, daß aus der Unterschiedlichkeit der literarischen Produktion und vor allem der Stiltradition, also aus dem Kontext heraus, auch unterschiedliche ästhetische Qualitäten entstehen können: Bei Tjutčev wirkt die erwähnte Stelle archaisierend pathetisch, bei Heine ausgesprochen komisch.[1] Das literarische Werk, folgert demnach Tynjanov, müßte vor allem in seinem Verhältnis zur herrschenden Norm, einem bestehenden Kanon oder einer vorherrschenden Art der gesellschaftlichen Form von Literatur untersucht werden. Ein anderes

---

[1] Jurij Tynjanov: "Tjutčev i Gejne". In: ders.: *Archaisty i novatory*. Leningrad 1929, 386-398. Vgl. Heine: "Freilich! er ist kein Genie, wie Napoleon war, in dessen Haupte die Adler der Begeisterung horsteten, während in seinem Herzen die Schlangen des Kalküls sich ringelten." und dagegen Tjutčev: "V ego glave orly parih, / V ego grudi zmii vilis'." (Ebd., 390)

Beispiel in dieser Hinsicht ergibt sich beim oft durchgeführten Vergleich von Heine, Hugo und Stendhal, die man gewöhnlich gemeinsam als Beginn einer neuen Selbst- und Zeitdarstellung in der europäischen Literatur setzt, womit sowohl für die deutsche und französische, aber darüber hinaus auch für die englische Literatur eine einschneidende Zäsur exemplifiziert wird. Man übersieht dabei jedoch, daß diese interliterarische Aneinanderreihung und Gleichsetzung unter Ausklammerung der variierenden Verlaufsformen der einzelsprachlichen Literaturen (der innerliterarischen Entwicklung) vollzogen wird. Bei näherer Betrachtung erweist sich demnach solch ein synchronisierendes Verfahren als nicht angemessen, denn die spezifisch bürgerlichen Interessen, die sicherlich als Träger gewisser Erscheinungen bei den drei genannten Autoren zu verstehen sind, treten im gesellschaftlichen Kontext der drei großen europäischen Völker, der Deutschen, Franzosen und Engländer, nicht zur gleichen Zeit auf. Es wäre demnach notwendig, vorerst vor allem einen Vergleich der unterschiedlichen Verlaufslinien der einzelsprachlichen Literaturen vorzunehmen. Erst aus den Unterschieden läßt sich ein Bestand des Gemeinsamen gewinnen, welcher nicht nur zur Verallgemeinerung, sondern auch zur distinktiven Erkenntnis führt. Diese Einsicht bedeutete einen völlig neuen Ausblick für die Komparatistik. Es galt von nun an, sicherlich auch unter dem Einfluß der Semiotik, das literarische Werk als ein Zeichen oder als eine Summe von Zeichen mit ästhetischer Funktion zu erkennen, es in interliterarische Systeme (in das Verhältnis zu dem Werk einer anderen Literatur) zu setzen und die entsprechenden Veränderungen der ästhetischen Werte und Qualitäten zu untersuchen. Damit zutiefst verbunden war auch ein Verstehen dieser Veränderungen.

So begann man nun in der Vergleichenden Literaturwissenschaft vom reflektierenden Vergleich oder vom vergleichenden Reflektieren zu sprechen. So meinte H. Rüdiger, zurückgehend auf Goethes Auffassung vom Besonderen und vom Allgemeinen: "[Das Vergleichen] kann erst dann beanspruchen, eine Methode zu sein, wenn es reflektiert – wenn das Vergleichen so verfeinert wird, daß es dem Kritiker die Möglichkeit gibt, das Besondere, Einmalige, Individuelle, das Charakteristische und Spezifische eines bestimmten literarischen Werkes zu erkennen und zu beschreiben"[2], und auch für W. Holdheim ist der Vergleich nur Ausgangspunkt für den Versuch, reflektierend zu einer Tiefendimension vorzudringen, "in der das Nationale nur noch ein einziges, in seiner Bedeutung von Fall zu Fall verschiedenes Moment unter anderen ist"[3].

---

[2]   Horst Rüdiger: "Grenzen und Aufgaben der Vergleichenden Literaturwissenschaft". In: ders. (Hg.): *Zur Theorie der Vergleichenden Literaturwissenschaft*. Berlin/New York 1971, 8f.

[3]   Wolfgang Holdheim: "Komparatistik und Literaturtheorie". In: *Arcadia*, Nr. 7, 1972, 302.

Der reflektierende Vergleich oder das vergleichende Reflektieren ist demnach vor allem auf das Verstehen des Textes in einem größeren Zusammenhang, aus einem umfassenden System heraus, gerichtet, so daß die *explication de texte* zugleich immer auch eine *explication comparée* beinhaltet.

Die Verknüpfung der Komparatistik mit der Entwicklung der literaturwissenschaftlichen Methodologie und ihrem Paradigmawechsel ist wohl unverkennbar, und anders könnte es schließlich überhaupt nicht sein. So ist auch die Komparatistik zur Auffassung vom literarischen Werk als einer offenen Struktur gelangt; auch sie sieht sich beim neuesten Stand dieser Entwicklung dem Problem der Dialogizität und Alterität als den Grundfragen der Kommunikation gegenübergestellt und fühlt sich bestätigt darin, daß dieses Problem nicht "ohne den Rückgang auf hermeneutische Reflexion lösbar ist"[4]. Denn der vor allem auf M. Bachtin zurückgehende Gedanke der Dialogizität deckt, indem er versteinerte positivistische Fakten in kommunikative Prozesse umsetzt, immer wieder auch die entsprechenden dialogischen Beziehungen zu anderen Literaturen auf. Auch der von E. Coseriu in die moderne Sprachwissenschaft übernommene Begriff der Alterität als ständig erneut sich fortsetzende Konkretisation von jeweils neuer Bedeutung, angesichts derer das Ideal der jeweiligen treuen oder integralen Wiedergabe des Bedeutungsgehaltes eines Textes in seiner vermeintlich vorgegebenen Totalität nur eine Illusion sein kann, weist auf besondere Formen des Verstehens hin, die sich in der Kommunikation verschiedensprachlicher Literaturen herausbilden.

Die Theorie der literarischen Kommunikation hat jedoch durch Einbeziehung der drei erwähnten Bereiche – der Poiesis, der Aisthesis und der Katharsis – den Blick der Literaturbetrachtung auch über die grundlegende, aber letzten Endes doch oberflächliche Formel "Autor – Text – Leser" hinausgeführt. Um diesen Fortschritt, der zugleich eine wesentliche Vertiefung bedeutet, an den Möglichkeiten der Komparatistik aus der Fragestellung der Dialogizität und Alterität heraus zu überprüfen, möchte ich gerade von den Elementen dieser grundlegenden Formel ausgehen, vom Autor, vom Text und vom Leser.

Für die Betrachtung des Autors scheinen in diesem Falle die Anregungen bedeutsam, die vor allem durch die Weiterentwicklung der Psychoanalyse bei den Franzosen (J. Piaget, J. Lacan, J. Derrida) den französischen Post-Strukturalismus (vor allem Julia Kristeva) beeinflußt haben. Es handelt sich hier um die Einbeziehung der Dimension des Imaginären, aus der heraus die Fiktion erste Gestalt annimmt und der Genotext sich zum Phänotext formt. So

---

[4]   Hans Robert Jauß: "Ästhetik der Rezeption und der literarischen Kommunikation". In: Zoran Konstantinović/Manfred Naumann/Hans Robert Jauß (Hg.): *Literary Communication and Reception – Proceedings of the 9th Congress of the International Comparative Literature Association.* Bd. 2. Innsbruck 1980, 36.

ist auch das Imaginäre zu einem Bezugsfeld geworden, das die Literaturtheorie zu erschließen hat. Dieser Durchbruch geht wohl auf J.-P. Sartres Werk *L'imaginaire – Psychologie phénoménologique de l'imagination* zurück, dessen methodologischer Gedanke in der Schrift *Question de méthode* näher als progressiv-regressives Verfahren bestimmt wird, um dann im *L'idiot de la famille* seinen Niederschlag zu finden, und zwar als Versuch, die subjektiven Neurosen Flauberts literaturgeschichtlich zu objektivieren und in einen rezeptionsgeschichtlichen Kontext zu stellen. Die kontinuierlichen Entwicklungslinien werden bei einem solchen Verfahren immer wieder durch zeitbezogene Digressionen unterbrochen, und es werden somit neue Verstehenszusammenhänge erstellt, gewisse ästhetische Phänomene durch psychologische Bezüge aus einer früheren Phase erhellt; umgekehrt aber werden auch frühere Phänomene erst durch spätere literarische Manifestationen voll verständlich. Anregend ist es sicherlich in diesem Sinne für den Komparatisten, zum Beispiel die Jugendbegeisterung Flauberts für Byron und Goethe herauszugreifen, sie als Erlebnisspur zu verfolgen und in den jeweiligen Kontext zu stellen. Jedenfalls nicht das Leben ist bei einem solchen Verfahren als Erklärungshintergrund des Werkes vorrangig, sondern vom Werk aus stellen sich Fragen über das Leben des Autors, über seine Berührungen mit Autoren anderer Sprachen. Dabei geht es nicht um den Autor als Individuum, sondern als Schnittpunkt einer Epoche in ihren historischen, soziologischen und kulturellen Implikationen. Von daher gewinnt auch die Frage der Rezeption innerhalb des zeitgenössischen Publikums besondere Bedeutung als Verzahnung von individuellem und kollektivem Wirklichkeitsentwurf. Die Frage weitet sich aber über das französische Publikum hinaus etwa zum deutschen oder englischen Publikum aus. Die psychoanalytische Deutung des Autors ist in diesem Falle nicht als Hinweis auf einen eventuell notwendigen therapeutischen Eingriff zu verstehen, sondern als sozialwissenschaftliches Verfahren. In einer solchen Ausweitung zu Fragen der Psychogenese des Imaginären, der inneren Bilder, des inneren Sprechens und des symbolischen Spiels, überhaupt zu Fragen der subjektinternen Speicherung und erneuten Befreiung von Erlebnisspuren, die dann durch Festlegung eines sozial-psychologischen Umfeldes mit kollektiven psychischen Prozessen in Verbindung gesetzt werden, ist sicherlich auch viel von den Bestrebungen der Tiefenpsychologie enthalten, auch von N. Chomskys Regelwerk einer generativen Grammatik, deren sich der Mensch nicht bewußt ist, die jedoch sehr wohl zwischen einer Oberflächenstruktur und einer Tiefenstruktur des Satzes unterscheidet. Künftige Lebensdarstellungen von Dichtern werden auf diese Weise wohl viele Irrtümer des traditionellen Biographismus und der individualen psychologischen Interpretation zu vermeiden wissen.

Der Autor führt jedenfalls noch vor der endgültigen Formulierung seines Textes, vor dessen Verschriftung (*écriture*), einen vielseitigen Dialog. J. Derrida spricht von Dialogen mit einem allgemeinen Text, mit einem umfassenderen Text der historischen Gegebenheiten, der Wissenschaft, der Ideologie, der Kultur, des Sozialen, der Kunst usw. Dabei gilt wohl vorwiegend das Prinzip, daß sich Literatur vor allem aus der Literatur nährt und erneuert. Wenn zum Beispiel Oscar Wilde in *The Picture of Dorian Gray* durch das ganze Werk hindurch einen intensiven Dialog über ästhetische Probleme führt, so ist dazu der Ausgangspunkt wohl an erster Stelle in den Werken von J. Ruskin und W. Pater zu suchen, die Wilde gelesen hatte und von denen er in seiner Kontemplation von Kunst ausgeht, um sie dann letztlich in seinem Werk festzuhalten. (In diesem Prinzip liegt aber wohl auch die allgemeine Gefahr, daß sich die Literatur vom Leben entfernt.)

Aus der Kenntnis biographischer Angaben und Unterlagen können demnach sicherlich einzelne dieser Dialoge nachvollzogen werden, wobei an der Unterschiedlichkeit der Konkretisationen verschiedener Wertvorstellungen zu verschiedenen Zeitpunkten im Leben des Autors auch das Phänomen der Alterität im Entwicklungsprozeß des Autors verfolgt werden kann. Das bisher übliche Schema, Autoren zu vergleichen, indem man sie einfach als anwesend im Werk eines anderen Autors erkennt, wäre dementsprechend in dem Sinne zu korrigieren, daß man festzustellen hat, wann jeweils ein Autor einen Dialog mit einem anderen geführt hat, wie er ihn geführt hat und was als Erlebnisspuren von diesem Dialog in das Werk eingegangen ist. Es geht dabei nicht allein darum, was der Autor in seiner Auseinandersetzung mit einem anderssprachigen Autor aus dem Dialog heraus akzeptiert hat, sondern auch, was er verdrängte, und vor allem, wie er in der Auseinandersetzung mit dem "allgemeinen Text", in dem auch Wertvorstellungen enthalten sind, die über seine Nationalliteratur hinausgreifen, über das Alltagsbewußtsein hinausgelangt ist. Zwei Hinweise scheinen mir in diesem Falle angezeigt. So stammt von J. L. Borges der Gedanke, daß sich jeder Autor seine Vorbilder formt, daß er sich die Autoren, mit denen er einen Dialog geführt hat, so vorstellt, wie es seinen Entwicklungsstrukturen entspricht. Die andere Erwähnung bezieht sich auf das ansonsten mit Recht beanstandete Verhältnis der Söhne zu den Vätern, auf die Behauptung, daß jeder Autor geistig aus anderen Autoren abzuleiten ist. Bloom hat im Gegensatz dazu die Entwicklung der Literatur als ein permanentes schöpferisches Mißverständnis darzustellen versucht. Der junge Autor mißdeutet demzufolge den alten Autor, und diese Mißdeutung, dieses Mißverständnis, ließe sich wiederum in einige Kategorien gliedern: in die Kategorie der Korrektur oder Abweichung (*clinamen*), in die Kategorie der antithetischen Ergänzung (*tessera*), der Zerstörung (*kenosis*), der Sublimierung (*askesis*), der Rückführung zum ursprünglichen, jedoch verlorengegangenen Sinn (*apophrades*) oder des Durchbruches zu völlig unvorhergesehenen Schlußfolgerungen (*daemonization*).[5]

Es scheint jedoch vor allem, daß man in den entsprechenden Betrachtungen fast regelmäßig den Unterschied zwischen innerliterarischen Entwicklungen, also Entwicklungen im Rahmen einer Nationalliteratur, und den interliterarischen Beziehungen sowie der eigengesetzlichen Entwicklung solcher Beziehungen vergißt. Es stellt sich immer wieder erneut die Frage, wie ein bestimmtes literarisches Phänomen zur literarischen Tradition in der Kultur eines Volkes steht und wie es darüber hinausgreift. Jede Literatur besitzt außerdem ihren Kode, ihre Rhetorik (H. Lefebvre), und bei der Berührung mit einer anderen Literatur und dem tieferen Eindringen in diese Literatur ändert sich dieser Kode, und es ändert sich auch die Rhetorik den Umständen entsprechend. Goethes Werther hat zwar Goldsmith, Ossian und Homer ebenso gelesen wie Klopstock, den deutschen Initiator einer Erlebnisdichtung, und Lessings *Emilia Galotti* lag aufgeschlagen auf seinem Pult. Aber sowohl Goldsmith als auch Ossian und vor allem Homer sind doch in einer spezifisch alterierenden Weise im Erwartungshorizont Werthers anwesend. Wie hat Werther, wie hat Goethe "seinen Homer" gelesen, wie hat er als Individualität und als Teil des deutschen Leserpublikums zu diesem Augenblick Goldsmith oder Ossian verstanden? Anwesend in diesem Werk ist auch Rousseau, obwohl ihn Goethe nirgends namentlich erwähnt, aber das ganze Werk ist insgesamt eine Antwort auf die *Nouvelle Héloïse*. Oder, um ein anderes Beispiel anzuführen, Puškins *Evgenij Onegin*, dessen Held, nachdem er sich bei seinem erneuten Annäherungsversuch bei Tanja eine Abfuhr geholt hat, intensiv zur Lektüre greift:

> Jetzt fing er wieder an zu lesen,
> Las kunterbunt Chamfort, Rousseau,
> Manzoni, Herder, Gibbons Thesen,
> Madame de Staël, Bichat, Tissot,
> Den skeptisch ernsten Bayle im Fluge,
> Dann Fontenelle in einem Zuge,
> Griff endlich, mürrisch wie er war,
> Zu unsern Russen, ja sogar
> Zu Almanachen nebst Journalen,
> Wo man uns heut mit Bildung speist
> Und mich so arg herunterreißt,
> Mich, den man dort in Madrigalen

---

[5] Harold Bloom: *A Map of Misreading*. New York 1975.

Noch jüngst so pries als neuen Stern ...
E sempre bene, meine Herrn! (8, XXXV)[6]

Damit ist zweifellos der Erwartungshorizont des Helden als ein Überwiegen fremder Literatur umrissen. Wie stimmt er aber mit dem Erwartungshorizont seiner Zeit überein? Vor allem jedoch mit dem Erwartungshorizont Puškins? Über diese rezeptionsästhetische Problematik hinaus ließe sich jeder der in diesen Versen erwähnten Namen nach seiner Erlebnisspur in der Psyche Puškins zurückverfolgen und befragen.

Solche Betrachtungen bieten natürlich eine Vielzahl von Ansatzpunkten und möglichen Ausblicken. G. Fridlender sieht zum Beispiel in Dostoevskijs Texten immer wieder Gestalten, deren Vorgänger oder Doppelgänger in historischen Persönlichkeiten oder in Gestalten der Weltliteratur zu suchen wären. Der Text wäre demzufolge nur ein momentanes Durchgangsraster für Dostoevskijs Gespräche mit Shakespeare, Schiller, Hugo, Puškin, Gogol, Balzac, Dickens, Edgar Allan Poe und anderen Dichtern und Schriftstellern, und zwar in der Form, daß Dostoevskij für eine kurze Spanne Zeit den Dialog über diejenigen "ewigen Fragen" fortsetzt, die diese Autoren geführt haben: "L'œuvre de Dostoïevski est une perpétuelle compétition créatrice, un incessant dialogue avec les écrivains de tous les pays et de toutes les époques."[7]

Es wird dabei sicherlich oft der Fall sein, daß der Autor den unmittelbarsten aller seiner Dialoge mit dem 'allgemeinen Text' konzentriert über eine der Gestalten seiner Werke führt. Dostoevskij hat dies zum Beispiel über Aleša Karamazov getan, Goethe über Wilhelm Meister. Diese Dialoge können sowohl explizit als auch implizit geführt werden. Die Gespräche zum Beispiel, die Goethe über Wilhelm Meister in den Wanderjahren über Wissenschaft, über Technik, über die Auswanderung und andere Themen führt, sind aber nicht nur explizit, sondern auch sehr ausführlich und dabei systematisch und deutlich aufgebaut. Neben diesen Dialogen jedoch entwickelt Goethe auch einen impliziten Dialog, der nur erkennbar wird, wenn man das Werk als ganzes betrachtet. Die Vielzahl von expliziten Dialogen, nur lose oder anscheinend überhaupt nicht miteinander verknüpft, gewinnt auf diese Weise auch einen einheitlichen Zusammenhang.

Jedenfalls wäre erneut zu unterstreichen, daß es wohl kaum einen großen Autor gibt, der den Dialog nur mit den Dichtern und Schriftstellern seiner Nationalliteratur geführt hätte. *Wilhelm Meisters Lehrjahre* sind insgesamt

---

[6] Aleksandr Sergeevič Puškin: *Gedichte, Poeme, Eugen Onegin,* hrsg. von W. Neustadt. Berlin 1947, 443.

[7] G. M. Fridlender: "Dostoïevski et certains aspects théoriques du probléme de la réception littéraire". In: Zoran Konstantinović/Manfred Naumann/Hans Robert Jauß (Hg.): *Literary Communication and Reception,* a.a.O., 71-74.

der Dialog einer Zeit in der Entwicklung des deutschen Geisteslebens mit dem Werk Shakespeares. Man könnte daher wohl auch daran denken, eine Gliederung dieser Dialoge in dem Sinne vorzunehmen, daß man die Intensität der Bindung eines Autors an den anderen sucht. Goethe sagt zum Beispiel in "Des Künstlers Morgenlied" in Anerkennung einer absoluten Autorität, die für sein ganzes Leben als Erlebnisspur gleichmäßig bestimmend bleiben wird:

Ich trete vor den Altar hier
Und lese, wie sich's ziemt,
Andacht liturg'scher Lektion
Im heiligen Homer.[8]

Hermann Broch wiederum war ein enormer Bewunderer von James Joyce, und sein Dialog mit diesem Schriftsteller durch sein ganzes Werk hindurch ist eigentlich ein unablässiges Bemühen, den Weg zur Eigenständigkeit zu finden. Er dürfte sich diese dann letztlich doch in *Die Schlafwandler* gesichert haben.[9] Der Dialog im Dichter selbst – wobei sich der Dichter im Augenblick der Verschriftung seines Textes als Schnittpunkt vieler Dialoge durch seine ganze Entwicklung hindurch erweist, einzelne Erkenntnisse dieser Dialoge immer wieder alterierend und neu konkretisierend – ist jedenfalls ein komplizierter, vielseitiger und zeitlich vielschichtiger Prozeß der Integration und Verschmelzung, erfaßbar – und das auch nur teilweise – durch ein Zusammenwirken literarhistorischer, rezeptionsgeschichtlicher, psychologischer und soziologischer Beobachtungen.

Der zweite Problemkreis, der Problemkreis des Textes als Medium des Dialogs, der aus der Intertextualität heraus auf andere Texte hinweist, wobei wiederum auf die unterschiedliche Form der Anwesenheit anderer Texte und ihrer Tiefenwirkung eingegangen werden müßte, hängt vorerst mit der rein technischen Gestaltung des Textes zusammen. Interessant ist nun jedenfalls die in neuester Zeit so gebräuchliche zweischichtige Anordnung des äußeren, expliziten Dialogs, und zwar in der Weise, daß der Text in seinen üblichen Schriftzeichen durch Einzelwörter oder ganze Passagen in Schrägschrift (manchmal auch in Großbuchstaben) unterbrochen wird. Das bietet zum Beispiel die Möglichkeit, den inneren Monolog oder die Anmerkungen eines Außenstehenden vom äußeren Geschehen abzuheben. Erwähnenswert scheinen auch jene Beispiele zu sein, wo der Text durch Anmerkungen ergänzt wird.

---

[8] Johann Wolfgang v. Goethe: *Werke.* Bd. 1. (Hamburger Ausgabe), hrsg. von E. Trunz. München [10]1974, 54.

[9] Vgl. John O. McCormick: "James Joyce and Hermann Broch: from Influence to Originality". In: François Jost (Hg.): *Proceedings of the 4th Congress of the International Comparative Literature Association.* Bd. 2. Den Haag/Paris 1966, 1344-1352.

Solche Anmerkungen in Fußnoten geben unter anderem dem Erzählen von Jean Paul ihr eigentümliches Gepräge. Insgesamt betrachtet, ergänzen sie einerseits das System der Kommunikation und die Intensität des Dialogs, andererseits jedoch deuten sie auch auf ein bestimmtes Verständnisbedürfnis jener Zeit hin, in der sie entstanden sind. In Puškins *Evgenij Onegin,* um ein anderes Beispiel zu erwähnen, befindet sich die Stelle:

Ihr launenhaften großen Damen!
Euch ließ er [Onegin, Z. K.] ganz zuerst im Stich.
Der "feine Ton" im steifen Rahmen
Langweilt ja heut auch fürchterlich.
Zwar wissen manche höchst Aparten
Mit Say und Bentham aufzuwarten,
Doch was man sie so plappern hört,
Ist schaudervoll und mitleidswert.
Und dabei tun sie noch so wichtig,
So arg gebildet, stolz und fein,
Sind allesamt so engelrein,
So unzugänglich, keusch und züchtig,
So ganz den Männern abgeneigt,
Daß schon ihr Anblick Spleen erzeugt. (1, XLII)[10]

In einer Anmerkung jedoch dazu, die unmittelbar zum Werk selbst gehört, vermerkt Puškin:

Diese ganze ironische Strophe ist nichts anderes als ein feines, unseren russischen Damen gespendetes Lob. So wird Ludwig XIV. unter dem Scheine des Tadels von Boileau gelobt. Unsere Damen vereinen Bildung mit Liebenswürdigkeit und strenge Sittsamkeit mit jenem morgenländischen Liebreiz, welchen Frau von Staël so fesselnd fand. (Siehe deren *Dix ans d'exil.*)[11]

Der Autor beruft sich also auf ein literarisches Verfahren, das er bei Boileau angetroffen hat, er führt einen eigenen Dialog zur Entschuldigung mit dem Publikum und erwähnt auch Madame de Staël als Zeugin, aber offensichtlich doch nicht ganz überzeugt davon, daß er auch überzeugend wirkt, so daß letztlich immerhin die Annahme möglich bleibt, der Autor wolle ironisch sein und habe diese zusätzliche Ebene des Dialogs nur zur Absicherung eingebaut.

---

[10] Aleksandr Sergeevič Puškin: *Gedichte, Poeme, Eugen Onegin,* a.a.O., 273f.
[11] Ebd., 452.

Zum vollen Verständnis dieser Textstelle gehört jedenfalls die Kenntnis der russischen Verhältnisse jener Zeit.

Wenn es nun darum geht, den Text als Ausgangspunkt der Betrachtungen über Dialogizität und Alterität aus der Optik der Komparatistik festzuhalten, so hat der slowakische Literaturwissenschaftler D. Ďurišin mit seinen "Wirkungsformen" wohl eine erste Apparatur geboten, die sich auch für die Erfassung der Intertextualität anwenden ließe. Ďurišin unterscheidet nämlich zwischen genetischen (interliterarischen) Beziehungen und typologischen Zusammenhängen, wobei er in den genetischen Beziehungen die Folgerung von Kontakten als einfachen Widerhall oder als Wirkung sieht. Die Wirkung vollzieht sich dann in verschiedenen Wirkungsformen, die in integrierende und differenzierende unterteilt werden. Differenzierende Wirkungsformen wären zum Beispiel die Parodie und die Travestie, integrierende Wirkungsformen dagegen die Reminiszenz, der Impuls, die Kongruenz und die Filiation, wobei die Kongruenz wiederum unterteilt wird in die Entlehnung, die Imitation, die Adaption und die Nachgestaltung.

Diese grundlegende Aufteilung – so wie sie Ďurišin bietet – sollte jedenfalls am Einzelfall durch den Interpreten hermeneutisch gedeutet werden. Auch Ďurišin selbst meint übrigens, daß eine "umfassende Definition der einzelnen Wirkungsformen künftigen Forschungen vorbehalten bleibt" und anerkennt: "Wie relativ diese Arbeitsbegriffe sind, ergibt sich aus der Tatsache, daß im Prinzip jede Rezeption fremdartiger künstlerischer Werte eine bestimmte Form der Umsetzung dieser Werte in das neue System, also eine bestimmte Aktivität bzw. schöpferische Leistung voraussetzt."[12] Es geht also immer um den Einzelfall, um die Aufdeckung des Dialogs und die Feststellung der Alterität, die sich als Intertextualität offenbaren.

Das hermeneutische Verständnis wird bei allen diesen Wirkungsformen oder Möglichkeiten der Intertextualität von einem System ausgehen. Wenn hier nur ganz kurz zum Beispiel die Rede sein soll von Reminiszenzen, vom Sich-Berufen auf bestimmte künstlerische Verfahren, auf Gedanken anerkannter Autoritäten und auf einzelne Gestalten der Weltliteratur, so führt der Weg der Betrachtung unweigerlich über den Symbolcharakter der Reminiszenz im Zeichensystem des gegebenen Werkes hinaus zu einem System, aus dem heraus sich gerade eine solche Reminiszenz ergeben konnte. Reminiszenzen sind nämlich zweifellos Teil eines bestimmten Kodes; und am Wandel der Intensität in der Anwendung oder auch am Wandel des Verständnisvermögens für eine bestimmte Reminiszenz läßt sich auch der Kode feststellen. Der Leser selbst mag die Reminiszenz erkennen oder auch nicht, aber sie ist ein Beweis

---

[12] Dionýz Ďurišin: *Vergleichende Literaturforschung. Versuch eines methodisch-theoretischen Grundrisses.* Berlin ²1976, 79f.

dafür, daß auch noch im Kontext des Textes eine Welt anwesend ist. Die Reminiszenz ist daher in diesem Sinne gleichfalls ein Hinweis auf ein bestimmtes Kommunikationssystem, das Autor, Leser und die Welt verbindet. Wenn wir zum Beispiel das Zitat als konkrete Realisierung literarischer Reminiszenzen hervorheben, so könnte man sicherlich von einem System der Horaz-Zitate in der Entwicklung der europäischen Kultur sprechen und innerhalb dieser von einem solchen Gesichtspunkt aus sogar eine Periodisierung derselben entwerfen. Jedenfalls fällt es beim Lesen einzelner Werke immer wieder auf, daß sich die Leistung der Zitate nicht nur auf deren gehaltliche Aussage beschränkt, sondern daß diese in übergreifende Zusammenhänge gestalthafter Art hineingestellt werden und darin eine wesentliche Aufgabe erfüllen. Zitieren bedeutet demnach, Modelle, Situationen, Verwicklungen und Gestalten erscheinen zu lassen, die mehr bedeuten als nur einen Einzelfall. Schon allein das Überdenken des Systems von Zitaten läßt erkennen, daß Tradition kein Museum ist, sondern ein ununterbrochener Schaffensprozeß, ein Rekreieren neuer Werte, ein Erproben neuer Erfahrungen, und ein solches Überdenken allein der Funktion des Zitats bestätigt die von Umberto Eco aufgestellte Behauptung, daß Kultur insgesamt nichts anderes als Nachricht ist, ein Ensemble unterschiedlicher Zeichensysteme von unterschiedlicher Dichte.

Eine vom Standpunkt der Dialogizität und Alterität überlegenswerte Form der Reminiszenz ist zweifellos auch das Motto. Dieses spielt bekanntlich konkret auf einen bestimmten Schriftsteller an, um eine bestimmte ideelle oder künstlerische Seite, häufig nur ein einziges, wenn auch treffendes Motiv aus seinem Werk oder eine andere Gemeinsamkeit mit ihm zu betonen. Manchmal werden jedoch mehrere Motti an den Anfang gestellt und damit zweifellos auch das Ausmaß des Dialogs ausgeweitet und zugleich näher bestimmt. C. Fuentes zum Beispiel stellt in seinem Roman *Nichts als das Leben* gleich fünf Motti an den Beginn: je eins von Montaigne, Calderón, Stendhal, dem mexikanischen Lyriker José Gorostiza und das fünfte aus einem mexikanischen Volkslied. Es ist zeitlich demnach eine Spanne vom 17. Jahrhundert bis zur Gegenwart, räumlich aber eine Begrenzung auf die Romania. Puškin versieht jeden seiner Gesänge im *Evgenij Onegin* mit Motti, die insgesamt in Hinblick auf die einzelnen Literaturen sehr breit gefächert sind: zwei aus der russischen Literatur – von Griboedov und von Žukovskij –, zwei aus dem französischen Geistesleben – von Malfilâtre und von Necker –, eins von Petrarca sowie ein Wortspiel von Horaz, jedoch keines aus der deutschen Literatur – ein bezeichnender Hinweis auf bestimmte Rezeptionsnormen und auf ein bestehendes ästhetisches Wertsystem. Tolstoi wählt – so weit mir bekannt – nur für *Auferstehung* ein Motto, dafür jedoch gleich ein vierfaches: zwei Stellen aus dem Evangelium des Matthäus und je eine aus dem Evangelium des Johannes und des Lukas. Alle vier jedoch begrenzen den Dialog auf das Thema der Vergebung. Dostoevskij führt in *Die Dämonen* zwei Motti an: eines von Puškin und eines aus dem Evangelium des Lukas, in *Der Doppelgänger* dagegen nur eines (von V. Odoevskij), womit er sich in die Tradition der russischen phantastischen Dichtung stellt, wohl aber auch nicht über den Erwartungshorizont seines zeitgenössischen russischen Leserpublikums hinausgehen möchte. Turgenev mied offensichtlich das Motto, gleichfalls Thomas Mann. Viele Fragen stellen sich nun in Verbindung mit dem Motto, sie alle aber vermögen einen dialogischen Prozeß aufzudecken, der zu einem anderen Autor und zu anderen Wertsystemen führt.

Der Dialog jedoch sowohl mit anderen Autoren als auch mit dem Publikum beginnt eigentlich schon über den Titel eines Werkes. *Quo vadis* als Frage des Petrus lautet der Titel des Romans von H. Sienkiewicz, und der Bibel entnommen sind zum Beispiel auch die Titel der Romane von Hedwig Courths-Mahler *Deines Bruders Weib* und *Was Gott zusammenfügt*. Damit ist gleichfalls eine bestimmte Kommunikationsebene hergestellt. Warum kommt es nun in der sogenannten Trivialliteratur viel häufiger zur Anwendung einer solchen Form der Reminiszenz über den Titel? Um bei Hedwig Courths-Mahler zu bleiben, so gibt sie zum Beispiel ihren Romanen gerne Titel nicht nur aus der Bibel und aus Goethes oder Schillers Werken (*Es irrt der Mensch, Nur wer die Sehnsucht kennt, Liebe ist der Liebe Preis*), sondern mit besonderer Vorliebe aus bekannten Liedertexten (*Willst du dein Herz mir schenken, Sie hatten einander so lieb*). Eine psychologische Einstellung im Gespräch mit dem Publikum solcher Romane wird hier offensichtlich: Man sieht das Bestreben, den Geschmack des Publikums zu treffen und dem Leser die Befriedigung zu geben, daß ihm der Titel als Zitat bekannt ist. Die Trivialität eines Werkes läßt sich demnach allein schon vom Gebrauch seiner Zitate bestimmen. Aus komparatistischer Sicht ist es natürlich vor allem bedeutsam, wenn ein solcher Titel einer anderen Literatur entnommen ist. *Absalom, Absalom!* lautet zum Beispiel der Titel eines Romans von W. Faulkner, in dem dieses biblische Thema von Davids drittem Sohn in den amerikanischen Süden verlagert wird. Mit dem Titel seiner Gedichtsammlung *Ça ira* knüpft F. Freiligrath an den Ton der Marseillaise an und drückt zugleich die Radikalisierung seiner Ansichten im Vergleich zu seiner Sammlung *Glaubensbekenntnis* aus.

Wie jedoch zwischen Motto und Titel, zwischen der Anregung, die man von einem anderen Autor empfangen hat, und den eigenen Vorstellungen ganz rasch der Kontakt hergestellt und auf diese Weise unmittelbar auch der Dialog begonnen werden kann, dafür bietet ein Beispiel der Lateinamerikaner José Donoso. Sein Motto ist vom amerikanischen Philosophen und Psychologen W. James, dem Verfechter eines entschiedenen Individualismus und Kämpfer gegen alle vorgegebenen Wahrheiten "an sich", entlehnt und lautet:

Das natürliche Erbe eines jeden, der zu geistigem Leben fähig ist, ist ein unbezähmter Wald, in dem der Wolf heult und der obszöne Vogel der Nacht zwitschert.

Daraus wird aber auch zugleich der Titel seines Romans bestimmt: *Der obszöne Vogel der Nacht* und damit die Einstellung des ganzen Werkes. Ein sicherlich interessantes Beispiel des Dialogs allein über Titel und Motto wäre wohl auch *Homenaje* (Huldigung) von J. Guillén mit dem bezeichnenden Untertitel "Reunión de vidas" (Verbindung von Leben). Diese Verbindungen sollen die Anregungen dokumentieren, die Guillén von anderen Autoren, Werken und Mythen empfangen hat: von Montaigne, Bécquer oder Mallarmé zum Beispiel. Es sind oft mehrfache Ebenen des Dialogs. So trägt ein Gedicht den Titel "Ezra Pound" und darunter die Widmung "Für Vanni Scheiwiller", dazu den Untertitel "Motiv" und als Motto wird nun vorangestellt: "'Motiv' in 'A lume spento'". *(A lume spento* war bekanntlich die erste Gedichtsammlung Pounds.)

Zweifellos könnte jede Widmung als eine besondere Form des Dialogs untersucht werden. In Guilléns erwähntem Gedicht wird offensichtlich über die Widmung wohl auf ein zwei Menschen gemeinsames Verständnis der Dichtung Pounds hingewiesen. Goethe wendet sich dagegen im *Werther* an die gesamte Leserschaft:

Was ich von der Geschichte des armen Werther nur habe auffinden können, habe ich mit Fleiß gesammelt und lege es euch hier vor, und weiß, daß ihr mir's danken werdet. Ihr könnt seinem Geist und seinem Charakter eure Bewunderung und Liebe, seinem Schicksal eure Tränen nicht versagen. Und du gute Seele, die du eben den Drang fühlst wie er, schöpfe Trost aus seinem Leiden, und laß das Büchlein deinen Freund sein, wenn du aus Geschick oder eigener Schuld keinen nähern finden kannst.[13]

Ich habe eine sehr ausführliche Analyse von H. R. Jauß zu dieser Widmung gehört, aufgebaut als Eingehen vorerst in die bestehenden Erwartungen der Leserschaft jener Zeit und dann als Untersuchung, wie diese Erwartungen über den Horizont der bestehenden ästhetischen Erfahrung hinausgeführt werden. Es ist in dieser Widmung die im Augenblick herrschende Tradition angekündigt, in der Literatur Trost zu finden, sich an ihr zu erbauen und damit verbunden auch an den Leiden, die sie darstellt; zugleich aber ist auch der Hinweis auf die Innovation gegeben, die Provokation, dem Selbstmörder nicht die Bewunderung und Liebe zu versagen; dazu wird im Werk ein neues Frau-

---

[13] Johann Wolfgang v. Goethe: *Werke.* Bd. 6, a.a.O., 7.

enbild entwickelt, das einfache Leben, die Natur eingeführt. Diese Widmung ist jedenfalls ein Exemplum für einen unmittelbaren Dialog zwischen Autor und Publikum. In so manchen zeitgenössischen Werther-Übersetzungen in fremde Sprachen entfiel aber gerade diese Widmung.

Als erwähnenswertes Beispiel von Alterität – von Nicht-dasselbe-Denken – in solchen Fällen mag das Motto von M. Frisch zu seinem *Montauk*, ein Montaigne-Zitat, dienen. Es enthüllt und verbirgt zugleich die Beziehung zu Ingeborg Bachmann: "Dies ist ein aufrichtiges Buch, Leser [...]". Das Zitat taucht gegen Ende der Erzählung noch einmal auf:

DIES IST EIN AUFRICHTIGES BUCH, LESER
und was verschweigt es und warum?[14]

In einem allerneuesten Interview mit der Zeitschrift *Die Zeit*[15] aber vermerkt Frisch:

'Dies ist ein aufrichtiges Buch, Leser.' Im Französischen heißt es: 'C'est un livre de bonne foi' und ich hätte nicht die vorhandene Übersetzung verwenden dürfen, sondern es hätte heißen müssen: 'Dies ist ein Buch in guten Treuen.' Und das ist es. Ich bereue es nicht.

So wie die Reminiszenz in ihren verschiedenen Formen sehe ich auch den gesamten Komplex der Impulse, Kongruenzen und Filiationen in ähnliche Systeme, womöglich in die gleichen Systeme gestellt. Denn diese müssen in einem Werk mit dem jeweiligen System der Reminiszenzen durch einen gemeinsamen Kode verbunden sein. Bei der Adaption oder Angleichung zum Beispiel werden jedoch bekanntlich die Eigenheiten des Originals nicht beibehalten, sondern gemäß eigener ideell-ästhetischer Vorstellungen des Bearbeiters umgeformt, synthetisiert. Es stellt sich demnach die Frage nach dem Kode. So war es zum Beispiel in den Literaturen des Raumes, aus dem ich stamme und der aus objektiven historischen Gründen in seiner kulturellen und literarischen Entwicklung zurückgeblieben war, in der im 19. Jahrhundert einsetzenden Nachholphase üblich, sich bedeutende fremde Autoren und fremde Stücke in besonderer Weise anzueignen. Man übertrug die Handlung in das eigene Milieu und änderte dabei Namen sowie geographische und gesellschaftliche Gegebenheiten. Das Resultat war dann ein ganz eigentümlicher Molière zum Beispiel, bei dem der 'Übersetzer' wohl weniger den Dialog mit dem Schöpfer des Originals und mit den Werten, die dieser in seinem Werk vertrat, vor Augen hatte, sondern ausschließlich das Publikum seiner Nation,

---

[14] Max Frisch: *Montauk*. Frankfurt a. M. 1975, 5 und 197.
[15] In der Ausgabe vom 17. 4. 1981.

an das er sich wandte. Dafür aber sind solche Versuche ausgezeichnete Beispiele für die weitgreifendsten Kode-Veränderungen.

Die Nachgestaltung nimmt dagegen bewußt eine positive Beziehung zum Original ein, sie anerkennt das Original als Vorbild und wahrt den Kode. Es stellt sich also bei dieser Form des Dialogs die Aufgabe, die Voraussetzung für das Entstehen einer Nachgestaltung, ihre konkrete Realisierung, ihre literarisch-gesellschaftliche Bedeutung und ihre Wirkung zu erfassen. Bei der Variation wiederum, als einer Form der Nachgestaltung, scheint es das im Original enthaltene Motiv zu sein, das andere Dichter anregte. Ein bekanntes Beispiel – das auch Ďurišin anführt – wäre das berühmte "Exegi monumentum" des Horaz, das in verschiedensten Abwandlungen in fast allen nationalen Literaturen vorhanden ist. In diesem Falle wird keine Kode-Verschiebung vorgenommen, sondern als Botschaft der Grundgedanke beibehalten, daß sich der Mensch durch sein Werk ein Denkmal setzt, und so sieht sich jeder Dichter dann auf seine Weise auch als Denkmalerbauer, als sein eigenes Monument. Ganz anders aber verhält es sich mit der Umfunktionierung – einer Form der Nachgestaltung, die Ďurišin nicht erwähnt. Ich würde sie in dem Sinne definieren, daß in diesem Falle zwar der äußere Rahmen des Originals gewahrt bleibt, jedoch Teile in ihrer Aussage bewußt derart verändert werden, daß sie dem Gesamttext eine völlig andere weltanschauliche Ausrichtung geben. Brecht wollte zum Beispiel Sophokles vor allem als Vorkämpfer der Demokratie gegen die Tyrannei verstanden wissen. Er entwarf daher ein neues Antigone-Bild und wies damit auch auf eine mögliche Dimension des Dialogs mit der Antike hin:

Komm aus dem Dämmer und geh
Vor uns her eine Zeit,
Freundliche, mit dem leichten Schritt
Der ganz Bestimmten, schrecklich
Den Schrecklichen.

Abgewandte, ich weiß
Wie du den Tod gefürchtet hast, aber
Mehr noch fürchtetest du
Unwürdig Leben.

Und ließest den Mächtigen
Nichts durch, und glichst dich
Mit den Verwirrern nicht aus, noch je

Vergaßest du Schimpf und über der Untat wuchs
Ihnen kein Gras.[16]

Umfunktionierung würde demnach als Wirkungsform oder als Möglichkeit von Intertextualität vor allem die Einführung eines neuen ideologischen Kodes bedeuten.

Jeder Text läßt sich daher wohl eher verstehen, wenn wir ihn als Intertextualität aufschlüsseln und nicht mechanisch in Wirkungsformen zerlegen, denn diese drücken bestenfalls nur ein vordergründiges und vorwiegend statisches Verhältnis aus. Das Systemhafte jedoch wird erst durch die Aufdeckung jener Prozesse sichtbar, die sich als Dialogizität und als Alterität der Textstruktur offenbaren und aus der Kommunikation heraus das Werk sowohl als eigenständige Realität oder poetische Logik als auch als psychische Realität gleichmäßig in einem literaturgeschichtlichen und in einem sozialpsychologischen Umfeld erkennen lassen.

Ich wende mich nun dem dritten Fragenkomplex zu, der Erörterung der Dialogizität und Alterität aus der Sicht des Lesers. Roman Ingardens Auffassung von einem absoluten Leser und einer daher bei jedem Leser in gleicher Weise über die vierte Schicht, die Schicht der im Leser vorhandenen schematisierten Ansichten, voraussehbare Konstituierung des literarischen Werkes als ästhetischen Gegenstand im Bewußtsein des Lesers ist sicherlich überholt. Die Komparatistik wird sich daher gleichfalls für das literarhistorische und rezeptionsgeschichtliche aber auch gesellschaftsbedingte und psychologische Umfeld des Lesers interessieren, vor allem aber für die Aufnahme eines fremden Werkes durch das Leserpublikum eines bestimmten nationalen Milieus. Die Einflußforschung insgesamt hat sich diesbezüglich in dem Sinne entwickelt, daß sie vom Nachweis von Vorbildern und Quellen dazu übergegangen ist, den Einfluß als psychologischen Prozeß des Fließens zu sehen, womit sie ihn in die Nähe der Inspiration bringt (Claudio Guillén), oder die Einflüsse in ihrer Gesamtheit dem Bereich der Tradition und Konvention zuordnet (Alfred O. Aldridge und Ihab H. Hassan), womit besagt wird, daß zum Beispiel der Petrarkismus des 16. und 17. Jahrhunderts nicht etwa eine Summe von Einflüssen darstellte, sondern ein im Leserpublikum zur Konvention und sogar zur Tradition gewordenes System erotischer Metaphern und Bilder, das sich an Petrarca orientierte. Die moderne Rezeptionsforschung hat in dieser Hinsicht Bedeutendes geleistet, ohne dabei vielleicht immer gerade jene Qualität im Auge zu behalten, die sich aus dem Eintritt eines Dichters oder Schriftstellers fremder Sprache in den Erwartungshorizont eines anderen Publikums ergibt.

---

[16] Bertolt Brecht: "Antigone". In: ders.: *Gedichte*. Bd. 7. Frankfurt a. M. 1964, 29.

Ohne hier im einzelnen auf nähere Beispiele einzugehen, sei nur auf die verschiedenen Motivierungen der Wertherrezeption bei den einzelnen Völkern hingewiesen, bestimmt entweder durch das sentimentale Moment, die Verherrlichung des einfachen Lebens oder die Enttäuschung der bürgerlichen Klasse, wobei sich offensichtlich mehrere Konkretisationstypen (P. Grappin) ergeben: so vor allem das "Wertherfieber", andererseits aber auch die Diskussion über Sachfragen als Katalog der Pflichten, die sich auf Gott, die Gesellschaft und das Individuum beziehen; das literarische Tabu des Selbstmordes; die Erweckung ausgesprochen nationaler Empfindungen in der von diesem Werk angesprochenen bürgerlichen Klasse, oder – last but not least – eine trivial-empfindsame Konkretisation, in der das Werk als simple Liebesgeschichte im Dreiecksverhältnis verstanden wird. Jedenfalls haben es die deutschsprachigen Leser anders gelesen als die französischen, die englischen anders als die italienischen und die eine slawische Sprache sprechenden Leser, und man hat es auch zu verschiedenen Zeiten unterschiedlich gelesen und verstanden. Insgesamt könnte und sollte man daher bei einer grundlegenden Gliederung zu einer komparatistischen Betrachtung der Rezeption eines fremden Werkes die Ebene der Gleichzeitigkeit und die späteren Ebenen unterscheiden. In jeder dieser Ebenen meldet sich sowohl das Phänomen der Dialogizität als auch der Alterität in unterschiedlicher Weise, woraus dann letztlich die Relativität jeder Nationalliteratur erkennbar wird. Auch hier wiederum die ständige Frage nicht nur, was wurde akzeptiert, sondern auch, welchen Gegebenheiten verweigerte sich das fremde Publikum. Dabei lassen sich sicherlich mehrere Phasen im Prozeß der Dialogizität und Alterität unterscheiden: vorerst die Zur-Kenntnisnahme eines Werkes, ohne daß dieses eine besondere Wirkung erzielt, daraufhin eventuell die Rezeption, die an und für sich eine schöpferische Leistung des Lesers und eines breiteren Publikums voraussetzt und Vorbedingung für den Einbau dieses Werkes in einen bestimmten Erwartungshorizont und überhaupt in die Literatur eines fremden Volkes ist. In diesem Sinne habe ich auch in einer Arbeit, angeregt durch die Thesen der Rezeptionsästhetik von H. R. Jauß, versucht, wesentliche Erwartungshorizonte des serbischen Leserpublikums in ihrer historischen Entwicklung zu bestimmen.[17] Als Beitrag zu einer theoretischen Verallgemeinerung möchte ich feststellen, daß dabei über die Rezeption der Weg zu einer tieferen Schicht führt, zur Schicht der Integration eines solchen Werkes, die in verschiedenen Formen der Nachwirkung zum Ausdruck kommen kann und als tiefste und intensivste Möglichkeit die Form der vollen Aneignung eines Dichters durch ein anderes Milieu in der Weise beinhaltet, daß dieser Dichter von dem neuen

---

[17] Zoran Konstantinović: "Der fremde Dichter zu Gast. Skizzierungen von Erwartungshorizonten des serbischen Leserpublikums". In: *Umjetnost riječi*, Nr. 21, 1977, 143-151.

50

Publikum überhaupt nicht mehr als fremder Dichter empfunden wird, wie es zum Beispiel mit Shakespeare bei den Deutschen der Fall ist. Die Nachvollziehung der diesbezüglichen Dialoge und die Feststellung von Alteritäten als verschiedenster Formen von Konkretisationen ist ein immenses Gebiet der Forschung.

R. Etiemble gab seinem 1963 erschienenen Werk den provozierenden Titel *Comparaison n'est pas raison*. Dies war eine verständliche Revolte gegen den Positivismus. Der Vergleich ist zweifellos sinnlos, wenn er sich auf ein mechanisches Nebeneinanderstellen von Phänomenen begrenzt. Er eröffnet jedoch unbegrenzte Ausblicke, wenn er aus der hermeneutischen Reflexion heraus das Werk als Dialog auflöst und es als Wandel von Sinn und Bedeutung in umfassendere Systeme stellt und im interliterarischen Kommunikationsprozeß zu erklären versucht. So ist es eigentlich die Komparatistik, die allein sowohl Dialogizität und Alterität vollauf zu Kategorien des Verstehens von Literatur zu entwickeln vermag und der es letztlich vorbehalten bleiben muß, von ihrem übernationalen Standpunkt und aus der Kenntnis der unterschiedlichen Kodes festzustellen, was sich an diesem "ganzen Wicht" von Werk aus solchen Kategorien heraus als eigenständiger Komplex zu bilden vermochte.

Der heuristische Ausgangspunkt. Zur Frage der komparatistischen Theoriebildung

The idea of world literature, the historiography of world literature and the comparative analyses of literature developed simultaneously, in connection with each other and each were built on the dialectics of nation and humanity. No synthesis is possible without analysis. The comparative exploration of any detail problem is promising only if it surpasses itself and serves the great whole.

(György Mihály Vajda, *World Literature and the Comparative Analysis of Literatures*)

Der Vergleichenden Literaturwissenschaft ist es nach nicht unbeträchtlichen Schwierigkeiten gelungen, ihr Arbeitsgebiet klar abzugrenzen.[1] Sie umfaßt die genetischen Beziehungen[2] und typologischen Analogien[3] zwischen den einzelnen Literaturen sowie die interdisziplinären Zusammenhänge[4] zwischen der

---

[1]   Einen Rückblick auf diesen Entwicklungsweg bietet besonders Henryk Markiewicz: "Forschungsbereich und Systematik der Vergleichenden Literaturwissenschaft". In: *Weimarer Beiträge*, Nr. 6, 1968, 1320-1330, erneut veröffentlicht in: Gerhard R. Kaiser (Hg.): *Vergleichende Literaturforschung in den sozialistischen Ländern 1963-1979*. Stuttgart 1980, 113-122.

[2]   Die Erforschung der genetischen Beziehungen oder Kontaktbeziehungen steht in der Tradition der französischen Schule und damit am Beginn einer wissenschaftlichen Komparatistik. Diese Beziehungen theoretisch zu verallgemeinern, versuchte als erster Dionýz Ďurišin: *Problémy literárnej komparatistiky*. Preßburg 1967; dt.: *Vergleichende Literaturforschung*. Berlin 1976 (darin: "Genetische Beziehungen – Kontaktbeziehungen", 50-89), vgl. a. "Svjaz' meždu komparativistikoj i genealogijej". In: *Neohelicon*, Nr. 3-4, 1976, 93-110, sowie *Teória literárnej komparatistiky*. Preßburg 1975.

[3]   Die Notwendigkeit, typologische Analogien zu untersuchen, wurde besonders von der sowjetischen Literaturwissenschaft (Viktor M. Žirmunskij) hervorgehoben; vgl. dazu Mihael Hrapčenko: "Tipologičeskoe izučenie literatury i ego principy". In: *Voprosy literatury*, Nr. 2, 1968, 93-110; dt.: "Typologische Literaturforschung und ihre Prinzipien". In: Gerhard Ziegengeist (Hg.): *Aktuelle Probleme der Vergleichenden Literaturforschung*. Berlin 1968, 17-46; Dionýz Ďurišin: *Vergleichende Literaturforschung*, a.a.O., 90-109 (Typologische Zusammenhänge).

[4]   Die Erforschung der interdisziplinären Zusammenhänge (*Interdisciplinary Surveys*) wurde vor allem von der amerikanischen Schule angeregt und findet dort ihre aktivsten Vertreter, wobei Ulrich Weisstein dieses Gebiet auf das Verhältnis von Literatur und Kunst beschränken möchte, während es Henry H. H. Remak auch auf alle übrigen Gebiete menschlicher Tätigkeit ausweitet. Vgl. dazu zusammenfassend: Er-

Literatur und anderen Gebieten menschlicher Ausdrucksweisen, vor allem in der Kunst aber auch in der Sphäre der Philosophie, der sozialen Strukturen, der Psychoanalyse, der Religion, des geschichtlichen Denkens usw. Dazu haben sich noch einige andere Problemkreise gesellt:

Übersetzung und Nachdichtung, die literarische Vermittlung sowie die Image- und Mirageforschung[5]. Darüber hinaus wird auch auf die Notwendigkeit einer Vergleichenden Methodenforschung[6] hingewiesen, während Vergleichende Folkore[7] und Vergleichende Stilistik[8] in gleichem Maße der Ethnologie bzw. der Vergleichenden Sprachwissenschaft zugerechnet werden können.

Aus eigener Erfahrung jedoch möchte ich sagen, daß das Problem der Vergleichenden Literaturwissenschaft, sich als eigenes Wissenschaftsgebiet und als Gegenstand der Akademischen Lehre zu etablieren, vor allem darin zu bestehen scheint, daß die erwähnten Arbeitsgebiete und Problemkreise noch

---

win Koppen: "Zur Rolle und Funktion interdisziplinärer Betrachtungsweise in der 'Histoire comparée des littératures'". In: *Neohelicon*, Nr. 2, 1981, 285-289.

[5] Die neueste Literatur zum Thema Übersetzung und Nachdichtung: Erwin Koppen: "Die literarische Übersetzung". In: Manfred Schmeling (Hg.): *Vergleichende Literaturwissenschaft. Theorie und Praxis.* Wiesbaden 1981, 125-156; zum Thema Literarische Vermittlung: Claude Pichois/André M. Rouseau: "Internationaler literarischer Austausch". In: *Vergleichende Literaturwissenschaft. Eine Einführung in die Geschichte der Methoden und Probleme der Komparatistik.* Düsseldorf 1971, 54-97; zum Thema Image- und Mirageforschung: Hugo Dyserinck: "Zum Problem der 'images' und 'mirages' und ihrer Untersuchung im Rahmen der Vergleichenden Literaturwissenschaft". In: *Arcadia*, Nr. 1, 1966, 107-120; vom selben Autor: "Komparatistische Imagologie". In: ders.: *Komparatistik. Eine Einführung.* Bonn 1977, 125-132.

[6] Dieses Arbeitsgebiet fand ich erstmals entworfen bei Joseph Strelka und zwar mit dem *Yearbook of Comparative Criticism* (1970ff.) und mit der Schrift *Vergleichende Literaturkritik* (1970). Hugo Dyserinck widmet dann diesem Problem in seiner Einführung ein eigenes Kapitel ("Vergleichende Literaturtheorie und Vergleichende literaturwissenschaftliche Methodologie". In: ders.: *Komparatistik. Eine Einführung*, a.a.O., 158-167.)

[7] Der Gedanke einer vergleichenden Folklore ist zum Beispiel schon im Werk von André Jolles *Einfache Formen* (1930) enthalten, und dieser wird dann durch Claude Lévi-Strauss' *Anthropologie structurale* (1958) in methodologisch modifizierter Form in das Blickfeld der Komparatistik gerückt. Auf zwei Werke möchte ich hierbei besonders hinweisen: Leander Petzold (Hg.): *Vergleichende Sagenforschung.* Darmstadt 1969, und Ivan Slamnig (Hg.): *On the Comparative Study of Folk Poetry.* Zagreb 1969.

[8] Das Thema wurde angeregt durch Vladimir M. Žirmunskij: "Les problèmes de la stylistique comparée". In: *Acta Litteraria Academicae Scientarium Hungaricae*, Nr. 5, 1962, 77-87. Als neuesten theoretisch zusammenfassenden Beitrag möchte ich erwähnen: Herbert Seidler: "Sprachbetrachtung in der Vergleichenden Literaturwissenschaft". In: *Sprachkunst*, 1979, 173-191.

nicht hinlänglich in ihrer inneren Systematik erfaßt wurden, als zusammenhängendes Gefüge demnach, als ein Subsystem im Rahmen des Systems der Literaturwissenschaft. Dieser Mangel ist bei allen bestehenden Einführungen in die Vergleichende Literaturwissenschaft zu erkennen, was aber keinesfalls eine Abwertung derselben bedeuten sollte.[9]

Wie jedoch die Vergleichende Literaturwissenschaft als ein zusammenhängendes Gefüge darstellen?

Es geht bei der Beantwortung dieser Frage zweifellos um die Festlegung eines heuristischen Ausgangspunktes, von dem aus es möglich ist, die Vergleichende Literaturwissenschaft als einen homogenen Zusammenhang zu erkennen, der – um an das Zitat von G. M. Vajda anzuknüpfen – dialektisch im Prozeß der Literatur eingebettet wäre. Mit dieser Arbeit möchten wir versuchen, einen solchen Ausgangspunkt nicht nur heuristisch zu setzen, sondern ihn auch zu überprüfen. Bevor wir jedoch an einen solchen Versuch herantreten, scheint es uns notwendig, einige allgemeine Betrachtungen über die Auffassungen zu einer Theorie und – daraus folgernd – zu einer Methode der Vergleichenden Literaturwissenschaft vorauszuschicken, da ein solcher heuristischer Ausgangspunkt sich vorerst nur in einem solchen Zusammenhang umreißen läßt.

Wie offen diese Fragestellung lange Zeit hindurch war, ergibt sich aus der Unterschiedlichkeit in den Meinungen führender Komparatisten. René Wellek vertrat die Auffassung, daß es nur eine gemeinsame Literaturtheorie geben kann, so wie es auch nur eine Literatur gibt.[10] Erwin Koppen stimmte zu, daß die "Komparatistik zwar keine eigene literarische Theorie hat, wohl aber über

---

[9] Dies gilt nicht nur für jene Einführungen, die der Feder eines Verfassers entstammen, sondern vor allem für die in Form eines Readers gebotenen Übersichten. Eine einzige Ausnahme bildet Dionýz Ďurišin mit seinen schon erwähnten Werken. Sie suchen ein System zu ergründen. Daraus folgert auch seine *Teória literárnej komparatistiki* (1975). Ďurišin unterscheidet zwei Grundbereiche: die genetischen Beziehungen und die typologischen Zusammenhänge. Im Bereich der genetischen Beziehungen geht es ihm vor allem um die Unterscheidung von externen und internen Kontakten, von direkten und vermittelten Kontexten, von verschiedenen Rezeptionsformen. Eine Unterteilung der integrierenden Rezeptionsformen auf Allusion, Entlehnung, Nachgestaltung, Plagiat u.ä. möchte er nur als Orientierung verstanden wissen. Im Bereich der typologischen Zusammenhänge weist er auf das Problem der gesellschaftlichen und typologischen Bedingtheit literarischer Analogien und Unterschiedlichkeiten.

[10] "The Concept of Comparative Literature". In: *Yearbook of Comparative and General Literature*, Nr. 2, 1953, 1-5; dt. u. d. Titel: "Die Theorie der Vergleichenden Literaturwissenschaft". In: Hans Norbert Fügen (Hg.): *Vergleichende Literaturwissenschaft*. Düsseldorf/Wien 1973, 101-107.

eine eigene Methodologie verfügt"[11], während Henry H. H. Remak der Meinung war, daß die Vergleichende Literaturwissenschaft "keine eigene, ihr allein vorbehaltene Methodologie" besitzt und auch nicht benötigt.[12] Auch Haskell M. Block warnte vor theoretischen Exkursen, und Horst Rüdiger empfahl anstelle des akademischen Spiels mit der Literaturtheorie als Vorbild die Werke von Friedrich Gundolf (*Shakespeare und der deutsche Geist*, 1911) und Mario Praz (*La carne, la morte e il diabolo nella letteratura romantica*, 1930) oder Ernst Robert Curtius (*Europäische Literatur und Lateinisches Mittelalter*, 1948), weil sie paradigmatisch – jeweils auf ihre Weise – Theorie und Methodologie in Praxis umgesetzt haben.[13]

Um jedoch unser Fach in seiner wissenschaftlichen Bedeutung und Selbständigkeit vollauf zu umreißen und es als ein Gesamtgefüge darstellen zu können, müssen wir es unbedingt theoretisch verallgemeinern und die Frage seiner Methodologie überdenken. Nur so vermögen wir, es aus dem Zustand eines "état d'esprit" (Yves Chevrel) herauszuführen und ihm auch künftige Entwicklungsmöglichkeiten zu sichern. Zu Recht beendet aber Max Wehrli seinen Beitrag in F. Ph. Ingolds Sammelband *Literaturwissenschaft und Literaturkritik im 20. Jahrhundert* (1970) mit einem Gedanken Nicolai Hartmanns aus dessen Werk *Das Problem des geistigen Seins*:

> Jede Wissenschaft arbeitet unausgesetzt an ihrer Methode – aber nicht, indem sie auf die Methode reflektiert, oder gar sie zu einem Gegenstand ihrer Untersuchung macht, sie arbeitet vielmehr an ihrer Methode, indem sie ganz an ihr Objekt hingegeben ist. Die Methode erwächst ihr unter den Händen in der Arbeit an der Sache.[14]

Aus dieser Arbeit an der Sache können wir jedoch feststellen, daß die Literaturwissenschaft zur Zeit die Grenzen des Gegenstandes ihrer Betrachtungen sehr weit zieht, indem sie vollauf auch der sogenannten "nicht schönen Lite-

---

[11] "Hat die Vergleichende Literaturwissenschaft eine eigene Theorie?" In: Horst Rüdiger (Hg.): *Zur Theorie der Vergleichenden Literaturwissenschaft*. Berlin/New York 1971, 62.

[12] "Comparative Literature – Its Definition and Function". In: Newton P. Stallknecht/Horst Frenz (Hg.): *Comparative Literature – Method and Perspective*. Illinois 1961; dt. Übersetzung: "Definition und Funktion der Vergleichenden Literaturwissenschaft". In: Horst Rüdiger (Hg.): *Komparatistik. Aufgaben und Methoden*. Stuttgart/Berlin/Köln/Mainz 1973, 26.

[13] Haskell M. Block: *Nouvelles tendances en littérature comparée*. Paris 1970, 52; Horst Rüdiger: "Grenzen und Aufgaben der Vergleichenden Literaturwissenschaft". In: ders. (Hg.): *Zur Theorie der Vergleichenden Literaturwissenschaft*, a.a.O., 2.

[14] Max Wehrli: "Deutsche Literaturwissenschaft". In: Felix Philipp Ingold (Hg.): *Literaturwissenschaft und Literaturkritik im 20. Jahrhundert*. Bern 1970, 32.

ratur" ihre Aufmerksamkeit widmet. Die Komparatistik wird sich gleichfalls auf diesem breiten Gebiet bewegen müssen. Die Methode wird dabei – als Resultat von Einwirkungen der Linguistik, des Strukturalismus, der Kybernetik, der Semiotik und der Informationstheorie – durch die Konzentration auf den Text bestimmt, der jedoch – in seiner ständig sich von neuem wiederholenden Konstituierung im Bewußtsein des Lesers – als Kunstwerk veränderlich ist, weil es sich dabei um das Resultat eines freiwilligen Kommunikationsaktes handelt.

Die Vergleichende Literaturwissenschaft wird demzufolge in ihrem Suchen nach einem heuristischen Ausgangspunkt gleichfalls vom Text ausgehen und von der Tatsache, daß sich der Text in seiner jeweiligen Konstitution im Bewußtsein des Lesers ständig verändert. Daß auch der Text als einheitliche Organisiertheit von semantischem und formalem Material zum Gegenstand des literarischen Vergleichs werden kann, darauf dürfte als erster Douwe W. Fokkema hingewiesen haben.[15] Auf die besondere Veränderlichkeit – die Alterität – in der Konstituierung des literarischen Kunstwerkes nicht nur im Laufe der jeweiligen Lektüre des Textes, sondern vor allem auch in einer anderssprachigen Mitte, hat Hans Robert Jauß aufmerksam gemacht.[16]

Die Vergleichende Literaturwissenschaft könnte in diesem Falle eine gewisse Übersichtlichkeit erzielen, wenn sie gleichfalls vom Zeichen ausgehen würde. Sind denn jene Wirkungsformen, von denen Dionýz Ďurišin spricht, nicht zugleich auch Übertragungen von Zeichen?[17] Ďurišin unterscheidet zwi-

---

[15] Dieser Gedanke findet seinen Niederschlag in dessen Arbeit "Method and Program of Comparative Literature". In: *Synthesis*, 1974, 51-62.

[16] Hans Robert Jauß: "Ästhetik der Rezeption und der Literarischen Kommunikation". In: Zoran Konstantinović/Manfred Naumann/Hans Robert Jauß (Hg.): *Literary Communication and Reception. Proceedings of the 9th Congress of the ICLA.* Bd. 2. Innsbruck 1980, 36.

[17] Vgl. Dionýz Ďurišins *Vergleichende Literaturforschung*, a.a.O., 74-88. In seiner Klassifizierung der Wirkungsformen möchte sich Ďurišin vorerst von Irina Neupokoevas und U. R. Fohts Auffassungen absetzen. Irina Neupokoeva ("Nekotorye voprosy izučenija vzaimosvjazi i vzaimodejstvije nacionalnyh literatur. Materijaly diskussii". In: I. I. Anisimov/N. I. Konrad/G. I. Lomidze/I. G. Neupokoeva (Hg.): *Vzaimosvjazi i vzaimodejstvije nacionalnyh literatur. Materialy diskusii*. Moskau 1961, 27-40) spricht von Einflußformen wie Übersetzung, Entlehnung, Imitation, Stilisierung, Bildanalogien sowie dem Einfluß im engeren Sinne. Foht ("Formy literaturnyh vzaimodejstvij i metodika ih izučenija". In: I. I. Anisimov u.a. (Hg.): *Vzaimosvjazi i vzaimodejstvije nacionalnyh literatur. Materialy diskusii*, a.a.O., 299-301) unterscheidet dagegen zwischen *vosproizvedenie, razvitie, ispolzovanie* und *protivpostavlenie* und drückt auf diese Weise eher die Möglichkeit der Realisierung einer Beziehung als deren realisierbare Gestalt aus. Ďurišin spürt dagegen, daß es für den Komparatisten darum geht, in einem literarischen Werk Erscheinungen festzustellen,

schen Reminiszenzen, Impulsen, Kongruenzen und Filiationen, wobei er für die Kongruenz wiederum verschiedene Möglichkeiten sieht, die Entlehnung, die Imitation, die Adaption und die Nachgestaltung, und Ďurišin untersucht in diesem Zusammenhang auch die Übersetzung.[18] Ďurišin befaßt sich jedoch nicht mit der Umsetzung von Zeichen aus der Literatur in andere Gebiete der menschlichen Tätigkeit, und er stellt seine Untersuchungen der Übersetzungen auch nicht in den Schnittpunkt von Synchronie und Diachronie.[19]

Versuchen wir jedoch, von diesen Erkenntnissen aus das Konzept einer Theorie der Vergleichenden Literaturwissenschaft zu entwickeln. Sie müßte in ihren einzelnen Kapiteln vorerst den angeführten Formen folgen. Dabei würde es sich immer darum handeln, aus vielen Einzelerkenntnissen zu theoretischen Verallgemeinerungen zu gelangen und diese übersichtlich zu gliedern.

So wäre im Kapitel über die Reminiszenzen das Sich-Berufen auf ein bestimmtes künstlerisches Verfahren, auf ein Motiv, auf Gedanken und literarische Gestalten von Autoritäten der Weltliteratur zu behandeln. Am häufigsten erfolgt dies durch direkte Anführung, Zitieren der Vorlage oder des Autors der Vorlage.[20] Geläufig ist jedoch auch die ohne unmittelbare Anführung eines

---

[18] die sich in das Werk integriert haben, die jedoch einer anderen Literatur entspringen.
Sie ist für ihn mehr als eine Wirkungsform, da sie Impuls, Reminiszenz oder Filiation zu vereinen vermag. Auf diese Weise betrachtet Ďurišin die Übersetzung auch parallel zu publizistischen Vermittlungsformen oder zu Mittlerfunktionen, die oft auch ein Originalwerk aus einer anderen oder auch aus der eigenen Nationalliteratur auszuüben vermag. Die Auswahl der zu übersetzenden Werke sieht Ďurišin auch typologisch bedingt, was in jenen Perioden der Entwicklung einer Nationalliteratur ganz besonders zum Vorschein kommt, wo diese gewisse Abweichungen von der jeweils gültigen ästhetischen Norm zeigen. In der Betrachtung der ideellkünstlerischen Struktur geht Ďurišin vom Schema Jiří Levýs, des bekannten Informationstheoretikers, aus. Zu bedenken wäre dabei, daß die Kommunikationstheorie inzwischen die Informationstheorie weiterentwickelt hat. Das Kommunikat ist historisch veränderlich, da sich auch der Code ändert. Molière wurde von seinen Zeitgenossen anders verstanden, als wir ihn heute verstehen. Auch sind die Übersetzungen einzelner Autoren jeweils sehr unterschiedlich gewesen. So sind solche Fragen wie: Was lasen die Deutschen, als sie Zola lasen? – für die Frührezeption Zolas äußerst wichtig. Andererseits bleibt jedoch die Tatsache bestehen, daß die in einem Werk vorhandenen Wirkungsformen aus anderen Literaturen dem Autor nicht unmittelbar über eine Übersetzung zugänglich gewesen sein müssen, sondern daß er sie aus einem ihm eigenen Fundus aktiviert. (Zu Ďurišins Ausführungen über die Übersetzung vgl. *Vergleichende Literaturforschung*, a.a.O., 62-72.)

[19] Aus diesem Überschneiden von Diachronie und Synchronie lassen sich letztlich solche Begriffe wie Wirkung, Nachwirkung, Nachleben und – als intensivste Stufe einer Rezeption – die Aneignung erklären.

[20] Den grundlegenden Hinweis zu einer theoretischen Verallgemeinerung hat diesbezüglich Herman Meyer (*Das Zitat in der Erzählkunst. Zur Geschichte und Poetik des*

Autors oder eines Werkes verwirklichte Reminiszenz (die versteckte Reminiszenz).[21] Diese tritt zumeist als Vorlage auf, die völlig in das literarische Bewußtsein eingedrungen ist, so daß das zitierte Element auf dem Hintergrund eines bestimmten literarischen Kontextes als allgemein bekannt angenommen werden kann.[22] Die Reminiszenz kann auch im Titel eines Werkes anwesend sein, während das Motto schon für sich eine Reminiszenz darstellt. Zu bedenken ist, daß gerade über die Reminiszenz nicht nur andere Literaturen, sondern auch andere Tätigkeitsgebiete in das Leserbewußtsein eindringen.[23]

Viel kompliziertere und widersprüchliche Probleme werfen die Impulse auf, die im Vergleich zur Reminiszenz eine höhere Form der genetisch ableitbaren Erscheinungen darstellen und tiefer in einzelne Komponenten eines Werkes oder in das Werk als Ganzes eingreifen. Es müßte der Komparatistik dabei vorerst um die Bestimmung von Identität und Ausmaß eines einzelnen Impulses gehen und daraufhin gleichfalls um eine Zusammenfassung und thematische Verallgemeinerung solcher Impulse. Auch in diesem Falle können Verbindungen zu anderen Gebieten menschlicher Tätigkeit hergestellt werden.[24]

Die literarische Kongruenz wiederum ist die Folge einer unmittelbaren Übernahme literarischer Elemente in die Struktur des rezipierenden Werkes und kann sich in Form einer literarischen Entlehnung, Imitation, Adaption, Nachgestaltung, Variation oder Paraphrase äußern. Schon Ďurišin weist dar-

---

europäischen Romans, Stuttgart 1961) gegeben. Vgl. d. a. Antoine Compagnon: *La Seconde Main, ou le travail de la citation.* Paris 1979.

[21] Oder auch Allusion. Vgl. d. Ziva Ben-Porat: "The Poetics of Literary Allusion". In: *Poetics and Theory of Literature*, Nr. 1, 1976.

[22] Über dieses Element greift dann der Text in ein breiteres System ein. Der Leser, der dem System dieses Kulturkreises entstammt, wird in der Konstitution des Textes zum Werk in seinem Bewußtsein auch dieses Element miteinbeziehen und mit allen Konnotationen aktivieren. Bei einem Leser aus einem anderen Kulturkreis wird das gleiche Element womöglich keinerlei Aktivierungsfunktion ausüben.

[23] So wählt José Donoso als Titel seines Romans ein Syntagma von William James und verknüpft sie mit dem Werk über dessen Motto: "Das natürliche Erbe eines jeden, der zu geistigem Leben fähig ist, ist ein unbezähmter Wald, in dem der Wolf heult und der obszöne Vogel der Nacht zwitschert." William James ist der Vertreter eines entschiedenen Individualismus in der amerikanischen Philosophie, und so wird dieses Werk insgesamt in den Bezug einer bestimmten philosophischen Richtung gestellt und mit einem spezifischen Denksystem verbunden. Die poststrukturalistische Literaturbetrachtung wiederum beschäftigt sich zur Zeit sehr mit der Psychoanalyse des Autors (angeregt durch J. P. Sartres Flaubert-Roman *Der Idiot der Familie*) und versucht unter anderem Zitate im Text aus dem Unterbewußtsein zu deuten.

[24] So werden sich Systeme erkennen lassen, in denen die Literatur besonders verbunden war entweder mit einer Kunstgattung, der Malerei oder Musik, oder auch der Philosophie, der Soziologie, der Psychologie.

auf hin, daß man im Unterschied zum Impuls eine Kongruenz in der Weise feststellen kann, daß man einzelne Abschnitte der zu vergleichenden Werke unmittelbar einander gegenüberstellt und dabei die angewandten Verfahren vergleichend analysiert. Die Literaturgeschichte bietet im Rahmen der Kongruenzforschung zahlreiche Beispiele literarischer Entlehnung. Sie betreffen die verschiedensten Formen der Übernahme von Themen, von künstlerischen Bildern, von einzelnen künstlerischen Verfahren u.a.m. aus einer anderen Literatur. Über die passive Entlehnung kann es jedoch auch zu einer viel weiteren Entwicklung, zur originellen und allseitigen Umarbeitung literarischer Werte kommen. Während bei der Entlehnung nur einige mehr oder weniger isolierte Elemente aus dem Kunstwerk übernommen werden, ohne daß dieses als Ganzes berücksichtigt wird, weist die Imitation eine umfassendere Beziehung zum künstlerischen Vorbild auf, die Stil, Wortgebrauch, Metrik, Figuren und Bilder umfassen kann. Für die Komparatistik bedeutsam ist das historische Wissen, daß in vergangenen Epochen die Imitation nicht immer als etwas Unerlaubtes betrachtet wurde. Noch im Barock empfiehlt Opitz die Imitation fremder Dichter, und Harsdörffer nennt das Abborgen einen löblichen Diebstahl.

Bei der Adaption als einer umfassenden Veränderung des Originaltextes durch Lokalisierung der Handlung, zeitliche Verschiebung oder Veränderung der Figuren könnten wir zwei Hauptformen unterscheiden: die Umgestaltung und die Umfunktionierung. Als Beispiel künstlerischer Umgestaltung erwähnt Ďurišin die vielen Verarbeitungen des "Exegi monumentum" von Horaz in der Weltliteratur. Hauptanliegen der Umgestaltung ist, die zeitlose Gültigkeit einer Dichtung herauszuarbeiten. Beispiel für eine Umfunktionierung hingegen wäre Brechts Bearbeitung der *Antigone*. Durch Änderung vor allem des Schlusses erhält das Stück bewußt einen neuen weltanschaulichen Inhalt. Die Nachgestaltung übernimmt mit Absicht gewisse Aufbauelemente der Vorlage, um ein in einer bestimmten Periode einengendes Verfahren zu überwinden bzw. um einzelne Formen- und Gattungsdifferenzierungen zu fördern. Sie kann auch in der Absicht erfolgen, die Aufnahme in einer bestimmten Zeit, einem bestimmten Land oder bei einem bestimmten Publikum (z.B. bei der Jugend) zu fördern. Die Nachgestaltung nimmt also eine positive Beziehung zur Vorlage ein. Als Beispiel könnten die vielen Nachgestaltungen aus der Volksdichtung, besonders bei Völkern, wo das folkloristische Element noch stark vorhanden ist, oder Nachgestaltungen aus der mittelalterlichen Dichtung angeführt werden. Nachgestaltet werden aber auch Werke solcher Autoren, die innerhalb einer bestimmten Tradition einen hervorragenden Platz einnehmen.

Jedoch gerade bei der Adaption und ihren verschiedenen Formen sowie bei der Nachgestaltung tritt das Verhältnis der Literatur zu anderen Kunstgattungen ganz besonders in den Vordergrund. Es ginge dabei vor allem um eine theoretische Verallgemeinerung der Bearbeitung literarischer Werke für die Bühne,[25] jedoch auch für den Rundfunk,[26] den Film[27] und das Fernsehen.[28] Hier wäre zudem auch der Ansatzpunkt, um das Verhältnis von Literatur und Musik[29] sowie Literatur und bildende Kunst[30] zu erfassen.

Für die Variation liefert die Weltliteratur ebenfalls zahlreiche Beispiele (z.B. Variationen zu einzelnen Themen und Motiven). Ďurišin erinnert an die Variationen zu Goethes Gedicht "Mignon" bzw. zum Mignon-Motiv überhaupt. Wenn nun schon gerade von diesem Motiv die Rede ist, so dürfte zur

---

[25] Den einzigen umfassenden Versuch, dieses Feld der Bearbeitungen theoretisch zu verallgemeinern, fand ich bei Tadeusz Kowzan (*Littérature et spectacle dans leurs rapports esthétiques, thématiques et semiologiques*. Warschau 1975). Es geht, wie auch bei den Übertragungen in andere Medien, um das noch ungeklärte Problem der Transposition von Zeichen.

[26] Hier besteht schon eine umfangreiche Literatur (Hans Bänninger: *Bühnenstück und Hörspiel*. Zürich 1949; Günther Skopnik: "Theater und Hörspiel". In: Gottfried Müller (Hg.): *Dramaturgie des Theaters, des Hörspiels und des Films*. Würzburg [6]1954, 523-530).

[27] Das neueste Werk hierzu wäre von Irmela Schneider: *Der verwandelte Text. Wege zu einer Theorie der Literaturverfilmung*. Tübingen 1981.

[28] Vgl. d. Helmuth Otto Berg: *Die Transformation von Erzählwerken in Fernsehspiele*. Bochum 1968; Klaus Beling: *Fernsehspiel und epische Vorlage*. Mainz 1976.

[29] So sieht Steven Paul Scher ("Literature and Music: Comparative or Interdisciplinary Study?" In: *Yearbook of Comparative and General Literature*, Nr. 24, 1975, 37-39) drei mögliche Verhältnisse für die Beziehung zwischen Musik und Literatur: 1) Musik und Literatur stehen in einem gleichwertigen Verhältnis (z.B. in der Oper; vgl. a. Gary Schmidgall: *Literature as Opera*. New York/Oxford 1977; Karl-Friedrich Dürr: *Opern und literarische Vorlagen*. Stuttgart 1979); 2) Literatur ist anwesend in der Musik, was nach Scher zum Aufgabengebiet der Musikwissenschaft gehört, wobei jedoch das Libretto sicherlich auch eine literarische Gattung darstellt; und 3) Musik ist anwesend in der Literatur, indem der Autor a) Musik nachahmt und in diesem Fall sein Werk zu einem Medium der Musik macht (Lautmalereien), b) den Text gewissen musikalischen Formen anzugleichen versucht (Sonate: Thomas Manns *Tonio Kröger*, Fuge: Paul Celans *Todesfuge*; Rondo: James Joyces *Ulysses*), oder sein Werk c) zum großen Teil mit dem Erleben von Musik durchdrungen ist. Vgl. dazu als neuestes Werk: Günther Schnitzler: *Dichtung und Musik*. Stuttgart 1979.

[30] Ein analoges Verhältnis wie zwischen Literatur und Musik besteht auch zwischen Literatur und bildender Kunst. Dazu im einzelnen: Gisbert Kranz: *Gedichte auf Bilder*. München 1975; Jeffrey Mayers: *Painting and Novel*. Manchester 1975; Ellen Frank: *Literary Architecture*. Berkeley 1980; Heinz Buddemeier: *Panorama – Diorama – Photographie. Entstehung und Wirkung neuer Medien im 19. Jahrhundert*. München 1970.

Variation als Paraphrase in gleichwertiger Bedeutung für eine theoretische Verallgemeinerung auch die Parodie treten.[31]

Die Filiation – bei Jean-Jacques Ampère noch äußerst breit als Verwandtschaft, Verbindung und Folge aufgefaßt – wird von Ďurišin mehr auf Erscheinungen im Rahmen ethnisch verwandter oder aus einer gemeinsamen Tradition sich entwickelnder Literaturen angewandt, wo außer der unmittelbaren Einwirkung noch bestimmte Dispositionen gegeben sind. Die Don Juan-Gestalt entwickelte sich sicherlich vor allem im Rahmen der Romania, von Spanien über Italien nach Frankreich; die Gestalt des Doktor Faustus wanderte aus dem deutschen Volksbuch über Christopher Marlows Drama, über das Volksschauspiel und Puppenspiel zu Goethe. Zur Zeit scheint sich überhaupt der Begriff Filiation auf die Verwandtschaft literarischer Gestalten zu ihren literarischen Vorbildern zu begründen. Benjamin Constants Adolph zum Beispiel stünde demzufolge in Filiation zu Samuel Richardsons Lovelace. Für Georgij M. Fridlender sind alle Helden Dostoevskijs Nachkommen oder Doppelgänger großer Gestalten der Weltliteratur.[32]

Ausgerüstet mit einer solchen Apparatur wird der Komparatist demnach in einem Text sicherlich viele der verschiedenen Reminiszenzen, Impulse, Kongruenzen und Filiationen aus verschiedenen Literaturen feststellen können, wobei er sich bewußt ist, daß diese auch über den Text hinausweisen und ihrerseits wiederum viel breiteren Systemen angehören. Horaz-Zitate in einem Text zum Beispiel verknüpfen diesen Text mit dem System einer Kultur, das auf der Grundlage einer gemeinsamen humanistischen Bildung beruht. Impulse lassen sich zeitlich gliedern und zusammenfassen, so daß sich den Umständen entsprechend ein System französischer oder englischer Impulse zu erkennen gibt. Die Romantik zum Beispiel als Konzentration von Impulsen, die aus der deutschen Literatur kommen, ist in diesem Sinne gleichfalls ein System, das sowohl in seinen Gemeinsamkeiten als auch in seinen Unterschiedlichkeiten in den verschiedenen Literaturen mit Hilfe von bestimmten Modellen erkannt werden kann. Auch die Kongruenzen werden in dieser Hinsicht in die verschiedensten Richtungen weisen, und das gleiche gilt auch für die Filiationen.

---

[31]   Gerade hier zeigt es sich, daß Parodien durchaus keine kritischen Affekte gegen ihre Vorlagen entfesseln müssen, wie oft angenommen wird. Goethes Gedicht "Mignon" begünstigte offensichtlich politische Anwendungen: Die Sehnsucht nach einer Alternative zu den gegebenen Verhältnissen, die sich im Mignon-Lied artikuliert, bietet sich einer politischen Argumentation geradezu an. Erich Kästner dichtete: "Kennst du das Land, wo die Kanonen blühen?"

[32]   "Dostoïevski et certains aspects théoriques du problème de la réception littéraire". In: Zoran Konstantinović/Manfred Naumann/Hans Robert Jauß (Hg.): *Literary Communication and Reception. Proceedings of the 9th Congress of the ICLA.* Bd. 2. a.a.O., 71-74.

Von einem solchen zu einem System ausgerichteten Blickpunkt aus werden sich so manche festgefügten Vorstellungen von literarischen Bewegungen und Epochen, aber auch von den einzelnen literarischen Gattungen auflösen. Es stellt sich jedoch die Frage, wie sich diese Vorstellungen theoretisch erfassen und verallgemeinern lassen. Denn historisch wird man wohl von einzelnen Erscheinungen ausgehen können und diese in einen größeren Zusammenhang stellen. Eine Geschichte der Weltliteratur schreiben, würde demnach bedeuten, paradigmatisch auszuwählen: das Sonett zum Beispiel, Voltaires *Candide*, Rousseaus *Confessions*, Flauberts *Madame Bovary*, Baudelaires *Fleurs du Mal* oder Zolas *L'Assommoir*, aber auch Allen Ginsbergs *Howl* als Verdichtungen von bestimmten Kräften und als Ausgangspunkt von Wirkungen, die sich in ein System zusammenfassen lassen. So kann man die Verschiebung von Schwerpunkten und die bestimmenden Kräfte, die zu einem Paradigma geführt haben, und die weiteren Wirkungen, die von einem solchen Paradigma ausgegangen sind, übersichtlich gliedern.

Die Komparatistik sieht sich dabei vor die Aufgabe gestellt zu ergründen, was ein Werk zum Paradigma im gesamten Kontext der Weltliteratur macht und wodurch es dann weiterwirkt. Es ist also die Frage der Originalität eines Textes und seiner Wirkung als Werk. Originalität ist sicherlich nur in der Unterscheidung zu allem Vorhergewesenen möglich. So wären demnach die verschiedenen Möglichkeiten des Bruches mit der Tradition, der Innovationen, wohl am ehesten nach Themen, Stil und Ausdrucksweisen, jedoch auch nach dem Verhältnis der Künste untereinander und der Hinwendung zu anderen Gebieten menschlichen Denkens und Handelns – zur Gesellschaft, zur Philosophie, zur Psychologie, zur Religion, zum geschichtlichen Denken – zu gliedern.

Andererseits ist heute viel von Wirkungsgeschichte die Rede. Die Komparatistik müßte sich wohl vor allem um eine theoretische Verallgemeinerung der Wirkungsmechanismen bemühen. Wie gelangt ein Werk über seine Literatur hinaus auf andere Literaturen zur Wirkung? Diese Frage ist sehr weit gestreut, sie reicht von der Konstituierung des Textes im Bewußtsein des einzelnen Lesers als einem literarischen Werk bis zur Rezeption im kollektiven Bewußtsein einer anderssprachigen Leserschaft, führt aber von der Synchronie zur Diachronie, zum Problem der Alterität, dem Wandel des Werkes im Laufe der Zeit.

Ich schließe meine kurzen Ausführungen mit einer Zusammenfassung, die ich zugleich als Plädoyer in eigener Sache betrachte. Die Vergleichende Literaturwissenschaft ist eine wissenschaftliche Disziplin, die auch ihre innere Systematik besitzt, eben weil sie ein System für sich im breiteren System der Literaturwissenschaft darstellt. Wie jedes System vorerst durch einen sinngebenden Ausgangspunkt bestimmt werden muß, ist ein solcher auch für die

Vergleichende Literaturwissenschaft erkennbar. Er lautet: *Die Vergleichende Literaturwissenschaft erfährt ihre Sinngebung als System durch die grenzüberschreitende Prozeßhaftigkeit der Literatur.* Denn literarische Phänomene überschreiten nicht nur die Grenzen von einer Sprache zur anderen, sondern auch zu anderen Künsten und Manifestationen des menschlichen Geistes. Wenn daher die Literaturwissenschaft die Wissenschaft von der Literatur ist (wie immer man die Literatur auch definieren mag), so ist die Vergleichende Literaturwissenschaft vor allem die Wissenschaft von den grenzüberschreitenden Phänomenen der Literatur, von einer Nationalliteratur bis zur Weltliteratur und allen Strukturen, in denen sich diese bewegt. Eine Theorie der Vergleichenden Literaturwissenschaft müßte vor allem dieser Tatsache gerecht werden.

Mit meinen kurzen Ausführungen stelle ich daher zugleich auch eine entsprechende Synopse zur Diskussion. Der Weg der theoretischen Erkenntnis setzt – den gegenwärtigen methodologischen Bemühungen der Literaturwissenschaft entsprechend – mit dem Text an, mit den in ihm enthaltenen Reminiszenzen, Impulsen, Kongruenzen und Filiationen, wobei diese aus dem Kontext heraus in ihrem Zusammenhang mit anderen Systemen zu erkennen wären. Das Textgefüge jedoch wäre dann wiederum in seiner Gesamtheit vom Standpunkt der Originalität in Hinblick auf das in der Vergangenheit in der Weltliteratur schon Bestehende zu bestimmen und von da aus – als jeweils konkretisiertes Werk – in seiner weiteren Wirkung zu verfolgen. Eine Verallgemeinerung all dieser Erkenntnisse könnte als Theorie die Vergleichende Literaturwissenschaft wohl am ehesten dem forschenden Bewußtsein näherbringen. Daraus folgt auch die Methode. Diese wird immer vom Bestehen solcher Systeme ausgehen, denn Vergleichen bedeutet nicht einfaches Herausgreifen und Nebeneinanderstellen – "la littérature comparée n'est pas la comparaison littéraire" (Jean-Marie Carré) – sondern das prüfende und reflektierende Erkennen einer Erscheinung aus einem jeweiligen System heraus im nie aufhörenden dialektischen Prozeß des Besonderen und des Allgemeinen, oder – wie Vajda sagt – "of nation and humanity".

Auf der Suche nach dem Systemzusammenhang. Archetext – Intertext – Kontext

> Zweifellos steht einem die Literatur der Sprachgemeinschaft, in die man hineingewachsen ist, am nächsten. Wehe aber dem Forscher, der sich auf das Gebiet der Literatur oder der Kultur seiner Muttersprache so einschließt, daß er von dem, was darüber hinausgeht, keine Kenntnis nehmen will. Es gibt keine völlig voneinander abgetrennten Systeme; es liegt in ihrer Natur, daß sie miteinander zusammenhängen und untereinander kommunizieren. Der Systemzusammenhang bildet die Grundlage der vergleichenden Methode der Literaturwissenschaft. Vergleichen heißt heute, Zusammenhänge suchen, Parallelen, konfrontieren, übernationale Einheiten synthetisch betrachten. Vergleichen heißt heute, mit den zeitgemäßesten Methoden an das Literatursystem, die Literatur-Polysysteme herantreten.
>
> (György Mihály Vajda, *Über die Zukunft der Literaturwissenschaft*)

Die Forderung von György M. Vajda, in die Methodologie der Komparatistik einen Systemzusammenhang einzubringen, bedeutete auch für mich eine sehr wesentliche Anregung. Wenn ich die bis zu diesem Zeitpunkt meines Erachtens nach vier wesentlichsten Einführungen in unsere Disziplin herausgreife, so war in ihnen zweifellos das Fehlen einer geschlossenen Erfassung der behandelten Bereiche komparatistischer Forschung sichtbar, ohne daß ich dabei den Wert, der in den Bemühungen ihrer Autoren zum Ausdruck kam, und den Nutzen und Gewinn, den sie für die Forschung bedeuteten, in irgendeiner Weise schmälern wollte.

So schien mir Paul Van Tieghem mit seinem Werk *La littérature comparée* (1931) in vorzüglicher Weise den Zugang zur Interliterarizität erschlossen zu haben: Literatur läßt sich niemals in die Grenzen nur einer Sprache einbinden. Der von der Genetik inspirierte Gedanke der Vererblichkeit und der dabei auftretenden kombinationsreichen Möglichkeiten der Veränderungen war in diesem Falle in überzeugender Weise in den Bereich geistiger Austauschprozesse übertragen worden und hatte im Begriff der *mobilité* eine entsprechende Erklärung gefunden: Auch die Erscheinungen im Geistigen besitzen ihren Ursprung, ihre Genese, sie werden übertragen und setzen sich fort, wobei sie sich unweigerlich auch verändern. In einer synthetischen Zusammenschau solcher bilateraler Untersuchungen wurden dann umfangreiche, äußerst nutzvolle Überblicke über die Beziehungen zwischen jeweils zwei Literaturen erstellt, wie sie zum Beispiel in Wolfgang Stammlers *Deutsche Philologie im Aufriß* ([2]1962) Aufnahme fanden, wo in umfangreichen Beiträgen die Beziehungen der deutschen Literatur zur französischen, italienischen, spanischen, englischen, amerikanischen, skandinavischen, finnischen, niederländischen, russischen, südslawischen, tschechischen, polnischen, ungarischen Literatur und zur Literatur des Orients, Indiens und Ostasiens entsprechende Aufnahme gefunden haben. Diese Form der Darstellung wurde dann von Paul Merker und Wolfgang Stammler im *Reallexikon der deutschen Literaturgeschichte* ([2]1958-1984) durch neue Angaben ergänzt.

Damit war zweifellos ein weiter Bereich komparatistischer Forschung erschlossen, ohne daß man jedoch hätte sagen können, das gesamte Aufgabengebiet einer möglichen, auf dem Vergleich begründeten Literaturwissenschaft sei damit abgegrenzt. Eine Ausweitung erfolgte daraufhin durch die Arbeit von Viktor M. Žirmunskij "Sravnitel'noe literaturovenie i problema literaturnych vlijanij".[1] Schon Paul Van Tieghem hatte von der *coïncidence*, von der Übereinstimmung gewisser literarischer Erscheinungen gesprochen. Žirmunskij verband nun diese Vorstellung mit dem marxistischen Grundsatz von Basis und Überbau. Die gleichen Produktionsbedingungen als unausweichliche Basis aller historischen Veränderungen und Entwicklungen führen unweigerlich auch zu ähnlichen Erscheinungen in der Sphäre des geistigen Überbaus und demnach auch in der Literatur. Als Folgeerscheinungen stellt nun Žirmunskij die typologischen Analogien in den Vordergrund. Die gesellschaftliche Struktur des feudalen Rittertums mußte sowohl in der mittelalterlichen französischen als auch deutschen und englischen Literatur die gemeinsame Form des Minnesanges hervorbringen, und solche Übereinstimmungen lassen sich immer wieder für gleichlautende gesellschaftliche Bedingungen belegen. Dionýz Ďurišin hat dann über die gesellschaftsbedingten Typologien hinaus noch auf psychisch bedingte und auf genremäßig bedingte Typologien hingewiesen.[2] Ähnliche psychische Situationen von Autoren verschiedener Sprachen werden einen ähnlichen Niederschlag in ihren Werken finden, und ebenso wird eine bestimmte literarische Gattung, so zum Beispiel der genealogi-

---

[1]   Viktor M. Žirmunskij: "Sravnitel'noe literaturovenie i problema literaturnych vlijanij". In: *Izvestija Akademij nauk SSSR. Otdelenie obščestvenih nauk*, Nr. 3, 1937, 383-403.

[2]   Dionýz Ďurišin: "Die wichtigsten Typen literarischer Beziehungen und Zusammenhänge." In: Gerhard Ziegengeist (Hg.): *Aktuelle Probleme der Vergleichenden Literaturwissenschaft*. Berlin 1968, 17-46. Dazu auch das entsprechende Kapitel in Ďurišins Einführung: *Vergleichende Literaturforschung. Versuch eines methodisch-theoretischen Grundrisses*. Berlin 1972, 90-109 ("Typologische Zusammenhänge").

sche Roman, eine ähnliche Technik und die Nutzung der gleichen Elemente hervorbringen, ohne daß womöglich ein Autor von einem solchen Werk eines anderen Autors gewußt hätte.

Damit war für die Komparatistik neben der genetischen Reihe auch die Analogie ins Blickfeld der Betrachtungen gerückt. Trotzdem konnte man sich auch damit nicht zufrieden geben. René Wellek ging deswegen in den Kapiteln des Buches, das er gemeinsam mit Austin Warren verfaßt hatte (*Theory of Literature*, 1949), davon aus, daß als Endziel der komparatistischen Betrachtung die Literarizität stehen müsse, das spezifisch Literarische eines Werkes. Es ginge dabei um die Erkennung von Werten, wozu man zwar auf eine Apparatur sowohl für die werkimmanenten Elemente als Möglichkeit eines *Intrinsic Approach* als auch eines Zuganges von außen – *Extrinsic Approach* – zurückgreifen könne, letztlich sich aber doch dem literarischen Werk als Einheit nur hermeneutisch erschließend nähern könne; wobei sich diese Annäherung an die Totalität des literarischen Kunstwerkes (Perspektivismus) als Akt der Wertung auch völlig unabhängig von jeglicher Faktenkenntnis zu vollziehen vermag.

Eine neue Dimension eröffnete daraufhin Henry H. H. Remak mit seiner Abhandlung "Comparative Literature. Its Definition and Function"[3]. Die Komparatistik solle nicht nur jenen Bereich umfassen, der über die Grenzen einer Nationalliteratur hinausgeht, sondern auch die Beziehung zwischen Literatur und allen objektivierbaren Sphären des menschlichen Lebens, Glaubens und Wissens, also sämtlichen Formen des künstlerischen Schaffens, der philosophischen Welterkenntnis, der religiösen Überzeugung, der Gestaltung der menschlichen Gesellschaft, den einzelnen Wissenschaften und der Technik, dem Verstehen von Geschichte und der ökonomischen Theorien. Ausgangspunkt solcher Betrachtungen jedoch müsse immer das literarische Werk bleiben. Den bestimmenden Begriff für solche Bemühungen habe ich als transliterarischen Zusammenhang zu definieren versucht.[4] Offen bleibt bei dieser Dimension jedoch, ob man bei der Suche nach ihren Ausblicken die komparatistischen Bemühungen auf die Verbindung jeweils einer Literatur auf solche objektivierbare Sphären außerhalb der sprachlichen und kulturellen Grenzen dieser Literatur beschränken solle, also auf die Anwesenheit zum Beispiel französischer Malerei in einem deutschen Roman.

---

[3] Henry H. H. Remak: "Comparative Literature. Its Definition and Function". In: Horst Frenz/Newton P. Stallknecht (Hg.): *Comparative Literature. Method and Perspective*. Carbundale ²1973.

[4] Zoran Konstantinović: *Vergleichende Literaturwissenschaft. Bestandsaufnahme und Ausblicke*. Bern/Frankfurt/New York 1989, 91-118. Ein wesentlicher Teil der Betrachtungen ist dabei auf die Übertragung der Zeichensysteme verschiedener Bereiche in das Zeichensystem der Sprache als dem Medium der Literatur gerichtet.

In der Zeit seit Erscheinen von György M. Vajdas Zukunftsvision 1986 ist nun noch eine Einführung in die Komparatistik erschienen, die ich als die fünfte an die von mir einleitend erwähnten hinzufügen möchte, nämlich das Büchlein *La littérature comparée* (1989) von Yves Chevrel. Nach Chevrel ist jede literarische Erscheinung in der Weise zu untersuchen, daß man sie mit anderen, für die Konstituierung einer Kultur bedeutsamen Elementen in Verbindung setzt. In einer solchen Forderung hat sicherlich das Systemdenken seinen Niederschlag gefunden, auf dem auch die moderne Kulturwissenschaft beruht. Es gibt keine für sich alleinstehende, völlig isolierte Kultur, sondern alle stehen miteinander in ständiger Kommunikation und daher in Zusammenhang und sind als Folge solcher Zusammenhänge auch ständigen Veränderungen unterworfen. Ausdruck solcher Veränderungen sind ununterbrochen neu entstehende *images,* wie aus dem Prozeß einer *imagerie culturelle.* In diesen Bildern oder Vorstellungen ist regelmäßig noch etwas von den vorhergehenden Bildern und Vorstellungen enthalten, jedoch unaufhaltsam ist Neues in sie hineingeflossen, das nun die Überhand gewinnt. Das literarische Werk wäre demzufolge eine fixierte Struktur des kulturellen Wandels.

Von der Auffassung des literarischen Werkes als einer solchen fixierten Struktur des kulturellen Wandels ausgehend, scheint mir auch der Blick auf den Systemzusammenhang möglich. Da das literarische Werk ausschließlich durch den Text fixiert ist, läßt sich der Systemzusammenhang für den Komparatisten am ertragreichsten aus dem Zusammenfließen von Archetext, Intertext und Kontext erkennen. Ich möchte versuchen, jeden dieser drei Begriffe zu erklären und sie dann in einer Zusammenschau dem entsprechenden Zusammenhang entgegenzuführen.

Im Archetext, im Prozeß des Entstehens eines Textes im Schriftsteller oder Dichter bis zu seiner ersten Niederschrift, sind immer auch schon Zusammenhänge mit Gedanken anderer Schriftsteller – und vor allem Schriftsteller in anderen Sprachen und aus anderen Kulturkreisen – mehr oder weniger deutlich erkennbar. Gérard Genette, der diesen Prozeß erstmals systematisch zu erhellen versuchte (*Introduction à l'architexte,* 1979), sieht im Archetext eine Vielzahl von Diskursen, aus denen ein Text emporwächst, und er unterscheidet dabei zwei Phasen – den Genotext und den Phänotext. Im Genotext können es allererste, noch bildhafte Assoziationen sein, die als früheste Spuren eines späteren Textes erkennbar sind. Im Phänotext artikulieren sie sich daraufhin zu losen sprachlichen Zusammenhängen. Vor Augen ist mir dabei eine kleine Schilderung des Nobelpreisträgers Ivo Andrić, in der er beschreibt, wie er als Schuljunge oft stundenlang vor der Auslage des damals einzigen Buchladens in Sarajevo stehen konnte, um zum hundertstenmal die ihm unbekannten Namen der Autoren und Titel der Werke und die Illustrationen auf dem

Buchdeckel oder Einband in sich aufzunehmen. "Da ich niemand hatte, der mich eingeführt oder mir etwas erklärt hätte, so gab ich selbst diesen Titeln und Bildern eine Bedeutung, entwickelte meine Sympathien oder Antipathien für oder gegen sie, und jedes dieser Bilder setzte auf seine Weise meine Phantasie in Bewegung und ließ mich raten, was sich wohl dahinter verbarg, um solches Raten dann in das Erfinden entsprechender Inhalte übergehen zu lassen". Und dann folgt als Schlußsatz: "Dort schon sind die ersten Gedanken für meine Romane und Novellen entstanden, aber oft zugleich auch entschwunden."[5]

Aber das bei dieser Gelegenheit so rasch Entschwundene mag vielleicht in einem anderen Zusammenhang wieder auftauchen. Wenn Gérard Genette demnach in der Suche nach der Biographie eines Schriftstellers oder Dichters vor allem die Erhellung des Archetextes fordert, um in vollem Ausmaß den individuellen Beitrag seines Schaffens zu erkennen, so dürfte das Entschwundene für die Gesamtbiographie ebenfalls von Bedeutung sein, denn es scheint letztlich doch niemals zu entschwinden. Ein Beispiel dafür, wie man in der Erhellung einer Biographie erneut auf solch Entschwundenes zu stoßen vermag, bietet Jean Paul Sartres Flaubert-Biographie *L'Idiot de la famille*. Aus dem Nachvollzug des Dialogs, den Flaubert mit den Erscheinungen und Werten führt, die ihn umgeben, entsteht allmählich die Gestalt der Madame Bovary. Es ist ein progressiv-regressives Verfahren, denn obwohl es sich um eine kontinuierliche Darstellung von Flauberts Leben handelt, so erfolgen aus einer solchen Darstellung doch immer wieder erneute Rückblicke auf Vergangenes, bis in die Zeit der Kindheit hinein, um auch dort zum Beispiel eine entsprechende Erklärung für spätere Verhaltensweisen und literarische Stellungnahmen zu finden. So taucht dabei auch Goethes Name in verschiedenen Augenblicken auf, füllt einen Diskurs aus, gestaltet eine Vorstellung, oder das mit Goethes Namen Verbundene wird rasch wieder zur Seite gelegt, um in ähnlicher Form in einem späteren Augenblick wieder Gestalt zu gewinnen.

In diesem Sinne ist es äußerst befruchtend, den Dialogen nachzugehen, die ein Schriftsteller durch die Zeit seines Lebens mit anderen Schriftstellern führte, und sich in die Entwürfe zu vertiefen, mit denen er sich befaßt hat und die er nicht vollenden konnte oder wollte. Sie sind Zeugnisse auch seiner oft unbewußten Verbindungen mit anderen Literaturen und Kulturen, der Vermittlerrolle, die dabei eine dritte Literatur oder Kultur gespielt haben mag. Insgesamt aber eröffnen sie vom Archetext aus den Blick auf ein System.

Dieser Blick aber auf den Archetext geht über in die Betrachtung des Intertextes, denn vom Intertext aus können wir erst so richtig die Entstehung des

---

[5] Ivo Andrić: *Sabrana dela*. Bd. 5 (Kako sam ulazio u svet knjiga). Belgrad 1967, 37-38.

Textes nachvollziehen und ihn, mit den nötigen Angaben versehen, in ein System einbauen, da der Intertext den Dialog eines Textes mit anderen Texten offenbart. Es war vor allem Julia Kristeva, die im Rückgriff auf Michail Bachtin diesen Begriff einführte (*Sémèiotiké. Recherches pour une sémanalyse.* 1969).[6]

Als entsprechenden Zugang zur Untersuchung der Intertextualität stelle ich den Begriff der Reminiszenz in den Vordergrund und definiere ihn als das Sich-Erinnern des Lesers im Laufe der Lektüre an einen anderen Text. Die Fähigkeit für ein solches Sich-Erinnern hängt zweifellos von der Weite des Horizonts literarischen Wissens ab, den sich ein Leser vor allem im Prozeß der Aufnahme bis dahin gelesener Werke aufzubauen vermochte. Sie hängt demnach zum großen Teil von seiner Bildung ab, ist aber Ausdruck auch einer bestimmten Sensibilität, die Signalwirkungen, die in diesem Falle von einem Text ausgehen, in entsprechender Weise zu registrieren. Es ist eine Art des Déjà-vu-Erlebnisses. Alle solche Stellen, die verschiedenartig aus anderen Texten in den untersuchten Text eingeflossen sind, subsumiere ich im Unterschied zu anderen Autoren, vor allem zu Dionýz Ďurišin, unter dem Begriff des Zitates.[7] Dabei unterscheide ich zwischen dem literarischen Zitat, das einem anderen literarischen Werk entnommen ist, dem transmedialen Zitat, das aus dem Bereich eines anderen Mediums in einen literarischen Text eingebaut ist, aus der Musik oder der bildenden Kunst zum Beispiel, und dem faktographischen Zitat, das Anführungen aus Zeitungen, aus Dokumenten oder aus wissenschaftlicher Literatur in einen literarischen Text einführt.

In einer derart weitgefaßten Vorstellung vom Stellenwert des Zitierens bezeichne ich darüber hinaus als Zitat nicht nur die Erwähnung einer bestimmten Stelle aus einem anderen Text, sondern ich dehne die Signalwirkung des Sich-Erinnerns auch auf einen gegebenen Stoff als solchen aus, auf ein Thema, ein Motiv, eine Gestalt, eine Verfahrensweise oder eine mehr oder weniger bewußt verwendete künstlerische Form, von der allereinfachsten stilistischen Figur bis zu einer der vielen literarischen Gattungen und Subgattungen. Auch das Sich-bewußt-Werden einer sogenannten metaphysischen Qualität – des Tragischen, Komischen, Grotesken, Lieblichen, aber auch des Raumes oder der Zeit – wie es sich im Leser im Laufe der Lektüre gestaltet, kann zum Sich-

---

[6]   Ulrich Broich und Manfred Pfister haben als Herausgeber des Sammelbandes *Intertextualität. Formen – Funktionen. Anglistische Fallstudien* (Tübingen 1985) diesem Werk auch einige grundlegende theoretische Verallgemeinerungen vorausgeschickt, die einen ersten Anhaltspunkt für entsprechende Untersuchungen bieten.

[7]   Dionýz Ďurišin (*Vergleichende Literaturforschung. Versuch eines methodisch-theoretischen Grundrisses*, a.a.O.) spricht in diesem Falle von Wirkungsformen und unterscheidet darunter zwischen Reminiszenzen, Impulsen, Kongruenzen und Filiationen.

Erinnern an einen anderen Text führen und wäre demnach gleichfalls dem Bereich der Reminiszenzen zuzuzählen.

Für eine systematische Erfassung bietet sich zudem die Möglichkeit der Einteilung nach dem Grad der Erkennbarkeit eines derart verstandenen Zitats (als unter Anführungszeichen oder in Kursivform gesetztes Zitat, als verborgenes Zitat, als Anspielung) oder nach dem Ort in der Struktur des Textes (als Zitat unmittelbar im Text, als Motto oder im Paratext, als zusätzliche Erklärung), ferner nach der kompositionellen Bedeutung in der Strukturiertheit des Textes (als tragendes Element seiner Grundstruktur, als Ausdruck des Spiels, als rein zufällige, womöglich auch austauschbare Erwähnung) und schließlich nach dem Grad der Abweichung oder auch Nichtabweichung vom Referenztext bis zu seiner völligen Vereinnahmung (also von den verschiedenen Formen der Übereinstimmung oder Kongruenz, als Adaption oder bewußte Umfunktionierung bis hin zum Plagiat). Daß das Spiel mit dem Zitat als Ausdruck völliger Gesättigtheit mit Informationen unserer Zeit zum Merkmal auch der postmodernen Literatur geworden ist, gehört zu den wohlbekannten Feststellungen.[8]

In die theoretische Betrachtung der Intertextualität fließen unwillkürlich die Verse eines Gedichtes ein, als Sich-Erinnern an den Gedanken von Anna Achmatova:

Deine Seele ist so reich, daß sie nicht wiederholen dürfte,
was einmal schon gesagt.
Aber vielleicht ist die Poesie an sich
nur ein wundervolles Zitat.

Trotzdem wandelt sich auch ständig etwas in unserem Verständnis eines Zitats, und damit sind wir auch beim dritten Begriff angelangt, der uns über den Text den Blick zum Systemzusammenhang eröffnet. Es ist der Kontext. Die Prager Strukturalisten waren die ersten, die darauf hingewiesen haben, daß auch dem Leser eine aktive Rolle in der Strukturierung eines Textes zufällt, und sie erwähnen dabei erstmals auch die Bedeutung des Kontextes. Aus den Bedingungen des Kontextes heraus kommt es daraufhin auch zur entsprechenden Aktualisierung eines Textes, so daß wir vor der Tatsache stehen, daß sich der jeweils aktualisierte Text sehr wesentlich vom intendierten Text des Autors unterscheiden kann. Darüber haben dann Roman Ingarden, Wolfgang Iser, Jurij Lotman, Umberto Eco und noch viele andere Theoretiker ausführ-

---

[8] In diesem Zusammenhang war der bekannte Schriftsteller ungarisch-serbischer Abstammung Danilo Kiš schweren Vorwürfen ausgesetzt, obwohl er einige Jahre vor Umberto Ecos klassischem Roman der Postmoderne *Il nome della rosa* ein ganz ähnliches Spiel mit Zitaten angewandt hatte.

lich nachgedacht. Unser heutiger Erkenntnisstand lautet demzufolge, daß es wohl einen unveränderbaren Text gibt, in seiner gedruckten Form oder als letzte Niederschrift eines Autors, jedoch daß das Werk als solches, als die erfolgte Aktualisierung eines Textes nämlich, von Leser zu Leser, von einer Generation zur anderen und von einem Kulturkreis zum anderen veränderbar ist, daß er etwas anderes wird.

Mit diesem Anderswerden, mit dieser Möglichkeit des Alterierens, greift die gesamte Problematik zugleich auch in jene grundlegende Fragestellung der Scholastiker, die sich um die Erklärung der *Alteritas* bemühten. Der französische poststrukturalistische Diskurs hat diese Bemühungen unter der Bezeichnung "alterité" fortgesetzt, und diese Bemühungen bilden heute einen wesentlichen Inhalt der zeitgenössischen Kulturologie und der poststrukturalistischen Poetik. Die Frage nach der Alterität führte auch zu einem neuen Zugang zu den Texten weiblicher Autoren, die man nun in ihrem Anderssein aus der Spezifik ihrer dialogischen Struktur zu ergründen suchte. An die Komparatistik jedoch hat Hans Robert Jauß dieses Problem herangetragen, und zwar auf dem Komparatistenkongreß 1979 in Innsbruck, wo er mit dem Referat "Ästhetik der Rezeption und der Ästhetischen Kommunikation" die entsprechende Diskussion eröffnete.[9]

Das Problem war dann auch Gegenstand des VIII. Internationalen Germanistenkongresses 1990 in Tokio, der insgesamt im Zeichen des Themas "Begegnung mit dem 'Fremden': Grenzen – Traditionen – Vergleiche" stand, jedoch von der sogenannten "Interkulturellen Germanistik" völlig in Beschlag genommen und daher auch in eine ganz entgegengesetzte Richtung gelenkt wurde, nämlich in Richtung eines ausschließlichen Eigenbezuges auf alles Deutsche in Sprache und Literatur. Die Erkenntnis des Systemzusammenhanges lehrt aber, daß es weder im Entstehungsprozeß eines Werkes, in seinem Archetext, noch in dem Intertext der fixierten Form seines Textes und auch in den Einwirkungen des Kontextes auf die jeweilige Aktualisierung eines Textes jemals eine ausschließliche Bezogenheit auf nur eine Literatur geben kann.

Im Gegenteil, von der ersten Phase des Archetextes an, aus dem Intertext heraus und vom Kontext her, weist jeder Zugang auf einen Zusammenhang hin, der das System aller Literaturen und aller objektivierbaren Bereiche des menschlichen Lebens umfaßt.

Nach diesen theoretischen Ausführungen, mit denen die Möglichkeit aus dem Zusammenfließen der Betrachtungen über den Archetext, Intertext und Kon-

---

[9] Hans Robert Jauß: "Ästhetik der Rezeption und der Literarischen Kommunikation". In: Zoran Konstantinović/Manfred Naumann/Hans Robert Jauß (Hg.): *Literary Communication and Reception. Proceedings of the 9th Congress of the ICLA.* Bd. 2. Innsbruck 1980, 35-38.

text zur Erkenntnis eines systemischen Zusammenhanges zur Diskussion gestellt werden sollte, möchte ich nun versuchen, den Blick etwas konkreter auf einen ungarischen Autor zu lenken, den ich zu den bedeutendsten mitteleuropäischen Autoren der Gegenwart zähle. Ich denke dabei an Peter Esterházy, dessen Texte – vor allem die *Fuhrleute*, die *Hilfsverben des Herzens*, *Wer haftet für die Sicherheit der Lady* und *Kleine ungarische Pornographie* – ich immer wieder als charakteristische Beispiele moderner zeitgenössischer Literatur anführe, um dabei zugleich auch auf die spezifische Position solcher moderner Bestrebungen im Rahmen des zeitgenössischen literarischen Schaffens insgesamt hinzuweisen.

Ich sehe den Sproß einer der ältesten ungarischen Adelsfamilien in den osteuropäischen Kontext hineingeboren, die Erinnerung an die Stalin-Ära mit ihrem ungarischen Repräsentanten Mátyás Rákosi in ihren unmittelbaren Erlebnissen noch kaum registrierend, dafür aber später das Schicksal vieler Mitglieder aus dem engsten Familienkreis: nach dem zweiten Weltkrieg umso stärker mitempfindend, bis er dann die Bilder aus dem Aufstand 1956 auch so richtig in sich aufzunehmen vermag und sich seinen Weg durch die Zeit des Kühlschrank-Kommunismus sucht, in der Budapester Künstler und Intellektuellen-Szenerie sich ideologische Stehsätze zurechtlegend, über die er auch selbst lacht. Archetextisch lassen sich die Dialoge, die den Werken Esterházys vorangegangen sind, wohl am ehesten über den inneren Monolog nachvollziehen, den er in den *Fuhrleuten* führt, und über den Versuch einer Standortbestimmung, den er in der *Kleinen ungarischen Pornographie* unternimmt, indem er aus einer Fülle von Mosaiksteinen sein eigenes Bild zusammenzustellen sich bemüht. Besonders aufschlußreich sind in dieser Hinsicht jene fünfzig Seiten von Fragen zu allen Lebenslagen und Problemen, die er in Kapitel 3 dieses Buch stellt. Philosophische, historische und politische Reflexionen werden immer wieder von autobiographischen Spiegelungen durchbrochen. Auch ohne eine Metaliteratur zu diesem Kapitel heranzuziehen, erkennt der Leser, daß es sich um eine Parodie auf den Staatssicherheitsdienst eines autoritären Regimes handeln müsse.

Aus der Tradition der ungarischen Literatur werden durch Anspielungen vor allem Gyula Illyés, Dániel Berzsenyi und Zsigmond Móricz hervorgehoben. Damit werden Zusammenhänge zum Nyugat-Kreis und zum französischen Surrealismus sichtbar, in einer früheren Phase zur Eruptivität naturalistischer Schilderung von Sexus, Egoismus und Haß und in einer ganz frühen Phase auch zur Begeisterung der patriotischen Ungarn um Kazinczy. Im Horizont der Weltliteratur verbinden ihn Exkurse zu Hemingway, Thomas Mann, Proust und Tschechov. Vor allem aber scheint er ein besonders persönliches Verhältnis zur österreichischen Literatur gefunden zu haben. Allein das Vorwort in den *Hilfsverben des Herzens* besteht zu zwei Dritteln aus Versatzstücken, die Handkes *Wunschlosem Unglück* entnommen sind. Auch Thomas Bernhard kann sich im gleichen Werk, im Fremdtext, eine Seite lang über ein Land auslassen, in dem es keine Ehre gibt. Die Verwandtschaft zu Österreich mit dem Onkel aus Österreich wird dann noch zusätzlich durch Anspielungen auf H. C. Artmann unterstrichen. Dies alles ergibt einen Zusammenhang, der in diesem Falle einen engeren Kreis abzeichnet, der auch Witold Gombrowicz umfaßt, zugleich auch in einen weiteren Kreis überfließt, der durch Jorge Luis Borges gekennzeichnet ist.

Vor allem aber muß es in den Auseinandersetzungen, die Peter Esterházy mit sich selbst führte, um das Verhältnis zur Sprache gegangen sein. Schon das Motto in den *Hilfsverben des Herzens* lautet: "Sprechen kann, wer helfen kann, und umgekehrt". Der erste Abschnitt der *Kleinen ungarischen Pornographie,* immer wieder durchsetzt von Zitaten aus dem *Tractatus logico-philosophicus,* die dem ganzen Text eine prägende Rolle verleihen, wird dann auch zu einer wahren Hommage für Wittgenstein. Damit ist aber zugleich auch ein Zusammenhang mit Musil, Trakl, Hofmannsthal, Fritz Mauthner und erneut zu Handke gegeben. Peter Esterházy fügt sich in diesen Zusammenhang mit seiner "konstruktiven Ironie" ein. Aus der gemeinsamen Unbefriedigtheit durch die Sprache und der daraus resultierenden Skepsis ihr gegenüber baut er sich eine Art der Darstellung auf, die man in jedem Augenblick verwenden kann, wie verworren und absurd sie auch wirken mag. Dazu gehören auch fehlerhaft konstruierte Sätze, phraseologische Ungenauigkeiten, falsche Adjektiv- und Präpositionsbildungen bis hin zu gestotterten Wörtern und oft geradezu exotischen Stilblüten. Zu einer solchen Art der Darstellung jedoch gehört bei Peter Esterházy unweigerlich das Zitat.

Eine erste intertextuelle Bestandsaufnahme am Beispiel des Romans *Hilfsverben des Herzens,* einer Fülle von Versatzstücken von mehr als vierzig Autoren, womit auch das Vorbild solcher Montagen, der Roman *Dégrés* von Michel Butor noch um einiges übertroffen wird, zeigt die verschiedensten Formen von Zitaten, neben philosophischen und literarischen auch politische, so die Metonymie vom "Ingenieur der Seele" für den Schriftsteller im Sozialistischen Realismus, und ebenso fachbezogene wirtschaftsterminologische aus der Welt des realen Sozialismus. So wird die konstruktive Ironie geradezu der Verfahrensweise des realistischen Sozialismus entgegengesetzt.

Die Zitate als solche sind nicht gekennzeichnet. Dies mag wohl deswegen sein, daß der Leser nicht versuchen möge, sie zu entziffern und zu ihrem Autor zurückzuverfolgen, sondern dazu angehalten wird, sie in ihrem Zusammenhang mit dem Thema zu erkennen. Oft sind es auch verzerrte Zitate, die nur schwer zu entziffern sind. Nicht selten zitieren Peter Eseterházys Gestalten aus einem Text solche aus einem anderen seiner Texte, oder sie treten in diesem anderen Text erneut auf und miteinander in Beziehung.

Im Endergebnis führen uns solche Betrachtungen, ausgehend vom Archetext, dem Intertext und dem Kontext, indem wir sie vergleichend durch das dichterische Werk und die Persönlichkeit Peter Esterházys ineinandergehen lassen, zur Erkenntnis vor allem von zwei Zusammenhängen, einem weit übergreifenden postmodernistischen Zusammenhang und einem gleichfalls übernationalen, jedoch etwas engeren, nämlich mitteleuropäischen Zusammenhang, und in diesem Zusammenhang offenbaren sich uns auch bei diesem Schriftsteller jene zwei für die mitteleuropäische Literatur so charakteristischen Traditionsstränge. Der erste findet seine Bestätigung im Hang zum Surrealen und Grotesken. In diesem Sinne gesehen mag er wohl Ausdruck für das spezifische Gefühl der Menschen in diesem Raum sein, daß die kleinen Völker niemals geschichtsbildende Subjekte waren, sondern immer nur Objekte einer Geschichte, deren Verlauf von außen bestimmt wurde. Der zweite Traditionsstrang eines solchen Zusammenhanges jedoch äußert sich sicherlich in jener Vorliebe zum Spiel mit der Sprache. Auch Peter Handke und Thomas Bernhard spürten aus ihrer Perspektive und in Anknüpfung an Nestroy und Karl Kraus die Eigenart ihrer Sprache als eine Art Schutz gegenüber der umfassenderen Schriftsprache, und in der Verteidigung dieser Eigenart war auch ein ideologischer Widerstand enthalten. Im Spiel mit der Sprache kann auch der Kleine und Schwache gegenüber der Sprache der Macht und der Mächtigen widerstehen.

Zum gegenwärtigen Augenblick der Komparatistik. Der Weg zur Intertextualität

"La littérature comparée n'est pas la comparaison littéraire", erklärte Jean-Marie Carré in seinem Vorwort zur 5. Ausgabe von Marius-François Guyards Einführung in die *Littérature comparée*, in die Vergleichende Literaturwissenschaft, die zu diesem Zeitpunkt, 1969, immerhin schon eine etablierte wissenschaftliche Disziplin darstellte, sich aber noch immer nicht so recht unter einem solchen Namen zu definieren vermochte. Wenn aber die Vergleichende Literaturwissenschaft nicht das Vergleichen von Literatur bedeutete, sondern noch etwas darüber hinaus, wie sollte sie sich dann anders definieren? Die Frage ist bis heute offen geblieben.

Die folgenden Ausführungen, Alberto Martino gewidmet, sind als ein Fazit gedacht, als eine rückblickende Zusammenschau eigenen jahrzehntelangen Bemühens, im Rahmen der Wissenschaftstheorie auch immer einen entsprechenden Platz für eine Vergleichende Literaturwissenschaft zu finden und einen solchen Platz für den gegenwärtigen Augenblick zu überprüfen. Die Schwierigkeit bestand und besteht darin, daß es sich um eine Disziplin handelt, die neben der Literaturgeschichte, der Literaturtheorie und der Literaturkritik jenen Raum zwischen den einzelnen Literaturen und über diesen hinaus bis hin zur Weltliteratur als einem Ganzen erforschen möchte, dabei zugleich auch in die Literaturgeschichte, die Literaturtheorie und Literaturkritik hineingreift, ohne daß man sich dabei über einen gemeinsamen Zugang oder eine Abgrenzung zu den auf diese Weise aufgeworfenen Problemen einig geworden wäre. So gibt es wohl auch kaum eine Disziplin, die über so viele Einführungen verfügt, ohne daß diese letztlich dem Leser einen gesicherten Weg zur genauen Umschreibung des Faches bieten würden.

Es war Erwin Koppen, der in diesem Zusammenhang meine Aufmerksamkeit auf die 9. These in Charles Poppers *Logik der Forschung* lenkte, derzufolge sich eine Wissenschaft nicht so sehr per definitionem bestimmen läßt, besonders nicht aus ihrem Selbstverständnis, als viel eher über die Probleme, die sie, objektiv betrachtet, zu lösen versucht, über die Arbeitsgebiete, die sich ihr aus der Entwicklung der Wissenschaft insgesamt und aus den Veränderungen des Weltbildes ergeben.

So betrachtet hat sich die Vergleichende Literaturwissenschaft als eigene wissenschaftliche Disziplin erstmals im Zeichen des Positivismus zu formen begonnen, nachdem Hippolyte Taine mit seiner *Histoire de la littérature anglaise* (1864) die Gesetzmäßigkeiten der Kunst auf die drei Konstanten –

race, milieu, moment – festzulegen versuchte und die Kunst somit als abhängig von der Gesellschaft und vom Zeitgeist erklärte sowie von deren dialektischen Umschlägen, die durch psychologische Veränderungen hervorgerufen werden. Immerhin wird es drei Jahrzehnte dauern, bis 1897 in Lyon der erste Lehrstuhl für Komparatistik gegründet wird und Joseph Texte als dessen erster Inhaber in solchem positivistischen Sinne mit seinen Vorlesungen über die Einflüsse der germanischen Literaturen auf das französische Schrifttum seit der Renaissance beginnt. Ferdinand Brunetière führte neben dem für den Positivismus dominierenden Begriff der Einflüsse noch den der Parallelen ein, indem er die mit dem Positivismus verflochtene Evolutionstheorie auch auf die Entwicklung der Literatur übertrug. Literatur ist demnach als Prozeß der wechselseitigen Beeinflussung von Werken zu verstehen, und die innere Geschichte der Literatur vollzieht sich demzufolge in Parallelen, erkennbar als Nachahmung oder Ablehnung. In seinem Werk *L'évolution des genres dans l'histoire de la littérature* (1890) sieht er auch die literarischen Gattungen als lebendige Organismen; sie werden geboren, reifen und sterben ab, bis dann Fernand Baldensperger, beeindruckt von der starken Entwicklung vor allem der Genetik innerhalb der Naturwissenschaften, in seinem Beitrag "Littérature comparée: le mot et la chose", mit dem er zugleich die erste Nummer der neugegründeten Zeitschrift *Revue de littérature comparée* einleitet (1921), die Vorstellung von der ausschließlich nur auf der mechanischen Kausalität beruhenden Gesetzmäßigkeit der Entwicklung in der Literatur endgültig ablehnt. Ähnlich der Embryologie als der Wissenschaft von der Entwicklung der Lebenskeime sollten wir auch in der Literatur vor allem nach dem Werden der Erscheinungen fragen sowie nach der Dynamik ihrer Veränderungen (*morphologie artistique*) und auf diese Weise die Beweglichkeit (*mobilité*) der Erscheinungen von einer Literatur zur anderen aufdecken, wobei auch zweitrangige Autoren zu berücksichtigen wären. So werden wir die eingetretenen Veränderungen in allen ihren Einzelheiten feststellen können.

Die geistesgeschichtliche Methode, ausgehend von Wilhelm Dilthey, die dann endgültig zur Ablösung des Positivismus und des Biologismus führte, wertet die Dichtung als Ausdruck einer Idee und somit als Dokument der Entwicklung eines einheitlichen Geistes, der sich auch in allen anderen Bereichen des Lebens äußert. Indem man aber vorerst gerade die Dokumente der Literatur in geistige Entwicklungszusammenhänge stellte, gelangte man als Synthese zum Begriff der Epoche. Das ist sicherlich eine der bedeutenden Erkenntnisse, die aus Diltheys Werk *Der Aufbau der geschichtlichen Welt in den Geisteswissenschaften,* veröffentlicht 1909, hervorging. Vorausgegangen jedoch war das Werk *Das Erlebnis und die Dichtung* (1906), eine analytische Betrachtung am Beispiel von Lessing, Goethe, Novalis und Hölderlin. Aus biographischen Einzelheiten werden entsprechende Schlußfolgerungen vor allem auf die

Ausdrucksweisen dieser Dichter gezogen. Es ist somit eine Hinwendung auch zur Psychologie. In der Suche somit sowohl nach den geistesgeschichtlichen Zusammenhängen als auch nach den psychisch bedingten Ausdrucksweisen wird nun die Feststellung von Einflüssen, also mit dem Blick auf das Äußere und Mechanische, durch das Erkennen von Wirkungen auf das Innere ersetzt.

Dieser geisteswissenschaftliche Stand der Erkenntnisse artikuliert sich auch in Paul Van Tieghems Büchlein *La littérature comparée* (1931). Es ist der erste Versuch einer systematischen Grundlegung zur Theorie der Vergleichenden Literaturwissenschaft. Paul Van Tieghem befaßt sich demzufolge sowohl mit den *idées* als auch mit den *sentiments*. Die Ideen wie auch die Gefühle werden durch das literarische Werk über die sprachlichen Grenzen hinweg vermittelt, und zwar vor allem durch jene Werke, die beim Publikum auf Anklang stoßen und daher Erfolg (*succès*) haben. Die Ideen – sowohl die religiösen und philosophischen als auch die ästhetischen – sind jedoch globale Erscheinungen, die Gefühle aber, immer auch Ausdruck dieser Ideen und der gesellschaftlich-geschichtlichen Zusammenhänge, artikulieren sich im einzelnen Dichter. Daher auch die große Bedeutung der Behandlung von Themen wie Voltaire in Deutschland oder Goethe in Frankreich. Jedoch – und das ist wesentlich für die französische Schule – alle Beobachtungen müssen ausschließlich auf Fakten beruhen, sie dürfen sich nicht auf Spekulationen einlassen, sowohl was die Quellen als auch die Vermittler und die Aufnahme, die Rezeption, betrifft, und zudem sind alle Untersuchungen auf die binären Beziehungen zwischen zwei Literaturen zu richten. In dieser ausschließlich binären Zusammenschau bewegt sich auch Van Tieghems Vorstellung von der Interliterarizität.

Wie solche Anregungen dann in der Praxis aussahen, dafür nur zwei Beispiele – das Buch von Fritz Strich *Goethe und die Weltliteratur* (1946) und die Beiträge in Wolfgang Stammlers *Deutsche Philologie im Aufriß* (1957, ²1962). Strich sieht nämlich Goethes Entwicklung als Resultat von "Wirkungen" und zwar der "befreienden Macht der englischen Literatur", der "klassischen Vollendung durch Italien", der "formenden Macht der französischen Literatur", der "theatralischen Sendung Spaniens", der "öffnenden Macht des Orients" und der "sozialisierenden Macht Amerikas". Die Beiträge in Stammlers Sammelband wiederum schwanken auch in der zweiten Ausgabe noch immer zwischen den Begriffen Einfluß und Wirkung. So ist vom Einfluß der französischen, der englischen und der niederländischen Literatur auf die deutsche die Rede, andererseits aber von der Einwirkung der italienischen und der spanischen Literatur sowie Indiens. Ungarn, der Orient, Ostasien und Amerika werden als Themen der deutschen Literatur betrachtet, bei den Südslawen und Tschechen stehen die Ausführungen im Rahmen binärer Beziehungen, während es sich bei den Russen und Polen um die Rezeption ihrer Literatur in Deutschland handelt.

Nicht uninteressant ist in diesem Zusammenhang auch die Situation in der sowjetischen Literaturwissenschaft jener Zeit. Diese hatte sich vorerst den komparatistischen Bestrebungen widersetzt und sie zugleich beschuldigt – so in der *Sovjetskaja enciklopedija* –, mit ihren Vorstellungen unmittelbar und auch ganz bewußt im Dienste eines bourgeoisen kosmopolitischen Denkens zu stehen. Jedoch die Entwicklung und die Position der Komparatistik erforderte eine differenzierendere Stellungnahme und entsprechende Anpassung. Ausdruck dieser Forderung war die 1937 im Organ der Sowjetischen Akademie der Wissenschaften erschienene Studie von Viktor M. Žirmunskij mit dem Titel "Sravnitel'noe literaturovedenie i problema literarnych vlijanij"[1] (dt. "Die Vergleichende Literaturwissenschaft und das Problem der Einflüsse"). Dieses Problem der literarischen Einflüsse wird nun hier aus der Sicht der Übereinstimmung gewisser literarischer Erscheinungen – also der *coïncidence*, von der auch schon Paul Van Tieghem gesprochen hatte – betrachtet und mit dem grundlegenden marxistischen Satz von Basis und Überbau verbunden. Die gleichen Produktionsbedingungen als unausweichliche Basis aller historischen Entwicklungen und Veränderungen – so die Erklärung – müssen unweigerlich zu ähnlichen Erscheinungen auch in der Literatur führen. Auf diese Weise treten nun die typologischen Analogien in den Vordergrund der Betrachtung. Die gesellschaftliche Situation des feudalen Rittertums zum Beispiel mußte sich in diesem Sinne in den gleichen Formen der sogenannten höfischen Dichtung sowohl in der französischen, englischen als auch in der deutschen Literatur äußern, also in der Poesie der Troubadoure und der Minnesänger, und so lassen sich unter gleichlaufenden gesellschaftlichen Entwicklungen auch solche Übereinstimmungen immer wieder belegen. Aus den historisch-gesellschaftlichen Analogien aber können auch so manche psychologisch bedingte Analogien im Verhalten der Schriftsteller und Dichter der verschiedensprachigen Literaturen erklärt werden, so wie auch die Verwendung einer bestimmten Gattung oder literarischen Form ähnliche Ausdrucksweisen mit sich ziehen muß wie zum Beispiel der bürgerliche Entwicklungsroman. Eine zeitlich völlig gleichlaufende gesellschaftliche Entwicklung der Menschheit müßte demnach die Unterschiede in den Literaturen zu einem Großteil aufheben. Der Gedanke jedenfalls der gesellschaftlichen, psychologischen und gattungsbedingten Analogie erwies sich als sehr fruchtbar für die Komparatistik.

Als nun nach dem zweiten Weltkrieg der von Lévi-Strauss vom linguistischen zum anthropologischen entwickelte Strukturalismus in den Geisteswis-

---

[1] In: *Izvestija Akademii nauk SSSR. Otdelenie obščestvenih nauk*, Nr. 3, 1937, 383-403.

senschaften eine ähnliche revolutionäre Rolle zu spielen begann wie zur gleichen Zeit die Atomphysik in den Naturwissenschaften, profitierte auch die Komparatistik von dem grundlegenden Gedanken vom Ganzen und seinen Teilen, in dem jedoch dieses Ganze mehr ist als nur die Summe seiner Teile. Der Strukturalismus war dabei vorerst über die Sprachwissenschaft in die Wissenschaft von der Literatur gelangt. Roman Jakobson, der Schule des russischen Formalismus entstammend, sah nun auch das literarische Werk vor allem als sprachlichen Text in einem breiteren Kontext. Sowohl Roman Ingardens *Das literarische Kunstwerk* (1931), als auch René Welleks *Theory of Literature* (1949) und vollends dann Wolfgang Kaysers *Das sprachliche Kunstwerk* (1948) sind dem Strukturalismus verpflichtet. Roman Ingardens Schichten formen in diesem Sinne im Prozeß der Lektüre die harmonisch geschlossene Struktur des literarischen Werkes als ästhetischen Gegenstand im Bewußtsein des Lesers. Ingardens phänomenologische Vorgangsweise übernimmt dann Wolfgang Kayser in der Form, daß er die Ausführungen des polnischen Philosophen durch eine Vielzahl unmittelbarer Beispiele ausweitet und die Möglichkeiten für die Interpretation entsprechend systematisiert. Wellek wiederum war sogar unmittelbar aus der Schule des Prager linguistischen Kreises gekommen, und er griff dann in Amerika noch intensiver auf die Anregungen des russischen Formalismus zurück, der nach der Oktoberrevolution in Prag zur Gründung des tschechischen Strukturalismus geführt hatte, um nun diese Anregungen mit den Vorstellungen des New Criticism zu verbinden, dessen Ursprung wiederum auf Benedetto Croces These von der Einmaligkeit eines jeden Kunstwerkes (worin sich zugleich eine Übereinstimmung mit Ingardens phänomenologischem Entwurf erkennnen läßt) zurückzuführen war. In seiner *Theory of Literature,* die zu einem Standardwerk für viele Generationen werden sollte, bietet Wellek über eine umfangreiche Apparatur die Möglichkeit des Zuganges sowohl zu den inneren Zusammenhängen des Werkes (*Intrinsic Approach*), die den harmonischen Zusammenklang aller Teile (die *Orchestrirovka* der russischen Formalisten) verwirklichen, als auch zu den kontextuellen Bezügen, den Verbindungen mit der Gesellschaft, dem Leben des Autors, den jeweiligen Ideen und den anderen Künsten (*Extrinsic Approach*). Alle diese Elemente ermöglichen ein Werten des Werkes, und es sind die spezifischen ästhetischen Werte darin, die es aufzufinden gilt. Der Vergleich ergibt sich aus der Suche nach solchen Werten. So stellt Kayser zum Beispiel, um den ästhetischen Wert der klanglichen Lautung zu vergegenwärtigen, Verse der Annette Droste-Hülshoff neben ähnliche von Camões, Rimbaud und Goethe. Im Mittelpunkt von Welleks Vorstellungen steht somit der Ewigkeitswert des literarischen Kunstwerkes, und in Zusammenhang damit spricht er von der "ontologischen Kluft", die letzlich nur die hermeneutische Interpretation zu überwinden fähig ist.

Eine solche ausschließlich hermeneutische Interpretation, die Enthüllung letztlich der Seinsweise eines Werkes in seiner Einmaligkeit, die sogar die Frage nach dem Autor ausschloß, den Stifter eines "Seins im Da-Sein des Kunstwerkes", mußte normalerweise im Widerspruch zu einem vergleichenden Zugang stehen. Für Heidegger enthüllt die Dichtung menschliche Seinsweisen, die Existenz. Hölderlins poetisches Wort "wohnet" führt zum Satz: "Dichten ist das eigentliche Wohnenlassen". In Hölderlins dichterischem Wohnen sieht er das "Selbe" entfaltet, und die Bestimmung dieses Wortes führt ihn zu einem grundlegenden Nachdenken über das Verhältnis zwischen dem Dichten und dem Denken. Das Selbe ist nicht das Gleiche. Das Selbe kann im Dichten und Denken nur dann gesagt werden, wenn der Unterschied gedacht wird. Dem ist die Vergleichende Literaturwissenschaft nicht gefolgt. Auch Emil Staiger ist mit seinen *Grundbegriffen der Poetik* (1946) dem Immanentismus verhaftet geblieben, indem er das Lyrische mit der Vergangenheit, das Epische mit der Gegenwart und das Dramatische mit der Zukunft gleichsetzt. Umso befruchtender für die Komparatistik war der Strukturalismus. Einen entsprechenden Beitrag aus solcher Sicht zur Theoriebildung der Komparatistik hat Dionýz Ďurišin gegeben. Das Original in slowakischer Sprache erschien zwar schon 1967, aber erst durch die deutsche Übersetzung – *Vergleichende Literaturforschung. Versuch eines methodisch-theoretischen Grundrisses* (1972) – wurde das Buch der internationalen Forschung bekannt, und man begann nun, die Gedanken vom literarischen Werk als einem funktionierenden Ganzen sowohl in der Synchronie als auch in der Diachronie in seinen verschiedenen Beziehungen zu den Teilen als Verhältnis zwischen rezipierender Struktur und dem zu rezipierenden Element nachzuvollziehen, so daß man auf diese Weise die Vielfalt der Beziehungen zwischen den Literaturen und zugleich auch die innere Dynamik dieser Beziehungen zu erhellen vermochte, ihre Eigenheit im Sinne von Originalität sowie ihre Gesetzmäßigkeit und darin auch die typologische und genetische Substanz der einzelnen literarischen Erscheinungen. Auf diese Weise gelangte man dann zusammenfassend zu historisch-genetischen, durch Kontakte bedingten Literaturbeziehungen und zu typologischen Analogien als Einheit, in der sich nicht ausschließlich immer nur Ähnlichkeiten, sondern auch Unterschiede erkennen und historisch deuten lassen.

In Ďurišins Darlegungen war offensichtlich auch schon die Kybernetik eingedrungen, die ihren unmittelbaren Niederschlag in der Informationstheorie gefunden hatte und zugleich das Systemdenken befruchtete. Ďurišin beruft sich dabei auf Irina G. Neupokoeva, die bis dahin mit einigen Beiträgen zu methodologischen Fragen der Wechselwirkungen und Wechselbeziehungen in der Literatur entsprechende Stellung bezogen hatte. Ihr zusammenfassendes Werk *Ob osnovnych principach sravnitel'nogo izucenija vsemirnoj literatu-*

ry. Problemy sistemnogo i sravnitel'nogo analiza (*Von den grundlegenden Prinzipien der Weltliteratur. Die Probleme der systemischen und vergleichenden Analyse*) erschien dann 1976. Die gesamte Weltliteratur ist demzufolge ein universales System, das sich aus nationalen, epochalen und zonalen Systemen ergibt. Die einzelnen Systeme sind durch "vielfältige, anhaltende und intensive Verbindungen der Literaturen" (*vzaimosvjazie*) sowie durch ihre "Wechselwirkungen" (*vzaimodejstvija*) miteinander verknüpft. Es handelt sich dabei um sich selbst steuernde Systeme mit Regelkreisen und dominierenden Elementen, und den Erkenntniswert eines solchen Zuganges sieht Irina G. Neupokoeva einerseits in der Aufdeckung jener Mechanismen, mittels derer die Wechselwirkungen vor sich gehen, zum anderen im Verstehen der komplizierten "Koppelungsprozesse" (*sceplenija*). Hinzuzufügen wäre, daß die methodologischen Positionen, so wie sie Irina G. Neupokoeva erarbeitet hatte, als Grundlage für das große Werk der Weltliteratur gedacht waren, das von der Sowjetischen Akademie der Wissenschaften vorbereitet wurde und inzwischen auch erschienen ist.

Ein völlig neues Arbeitsgebiet jedoch versuchten einige Jahre vor dem Erscheinen des Buches von Dionýz Ďurišin die amerikanischen Komparatisten zu erschließen. Am Beginn dieser Bemühungen stand Henry H. H. Remak, der im Sammelband *Comparative Literature. Method and Perspective* (1961 herausgegeben von Horst Frenz und Newton P. Stallknecht) in einem sehr weit gefaßten und bestens informierenden Überblick abschließend den Vorschlag entwickelte, die Bemühungen der Vergleichenden Literaturwissenschaft sollten von nun an nicht nur den Bereich erfassen, der über die Grenzen ausschließlich einer Nationalliteratur hinausreicht, sondern auch die Beziehungen zwischen der Literatur und allen objektivierbaren Bereichen des menschlichen Glaubens, Handelns und Fühlens, also des philosophischen Bemühens um Welterkenntnis, der religiösen Überzeugung, der Gestaltung der menschlichen Gesellschaft und ihrer Institutionen, der einzelnen Wissenschaften und der Technik, des Verstehens von Geschichte und Geschichtlichkeit sowie des Wirkens ökonomischer Theorien und natürlich auch der so vielen möglichen Bereiche künstlerischen Schaffens bis hin zur Kunst der Speisenzubereitung zum Beispiel, des Kulinarischen, wie im *Butt* von Günter Grass. In diesem Sinne wird oft von der Ausweitung der Komparatistik zur Interdiszplinarität gesprochen, in Wirklichkeit jedoch hat sich eine solche Forschung, um den Grenzen der Literaturbetrachtung gerecht zu werden, ausschließlich auf das literarische Werk als Ausgangspunkt zu beschränken. Daher dürften auch Bezeichnungen wie "transliterarische Beziehungen" zum Beispiel entsprechender sein.

Jedoch auch das vorhin erwähnte Kulinarische ist zweifellos ein Teil der Kultur, und sowohl der russische als auch der französische Poststrukturalismus haben die Betrachtung von Literatur in die Wissenschaft von der Kultur, in die Kulturologie integriert. Jurij Lotman untersuchte in seinem Buch *Struktura hudozestvennogo teksta* (*Die Struktur des künstlerischen Textes*) von 1970 in diesem Sinne Kunstwerke im allgemeinen und literarische Texte im besonderen als Mitteilungen des Autors an sein Publikum, die in einem kultursemiotischen Zeichensystem kodiert sind. Dieses aber wird von unterschiedlichen Lesern immer wieder anders entschlüsselt. Roland Barthes wird dann in seinem Buch *Le plaisir du texte* (1973) seine grundlegende Auffassung weiterentwickeln, daß die Kultur nicht einfach den Überbau einer von der Natur und den Produktionskräften bedingten Basis bedeutet, sondern daß sie den eigentlichen Lebensraum des Menschen darstellt, der unablässig Kultur hervorbringt und diese als Zeichen erkennen läßt. Hier nun gilt auch sein Interesse dem Leser und seiner Begegnung mit solchen Zeichen. Auch schon die Lust am Text, von der Barthes spricht, das Begehren des Textes, ist Ausdruck von Kultur. Jedes Kunstwerk aber ist letztlich ein Text, und alles Leben bildet insgesamt einen zusammenhängenden Text.

Umberto Eco hat dann in seinem *Trattato di semiotica generale* (1975) seine bis dahin entwickelten Gedanken zu einer Theorie der Codes (Semiotik der Signifikation) und zu einer Theorie der Zeichenerzeugung (Semiotik der Kommunikation) als Grundlage für eine Theorie der Kultur zusammengefaßt, so wie auch Hans Robert Jauß, von solchen Zeichen ausgehend, seine Rezeptionstheorie zu einer umfassenden Theorie der ästhetischen Kommunikation entwickeln wird *(Ästhetische Erfahrung und literarische Hermeneutik,* 1982). Anfangs der Komparatistik abgeneigt, sieht er dann ihre Möglichkeiten im Aufdecken des Anderswerdens des ästhetischen Genusses im Prozeß der Kommunikation von einer sprachlichen und kulturellen Mitte zur anderen und somit auch im Verfolgen sowohl des Wandels des ästhetischen Gegenstandes als Identifikationsmuster als auch der kritischen Einstellungen zu einem solchen Gegenstand.

Die Literaturbetrachtung kann demnach als Studium einer Kultursemiotik angesehen werden. Diese Situation hat aus der Sicht der Komparatistik Yves Chevrel mit seinem Werk *La littérature comparée* (1989) zu erfassen versucht, und er sieht die Aufgabe der Komparatisten darin, die literarischen Phänomene in Relation zu jenen anderen Elementen zu setzen, die eine Kultur konstituieren. Er überträgt die grundlegende Frage nach dem Anderssein, nach der Alterität, aus der Kulturwissenschaft in die Vergleichende Literaturwissenschaft, so auch wenn es um die *écriture féminine* geht, und er empfiehlt den Blick für die Zukunft vor allem auf den Intertext im Text. Hier nun scheint sich der Komparatistik auch wirklich ein riesiges Arbeitsgebiet eröffnet zu haben.

Denn es gibt keinen Text, der für sich allein stehen würde: Jeder Text ist mit anderen Texten verbunden, er ist aus dem Dialog mit ihnen entstanden. Auf diese Relation als einem Grundmuster hat schon Michail Bachtin hingewiesen. Roland Barthes ist zu diesem Problem über seine schon erwähnten Bemühungen um die Semiotisierung oder Semiosis, also die Bedeutungsbildung durch Zeichen, vorgedrungen, bis dann letztlich Julia Kristeva unmittelbar an Bachtin anknüpfte und den Begriff der Intertextualität vollauf zur Diskussion stellte, an der unter anderen auch Jonathan Culler, Ziva Ben-Porat und Michel Riffaterre teilnahmen und die noch immer nicht beendet ist, wobei gerade die Intensität dieser Diskussion auch zu einer Unklarheit bezüglich des Begriffes und zu einer Vielfalt miteinander rivalisierender Konzepte geführt hat. Eine Brücke zwischen diesen verschiedenen, enger oder breiter aufgefaßten Vorstellungen von der Intertextualität bot der wertvolle Sammelband von Ulrich Broich und Manfred Pfister *Intertextualität. Formen, Funktionen, anglistische Fallstudien* (1985). Nach mehreren diesem Thema gewidmeten Festschriften und Sondernummern einzelner Zeitschriften erschien dann auch das Buch von Susanne Holthius *Intertextualität. Aspekte einer rezeptionsorientierten Konzeption* (1993), in dem besonders die Rolle des Lesers für die Erfassung und Verarbeitung intertextueller Relationen berücksichtigt wird.[2]

Streng genommen hat im Rahmen der Komparatistik schon Dionýz Ďurišin in seinem erwähnten Buch auf jene verbindenden Stellen im Text hingewiesen, wo sich das Eigene in Berührung mit dem Fremden erkennen läßt, und er sieht sie als Wirkungsformen, ausgehend vom Verhältnis der rezipierten Erscheinungen zur Qualität und Quantität des rezipierenden Prozesses, wobei er Reminiszenzen, Impulse, Kongruenzen und Filiationen unterscheidet. Susanne Holthius beschreibt als solche mögliche Text-Text-Beziehung das Zitat, die Allusion, die Paraphrase, die Reproduktion, die Collage und die Parodie, und sie weist auch darauf hin, daß es möglich ist, in jedem Text ein Schema von Bezugsebenen und Einbettungstypen festzustellen, das solche Beziehungen noch viel klarer charakterisieren und aufeinander abstimmen läßt, und sie läßt erkennen, daß die Reflexion, die bei solchen Text-Beziehungen einsetzt, in den Bereich des Lesers gehört. Schon Julia Kristeva hatte in diesem Sinne darauf hingewiesen, daß an jenen Stellen, wo das "Eigene" in einem Text dem "Fremden" als Zeichen einer fremden Sinnposition gegenübersteht, zugleich auch der Anlaß zur Reflexion gegeben ist.

Bei einer ordnenden und sichtenden Betrachtung der Bemühungen um die Intertextualität im Bereich der Komparatistik lassen sich demnach zwei

---

[2] Die Verfasserin versteht ihre Darlegungen als Versuch, eine Intertextualitätstheorie zu erstellen, und bietet eine Typisierung intertextueller Relationen, beschränkt aber Intertextualität ausschließlich auf verbale Beziehungen. Die erarbeitete Begriffsapparatur wird abschließend am Beispiel eines Textes von Paul Celan demonstriert.

Punkte erkennen, auf die sich eine solche Betrachtung konzentriert: auf die Schnittstelle im Text und auf das Verhalten des Lesers zu einer solchen Schnittstelle, wenn er sie erkennt. In diesem Sinne kann von einem Zitieren des Autors von etwas schon Bekanntem und daher auch die Tendenz zu einer allerweitesten Erfassung des Zitats gesprochen werden. Es reicht nun in einem breit gespannten Bogen von einer unter Anführungszeichen gesetzten oder auch ohne Anführungszeichen verwendeten Aussage aus einem anderen Text schriftlicher oder anderer Zeichen, auch einfach als Stoff, Thema, Motiv oder als eine schon von einem anderen Schriftsteller oder Dichter geformten Gestalt bis zum Subtilsten in der Konkretisierung eines Werkes im Laufe seiner Lektüre – der metaphysischen Qualität, des Tragischen oder Komischen zum Beispiel, des Grotesken oder auch Erhabenen.[3] Einer solchen Ausweitung des Zitat-Verständnisses entspricht auch die Entwicklung in der Literatur zur Postmoderne.[4] Für eine systematische Erfassung der Zitate ist dabei nicht nur ihre Stelle im Text von Bedeutung, als sich wiederholendes Leitmotiv, als Titel, als Motto, als Bestandteil eines erklärenden Textes, also eines Paratextes, sondern hier rückt auch die Entdeckung des Schichtenartigen in der Entstehung der Textstruktur in den Vordergrund, das Phänomen des Palimpsests. Manfred Schmeling hat in diesem Sinne der Komparatistik den Hinweis gegeben, von der Oberfläche einer Textstruktur in ihre Tiefe vorzudringen.[5] Für ein solches Vordringen sieht er einen Drei-Stufen-Plan zur Analyse des Intertextes vor: 1) die Analyse der im eigentlichen Sinne textuellen Vorgänge (direkte oder indirekte, konvergierende oder kontrastierende Formen textueller Rückbezüglichkeit) sowie der Ebenen des Ideolekts, der narrativen Verknüpfungstechnik, des Inhalts; 2) das Erkennen der hermeneutischen Vorgänge und schließlich 3) den Nachvollzug der interliterarischen Symbiose. In diesem Zusammenhang ist es auch zur Diskussion über die möglichen Markierungen gekommen, durch die der Prätext in einem Text von dessen Autor angedeutet wird.[6] In klarster Weise ist dies durch Anführungszeichen möglich, aber es kann auch durch die Wahl des Titels und des Mottos erfolgen, durch das An-

---

[3] In diesen weit gefaßten Begriff des Zitats führt vor allem Dubravka Tolic Oraic mit ihrem Buch *Das Zitat in Literatur und Kunst. Versuch einer Theorie* (1991) ein.

[4] Das schon klassische Beispiel der Postmoderne – *Der Name der Rose* von Umberto Eco – möchte bekanntlich zeigen, daß nur mehr in der Kombination von Zitaten die Möglichkeit besteht, unser Weltbild wiederzugeben. Den Ursprung der Zitate offenbart dann Eco selbst in einem ergänzenden Büchlein *Nachschrift zum Namen der Rose.*

[5] Manfred Schmeling: "Textuelle Fremdbestimmung und literarischer Vergleich". In: *Neohelicon*, Nr. 1, 1985, 230-239.

[6] Diese Diskussion wurde ausgelöst durch Ulrich Broichs Beitrag: "Formen der Markierung von Intertextualität". In: Ulrich Broich/Manfred Pfister (Hg.): *Intertextualität. Formen, Funktionen, anglistische Fallstudien.* Tübingen 1985, 48-77.

führen einer Figur, überhaupt jeder Form der so weit gespannten Zitate. Alle solchen Markierungen besitzen die Möglichkeit, eine bestimmte Signalwirkung auszulösen. Diese Wirkung jedoch ist abhängig vom Leser, von seinen Möglichkeiten und Kenntnissen (Signalschwelle).[7]

Auf diese Weise jedoch gelangen wir nun aber auch zu jenem zweiten Blickpunkt, zum Verhalten des Lesers, das Julia Kristeva als dessen Reflexion versteht. In diesem Zusammenhang gewinnt nun auch der Begriff des Reminiszierens und der Reminiszenz eine viel weitere Bedeutung. Es ist der durch die Signalwirkung des Textes ausgelöste Vorgang des Sich-Erinnerns im Leser, und der Inhalt dieses Vorganges ist eben die Reminiszenz. Hier nun stehen noch weitere Betrachtungen aus.

Die Feststellung, daß die Komparatistik zu einer Wissenschaft geworden ist, die ihren Aufgabenbereich in der Sphäre der Intertextualität sucht – die über das Verbale hinausgeht, Text und Leser in gleicher Weise einbezieht und sich auch nicht nur auf den unmittelbaren Text eines Autors beschränkt, sondern ebenso alle anderen Texte in Betrachtung zieht, die sich im Laufe des Lebens in ihm abgespeichert haben, als Resultat von verschiedenen Berührungen, Gesprächen und Auseinandersetzungen, die der Autor mit fremden Themen geführt hat und die nun in seinem Prototext zum Vorschein kommen, oft nur in der Tiefe, als Palimpsest –, ist aber zugleich auch Ausdruck eines allgemeinen Paradigmenwechsels, den die entsprechenden komparatistischen Bemühungen wie in der Vergangenheit auch jetzt begleiten. Sie hilft auf diese Weise die Zeichen, den jeweiligen Kode, der ihnen zugrunde liegt, im Austausch der verschiedenen Kulturen aufzudecken und somit auch unsere sich ständig verändernden Bewußtseinsstrukturen einsichtig zu machen. Es ist eine Aufgabe, für die von den bestehenden Wissenschaften wohl kaum eine so berufen zu sein scheint wie gerade die Komparatistik in ihren Versuchen, die Zusammenhänge, die zwischen den Literaturen unter Einbezug aller Bereiche des Lebens bestehen, zu erkennen. Komparatistik wäre demnach im weitesten Sinne eine Methode der Welterkenntnis. In Anlehnung an den Titel des Werkes von Hans Blumbenberg – *Die Lesbarkeit der Welt* – wäre sie demnach so

---

[7] Dazu als neuestes das Buch von Jörg Helbig: *Intertextualität und Markierung*. Heidelberg 1995. Markierungen vor allem besitzen Signalwirkung, und sie dienen demzufolge vom Autor aus gesehen zur Steigerung der intertextuellen Kommunikativität im Text und werden sich im Zuge der Rezeption mit unterschiedlichen Leistungsansprüchen verbinden. Markierungen beschränken sich jedoch nicht nur auf literarische Texte, sondern sie können sich auf verschiedene Medien und die jeweilige Leistungsfähigkeit von Markierungsstrategien mit ihren impliziten und expliziten Markierungsverfahren beziehen. Zu beachten ist jedoch, daß sich solche Signale beim Leser auch ohne eine Markierung zu melden vermögen und der Autor sich selbst vielleicht gar nicht bewußt war, daß er auf eine Vorlage zurückgriff, daß er sich an etwas erinnerte.

etwas wie eine Möglichkeit, um diese Welt noch besser lesen zu können. Für die österreichische Komparatistik im besonderen jedoch bieten die bisher gesammelten Erkenntnisse aus dem Bereich der Intertextualität wertvolle Ausblicke, um auch das sie vorrangig beschäftigende System der mitteleuropäischen Kultur noch besser lesen zu können.[8]

---

[8] Dazu könnten viele Namen von Dichtern und Schriftstellern aus diesem Raum angeführt werden, die insgesamt ein umfangreiches Arbeitsprogramm andeuten lassen. Erwähnt sei hier nur einer von ihnen, nämlich Peter Esterházy, der bekannteste ungarische Postmodernist, der sich passagenweise intertextuell mit Thomas Bernhard und Peter Handke verbindet.

"Interkulturelle Germanistik" oder Komparatistik

In letzter Zeit ist sehr viel von "Interkultureller Germanistik" die Rede. Diese geht von der didaktischen Grundlage "Deutsch als Fremdsprache" aus, betrachtet die gewonnenen Erfahrungen als Forschungsetappe auf dem Wege zur Unterscheidung der *differentiae specificae* zwischen Inlands- und Auslandsgermanistik und möchte auf diesen Unterschieden eine Hermeneutik der Beziehungen zwischen dem Eigenen, dem Deutschen, und dem Fremden, also dem Nicht-Deutschen, aufbauen. Alois Wierlacher stellt diese Bemühungen als eine neue Disziplin vor, getragen vom Bestreben einer Forschergemeinschaft, und bietet dafür folgende Definition an:

> Unter interkultureller Germanistik verstehen wir eine Wissenschaft, die die hermeneutische Vielfalt des globalen Interesses an deutschen Kulturen ernst nimmt und kulturvariante Perspektiven auf die deutsche Literatur weder hierarchisch ordnet noch als Handicap einschätzt, sondern als Quelle zu besserem, weil multiperspektivischem Textverstehen erkennt und anerkennt.[1]

Überdenkt man diese wohl nicht ganz einfach formulierte Definition, so ergibt sich letzlich, daß es sich um einen Versuch handelt, aus der Komparatistik ein Spezialgebiet der Beziehungen zwischen deutscher Kultur und Literatur einerseits und allen anderen Kulturen und Literaturen anderseits herauszulösen, um eben eine eigene Disziplin zu entwickeln. Daraus folgt unweigerlich die Frage nach dem Sinn und Zweck eines solchen Unterfangens.

In der Beantwortung dieser Frage sieht man sich sogleich der Situation der Komparatistik oder Vergleichenden Literaturwissenschaft in Deutschland gegenübergestellt. Diese – neben der Literaturgeschichte, der Literaturtheorie und der Literaturkritik – vierte konstituierende Disziplin der Literaturwissenschaft hat den gesamten Bereich von einer der National- oder Einzelliteraturen bis hin zur Weltliteratur als einer allumfassenden Gesamtheit und eines unablässigen Prozesses zum Gegenstand ihrer Forschung und Lehre. Sie soll sich dabei eines supranationalen Standpunktes bedienen, was zu bedeuten hat, daß

---

[1] Alois Wierlacher: "Was heißt 'interkulturelle Germanistik?'" In: ders. (Hg.): *Das Fremde und das Eigene. Prolegomena zu einer interkulturellen Germanistik.* München 1985, X.

sie sich in der Beobachtung ihres weiten Bereiches, in dem die verschiedensten Sprachen, Kulturen und Literaturen in verschiedenster Weise miteinander verflochten sind, immer über die Blickrichtung nur einer Kultur oder Literatur, nur einer Sprache stellt. Ein solcher methodologischer Standpunkt war und ist von sich aus auch mit einem kosmopolitischen Denken verbunden.

Es ist charakteristisch, daß es die Vergleichende Literaturwissenschaft schon bei ihren ersten Schritten, als man sie, der allgemeinen Entwicklung der Wissenschaften folgend, auch in Deutschland einzuführen begann, nicht leicht hatte. So stellte zum Beispiel Max Koch gleich im Vorwort zur ersten Nummer der *Zeitschrift für Vergleichende Literaturgeschichte* (1887) die Forderung, "die deutsche Literatur und die Förderung ihrer historischen Erkenntnis soll den Ausgangs- und Mittelpunkt der in der Zeitschrift für Literaturgeschichte geförderten Bestrebungen bilden". Eine solche Förderung entsprach wohl auch der damals allgemein herrschenden positivistischen Auffassung, daß jede Nationalliteratur ein isoliertes Gebilde darstelle, sie unterwarf sich aber vor allem der imperialistischen Ideologie des Wilhelminischen Deutschland, in dem die Germanistik in ganz besonderer Weise als eine nationale Wissenschaft dienen sollte, was sie zweifellos auch getan hat und wodurch sie noch lange Zeit in bestimmender Form nachwirkte.

Denn auch die während der daraufhin einsetzenden Abkehr vom Positivismus sich auf den deutschen Lehrstühlen für Literatur vollziehende Hinwendung zur Geistesgeschichtlichen Methode, so wie sie vom Standpunkt der Komparatistik theoretisch und vor allem methodisch bestimmend erstmals mit dem Beitrag von Julius Petersen "Nationale und Vergleichende Literaturgeschichte" zum Ausdruck kam, bedeutete interessanterweise für die Vergleichende Literaturwissenschaft in Deutschland – im Unterschied zur methodologischen Entwicklung in anderen Ländern – nur eine Fortsetzung und womöglich noch stärker ausgeprägte Einschränkung der bestehenden Blickrichtung.[2] So forderte auch Petersen, sogar noch gezielter als Koch, die vergleichende Betrachtung in den Dienst der Erforschung der deutschen Nationalliteratur zu stellen, weil erst der Vergleich den nationalen Charakter sichtbar mache, und er vertrat sogar – im Gegensatz zur grundlegenden Auffassung jedes komparatistischen Bemühens, daß ihr Ausgangspunkt immer zumindest in zwei verschiedensprachigen Literaturen liegen müsse – die Ansicht, daß sich das "Vergleichen" vor allem mit der Gegenüberstellung einzelner Epochen innerhalb ausschließlich der deutschen Literatur befassen solle.

Kurt Wais spitzte dann 1934 den damaligen Umständen entsprechend diesen Gedanken in der Weise zu, daß die vergleichende Literaturbetrachtung als

---

[2] Julius Petersen: "Nationale und Vergleichende Literaturgeschichte". In: *Deutsche Vierteljahrsschrift für Literaturwissenschaft und Geistesgeschichte*, Nr. 6, 1928, 36-61.

Hilfswissenschaft zur Ergründung des "Volksgeistes", der "wahren Quelle edler Dichtung", zu dienen habe.[3] Anders laufende Bestrebungen aus der Zeit der Weimarer Republik, die ein kosmopolitisches Denken als unerläßliche Grundlage für den vergleichenden Zugang zur Literatur vertraten – ein Denken, das damals vor allem von den Romanisten zu verteidigen versucht wurde, und heute, von uns aus gesehen, ganz besondere Anerkennung verdienen sollte –, sind damals ganz offensichtlich zurückgedrängt worden.[4] Es ist jedenfalls charakteristisch, daß Kurt Wais nach dem Zweiten Weltkrieg seinen methodologischen Standpunkt nur insofern ändert, als er bei der Wiederveröffentlichung seiner Arbeit nur ein einziges Wort austauscht, nämlich "Volksgeist" durch "Geist des Abendlandes". Ein aus der Vergangenheit zum Programm gewordener Begriff wurde auf diese Weise der sich nun in Westeuropa artikulierenden geistigen Einstellung und zugleich auch politischen Konzeption angepaßt. Aber unter dieser Vorherrschaft Heideggers meint zum Beispiel auch Walter Höllerer, der ansonsten zu jenen Germanisten gehört, die neue Wege zu gehen versuchen, die Vergleichende Literaturwissenschaft habe die Aufgabe, "das Unsägliche, das in der Dichtung gesagt wird, auszuschreiten, durch Vergleich innere Zusammenhänge und feinste Veränderungen der abendländischen Literatur sichtbar zu machen"[5].

Steht nun – so müssen wir uns die Frage stellen – die interkulturelle Germanistik als programmatisch ausschließlich auf das Deutsche als Bezugspunkt ausgerichtetes Bemühen nicht auch in der Tradition einer solchen einschränkenden Tendenz? Beansprucht sie nicht ganz einfach, eine der sekundären, ergänzenden Tätigkeiten der Germanistik, wie sie auch bisher betrieben wurden, zu einer Disziplin zu erheben, die sich nicht mehr als Ergänzung sieht, sondern vor allem von einer Methode der Ausklammerung alles Deutschen aus dem Kulturprozeß vorangetrieben wird?

Ein solcher Anspruch steht zweifellos auch im Gegensatz zu unseren gegenwärtigen methodologischen Erkenntnissen auf dem Gebiet der Literaturwissenschaft. Denn wenn wir uns all die verschiedenen Versuche von der mathematisch-analytisch betriebenen Zergliederung ausschließlich nur eines Verses bis zu den tiefsinnigsten hermeneutischen Erschließungen literarischer Aussagen in ihren allerweitesten Ausblicken vor Augen führen, so scheinen sich zwei Begriffe als unerläßliche Ausgangspunkte in den Vordergrund zu

---

[3] Kurt Wais: "Zeitgeist und Volksgeist in der vergleichenden Literaturgeschichte". In: *Germanisch-Romanische Monatsschrift*, Nr. 22, 1934, 291-307.

[4] So die Ansichten von Eduard von Jan zum Beispiel in seinem Beitrag "Französische Literaturgeschichte und Vergleichende Literaturbetrachtung". In: *Germanisch-Romanische Monatsschrift*, Nr. 15, 1927, 305-317.

[5] Walter Höllerer: "Methoden und Probleme der Vergleichenden Literaturwissenschaft". In: *Germanisch-Romanische Monatsschrift*, Neue Folge Nr. 2, 1951/52, 130.

stellen, nämlich der Text und die Aktualisierung des Textes. Beide Begriffe sind wie auch die Literaturwissenschaft insgesamt und der Gegenstand ihrer Betrachtung – die Literatur als solche – integrierbar in die moderne Kultur- wissenschaft, und sie haben sich in diesem Sinne auch integriert, jedoch in einer anderen Weise als in diesem Falle die interkulturelle Germanistik ver- fährt.

Denn der Text ist in seiner zusammenhängenden Bedeutung nur aus der Sphäre seiner Intertextualität, seines vielschichtigen und unendlich verwobe- nen Zusammenhanges mit anderen Texten erkennbar, wobei es sich niemals um Zusammenhänge ausschließlich im Rahmen nur einer Literatur handeln wird. Denn es gibt keinen Text, der wie eine Monade für sich allein stehen würde, und daraus erklärt sich auch die Behauptung der französischen Post- strukturalisten, daß sich jeder Text eigentlich wie ein Mosaik aus schon ver- wendeten Zitaten konstruiert. Sie bildet auch das Grundprinzip postmoderner Literaturproduktion. So finden wir in Umberto Ecos Verwirrspiel, das er *Il nome della rosa* nennt und das inzwischen schon zum klassischen Roman der postmodernen Literatur geworden ist, neben Zitaten aus Calvinos *Se una notte d'inverno un viaggiatore* und aus anderen italienischen Werken, also aus Texten in Ecos Muttersprache, auch Entlehnungen aus Conan Doyles *The Hound of Baskerville*, womit ein Bezug zur englischen Detektivgeschichte hergestellt wird, und ebenso Anführungen aus Voltaires *Zadig ou la Destinée*, womit der Diskurs auch auf das Gedankengut der französischen Aufklärung zurückgeführt wird. Es gibt aber auch Textstellen deutscher Provenienz, von jener Verdrehung ins Mittelhochdeutsche aus Wittgensteins *Tractatus logico- philosophicus*, die nun dergestalt lautet: "Er muôz gelichesam die leiter abe- werfen, so er an ir ufgestigen...", bis hin zu Textstellen aus Canettis *Blendung*. Hat es nun einen Sinn, all diese der deutschen Kultur und Literatur entnom- menen Zitate als einen eigenen Korpus herauszulösen? Ist nicht diese multi- kulturelle Verflochtenheit und ebenso intensive multikulturelle Kommunikati- on ein bestimmendes Merkmal unserer gegenwärtigen Situation, Ausdruck unserer geistigen Befindlichkeit?

Dem gleichen unzertrennbaren multikulturellen Gefüge entspringt aber auch jede erneute Aktualisierung des ansonsten fixierten und von da aus ge- sehen unveränderbaren Textes. Ein solches in der Aktualisierung jeweiliges Anderssein, diese Differenz, ein Anderssein letztlich, das wir als Alterität bezeichnen, kommt bei dieser Gelegenheit zweifellos zum Ausdruck, und wir werden sie nicht hinwegleugnen können. Es gibt sicher einzelne charakteristi- sche Merkmale für die Aktualisierung deutscher Texte durch den Leser in jeweils einer anderen Sprache und für ihre breitere Rezeption in einer anderen kulturellen Umgebung. Aber es wäre ein Irrtum, in diesem Falle von Fremd- heit zu sprechen und eine mechanische Übertragung von Elementen aus der deutschen Kultur und Literatur vorauszusetzen, in der Weise nämlich, daß das Eigene womöglich nur durch ein paar Schrammen verändert würde. Der Aktualisierungsprozeß ist als solcher eben ein Vorgang, der zugleich auch vieles von dem, was schon im Leser oder der rezipierenden Mitte vorhanden ist, lebendig werden läßt und dieses nun mit dem ihm Entgegentretenden in verschiedenster Weise und auch in unterschiedlichster Intensität verwebt, wobei es niemals eine klare Grenze geben wird zwischen dem, was man global als das Fremde und als das Eigene zu bezeichnen pflegt. Es handelt sich immer nur um kulturell zwar differierende Lektüren, jedoch niemals um ein einfaches Zusammenfügen von Fremdheit und Eigenheit.

Das von der interkulturellen Germanistik angenommene Eigene und Fremde sind in Wirklichkeit derart für sich und in den Text insgesamt verwobene Strukturen, daß jeder Versuch, diese Strukturen voneinander zu lösen, im Grunde genommen sinnlos erscheinen muß. Auch etwas, was die Deutschen in diesem Augenblick vielleicht als urdeutsch empfinden mögen, kann wahrscheinlich sehr leicht in kulturell heterogene Partikel aufgelöst werden. Denn es gibt nur ein ständiges interkulturelles Zusammenfließen von Zeichensetzungen und ein ununterbrochenes Hervorbringen neuer solcher Zeichen und Vorstellungen, einen nie aufhörenden Prozeß der *imagerie interculturelle*. Die Fixierung der Blickrichtung ausschließlich auf das Deutsche unter dem Zeichen einer solchen interkulturellen Germanistik muß unausweichlich den Blick auf das Ganze, auf den Reichtum und die Fülle des interkulturellen Austausches einengen. Dem wiedervereinten Deutschland wäre zu empfehlen, die schon bestehenden, jedoch nur spärlich gesäten Lehrstühle der Komparatistik, die sich in der Tradition Goethes um ein wirklich interkulturelles Verständnis der Weltliteratur bemühen, zu unterstützen, indem man sie weiter ausbaut und vermehrt, während dem Bemühen um Deutsch als Fremdsprache wohl am besten gedient wäre, wenn man es auf das Didaktische beschränken und von der Ausrichtung auf eine interkulturelle Germanistik befreien würde. In der humanistischen Tradition des lateinischen Wortes *alter* ist nicht der Gedanke von dem Anderen als dem Fremden enthalten, sondern nur die reichhaltige Andersheit eines jeden Ich im gemeinsamen Wir, einer jeden Besonderheit im umfassenden Ganzen. Der Weg zur entsprechenden Erkenntnis kann nur in der Bejahung und ständigen Hervorhebung der Vielseitigkeit des kulturellen Kontextes und der multikulturellen Kommunikation gefunden werden.

Beiträge zur Integration einzelner Aufgabengebiete

Die Transformanz des Zeichens.
Zum interdisziplinären Forschungsbereich
der Komparatistik

Schon in den beiden ersten komparatistischen Zeitschriften, in der von Hugo Meltzl herausgegebenen *Összehasonlitó Irodalomtörténelmi* (*Zeitschrift für Vergleichende Literatur*), die von 1877 bis 1888 (seit 1879 unter dem veränderten Titel *Acta Comparationis Literarum Universarum)* von Klausenburg aus, das damals zu Ungarn gehörte, ein europaweites Netz der komparatistischen Forschung auszubreiten begann, sowie auch in der 1887 von Max Koch in Berlin gegründeten *Zeitschrift für Vergleichende Literaturgeschichte,* die Meltzl binnen eines Jahres den größten Teil seiner Mitarbeiter abwarb, so daß die *Acta Comparationis Literarum Universarum* ihr Erscheinen gerade deswegen einstellen mußten, wurden immer wieder auch Arbeiten über Beziehungen zwischen einzelnen literarischen Erscheinungen und den Bereichen der Philosophie, der Soziologie und Folklore angesprochen. So unterstreicht Koch in seinen einleitenden Worten zur ersten Nummer der *Zeitschrift für Vergleichende Literaturgeschichte* den "Zusammenhang zwischen Literatur und bildender Kunst, philosophischer und literarischer Entwicklung usw.", den es zu erforschen gilt, und gleich im ersten Jahrgang finden wir sowohl einen Beitrag von Joseph Kohler über "Ästhetik, Philosophie und Vergleichende Literaturgeschichte" als auch von Rochus v. Liliencron unter dem Titel "Aus dem Grenzgebiet der Literatur und Musik".

Die Frage solcher Zusammenhänge wurde dann für den Bereich zwischen der Literatur und den bildenden Künsten durch Oskar Walzels Darlegungen erstmals in seinem Berliner Vortrag "Wechselseitige Erhellung der Künste" den Vorstellungen und der sich nun zu Wort meldenden Geistesgeschichtlichen Methode entsprechend eingehend formuliert. Die Erkenntnis, zu der schon Lessing in seiner Abhandlung über Laokoon gelangt war, daß es zwar offensichtliche Beziehungen zwischen bildender Kunst und Dichtung gibt, jede Kunstgattung jedoch nach ihren eigenen Gesetzen verfährt, versuchte Walzel nun als ein gegenseitiges Verhältnis zu erklären, dessen Erkennen uns wesentlich zu helfen vermag, die Grenzen einer Epoche zu bestimmen. Der von Walzel geprägte Begriff einer "Wechselseitigen Erhellung der Künste" wurde auf diese Weise auch zu einem bestimmenden Terminus der Geistesgeschichtlichen Methode, der in unserer Zeit jedoch als zu vereinfachter formalanalytischer Vergleich immer mehr in Frage gestellt wird, so daß man statt dessen vielmehr die Bezeichnung "Literatur und andere Künste" oder im Englischen "Literature and the other arts" verwendet.[1]

Es ist nun zweifellos interessant, daß die Komparatistik oder Vergleichende Literaturwissenschaft in ihrem Bemühen, sich selbst zu bestimmen, die von Meltzl und Koch entworfenen Ansätze und die von Walzel sehr konkret auf die Beziehung der Literatur und bildenden Kunst angewandten Auffassungen lange Zeit hindurch nicht in Betracht nahm. So lautete die erste, von Paul van Tieghem formulierte Definition einer wissenschaftlich betriebenen Komparatistik, daß ihre Aufgabe in der Erhellung der "faits communs à plusieurs littératures" bestünde, also der positiv erkennbaren Tatsachen in den Beziehungen zwischen zwei Literaturen, wobei er vor allem an die Einflüsse der einen Literatur auf die andere dachte, also an Richardsons Einfluß zum Beispiel auf Rousseaus *Nouvelle Héloïse*.[2]

Jedoch auch als von der sowjetischen Literaturwissenschaft, der Lehre von Basis und Überbau entsprechend, die typologischen Analogien in den Vordergrund gestellt wurden als Erscheinungen des geistigen Bereiches, historisch erklärbar durch die Ähnlichkeiten der materiellen Produktion, beschränkte man den Vergleich ausschließlich auf die Literatur. So warnt zwar Viktor M. Žirmunskij in seinem Vorwort zur russischen Übersetzung von Oskar Walzels Abhandlung *Die künstlerische Form des Dichtwerkes* davor, sich zu sehr von formalistischen Grundsätzen leiten zu lassen, doch er geht auf der Suche nach solchen historisch-typologischen Ähnlichkeiten nicht über den ideellen Gehalt, die Motivik und das Sujet der poetischen Bilder und Situationen, des kompositionellen Baues der Gattungen und der Besonderheiten des künstlerischen Stils an Beispielen der Literatur hinaus.[3]

So verdankt man den Durchbruch zu den Betrachtungen des Zusammenhanges von Literatur und anderen Bereichen des Lebens als eines systematischen Forschungsbereiches auch den amerikanischen Komparatisten, vor al-

---

[1] Eine eingehende kritische Auseinandersetzung mit Walzels Terminus hat Beate Pinkerneil gegeben ("Selbstproduktion und Problematik der sogenannten 'Wechselseitigen Erhellung der Künste'". In: Viktor Žmegač/Zdenko Škreb (Hg.): *Zur Kritik literaturwissenschaftlicher Methodologie*. Frankfurt 1973, 95-114). Sie sieht in der Wechselseitigen Erhellung der Künste, so wie sie Walzel entwirft, ein radikales Aussparen der Reflexion gesamtgesellschaftlicher Prozesse und eine Gleichschaltung ästhetischer Objekte aus unterschiedlichen Bereichen der Kunst. Statt Einfühlung fordert Beate Pinkerneil die Erforschung der historisch-sozialen Veranlassung für ein Kunstwerk, seine Rezeption und Wirkung sowie des Verhältnisses dieser zueinander.

[2] Paul van Tieghem: *La littérature comparée*. Paris 1931, 5.

[3] Viktor M. Žirmunskij: "Sravnitel'noe literaturovedenie i problema literaturnych vlijanij". In: *Izvestija Akademii nauk SSSR. Otdelenie obščestvennych nauk*, Nr. 3, 1937, 383-403.

lem der Bloomington-Schule, und ganz besonders Henry H. H. Remak. Er ist es, der die Vergleichende Literaturwissenschaft nicht nur auf die "relationships between literature on the one hand and other areas of knowledge and belief" ausweitet, auf "comparison of literature with other spheres of human expression".[4] Grundlegend dabei ist es jedoch, daß immer die Literatur den Ausgangspunkt der Überlegungen zu bilden hat, ob es sich nun um die Beziehung zur Kunst und Philosophie, zu den Formen des Zusammenlebens der Menschen in der Gesellschaft oder zu den einzelnen Disziplinen der Wissenschaft handelt. Nicht die Wirtschaftstheorie des Merkantilismus zum Beispiel als solche wäre demnach der Gegenstand einer komparatistischen Analyse, wohl aber könnte dies ihre Anwesenheit in Honoré de Balzacs Roman *Le Père Goriot* sein.

Erwin Koppen greift diese Fragestellung auf und unterscheidet verschiedene Arbeitsfelder, die zugleich auch von verschiedenen Zielsetzungen ausgehen und daher unterschiedliche Methoden erfordern.[5] Einerseits sieht er darin das Arbeitsfeld jener Disziplinen, die zur Erhellung literarischer Phänomene beitragen können (traditionell wären dies die Geschichte und die Philosophie, in neuester Zeit die Soziologie und Psychologie, auch die Theologie, hierzu gehören aber auch Disziplinen, die in ihrem Zusammenhang weniger berücksichtigt wurden, wie die Medizin oder die Naturwissenschaften, und von denen manche mit der Entwicklung der modernen Welt jetzt zweifellos beträchtlich an Bedeutung gewonnen haben, wie zum Beispiel die Ökologie als überragende Aufgabe der Erhaltung der menschlichen Umwelt oder die einzelnen technologischen Disziplinen, wie etwa die Gentechnologie), und anderseits das schon erwähnte Arbeitsgebiet der "Literature and the other arts", zu dem gleichfalls außer der Malerei, den bildenden Künsten und der Musik auch andere Künste zu zählen wären, die bisher in diesem Zusammenhang nicht erwähnt wurden. Wir könnten in solcher Fortsetzung wohl auch zum Beispiel an die kulinarische Kunst denken, die zugleich auch bestimmte gesellschaftliche Entwicklungen zum Ausdruck bringt.

Für Koppen stellen sich dabei bei jedem Versuch einer solchen Gliederung drei Forderungen:

1) Sachgerechtheit, indem solche Betrachtungen dem Gegenstand angemessen bleiben und jede "interdisziplinäre Vergewaltigung" vermeiden, sich dagegen auf jene Disziplinen beschränken, die für eine Epoche von Bedeutung

---

[4] Henry H. H. Remak: "Comparative Literature. Its Definition and Function". In: Horst Frenz/Newton P. Stallknecht (Hg.): *Comparative Literature. Method and Perspective*. Carbundale [2]1973, 1-57.

[5] Erwin Koppen: "Zur Rolle interdisziplinärer Betrachtungsweisen in der 'Histoire comparée des littératures'". In: *Neohelicon*, Nr. 2, 1981, 285-289.

sind, wie zum Beispiel die Medizin und die Naturwissenschaft für die Aufklärung und den Naturalismus.

2) Ausgangspunkt muß immer das literarische Phänomen sein, das man nach dieser Vorgangsweise mit Hilfe anderer Disziplinen zu erklären versucht, und:

3) Es darf nicht der Eindruck einer Determination entstehen, nämlich in dem Sinne, daß Literatur als Summe außerliterarischer Faktoren gesehen wird, sondern es ist auch weiterhin die Möglichkeit innerliterarischer Entwicklung zu berücksichtigen.

Es handelt sich demnach, wenn man Koppens Ausgangspunkte zu akzeptieren bereit ist, um einen eigenen Teilbereich der interdisziplinären Forschung. Auf diesen Ausgangspunkten weiter aufbauend, habe ich vorgeschlagen, einen solchen Teilbereich als "Transliterarische Zusammenhänge" zu bezeichnen, in Anlehnung an den schon bestehenden Begriff der Translinguistischen Zusammenhänge als Bezeichnung in der Linguistik für alle jene zahlreichen Perspektiven, die von der Sprache aus über die Sprache hinausweisen und in den Bereich der Weltaneignung durch die Sprache hineinführen.[6]

Ein derartiger Versuch, von Transliterarischen Zusammenhängen zu sprechen und sie als ein Aufgabengebiet der Komparatistik zu umreißen, kann sich schon auf viele Vorarbeiten stützen, die es nur in entsprechender Weise zu ordnen gilt. So haben Jean-Pierre Barricelli und Joseph Gibaldi einen Sammelband herausgegeben (*Interrelations of Literature*, New York 1982), der in seinen einzelnen Beiträgen die Beziehungen der Literatur zur Sprachwissenschaft, zur Philosophie, Religion und Mythologie, zur Folklore, zur Soziologie, Politik und den Rechtsnormen sowie zur Wissenschaft, zur Psychologie, aber auch zur bildenden Kunst und zum Film jeweils zusammenfassend darlegt. Sowohl die angeführten Bereiche als auch einige darüber hinaus sind inzwischen in neuen synthetischen Darstellungen bearbeitet worden. So hat Steven Paul Scher in einem Sammelband das Verhältnis zwischen Literatur und Musik als Gegenstand der Betrachtungen gewählt (*Literatur und Musik. Ein Handbuch zur Theorie und Praxis eines Grenzgebietes*, Berlin 1984), von Walter Jens und Hans Küng als Herausgebern stammt ein ähnlicher Sammelband zum Thema der Beziehung von Literatur und Religiosität (*Dichtung und Religion*, Freiburg/Basel 1984) und von Brigitte Winklehner eine solche Publikation, die dem Problem der Beziehung zur Wissenschaft gewidmet ist (*Literatur und Wissenschaft. Begegnung und Integration*, Tübingen 1987). Aufschlußreich in diesem Sinne sind auch die Werke von Erwin Koppen (*Literatur und Photographie*, Stuttgart 1987), sowie von Joachim

---

[6] Vgl. das Kapitel "Transliterarische Zusammenhänge" in: Zoran Konstantinović: *Vergleichende Literaturwissenschaft. Bestandsaufnahme und Ausblicke.* Bern/Frankfurt a. M./New York/Paris 1988, 91ff.

Paech (*Literatur und Film. Zur Geschichte ihrer Beziehungen*, Stuttgart 1988). Eine Bearbeitung des Themas "Fernsehen als Gegenstand der Literaturwissenschaft" liegt schon von früher vor.[7]

Alle diese Arbeiten sind vor allem darum bemüht, den Bereich dieser Beziehungen übersichtlich zu gliedern. So unterscheidet Ulrich Weisstein in seinem Beitrag zum Sammelband von Barricelli und Gibaldi insgesamt fünfzehn Möglichkeiten der gegenseitigen Berührung und Durchdringung von Literatur und bildender Kunst. Diese reichen von der Beschreibung und Interpretation von Kunstwerken durch die Literatur und von der Nachahmung von Formen, die ein Gedicht zu einem visuellen Objekt machen (Bildgedicht), bis zu den einzelnen synoptischen und symbiotischen Gattungen in Form von Bildgeschichten, wie sie Wilhelm Busch gedichtet und gezeichnet hat, oder in neuester Zeit in der Form von Comics oder Adventure-strips. Es zeigt sich dabei, daß visuelle Poesie nicht ausschließlich mit konkreter Poesie verbunden werden kann, sondern daß sie sich zurückverfolgen läßt, und zwar über eine Menge von Traditionsbrüchen, Umformungen und Wandlungen des Kanons bis zur Antike. Vergleichend enthüllt sich aber auch der Unterschied in der Bedeutung zwischen den englischen "visual arts" und den deutschen "bildenden Künsten". Der deutsche Begriff umfaßt auch die Architektur und ebenso die Erzeugnisse der Spezial- und Kleinkunst.

Steven Paul Scher wiederum gründet die Beziehung zwischen Literatur und Musik auf drei möglichen Verhältnissen: 1) Musik und Literatur stehen in einem gleichwertigen Verhältnis, wie dies zum Beispiel in der Oper der Fall ist; 2) Literatur ist anwesend in der Musik, was jedoch vorwiegend zum Aufgabengebiet der Musikwissenschaften gehören müßte, wobei jedoch das Libretto zugleich auch eine eigene literarische Gattung bildet, und 3) Musik ist anwesend in der Literatur, indem der Autor a) Musik nachahmt und in diesem Fall sein Werk zu einem Medium der Musik macht, wie dies bei den sogenannten Lautmalereien geschieht, oder b) den Text gewissen musikalischen Formen anzugleichen versucht, wie dies zum Beispiel Paul Celan mit seiner "Todesfuge" unternimmt, oder auch c) sein Werk zum großen Teil mit dem Erleben von Musik durchdringt.

Die hier ihrer Gliederung nach angeführten Bereiche der Beziehungen zwischen der Literatur einerseits und der bildenden Kunst sowie der Musik andererseits sind nur zwei der möglichen Bereiche dieser Berührungen und Durchdringungen.[8] Sie weisen den Betrachter sowohl auf Gemeinsamkeiten

---

[7] Helmut Kreuzer: "Fernsehen als Gegenstand der Literaturwissenschaft". In: ders.: *Veränderungen des Literaturbegriffs*, Göttingen 1975, 27-40.

[8] Zu den anderen möglichen Bereichen vgl. Zoran Konstantinović: *Vergleichende Literaturwissenschaft. Bestandsaufnahme und Ausblicke*, a.a.O., 94ff.

hin, die allen solchen Zusammenhängen eigen sind, als auch auf Besonderheiten, die jede Beziehung auszeichnen.

Ein weiteres Vordringen in diesen Aufgabenbereich wird wahrscheinlich mit Hilfe der Semiotik möglich sein. Diese Bemühungen und ihre Aussichten versuchten wir, unter dem Begriff der Transformanz des Zeichens zusammenzufassen.[9] Denn wenn nach den neuesten Erkenntnissen der Wissenschaft alle signifikanten Leistungen der Kultur als Texte aufgefaßt werden können und daraus sowohl die tiefen Quellen als auch die subtilen Motive der menschlichen Aktivitäten ablesbar sind, so dürfen von diesem Standpunkt aus auch die Texte der Kunst – ein Gedicht, eine Musikkomposition, ein Film, ein Bild u.ä.m. – nicht mehr isoliert als individuelle Schöpfungen betrachtet werden, sondern in ihrem komplexen Gefüge und aus ihrem Kontext heraus. Demzufolge wären sämtliche Transformationen durch den Raum und durch die Zeit hindurch semiotisch erfaßbar als Veränderungen und Modifikationen der ästhetischen Zeichen im System der ästhetischen Kommunikation. Jede Epoche, jede Strömung und jeder Kunststil zeichnet sich durch eine spezifische Hierarchie der Elemente des semiotischen Systems aus. Es gilt, das Modell ihrer ästhetischen Zeichen zu ergründen, aber es gilt in gleicher Weise auch, die jeweilige Semiosis, das Herausbilden der Zeichen, bei der Übertragung aus den verschiedenen objektivierbaren Bereichen menschlicher Tätigkeit nachzuvollziehen.

Im Unterschied zu allen phänomenologischen Bemühungen, zum Wesentlichen eines Gegenstandes vorzustoßen, handelt es sich hier demnach um das Bemühen, das Zeichenhafte eines solchen objektivierbaren Bereiches in der Literatur wiederzuerkennen. Zu diesem Zweck scheint uns ein kurzer Rückblick auf das bisherige Verständnis der Semiotik und ihrer Anwendungsmöglichkeiten in der Literaturbetrachtung als angebracht.

Am Anfang eines solchen Rückblickes stehen zweifellos die Arbeiten von Jan Mukařovskij. Es sind vor allem die Betrachtungen über die ästhetische Funktion sozialer Faktoren (*Estetická funkce, norma i hodnota jako sociální fakty*, 1936), mit denen der bekannte Linguist dieses Gebiet betritt. Postum sind dann die einschlägigen Beiträge in seinen *Studie z estetiky* (1966) zusammengefaßt. Seine Bemühungen waren vorerst dahin ausgerichtet, die in den dreißiger Jahren vorherrschende immanente Betrachtungsweise zu überwinden, wozu er die Struktur des literarischen Textes nicht nur als eine soziale kontextuelle Erscheinung annimmt, sondern zugleich auch als einen dynamisch-dialektischen Vorgang. Von einer solchen Annahme ausgehend wird auch die Ästhetik insgesamt einer neuen Definition zugeführt, als Wissen-

---

[9] Vgl. das Kapitel "Die Transformanz des Zeichens" in: Zoran Konstantinović: *Vergleichende Literaturwissenschaft. Bestandsaufnahme und Ausblicke*, a.a.O., 113ff.

schaft der ästhetischen Funktion, der Erscheinungen einer solchen Funktion und ihrer Träger. Im Mittelpunkt steht auch in diesem Falle das Zeichen. Unsere Aufmerksamkeit ist beim ästhetischen Zeichen jedoch, im Unterschied zum Beispiel zum magisch-religiösen Zeichen, der Realität eines solchen Zeichens zugewandt, der Möglichkeit, den Bezug zur Wirklichkeit in seiner universalen Bedeutung zu erkennen, welche den Inhalt des Zeichens in sich trägt. Dem Kunstwerk als ästhetischem Zeichen ist daher die Möglichkeit gegeben, eine universale Sprache zu sprechen.

Im Unterschied zu Mukařovskij, für den das Kunstwerk *ein* Zeichen darstellt, und zwar ein autonomes, setzt Felix Vodička die Gedankengänge von Mukařovskij in dem Sinn fort, daß es sich immer um eine *Summe* von Zeichen handelt, die mehr sind als diese Summe. Seine diesbezüglichen Arbeiten, seit 1940 erschienen, wurden dann gesammelt unter dem Titel *Struktura vývoje* (1969). Diese Vorstellung, daß jeder ästhetische Vorgang zugleich einen zeichenhaften Prozeß darstellt, wurde dann in verschiedenster Weise weitergeführt, so vor allem von Max Bense im Bereich der Informationsästhetik und von Abraham Moles als Perzeptionsästhetik. Für die Literaturwissenschaft jedoch von allergrößter Auswirkung erwiesen sich in diesem Zusammenhang die Entwürfe von Umberto Eco und von Jurij Lotman. Für Eco (*Opera aperta. Forme e indeterminazione nelle poetiche contemporanee*, 1962) ist der Text eine offene Struktur von Zeichen, und jedes Lesen, jede Kontemplation dieses Textes und jede Form seines Genießens stellt eine Form seiner Ausführung dar, in deren Verlauf die Welt der Zeichen mit den Zeichen der Welt in Einklang gebracht wird. Seine weitere Aufmerksamkeit gilt der Theorie der Kodes, die sich mit der Entstehung der Zeichen befaßt, und in gleicher Weise der Theorie der Zeichenproduktion, die sich mit der fortlaufenden Produktion von Zeichen aus den Formen ihrer Anwendung befaßt. Für Jurij Lotman wiederum (*Trudy po znakovym sistemam*, 1964) wird das Zeichenhafte zur Grundlage aller Kultur. Sowohl die Organisation eines Textes als Mechanismen seiner Wirkung als auch das in ihm enthaltene Verhältnis zur Wirklichkeit läßt sich durch Zeichen entschlüsseln. Es handelt sich immer um den Stellenwert des Zeichens im gegebenen Zeichensystem, das sich von Augenblick zu Augenblick verändert, in Abhängigkeit von der Veränderung des Kontextes. Die Erkenntnis, daß nicht die Materialisierung zum Text, sondern der Prozeß, in dem seine formalen Elemente zu funktionieren beginnen, das Werk als solches bildet, schlägt somit auch die Brücke zu Ingardens phänomenologischer These, daß der ästhetische Gegenstand erst im Prozeß der Aktualisierung durch den Leser entsteht. Die Zeichentheorie und die Wesensschau scheinen sich somit gegenseitig zu ergänzen.

Die bisherigen Versuche, die Zeichentheorie auch in der Komparatistik bei ihrem Bemühen anzuwenden, den Zusammenhang der verschiedenen Bereiche des Lebens mit der Literatur einsichtig zu machen, kamen in solcher Form zum Beispiel in dem Beitrag von Wilfried Nöth "Linguistische, semiotische und interdisziplinäre Literaturanalyse am Beispiel von Lewis Carrolls Alice-Büchern"[10] zum Ausdruck. Einleitend erklärt der Autor seine Darlegungen aus dem Universalitätsanspruch der Semiotik, der besagt, daß jedes Studium, von der Mathematik und Ethik bis zur Ökonomie und Anatomie, im Grunde genommen immer semiotisch ist. Am Beispiel der Alice-Bücher kann man auf den ersten Blick erkennen, wie viele andere Bereiche in den Text hineingreifen: die Mathematik bei den Rechenexempeln Humpty-Dumptys, die Ethik in den Ratschlägen der Königinnen an Alice und die Physik in Alices Überlegungen über ihre Reise durch den Mittelpunkt der Welt. Zum Zweck der besseren Analyse entwirft Nöth in diesem Falle ein Rahmenmodell aus sieben genetisch konzipierten Stufen: der physikalischen, chemischen Strukturen, der biologischen, soziologischen Vorgänge, der psychologischen Verhaltensweisen, der soziologischen Organisation der Lebewesen sowie ihres Symbolverhaltens, der menschlichen Sprache, der Metasprachen und schließlich, als letzte Stufe, die Stufe der philosophischen Zeichen.

In der Praxis steht man solchen Überlegungen unmittelbar immer dann gegenüber, wenn es zum Beispiel darum geht, in adäquater Weise ein literarisches Werk auf die Filmleinwand oder den Fernsehschirm zu übertragen. Jedem solchen Unterfangen muß unausweichlich eine Analyse der im literarischen Werk enthaltenen Zeichen und der Möglichkeiten ihrer Übertragung in das Medium des Films oder des Fernsehens vorausgehen. Aber auch umgekehrt artikuliert die Literatur durch ihr Medium, die Sprache, die Zeichen aller Lebensbereiche und aller Verhaltensweisen. Die Geschichtlichkeit zum Beispiel in einem Text muß nicht durch die Erwähnung eines historischen Ereignisses gegeben sein, sie entströmt dem Text als solchem, und es gilt, sie in ihrer transponierten Zeichenhaftigkeit zu erfassen. So formt die Literatur zum Beispiel entsprechende Zeichen, um müde Resignation oder Überreiztheit einer dekadenten Gesellschaft zu übertragen, oder sie setzt den Helden und sein Verhalten als Zeichen für ein zeitbedingtes Bewußtsein, für eine bestimmte Mentalität, für die Artikulation einer philosophischen Idee oder eines politischen Programms. Den verschiedenen Lebensbereichen in ihrer Erfassung durch die Literatur nachgehend und sie in der Transformanz ihrer Zeichen miteinander vergleichend, wird die Komparatistik zweifellos einen schätzenswerten Beitrag zu unserer Bewußtwerdung der Zeichenhaftigkeit der Welt leisten können.

---

[10] Wilfried Nöth: "Linguistische, semiotische und interdisziplinäre Literaturanalyse am Beispiel von Lewis Carrolls Alice-Büchern". In: Achim Eschenbach/Wendelin Rader (Hg.): *Literatursemiotik. Methoden – Analysen – Tendenzen*. Tübingen 1980, 29-54.

Vom Photoroman zur Photosequenz.
Überlegungen zu einer komparatistischen
Grenzüberschreitung

Die folgenden Ausführungen gehen von zwei Ausgangspunkten aus, die beide
den Arbeiten Erwin Koppens entnommen sind. Als ersten Ausgangspunkt
könnten wir insgesamt sein bedeutendes Werk *Literatur und Photographie*
(1987) bezeichnen, das im Rahmen der interdiszplinären komparatistischen
Forschung den Bereich jener Versuche erschließt, die Wort und Bild durch das
Medium des photographischen Objekts zu einer ästhetischen Ganzheit vereinen möchten. Der zweite Ausgangspunkt wäre dann die methodologische
Position, die Koppen in diesem Zusammenhang vertritt und die er besonders in
seinem Beitrag "Zur Rolle interdisziplinärer Betrachtungsweisen in der 'Histoire comparée des littératures'"[1] eingehend erläutert, wobei er vor allem die
Blickrichtung solcher Betrachtungen festlegt. Koppen fordert nämlich, bei
solchen Betrachtungen nicht nur jede "interdisziplinäre Vergewaltigung" zu
vermeiden, sondern er vertritt zugleich die Auffassung, "Ausgangspunkt muß
immer das literarische Phänomen sein, das man nach dieser Vorgangsweise
mit Hilfe anderer Disziplinen zu erklären versucht".

Diese Auffassung, daß man bei solchen Betrachtungen immer von der Literatur auszugehen habe, ist inzwischen – so könnte man wohl behaupten – in
der Komparatistik allgemein anerkannt, und in einer Art stillschweigender
Übereinkunft scheint damit im Rahmen einer systematischen Forschung auch
die Grenze solcher Untersuchungen sowohl zum übergreifenden Bereich einer
Vergleichenden Ästhetik als auch zwischen den literarischen Gattungen einerseits und den anderen Kunstgattungen sowie überhaupt zu allen durch die
Literatur objektivierbaren Bereichen menschlichen Denkens und Handelns
andererseits abgesteckt zu sein, von der Philosophie bis zur – sagen wir –
Gastronomie, um hier einen völlig entgegengesetzten Bereich anzudeuten.[2]

---

[1]   Erwin Koppen: "Zur Rolle interdisziplinärer Betrachtungsweisen in der 'Histoire
comparée des littératures'". In: *Neohelicon*, Nr. 2, 1981, 285-289.

[2]   David Malone ("Comparative Literature and Interdisciplinary Research". In: *Synthesis*, Nr. 1, 1974, 17-26) unterscheidet im allgemeinen zwischen *extradisciplinary research, multidisciplinary research* und *interdisciplinary research*. Um darauf hinzuweisen, daß es im Rahmen der interdisziplinären Forschung die Möglichkeit gibt,
von einer der erfaßten Disziplinen auszugehen und daß es in diesem Falle die Literatur ist, versuchte ich in meiner Einführung in die *Vergleichende Literaturwissen-*

Im Sinne einer solchen Beschränkung auf die Literatur als Ausgangspunkt komparatistischer Forschung beginnt auch Koppen sein Buch *Literatur und Photographie* mit Erläuterungen zu den ersten titelartigen Bildunterschriften unter einzelne Aufnahmen aus der Frühzeit dieses Mediums und führt die Betrachtungen dann bis zu den so charakteristischen Bemühungen der Dadaisten, Photographie und Text durch ihren gegenseitigen Bezug in ein ästhetisches Spannungsverhältnis zu bringen. Im Vordergrund der Darlegungen stehen dabei vor allem zwei Werke: Bretons *Nadja* und Kurt Tucholskys gemeinsam mit John Heartfield verfaßte Collage *Deutschland, Deutschland über alles.* In der Kombination von Text und Aufnahme in Bretons *Nadja* sieht Koppen den Höhepunkt des sich "immer mehr komplizierenden Zusammenspiels von Wort und Bild, von Photo und Text im europäischen Avantgardismus erreicht" und zugleich auch einen "Höhepunkt in der Geschichte der Beziehung zwischen Literatur und Photographie"[3]. Tucholskys und Heartfields politisch karikierte Montage erweist sich im Vergleich dazu für Koppen in ihrem Zusammenwirken von Abbildung und Text "weniger subtil und hermetisch", obwohl in beiden Fällen "die photographische Abbildung in den Text integriert ist und nicht etwa als zusätzliche Bilddokumentation aufgefaßt werden kann", und er stellt vergleichend fest, daß in solch gelungener Kombination von literarischen Texten mit Photographien bei Tucholsky und Heartfield "das Ganze" immerhin stärker wirkt als "die einzelnen Teile zusammengenommen"[4]. Mit der Darstellung dieser beiden Werke wird demnach auch die Grenze offenkundig, die sich für die Komparatistik im Bereich der Untersuchungen des Verhältnisses von Wort und Bild ergibt. Jenseits dieser Grenze bliebe dann die Betrachtung der Photographie, die sich nicht auf einen zusätzlichen sprachlichen Text stützt und deren ästhetischer Anspruch ausschließlich auf jenen spezifischen Gesetzen beruht, die aus der Kunst des Photographierens eine eigene Kunstgattung geformt haben.

Hier nun ein Rückgriff auf einen Zusammenhang in diesem Bereich, auf den auch Koppen in *Literatur und Photographie* hinweist. "Es kann", so hebt Koppen hervor, "auch die merkwürdige Tatsache nicht unerwähnt bleiben, daß es im 20. Jahrhundert kaum sogenannte "Photobücher" ohne mehr oder weniger ausführliche Einleitungen und Begleittexte gibt", die "interessanterweise nicht selten von bekannten Autoren stammen", und er erwähnt in diesem Zusammenhang die Betextung von David Hamiltons Mädchenphotos durch Rob-

---

schaft. Bestandsaufnahme und Ausblicke (1988), die durch Koppen festgelegte Blickrichtung durch den Terminus "Transliterarische Zusammenhänge" – also als von der Literatur ausgehende und zugleich über die Literatur hinausweisende Zusammenhänge – noch genauer zu definieren.

[3] Erwin Koppen: *Literatur und Photographie*. Stuttgart 1987, 210.

[4] Ebd., 210.

be-Grillet, die Einleitung Alfred Döblins zu August Sanders *Antlitz der Zeit*, Roberto Moravias Begleittext zu einem Photoband der Gina Lollobrigida, Friedrich Dürrenmatts Vorwort zu Photographien von Bernhard Wicki und Rolf Hochhuts Text zu dem historischen Photoband *Kaisers Zeiten*[5] sowie an anderer Stelle Bert Brechts *Kriegsfibel*[6]. Gerade diese Erwähnungen haben uns die unbetexteten Photographien von Marie-Françoise Plissart in *Droits de regards*[7] – im Anhang kommentiert durch einen Text von Jacques Derrida – in Erinnerung gebracht, und sie regen uns zugleich zu einer kleinen Fallstudie an. Auf der Suche vorerst nach einer entsprechenden Bezeichnung für eine solche Gattung glauben wir, dabei vom Begriff der Sequenz ausgehen zu können, von der Vorstellung von einer in sich geschlossenen Folge, wobei es sich in diesem Falle genauer gesagt um eine Folge von Sequenzen handelt und die Bezeichnung "Sequenzenfolge" demnach keine Tautologie darstellen würde. Im Titelblatt wird auch noch zusätzlich Benoît Peeters zu Marie-Françoise Plissart als Autor von *Inszenierungen und Montage* angeführt, und die abgebildeten Modelle werden gleichfalls "in der Reihe des Auftretens" namentlich erwähnt.

In ihrem Inhalt ließe sich diese unbetextete Sequenzenfolge in kürzester Form folgendermaßen wiedergeben: In der ersten Sequenz verfolgt die Kamera zwei Frauen in ihrem gegenseitigen Liebesspiel, wobei die entsprechenden Bettszenen durch Details des Raumes ergänzt werden, so durch ein achtlos in die Ecke gestelltes Bild oder durch in der Eile abgelegte und vor das Bettende geworfene Wäschestücke. Es ist ein äußerst luxuriöser Raum mit hohen Fenstern und kostbaren Kristalleuchtern, mit Marmorkarnisolen unter bogenförmig umrahmten Spiegeln. Die nächste Sequenz beschäftigt sich daraufhin ausschließlich mit einer der beiden Frauen, nun in einen weißen sommerlichen Hosenanzug gekleidet, wie sie nach beendetem Liebesspiel ohne jede Hast die mit kostbaren Teppichen belegten Marmortreppen hinunterschreitet, um dann noch einen gleichfalls mit kostbaren Stilmöbeln eingerichteten Vestibülflur zu durchqueren. Das letzte Bild dieser Sequenz nimmt abschließend eine ganze Seite des großformatigen Buches ein, was sicherlich auch die Bedeutung der Aussage hervorheben soll: Den Blick zu Boden gerichtet schreitet diese Frau die drei Steinstufen hinab, und die hohe Eingangstür hinter ihr, in der Architektur des französischen Empire, ist schon ins Schloß gefallen. In der nächsten Sequenz jedoch ändert diese Frau ihr Tempo, um im Laufschritt mit wehendem Haar einen vornehmen, äußerst gepflegten, aber völlig menschenleeren Park zu durchqueren; sie läuft dabei an einem künstlichen Teich vorbei, aus dem mehrere Springbrunnen ihre weißen Strahlen ergießen. Da tritt plötzlich

---

[5] Ebd., 198.

[6] Ebd., 205.

[7] Marie-Françoise Plissart/Jacques Derrida: *Droits de regards*. Paris 1985. dt. u. d. Titel: *Recht auf Einsicht*. Graz/Wien 1985.

hinter den zu Kegeln gestutzten Zierbäumen eine andere Frau in dunkler, gleichfalls sportlicher Hosenkombination hervor, mit einer Photokamera im Anschlag. Die nun im Objektiv eingefangene Frau in Weiß läuft erbost auf die Photographierende zu, und diese flüchtet durch die Parkanlagen. Die Verfolgerin stürzt jedoch auf einer Steintreppe vor dem Hintergrund einer barocken Schloßfassade, und die abschließende Aufnahme zeigt ihr schmerzverzogenes Gesicht. Doch dann sehen wir in einer neuen Sequenz die verfolgte Frau zusammen mit der Verfolgerin im Bett und über dem Bett die vorhin erwähnte Aufnahme, nun schon eingerahmt, als Wandbild. Die Verfolgte ist völlig entkleidet, die Verfolgerin liegt in dunklem Oberhemd neben ihr. Sie raucht eine Zigarette, und ihr Gesicht wirkt äußerst nachdenklich. Ganz plötzlich muß sie aufgestanden sein, denn nun reißt sie alle übrigen Photographien von der Wand, wohl in einem Anfall von Eifersucht, da die Verfolgerin von vorhin und nun Partnerin im Liebesspiel auf diesen Aufnahmen mit anderen Gefährtinnen zu erkennen ist. Die Frau verläßt den Raum, und zurück bleibt die Partnerin, die sich nun langsam ankleidet, um dann den Raum und das Haus zu verlassen. Laufend gelangt sie daraufhin in ein anderes Haus, offenbar der Gefährtin nacheilend, denn auf einer der Aufnahmen sieht man diese, wie sie die Treppen hinaufschreitet. Aber die nacheilende Frau scheint die Gefährtin nicht mehr erreicht zu haben, und es wird nun gezeigt, wie sie durch eine Wohnungstür tritt. In dem neuen Raumambiente sehen wir einen dunkelhaarigen jungen Mann auf einem Sessel sitzend und vor dem Fenster mit heruntergelassenen Gardinen, stehend, eine dritte junge Frau mit kurzen, zurückgekämmten und anliegenden Haaren.

Es folgt nun eine Sequenz von Aufnahmen, die jeweils entweder diese junge Frau oder den jungen Mann zeigen, oder auch beide gemeinsam. Die Sequenz gipfelt in einem Wutausbruch des Mannes, der dabei ein Glas zerschlägt. Die Frau aber sammelt die Scherben, ohne daß ihr Gesichtsausdruck irgendwelche Erregung zum Ausdruck bringen würde, und sie bietet daraufhin diesem Mann den noch erhaltenen unteren Teil des zerbrochenen Glases mit den darin gesammelten Scherben an. Nun folgen einige Aufnahmen des lautlosen Einander-Betrachtens und des Aneinander-Vorbeigehens, und dann betritt die Frau im dunklen Hosenanzug den Raum, um an den beiden bis zum Balkon vorbeizugehen, ohne sie in irgendeiner Weise zu beachten. Da erscheint aber auch die erste der Partnerinnen, nun in einem weißen Kleid, bleibt für einen Augenblick an der Wohnungstür stehen, als ob sie alles überblicken möchte, und sie lehnt nachdenklich den Kopf an den Türpfosten, um daraufhin die Treppe wieder hinunterzugehen. Die letzte Aufnahme in der Sequenz zeigt sie gleichfalls vor einem Prunkportal, das jedoch von einem älteren Baustil und noch vornehmerem Quartier zeugt als das vorhergehende.

Eine neue Sequenz beginnt nun, indem diese Frau vor dem Portal stehenbleibt, um auf dem Boden ausgestreute Briefe zu betrachten. Hockend sammelt sie die Briefe und beginnt, diese nachdenklich zu lesen. Dann durchschreitet sie nächtliche, menschenleere Boulevards, kommt an einer modernen aber einfachen Wohnanlage vorbei, telephoniert aus einem Kiosk und erreicht dann wieder ihr prunkvolles Gebäude. Die Sequenz wird durch parallele Aufnahmen einer kahlgeschorenen Frau – nun der vierten weiblichen Akteurin in diesen Sequenzen – durchbrochen. Wir sehen diese Frau in einer ruinierten Wohnung, schreibend am Tisch. Offensichtlich war sie es, die diese verlorenen Briefe geschrieben hat. Die Frau im weißen Kleid trifft nun, in ihrer Wohnung angelangt, zwei kleine Mädchen beim Brettspiel und auf dem Boden sitzend an. Sie sind beide geschminkt, und in einer Reihe von Aufnahmen wird deren Gesichtsausdruck gezeigt, ferner wie eines der beiden Mädchen aufspringt, offensichtlich verärgert wegen des Spiels, wie es fortläuft und wie das andere versucht, es einzuholen. Nun taucht aber ein drittes Mädchen auf, auch hier mit einer Kamera, und der Vorgang des ungewünschten Photographierens wiederholt sich in ähnlicher Weise wie in der Sequenz mit den beiden erwachsenen Partnerinnen, nur mit dem Unterschied, daß eines dieser drei Mädchen gerade das Bild mit der Aufnahme des Sturzes zerschlägt. Das Werk klingt aus mit einer erneuten Begegnung der beiden Partnerinnen aus der ersten Sequenz, und ihr Liebesspiel wiederholt sich in ähnlicher Weise.

Derrida bezeichnet diese Sequenzen von einem "Bettspiel", "Brettspiel" und erneutem "Bettspiel", unterbrochen durch photographische Neugier, als "Photographien über die Photographie", und er denkt über die Möglichkeiten nach, in sie "Einsicht" zu nehmen, was er auch als "Recht auf Einsicht" versteht. Die Photographien "sprechen" zu ihm – sie erzählen ihm – vom letztlich unbefriedigt gebliebenen Liebesspiel der beiden Frauen, das vorgezeichnet ist durch das unbefriedigende Spiel der kleinen Mädchen, von der Leere demnach im Leben der dargestellten Akteure, und dieses Gefühl der Leere offenbart sich ihm auch in der Pracht der Wohnungen. Es wird durch Hinweise auf Einzelheiten auf den Aufnahmen – die Derrida "Parerga" nennt, in Anlehnung an das griechische Wort *parergon* (Beiwerk, Anhang) – immer wieder unterstrichen. Die Sprache der Photographie drängt jedoch zur Benennung durch die gesprochene Sprache, und so gibt Derrida vor allem den Gestalten Namen – Dominique, Claude, Camille, Pilar ... Aber diese Benennung ist nur ein unwesentlicher Bestandteil, eine allererste Orientierung im Raum. In der Entschlüsselung der photographierten Sprache geht es Derrida darum – wie auch in seiner *Grammatologie* überhaupt –, die versteckte Bewußtseinsstruktur und die unbewußten Intentionen des Autors zu entdecken, die er in diesem Falle "Graphotogramme" nennt. So kann – meint Derrida – allein aus dem stummen Sich-gegenseitig-Anschauen der Figuren auf den Aufnahmen eine "Photo-

Grammatik" entnommen werden, das stumme, beziehungslose "Sich-Anschauen". Man schaut sich an, ohne sich zu sehen. Man kann, so lautet Derridas hier entdeckte Gramma, nur sich lieben, denn man wird aus der Liebe des anderen – Deiner, des anderen als solchen – nicht klug.

Sprache in unserem üblichen Sinne ist in diesen Sequenzen nur auf den abgelichteten Briefstellen festgehalten, diese sind französisch geschrieben, und ansonsten erkennen wir auf den Aufnahmen noch einige Aufschriften in flämischer Sprache. Wohl könnten uns auch diese Texte ein Alibi sein, die Sequenzen doch noch in den komparatistischen Bereich der Betrachtungen von Wort und Bild einzubeziehen. Unser Blick führt jedoch in diesem Falle in eine andere Richtung. Denn obwohl es zu diesen Sequenzen keinen Text gibt, so wird ein solcher doch unterstellt, und das Betrachten der Bilder weitet sich unweigerlich in ein gestaltendes Nacherzählen des unterstellten Textes aus. Die Möglichkeiten solchen Gestaltens scheinen unermeßlich. "Du wirst", meint Derrida einleitend, an den Leser gewandt, "niemals alle Geschichten kennen, die man beim Anschauen dieser Bilder noch habe erzählen können." In den theoretischen Betrachtungen Derridas zu den Möglichkeiten des Erzählens durch die Photographie und des Nacherzählens durch den Betrachter werden konkrete Einblicke in sein Nacherzählen dieser Sequenzen nur stellenweise und ganz flüchtig festgehalten, also als *écriture* wiedergegeben, und in dieser Form weisen sie für den Komparatisten sicherlich auf ein eigenes Verhältnis zwischen Wort und Bild hin.

Bei solchen Betrachtungen jedoch aktiviert sich wahrscheinlich auch ein Verhalten, das wir als "komparatistische Einstellung" zu definieren versuchten.[8] Diese wird den Vergleich wohl unweigerlich noch weiter fortzusetzen versuchen, angeregt gerade durch die Tatsache, daß auch bei den Photographen von einem unterstellten erzählenden Text die Rede ist. Denn im Rahmen solcher Überlegungen eröffnet sich der Ausblick unwillkürlich auf einen Vergleich dreier Begriffe in ihrer unmittelbaren Anwendung auf die Sprache der Photographie und auf die Sprache der Literatur. Es sind diese die so bedeutenden Termini des französischen Strukturalismus: *récit, narration* und *discours*. Wir wollen hier diese Bezeichnungen auch in der deutschen Sprache in ihrer ursprünglichen Form bewahren, jedoch vorerst versuchen, sie in allerknappster Form zu definieren. So versteht Roland Barthes unter *récit* das sich er-

---

[8] Auch diesen Begriff der "literarischen Einstellung" versuchte ich in meiner zuvor erwähnten Einführung als Terminus vorzuschlagen, der die durch entsprechende Beschäftigung entwickelte spezifische Verhaltensweise des Komparatisten bezeichnen sollte, nämlich als besondere Fähigkeit, am konkreten Text jeweils den Übergang von Einflüssen in Wirkungen, das Entstehen von Analogien sowie die literarische Semiosis im Prozeß der Übertragung von Zeichen aus einem anderen Bereich in die Literatur wahrzunehmen und auch nachzuvollziehen.

110

zählende Ausdrücken des Menschen ohne Rücksicht auf das Medium. Worin –
so würde man die Frage stellen – bestehen nun die Merkmale des *récit* gerade
in der Photographie im Unterschied zur Literatur? Drückt sich der Mensch in
der Photographie durch die Entscheidung für den Augenblick aus, in dem er
jeweils den Auslöser betätigt, um ein entsprechendes Motiv einzufangen und
festzuhalten? Zweifellos kann dies der Fall sein, aber die Zahl der Aufnahmen
mag im Einzelfall so groß sein und wahllos erscheinen, daß ein solches Sich-
Ausdrücken nur schwer erkennbar wird und jede Relation zwischen dem Gefühl des Photographen und dem Dargestellten nicht mehr nachvollziehbar
bleibt. Im Vergleich dazu erfordert das Sich-Ausdrücken durch Sprache sicherlich auch mehr Vorkenntnis und künstlerische Begabung als das Sich-
Ausdrücken durch Photographie. Dem könnte man nun sogleich entgegenhal-
ten: Warum haben aber dann Breton und Tucholsky nicht selbst photogra-
phiert, und wieso gehören Versuche, den eigenen Text durch selbst aufge-
nommene Photographien zu ergänzen, allgemein betrachtet zu den weniger
gelungenen Unterfangen dieser Art? Jedenfalls erst mit dem Zusammenstellen
und der Montage der Photographien zur Sequenz beginnt die Narration. Jedoch warum, so fragt man sich, braucht Marie-Françoise Plissart dazu die
Hilfe von Benoît Peeters? Schon im Bereich der Photographie sehen wir demnach eine Unterteilung in den Photographen und den Gestalter einer Narration
aus dessen Photographien. Demgegenüber steht die Aufschlüsselung der Intentionalität aus der Anordnung solcher Sequenzen durch den Betrachter: "Du
machst daraus eine Geschichte", sagt Derrida, "Du mußt sie machen, denn
beim Betrachten steigert sich das Begehren nach Geschichte in Dir, und so
beginnt man also zu erzählen, wenigstens zu beschreiben; Du mußt Dir diese
Geschichte erfinden, wenigstens innerhalb der Grenzen, die durch diese Anordnung auferlegt sind." Der Autor solcher Sequenzen überläßt demnach dem
Betrachter von sich aus wohl einen beträchtlich höheren Anteil seines An-
spruchs auf Intentionalität in der Gestaltung einer Narration als dies im Verhältnis zwischen dem Autor eines geschriebenen Textes und seinem Leser der
Fall ist.

Daraus ergeben sich auch für die Betrachtung des Diskurses gewisse Besonderheiten. Der Erzählverlauf vom Autor zum Betrachter und von einem
solchen angenommenen Betrachter wieder zurück zum Autor bietet in diesem
Rahmen einen viel größeren Freiraum, den eben Derrida als "Recht auf Einsicht" bezeichnet. Aber dieser Freiraum ist anderseits wiederum durch die
immense Vieldeutigkeit der einzelnen Elemente beträchtlich eingeengt. "Ein
Bildertext zum Anschauen räumt Ihnen wie seinen Personen ein Recht ein,
Einsicht zu nehmen, nur Einsicht zu nehmen oder durch den Blick anzueignen,
aber er verweigert es Ihnen zugleich und behält selbst, kraft seiner bloßen
Anordnung, die Autorität, das Recht auf Einsicht, in die Reden die Du halten

möchtest, oder die Geschichten, die Du an sein Sujet knüpfst und die Du in Wahrheit in Dir erzeugst. Sie steigen, sie drängen in Dir wie das Begehren selbst, sie überschwemmen Dich."

Im Unterschied zum Photoroman scheinen die Querverbindungen in den nichtbetexteten Photosequenzen verschlüsselter, mit Absicht vielleicht – wie im behandelten Beispiel – als Geschichte eines Geheimnisses, das womöglich kein Geheimnis ist. Im Photoroman formt doch noch der von der Literatur her übliche Diskurs das Gesetz und ermöglicht sogar eine einzige Interpretation, zumindest eine von vielen Lesern als gemeinsame Aktualisierung anerkannte Auslegung. In der Photosequenz dagegen kommt der *récit* des neuen Mediums vollauf zur Geltung und vervielfacht die Kombinationsmöglichkeiten der Narration sowohl aus der Sicht des Autors als auch des Betrachters, und zwar aus der Sicht des Autors schon allein dadurch, daß dieser die Teile der Sequenzen völlig in einer endlosen Zahl von Kombinationen aneinanderreihen kann. Vereinfacht gesagt, der Photoroman geht von der Sprache der Literatur aus, die Photosequenz von der Sprache der Photographie. So mag der Photoroman noch in das Betrachtungsfeld der Komparatistik gehören, die Photosequenz aber schon zum Bereich der Photographie als gesonderter Kunstgattung. Doch das Vergleichen hört auch im Übergang von Photoroman zu Photosequenz trotzdem nicht auf. Denn unbewußt sind wir auf diese Weise auch über die Vergleichende Methodenlehre hinausgegangen und zum Interesse der Komparatistik, zu einer Vergleichenden Zeichenlehre, vorgedrungen.[9]

---

[9] In diesem Bereich würde sich uns als Grundfrage das im letzten Satz der vorhergehenden Anmerkung angedeutete Problem der Transformanz der Zeichen stellen. Wie könnte man – so müßte die Aufgabe lauten – auch für die Übertragung von Zeichen aus den verschiedenen objektivierbaren Bereichen menschlichen Denkens und Handelns in die Literatur gewisse Gesetzmäßigkeiten erkennen? Während anderseits die Frage der Übertragung literarischer Zeichen in ein anderes Medium (so zum Beispiel die Verfilmung literarischer Vorlagen) und überhaupt in einen anderen Bereich (wie bei der Inanspruchnahme der Literatur durch die Soziologie) zum Fragenkreis dieser Disziplinen zu rechnen wäre.

Die Nachwirkungen der Bibel als Problem der Vergleichenden Literaturwissenschaft

Mit dem Werk des amerikanischen Bischofs Robert Lowth *De sacra poesia Hebrorum* aus dem Jahre 1753 wurde die Bibel – in der man bis dahin immer nur die verschriftete göttliche Offenbarung erblickte – erstmals auch als literarisches Dokument gewürdigt. Lowth hatte in Oxford auch einige Jahre die Regeln der Poetologie gelehrt, und während dieser Zeit dürfte er wohl damit begonnen haben, sich zugleich näher mit dem Stil, der Sprache und den mythischen Inhalten der Heiligen Schrift zu beschäftigen. Vor allem war ihm dabei der *Parallelismus membrorum*, die Entsprechung gleichlaufender Versglieder, als ein Grundgesetz der hebräischen Poesie aufgefallen. Herder muß von Lowths Werk zweifellos zutiefst beeindruckt gewesen sein, und dieses dürfte wohl auch ziemliche Verbreitung gefunden haben, denn drei Jahrzehnte später kündigte er das Erscheinen eines eigenen, ähnlichen Werkes mit den Worten an: "Jedermann ist des Bischofs Lowth schönes und allgepriesenes Buch bekannt." Es sollte den Titel tragen *Vom Geist der hebräischen Poesie* und als "Anleitung für die Liebhaber derselben und der ältesten Geschichte des menschlichen Geistes" dienen. Als Vorboten hatte er in den Heften des *Teutschen Merkur* für September und Oktober des Jahres 1781 den Beitrag "Die jüdischen Dichtungen und Fabeln" veröffentlicht.

Mit seinen Vorstellungen von einem literarischen Universalismus, der sich in der historisch bedingten Individualität der einzelnen Völker zu erkennen gibt, vor allem im Volkslied als der ureigensten Form eines solchen Ausdrucks, ist Herder auch zum Begründer der Vergleichenden Literaturwissenschaft geworden. In der hebräischen Poesie wiederum glaubte er, die älteste dieser Ausdrucksformen erkennen zu können. Die entsprechenden Gedankengänge, die ihn zu diesem Werk führten, können wir in den einzelnen Fragmenten, Briefen und Entwürfen sowie in verschiedenen Abhandlungen und Übersetzungen, vor allem in seiner Übertragung des *Hohen Liedes* (der *Lieder der Liebe, der ältesten und schönsten aus dem Morgenlande*, 1778) zurückverfolgen. Bedeutsam sind in diesem Zusammenhang auch die Eintragungen im *Reisejournal*, die sich mit Vergleichen zwischen Moses und Homer sowie zwischen Moses und Ossian befassen. Das angekündigte Werk war auch als grundlegende Vorarbeit für die dann leider doch nicht verwirklichte Bibelübersetzung gedacht, und wie diese blieb das umfangreiche Manuskript *Vom Geist der hebräischen Poesie* gleichfalls einer der von Herder nicht abgeschlossenen großen Entwürfe. Trotzdem gehört diese Schrift auch in dieser Form zu den reifsten und bedeutendsten Werken Herders. Denn das, worauf Lowth nur im Ansatz hingewiesen hatte, nämlich in der biblischen Gottes- und Weltanschauung auch die gestaltenden Möglichkeiten des Menschen zu sehen, hatte Herder nun in dem Sinne ausgeweitet, daß er die Bibel – und das Wort Bibel bedeutete ursprünglich auch *ta biblia*, den Plural, nämlich eine Sammlung kleiner Bücher – als vielseitiges literarisches Zeugnis zu betrachten begann, indem er die Poesie des hebräischen Volkes in den Zusammenhang der gesamten Entwicklungsgeschichte der Menschheit stellte. Damit war zugleich ein bedeutsames Thema der Vergleichenden Literaturwissenschaft umrissen, nämlich die Nachwirkung der Bibel in den einzelnen Literaturen.

Herder stellte dieses Thema im Vorwort zu seiner Schrift in der Form dar, daß "den Urideen, den ältesten Begriffen von Gott, der Schöpfung, der Vorsehung, von Engeln, einzelnen Gegenständen und Dichtungen der Natur [...]" nachgegangen werden soll, die sich in der Bibel zu einer hebräischen Poesie verdichtet haben, und es soll erforscht werden, wie sich diese Ideen in eigener "poetischer Farbe" auf die Nationen ringsum einprägten, welche Wirkungen sie in den lebhaftesten Beispielen der folgenden Zeit hervorbrachten.

Mit Robert Lowth und Herder beginnt somit die literaturwissenschaftliche Phase der Bibelbetrachtung, mit Herder insbesondere auch die komparatistische Blickrichtung einer solchen Betrachtung. Seitdem wurde zum Thema Literatur und Bibel unter diesem Aspekt eine immense Zahl von Arbeiten veröffentlicht, die man nun von Zeit zu Zeit in periodischen Publikationen, in Überblicken und Forschungsberichten festzuhalten versucht. Einen solchen Beitrag, der mit dem Jahr 1955 ansetzt und ein Jahrzehnt erfaßt, finden wir, zusammengestellt von Abraham A. Avny, im *Yearbook of Comparative and General Literature* für 1970,[1] eine Fortsetzung dazu von Gerald Hammond: "The Bible and Literary Criticism" in der Zeitschrift *Critical Quarterly*.[2] Jedoch gerade in den fünf Jahren seit dieser Zusammenstellung sind einige sehr bedeutsame Beiträge zu diesem Fragenkreis erschienen: So unmittelbar noch 1983 im ersten Band der Geschichte der Weltliteratur, *Istorija vsemirnoj literatury*, der Sowjetischen Akademie der Wissenschaften in Moskau das von dem bekannten Byzantologen Sergij S. Averincev bearbeitete Kapitel "Drevneevrejskaja literatura" ("Althebräische Literatur"). Helmut Koopmann und Winfried Woesler sind die Herausgeber einer 1984 bei Herder in Freiburg erschienenen Sammlung von Abhandlungen zum Thema Literatur und Religi-

---

[1]   Abraham A. Avny: "The Influence of the Bible in European Literature: A Review of Research from 1955 to 1965". In: *Yearbook of Comparative and General Literature*, 1970, 39-58.

[2]   Gerald Hammond: "The Bible and Literary Criticism". In: *Critical Quarterly*, Nr. 2, 1983.

on mit entsprechenden Beiträgen über Goethe, Eichendorff, Conrad Ferdinand Meyer, Nietzsche, Brecht und Paul Celan. Walter Jens und Hans Küng, ein Literaturwissenschaftler und ein Theologe, interpretieren in *Dichtung und Religion* (München 1985), jeder aus seiner Sicht, eine Anzahl von Texten, so Pascals Apologie des Christentums und zugleich das Hauptwerk dieses Denkers, nämlich seine *Pensées sur la religion,* ferner die Gedichte von Gryphius, Lessings *Nathan der Weise,* Hölderlins Hymnen, den programmatischen kulturphilosophischen Aufsatz *Die Christenheit oder Europa* von Novalis, Kierkegaards *Überlegungen zur Einübung im Christentum,* Dostoevskijs *Brüder Karamasow* und Kafkas *Das Schloß.* Vorausgegangen sind solchen Betrachtungen einige viel einfachere Interpretationen von Hans Rudolf Picard in *Dichtung und Religion. Die Kunst der Poesie im Dienste der religiösen Rede* (1984). Darin wird an sechzehn Beispielen, vom ägyptischen Hymnus auf den Allgott Amon bis zu Rilke und Paul Valéry, gedeutet, wie man Dichtung nutzen kann, um das Unsichtbare der religiösen Verkündigung auf diesem Wege doch sichtbar zu machen. Es ist ein eigener, zugleich auch didaktischer Bereich, der schon durch Ralph P. Crimmanns Buch *Literaturtheologie. Studien zum Vermittlungsproblem zwischen Germanistik und Religionspädagogik* (Frankfurt 1978) zur Diskussion gestellt wurde.

Ein jüngster, zugleich auch viel umfassenderer Beitrag zur interdisziplinären Behandlung dieses Themas (die vor allem mit Band 9 der Forschungsgruppe "Poetik und Hermeneutik" in Konstanz ansetzt[3]) wäre der von Walter Jens, Hans Küng und Karl-Josef Kuschel herausgegebene Sammelband *Theologie und Literatur* (1986). Er enthält die Referate des vielbeachteten Tübinger Symposiums zwei Jahre zuvor, darunter auch das Referat von Theodore Ziolkowski "Theologie und Literatur. Eine polemische Stellungnahme zu literaturwissenschaftlichen Problemen"[4]. Ziolkowski ist auch der Verfasser des Buches *Fictional Transformations of Jesus* (1972) sowie einer Arbeit, in der er die Notwendigkeit komparatistischer Betrachtung gerade für die Erforschung der Bibel hervorhebt.[5] Soeben erreichte mich zudem das Werk von John B. Gabel und Charles B. Wheeler, *The Bible as Literature* (1986), und

---

[3] Manfred Fuhrmann/Hans Robert Jauß/Wolfhart Pannenberg (Hg.): *Text und Applikation – Theologie, Jurisprudenz und Literaturwissenschaft im hermeneutischen Gespräch.* München 1981.

[4] Theodore Ziolkowski: "Theologie und Literatur. Eine polemische Stellungnahme zu literaturwissenschaftlichen Problemen". In: Walter Jens/Hans Küng/Karl-Josef Kuschel (Hg.): *Theologie und Literatur.* München 1986, 113-129.

[5] Theodore Ziolkowski: "Zur Unentbehrlichkeit einer Vergleichenden Literaturwissenschaft für das Studium der deutschen Literatur" (darin der Abschnitt II: "Die Implikationen der Säkularisation der Bibel für die deutsche Literatur"). In: Alois Wierlacher (Hg.): *Fremdsprache Deutsch.* Bd. 2. München 1980, 486-507.

damit glaube ich, die bis zu diesem Augenblick bedeutendsten Beiträge zu meinem Thema erwähnt zu haben.

Es gehört übrigens zu den Merkmalen des gegenwärtig so aktuellen Dekonstruktivismus in der Literaturbetrachtung, daß sich seine Vertreter mit Vorliebe biblischer Texte bedienen, um das Gefangensein menschlicher Ausdrucksweise in den Gegebenheiten der Sprache aufzuzeigen. Zu den frühesten solcher dekonstruktivistischen Versuche wäre wohl Wolfgang Richters Buch *Exegese als Literaturwissenschaft. Entwurf einer alttestamentlichen Literaturtheorie und Methodenlehre* (1971) zu zählen. Im Mittelpunkt steht darin der Versuch, den Inhalt der Bibel eben aus solcher sprachlichen Gebundenheit zu lösen und auf diese Weise zu entmythologisieren. So setzt auch René Girard mit seinen Betrachtungen *Le bouc émissaire* (1982) diesen Entmythologisierungsprozeß fort, den er mit *La violence et le sacré* (1972) begonnen hatte. John Frank Kermodes *The Genesis of Secrecy. On the Interpretation of Narrative* (1979) kreist in ähnlicher Weise um den Gedanken, daß das Neue Testament nur aus der Autorität des Alten Testaments erklärt werden kann, obwohl das Neue Testament die Vorgeschichtlichkeit des Alten Testaments eigentlich dekonstruierte und durch eine solche Dekonstruktion den Weg zu einer realistischen Weltbetrachtung öffnete. Dekonstruktivistisch ausgerichtet sind auch die Gedanken von Robert Alter in seinem Buch *The Art of Biblical Narrative* (1981), daß nämlich der Mythos die einzig mögliche Form darstelle, um der biblischen Aussage zu ihrer Zeit verpflichtende Bestimmtheit zu verleihen.

Den faszinierendsten Beitrag zu diesem Themenkreis dürfte jedoch Northrop Frye mit *The Great Code. The Bible and Literature* (1982) geliefert haben. Dieses Werk weist auf eine Fülle von Reminiszenzen hin, die mit der Bildlichkeit biblischen Sprachausdruckes in Verbindung gebracht werden können und solcherart zugleich einen Einblick in die Entwicklung typologischer Systeme bieten. Die Bibel ist für Frye insgesamt das mythologische Universum, und alle Literatur setzt diese Mythen nur fort.

Um demnach die Nachwirkung der Bibel zu betrachten, steht uns wirklich eine mehr als umfangreiche Sekundärliteratur zur Verfügung. Eine solche anhaltende Wirkung offenbart sich dabei als ständiges Wechselspiel zwischen dem Individuum und seinem kulturellen Kontext. Sie beginnt ursprünglich sicherlich mit dem Individuum, mit der Lektüre und der Rezeption bestimmter Inhalte der Lektüre durch das Individuum, aber die endgültige, bewußtseins- und persönlichkeitsbildende Funktion der Bibel, das Erkennen und die Einordnung ihrer ethischen, ästhetischen und informativen Werte, die durch den Prozeß der Lektüre und Rezeption vermittelt werden, stehen in Zusammenhang auch mit dem gesamten kulturellen Kontext, da durch die Tradition schon im voraus eine Einstellung des Lesers zu diesem Werk gegeben ist. Die Nachwirkung als ständig sich fortsetzende Rezeption ist folglich nachweisbar vorerst nur als individuelle Aneignung und künstlerische Verarbeitung sowie literarische Neuproduktion biblischer Themen, Motive und Formen (des Psalms zum Beispiel), und sie läßt sich manchmal auch über einzelne Zitate und Gestalten zu einem poetischen Bezugssystem für ein ganzes Werk ausweiten, für Döblins *Berlin Alexanderplatz* zum Beispiel, oder für einen Dichter insgesamt, sie hängt jedoch als solche individuelle Aneignung auch vom Wandel des Kontexts ab. Entsprechende Untersuchungen können demnach ganz auf die Analyse einzelner Werke gerichtet sein und nach den vielfältigen Möglichkeiten der Anwesenheit der Bibel in einem solchen Werk fragen, die gewonnenen Erkenntnisse lassen sich jedoch auch zu Synthesen zusammenfassen, die sowohl zu theoretischen Verallgemeinerungen als auch zur Ausweitung unseres historischen Verständnisses wesentlich beizutragen vermögen. Ich möchte hier auf zwei Möglichkeiten solcher Synthesen hinweisen, die sich aus den erwähnten Arbeiten erkennen lassen.

So unternimmt Ziolkowski von der Bibel ausgehend den Versuch einer Typologie, und er unterscheidet dabei vorerst die exemplarische Funktion des säkularisierten Bibelstoffes, wie zum Beispiel im – in Anlehnung an Theodor Haeckers *Tag- und Nachtbücher* leicht abgewandelten – Titel von Heinrich Bölls Roman *Wo warst du, Adam?*, in Nietzsches Autobiographie *Ecce homo* oder wenn *Hiob* als Titel eines Stückes bei Oskar Kokoschka und eines Romans bei Josef Roth verwendet wird. Das gilt ebenso für die Kapitelüberschriften in Döblins *Berlin Alexanderplatz*. Eine solche exemplarische Funktion kann jedoch auch ein in den Text eingebautes Bibelzitat ausüben.

Als zweiten Typ sieht Ziolkowski die Wandlungen des Exemplarischen zur Parodie, etwa in Thomas Manns *Zauberberg* im Monolog des angeheiterten Peeperkorn, der mit erhobenem Zeigefinger im Kreise seiner beschwipsten Gäste meditiert:

Meine Herrschaften – gut. Das Fleisch, meine Herrschaften, es ist nun einmal – Erledigt. Nein – erlauben Sie mir – 'schwach', so steht es in der Schrift. 'Schwach', das heißt geneigt, sich den Anforderungen – Aber ich appelliere an Ihre – Kurzum und gut, meine Herrschaften, ich appelliere. Sie werden mir sagen: der Schlaf. Gut, meine Herrschaften, perfekt, vortrefflich. Ich liebe und ehre den Schlaf [...] Wollen Sie jedoch bemerken und sich erinnern: Gethsemane! 'Und nahm zu sich Petrum und die zween Söhne Zebedei. Und sprach zu ihnen: Bleibet hie und wachet mit mir.' Sie erinnern sich? Und kam zu ihnen und fand sie schlafend und sprach zu Petro: 'Könnet ihr denn nicht eine Stunde mit mir wachen?'

Über das Typologische einer Wandlung des Exemplarischen zur Parodie hinaus scheint mir eine solche Verwendung auch ein guter Anlaß dafür zu sein, sich daran zu erinnern, wie sehr wir doch durch die Bibel in ein gemeinsames Bildungssystem integriert werden, das uns auch eine solche Form der Kommunikation ermöglicht. Gethsemane, die Stätte des Gebets und der Gefangennahme Jesu, am Fuß des Ölbergs bei Jerusalem; Zebedäus, hebräisch jeweils Gottesgeschenk, nach dem Neuen Testament die beiden Apostel Johannes und Jakobus, "die zween Söhne Zebedei". Es sind Bezugspunkte jedenfalls unseres Kulturbewußtseins und unserer kulturellen Zugehörigkeit. In der ägyptischen Übersetzung zum Beispiel von Goethes *Faust* wird bei Stellen wie

> Wir sehnen uns nach Offenbarung,
> die nirgends würd'ger und schöner brennt
> als in dem Neuen Testament

das Neue Testament als Koran übertragen, nicht als Verunglimpfung der christlichen Religion, sondern um diesem Gedanken in seiner kulturgeschichtlichen Bedeutung den entsprechenden Stellenwert einzuräumen.

Ein weiterer Typ aber nach Ziolkowski wäre dann die radikale Umwertung des biblischen Stoffes. Jede Neubearbeitung eines biblischen Stoffes stellt sicherlich schon an sich zumeist auch eine Umbewertung durch den Autor dar. Die Moses-Darstellungen von Schiller bis Freud und Thomas Mann bieten ein typisches Beispiel für diese Art von Interpretation. Ziolkowski erwähnt bei dieser Gelegenheit auch die Legende vom verlorenen Sohn in Rilkes *Die Aufzeichnungen des Malte Laurids Brigge*, der in diesem Falle auszog, weil er nicht geliebt werden wollte, und der dann als Entfremdeter zurückkehrte. Weitere Betrachtungen zu solchen Variationen dieses Themas würden vor allem zu André Gide und zu Kafka führen.

Und als letzter Typ bei Ziolkowski die formbildende Funktion der säkularisierten Bibel, der Kirchenlieder von Luther bis Gellert, des geistlichen Liedes von Opitz bis Novalis, das seine lebendigsten Bilder aus dem *Hohen Lied* bezieht. Bei Trakl können wir noch von einer einfachen Säkularisierung der Form des Psalms sprechen, bei Brecht klaffen in der *Hauspostille* Form und Inhalt des Psalms extrem parodistisch auseinander:

> Im Juli fischt ihr aus den Weihern meine
> Stimme. In meinen Adern ist Kognak. Meine
> Hand ist aus Fleisch.
> Im Juli habe ich ein Verhältnis mit dem Himmel,
> ich nenne ihn Azurl, herrlich, violett, er liebt
> mich. Es ist Männerliebe.

Eine andere Möglichkeit ist die Synthese in der Diachronie, die zu historischen Einsichten führt. So finden wir sowohl bei Avny als auch bei Averincev den Gedanken, daß die Bibel sehr wohl auch als Periodisierungsgrundlage der Literatur dienen kann, im Unterschied zum Beispiel zu den sich widersprechenden Versuchen, einerseits solche Aufteilungen vom künstlerisch-ästhetischen Standpunkt, anderseits von soziologischen Kriterien aus vorzunehmen. Nach Avny wären solche Periodisierungsgrundlagen der Beitrag, den die Bibel im Mittelalter zur Entstehung neuer Nationalliteraturen in Europa leistete, ferner ihre Rolle zur Zeit der Reformation, die Entwicklung des ästhetischen Gefühls im 17. Jahrhundert durch die Bibel sowie der persönliche Bezug des Dichters, die Aufnahme der Bibel als ein literarisches Werk eben durch Lowth und Herder, aber auch durch Chateaubriand im 18. und im Übergang zum 19. Jahrhundert, das In-den-Vordergrund-Setzen der Bibel im frühen 19. Jahrhundert vor allem durch französische Dichter, die Shakespeare, Ossian, die Bibel und einige Werke aus dem Osten als Quellen emotioneller Inspirationen einander gleichstellen. In der Romantik und zur Zeit des Victorian Age in England verselbständigt sich die Bibel in ihrer Beziehung zum religiösen Schrifttum; Blake, Byron, de Vigny, Hugo und Browning lassen sich auch in diesem Verhältnis zur Bibel miteinander vergleichen. Wenn dann das wissenschaftliche Zeitalter die Autorität der Bibel zurückdrängte, so blieb doch ihre Sprache auch weiterhin die Quelle für eine allusionsträchtige, reichhaltige und konnotative Ausdrucksweise. Auch in unserer Zeit – so der Periodisierungsentwurf von Avny – bleibt die Sprache der Bibel für den Schriftsteller oft unbewußt ein Medium, um verborgene Mythen und Archetypen zum Vorschein zu bringen.

Averincev widmet in einer ähnlichen Aufteilung besondere Aufmerksamkeit dem Barock, dem Sentimentalismus und dem Sturm und Drang. Gerade die Bibel war es, sagt Averincev, die mit ihrem dynamischen und expressiven System von Modellen ein wohlwirkendes Gegengewicht zu den klassizistischen Traditionen darstellte. Dieser Behauptung Averincevs wäre sicherlich auch noch eine Betrachtung über das Verhältnis von Expressionismus und biblischer Thematik hinzuzufügen.

Zusammenfassend könnten jedenfalls diesen Periodisierungsgedanken zufolge fünf Positionen der Bibel hervorgehoben werden. Sie ist entweder, wie im Mittelalter, das Werk an sich, das auch die geistigen Entwicklungen, wie das Entstehen von Nationalliteraturen, in Bewegung setzt. Dann aber wechseln Epochen, in denen die Bibel im Namen der Wissenschaft und im Namen sozialer Ideen angefochten wird. Daraufhin treten jedoch Zeiten in Erscheinung, in denen die Bibel als Dichtung mit hervorragendem Rhythmus, vorzüglicher Vorstellungskraft und reichhaltiger östlicher Folklore erneut an Bedeutung gewinnt. In einer anderen Phase wiederum ist die Sprache der Bibel nicht mehr ausschließlich Ornamentik, allusionsträchtiger Bestandteil der Literatur, sondern ein wesentliches, untrennbares Element dichterischer Ausdrucksweise, und – das wäre die fünfte Position – die Gestalten der Bibel werden für die Selbstdarstellung des Dichters oder für existentielle Gestalten, für Archetypen, benutzt. Gilbert Highet zum Beispiel führt in einem Werk, in dem er das gleiche Problem der Nachwirkung aus der Sicht des antiken Erbes betrachtet – *The Classical Tradition. Greek and Roman Influences on the Western Literature* (1980) –, die Romantik auf zwei solcher Archetypen zurück, indem er dem entsprechenden Kapitel den Titel "Parnassus and Antichrist" gibt. Solche Versuche der Periodisierung müssen demnach regional begrenzt bleiben, und dies ausschließlich auf den christlichen Kulturraum, so daß die übrigen Kulturräume nur als eventuelle Einflußsphären betrachtet werden können.

Neben solchen Möglichkeiten der Zusammenfassung des biblischen Stoffes nach Typologien oder in seiner jeweiligen Anwesenheit in einer bestimmten Epoche, so wie sie sich in den erwähnten Überlegungen abzeichnen, dürfte es zur Überprüfung der Nachwirkung der Bibel unmittelbar an einem entsprechenden Text nicht uninteressant sein, auch auf den gegenwärtigen Stand der methodologischen Ansichten in der Literaturwissenschaft insgesamt hinzuweisen. Diese Ansichten lassen sich ganz kurz in dem Sinne zusammenfassen, daß wir heute als Resultat sowohl der linguistisch strukturierten Semiotik und Kommunikationstheorie sowie einer mit den Mitteln auch der Psychoanalyse beobachtenden und hermeneutisch reflektierenden Rezeptionsästhetik und ihren weiterführenden poststrukturalistischen Vorstößen sehr genau zwischen dem Text als solchem und seiner jeweiligen Aktualisierung unterscheiden. Der Text ist ein für allemal fixiert, das Werk selbst entsteht jedoch erst aus seiner Aktualisierung im Bewußtsein des Lesers, und daher ist es veränderbar; es alteriert, wie der Fachausdruck lautet, den jeweiligen Umständen entsprechend.

Die Komparatistik sieht bei der Betrachtung des Textes ihr wesentliches Aufgabengebiet in der Erhellung des Intertextes, also aller Interdependenzen des Textes, seiner Zusammenhänge mit anderen Texten, auch mit anderen nichtsprachlichen Texten und mit seinem Kontext insgesamt. Das bedeutet in unserem Falle, in einem Werk alle jene Reminiszenzen in einem Text zu erhellen, die über unmittelbare Zitate oder versteckte Anspielungen auf die Bibel hinweisen, auf ihre Aussagen und Sujets, ihre Motive, ihre Gestalten. Im Text der Bibel selbst greifen wir sogleich zu Beginn, im Buch Genesis, auf sumerisch-babylonische Vorstufen und Mythen zurück, wenn von dem über den Wassern schwebenden göttlichen Geist, von der aus dem Wort geborenen Schöpfermacht Gottes, vom dreiteiligen Weltall und dem Bericht von der Menschenschöpfung nach dem Ebenbild der Gottheit die Rede ist. Wir erkennen darin den Mythos von Marduk, dem Lichtbringer, die siebentägige

Schöpfungsgeschichte weist auf die mythische Bedeutung der Zahl sieben bei den Assyrern hin, und auch das Gebot vom Ruhetag bestand schon bei jenen Völkern des Orients, deren Geschichte den Hebräern vorausging. Ebenso ist die Vorstellung vom Paradies babylonischen Ursprungs, hier nun ins Kosmische übertragen. Der Baum des Lebens in der Mitte des Paradieses und dessen Gegenstück, der Baum der Erkenntnis, entstammen gleichfalls den orientalischen Mythen vom Rebenstock als Symbol des Lebens und vom Feigenbaum als Symbol des Todes, ebenso der Sündenfall, die Schlange als Verführerin, der Turmbau von Babel und die damit verbundene Sprachverwirrung, die geflügelten Stiere als Vorbilder der Cherubim, die Bundeslade mit den hebräischen Gesetzestafeln als tragbare Götterwohnung, der Kampf mit dem Drachen und vieles andere.

Der Mythos bleibt jedoch nicht ohne historische Bestätigung, und das wäre auch ein Blick zum Kontext. Nachdem man bei den Ausgrabungen unter dem Hügel von Ur auf eine drei Meter starke Lehmschicht gestoßen war, die zwei Besiedlungsepochen trennte, konnte zum Beispiel auch die Überlieferung von der Sintflut als geklärt betrachtet werden: Eine große Überschwemmung muß um das Jahr 4000 v. Chr. Babylonien heimgesucht und – in den Ausmaßen der damaligen Vorstellungen – die Welt vernichtet haben. Die Bibel hat also doch recht. So kann unter anderem auch der Name Abraham und der Söhne seines Stammes, jener Hirtenfamilie wahrscheinlich, auf die sich das jüdische Volk zurückführen läßt, etymologisch aus babylonischen und anderen orientalischen Ursprüngen abgeleitet werden.

Nun aber einige Gedanken zur Aktualisierung des Textes: Der darin festgehaltene Bund des religiösen Menschen mit Gott hat sich als ein Fundament unserer Kultur erwiesen, und gemeinsam mit der Überlieferung der Antike haben auch die Aktualisierungen des biblischen Textes immer wieder das kulturelle und sittliche Antlitz unserer Welt geprägt. Dem Dichter aber unter den Lesern bot eine solche Aktualisierung unerschöpfliche Inspiration, und deren Verwirklichung gibt zugleich den Wandel menschlicher Einstellungen wieder.

Ich greife hier nur das Adam-und-Eva-Motiv in einigen seiner Wandlungen heraus. Die Vertreibung aus dem Paradies wird vom Christentum untrennbar mit dem Gedanken an die Erlösung durch Christus verbunden und auf diese Weise die Weltgeschichte mit der Heilsgeschichte verknüpft. Das späte Mittelalter entdeckte dann auch die soziale Not dieses Stoffes; das mühselige Leben der aus dem Paradies Vertriebenen wird zum Sinnbild der menschlichen Existenz, so bei Hans Sachs, Lope de Vega und Joost van den Vondel. Miltons *Paradise Lost* aber greift daraufhin das Problem der Willensfreiheit des Menschen auf: Gott hat es dem Menschen überlassen, ob er sich durch Gehorsam bewährt. Bei Klopstock und Bodmer erfährt der Stoff noch eine zusätzliche gefühlsmäßige Humanisierung. Erst im 19. Jahrhundert, im Zusammenhang mit der rationalen Kritik am Christentum, werden auch der Sündenfall und die Erbsünde in Zweifel gezogen und der Ungehorsam als Krisis, als Versuch eines Auswegs aus einem unterwürfigen in einen menschlich-vernünftigen Zustand, gedeutet. Dadurch aber wurde das biblische Motiv mit dem aus der Antike stammenden Mythos vom Prometheus verbunden. In der ersten Hälfte des 20. Jahrhunderts – mit dem Auftauchen der Psychoanalyse – wird dann das Adam-und-Eva-Problem vorerst im wesentlichen auf das erotische Gebiet, auf die Herrschaft der Sinne, auf den grundsätzlichen Gegensatz der Geschlechter, auf den Widerspruch von Geist und Trieb verschoben. Im stolzen Selbstbewußtsein der Amerikaner, hervorgerufen durch ihre Rolle im Zweiten Weltkrieg, vermittelt Thornton Wilders Adam-und-Eva-Drama *The Skin of Our Teeth* zur Mitte dieses Jahrhunderts eine optimistische Botschaft vom unverwüstlichen Lebens- und Aufbauwillen des Menschen. Wiederum ein Vierteljahrhundert später, mit dem Stück von Peter Hacks, tritt im Dezember 1975 zum ersten Male nach der Teilung Deutschlands eine ostdeutsche Bühne, das Dresdner Staatstheater, auch in Westdeutschland auf. Das erste Menschenpaar wird darin in das fünfte Jahr des fünften Fünfjahresplans versetzt, und der liebe Gott fungiert als Präsident des Staatsrates. Zur gleichen Zeit ungefähr veröffentlicht einer der bedeutendsten Schriftsteller Polens, Jerzy Andrzejewski, als seine Abrechnung mit der Stalinzeit den Roman *Teraz na ciebie zaglada* (*Nun ist auch dein Ende gekommen*). Die Söhne stellen an Adam und Eva die Frage, warum sie in Wirklichkeit aus dem Paradies vertrieben wurden, und die Eltern geben sonderbarerweise völlig unterschiedliche Antworten darüber, was der Vertreibung vorausgegangen war. Diese Antworten sind jedoch von höchster Aktualität erfüllt. Voll Skepsis behandeln sie das Problem der Autorität und der Unbeirrbarkeit des Dogmas. Kain wird letztlich zum Brudermörder, weil er glaubt, einem höheren Ideal zu dienen.

Diese Aktualisierungsprozesse sind insgesamt in faszinierender Weise auch mit der Aktualisierung der unmittelbaren Wortbedeutungen verbunden. Denn der Text geht in diesem Falle zurück zu den frühesten unmittelbaren Benennungen der Dinge und zu den ersten, noch als lebendige Bildlichkeit erfaßten Metaphern. Im Unterschied zum Talmud und zum Koran liegt die Heilige Schrift ihren unmittelbaren Lesern jedoch zusätzlich auch noch sprachlich fern, da das Alte Testament in Hebräisch, das Neue Testament in einem hellenistischen Griechisch der Koiné verfaßt ist. Nicht ohne Interesse verfolgt die Komparatistik daher auch die neuesten Bibelübersetzungen, die sogenannte Einheitsübersetzung der Katholiken und die revidierte Übertragung der Protestanten, die beide die Bibel dem modernen Menschen näherbringen möchten. So bedient sich auch der Davidsohn, der einmal der Prediger oder Ekklesiast hieß, nun zeitgemäßer Aussageformen: "Denn ich beobachte, jede Arbeit und jedes erfolgreiche Tun bedeutet Existenzkampf zwischen den Menschen", und aus "Schätzung" bei Lukas wird steuerliche Veranlagung. Viele Elemente haben bei solchen Lösungen mitgewirkt, vor allem der Wunsch nach Allgemeinverständlichkeit und das Bestreben, die Bibel zu einem Volksbuch auch des modernen Menschen zu machen. Für die Komparatistik ist es dabei zweifellos interessant, die Frage zu überprüfen, inwieweit der Leser bei der Aktualisierung eines solchen nun auch aktualisierten Textes diese Änderungen in der Weise empfindet, daß sie ihn nun unmittelbar berühren oder womöglich auch stören, und man wird auch die Unterschiede bei ähnlichen Übertragungen in andere Sprachen festzustellen versuchen.

Die Bibel ist und bleibt demnach für die Vergleichende Literaturwissenschaft ein bedeutendes Aufgabengebiet. Sie sieht in ihr das größte literarische Werk der Menschheit, und indem sie nach den Stoffen, Motiven und Formen der biblischen Aussagen im Gefüge einer endlosen Reihe weiterer Texte sucht, bringt sie uns in weitestem Maße die vielfachen Veränderungen im menschlichen Denken und Wollen zu Bewußtsein. Im weiten Feld der Wirkungsuntersuchungen stellt sich das Problem der Wirkung der Bibel ähnlich wie auch der Antike in einer Weise dar, die nach einer eigenen Bezeichnung ruft, und so setzt sich immer mehr für die Nachwirkung der Bibel und der Antike ein eigener Terminus durch, nämlich Nachleben, um die so intensive und ununterbrochene Anwesenheit dieses Werkes in entsprechender Weise von allen übrigen Formen des Nachwirkens und der literarischen Aneignung abzugrenzen.

Fremde in der Stadt.
Ein komparatistischer Beitrag zur
imagologischen Erforschung Berlins

"L'étranger tel qu'on le voit" – so der Titel eines Kapitels in der äußerst kurz gefaßten, aber womöglich gerade deswegen besonders gerne verwendeten Einführung *La Littérature comparée* von Marius-François Guyard (1961). Die in der vergleichenden Literaturbetrachtung bis dahin sehr häufig erörterte Frage, wie die einzelnen Reisenden fremde Länder und Völker, ihre Institutionen und Sitten, natürlich auch ihre Städte gesehen und erlebt haben, wird nun in diesem Kapitel nach Ländern systematisiert und zu Synthesen zusammengefaßt. Es überrascht, wie wenig solche bildhaften Darstellungen (*images*) zumeist den objektiven Gegebenheiten entsprechen, wahrscheinlich auch gar nicht von einer solchen Absicht getragen waren, so daß es sich vorwiegend um *mirages*, um Scheinbilder handelt, um verschönerte oder um verzerrte Wahrnehmungen. In beiden Fällen, ob Verschönerungen oder Verzerrungen, sind diese bekanntlich sehr häufig zu Klischees geworden, die als Stereotypen auch außerhalb der Literatur sehr nachhaltig zu wirken vermögen, wobei sich Verzerrungen zumeist als Auswüchse engstirniger, begrenzter Einstellungen, als Ressentiments, oder aus einem Überlegenheitsgefühl ableiten lassen, während sich bei Verschönerungen und Idealisierungen sehr oft der wohlbekannte Hinweis "Cherchez la femme" als Erklärung anbietet.

So subsumiert auch Guyard seine Ausführungen über die Vorstellungen, die von französischen Reisenden über Deutschland vermittelt wurden, unter der Bezeichnung "Notre Allemagne". In dem Werk, das Guyard an den Beginn einer solchen systematischen imagologischen Erfassung stellt und in dem ausführlich auch von Berlin gesprochen wird, erübrigt sich das "Cherchez la femme" insofern, als dieses Buch von einer Frau verfaßt wurde, von Anne Louise Germaine de Staël-Holstein, Tochter des Schweizer Bankiers Jacques Necker. Es ist das berühmte Buch *De l'Allemagne*. Die Zensur hatte schon aus dem Manuskript so manches positive Urteil herausgestrichen, bevor es in Napoleons Hände gelangte. Dieser soll jedoch nach beendeter Lektüre nur ein Wort gesagt haben: "Einstampfen!" Denn, was die Autorin da geschrieben hatte, schien ihm Verrat am französischen Geist. Glücklicherweise gelang es Madame de Staël, sich vor dem Zorn des Imperators noch rechtzeitig über die Grenze zu retten. Mit sich nahm sie den höchstwahrscheinlichen Anreger dieses Buches, so daß in diesem Falle vom "Cherchez l'homme" zu sprechen wäre, nämlich August Wilhelm Schlegel, und – was für die Nachwelt in dieser Angelegenheit sicherlich viel wertvoller bleibt – mit sich nahm sie auch die einzige nicht eingestampfte und in Druckbogen geheftete, auf abenteuerliche Weise gerettete Ausfertigung ihres Buches. Drei Jahre später, 1813, erschien das Werk in London, wo es – obwohl in französischer Sprache – in wenigen Tagen vergriffen war, und es folgten daraufhin noch viele, viele Auflagen, die durch Jahrzehnte hindurch das Bild nicht nur der Franzosen von den Deutschen als Volk der Dichter und Denker, sondern durch Übersetzungen ein solches Bild auch bei den anderen Völkern bestimmen würden. Guyard stellt dann fest: "Dès Mme de Staël, notre image de l'Allemagne a été anachronique."[1]

Das, was im 17. Kapitel des ersten Teiles dieses Buches – das 1985 in einer vollständigen Ausgabe der deutschen Erstausgabe von 1814 bei Suhrkamp erschienen ist – über Berlin gesagt wird, dürfte in Berlin selbst hinlänglich bekannt sein. Trotzdem sei an einige Stellen erinnert. "Berlin ist eine große Stadt" – so beginnt Madame de Staël – "mit breiten geraden Straßen, schönen Häusern und von regelmäßiger Bauart. Da sie größtenteils neu gebaut ist, finden sich wenige Spuren älterer Zeiten." Darauf folgt jedoch sogleich die Bemerkung:

> Berlin, diese ganz moderne Stadt, so schön sie immer sein mag, bringt keine feierliche ernste Wirkung hervor, sie trägt das Gepräge weder der Geschichte des Landes noch des Charakters der Einwohner; die prächtigen neu aufgebauten Gebäude scheinen bloß für die bequeme Vereinigung der Vergnügungen und der Industrie bestimmt zu sein...[2]

Ein solches Gefühl der Nüchternheit scheint seitdem unlösbar mit der Erwähnung Berlins verbunden. So beginnt Bernhard Schulz seinen Essay über das kulturhistorische Panorama "Berlin um 1900"[3] in der Akademie der Künste mit einem Aperçu aus dem Jahre 1906 von Jules Huret, einem der emsigsten französischen Journalisten seiner Zeit (*Echo de Paris*): "Das Charakteristikum dieser Stadt besteht gerade darin, daß sie kein Charakteristikum besitzt." Viktor Šklovskij, der bekannte Vertreter des russischen Formalismus, meint wiederum in seinen Aufzeichnungen *Zoo ili pis'ma ne o ljubvi*, 1922 (dt. *Zoo oder Briefe nicht über Liebe*, 1965), also ein Vierteljahrhundert später: "Berlin hat viele Straßenbahnen, aber es lohnt sich nicht, irgendwohin zu fahren,

---

[1] Marius-François Guyard: *La Littérature comparée*. Paris 1961, 115.

[2] Anne Louise Germaine de Staël-Holstein: *Über Deutschland*. Frankfurt 1985, 107.

[3] Bernhard Schulz: "Berlin um 1900". In: *Die Zeit*, Nr. 40, 1984.

denn die Stadt ist überall gleich, Schlösser wie Kaufhäuser und Kaufhäuser wie Schlösser."[4]

Andererseits aber hat schon Madame de Staël vermerkt, daß Berlin auch die Stadt besonders intensiver geistiger Tätigkeit ist: "Berlin, im Mittelpunkt des nördlichen Deutschland, kann sich als Brennpunkt der Aufklärung und des Lichts betrachten. Der Geist gilt mehr und allgemeiner in Berlin als in Wien. Wissenschaft und Künste sind in Flor"[5] – und damit wären wir nun schon in der "Vergleichenden Metropolenkultur", ein Terminus, den der so emsig schreibende Nürnberger Stadtrat Hermann Glaser für sein spezifisches Interesse geprägt haben dürfte. An Madame de Staëls Ausführungen lassen sich sehr gut einschlägige Betrachtungen anstellen, denn sie erwähnt Wien nicht nur so beiläufig, sondern sie berichtet einige Kapitel vorher auch über ihren Besuch in der österreichischen Kaiserstadt.

Die Gesellschaft in Wien enthält viel Gefälliges durch die Sicherheit, die Eleganz und das Edle in der Art des Verkehrs, worauf von den Frauen gehalten wird; gleichwohl bleibt doch manches zu sagen, manches zu tun übrig; es fehlt an Interesse, an einem Ziel. Man wünscht nur, daß der morgige Tag nicht wäre wie der heutige, ohne daß durch diese Abnutzung die Kette der Gemütsbewegungen und Gewohnheiten unterbrochen würde.[6]

Diese Relativierung jedoch – "worauf von den Frauen gehalten wird" – führt den Blick zurück zu Madame de Staëls Vergleich mit der Gesellschaft und der Stellung der Frau in Berlin zu jener Zeit:

Bei den Mittagstafeln, wozu bloß Männer geladen werden, bei Ministern, Gesandten etc. findet die Abstufung des Ranges, die dem Verkehr in Deutschland so nachteilig ist, nicht statt; Männer von Talent aus allen Klassen treffen hier zusammen. Dieses glückliche Gemisch erstreckt sich aber noch nicht bis auf die Frauen. Es gibt mehrere unter ihnen, deren Reize und Seeleneigenschaften alles an sich ziehen, was sich in Berlin auszeichnet; aber hier, ebenso wie im übrigen Deutschland, ist die Gesellschaft des weiblichen Geschlechts mit dem männlichen noch nicht innig genug verwebt. Der größte Reiz des Lebens besteht in Frankreich in der Kunst, die Vorzüge vollständig ineinander zu fügen, die aus der Verbindung des männlichen und weiblichen Geistes für den gesellschaftlichen Verkehr entspringen können. In Berlin

---

[4] Viktor Šklovskij: *Sobranie socinenij*. Moskau 1965, 205.
[5] Anne Louise Germaine de Staël-Holstein: *Über Deutschland*, a.a.O., 108 (Anm. 2).
[6] Ebd., 64.

schränkt sich die Unterhaltung der Männer fast bloß auf Männer ein; der Kriegsstand verleiht ihnen eine Art von Rauheit, die es ihnen zum Bedürfnis macht, sich dem Zwang einer Gesellschaft mit Frauen nicht zu unterwerfen.[7]

Zu diesen Eigenschaften der Nüchternheit und Geistigkeit, die auch von Stendhal, Józef Ignacy Kraszewski und vielen anderen Besuchern hervorgehoben werden, gesellt sich später bei den fremden Betrachtern noch als dritte Vorstellung das Bild einer Stadt, die von einem Augenblick an in atemberaubender Weise zu wachsen beginnt. Der Harvarder Historiker Otto Friedrich zitiert in seinem Buch *Before the Deluge*, 1972 (deutsch unter dem Titel *Weltstadt Berlin. Größe und Untergang 1918-1933*), für diesen Übergang den amerikanischen Historiker Henry Allens, der noch 1860 Berlin als "eine erbärmliche, schäbige Provinzstadt, primitiv, schmutzig, unzivilisiert und in vieler Hinsicht abstoßend" bezeichnet hatte, und daraufhin Mark Twain, der Berlin das "europäische Chicago" nannte und dem Geschmack seiner Zeit mit den Worten Ausdruck verlieh: "Berlin ist ganz neu; die neueste Stadt, die mir jemals vorgekommen ist. Sogar Chicago würde altersgrau daneben aussehen."[8] Mochte Berlin nun auch keine jahrhundertealte Tradition besitzen wie Paris oder London, so mußte die Geistigkeit der Stadt bei einer solchen dynamischen Entwicklung doch einen guten Keim für eine künftige Kulturmetropole bilden.

So wäre nun hier dem Thema entsprechend, eine Vielfalt von sehr ausführlich geschilderten Eindrücken und gewichtigen Urteilen über Berlin aus der Feder von Dichtern und Schriftstellern aus allen möglichen Ländern auszubreiten, aber auch jene nur flüchtigen – bei all ihrer Flüchtigkeit jedoch oft überraschend treffenden und beeindruckenden – Aperçus, wie zum Beispiel des Polen Adam Zagajewski in seinen Skizzen *Listy Berlinskie* (*Berliner Blätter*). Den allerneusten Beitrag dazu bildet wohl das Buch *Angelo a Berolino* (*Der Engel in Berlin*) von 1987 der italienischen Schriftstellerin Giuliana Morandini. Es sind nur ganz zart angedeutete Erlebnisse zweier Schwestern, Erika und Ulrike, im Laufe einer einzigen Nacht und vor dem Hintergrund von Schinkels und Schlüters Baudenkmälern, überragt vor allem von dem Engel des Siegesdenkmals, der dem Roman auch seinen Namen gibt. Zwei Schwestern, getrennt durch die geteilte Stadt, die aber in diesen Erlebnissen in sonderbarster Weise miteinander zu einer Gestalt verschmelzen, wie auch die Erinnerung an die "commune passato" dieser geheimnisvollen Stadt als gemeinsames Erlebnis fortlebt.

---

[7] Ebd., 108.
[8] Otto Friedrich: *Weltstadt Berlin. Größe und Untergang 1918-1933*. München 1973, 9.

Der geteilte Himmel demnach ein verlockender Hintergrund für so manche aktuelle Schilderung, von der italienischen bis zur skandinavischen Literatur, bis zu Lars Gustafsons Sigismund-Erzählung zum Beispiel, erfaßt in den *Berlinske balade* (*Berliner Balladen*) des Jugoslawen Vuk Krnjevic, in den *Berlin forgács* (*Berliner Splittern*) des Ungarn Vata Vágyi oder aus türkischer Sicht wie in Aras Örens *Gefühlsneuigkeiten. Reisen von Berlin nach Berlin.*

Berlin ist in fremden Literaturen jedoch auch als Thema die Zeit hindurch denkbar, schon von den ersten Erwähnungen der markgräflichen Doppelorte Berlin und Cölln, als Zufluchtsstätte hugenottischer Refugiés, Berlin als Festung der Kurfürsten und als Residenz der preußischen Könige (wobei in österreichischen, ungarischen, südslawischen und slowakischen Romanen vor allem ein kühner Einfall der Reiter Maria Theresias in Berlin im Oktober 1757 die dichterische Phantasie beflügelte), Berlin als Symbol des preußischen Deutschlands, Hauptstadt des Reiches, und dann das zerstörte und das geteilte Berlin bis zum gegenwärtigen Augenblick, in dem es in seiner Geteiltheit wohl das Allerbizarrste darstellt, was man sich überhaupt vorzustellen vermag, wo man in einem Teil glauben kann, in New York zu sein, während man sich in einer der wichtigsten Straßen des anderen Teils mitten nach Moskau versetzt fühlt. Dieter Hildebrandt[9] erinnert sich an die Rede Michel Butors, in der dieser Berlin einen "leidenschaftlichen Horchposten" für die globalen Erschütterungen nannte. In ihrer seismographischen Funktion reiche die geteilte Metropole wie eine Membrane "hinein in die Gespanntheit einer ungewöhnlich empfindlichen Grenze". Dadurch werde die Stadt "zu einer Art Mikrophon, ja zu einer Trommel, in deren Inneren sich die geringsten Vibrationen – man kann auch sagen: die entferntesten Vibrationen – durch Erschütterungen von bemerkenswerter Feinheit und Klarheit anzeigen". So ist diese Stadt für Butor "ein Instrument, ein vollkommenes Instrument".

Das war im Jahr 1964, ein Jahr nachdem John F. Kennedy auf dem Balkon des Schöneberger Rathauses erklärt hatte: "Ich bin ein Berliner." Inzwischen versuchen die Berliner, sich noch an andere Gäste zu gewöhnen, die auf ihre Weise in ihre Mitte hineinwachsen und dies auch literarisch zum Ausdruck bringen. Denn es gibt auch ein sehr intensives Berlin-Erlebnis von Menschen, die nach Berlin gekommen sind, um zu arbeiten, und nun in Berlin leben, von denen aber einige auch schon in deutscher Sprache schreiben. Es sind Italiener, Spanier, Griechen, Jugoslawen und vor allem Türken. So ist neben dem deutschen Berlin auch ein türkisches Berlin entstanden. Aysel Özakin beschreibt die Straßenfeste in Kreuzberg schon in deutscher Sprache, Aras Ören hat sich mit Ausnahme des Bändchens *Ich anders sprechen lernen* dazu nur

---

[9] Dieter Hildebrandt: "Vor Gott ist jeder ein Berliner. Berlin A bis Z. Enzyklopädische Randbemerkungen". In: *Die Zeit*, Nr. 25, 1982.

des Türkischen bedient. In seinem Poem *Was will Niyazi in der Naunynstraße* (Teil seiner *Berlin-Trilogie*), den Eindrücken eines zum Schriftsteller gewordenen Gastarbeiters über das Leben in jener Straße, die den Namen eines ehemaligen Berliner Bürgermeisters trägt, erzählt er, wie eine neue Generation türkischer Arbeiter an die proletarische Geschichte dieser Stadt anknüpft.

> Ein verrückter Wind eines Tages
> wirbelte den Schnurrbart eines Türken,
> und der Türke rannte hinter seinem
> Schnurrbart
> her und fand sich in der Naunynstraße
> [...]
> Und die Naunynstraße wurde
> voll von frischem Thymiangeruch
> voll frischem Haß,
> voll Sehnsucht,
> voll mit Hoffnung,
> bedeckt mit Steppenduft.
> Und die Naunynstraße, dämmrigfeucht
> nahm sie auf, die
> aus den Orten der Wildnis.
> An so vielen Abenden,
> an so vielen Morgen
> wurde jeder in dieser Straße jedem vertraut,
> und jedes Ding von jedem in dieser Straße
> ein gewohntes Stück,
> so daß heute
> die Naunynstraße ohne Türken
> zwar noch die Naunynstraße wäre,
> aber an ihren alten Tagen
> ohne neuen Anfang.[10]

In einem Interview meint Ören dazu: "Wir machen keine türkische Literatur, wir machen auch keine deutsche Literatur. Wir stehen mit einem Bein in dieser und mit dem anderen in jener Kultur; und um unsere Originalität zu bewahren, müssen wir eine Synthese schaffen."[11] Der Sizilianer Franco Bondi, der die gleiche Entwicklung durchmachte wie Ören, beschreibt diesen Zustand in seiner Erzählung *Passavantis Rückkehr* als doppeltes Fremdsein. Man ist

---

[10] Aras Ören: *Was will Niyazi in der Naunynstraße. Ein Poem.* Aus dem Türkischen von H. Achmed von Schmiede und Johannes Schenk. Berlin 1973.

[11] Aras Ören: "2x Heimat, 2x Fremde". In: *Die Zeit*, Nr. 24, 1986.

fremd in Berlin und fremd auch in der Heimat, wenn man sich im dörflichen Gasthaus ein Bier nach Berliner Art wünscht.

Berlin ist demnach oft beschrieben, in den verschiedensten Sprachen und auch in dieser seltsamen Denk- und Sprachsymbiose. Trotzdem scheint zu gelten, was schon Šklovskij im siebzehnten seiner erwähnten Briefe, die nicht von der Liebe handeln sollten, behauptet hatte:

> Berlin ist schwer zu beschreiben. Wenn du in Hamburg landest, so hast du den vollständigen Theatereffekt mit den Kanälen und ihren Kränen, und in Dresden zum Beispiel ist jedes Detail, vom Schloß an der Elbe bis zur Sixtinischen Madonna von sich aus in ein Ganzes zusammen-komponiert. Berlin jedoch ist bis heute nicht zusammengewachsen und dabei sind die Straßen doch so gleich breit und die Häuser gleichförmig wie Koffer.[12]

Unser Rahmenthema aber lautet: Berlin zwischen Gründerzeit und National-sozialismus. Vieles, was demnach der Gründerzeit vorausgeht und was nach dem Nationalsozialismus kommt, muß daher vorerst ausgeklammert werden. All das Befruchtende, das von Fichte, Hegel, den Gebrüdern Grimm, Ranke und Mommsen von Berlin ausgegangen ist und sich mit dem Bild dieser Stadt zusammengefügt hat, muß hier zurückgestellt werden: Themen wie Kierke-gaard in Berlin, für den Wissenschaft nur in Berlin zu erfahren war, oder Turgenev in Berlin, sein "Kopfüber in das deutsche Meer", wie er seine Hin-wendung in dieser Stadt zur deutschen Literatur und zum deutschen Geistesle-ben nannte, eine Hinwendung, die letztlich zur Grundlage seines Denkens von einer westlichen geistigen Ausrichtung Rußlands wird. Turgenev – der West-ler, so wird er in der Geschichte der russischen Kulturentwicklung genannt; es war jedoch Berlin, wo Turgenev zum Westler wurde.

Berlin befindet sich in dieser Epoche zwischen Gründerzeit und National-sozialismus. Wann hört aber eigentlich die Gründerzeit auf, und wann beginnt die Systemzeit, die bis zum Nationalsozialismus reicht?

Sicherlich gibt es viele Antworten darauf und auch Überlegungen über die Abgrenzungen zur Jahrhundertwende. Aber vielleicht könnte man die Frage insgesamt so beantworten, daß der Übergang höchstwahrscheinlich dort liegen muß, wo der Großstadtekel, den die Literatur damals zum Ausdruck brachte, der Großstadtfaszination weicht, und ein solcher Übergang wäre wohl am unmittelbarsten in Strindbergs Weinstube "Zum schwarzen Ferkel" zu verfol-gen, wo sich eine Clique von Künstlern, Wissenschaftlern und Dichtern re-gelmäßig traf. Es waren vorwiegend Skandinavier und Deutsche. Ola Hansson

---

[12] Viktor Šklovskij: *Zoo oder Briefe nicht über Liebe*. Berlin 1965, 205.

und seine Frau Laura Marholm hatten bekanntlich Strindberg mit der Begründung nach Berlin gebracht, daß Deutschland nun zwar groß geworden sei, aber keine Literatur besäße, sondern von einem kleinlichen dogmatischen Realismus beherrscht würde.

Vielleicht hat man in Deutschland selbst noch nicht genügend darüber nachgedacht, wieviel die Fremden dazu beigetragen haben, daß gerade Berlin zur Kulturmetropole wurde, allein schon dadurch, daß sich dort immer intensiver die Wege der Schriftsteller aus Ost und West trafen. So gesellt sich auch Stanislav Przybyszewski zu diesem Friedrichshagener Kreis, und er wird einen beträchtlichen Teil seines Lebens in Berlin verbringen, dort auch deutsch schreiben, jedoch erbittert dagegen ankämpfen, ein deutscher Schriftsteller zu werden, und er glaubt, deswegen sogar auch Goethe und Schiller angreifen zu müssen. Wenn man aber in seinen Erinnerungen an das literarische Berlin liest, so spürt man, wie er langsam in das literarische Berlin hineinwächst und wie dieses – im Kampf, der um die Brüder Hardt, Wilhelm Bölsche, Bruno Wille und Arno Holz gescharten Kolonie Jungdeutschlands – allmählich zu einer Kulturmetropole heranwächst, in der sich mancherlei Symbiosen verwirklichen. So verehrt Przybyszewski einerseits Huysmans, den Verfasser von *A rebours* und *Là-bas*, zugleich aber ist er ein inniger Freund von Richard Dehmel. Französische und deutsche Einflüsse vermengen sich auf diese Weise in ihm.

Auch deswegen, weil es durch den Nationalsozialismus der Möglichkeit solcher Symbiosen beraubt wird, hört Berlin auf, eine Kulturmetropole zu sein. Erfolgt dieser Abbruch nun schlagartig mit dem 30. Januar 1933? So manche bedeutenden Persönlichkeiten des kulturellen Lebens hatten schon vorher Berlin und Deutschland verlassen. Die Welt aber wurde der tief einschneidenden Veränderungen eigentlich noch nicht so richtig gewahr. Im Gegenteil, die ganze Welt nimmt noch an den Olympischen Spielen 1936 teil und erweist dem Diktator ihre beifällige Referenz. Hier sei an eine Beschreibung von Thomas Wolfe, "George in Berlin", aus dem Roman *You Can't Go Home Again* von 1940 (dt. *Es führt kein Weg zurück*) erinnert. Der Held, George Webber, ist glücklich, soeben ist sein Roman, ins Deutsche übersetzt, auch im Dritten Reich erschienen, und er möchte dort nur Gutes sehen. Auch Thomas Wolfes Roman *Of Time and the River* ist zu diesem Zeitpunkt in Deutschland erschienen, und der Verfasser kommt bei seiner letzten Europareise mit den gleichen Gefühlen nach Deutschland wie auch sein Held George.

Der Mai ist überall ein wunderschöner Monat, aber in jenem Jahr war Berlin besonders schön. Es war das Jahr der großen Olympischen Spiele [...], und George stellte fest, daß das Organisationsgenie des deutschen Volkes, das so oft edlen Zwecken gedient hat, bei diesem

Anlaß besonders augenfällig zur Geltung kam. Schon das prunkvolle Bild war überwältigend, so überwältigend, daß es schon fast bedrükkend wirkte. Etwas Unheilverkündendes schien darin zu liegen. Man spürte die horrende Konzentration der Kräfte, das ungeheuer Straffe und Geordnete in den von überall her zusammengezogenen Kräften des ganzen Landes. Das Unheilverkündende lag darin, daß diese Machtdemonstration offensichtlich über die Erfordernisse des sportlichen Ereignisses hinausging. Die Spiele wurden dadurch in den Schatten gestellt und wirkten nicht mehr als sportliche Wettkämpfe, zu denen die ausgewählten Mannschaften anderer Nationen entsandt waren; sie wurden von Tag zu Tag mehr zu einer überwältigenden Demonstration, für die man ganz Deutschland geschult und diszipliniert hatte. Die Spiele schienen nur ein Symbol der ganz neu gewonnenen Macht zu sein, ein Mittel, um der ganzen Welt vor Augen zu führen, wie weit diese neue Macht es gebracht hatte [...]. Das tägliche Schauspiel war atemberaubend [...]. Nicht nur, daß die sportlichen Ereignisse bis in die kleinsten Einzelheiten mit der Pünktlichkeit eines Uhrwerkes begannen und abliefen, auch die Menschenmassen wurden mit einer verblüffenden Ruhe, Ordnung und Geschwindigkeit gelenkt – Menschenmassen, mit denen keine andere Großstadt hätte je fertigwerden müssen und die sicherlich den New Yorker Verkehr hoffnungslos und unentwirrbar durcheinander und zum Wahnsinn gebracht hätten [...]. Regimenter von Braunhemden, in zwei geschlossenen Reihen von der Wilhelmstraße bis zum Bogen des Brandenburger Tores. Dann plötzlich ein scharfes Kommando und das Zusammenknallen von zehntausend schwerer Stiefel. Das klang nach Krieg, und schließlich kam *er*, mit ihm lief eine Welle der Erregung, die durch die Menge wogte, wie wenn ein Wind über eine Wiese streicht; sie begleitete ihn von weit her: die Stimme des ganzen Landes lag darin, alle Hoffnungen, alle Gebete. Langsam näherte sich der blitzschnelle Wagen des Führers; kerzengerade, ohne eine Bewegung und ohne ein Lächeln stand er darin, ein kleiner dunkler Mann mit einem Operettenbärtchen, den Arm mit der nach außen gekehrten Handfläche gehoben [...].[13]

Else, die deutsche Freundin, lehnte von Anfang bis Ende ihrer Beziehung ab, mit George über irgendetwas zu sprechen, das auch nur im entferntesten mit dem Nazi-Regime zu tun hatte. Dieses Thema war zwischen ihnen tabu. Andere Leute waren nicht so taktvoll, und so hörte George nach den ersten Wochen so manches. Auch wenn man ihn einlud und fragte, wen er sich bei dieser

---

[13] Thomas Wolfe: *Es führt kein Weg zurück*. Reinbek bei Hamburg 1968, 78-88.

Einladung noch wünsche, und er den einen oder anderen Künstler oder Schriftsteller nannte, an den er sich erinnern konnte, so geschah es meistens, daß man mit Ausflüchten diesen Wunsch zu umgehen versuchte. Wenn er sich trotzdem bei diesen Gesellschaften und ähnlichen Gelegenheiten begeistert über Deutschland und das deutsche Volk äußerte, so nahm ihn gerade der eine oder andere seiner neuen deutschen Freunde, wenn man genug getrunken hatte, vorsichtig beiseite.

> Aber [...] keines der häßlichen Dinge, die man ihm auf diese Weise zuflüsterte, sah er wirklich [...], jedoch allmählich begann George die Tragik zu spüren. Es war gar nicht das Politische; die Wurzeln dieser Tragik lagen viel tiefer, waren unheimlicher und schlimmer als Politik oder selbst als rassische Vorurteile. Zum ersten Mal in seinem Leben begegnete er etwas Entsetzlichem, das er noch nicht kannte und gegen das alle Leidenschaft und lauernde Gewalttätigkeit Amerikas – Gangsterbanden, plötzliche Morde, die Hartherzigkeit und die Korruption, die das Staats- und Geschäftsleben Amerikas stellenweise verseuchten – harmlos erschienen. George begann zu erkennen, daß hier die Seele eines großen Volkes angekränkelt war und nun an einer furchtbaren psychischen Krankheit litt. Ihm wurde klar, daß diese ganze Nation von der Seuche einer ständigen Furcht infiziert war; gleichsam von einer schleichenden Paralyse, die alle menschlichen Beziehungen verzerrte. – Hier konnte kein Leben, keine Kultur gedeihen.[14]

Eigentlich kann man erst aus der fremden Literatur so richtig abschätzen, daß Berlin in den 20er Jahren und bis zum Nationalsozialismus der geistig aufgewühlteste Ort der damaligen Welt war. Dabei war diese Stadt, die im 19. Jahrhundert als Hauptstadt eines mächtigen Kaiserreiches jedes Maß eines kontinuierlichen Wachstums gesprengt hatte, nun nicht allein ohne kaiserliche Macht, sondern nach dem Krieg eine Zeitlang fast ohne politische Ordnung, ein Spiegel aller Umwälzungen. Rolf Hellmut Foerster zitiert in seinem Buch *Die Rolle Berlins im europäischen Geistesleben* (1968) den damals noch ganz jungen englischen Dichter Wystan Hugh Auden, der zwei Jahre in Berlin verbrachte und sich später erinnern wird: "Erst hier merkte ich plötzlich, daß der Boden unter uns bebte."[15]

Was die Expressionisten apodiktisch verkündet hatten, daß aus dem Chaos eines Krieges etwas Neues hervorgehen würde, war eingetroffen. Berlin ist der unbestrittene Mittelpunkt dieses Neuen. Aus dem Hexenkessel eines zü-

---

[14] Ebd., 89-92.
[15] Rolf Hellmut Foerster: *Die Rolle Berlins im europäischen Geistesleben*. Berlin 1968, 135.

gellosen Lebens jenseits aller bürgerlichen Moral, auf diesem Schauplatz des permanenten Bürgerkriegs zwischen Faschismus und Kommunismus, in diesem Paradies der Kriegsgewinnler, inmitten der schlimmsten Inflation der Geschichte, mit einem Heer von Arbeitslosen, entwickelte sich ein ungeahntes geistiges Leben, eine avantgardistische Literatur, ein einzigartiges Theater-, Film- und Musikzentrum, ein Ausstrahlungspunkt neuer Baukunst, ohne die man sich die weitere Entwicklung der Architektur schwer vorstellen könnte, ohne die zum Beispiel auch das heutige Amerika nicht denkbar wäre.

Berlin wurde jetzt wahrhaftig zur Kulturmetropole, weil es Menschen aus aller Welt anzog. Wissenschaftler wie Einstein, Künstler wie Stanislavskij und Mejerhold, Eisenstein, Kandinsky, die Isadora Duncan und die Ana Pawlowa, aber auch unzählige Halbkünstler und Tingeltangelkünstler wie Christian Isherwoods Sally, die Liza Minelli zu einer unvergeßlichen Filmrolle gestaltet hat.

Womöglich haben Isherwoods fünf Episoden seines *Goodby to Berlin* (dt. *Leb' wohl, Berlin*) von 1935, zum Musical gestaltet und verfilmt als *Cabaret*, die Atmosphäre Berlins zu Ausgang dieser Epoche am besten eingefangen: Das Berlin der strahlenden Boulevards und Caféhäuser, der Nachtschwärmer und Phantasten, der Laster und Intrigen, der mächtigen Millionäre und der notleidenden Masse, der drohenden Vorzeichen der politischen Machtergreifung durch Hitler, aber auch den ungeheuren Reichtum an kulturellem Leben. Nicht unähnlich den Eindrücken, die Isherwood vermittelt, ist die rückblickende Schilderung in Arthur R. G. Solmssens Roman *A Princess in Berlin* (dt. *Berliner Reigen*) von 1980, und Wolfgang Gersch hat *Illustrierte Miniaturen nach Berliner Zeitungen vor 1931* gesammelt, erfaßte Augenblicke wie zum Beispiel Chaplins Besuch in dieser Metropole.

Auch ein bedeutender Franzose, Jean Giraudoux, gibt Kunde von jener Zeit. Im Jahr 1930 ist er zum vierten Mal in Berlin, um seine Prosa *Rues et visages de Berlin* vorzubereiten, zu der dann Chas-Laborde eine Reihe von Zeichnungen mit Stichen beisteuert. Kurfürstendamm, Nachtlokale, das für den Ausländer vordergründige Bild, empfindet Giraudoux als schon veraltete Parade eines intellektuellen und künstlerischen Lebens; vor ihm breitet sich das Berlin der neu entdeckten "freien Körperkultur" am Wannsee aus, für Giraudoux das Zeichen des Aufbruchs in eine neue Zeit, eine neue Kultur. Das, was dahinter liegt, ist für ihn die Kultur eines ganz besonders resistenten und vorübergehend amoralischen menschlichen Bazillus. Ob dieser als Impfstoff dienen, ob er im Gegenteil eines Tages zur Virulenz gebracht werden soll, das ist eine andere Frage, meint er 1930. Aber Giraudoux hat seine Skrupel, die Aufführung von Claudels *Christoph Columbus* oder der *Iphigenie auf Tauris* zu beschreiben, da er sich nicht davon abhalten kann, hinter den üppigen Kulissen des deutschen Theaters, auf denen eigentümlich gekleidete Menschen durch das leiseste Wort und den geringsten Gedanken zu frenetischen Gesten und Entschlüssen getrieben werden, die nackten Körper der Berliner zu sehen, wie sie zu Hunderttausenden in den Gärten oder an den Stränden ausgestreckt liegen, unbeweglich, willentlich taub gegen alles, was nicht Sonne ist; wie sie das Vergessen nutzen, das sie vor nunmehr zwölf Jahren überkam, und nun eine Zeit der Probe ableisten für Kraft und Gesundheit in einem anderen Universum.

Das Thema Berlin der 20er Jahre ist jedoch ein besonders ergiebiges Thema für die russische Literatur, ein eigenes Kapitel, das noch nicht geschrieben werden konnte.[16] Die Elite der russischen Emigranten hatte sich damals dort zusammengefunden, aber auch diejenigen, die sich für die Revolution entschieden hatten und dieser noch dienten, kamen nach Berlin und trafen sich mit den Emigranten in der "Arche Noah" oder in der "Prager Diele", und nach solchen Begegnungen beschließen einige der Emigranten, wieder nach Rußland zurückzukehren.

Aus diesem russischen Berlin, von den Emigranten mit Vorliebe "Charlottenstadt" bezeichnet, seien hier nur einige Namen erwähnt: Gorkij, Ilja Ehrenburg, Andrej Belyj, Majakovskij, Jessenin, Pasternak, Vladislav Chodasevic, Marina Cvetaeva, Šklovskij, Roman Gul, Aleksej Tolstoi, Boris Pilnjak, Nabokov. Sie alle haben ihre Erinnerungen an die Stadt ihrer Flucht festgehalten. Belyjs Essays wurden schon 1924 nach seiner Rückkehr nach Rußland zu einem Buch zusammengefaßt: *Odna iz obitelej carstva tenej* (dt. *Im Reich der Schatten. Berlin 1921-1923*). Nabokov wiederum lebte mehr als vierzehn Jahre in Berlin. Dort wurde auch sein Vater – eigentlich aus Versehen – ermordet. Die Kugeln eines extrem rechtsgerichteten Emigranten galten einem anderen Führer der Emigration, der sich – im Unterschied zu Nabokovs Vater – für eine Verständigung mit dem neuen System in Rußland eingesetzt hatte. Diese Szene aber, eines plötzlich erlittenen absurden Todes, kehrt in Nabokovs Romanen leitmotivisch wieder. Vor allem in seinem Roman *Korol', Dama, Valet* (dt. *König, Dame, Bube*) von 1928, wo er auch charakteristische

---

[16] Nachdem ich diese Ausführungen schon zur Drucklegung übergeben hatte, erschienen das Buch von Fritz Mierau (Hg.): *Russen in Berlin. Literatur, Malerei, Theater. Film. 1918-1933.* Berlin 1987; die Arbeit von Claudia Scandura: "Das 'russische Berlin' 1921-1924". In: *Slawistik*, Nr. 5, 1987, 754-762; der Artikel von Felix Philipp Ingold: "Das 'russische Berlin'. Eine Skizze anhand von Texten und Dokumenten aus den zwanziger Jahren". In: *Neue Züricher Zeitung*, 28. Oktober 1988, sowie der Sammelband: Lazar Fleishman/Robert P. Hughes/Olga Raevsky-Hughes (Hg.): *Russian Berlin.* Paris 1983. Das von mir hier in russischer Sprache zitierte Buch von Andrej Belyj erschien 1987 in deutscher Übersetzung: *Im Reich der Schatten. Berlin 1921 bis 1923*, mit einem Essay von Karl Schlögel (Vgl. d. Felix Philipp Ingold: "Ein Russe in Berlin. Im Reich der Schatten. Andrej Belyjs Erinnerungsbuch". In: *Die Zeit*, Nr. 37, 1987).

Skizzen und Szenen aus dem Leben in Berlin während dieser 20er Jahre zeichnet.

Zu jener Zeit ist Berlin aus den Stimmungen der Emigranten auch im russischen Gedicht festgehalten worden. Pasternak sieht im "Gleisdreieck" die Untergrundbahn drohend aus dem Tunnel hervorbrechen. Marina Cvetaeva hört in ihrem Gedicht "An Berlin" vom bescheidenen Zimmer im dritten Stock einer Wohnkaserne die Hufe der Pferdedroschken durch den Regen klappern. Vladislav Chodasevic beschreibt eine "Berliner Nacht", wenn dem dünn bekleideten Dichter der unbarmherzige kalte Wind der ihn mit ihren Bauten beängstigenden Großstadt durch die Knochen fährt, und Majakovskijs Poem trägt den Titel "Zwei Berlin", von denen das eine am Kurfürstendamm das Leben genießt, das andere, im Norden der Stadt, hungert, jedoch das "rote Berlin" gebären wird.

Diese Vertriebenen leiden bittere Not. Sie sammeln sich vorwiegend in der Gegend um den Zoo, und daher auch der Titel von Šklovskijs *Zoo oder Briefe nicht über die Liebe*. Der Zoo erhält darin doppelten Symbolgehalt, als Sammelpunkt der geflüchteten Russen und zugleich auch als Zoo, als Garten der gefangenen Tiere. In Briefen an die Unbekannte, an Alja, in Briefen, die nicht von Liebe sprechen möchten, schreibt Šklovskij doch nur von Liebe, von seiner Liebe zu Rußland. In Nachtlokalen, die ganz ähnlich beschrieben werden wie auch bei Isherwood, bei Solmssen und bei Giraudoux, löst sich seine Seele in Alkohol auf. Die einzelnen Stätten bleiben für ihn auch in der russischen Sprache in ihrer deutschen Bezeichnung: "Posal ja v Nachtlokal" (und da ging ich ins Nachtlokal). Das Gleisdreieck erhält metaphysische Bedeutung. "Hier wurden wir zusammengewürfelt und von hier wieder auseinandergewürfelt." Gorkij und Majakovskij bringen Šklovskij dann auch wirklich wieder nach Rußland zurück. Er sagt dem Formalismus ab und schreibt, aber Berlin bleibt unvergessen.

Denn einerseits hungerten zwar diese Exilanten, sie lebten auch ziemlich isoliert von der Umwelt, nur Joseph Roth scheint in seinen nächtlichen Streifzügen durch die Teestuben den Kontakt mit ihnen besonders gesucht zu haben, und etwas darüber ist in seinen Skizzen in der *Frankfurter Zeitung* erhalten geblieben, andererseits aber konnten sie an einem ungeheuren geistigen Reichtum und Gedankenaustausch teilnehmen. Künstler und Wissenschaftler, Chagall und Berdjaev, die Koryphäen des Moskauer und Petersburger Geisteslebens haben damals in Berlin Zuflucht gefunden.

Jene Zeit selbst wußte wohl nicht, wie groß sie war, wie befruchtend die Unruhe Berlins auf die Welt wirkte. Es sind auch nur einige Ausblicke, die wir auf dieses faszinierende Thema werfen konnten – als kleiner Hinweis auf die Möglichkeiten, die systematische Erforschung einer Berliner Literatur- und Kulturgeschichte auch in der Richtung auszuweiten, wie dieses Berlin und wie seine Kultur von außen gesehen wurden und wie sie heute gesehen werden, wie sie rezipiert wurden und welche Wirkungen sie bis zum heutigen Tag ausüben. Ein linguistisch inspirierter Strukturalismus und die Semiotik haben uns diesbezüglich gelehrt, die gesamte Kultur als System von Zeichen zu sehen, Teile davon jeweils wie einen Text zu lesen. Auch eine Stadt ist ein Text von Zeichen, ausgedrückt durch die schöpferische Tätigkeit ihrer Menschen, durch die Art ihres Lebens. Ein solcher Text ergänzt sich in jedem Augenblick durch neue Tätigkeiten und neue Schöpfungen, er weitet sich aus und mag sich auch verändern, aber er besitzt auch seine Konstanten, und es sind die Schriftsteller und Künstler, die den Augenblick eines solchen Textes festhalten, das Leben einer Stadt, das Vergehende und das Bleibende in ihr lesbar machen. Lesbar machen bedeutet jedoch zugleich, uns etwas erkennbar machen. In diesem Fall, für Berlin, sich durch den Blick des Fremden auf das Eigene zu besinnen.

Die Übersetzung als ästhetische Transposition. Zur Bestimmung eines komparatistischen Aufgabengebietes

> Schon sind es fünfzig Jahre, daß ich den Klagegesang der edlen Frauen Asan Agas übersetzte, der sich in des Abbate Fortis Reise, auch von da an in den Morlackischen Notizen der Gräfin Rosenberg finden ließ. Ich übertrug ihn nach dem beigefügten Französischen, mit Ahnung des Rhythmus und Beachtung der Wortstellung des Originals.
> (Johann Wolfgang v. Goethe, *Über Kunst und Altertum*)

Goethe hat zwar das *Lied der Asan-aginica* nicht aus dem Französischen übertragen, auch nicht der Schrift der Gräfin Ursini-Rosenberg entnommen – nach fünfzig Jahren waren solche Einzelheiten schon seinem Gedächtnis entfallen –, aber er hatte mit dieser Übertragung eine kongeniale Leistung vollbracht, seinem Leserpublikum den Genuß eines fremden Kunstwerkes in einer Weise ermöglicht, daß dessen ästhetische Totalität völlig gewahrt blieb, und zudem einer bis dahin gänzlich unbekannten Dichtung aus einem damals ebenso unbekannten Teil Europas den Weg in die gebildete Welt, in die Weltliteratur geöffnet. Auch den Begriff Weltliteratur wird Goethe prägen. Drei Jahre nach der hier einleitend erwähnten Übertragung, die man mit dem Lili-Erlebnis in Verbindung bringt, beginnt er dieses Wort zu verwenden: im ersten Heft des sechsten Bandes von *Kunst und Altertum*, in einem Brief an Streckfuss sowie im Gespräch mit Eckermann, und die Goethe-Forschung wird daraufhin diesen Begriff in jeweils verschiedenen Zusammenhängen noch insgesamt an zwanzig Stellen nachweisen können. Im Wort Weltliteratur scheint für Goethe die Lösung des Verhältnisses zwischen dem Besonderen und dem Allgemeinen im literarischen Bereich enthalten zu sein; er versteht darunter weder die Summe aller Nationalliteraturen noch eine Auswahl der größten dichterischen Leistungen aller Völker, sondern offensichtlich den Zusammenhang, die Wechselwirkung, den Austauschprozeß oder – wie wir heute sagen würden – die literarische Kommunikation zwischen den einzelnen Nationen.

Die Bedeutung, die Goethe auf diese Weise den Übersetzungen beizumessen bereit war, kann somit als vorweggenommen betrachtet werden. "Und dann ist wohl nicht zu leugnen", vermerkt er zu Eckermann, "daß man im allgemeinen mit einer guten Übersetzung sehr weit kommt. Friedrich der Große konnte kein Latein, aber er las seinen Cicero in der französischen Übersetzung ebenso gut als wir anderen in der Ursprache". An eine Bemerkung J. H. Meyers zu des Dichters Handzeichnungen nach Gemälden Raffaels und Domenichinos anknüpfend, die dem Ungeübten ein zartes richtiges Gefühl von Bildern zugesteht, meint er:

> Es könnte ein Ähnliches bei Übersetzungen stattfinden. Voß hat zum Beispiel eine treffliche Übersetzung vom Homer gemacht; aber es wäre zu denken, daß jemand eine naivere, wahrere Empfindung des Originals hätte besitzen und auch wiedergeben können, ohne im ganzen ein so meisterhafter Übersetzer wie Voß zu sein.

Goethe war es jedoch auch, der neben der Bemühung um die Antike gleichfalls mit der Aneignung des Zeitgenössischen aus fremden Sprachen begann, das dann in der Romantik verstärkt, schließlich zum Hauptbestandteil übersetzerischer Tätigkeit wird. Zu seinen eigenen Übersetzungsbemühungen erwähnt Goethe noch, daß er seinen *Rameau* in vier Wochen übertragen und alles diktiert hätte, und ebenso aus eigener Erfahrung weiß er, daß es schwer ist, englische Gedichte in deutschen Versen wiederzugeben: "Wenn man die schlagenden einsilbigen Wörter der Engländer mit vielsilbigen oder zusammengesetzten deutschen ausdrücken will, so ist gleich alle Kraft und Wirkung verloren." Goethe war sich demnach sowohl der breiteren kulturhistorischen als auch der konkreten übertragungstechnischen Problematik des Übersetzens bewußt, und auch hier hat er wie für so viele andere literaturwissenschaftliche Fragen manche der ersten Ansätze richtungsweisend bestimmt. So kann es nicht überraschen, daß auch die Komparatistik, indem sie sich mit dieser Frage befaßt, auf Goethe zurückgreift.

Im Laufe der Entwicklung hat es sich nämlich ergeben, daß die Komparatistik oder Vergleichende Literaturwissenschaft neben der Erforschung der genetischen Beziehungen, der typologischen Analogien und der Zusammenhänge zwischen Literatur und den übrigen Gebieten der Kunst sowie überhaupt allen Manifestationen des menschlichen Geistes (in der Philosophie, der Religion, der Soziologie oder Psychologie zum Beispiel) als ihren drei bedeutendsten Wirkungsfeldern auch die Problemkreise der literarischen Vermittlung und der Imagologie, die sich beide unter anderem auf Übersetzungen stützen, und letztlich auch die Übersetzung selbst als eigenen Problemkreis in ihr Aufgabengebiet miteinbezogen hat. Es wäre unserer Ansicht nach jedoch wichtig, diesen Problemkreis der unmittelbaren Betrachtung von Übersetzungen vom Standpunkt der Komparatistik näher zu bestimmen.

Das Interesse der Komparatistik für Übersetzungen überhaupt ging vorerst von ihrer französischen Schule aus. So betrachtet P. van Tieghem die Übersetzer als Vermittler (*intermédiaires*) zwischen den Literaturen,[1] und für M. F. Guyard sind Übersetzer und Übersetzungen "agents du cosmopolitisme".[2] Sicherlich, allein wenn wir bedenken, wie sehr jeder Kulturkreis durch andere Kulturkreise befruchtet wurde (und diese Befruchtungen waren immer in irgendeiner Weise durch sprachliche Übersetzungen bedingt), so ist dieser Fragenbereich zweifellos von größter Bedeutung. Über das Griechische wurde zum Beispiel der gesamte Schatz der literarischen Motive aus dem Alten Testament vermittelt, das Lateinische bildete die Brücke zur griechischen Antike, die Troubadour-Lyrik der Provence, die Wiege der abendländischen Dichtung, ist eine Umsetzung arabisch-spanischer Dichtung, und im Laufe der Kreuzzüge kam es zu einer ungeheuren Bereicherung der europäischen Dichtung durch eine Fülle neuer Motive aus dem Orient, so daß die Wirkung zum Beispiel der *Alf laila walaila,* der Erzählungen aus *Tausendundeiner Nacht,* ihrem Kern nach indisch-iranischen Ursprungs, so vielseitig war, daß es überhaupt nicht möglich wäre, einen genauen Überblick darüber zu erstellen. Eine besondere Perspektive wiederum bietet der Siegeszug der Sonette Petrarcas. Denn die Übersetzungen seiner Sonette und die Aufnahme dieser Form der Dichtung in einer anderen sprachlichen Mitte bedeuteten zugleich auch, daß ein bestimmtes kulturelles Niveau in der rezipierenden Mitte erreicht war. Die Übertragungen des *Don Quijote* von Cervantes dagegen werden in der zweiten Hälfte des 18. Jahrhunderts für die europäische Literatur zu einem Wegweiser der satirischen Methode, und am Beginn des tiefgreifendsten Aneignungsprozesses eines Dichters durch ein anderes Volk, Shakespeares nämlich durch die Deutschen, stehen die Übersetzungen von August Wilhelm Schlegel und von Tiecks Tochter Dorothea.

Das ist nur ein kleiner Hinweis auf die reichhaltigen Befruchtungen durch Übersetzungen nicht nur des europäischen, sondern auch des über Europa hinausgreifenden Kulturaustausches. Aber gerade wegen solcher immenser Reichhaltigkeit wächst der gesamte Fragenkomplex unweigerlich über die Komparatistik hinaus und zu einer Allgemeinen Kulturgeschichte heran. Die Vergleichende Literaturwissenschaft müßte sich in diesem Rahmen auf einige besondere Fragestellungen beschränken, und sie tut dies auch in der Praxis. Diese Fragestellungen haben vor allem C. Pichois und A. M. Rousseau in ihrer Einführung *La littérature comparée* als gesondertes Aufgabengebiet zu erfassen versucht, und sie bezeichnen dieses als "Les échanges littéraires internationaux", was ins Deutsche wohl am besten als "Literarische Vermittlung" zu übertragen wäre.[3] Davon wiederum läßt sich der Fragenkreis der

---

[1]   Paul van Tieghem: *La Littérature comparée.* Paris [3]1946, 165.
[2]   Marius François Guyard: *La Littérature comparée.* Paris [5]1969, 27.
[3]   Im entsprechenden Kapitel ist die Rede von der "connaissance des langues", von den "voyageurs" und der "influence des voyages" sowie von den "instruments" ("la litté-

Imagologie, der Image- und Mirageforschung, abgrenzen, die das Bild untersucht, das in einer fremden Literatur von einem bestimmten Volk besteht. Für
die Vorstellungen von den Deutschen bei den Franzosen zum Beispiel waren
lange Zeit hindurch die Ausführungen der Madame de Staël in ihrem Buch *De
l'Allemagne* maßgebend. Dies gilt auch für den Satz Alfred de Mussets: "Le
romantisme c'est la poésie allemande", der unter Romantik die gesamte deutsche Dichtung verstand. Durch die Übertragung des Werkes der Madame de
Staël ins Italienische wurden aber die gleichen Auffassungen auch in Italien
übernommen.

Auch die in unserem Augenblick so aktuelle Rezeptionsästhetik läßt ihrerseits immer wieder erkennen, wie sehr der Erwartungshorizont als Ausdruck
der literarischen Erfahrungen eines jeweiligen Leserpublikums auch durch
Werke anderer Literaturen bestimmt wird und wie in diesem Falle das fremde,
nur in der Übersetzung zugängliche Werk mitwirkt, diese Erfahrungen zu
gestalten und auf diese Weise ästhetische Wertmaßstäbe festzulegen. Es ist
dabei charakteristisch, daß in dieser Hinsicht nicht immer die Meisterwerke
solcher einwirkender Literaturen als maßgebend zu veranschlagen sind. So
waren zum Beispiel für den Aufbau nationaler Kulturen einzelner kleiner
Völker des Südostens besonders Salomon Gessner und Kotzebue von allergrößter Bedeutung, während Goethe, vor allem der klassische Goethe erst sehr
spät in den Erwartungshorizont des Leserpublikums trat. Die gleiche Wirkung
Gessners und Kotzebues kann man auch an den skandinavischen Literaturen
überprüfen.

In all diesen Zusammenhängen wäre es wohl kaum möglich, die Bedeutung
der Übersetzungen genügend hoch einzuschätzen. Der kanadische Literaturwissenschaftler französischer Sprache Paul Chavy entwickelt daher nicht zu
Unrecht den Gedanken, daß man Periodisierungen der Literatur nach den jeweils erfolgten Übersetzungen vornehmen sollte. Das würde demnach bedeuten, die Literaturgeschichte eines Volkes nicht mit dem Blick vorwiegend auf
seine Dichter und deren Werke zu schreiben, wie es in der Tradition des Positivismus und der geistesgeschichtlichen Methode auch heute noch üblich ist,
sondern – den Auffassungen der Rezeptionsästhetik ziemlich angenähert – aus
der Sicht der Übersetzungen, denn diese bestimmten in ausschlaggebender
Weise den Horizont der Erwartungen und formten letztlich die Epochen in der
Entwicklung der Literatur.[4]

---

rature imprimée", "traductions et adaptions", "ouvrages d'initiation" und "la presse").
Es würde sich also um Dichter und Schriftsteller, besonders um Reiseschriftsteller,
um Werke, Zeitschriften und Zeitungen, aber auch um Theatertruppen oder Reisen-
de handeln, die besonders als Vermittler zu anderen Völkern gewirkt haben.

[4] Paul Chavy: "'Périodes', 'zones' et traductions". In: *Neohelicon*, Nr. 1-2, 1973, 323ff.

Die Vergleichende Literaturwissenschaft berührt sich demnach zweifellos mit vielen der hier aufgeworfenen Fragen, sie wird jedoch auch im Bemühen, die unmittelbare Betrachtung von Übersetzungen als eines ihrer besonderen Aufgabengebiete zu bestimmen, gewisse Abgrenzungen vornehmen müssen. Die gleiche Notwendigkeit der Abgrenzung gilt auch für ihr Verhältnis zur Allgemeinen Übersetzungswissenschaft. Diese entwickelt sich sehr rasch besonders seit den 50er Jahren, und zwar aus der Erwartung heraus, Übersetzungen durch Maschinen bewerkstelligen zu können.[5] Eine gewisse Vermittlerrolle wird man auch diesen Maschinen und ihrer handlichen Verwirklichung in Form von elektronischen Taschendolmetschern nicht absprechen können.[6] Für die flüssige Unterhaltung jedoch, für die eigenen Fremdsprachenkenntnisse, für eine grammatikalisch richtige Wiedergabe, vor allem aber für eine literarische Übersetzungtätigkeit wird der Computer offensichtlich niemals in Betracht kommen. Immerhin zeigt sich der slowakische Komparatist D. Ďurišin sehr beeindruckt von der Allgemeinen Übersetzungswissenschaft, und in seinen Ausführungen geht er von der grundlegenden Formel J. Lévys aus, die in graphischer Darstellung den Ablauf des Kommunikats als Kommunikationskette Autor – Übersetzung – Leser wiedergibt, um die Betrachtungen dann jedoch auf die Frage zu reduzieren, ob die Übersetzung eine der komparatistischen Wirkungsformen ist, wie z.B. die Entlehnung, die Imitation, die Stilisierung.[7] Der für eine unmittelbare Analyse von Übersetzungen grundlegende strukturalistisch inspirierte Gedanke wird nur im Ansatz aufgezeigt. Er lautet:

Übersetzung bedeutet nicht nur 'Austausch' von Wörtern, sondern insbesondere 'Austausch' des Gesamtsystems, der Struktur eines literarischen Kunstwerkes. Es geht um die Verdolmetschung jener Wörter, die in einem bestimmten System die Wörter zu einem strukturellen Ganzen zusammenfügen. Der Übersetzer muß daher die Art und Weise dieser Zusammenfügung, das einigende Prinzip eines literarischen Kunstwer-

---

[5] Stellvertretend für eine große Zahl einschlägiger Werke in diesem Sinne vgl. Wolfram Wills: *Übersetzungswissenschaft. Probleme und Methoden.* Saarbrücken/Heidelberg 1977.

[6] Solche wurden soeben auf den Markt gebracht. Drei Sprachen können zur Zeit ins Gerät gesetzt werden von insgesamt fünf verfügbaren (Deutsch, Englisch, Französisch, Italienisch und Spanisch) und demnächst sogar einer weiteren. Sie umfassen ein Vokabular von jeweils 1100 Worten. Die eingetippten Worte erscheinen übersetzt auf einer grünleuchtenden, sechzehnstelligen Anzeige. Die weitere Entwicklung erstrebt einen größeren Wortschatz und die akustische Wiedergabe.

[7] Dionýz Ďurišin: *Vergleichende Literaturforschung. Versuch eines methodisch-theoretischen Grundrisses.* Preßburg 1972, 65.

kes kennen, das grundsätzlich die Bedeutungsspanne der lexikalen Einheiten im Kontext bestimmt.[8]

Diesen Ansatz, der bei dem Vertreter der russischen Formalisten, bei J. Tynjanov, der als erster das literarische Werk als ein System zu betrachten begann, schon vorgedacht war, hätte es in diesem Falle gegolten, weiterzuentwickeln und auch über die Bedeutungsspanne hinauszugehen sowie ihn durch Beispiele zu belegen und ein gliederndes Prinzip zu finden. Das gleiche Bedürfnis nach Abgrenzung besteht jedoch wohl auch zur sogenannten "Angewandten Übersetzungswissenschaft". Diese scheint eine Domäne des unmittelbaren Erfahrungsaustausches an Einzelbeispielen aus der Praxis des Übersetzers und des Beurteilers von Übersetzungen zu sein. Solche Einzelbeispiele vermitteln Erkenntnisse partieller Übersetzungsverfahren, die zur besseren Übertragung bestimmter Formen und Inhalte aus einer Sprache in die andere dienlich sein können. Erkenntnisse solcher Art lassen sich vielleicht auch auf der Ebene zweier Sprachen verallgemeinern, und sie besitzen sicherlich didaktischen Wert.[9] Wenn es sich dabei um ein literarisches Werk handelt, so werden so manche der gewonnenen Erfahrungen des Übersetzers und die Eindrücke des Beurteilers einer solchen Übertragung nicht ohne Interesse auch für die Komparatistik sein. Jedoch können sie letztlich doch nicht den wahren Kern des komparatistischen Interesses bilden, da dieses zweifellos über das Übersetzungsdidaktische hinausstrebt.

Wenn wir uns in dieser Überprüfung eines komparatistischen Bestimmungsbereiches nun auch noch der Linguistik zuwenden, so ist es nicht uninteressant zu erwähnen, daß diese als allgemeine Sprachwissenschaft im Sinne von Saussure, Hjelmslev und Bloomfield, die die Zeichen, Strukturen und Mechanismen im allumfassenden System der Sprache zu ergründen sucht, sich ihrerseits bisher eigentlich nicht besonders um das Übersetzen gekümmert hat. Nicht einmal dann, als sich die Kontrastive Grammatik zu entwickeln begann. Würde man über die Ausweitung der Linguistik zur kontrastiven Analyse nachdenken, so wäre wohl am ehesten zu bestätigen, was drei bekannte Sprachwissenschaftler in ihrer Untersuchung über die strukturellen Unterschiedlichkeiten zwischen dem Englischen und dem Spanischen behaupten, daß nämlich ihre Studie weder Lern- noch Lehrmethoden gewidmet ist, sondern der Art des Konfliktes zwischen der Struktur einer Sprache, die man schon erlernt hat, und einer, die man erst lernen möchte:

---

[8] Ebd., 70.

[9] Ein Beispiel dafür wäre das Buch von Helmut M. Braem: *Übersetzer-Werkstatt*. München 1979. Es enthält die Protokolle von Gesprächen zwischen Übersetzern, die sich gemeinsam darum bemühten, einen fremdsprachigen Text ins Deutsche zu bringen.

144

This study is not devoted to methods of teaching, nor to methods of learning. It is devoted, rather to [...] the nature of the conflicts between the structure of a language which has already been learned and the structure of one which is still to be learned.[10]

Von der Linguistik, so sollte man annehmen, müßte daher die Brücke eher zur Vergleichenden Stilistik führen, einer Disziplin, die als *stylistique comparée* noch von Ch. Bally entworfen wurde und von da an schon den Begriff des Vergleichs in ihrer Bezeichnung führt. Sie sollte Inhaltseinheiten erfassen und vergleichen, blieb jedoch beim Satz als größerer linguistischer Einheit stehen.[11] Wenn wir aber bei Inhaltseinheiten verweilen und dabei an eine umfassendere Betrachtung von Sprachinhalten denken, so weist der Weg zurück auf die Sprachphilosophie Wilhelm von Humboldts, der durch seine "innere Sprachform" die Vorstellung entwickelte, es gäbe von der Sprache so etwas wie eine innere geistige Gußform, die von Volk zu Volk verschieden ist. Bevor übrigens Humboldts These von der Sprache als dem bildenden Organ des Gedankens von seinen deutschen Schülern neu formuliert wurde, war sie davon unabhängig von den amerikanischen Sprachanthropologen wiederentdeckt und von Edward Sapir näher definiert worden. Hugo Dyserinck, dessen Einführung in die Vergleichende Literaturwissenschaft der neueste Beitrag in einer Reihe solcher Versuche ist, empfiehlt im Zusammenhang mit dem Übersetzen, das Interesse des Komparatisten mit der Sprachinhaltsforschung zu verknüpfen, so wie sie während der letzten Jahrzehnte in Anknüpfung an Humboldts Gedanken über L. Weisgerber von H. Gipper ausgebaut wurde.[12] Denn eine solche Forschung versucht auch, die von der jeweiligen Sprache selbstgesteckten Grenzen ihrer Übersetzungsmöglichkeiten zu erkennen, und Dyserinck weist auf Gippers Abhandlung über *Sprachliche und geistige Metamorphosen bei Gedichtübersetzungen* hin, wo anhand von nahezu 2000 deutschen und französischen Gedichten und Übertragungen zahlreiche der bei den Übersetzungen entstandenen Abweichungen als ausschließlich sprachbedingt nachgewiesen werden konnten.[13]

Es ist zweifellos sehr interessant zu verfolgen, welche weitreichende Rolle Weltbilder und Weltansichten der Einzelsprache letztlich beim Sprachge-

---

[10] Robert P. Stockwell/Jean Donald Bowen/John W. Martin: The Grammatical Structures of English and Spanish. An Analysis of Structural Differences Between the Two Languages. New York 1965, VII.

[11] S. V. Kapp: "Übersetzerwissenschaft und vergleichende Stilistik". In: Horst W. Drescher/Signe Scheffzek (Hg.): *Theorie und Praxis des Übersetzens und Dolmetschens*. Frankfurt a. M. 1976, 33-47.

[12] Hugo Dyserinck: *Komparatistik. Eine Einführung*. Bonn 1977, 139.

[13] Helmut Gipper: *Sprachliche und geistige Metamorphosen bei Gedichtübersetzungen zur Erhellung deutsch-französischer Geistesverschiedenheit*. Düsseldorf 1966.

brauch spielen, wie sie auf das persönliche Ausdrucksvermögen des Sprechenden konkret einwirken und wie sich "Weltverschiedenheit" naturgemäß erst recht durch Übertragungen von einer Sprache in die andere manifestiert. Diese Fragerichtung könnte man letztlich bis zu Heideggers Philosophie ausweiten, zu seinem *Satz vom Grund*, den er als Übersetzung von "principium redendae rationis sufficientis" in allen möglichen Variationen durchspielt. Im gleichnamigen Werk beschäftigt er sich dann in der 12. und 13. Vorlesung mit dem Problem der Übersetzung selbst.[14] Aber damit kämen wir wiederum ab vom eigentlichen Gebiet der Komparatistik.

Mit dem Blick auf diese vielseitigen Möglichkeiten nimmt Hugo Dyserinck in seiner schon erwähnten Einführung eine Zweiteilung der gesamten mit der Komparatistik verbundenen Übersetzungsproblematik vor. Er spricht einerseits von einem Fragenkomplex, der darauf hinausgeht: Welche Werke werden übersetzt und außerhalb ihres nationalsprachlichen Entstehungsbereichs verbreitet, wie stellt sich dieser Prozeß dar und welches sind seine Ursachen und Folgen? Der zweite Fragenkomplex lautet dann: Wie wird übersetzt und welche Ursachen haben die Abweichungen, die in größerem oder kleinerem Umfang die Übersetzungen im Vergleich zum Original kennzeichnen?[15] Für den ersten Fragenkomplex spricht er von einem Makrobereich, für den zweiten Fragenkomplex von einem Mikrobereich, in dem die sprachliche Entsprechung einzelner Elemente in Ausgangs- und Zielsprache untersucht werden soll. Den Makrobereich haben wir inzwischen aus unseren Erörterungen ausgeschlossen. Nun bezeichnete aber auch schon van Tieghem die Fragen nach Vollständigkeit und Exaktheit der Übertragungen im Detail als zwei Fragen, die sich der Komparatist zuerst zu stellen habe, für die es gut sein wird, sie getrennt zu betrachten und die ihn zu einer minuziösen und methodischen Arbeit führen sollen: "Deux questions que le comparatiste doit se poser d'abord, qu'il aura avantage à étudier séparément, et qu'il résoudra par un labeur minutieux et méthodique."[16]

Jedoch der Versuch, die unmittelbare Betrachtung von Übersetzungen als komparatistisches Aufgabengebiet zu bestimmen, wird sich auch nicht ausschließlich mit der Überprüfung des zusammenhanglosen Details begnügen können. Die wahre komparatistische Tätigkeit dürfte in diesem Falle vielmehr in der Weise zum Ausdruck kommen, daß man, die Übersetzung mit dem Original vergleichend, zwar vom Detail ausgeht, sich über das Detail jedoch ständig den Zusammenhang zum Ganzen vor Augen hält. Das Kunstwerk als Ganzes ist keine Summe von Details, und auch die literarische Übersetzung wird diese Ganzheit nicht als Summe exakter Details verwirklichen können.

---

[14] Martin Heidegger: *Der Satz vom Grund*. Pfullingen 1957, 163-181.
[15] Hugo Dyserinck: *Komparatistik. Eine Einführung*, a.a.O., 134.
[16] Paul van Tieghem: *La Littérature comparée*, a.a.O., 162.

Die Übertragung des Details in einer Weise, die das Ganze des künstlerischen Kunstwerkes auch in der Übersetzung bewahrt, möchten wir als "ästhetische Transposition" bezeichnen. Damit läßt sich aber zugleich auch dieses Gebiet der Betrachtung von dem von K. Wais definierten Begriff der "Nachdichtung" abgrenzen.[17] Es steht als Analyse der ästhetischen Transposition zwischen der Überprüfung wortgetreuer Übersetzungen und der Interpretation mit aller schöpferischer Freiheit ausgestatteten Nachdichtung.

Einen Rückhalt für solche Analysen der ästhetischen Transposition bietet zweifellos die phänomenologische Methode, und zwar in unmittelbarer Anwendung von R. Ingardens Schichtentheorie. Ingarden, ein Schüler Husserls, hat bekanntlich den Gedanken des gleichfalls aus der Schule Husserls kommenden W. Conrad, der das Kunstwerk ausschließlich als einen Gegenstand unserer Bewußtseinsstruktur betrachtete und auf diese Weise den "ästhetischen Gegenstand" im Unterschied zum Kunstwerk als materiellem Objekt definierte, aufgegriffen und weiterentwickelt. Bei Ingarden finden wir nun das Konzept der Vierschichtigkeit des literarischen Kunstwerkes als eines solchen ästhetischen Gegenstandes. Dieser entsteht demzufolge im Bewußtsein des Lesers im Laufe der Lektüre aus der polyphonen Harmonie aller vier Schichten: der Schicht der Lautungen, der Schicht der Bedeutungen, der Schicht der Gegenständlichkeiten (das wären nicht nur die handelnden Personen und die Dinge, sondern auch die Beziehungen zwischen den Personen und den Dingen, also auch das Gefühl der Liebe oder der Eifersucht zum Beispiel wäre eine solche Gegenständlichkeit) und als vierte die Schicht der Assoziationen, in der jene Aspekte zur Wirkung gelangen, die der Leser im Laufe der Lektüre von sich aus in Bewegung setzt und die dazu beitragen, die sogenannten Unbestimmtheitsstellen im Werk auszufüllen. Einer solchen polyphonen Harmonie entströmt letztlich – als Beweis, daß sich der ästhetische Gegenstand strukturiert hat – die metaphysische Qualität des Werkes, wie sie Ingarden nennt, die Qualität des Tragischen oder des Komischen, des Dramatischen, des Skurrilen, des Idyllischen u.ä.m.[18] Entscheidend ist, daß nur ein einziger Mißton im Verlauf der Strukturierung des ästhetischen Gegenstandes in unserem Bewußtsein die polyphone Harmonie völlig zu zerstören vermag. Im gleichen

---

[17] Kurt Wais: "Übersetzung und Nachdichtung". In: Horst Rüdiger (Hg.): *Komparatistik. Aufgaben und Methoden*. Stuttgart 1973, 145.

[18] Die Bezeichnung "metaphysische Qualitäten" übernehmen dann auch René Wellek und Austin Warren (*Theorie der Literatur*. Frankfurt a. M. 1971, 279), während Eduard v. Hartmann von den "Modifikationen des Schönen" (dem Idyllischen, dem Schauerlichen, dem Intriganten, dem Lustigen, dem Ergreifenden, dem Rührseligen, dem Pathetischen, dem Traurigen, dem Komischen, dem Tragischen) spricht (*Philosophie des Schönen*. Berlin 1924, 268-404).

Augenblick zerfällt der ästhetische Gegenstand, und ein solches Werk ist kein Kunstwerk mehr.

Von der Übersetzung eines Kunstwerkes wünschen wir uns aber letztlich doch, daß es uns das Original als das gleiche Kunstwerk auch in der Übersetzung vermittelt. Jedoch die Ganzheit des originalen Werkes vermögen wir nur in der Ganzheit der Übertragung zu erkennen. Die völlige Exaktheit der Übersetzung allein garantiert dabei noch nicht die Wiedergabe der Totalität des Kunstwerkes, so wie diese im Original zur Wirkung gelangt. Das Kunstwerk ist eben keine mechanische Summe von Details. Die phänomenologische Begriffsapparatur aber scheint dabei von ausschlaggebender Hilfe sowohl für den Übersetzer als auch für den Betrachter von Übersetzungen zu sein, denn es ist wohl so, daß der ästhetische Gegenstand, der aus der polyphonen Harmonie aller vier Schichten im Laufe der Lektüre eines Kunstwerkes entsteht, die entsprechende Polyphonie auch in der Übersetzung erfordert, um dort die gleiche metaphysische Qualität hervorzurufen, und daß gleichfalls in der Übersetzung ein einziger Mißton diese Harmonie zu zerstören vermag. In diesem Sinne könnten wir bei jeder Schicht sehr eingehende Vergleiche anstellen. Oftmals kann der Schwerpunkt auf der lautlichen Schicht, auf dem Klangkörper des Werkes, liegen. Welch großer Wert ist zum Beispiel beim Übersetzen von Bühnenwerken dem akustischen Element beizumessen. Der Übersetzer muß in diesem Falle ein besonderes Einfühlungsvermögen in die akustischen Nuancierungen des gesprochenen Wortes besitzen. Bei der Schicht der Bedeutungen jedoch kommt es immer wieder zum Ausdruck, daß es sich auch um Übertragungen aus einer sprachlichen Welt in eine andere handelt. Bei der Übersetzung von Gegenständlichkeiten wiederum wird gleichfalls nicht immer – der unterschiedlichen sprachlichen Mitte entsprechend – der wahre Träger der Aspekte solcher Gegenständlichkeiten in der exakten Übersetzung enthalten sein können. Die vierte Schicht aber wirkt in diesem Falle als Assoziationsvorrat und als Wissen auch des Übersetzers in besonderer Weise mit. Dieser muß nämlich vor allem die Fähigkeit besitzen, zum Assoziationsvorrat der anderssprachigen Leser zu vermitteln. Natalie Man zum Beispiel, eine Übersetzerin, bekannt durch ihre Übertragungen Thomas Manns ins Russische, berichtet, daß sie niemals in Lübeck war, sich jedoch die für die Übertragung der *Buddenbroks* notwendigen Aspekte in Tallinn (Reval), gleichfalls einer ehemaligen Hansestadt, geholt habe.[19]

Wenn demnach unseren allerneuesten methodologischen Erkenntnissen zufolge der Text nur ein Vermittler zwischen Autor und Leser ist, ein Medium des Dialogs, der zu jedem Zeitpunkt anders geführt werden kann und auch

---

[19] Natalie Man: "Der Klangkörper des Originals als Ausgangspunkt der Übersetzung". In: Horst W. Drescher/Signe Scheffzek (Hg.): *Theorie und Praxis des Übersetzens und Dolmetschens*, a.a.O., 99 (Anm. 11).

anders geführt wird, so ist in gleicher Weise auch die Übersetzung Anlaß zum Dialog sowohl des Übersetzers mit dem Autor und seinem Werk als auch des Lesers der Übersetzung mit dem Übersetzer und dessen Art der Übertragung, und so wie es keine ein für allemal gültige Lektüre eines Textes gibt, dürfte es auch keine für alle Zeiten gültige Übersetzung eines Textes geben. Beide – der Text und seine Übersetzung – zeigen sich historisch wandelbar eben aus der historischen Wandelbarkeit des Leserpublikums. In der Vergangenheit legte man andere ästhetische Wertmaßstäbe an als heute, und auch unsere heutigen Wertmaßstäbe müssen morgen nicht mehr ausschlaggebend sein. Durch Epochen hindurch übersetzte man zum Beispiel die einfache Sprache der *Aeneis* des Vergil in ein höchst pathetisches und poetisch gekünsteltes Deutsch, weil man aus der bestehenden ästhetischen Erfahrung heraus vermeinte, auf diese Weise das Klassische bewahren zu können. Aber heute stört uns das Gekünstelte der Übertragung eines Rudolf Alexander Schröder zum Beispiel, und wir möchten zur natürlichen Sprache Vergils zurückkehren. Wird das jedoch unbedingt auch das Bestreben der Menschen von morgen sein?

Es kann sich daher immer nur um die Überprüfung von Einzelbeispielen handeln, um die Feststellung einer geglückten Wiedergabe der metaphysischen Qualität eines Werkes in einer anderen Sprache, wobei es uns bewußt sein muß, daß wir vielleicht eine noch geglücktere übersetzerische Verwirklichung erwarten können. Es gibt demnach keine Unübertrefflichkeit der Übersetzung, sondern nur geglückte Getroffenheit. Ich denke zum Beispiel an Lermontovs Übertragung von Goethes "Wanderers Nachtlied", zweifellos eine Meisterleistung. Lermontov ändert jedoch in seiner Übertragung beträchtlich die Bildstruktur dieses Gedichtes. Bei ihm schlafen die Berggipfel, die stillen Täler sind voll Nebel, nicht das kleinste Staubwölkchen auf der Landstraße regt sich, und kein Zittern der Blätter ist zu erkennen. Jedoch trotz dieser Unterschiedlichkeit in der Bildstruktur erreicht die Übersetzung am Ende die gleiche völlige Harmonie, die vollkommene Ausgesöhntheit des Menschen mit der Natur, die die metaphysische Qualität dieses Gedichtes bildet. Bei Goethe wird dies lautlich durch das Ausklingen zu den Vokalen "u" erreicht ("Warte nur, balde ruhest du auch"), im Russischen erzielt es Lermontov durch den spezifischen Übergang des "o" in das "a": "Podoždi nemnogo, otdohneš' i ty." Die metaphysische Qualität dürfte daher eine Konstante darstellen, die jedoch durch unterschiedliche Mittel erreichbar zu sein scheint.

Bei der Betrachtung solcher Phänomene ergibt sich natürlich eine Unzahl von Fragen. Ich überlege, ob man sie überhaupt überschaubar gliedern kann. Am besten wird man sich beim Versuch dazu wieder an die phänomenologische Vierschichtentheorie halten und die einzelnen Erscheinungen im Rahmen der Lautungen, der Bedeutungen, der dargestellten Gegenständlichkeiten und der Assoziationen erfassen. Es geht aber letztlich nicht so sehr um die wenngleich umfassendere Ausrichtung auf zwei unterschiedliche sprachliche Ebenen, sondern um Paradigmen, um Beispiele aus der gesamten Weltliteratur, wo bestimmte Übersetzungsprobleme am besten gelöst wurden, und um bahnweisende Diskussionen über solche Lösungen. Ich greife nur zwei bedeutende Beispiele aus jüngster Zeit ganz kurz heraus. Als erstes die Prosa-Übersetzungen Shakespeares ins Deutsche, den sogenannten "Reclam-Shakespeare".[20] Es ist der Versuch, Shakespeares Dramen neu in Prosa zu übersetzen. Über das Grundsätzliche eines solchen Unternehmens wird der Leser im Vorwort zu *König Lear* unterrichtet. Dort interessiert uns die Behauptung, daß der Blankvers kein lebendiges Medium der Literatur mehr sei, also kein Mittel mehr für eine aktuelle ästhetische Transposition. Schon das fordert zur Diskussion auf. Damit verbunden wirft sich aber natürlich auch die Frage auf, ob im Falle einer solchen Prosaübersetzung eine einigermaßen synchrone (also auf derselben Zeitebene wie das Original sich bewegende) Sprache gewählt werden soll oder eine zeitgenössische Literatursprache oder die heutige Umgangssprache. Damit wird in den Beobachtungskreis auch die Kategorie der Alterität miteinbezogen. Sie ist eine der letzten Erkenntnisse der Literaturwissenschaft. Sie geht davon aus, daß der Leser wie auch ein Zuhörer sich bei den Worten nie dasselbe denken muß wie der Autor oder der Sprechende. Im Unterschied zur Informationstheorie, die gemeinhin den gleichen Kode beim Sender wie beim Empfänger voraussetzt, geht die Auffassung von der literarischen Kommunikation von der Annahme aus, daß es einen solchen gemeinsamen Kode zwischen Produzenten und Rezipienten nicht gibt. Diese Unterschiedlichkeit, diese Alterität kann jedoch auch dem wachsenden zeitlichen Abstand eines Textes zur Gegenwart und in der Verbindung damit auch dem Abstand zwischen der Entstehung eines Textes und seiner Übertragung entspringen. Jedoch auch schon die Tatsache der Übertragung von einer nationalen oder ethnischen Mitte in eine andere ist mit dem Begriff der Alterität verbunden.

Wir können jedoch den Begriff der Alterität noch eingehender in die vergleichende Betrachtung einbeziehen. Wir könnten zum Beispiel die Übertragungen des *Ulysses* und *Finnegan's Wake* von James Joyce in verschiedene Sprachen erwähnen. Das Beispiel wäre insofern interessant, weil in diesen Werken nicht mehr die Sprache das Medium des Handlungsstoffes ist, sondern umgekehrt, der Stoff wird zum Medium der Sprachbehandlung. Jedes Wort sammelt zudem in sich die Erfahrung seines ersten Kontextes und gibt sie beim erneuten Auftauchen an den nächsten ab. Es befindet sich zum Beispiel

---

[20] Sie erscheinen seit 1973, und die einzelnen Stücke werden darin entweder von einem einzigen Herausgeber betreut, oder sie gehen aus einer Gemeinschaftsarbeit hervor.

im *Ulysses* eine Stelle, wo Buc Mulligan gleich zu Anfang seiner Kleider beraubt wird und beim Hinausgehen die Worte spricht: "Going forth he met Butterly". G. Goyert übersetzte vor mehr als fünfzig Jahren diese Stelle: "Er traf Bütterlich." Aber Joyce meinte nicht, daß Mulligan einen Butterly getroffen hätte, sondern dieses "He met Butterly" ist ein Verballhornung des "He wept bitterly" aus der Verleugnung Christi, als Petrus hinausging und bitterlich weinte. Das "stripped of his garnements" – bei Goyert "ausgepellt" – lautet bei H. Wollschläger "Er wird seiner Kleider beraubt" und ist der Titel auch einer der Leidensstationen Christi. Der englischen Verballhornung hat daher eine deutsche Verballhornung zu entsprechen, und Wollschläger transponierte diese Stelle in der Weise, daß es nun heißt: "Und er ging hinaus und weinte Buttermilch". Eine in der vorhergehenden Übersetzung verlorengegangene Bedeutungsanspielung und auf diese Weise auch die Auslösung der mit der Bibel verbundenen Assoziationen beim Leser sind nun möglich geworden. Wie lautet jedoch diese Stelle in der französischen Übertragung? Wie würde sie in der Übertragung in eine Sprache des nichtchristlichen Kulturkreises lauten?

Das Gebiet der Betrachtung von Übersetzungen als einer Form der ästhetischen Transposition scheint sich uns immer deutlicher abzuzeichnen. Wir werden es am besten durch Anthologien besonders geglückter Übersetzungen oder Abhandlungen über Übersetzungen zu erfassen vermögen, besonders wenn bei solchen Zusammenstellungen auch die historische Dimension in die Betrachtungen eingeführt wird. Vorzüglichen Stoff für das Erkennen einer solchen Dimension bietet uns zum Beispiel Band 10 des Werkes *Epochen deutscher Lyrik*, herausgegeben von Walther Killy und vorbereitet von Horst Rüdiger und Dieter Gutzen. Dieses Buch legt uns vorerst Zeugnis dafür ab, daß es ohne übersetzenden Dichter viele sich aus fremden Formen und Klängen entwickelnde Eigenformen nicht gäbe, also im Deutschen weder Goethes *Hermann und Dorothea* noch Klopstocks und Hölderlins Oden oder Brentanos *Romanzen vom Rosenkranz*, auch keine Sonette, keine Ghaselen oder die lyrisch gewordenen Terzinen Hofmannsthals und Brechts Villon-Paraphrasen. Gerade in Deutschland scheint sich die Dichtung vielleicht mehr als in anderen Ländern immer wieder bemüht zu haben, durchs Fremde hindurch zum Eigenen zu gelangen. Dieses Buch bietet uns zum anderen aber auch die Möglichkeit, dasselbe Gedicht über die Zeiten hinweg in verschiedenen Fassungen kennenzulernen. Etwa Heine im Wettstreit mit Goethe um Byron, oder ein Chorlied von Sophokles in vier Fassungen, wobei die von Hölderlin die merkwürdigste ist. Jedenfalls das Barock, das sich vor allem der Antike und Petrarca zuwendet, kennt noch kaum die getreue Übersetzung, man paraphrasiert, fügt hinzu oder moralisiert. Erst mit Geothe beginnt dann nicht nur die genaue, regelrechte Übersetzung, sondern auch die Übertragung im Sinne der ästhetischen Transposition.

So kehren wir beim Versuch, ein Gebiet der komparatistischen Betrachtung zu umgrenzen, wieder zu Goethe zurück. Dieser spricht im erwähnten Zitat, das uns als Motto diente, von seiner "Ahnung" des Originals. Eine solche Ahnung sieht er jedoch offensichtlich als Ganzheit des Originals, die er zu finden suchte. Im Suchen nach der Ganzheit eines Werkes in fremder Sprache kommt aber wohl eine der subtilsten Beschäftigungen des menschlichen Geistes zum Ausdruck, denn schon das "Ahnen" eines solchen Werkes verrät fruchtbare Begegnung zwischen zwei Literaturen und überhaupt zwischen zwei Kulturen. Aus dem Detail heraus wird die Totalität, vom Besonderen her auch das Allgemeine erkannt.

Das Interesse der Deutschen
für das südslawische Volkslied[1]

In Erinnerung an Ljubomir Ognjanov

In Anbetracht der Tatsache, daß nicht nur Goethe, sondern auch eine ganze Reihe anderer namhafter Persönlichkeiten des deutschen Geisteslebens ihre Aufmerksamkeit der Volkspoesie der Südslawen gewidmet haben, versteht es sich von selbst, daß schon dies allein auch die Aufmerksamkeit der Forschung auf sich ziehen mußte, nämlich vor allem sowohl der südslawischen Germanisten als auch der deutschen Slawisten.

Einen ersten und zugleich auch grundlegenden Versuch, dieses Interesse der Deutschen für das südslawische Volkslied synthetisch zu erfassen, verdanken wir Milan Ćurčin, seiner an der Wiener Universität unter Leitung von Jakob Minor entstandenen Doktorarbeit *Das serbische Volkslied in der deutschen Literatur*, die 1905 in Leipzig veröffentlicht wurde und seit 1987 auch in serbokroatischer Übersetzung mit einem ausführlichen Vorwort von Mirko Krivokapić aufliegt. Ćurčin, der dann von 1907 bis 1914 Dozent für Germanistik an der Universität Belgrad war, sich daraufhin aber bis zum Zweiten Weltkrieg als Herausgeber der liberalen Zeitschrift *Nova Evropa* in Zagreb betätigte und auf diese Weise einen führenden Platz im kulturellen Leben Jugoslawiens zu sichern vermochte, teilte in seiner Doktorarbeit die Quellen, die er gesammelt hatte, zeitlich in zwei Abschnitte: in einen ersten Abschnitt, in dem dieses Interesse der Deutschen aus den Ideen Herders für das Volkstum und für die Poesie als der ureigensten Sprache eines jeden Volkes erklärt wird, und in einen zweiten Abschnitt, in dem das serbische Volkslied durch die Tätigkeit von Vuk Karadžić die Anteilnahme Goethes und das wissenschaftliche Interesse Jakob Grimms erweckt und die Übersetzungen des Fräulein Talvj vollauf den Wünschen der vom Geist der Romantik erfaßten höheren Gesellschaftsschichten entsprechen.

Große Aufmerksamkeit widmet Ćurčin im ersten Teil Goethes Übertragung der *Asan-aginica*. Sie wurde 1778 unter dem Titel *Klaggesang von der edlen Frauen des Asan Aga* veröffentlicht und war nach einer italienischen Vorlage erarbeitet worden. Das Bewundernswerte und Meisterhafte dieser Übertragung bestand darin, daß es Goethe gelungen war, durch die Vorlage

---

[1]   Festvortrag an der Universität Sofia aus Anlaß des 75-jährigen Bestehens des Lehrstuhls für Germanistik.

hindurch den serbischen Zehnsilber zu erkennen und ihn in seiner ästhetischen Wirkung vollauf wiederzugeben:

Was ist Weißes dort am grünen Walde?
Ist es Schnee wohl oder sind es Schwäne?
Wär es Schnee, er wäre weggeschmolzen,
Wärens Schwäne, wären weggeflogen ...

Ćurčin jedoch, wahrscheinlich von seinem Lehrer Jakob Minor positivistisch beeinflußt, scheint eher darum bemüht, den Zeitpunkt der Entstehung dieser Übersetzung und die philologischen Einzelheiten in einem Umfang zu erklären, der über die Angaben hinausgeht, die Miklosich unter dem Titel *Über Goethes Klaggesang von der edlen Frau des Asan Aga. Geschichte des Originaltextes und der Übersetzungen* in den Sitzungsberichten der Österreichischen Akademie der Wissenschaften (1883) veöffentlicht hatte. Auch Camilla Lucerna, die zur gleichen Zeit wie Ćurčin an ihrer Studie "Die südslawische Ballade von Asan Agas Gattin" arbeitet,[2] bewegt sich im Rahmen der positivistischen Vorstellungen und bietet in diesem Sinne eine literarhistorische Bearbeitung und Deutung dieses Textes. Aber ein halbes Jahrhundert später wird Ćurčin – den das Motiv der Gattin Asan Agas, die aus Scham vor den Vorurteilen ihrer Umwelt nicht ins Heerlager zum kranken Gatten zu kommen sich traut, die ganze Zeit hindurch auch weiterhin beschäftigt hatte – die Entscheidung Goethes, gerade dieses Gedicht zu übersetzen, zutiefst psychologisch in der Beziehung des Dichters zu Lili Schönemann begründet sehen.[3]

Zur gleichen Zeit jedoch wie Ćurčin arbeitet am selben Thema auch Stjepan Tropsch, der damalige, erste ordentliche Professor für deutsche Sprache und Literatur an der Universität Zagreb.[4] Einleitend bedauert er in dieser ausführlichen Studie, daß das Buch von Ćurčin und die Arbeit von Camilla Lucerna gerade zu einem Zeitpunkt erschienen, als er sein Thema schon auf der Sitzung der Akademie vorgetragen hatte, trotzdem habe er sie noch nachträglich in seinem Text berücksichtigen können. Tropsch gibt ein ausführliches Verzeichnis der bis dahin erschienenen Literatur zu den Übersetzungen serbokroatischer Volkslieder ins Deutsche und reiht dann chronologisch Übersetzer an Übersetzer, indem er bei jedem von ihnen, mit Ausnahme Goethes, mit höchster philologischer Genauigkeit die einzelnen Texte analysiert. Dabei

---

[2] Camilla Lucerna: "Die südslawische Ballade von Asan Agas Gattin". In: *Forschungen zur neueren Literaturgeschichte*, Nr. XXVIII, 1905.

[3] Milan Ćurčin: "Die Hintergründe von Goethes 'morlackischem' Lied 'Von der edlen Frauen des Asan Aga'". In: *Südost-Forschungen*, Nr. XV, 1956, 477ff.

[4] Stjepan Tropsch: "Njemački prijevodi narodnih naših pjesama". In: *Rad Jugoslavenske akademije znanosti i umjetnosti*, Nr. 166, 1906, 1ff.; Nr. 187, 1911, 209ff.

geht er auch auf Fragen der Metrik ein, um dann alle Abweichungen in syste-
matisierten Gruppen zu erfassen. Daß er dabei auf Goethe nur ganz kurz eingeht, erklärt er aus dem Umstand, daß sich damit sowohl Ćurčin und Camilla
Lucerna als auch vor ihnen Miklosich befaßt haben.

Aus dieser Studie Tropschs wird so recht bewußt, welch schweres Unterfangen doch die Übersetzung der serbokroatischen Volkslieder darstellt, und
die gewonnenen Erkenntnisse können auch einem Übersetzer in unserer Zeit
von Nutzen sein. Tropsch vergleicht unermüdlich, Zeile um Zeile, die Übersetzungen mit dem Original wie auch die Texte der jeweiligen Übersetzer. Er
fällt sichere Urteile und ist in gleicher Weise objektiv sowohl den Übersetzern
als auch den Leistungen derjenigen gegenüber, die sich vor ihm mit dieser
Problematik befaßt hatten. Mit den hundertdreißig Seiten dieser Studie dürfte
die positivistisch-philologische Methode in der Erforschung der Übersetzungen serbokroatischer Volkspoesie ins Deutsche ihren Höhepunkt erreicht haben. Dem, was damit erreicht wurde, gebührt allerhöchste Anerkennung.
Trotzdem kann man auch nicht verschweigen, daß eine solche Methode, die,
wenn auch in höchster Ausführlichkeit ausschließlich auf sprachliche Genau-
igkeiten beschränkt, vieles von dem, was in diesen Übersetzungen an ästhetischen Werten und kontextuellen Bezügen verborgen liegen mußte, nicht zutage zu bringen vermochte.

An dem Interesse der Deutschen für die südslawische Volksdichtung ist
auch der erste Professor für Germanistik an der nach dem Ersten Weltkrieg
gegründeten Universität Ljubljana, Jakob Kelemina, nicht vorbeigegangen. So
stoßen wir im breiten Spektrum seiner Arbeiten auch auf die Abhandlung
"Slovenske narodni pripovetki med Nemci"[5], in der die deutschen Sammlungen slowenischer Volksmärchen dargestellt werden.

Das Thema erwies sich insgesamt als unerschöpflich und regte immer wieder zu neuen Betrachtungen an. So war schon das Buch von Ćurčin ein Anlaß
für Matija Murko, es nicht nur ausführlich zu besprechen, sondern auch zu
ergänzen.[6] Jevto Milović, der nach der Gründung einer Philosophischen Fa-
kultät in Zadar dort zum Inhaber des Germanistischen Lehrstuhls berufen
wird, verschiebt in seiner Dissertation das Gewicht seiner Untersuchungen
völlig auf Goethe.[7] Es ist eine Arbeit, die durch die Fülle von Archivmaterial
beeindruckt. Aber auch Tropsch hat sich in einer seiner späteren Arbeiten auf

---

[5] Jakob Kelemina: "Slovenske narodni pripovetki med Nemci". In: *Etnolog*, Nr. II,
    1928, 90ff.
[6] Matija Murko: "Die serbokroatische Volkspoesie in der deutschen Literatur". In:
    Archiv für slawische Philologie, Nr. XXVIII 1906, 351ff.
[7] Jevto Milović: *Goethe, seine Zeitgenossen und die serbokroatische Volkspoesie*.
    Leipzig 1941.

Jakob Grimm konzentriert[8] und dann nochmals zum Problem der Autoren-schaft einiger Jakob Grimm zugeschriebener Übersetzungen Stellung genom-men.[9] Damit war das Verdienst Kopitars für das Zustandekommen dieser Übersetzungen geklärt, unberücksichtigt blieb aber Jakob Grimms sprachlich kunstvolle Ausgestaltung von Kopitars Rohübersetzungen.

Pero Slijepčević, vor dem Zweiten Weltkrieg auf den Lehrstuhl für Ger-manistik der in Skopje neugegründeten Philosophischen Fakulät berufen und nach dem Zweiten Weltkrieg Leiter des Insituts für deutsche Sprache und Literatur an der Universität Belgrad, wird in der gleichen Nummer der Zeit-schrift *Nova Evropa*, die dem Goethe-Jahr 1932 gewidmet ist, einen der fein-fühligsten Beiträge zu dieser Problematik veröffentlichen.[10] In dieser Nummer ist auch eine Antwort von Miloš Trivunac, dem damaligen Vorstand der Ger-manistik in Belgrad, auf die These Ćurčins von den intimen Beweggründen Goethes, gerade das Lied von der Asan aginica zu übersetzen, enthalten.[11] Auf die Bedeutung Goethes für die Übersetzungen serbischer Volkslieder ins Deutsche kommt Trivunac noch in einigen seiner späteren Arbeiten zurück, die gemeinsam vor allem mit den ähnlichen Beiträgen von Pero Slijepčević ein beredtes Zeugnis dafür darstellen, wie sich die jugoslawische Germanistik damals jener Ideologie widersetzte, die im Mutterland ihrer Wissenschaft zur Macht gekommen war.

Wie sehr gerade aber in der Betrachtung des deutschen Interesses für das südslawische Volkslied sowohl in seiner Bedeutung für Goethe als auch als das wohl kunstvollste Gebilde, das Motiv der Asan aginica im Laufe der Zeit in den Vordergrund getreten war, beweist auch der Beitrag von Matija Mur-ko[12], der nun an der Karlsuniversität in Prag wirkte. Abrundend sei aber auch noch auf die Arbeiten hingewiesen, die Mirko Krivokapić am Ende seiner Einführung in die Übersetzung von Ćurčins Doktorarbeit anführt.[13]

---

[8]   Stjepan Tropsch: "Jakob Grimm als Übersetzer serbokroatischer Volkslieder". In: Festschrift für Bernhard Seuffert. Sonderheft von *Euphorion*, 1923, 106ff.

[9]   Stjepan Tropsch: "Gete, Jakov Grim i naša narodna poezija". In: *Nova Evropa*, Nr. XXV, 1932.

[10] Pero Slijepčević: "Gete o Kraljevicu Marku". In: *Nova Evropa*, Nr. XXV, 1932.

[11] Miloš Trivunac: "Das Goethe-Jahr in Jugoslawien". In: *Nova Evropa*, Nr. XXV, 1932, 62ff.

[12] Matija Murko: "Das Original von Goethes 'Klaggesang von der edlen Frauen des Asan Aga' (Asanaginica) in der Literatur und im Volksmunde durch 150 Jahre". In: *Germanoslavica*, Nr. III-IV, 1935-1936.

[13] Gerhard Gesemann: "Der Klaggesang der edlen Frauen des Asanaga". In: *Slavische Rundschau*, 1932; E. Krag: "Goethe und die serbische Volksdichtung" sowie K. Schulte-Kenninghausen: "Jakob Grimm und das serbokroatische Volkslied". In: *Deutsches Jahrbuch für Volkskunde*, 1958; Alois Schmaus: "Südslavisch-deutsche Literaturbeziehungen". In: *Deutsche Philologie im Aufriß*, 1960; Maja Bošković-Stulli: "Die Beziehungen Jacob Grimms zur serbokroatischen Volksliteratur im Ur-

Gerade die Arbeit von Ljubomir Ognjanov *Die Volkslieder der Balkans-laven und ihre Übersetzungen in deutscher Sprache* ermöglicht es, dieses Thema in seinem gesamten Ausmaß zu erfassen, indem nun auch die Erschließung der bulgarischen Volksdichtung und ihre vergleichende Erforschung durch die Deutschen miteinbezogen wurde. So erfahren wir von Joseph Wenzig, der in seiner 1830 in Halle erschienenen Sammlung *Slawische Volkslieder* auch vier bulgarische Lieder aufgenommen hatte. Vierzehn solcher Lieder in guter deutscher Übersetzung finden wir daraufhin im ersten Band der gesammelten Werke von Moritz Hartmann (1854). Bedeutsam war besonders die vorzügliche Übertragung von zehn Liedern durch Hans Herig im Berliner *Magazin für die Literatur* (1876), womit auch die eigentliche Periode der Übertragungen bulgarischer Volksdichtung ins Deutsche begann, denn schon 1879 erschien die erste Sammlung bulgarischer Volkslieder in deutscher Sprache – *Bulgarische Volksdichtungen* – von Georg Rosen in Leipzig, der auch der Verfasser des ein Jahr zuvor veröffentlichten Buches *Die Balkan Haiduken* war. Umfangmäßig erreichten diese Bemühungen ihren Höhepunkt im Werk von Adolf Strauß. Ognjanov untersucht danach noch die Übersetzungen von Georg Adam und von Paul Eisner, in dessen Anthologie *Volkslieder der Slawen* (1926) er auch "die letzte größere Sammlung südslawischer Volkslieder" sieht.

Die Vorstellung vom Südslawischen geht dabei an einigen Stellen über das Balkanslawische hinaus und scheint auch Ognjanov selbst in diesem Zusammenhang entsprechender. In diesem Sinne ließe sich demzufolge auch der Rezeptionsprozeß dieser Dichtung bei den Deutschen in drei Wellen erkennen. Die erste Welle wäre die durch Goethe verursachte, und als diese dann abflaute, käme als zweite Welle jene, die in Wien ihren Ausgang nahm und vor allem durch die Übersetzungen von Johann Nepomuk Vogl und die Vorlesungen von Miklosich in Bewegung gesetzt wurde,[14] und letztlich eine dritte

teil südslawischer Autoren". In: *Jacob Grimm zur 100. Wiederkehr seines Todestages 1963*, 1963; Miljan Mojašević: *Jakob Grim i srpska narodna knjizevnost. Knjizevo-teorijske i poetološke osnove*. Belgrad 1983; Ljubomir Ognjanov: *Die Volkslieder der Balkanslaven und ihre Übersetzungen in deutscher Sprache*. Berlin 1941. Auf die Berliner Doktorarbeit dieses bulgarischen Germanisten hatte schon Miljan Mojašević in seinem Forschungsbericht "Razvitak germanistike kod Jugoslovena" (In: *Anali Filološkog fakulteta u Beogradu*, Nr. I, 1963) aufmerksam gemacht: Von "großer Liebe für den Gegenstand und feiner Scharfsinnigkeit ist die Dissertation *Die Volkslieder der Balkanslaven und ihre Übersetzungen in deutscher Sprache*, die auch an dieser Stelle nicht unerwähnt bleiben sollte, obwohl sie nicht von einem jugoslawischen, sondern von einem bulgarischen Germanisten verfaßt wurde." (211)

[14] Vgl. dazu Stanislav Hafner: "Franz Miklosich als Literaturwissenschaftler". In: Josip Matešić/Erwin Weid (Hg.): *Festschrift für Nikola R. Pribić*. Neuried 1983, 503-508.

Welle, deren auslösendes Moment im bulgarischen Befreiungskrieg zu suchen ist.

Ognjanovs Vorgangsweise ist frei von allen philologischen Ausführlichkeiten, vor allem dem kulturhistorischen Aspekt zugewandt und steht wohl am ehesten im Zeichen der geistesgeschichtlichen Methode. Seine Ausführungen sind leicht und flüssig geschrieben. Er verbindet die bestehenden Angaben und nimmt dann selbst Stellung. So wenn er über die Asanaginica schreibt:

> Interessant und offenbar nicht unberechtigt sind die Versuche einiger serbischer und kroatischer Forscher, die Übersetzung der Ballade auch mit den intimen Erlebnissen Goethes aus jener Zeit zu erklären. Während Ćurčin den Gedanken äußert, daß Goethe in der Ballade seine Trennung von Lili gesehen hätte, wollte Trivunac vielmehr an das Straßburger Erlebnis Goethes anknüpfen: Es wäre doch viel natürlicher gewesen, bei Goethes Vorliebe für den Klaggesang an den größten Schmerz seiner Jugend, an Friedericke zu denken. In dieser Hinsicht ist auch der Hinweis Trivunac' auf die große Ähnlichkeit der Asanaginica mit den beiden Marien in *Götz* und *Clavigo* mit Gretchen und Stella interessant. Wenn diese Deutungen richtig sind, so beweisen sie, daß Goethe den psychologischen Kern der Ballade nicht als eine Muttertragödie aufgefaßt hatte, sondern als Liebestragödie eines fortschrittlichen Mannes und einer ihn liebenden, aber nicht vorurteilsfreien Fau. Ebenso wie Asan-Aga und seine Gattin waren auch Faust und Gretchen oder Goethe und Friedericke Menschen, die nicht zusammenbleiben konnten, weil sie verschieden waren. Ein tragischer Ausgang war unvermeidlich und notwendig. Goethe selbst verbindet nirgends die Übersetzung der Ballade mit seinen intimen Erlebnissen mit Lili oder Friedericke. Goethe wollte kein autobiographisches Gedicht, d.h. keine Bearbeitung eines fremden Motivs dichten; er fühlte sich nur von der Stimmung der Ballade angezogen, die mit seiner eigenen Stimmung korrespondierte.[15]

Zweifellos ein eigener Standpunkt, wie auch, wenn es um die Motive geht, die das Fräulein Talvj bewogen haben mußten, serbische Volkslieder zu übersetzen. Daß ihre Übersetzungen für sie ursprünglich nur ein Mittel waren, Goethe näher zu treten, und daß sie mehr Freude und Interesse an ihrem Umgang mit Goethe als an dem Gegenstand selbst hatte (Ćurčin), scheint mir ein unverdienter Tadel zu sein. Schon Kopitar hatte ihr eine gewisse Gleichgültigkeit dem Gegenstand gegenüber vorgeworfen: "Ich habe ihr ins Gesicht geschrieben, daß sie den Slaven nicht so gut ist, wie Fauriel – den Griechen."

---

[15] Ljubomir Ognjanov: *Die Volkslieder der Balkanslaven und ihre Übersetzungen in deutscher Sprache*, a.a.O., 111.

Diesen Vorwurf versucht Talvj in einem Brief an Kopitar zu entkräften: "Sie werfen mir zu wenig Liebe für den Gegenstand vor – aber, daß ich diese Liebe nicht zur Schau trage, nicht in Noten und Anmerkungen durch Exklamation und Fingerzeige auf die einzelnen Schönheiten des Textes aufmerksam mache, das kann ich unmöglich für einen gültigen Gegenstand des Vorwurfs halten." Die Begeisterung, ja Liebe Talvjs für den großen Olympier aus Weimar ist offenbar. Man darf aber nicht ihre Beschäftigung mit der serbokroatischen Volksdichtung und die Übersetzung von Hunderten von Volksliedern nur als ein Mittel zur Annäherung an Goethe betrachten. Es war doch die Zeit der allgemeinen Begeisterung der Romantik für die eigene und fremde Volksdichtung. Talvj hatte auch ein eigenes Gefühl für die Sache. Das wird nicht nur durch die oben zitierte Stelle aus ihrem Brief an Kopitar bewiesen, sondern vor allem durch die große Menge der übersetzten Lieder und durch das in Talvjs Briefen an Kopitar zutage tretende Interesse für die womöglich richtige Übersetzung der Lieder. Die vielen Fragen, die sie an ihn richtet, und die fast unabhängige Stellung, die sie in gewissen prinzipiellen Übersetzungsfragen (Treue der Übersetzung, Sprache, Veränderungen usw.) einnimmt, beweisen, daß sie ihre Aufgabe nicht so leicht auffaßte, wie es nach Ćurčins und Gesemanns Darstellung erscheinen möchte.[16]

Im Sinne der Geistesgeschichtlichen Methode betrachtete Ognjanov die auf Vuk Karadžić zurückgehende Aufteilung der Volkslieder in "Heldenlieder" und "Frauenlieder" als überholt. So beruft er sich auch unmittelbar auf Wölfflins Gedanken, wenn er das Entscheidende für eine entsprechende Klassifizierung nach verschiedenen Liedergruppen in den bemerkbaren Veränderungen des Inhalts und folglich auch der Form, des inneren Stils der Volksdichtung sieht, nämlich: "Nicht alles ist zu allen Zeiten möglich!"[17] Dieser Gedanke gilt, so Ognjanov, nicht nur für die Kunstgeschichte, sondern auch für die allgemeine Kulturgeschichte:

Es ist z.B. oft und nachdrücklich darauf hingewiesen worden auf die geradezu atavistisch 'unveränderlichen' Stilmerkmale des Volksliedes; diese Hinweise, bei aller ihrer Richtigkeit in gewissen Einzelheiten, sind kulturgeschichtlich bestimmt falsch oder wenigstens stark übertrieben und verallgemeinert. Eine wissenschaftliche Betrachtung der Entwicklungsgeschichte des balkanischen Volksliedes, die zu ihrem Ausgangspunkt die geschichtliche Entwicklung der kulturpolitischen, nationalen und wirtschaftlichen Umstände auf dem Balkan nimmt, entdeckt auch auf dem engen Gebiete der Volksdichtung eine stetige, von der Geschichte diktierte Veränderung des Inhalts und der Motive, der

---

[16] Vgl. ebd., 118.
[17] Ebd., 7.

auch eine Veränderung der Form (der Sprache, des Stiles) zur Seite steht.[18]

Hiermit geht aber Ognjanov auch schon über die geistesgeschichtliche Methode hinaus und weitet sie zur soziologischen Sichtweise aus:

> Das Ziel der folgenden Untersuchung ist also, fern von jeder romantisierenden Auffassung des balkanslavischen Volksliedes schlechthin, seine inhaltliche und formelle Entwicklung auf Grund der sie bestimmenden geschichtlichen Veränderungen zu verfolgen.[19]

Das bedeutete zugleich auch eine Absage an einen zu diesem Zeitpunkt sehr angesehenen Forscher:

> Denn wenn 1934 ein Verfasser schreibt, daß das Volkslied nur 'im Volk' entstehen könne und daß wir unter Volk die noch nicht zur Bildung erwachten Schichten verstehen müssen, oder wenn ein Forscher gerade auf dem Gebiet des südslavischen Volksliedes wie Gerhard Gesemann 'die Gleichartigkeit der bäuerlichen Masse' und 'das patriarchalische Regime' als die Grundbedingung für die Volksdichtung schlechthin erklärt, so beweist das nur die Zähigkeit, mit welcher Auffassungen, die keine kulturpolitische Existenzberechtigung mehr haben, ihre Positionen trotzdem weiter behalten können.[20]

Diese antiromantische, auf eine objektive Synthese ausgerichtete Einstellung Ognjanovs führt ihn – man schreibt das für diesen Raum so entscheidende Jahr 1941 – auch zur Frage nach der "Volksliedeinheit der Serben und Bulgaren", und mit Bedauern stellt er fest:

> Leider haben machtpolitische Auffassungen und Entscheidungen die Klärung und Lösung aller dieser kulturpolitischen Fragen erschwert. Das geschichtliche Los der Serben und Bulgaren, ihre bis zum 19. Jahrhundert fast gleiche und nachher ähnliche kulturpolitische Entwicklung, nicht zuletzt ihre Volksliederdichtung und sonstige Volksüberlieferung verlangen gebieterisch eine vergleichende und einheitliche

---

[18] Ebd., 7.
[19] Ebd., 13.
[20] Ebd., 12.

wissenschaftliche Erforschung aller dieser Probleme, fern von jedem Chauvinismus und von allen machtpolitischen Spekulationen.[21]

Er widersetzt sich in diesem Zusammenhang den

meist politischen, aber manchmal auch mit wissenschaftlichen Mitteln durchgeführten Versuchen, einen Keil zwischen die einzelnen Balkanvölker zu treiben und zu 'beweisen', daß Geschichte und Wissenschaft ihre Trennung voneinander diktieren. Besonders charakteristisch in dieser Beziehung ist der Versuch, einen scharfen Gegensatz zwischen Serben und Bulgaren aufzustellen.[22]

Abschließend zu diesem kleinen Forschungsbericht über einen Themenkreis der Germano-Slavica, über das Interesse der Deutschen für das südslawische Volkslied, sei mir noch ein kurzes persönliches Wort gestattet. Schon von der Schulbank her trug ich jene Schilderung aus dem Brief von Vuk Karadžić an seinen geistigen Lehrer, den Slowenen Kopitar in mir, wie ihn Goethe mit einer Handbewegung auffordert, auf dem Kanapee Platz zu nehmen, wo er für den Besucher seine Rezension serbischer Volkslieder vorbereitet hatte, um ihn nun mit den Worten zu begrüßen: "Sehen Sie, nicht zum ersten Mal sind Sie Gast bei mir, schon lange weilen Sie unter meinem Dach!" – und diese Szene erhielt in meinem Bewußtsein eine geradezu symbolische Bedeutung. Ich sah Vuk Karadžić, den Bauernsohn und Autodidakten, wie er mit seinem lahmen Bein mühsam die Treppe des Hauses in Weimar emporhumpelte, und die Begrüßung durch den Olympier war mir wie ein Zeichen, daß jener Teil Europas, aus dem Vuk Karadžić gekommen war, nach langer Trennung wieder zu Europa zurückgekehrt war. Erst mein wissenschaftliches Interesse jedoch führte mich dazu, mich auch eingehender mit dem südslawischen Volkslied zu befassen. Es handelte sich dabei um deutsche Beschreibungen über diesen Raum, und obwohl ich vom Thema her eingeschränkt war,[23] mußte ich sehr wohl feststellen, daß dieser Raum in der Verflechtung seiner Völker für den fremden Betrachter eine historische und kulturelle Einheit darstellte und daß das Schönste, das er in ihm zu finden vermochte, das Volkslied war.

In diesem Sinne habe ich Gespräche auch noch mit Ćurčin, mit Alois Schmaus, mit Pero Slijepčević und vielen andern Kennern dieses Problems führen können, die der Generation vor mir angehörten und die nun nicht mehr unter den Lebenden sind. So war es mein großer Wunsch, auch Ljubomir

---

[21] Ebd., 36.

[22] Ebd., 39.

[23] Zoran Konstantinović: *Deutsche Reisebeschreibungen über Serbien und Montenegro.* München 1960 (Südosteuropäische Arbeiten 56).

Ognjanov kennenzulernen. Die Gelegenheit dazu bot sich erst verhältnismäßig spät, im August 1966, als ich aus Anlaß des I. Internationalen Südosteuropa-Kongresses das erste Mal Sofia besuchen konnte, also fünfundzwanzig Jahre nachdem Ognjanov sein Buch über die Volkspoesie der Balkanslawen veröffentlicht hatte. In liebenswürdigster Weise wurde ich auf dem Germanistischen Institut von Frau Emilija Stajčeva empfangen, die soeben ihren Dienst als Assistentin angetreten hatte und mich als eine ihrer ersten Amtshandlungen zu Professor Ognjanov führte. Das Gespräch mit ihm gehört zu einem meiner bleibendsten Eindrücke. Wir sprachen über das Gemeinsame zwischen unseren Völkern und teilten den Schmerz über das Trennende. Wir meinten auch, daß Tropsch eigentlich die schönste Benennung verwendet hätte, indem er immer von "unserer Volksdichtung" ("naša narodna poezija") sprach, die, wo immer sie auch im südslawischen Raum entstanden sein mag und gesungen wurde, das gleiche historische Schicksal und die gleichen Werte zum Inhalt hatte.

Mit der Erinnerung an dieses Gespräch und an die Persönlichkeit von Ljubomir Ognjanov schließe ich mich den Wünschen zum Jubiläum des Germanistischen Instituts der Universität Sofia an und stimme mit ein in das – Многая лета!

Ansätze zu einer vergleichenden Methodenforschung

Die positivistische Literaturbetrachtung und ihre Nachwirkungen. Ein vergleichender Überblick

Im Bereich der philosophischen Systeme, Schulen und Richtungen, von dem wir beim Versuch, die positivistische Betrachtung der Literatur als eine der Methoden der Literaturwissenschaft darzustellen, unweigerlich ausgehen müssen, versteht man unter Positivismus eine Position, die – auf die allerknappste Formel gebracht – jede metaphysische Spekulation ablehnt und sich darauf beschränkt, die Möglichkeiten der Erkenntnis ausschließlich im sinnlich Wahrnehmbaren zu sehen.

Auguste Comte (1798-1857), der als Begründer der positivistischen Methode gilt, formulierte in seinem Werk *Cours de philosophie positive* (Bd. 1-4, 1830-1842) die These, daß sich die beobachtbaren, für die sinnliche Erfahrung wahrnehmbaren Tatsachen als ausschließliche Quelle jeder Erkenntnis in einer Vielzahl von Erscheinungen darbieten, in denen bestimmte Regelmäßigkeiten bestehen und von denen ausgehend sich auf induktivem Weg die Gesetze ihrer Erscheinungsweisen formulieren lassen. Jede andere philosophische Position, die hinter den die Menschen umgebenden Erscheinungen eine eigene, metaphysische Wirklichkeit als wahre Quelle letzter Erkenntnis ansieht, wird von Comte entschieden abgelehnt, da sie der sinnlichen Wahrnehmung nicht zugänglich ist. Das "Tatsächliche" steht auf diese Weise auch dem bloß "Eingebildeten" gegenüber und von da aus bezeichnet "positiv" (von lat. *ponere* – etwas festsetzen, einen Grundstein legen) den Gegensatz zwischen "Gewißheit" und "Unentschiedenheit" und somit auch die Entgegensetzung von "Organisiertheit" und "Unorganisiertheit".

Daß eine solche positivistische Position in der zweiten Hälfte des 19. Jahrhunderts zur bestimmenden Weltsicht wurde, steht in engem Zusammenhang mit der raschen Entwicklung der Naturwissenschaften, die ihre beeindruckenden Erkenntnisse gleichfalls der sinnlichen Wahrnehmung durch unmittelbare Beobachtung und Experiment verdankten.

In ihren Auswirkungen auf den weiteren Umkreis der Wissenschaften führte dieses Ineinandergreifen von positivistischer Weltsicht und naturwissenschaftlicher Verfahrensweise in unmittelbarer Weise dazu, auch den Geschichtsverlauf insgesamt und in allen seinen einzelnen Abläufen immer eingehender als eine lückenlose Kette von Ursachen und Wirkungen zu sehen, die durch eine Vielzahl von Fakten bestätigt werden kann. Aus einem solchen

Geschichtsverständnis erhält daraufhin auch die Literaturbetrachtung, bis dahin ausschließlich als Teil der Geschichtswissenschaft oder bestenfalls als romantische Geschichtsphilosophie und Niederschlag nationaler Bewußtwerdung aufgefaßt, ihr neues, ausschlaggebendes Gepräge als "literarhistorischer Positivismus" in der Annahme, Literaturverstehen ausschließlich auf exakter Faktenkenntnis gründen zu können.

Hippolyte Taine – Die deterministische Trias von race, milieu, moment

Es gehört zu den allgemeinen Gepflogenheiten methodologischer Darstellungsversuche, an den Beginn des Positivismus in der Literaturbetrachtung den französischen Philosophen, Historiker, Kunst- und Kulturkritiker und Romancier Hippolyte Taine (1828-1893) zu stellen. Trotz einer solchen allgemeinen Annahme müßte man sich doch um eine nähere Differenzierung bemühen. Der Einfluß Comtes erreichte Taine nämlich erst verhältnismäßig spät, als seine Ansichten praktisch schon in allen Fragen feststanden. In seinen zahlreichen, in vollem Umfang erhaltenen frühen Schriften kommt der Name Comtes überhaupt nicht vor. Taine dürfte von Comtes Werken wahrscheinlich erstmals 1860 etwas gelesen haben. Später kritisierte er Comte sogar und meinte: "Entre les mauvais écrivains, il est probablement un des pires."[1] Was ihn dabei am meisten stört und zu einem solchen Urteil führt, ist überraschenderweise die Tatsache, daß Comte sich für Taine als "entièrement étranger aux spéculations métaphysiques" erweist, woraus er auf sein Unvermögen schließt, etwas auch nur im geringsten "à la culture littéraire, à la critique historique, au sentiment psychologique" beizutragen. Nicht zu übersehen ist andererseits bei Taine das geschichtsphilosophisch-synthetische und deduktive Denken Hegels, das sich Taine für seine Geschichtsbetrachtungen vor allem durch die Werke des Historikers und Staatsmannes Guillaume Guizot aneignete, der unter dem Bürgerkönig Charles X. der führende Vertreter des Justemilieu, der Herrschaft des Großbürgertums in liberalen und konstitutionellen Formen wurde. Seine fünfbändige *Histoire de la civilisation en France* (1829-1832), die ständig neue Auflagen erlebte, war von dieser politischen Doktrin bestimmt. Zugleich aber läßt bei Taine die Suche nach den jeweils dominanten Zügen ebenso die Spuren einer charakterologisch-psychologischen Denkrichtung erkennen. Insgesamt kennzeichnend jedenfalls ist, daß dabei das mit einer solchen Denkrichtung verbundene zivilisations- und mentalitätsge-

---

[1]   In: *Journal de Débat*, 6. Juli 1864.

schichtliche Interesse auf alle Fälle den Vorrang einnimmt vor dem unmittelbaren literaturgeschichtlichen Interesse. Dies so wie schließlich die Breite seines zwischen Philosophie, Kunst-, Literaturgeschichte und allgemeiner Geschichte ständig vermittelnden Denkens – wobei die literarhistorischen Arbeiten sowohl die Antike als auch die französische, englische und zum Teil auch amerikanische Literatur umspannen – lassen Taine demnach ebenso als Erben jener noch szientistischen Auffassung der Romantik wie als Wegbereiter einer exakt wissenschaftlichen Literaturbetrachtung erscheinen.

Das Paradigma von Taines gesamtem literarhistorischen Verständnis – Teil seines umfangreichen Interesses für Fragen der Geschichte, der Kultur und der Kunst – wird vor allem in der *Histoire de la littérature anglaise*[2] exemplifiziert. Dieses Werk ist somit auch der *locus classicus* zum Verständnis dieses Verständnisses. Es kann in diesem Zusammenhang nicht genügend hervorgehoben werden, wie dieser ersten großen Literaturgeschichte Englands aus französischer Sicht, dadurch daß sie zugleich auch kritische Ausblicke auf die französische Literatur bot, eine ähnliche geistesgeschichtliche Bedeutung zufällt, wie ein halbes Jahrhundert zuvor, 1813, dem Werk der Madame de Staël *De l'Allemagne*, in dem die französische Kultur am deutschen Beispiel reflektiert worden war. Beide Werke bedeuteten vom Standpunkt der vergleichenden Literaturbetrachtung einen Einbruch in den als unüberwindbares Vorbild betrachteten Mythos der französischen Klassik und in das so ausgeprägte klassizistische Selbstverständnis Frankreichs. Die Schwerpunkte hatten sich jedoch von Madame de Staël zu Taine sehr wesentlich verschoben. An die Stelle der gefühlsmäßigen Unterscheidung von ästhetischem Moment und außer-ästhetischem Bezug sowie der frühromantischen Mittelalterapologie war nun die als Wissenschaftlichkeit beanspruchte Suche nach dem Werk außerhalb des Werkes sowie die Vorstellung des Urwüchsigen und unentfremdet Naturhaften getreten, die unter anderem auch Taines Ablehnung der römischen Kultur und seine Verehrung für die naturhaft begriffene griechische Zivilisation, "la plante grecque", erklärt, denn die Kunst und die Kunstgeschichte sind für ihn eine Art angewandter Botanik.

Daher wohl auch Taines Interesse für die englische Literatur. Diese war für ihn auch deswegen naturhaft, weil sie fremde Einflüsse nur in dem Maße integrierte, in dem diese dem eigenen Wesen entgegenkamen. Dies gilt nach Taine schon für das Christentum, das (anders als bei den naturhaft heidnischen lateinischen Völkern) dem nordischen Gefühl und Mythos entsprochen habe: "Ceux-ci, tout barbares, entrent de prime abord dans le christianisme par la seule vertu de leur tempérament et de leur climat."[3] Ähnliches gilt später für

---

2   Hippolyte Taine: *Histoire de la littérature anglaise*. Bd. 1-3. Paris 1863; Bd. 4. Paris 1864.
3   Ebd., Bd. 1, 50.

den Protestantismus und für die deutsche Romantik. Die höfische Kultur der Normannen erscheint Taine eher als Unterbrechung einer tiefergelegenen Kontinuität: "Après tout, la race demeure saxonne. [...] c'est comme un fleuve qui s'enfonce et coule sous terre. Il en sortira dans cinq cents ans"[4], und so mündet für ihn die englische Renaissance mit Shakespeare in eine Umkehrung der humanistischen Renaissance, nämlich in die Entdeckung des Irrationalen, Vitalen und Triebhaften. Die Restaurationszeit in England während der Stuartkönige Karl II. und Jakob II. sieht er als ein unorganisches Nebeneinander französisch beeinflußter Hofkultur und brutaler Volkskultur.

Der Gesamtrhythmus solch organischer und unorganischer, d.h. durch Außeneinflüsse "gestörter" Perioden erinnert an die Saint-Simonistische Vorstellung eines Wechsels "organischer" und "kritischer" Epochen. Die mangelnde Verwurzelung des von Taine kritisierten "esprit de société" in der englischen Gesellschaft erklärt aber seiner Meinung nach sicherlich auch die kontinuierliche Weiterentwicklung des Landes ohne Revolution, eine Auffassung, in der sich Taine bekanntlich durch den Ausbruch der Communerevolte 1871 noch bestärkt sah. Taines Denken situiert sich damit in den 60er Jahren des vorigen Jahrhunderts genau in dem um sich greifenden Gefühl einer Dekadenz der lateinischen Rassen. Im Vergleich dazu bedeutet für ihn die englische Romantik eine Art Zusichkommen des nationalen Wesens auf historisch fortgeschrittener Stufe, die Wiedergewinnung organischer Ganzheit. Damit schließt im Grunde Taines Werk ab; der vierte, ergänzende Band *Les contemporains* begnügt sich mit einzelnen Essays und hat keinen systematischen Charakter mehr. Aus der erhöhten Perspektive des positivistischen Geschichtsverständnisses heraus mußte die Romantik tatsächlich als das Ende der bisherigen Geschichte begriffen werden, an die sich dann die Zukunft der Wissenschaft anschließt.

In seiner zwar immer noch Hegel verpflichteten *Philosophie de l'art* (1869) – einer Vorlesung an der École des Beaux Arts von 1864, die dem gleichnamigen Buch vorausgeht, das erst 1881 erscheinen sollte – spricht Taine dann von seiner "méthode moderne" und erklärt sie in dem Sinne, daß sie darin besteht, "à considérer les œuvres humaines, et en partculier les œuvres d'art, comme des faits et des produits dont il faut marquer les caractères et chercher les causes, rien de plus"[5]. Die durch Sinneseindrücke festgestellten und daher zum Faktum erklärten Werke sollen genau wie auch geschichtliche Fakten allgemeiner Art zum Objekt kausalbezogener Analysen werden, was einerseits immer noch im Rahmen der Auffassung des Historismus lag, daß nämlich objektive Erkenntnis auch im Bereich der "sciences humaines" mög-

---

[4] Ebd., Bd. 1, 76.
[5] Hippolyte Taine: *Philosophie de l'art*. Paris 1869, 54.

lich sei, andererseits aber sollten solche Analysen auch als "une sorte de bota-
nique appliquée" durchgeführt werden, so wie sich Taine eine solche Vorgangsweise aus der Evolutionstheorie zurechtgelegt hatte. Aus dieser zugleich
ganzheitlichen wie auch reduktionistischen Haltung ergab sich für ihn auch
die Zurückführung aller individuellen und besonderen Phänomene auf ihre
allgemeineren Wirkungsursachen wie Epochengeist, Nationalcharakter, Klima
usw. Das Allgemeine geht dabei dem Besonderen voraus und drückt sich in
ihm aus, ähnlich wie im Werk auch der dominante Charakterzug des Autors,
der Epoche oder Nation die Einzelzüge erklärt. Die "méthode moderne" sollte
demnach nicht mehr wie bis dahin als Aneignung mittels einfühlender Identifikation verstanden werden, sondern als Hineingreifen in einen kontinuierlichen
Ablauf kausal zusammenhängender Gegebenheiten.

Es sind dabei vor allem drei Begriffe, die eine solche Zusammenschau
Taines prägen: *race*, *milieu* und *moment*. Diese – vorgestellt in der Einleitung
zur *Histoire de la littérature anglaise* – werden zumeist auch als Grundbegriffe des literaturwissenschaftlichen Positivismus betrachtet. Der Begriff
race geht von einem unveränderlichen Volkscharakter oder Volksgeist aus und
darf nicht mit dem späteren Rasse-Begriff identifiziert werden. Es handelt sich
vielmehr um seelische Eigenschaften, die von Taine bei den Franzosen, Engländern und Deutschen als eindeutig bestimmbar angesehen werden, und zugleich auch um literarische Traditionen, die als ableitbar aus solchen seelischen Eigenschaften zu betrachten sind. Unter *moment* jedoch wird der Augenblick als die "vitesse acquise"[6], als die erreichte Geschwindigkeit, oder als
"l'impulsion déjà acquise"[7], als der bereits erreichte Impuls des historischen
Prozesses definiert. Analog zur Mechanik wird *moment* demnach mit Geschwindigkeit gleichgestellt und bildet zusammen mit der Masse die resultie-
rende Kraft. Der Begriff *milieu* hingegen ist ein Sammelbegriff für die äußeren Bedingungen der Literatur und umfaßt sowohl die geographische Umwelt
und das Klima wie auch die politischen und sozialen Bedingungen. Er bedeutet ein Konglomerat aller Dinge, die sich auch nur im entferntesten mit Literatur in Beziehung bringen lassen.

Mit diesen drei Begriffen – formelhaft zusammengefügt als Möglichkeit
zur Lösung aller Fragen in der These: "Si ces forces pouvaient être mesurées
et chiffrées, on en déduirait comme d'une formule les propriétés de la civilisation future [...] et lorsque nous avons considéré la race, le milieu, le moment
[...] nous avons épuisé non seulement toutes les causes réelles, mais encore
toutes les causes possibles du mouvement"[8] – mußte Taine unweigerlich zum
Vorläufer der deterministischen Literaturbetrachtung werden. Die Ursache

---

6   Hippolyte Taine: *Histoire de la littérature anglaise*. Bd. 1, a.a.O., XXIX.
7   Ebd., XXXIV.
8   Ebd., XXXIV.

jedoch aller deterministischen Bestimmungen erblickt er noch immer in der Seele des Menschen, sie ist psychischer Natur; er bestätigt somit das Individuelle, und zwar nicht nur das Individuelle eines Menschen, sondern auch einer Epoche und eines Volkes. Alle Literatur ist durch psychische Einwirkungen entstanden. Dabei jedoch gelangt immer ein dominanter Charakterzug zum Ausdruck, der sowohl den einzelnen Schriftsteller als auch die Epoche und den Volkscharakter prägt und den Taine als "faculté maîtresse" bezeichnet. Er drückt ein vermittelndes Prinzip aus zwischen den Kollektivkräften von *race* – *milieu* – *moment* und den individuellen Seelenvorgängen und verbindet auf diese Weise den Seelenzustand und den Geist eines Dichters, einer Epoche oder eines Volkes mit der Welt.

Trotz der Kritik, die die mangelnde literarhistorische und vorwiegend kulturgeschichtliche, auf der Erfassung der "mœurs" – der in ihrem Wandel zum Ausdruck kommenden Lebensnormen – beruhende Konzeption dieses Werks schon bei Erscheinen hervorrief, haben sich verschiedene Aspekte als äußerst folgenreich erwiesen und wurden in unterschiedlichster Weise weiterentwickelt.

Ferdinand Brunetière – Zur Evolutionstheorie in der Entwicklung literarischer Gattungen

Der Übergang von Taine zu Ferdinand Brunetière (1849-1906) – Professor an der École Normale, Herausgeber der *Revue de deux Mondes* und Verfasser der bedeutenden Handbücher *Manuel de l'histoire de la littérature française* (1898) sowie der dreibändigen *Histoire de la littérature française classique* (1905-1912) – kann als fließend bezeichnet werden, in dem Sinne nämlich, daß nun im Rahmen der gleichen synthetisierenden Vorgangsweise der Versuch unternommen wird, die evolutionistischen und naturwissenschaftlichen Ansätze insbesondere mit klassizistischen Wertvorstellungen zu vereinen. So ergänzen sich naturwissenschaftliche Beobachtung des literarischen Faktums und traditionelles moralisch-ästhetisches Urteil. Die literarhistorische Entwicklung wird in fast organologischer Weise als geschichtliche Selbstbewegung begriffen, die Geschichte einer Literatur enthält das Prinzip ihrer Entwicklung in sich selbst. Das Studium der Literatur muß daher auf die Werke selbst gerichtet sein und ist von der Biographie, Soziologie, Psychologie und anderen Wissenschaften deutlich zu trennen. Die Bemühungen des späteren Formalismus vorwegnehmend, verlegt erstmals Brunetière auch den naturwissenschaftlichen Ursachebegriff aus der biographischen und soziologischen, also diachronen Perspektive des Positivismus von *race*, *milieu* und *moment* in die synchrone Ebene der literarischen Gattungen. Jede Gattung hat ihre Gesetze, die durch ihre Natur bestimmt sind.

Diesen Aspekt der Gattungen, mit dem die wissenschaftliche Gattungsdiskussion eigentlich erst beginnt, hat Brunetière vor allem in seinen Werken *L'Évolution des genres dans l'histoire de la littérature* (1890), *Les Époques du théâtre français* (1892) und *L'Évolution de la poésie lyrique en France au dix-neuvième siècle* (2 Bde., 1895) herausgearbeitet. Im Unterschied zu dem sich damals in der literarischen Entwicklung inkarnierenden "génie français" stellt Brunetière, ausgehend von seiner genetischen Konzeption, die Frage nach der inneren, d.h. evolutionären Notwendigkeit eines Werkes; nicht die Tradition, sondern die Evolution der Gattung bestimmt den literarischen Rang eines Werkes.

Diese Vorstellung von einer Evolution der Gattungen stützt sich auf gewisse Auffassungen. So können wir Brunetière zufolge Kunstwerke in eine Reihe einordnen, die auf ein bestimmtes Ziel hinführt, das als Wert oder Norm postuliert werden kann. Der Einfluß, positiv oder negativ, ist dabei die wirksamste Kraft. "Il n'est guère de chef-d'œuvre qui ne procède, en y regardant bien, d'un original à demi manqué, et, réciproquement, l'imitation d'un chef-œuvre est presque immanquablement une œuvre de la dernière médiocrité."[9] Ein Kunstwerk kann sich zwar in seiner Verfahrensweise an ein halbgeglücktes Original halten, aber die Nachahmung eines Kunstwerkes ist fast immer Ausdruck der Mittelmäßigkeit. Das Individuum ist es, das etwas in die Literatur einführt, was bis dahin nicht existierte und was ohne dieses Individuum nicht existieren würde; bedeutend ist jenes Werk, mit dem ein Wandel vollzogen wird. Brunetière erkennt somit noch nicht, daß sich auch in diesem Falle jeder Wandel vor allem durch Veränderung der gesellschaftlichen und historischen Bedingungen vollzieht.

Diese Vorstellung wird noch durch ein zweites Prinzip erweitert, das nicht mehr ausschließlich dem Evolutionsdenken, sondern der Physik und der früheren Annahme vom Kreislauf entlehnt zu sein scheint. Demnach verläuft die literarische Entwicklung nicht linear, sondern es gibt auch einen regelmäßigen Wechsel zwischen Höhepunkt- und Latenzperiode, so daß sich die Epochenumbrüche gleichfalls durch ein rhythmisch antagonistisches Prinzip der Anziehung und Abstoßung erklären lassen: "[...] voilà l'origine et le principe agissant des changements du goût commes des révolutions littéraires; il n'a rien de métaphysique."[10] Obwohl ein solcher Wechsel rein mechanisch aufgefaßt wird, dürfte es doch bedeutsam sein, daß Brunetière auch schon mit dem Begriff des Geschmacks, mit dem "goût" operiert. Hier und weniger bei

---

[9] Ferdinand Brunetière: *Études critiques*. Bd. 3, Paris 1880-1925, 184.

[10] Ferdinand Brunetière: *Manuel de l'histoire de la littérature française*. Paris 1898, III.

Taine scheint die – oder eine – Quelle für die Suche nach allgemeinen Gesetzmäßigkeiten der Literaturentwicklung und insbesondere für die Vorstellung der antagonistisch wechselnden literarischen Generationen zu liegen. Diese Vorstellungen versucht Brunetière konsequent in Literaturgeschichte umzusetzen. Die gesamte Entwicklung seit dem frühen Mittelalter erklärt er mit Hilfe des Spencerschen Naturgesetzes einer wachsenden "différentiation des genres", "des classes" und "des nationalités"[11]. Dieses Gesetz habe nicht nur den neuzeitlichen Individualismus hervorgebracht, sondern lasse sich auch im Bereich der Einzelgattungen, der Chansons de geste, des Romans und der Geschichtsschreibung nachweisen. Eine solche Loslösung der Betrachtungen vom gesellschaftlichen Prozeß scheint demzufolge soziologische Erklärungsfaktoren überflüssig zu machen, wobei aber Brunetière in seinen Überlegungen zur klassischen Literatur des 17. Jahrhunderts zum Beispiel doch nicht ganz auf produktions- und publikumssoziologische Hinweise verzichten will. Ansonsten aber meint er – so wenn es um das Epos und den höfischen Roman geht: "Ce n'est aucune intervention du dehors qui les ait ainsi séparés, l'un de l'autre, mais au contraire une nécessité du dedans."[12] Kein äußeres Einwirken demnach, sondern alles vollzieht sich aus sich heraus. Auch die höfische Poesie ist dann ebenfalls als Anzeichen einer "émancipation prochaine de l'individu"[13] zu begreifen, die im klassischen Preziösentum ihren Höhepunkt erreicht und danach durch Übertreibung ins Absurde umschlägt. Der gesellschaftliche Kontext bleibt vollauf unberücksichtigt.

Die eigentlich leitende Kategorie für Brunetière wäre demnach die Verurteilung des modernen, durch Aufklärung und Romantik eingeleiteten Individualismus, dem Disziplin und soziales Denken der Klassik gegenüberstehen. Der "siècle classique" bildet für ihn den Höhe- und Haltepunkt des Gleichgewichts zwischen individualistischem und "sozialem" Geist. Das Ideal eines antiindividualistischen Sozialdenkens sieht Brunetière dann in Balzac und Comte vorweggenommen, und in ihnen erblickt er auch die Garanten für einen möglichen erneuten Umschwung in der Nachromantik. So betont er zum Beispiel in seinem gegen Lebensende verfaßten Essay *Honoré de Balzac 1799-1850*, einem wesentlichen Markstein der Balzacforschung nach Taine, den sowohl realistisch-naturalistischen als auch wissenschaftlichen Charakter des Balzacschen Werks, der nicht mit der expliziten Ideologie dieses großen Romanciers übereinstimmt (eine interessante Parallele zu der bekanntlich auf Engels zurückgehenden These eines "réalisme malgré lui" in der marxistischen Balzacforschung).

---

[11] Ferdinand Brunetière: *L'Évolution des genres dans l'histoire de la littérature*. Paris 1890, 21.
[12] Ferdinand Brunetière: *Manuel de l'histoire de la littérature française*, a.a.O., 16.
[13] Ebd., 20.

Unabhängig von der biographischen Methode (auf die er aber letztlich dennoch nicht ganz verzichtet) hat Brunetière eine innerliterarische, systembezogene Untersuchung vor Augen, "uniquement une étude sur l'œuvre"[14], die sich vor allem zwischen Werkbetrachtung und Gattungstransformation jener Zeit bewegt. So zeigt Brunetière hier nicht nur die Originalität Balzacs, sondern er enthüllt auch sein eigenes methodisches Vorgehen, indem er am Beispiel Balzacs den Aufstieg des Romans konkret darstellt. Balzacs Roman ist der Gipfel dieser Gattung, und die früheren Formen werden nur wie Vorläufer empfunden.

Der Versuch, Gattungsgeschichte auf der Grundlage eines "naturalistischen" Modells – als Daseinskampf dem Zufall überlassen – analog zur Evolutionstheorie zu begründen, wird zwar heute als weitgehend überholt betrachtet, denn Gattungen "sterben" nicht wie Individuen, und auch in Zukunft kann zum Beispiel noch immer eine große französische Tragödie geschrieben werden, doch der Versuch bleibt als Moment der literarhistorischen Reflexion der Jahrhundertwende von Interesse, so wenn Brunetière davon ausgeht, daß sich die als "espèces dans la nature"[15] definierten Gattungen in einem ständigen Leistungs-, Anpassungs- und Auswahldruck – "par la lutte qu'ils soutiennent à tout temps les uns contre les autres"[16] – befinden. Eine solche darwinistische Auffassung scheint zudem ganz besonders zu beweisen, daß der Übergang von einer "histoire littéraire" als üblicher Häufung von Daten und Fakten der Vergangenheit zu einer "histoire de la littérature" als Geschichte der Entwicklung dieser Literatur – zumindest in Frankreich nur über den Umweg eines vitalistisch-biologischen Denkens möglich war. Nachwirkungen des naturalistischen Gattungskonzepts lassen sich aber jedenfalls noch in der neueren und neuesten französischen Forschung, besonders bei den bekannten Komparatisten René Guyard, Claude Pichois und A.-M. Rousseau, feststellen.

Charakteristisch für Brunetière bleibt auch das Bemühen, die Gesetze der literarischen Evolution mit einem moralischen Wertungssystem in Einklang zu bringen. Seine naturwissenschaftliche Begründung des konservativen Klassikbegriffs ist hierfür ebenso kennzeichnend wie auch seine schon angedeutete These von der Verbindung einer evolutionsmäßig bedingten Romantechnik im Werk Balzacs mit dessen von Brunetière als "richtiger" – und das bedeutet – "konservativer" Weltanschauung. Jedoch auch die existentialistischen Anstrengungen etwa der sogenannten "Züricher Schule" (Emil Staiger), denen zufolge die Essenz bestimmter Gattungen von der Vorstellung bestimmter Geisteshaltungen geprägt wird, kann mit Brunetières Gedankengängen in Verbindung gebracht werden, wie auch die Vorstellung, daß sich aus den

---

[14] Ferdinand Brunetière: *Honoré de Balzac 1799-1850*. Paris 1906, II.
[15] Ferdinand Brunetière: *Manuel de l'histoire de la littérature française*, a.a.O., 11.
[16] Ebd., 11.

Resten überlebter oder zerbrochener Formen neue Formen oder Gattungen bilden können.

Der systematische Aspekt bei Brunetière ist auf diese Weise letztlich zur impliziten Voraussetzung geworden, auf der dann auch der evolutionäre Transformationismus aufbaut. In zwei Bänden hatte er seine Vorlesungen an der Sorbonne über die Lyrik veröffentlicht (*L'Évolution de la poésie lyrique en France au dix-neuvième siècle*). Die lyrischen Gattungsfunktionen etwa sind Brunetières Anschauungen zufolge in der französischen Klassik durch die überragende Rolle der Kanzelberedsamkeit ausgefüllt worden, deren Niedergang er – in Analogie mit der biologischen Entwicklung – in unmittelbarem Zusammenhang mit der Entstehung des neuzeitlich-romantischen Lyrikbegriffes deutet. Aus diesen Kanzelreden ist somit auch die romantische Lyrik hervorgegangen. Sie drückte schon das Gefühl für das Vergängliche aus und versuchte den Sinn des Metaphysischen zu bestimmen. Aber noch in dieser Historisierung des Problems ist das klassisch-rhetorische Lyrikverständnis spürbar, denn für Brunetière ist die Tatsache, daß die Kunst der Kanzelrede allmählich verlorenging, ein Verlust.

Womöglich noch interessanter ist das Beispiel der Wandlung von der Tragödie zum Roman, den Brunetière in *Les Époques du théâtre français 1636-1850* als Folge- und Dekadenzprodukt der großen Dramatik begreift. "Corneille a rendu la tragédie vraiment tragique pour la première fois"[17], während mit Racine die empfindsame Psychologisierung beginne, die auf den bürgerlichen Roman hinweist. Auch hier werden biologische Begriffe ganz unmittelbar auf die Literatur übertragen. Brunetière schlägt hier indirekt zum ersten Mal auch die Systematisierung einer Funktionsgeschichte der Gattungen vor, die jedoch dem essentialistischen Gattungsverständnis insofern direkt zuwiderläuft, als literarische Gattungen keine Arten sind und sich auch nicht in höhere Arten verwandeln.

Aus Brunetières Lehre sind hervorragende Vertreter der französischen Literaturwissenschaft hervorgegangen (Joseph Bédier, Gustav Michaut, Georges Goyau, Victor Giraud und Fortunat Strowski). Vor allem aber hat Gustave Lanson den bei Brunetière noch fehlenden soziologischen Bedingungshintergrund zu solchen Transformationsvorstellungen ergänzt. Inzwischen aber hatten die neuen Bemühungen auch in Deutschland ihre Wurzeln geschlagen, und sie werden dann durch Jahrzehnte hindurch unter der Bezeichnung "Positivismus" die gesamte deutsche Literaturwissenschaft entscheidend bestimmen.

---

[17] Ferdinand Brunetière: *Les Époques du théâtre français 1636-1850.* Paris 1892, 15.

Wilhelm Scherer – Positivismus in der Kompetenz nationaler Ideologiebildung

In Deutschland ist es vor allem das Verdienst Wilhelm Scherers (1841-1886), die Literaturwissenschaft systematisch mit Fakten aus dem Leben der Autoren und in Zusammenhang mit der Entstehungszeit und den verschiedenen Fassungen ihrer Werke sowie mit jenen Werken, die diese beeinflußt haben könnten, mit all den zeitgeschichtlichen, politischen und sozialen Hintergründen, dem Interesse der Leser und letztlich auch mit Fragen der Wirkungsgeschichte vertraut gemacht zu haben. Hervorgegangen aus der germanistischen Philologie Jacob Grimms und die positivistischen Anregungen Comtes mit einem erkenntnistheoretischen und geschichtsphilosophischen Ansatz verbindend, betonte Scherer noch viel stärker als Taine, daß der "Maßstab der Geschichtswissenschaft" die Grundlage aller literaturwissenschaftlichen Arbeit sein müsse.[18] Er versteht darunter "Einzeluntersuchungen, in denen die sicher erkannte Erscheinung auf die wirkenden Kräfte zurückgeführt wird, die sie ins Dasein riefen"[19], denn "die einzelne Thatsache als solche hat an Werth für uns verloren", und was ihn interessierte, "ist vielmehr das Gesetz, welches darin zur Erscheinung kommt", um letztlich zur Schlußfolgerung zu gelangen: "Daher die ungemeine Bedeutung, welche die Unfreiheit des Willens von der strengen Kausalität auch in der Erforschung des geistigen Lebens erlangt hat."[20] In diesem methodischen Vorgehen sind die allgemeinen Grundsätze positivistischer Geschichtsforschung angeführt, und gleichzeitig kommt auch eine vordergründige Übereinstimmung mit den Naturwissenschaften zum Ausdruck:

> Denn wir glauben mit Buckle, daß der Determinismus, das Dogma vom unfreien Willen, diese Centrallehre des Protestantismus, der Eckstein aller wahren Erfassung der Geschichte sei, daß die Ziele der historischen Wissenschaft mit denen der Naturwissenschaft insofern wesentlich verwandt seien, als wir die Erkenntnis der Geistesmächte suchen, um sie zu beherrschen, wie mit Hilfe der Naturwissenschaften die physischen Kräfte in menschlichen Dienst gezwungen werden.[21]

---

[18] Wilhelm Scherer: *Kleine Schriften zur neueren Literatur, Kunst und Zeitgeschichte.* Hrsg. von Konrad Bardach und Erich Schmidt, Berlin 1893, 66.

[19] Wilhelm Scherer: *Die neue Generation. Vorträge und Aufsätze zur Geschichte des geistigen Lebens in Deutschland und Österreich.* Berlin 1874, 411.

[20] Ebd., 412.

[21] Wilhelm Scherer: *Kleine Schriften zur neueren Literatur, Kunst und Zeitgeschichte,* a.a.O., 66.

Die Verknüpfung von Positivismus und Naturwissenschaft liegt jedoch zum einen in der "Erkenntnis der Geistesmächte", die – wie beispielsweise auf dem Gebiet der Naturwissenschaften die Gesetze der Physik – in den historischen Wissenschaften den Ablauf der Geschichte und die Entwicklung der Kultur bestimmen; zum anderen aber zeigt die Verbindung des "Dogmas vom unfreien Willen" mit einem solchen Erkenntnisziel, daß sowohl der Gang der Geschichte als auch die herausragenden historischen Führergestalten auf jene Kräfte und Einflüsse zurückgeführt werden müssen, die einen solchen Gang der Geschichte bewirken und diese Führergestalten hervorbringen. Eine solche Auffassung richtet sich demnach gegen ein Geschichtsverständnis, das den Zufall und metaphysische Einwirkungen als geschichtsbildende Mächte anerkennt.

In zahlreichen Schriften will Scherer nachweisen, daß sich die allgemeine Geschichtlichkeit der Natur auch auf die poetische Produktion erstreckt. Aus dieser Sicht wird auch Scherers Auffassung von einem der wesentlichsten Prinzipien sowohl des Positivismus als auch der Naturwissenschaften erklärbar, nämlich der Kausalität. Scherer war sich dabei jedoch bewußt, daß sich die Kategorie der Kausalität nicht mit demselben deterministischen Anspruch auf allgemeine Gültigkeit vereinzelter Beziehungen von Ursache und Wirkung – etwa der Liebe Goethes zu Friederike Brion und ihres Niederschlags in den "Sesenheimer Liedern" – in der Literaturwissenschaft anwenden läßt. So schwächt er Taines Determinanten *race, milieu* und *moment* zur Formel vom *Ererbten, Erlebten* und *Erlernten* ab[22] und verwendet deswegen für seine wissenschaftlichen Bemühungen auch den Begriff "Motivierung", in der Annahme, daß dieser der Psychologie entlehnte Begriff unmißverständlicher wäre: "Die Motivierung wird strenger, man strebt nach Wahrheit, nach dem Bereichernden, Charakteristischen mit einer Energie, die für zartbesaitete Gemüther etwas Rücksichtsloses hat."[23] In dem wechselnden Gebrauch dieser Begriffe zeigt sich Scherers Schwanken zwischen einer strengen Kausalität und einem allgemeiner zielenden Bemühen, auch die Erscheinungen der Geisteswissenschaften auf die sie bewirkenden Ursachen zurückzuführen.

Das Gesetzliche sieht Scherer in dem "realen Allgemeinen", zu dem er auf induktivem Weg einander ähnliche, analoge Erscheinungen zu verknüpfen sucht; dieses "reale Allgemeine", das die Erforschung der "überlieferten Schicksale" sowie die "schärfste Analyse des geistigen Inhaltes der Individuen" voraussetzt und zur Gruppierung der verwandten Züge fortschreitet, wird für Scherer zu der das geistige Leben und die Geschichte "bewegenden

---

22   Wilhelm Scherer: *Aufsätze über Goethe*. Berlin ²1900, 15.
23   Wilhelm Scherer: *Die neue Generation. Vorträge und Aufsätze zur Geschichte des geistigen Lebens in Deutschland und Österreich*, a.a.O., 412.

Kraft"[24]. Winckelmann zum Beispiel ist nicht – wie Hettner ihn in seiner Literaturgeschichte darstellt – ein einzigartiges und dem menschlichen Forschergeist unfaßbares Phänomen, sondern im Sinn einer wissenschaftlichen Erforschung wäre es statt dessen notwendig gewesen, die "tieferen culturgeschichtlichen Grundlagen" der Zeit sowie die Winckelmann prägenden Einflüsse zu ergründen und darzustellen. Denn auch die "Heroen des Geisteslebens" unterstehen dem "Dogma vom unfreien Willen", und das der Um- und Nachwelt oftmals unbegreifliche Genie hebt den "Zusammenhang von Ursache und Wirkung" nicht auf.[25]

Im Mittelpunkt all dieser Betrachtungen steht Goethe. Dieser wird von Scherer auch deswegen als herausragendes Beispiel angeführt, weil er in seiner Autobiographie *Dichtung und Wahrheit* selbst die "Causalerklärung der Genialität" gegeben habe; Scherer läßt dabei die Frage außer Betracht, wie weit ein solcher Lebensüberblick, wie er in *Dichtung und Wahrheit* vorliegt, schon Deutungen und auch eine Selbststilisierung seines Verfassers enthält. Das ist für Scherer auch nicht entscheidend, wenn es allein um das Problem geht, "ob die allgemeine Gesetzmäßigkeit der Natur sich auch auf die poetische Produktion erstreckt, oder ob für die Willkür der Phantasie eine Ausnahmestelle im Weltenplan vorgesehen ist"[26]. Dem ständigen Verweis auf die durch Analysen herauszufindenden "causalen Zusammenhänge" steht jedoch gerade die Ablehnung einer letztmöglichen strengen Beweisbarkeit gegenüber; einerseits soll nämlich untersucht werden, wie weit die Umwelteinflüsse den Künstler und sein Werk determinieren, andererseits heißt es:

Für jenes Verstehen geistiger Erscheinungen giebt es keine exacte Methode; es giebt keine Möglichkeit, unwidersprechliche Beweise zu führen; es hilft keine Statistik, es hilft keine Deduktion a priori, es hilft kein Experiment. Der Philologe hat kein Mikroskop und kein Scalpell, er kann nicht anatomieren, er kann nur analysieren. Und er kann nur analysieren, indem er sich assimiliert.[27]

Wenn Analyse aber Assimilation voraussetzt, weil nur in einer Art von nachschaffendem Verstehen "der Entstehungsprozeß des Werkes in der Seele des Authors" erkannt werden kann – "der Ton, der an unser Ohr schlägt, muß einen verwandten in uns wecken, sonst sind wir taub"[28] –, so wird auf diese

---

[24] Wilhelm Scherer: *Kleine Schriften zur neueren Literatur, Kunst und Zeitgeschichte*, a.a.O., 68.
[25] Wilhelm Scherer: *Aufsätze über Goethe*, a.a.O., 12.
[26] Ebd., 125.
[27] Ebd., 5.
[28] Ebd., 3.

Weise die Interpretation eines literarischen Werks auch bei Scherer schon in einer an Dilthey erinnernden Argumentation an die Verstehensmöglichkeiten des einzelnen Subjekts gebunden. Trotzdem bleibt es Scherers Ziel, über den Weg der Analyse einzelner Elemente zu typischen, "gesetzlichen" Erscheinungen, zu Generalisationen vorzudringen; als ein Beispiel nennt er die reproduzierende Phantasie des Dichters, die aus einer Kette ähnlich erlebter Begebenheiten die *eine* Kette schafft, die dann als im Werk gestaltete an die Öffentlichkeit tritt.

Neben die Beschreibung und die Analyse muß deshalb noch die vergleichende Methode treten; der Vergleich erst macht Klassifikationen und Gruppierungen möglich, wenn nämlich einander ähnliche Elemente im Werk eines Künstlers als solche erkannt und auf der Grundlage dieser Ähnlichkeit allgemeine Regeln gefunden werden können. Die Klassifikationen und Gruppierungen sind dabei sehr eigentümlich. So werden die "Stoffe" und Rubriken wie zum Beispiel "Botanik" klassifiziert und gruppiert, und Goethes "Mignon-Lied" steht unter der Rubrik "Botanik", offensichtlich weil von Zitronen und Orangen die Rede ist. Erst der Vergleich jedoch verhilft nach Scherers Ansicht den Literaturhistorikern zu sicheren Erkenntnissen über Zeiträume, für die sie nur wenig Tatsachenmaterial besitzen. Für solche Fälle ist die Erklärbarkeit, gegeben mit der "klaren und sicheren Kühnheit der Combination und Construction"[29], deren Möglichkeiten gerade darin bestehen, auf dem Wege der historischen Analogie von etwas gegenwärtig Bekanntem auf Ähnliches, jedoch Vergangenes und größtenteils Unbekanntes zurückzuschließen. Auch in diesem Zusammenhang betonte Scherer die Rolle der Phantasie im Interpreten und spricht von der "Denkbarkeit des Geschehenen"[30], die dem Historiker als Ersatz für schriftliche Zeugnisse genügen müsse.

Die historische Analogie-Bildung als methodisches Verfahren macht es Scherer auch möglich, bei der Suche nach den großen historischen Bewegungsgesetzen über die erklärende Erforschung der Ursachen und die beschreibende Darstellung hinauszugehen; so sieht er die Entwicklung der deutschen Literatur in einem sich in dreihundertjährigem Wechsel vollziehenden Auf und Nieder von Wellenberg zu Wellental und erinnert mit dieser geschichtsphilosophischen Konstruktion an Comtes Gesetzesdenken und an Brunetières Vorstellungen vom Kreislauf. Doch handelt es sich nach Scherer in der deutschen Literaturgeschichte nicht um eine zwangsläufige Entwicklung auf einen Endzustand hin, sondern um eine rhythmisch ablaufende Bewegung. Scherer spricht von drei Blütezeiten der deutschen Literatur, die um 600, 1200 und 1800 liegen und deren erste von den späteren Höhepunkten aus miter-

---

[29] Wilhelm Scherer: *Kleine Schriften zur neueren Literatur, Kunst und Zeitgeschichte*, a.a.O., 67.
[30] Ebd., 68.

schlossen wird. Da Scherer außerdem die Beobachtung gemacht zu haben glaubt, daß bestimmte Hoch-Zeiten der literarischen Entwicklung mit einer dominierenden Rolle der Frauen verbunden sind, charakterisiert er die einzelnen Perioden der Literatur als weibliche und männliche; wobei die männlichen Perioden die Zeit des Verfalls bezeichnen, in denen dann der Einfluß der Frauen auf die kulturelle Entwicklung äußerst gering ist.

Mit einer solchen Auffassung vom literaturgeschichtlichen Ablauf wird aber gerade eine Wertung in die Literaturwissenschaft eingeführt, die nicht nur über die Feststellung gegebener Tatsachen hinausgeht, sondern auch eine ganz bestimmte Vorstellung vom Geschichtsverlauf zur Voraussetzung hat. Sie verknüpft den Gedanken der Entwicklung durch die ästhetische Erziehung mit dem nationalen Entwicklungsgedanken und sieht in der Reichseinigung von 1871 einerseits das lange ersehnte Ziel, andererseits in den politisch-wirtschaftlichen Folgen auch schon die Gefahr des Abgleitens in das Wellental:

War die Nation um 1800 übergeistig, so fängt sie jetzt schon an, übermateriell zu werden und droht jenen Mächten zu verfallen, die einst im vierzehnten und fünfzehnten Jahrhundert nicht zum Heil unserer Bildung und unseres Charakters die deutsche Welt regierten.[31]

Scherers methodischer Ansatz bedeutet eine Verknüpfung von Positivismus und naturwissenschaftlichem, biologischem Denken, zugleich aber bietet dieser Ansatz auch einen Ausblick auf die geisteswissenschaftliche Synthese sowie auf rezeptionsbedingende Geschmacksuntersuchungen und stellt insgesamt einen Übergang von der positivistischen Faktenbetrachtung zur subjektiven psychologischen Einführung in diese Fakten dar. Seine *Geschichte der deutschen Literatur* als Zusammenschau aller dieser Bemühungen, 1883 erstmals erschienen und bis zur Neubearbeitung durch O. Walzel (1928) sechzehnmal neuaufgelegt, stellt sich vor allem in den Dienst einer Legende dieser Geschichte. Scheinbar abgesichert durch eine beeindruckende Fülle exakter wissenschaftlicher Forschungsergebnisse, die Scherers Werk enthält, entwirft es eine Darstellung der deutschen Literatur und eine Schilderung des Nationalcharakters, des "Geistes der Nation", die vollauf den ideologischen Bedürfnissen der Wilhelminischen Epoche entsprachen.

Im Gesamtbild des Positivismus jedoch ließe sich Scherer am ehesten in dem Sinne bestimmen, daß er eine vermittelnde Rolle spielt zwischen einerseits einer für die Literaturgeschichte wünschenswerten Quellensammlung und einer den Naturwissenschaften ähnlichen objektiven Sicherheit in den Ergeb-

---

[31] Wilhelm Scherer: *Geschichte der deutschen Literatur*. Berlin 1883, 720.

nissen und andererseits einem vom Gegenstand bedingten subjektiven Spielraum im jeweiligen Interpreten. Kennzeichnend über einer solchen vermittelnden Rolle steht die Tatsache, daß das gesamte Bemühen der nationalen Ideologiebildung unterworfen wird.

Gustave Lanson – Von Dokumentarismus und psychologischer Porträtgestaltung zum *esprit du siècle*

Hippolyte Taines konsequente Triade und Brunetières starre evolutionistische Maßstäbe drängten geradezu nach methodologischer Ausweitung. Diese hat vor allem Gustave Lanson (1857-1934), ein Schüler Brunetières, verwirklicht. Er ist der repräsentative Vertreter einer Generation in Frankreich, die Literaturwissenschaft als Erforschung von Leben und Werk, von Quellen und Einflüssen sowie vom Nachruhm nicht nur der bedeutenden, sondern auch weniger bedeutender Autoren fast handwerklich zu betreiben begann, vor allem durch Anlegen von Karteien und eines umfangreichen bibliographischen Apparats, des sogenannten Zettelkastens, sehr zum Unterschied von ihren Vorgängern und den positivistischen Anfängen. In diesem Zusammenhang kann die Bedeutung von Lansons *Manuel bibliographique de la littérature française moderne 1500-1900* (Paris 1909-1911, Neuauflage 1921) als modernes Arbeitsinstrument nicht genug betont werden. Man kann dieses Handbuch mit Recht als den Beginn einer wissenschaftlichen, auf Dokumenten aufgebauten Ära in der französischen Literaturwissenschaft bezeichnen. In seinem Aufsatz "L'Esprit scientifique et la méthode de l'histoire littéraire" (1909) empfiehlt er dem Literarhistoriker die wohltätige Zucht exakter Methoden, unparteiische Wißbegier, strenge Gewissenhaftigkeit, unermüdliche Geduld, Anerkennung der Tatsachen und Beschränkung persönlicher Gefühle auf ein Minimum. Mit Lanson haben der Dokumentarismus und die faktenintensive Seite der Ursachen- und Quellenforschung das Bürgerrecht in Frankreich erhalten und der Literaturwissenschaft kräftige Anstöße gegeben. So deckt Lanson in seinem Aufsatz "Comment Ronsard invente" (1906) an dessen Ode "De l'Élection de son sépulcre" Schritt für Schritt die Topoi, Anleihen und Motivquellen auf, um schließlich folgerichtig auf einen jugendlich unbekümmerten Eklektizismus zu schließen und derart auch ein psychologisches Porträt Ronsards zu zeichnen. Die Herrschaft der Fakten hat unmerklich den Taineschen Begriff der Gesetze verdrängt, und Lanson vermag auch den bei Brunetière noch fehlenden sozialen Hintergrund zu zeichnen. Hier allerdings bleibt er dann stehen und stellt nicht die Frage nach der spezifischen Modifikation einer Ganzheit.

Lansons bewußter Empirismus und dessen intellektuelle Genauigkeit haben ein halbes Jahrhundert französischer Wissenschaftstradition geprägt und die Bezeichnung "Lansonismus" hervorgebracht. Die Durchsetzung des Lansonismus ging zudem ja Hand in Hand mit der ideologischen und politischen Ernüchterung nach der Dreyfusaffäre, und sie bezeichnete auch das vorläufige Ende des philosophischen Dogmatismus. Der Bruch Lansons mit seinem ehemaligen Lehrer Brunetière geht mithin auch auf die Unvereinbarkeit der bürgerlich liberalen, aufgeklärten laizistischen Haltung Lansons mit dem immer deutlicheren rechts-katholischen Konservativismus Brunetières zurück. Vordringliches Bestreben Lansons war vor allem die möglichst klare Ausschaltung aller subjektiven und ideologischen Momente. Die strikte Trennung von individueller, impressionistischer "critique" und einer historisch-philologisch fundierten Betrachtung, die vom "sens littéral" behutsam zum "sens littéraire du texte" fortschreitet, ist mehr als nur Programm. In steter Beachtung der Subjektivität literarischer Erkenntnis und der Subjektivität des literarischen Gegenstands wendet sich Lanson daher nicht nur gegen jeden mißverstandenen Szientismus, sondern bevorzugt auch gegenüber dem Begriff der Gesetzmäßigkeit die unverfänglichere Vorstellung der sich im historischen Prozeß äußernden "rapports généraux". Diese sind gleichsam empirisch feststellbare Funktionsweisen und Erfahrungstatsachen der Literatur- und besonders der Gattungsgeschichte. Entscheidend ist dabei die gesellschaftliche Verwurzelung der Literatur, die zu ihrer Basis zugleich in einem Verhältnis der "corrélation" und der "complémentarité" steht: "La littérature est complémentaire de la vie. Elle exprime aussi souvent le désir, le rêve, que le réel."[32] Literatur und Gesellschaft entwickeln sich demzufolge parallel.

Wichtig ist ferner der betont wirkungs- und rezeptionsgeschichtliche Ansatz; ein Satz wie "Le livre, donc, est un phénomène social qui évolue"[33] hat erst in der späteren Rezeptionstheorie eine Relevanz erhalten, die den Lansonistischen Ursprung vielfach verdeckt. Die alte Unterscheidung von "histoire de la littérature" und "histoire littéraire" erhält durch diese Unterscheidung produktions- und rezeptions- sowie wirkungsgeschichtlicher Fragestellungen einen neuen Sinn. Bezieht sich erstere auf die textlich-philologische Seite der Literatur und insbesondere auf die historische Kette wichtiger Werke, so bezeichnet letztere das umfassendere soziale Kraftfeld und den Prozeß der Korrelation zwischen Werk und Publikum. Das empirische Textverständnis Lansons erklärt weiterhin den Sieg philologisch-historischer Methodik über die zivilisationsgeschichtlichen Ansätze Taines, die Lanson im Vorwort zu seiner *Histoire de la littérature française* (1894) ausdrücklich ausklammert. Für

---

[32] Gustave Lanson: *Histoire littéraire et sociologie.* Paris 1908, 74.
[33] Ebd., 81.

Lanson braucht die Literaturgeschichte nicht mehr der Zivilisations- und Sozialgeschichte untergeordnet zu werden, weil sie auch in ihrer zeitgeschichtlichen Gebundenheit und sozialen Verflechtung ein autonomer Bereich historischen Wissens geworden ist. Diese relative Autonomie beruht auf jenem – in den Stichworten "corrélation" und "complémentarité" zum Ausdruck kommenden – Glauben an eine grundsätzliche Parallelität von Geschichte und Literaturgeschichte.

Schon ein oberflächlicher Blick in die *Histoire de la littérature française*, in dieses grundlegende Werk, das Lansons Ansehen begründete und bis zur Mitte unseres Jahrhunderts das literarische Bewußtsein der französischen Intellektuellen prägte, genügt, um festzustellen, daß Lanson seine Vorgänger weniger widerlegt als präzisiert, korrigiert und ergänzt. Beim Mittelalter z.B. macht er Zugeständnisse an den "caractère de la race"[34], unterscheidet "esprit gaulois" und "esprit mondain"[35] und versucht, auch die Kategorien *milieu* und *moment* gleichsam nebenbei zu integrieren, die als "classe sociale, l'origine provinciale, le moment historique" im Prinzip "le fond commun de l'esprit français dans les œuvres de notre littérature"[36] differenzieren. Aber er bleibt auch nicht bei diesen "généralités", wie er sie nennt, stehen. Die Vielfalt der Epochen und der Einzelzüge werden nicht mehr bedingungslos einer "physiognomie générale" untergeordnet, sondern dienen als heuristische Wegmarken, um den Stoff in bestimmte Bahnen zu leiten. Ausgehend vom zentralen Prinzip evolutionärer Kontinuität verzichtet Lanson weitgehend auf Epochenbezeichnungen, um die Jahrhunderte einfach – als "siècles" – evolutiv und kontrastiv zugleich aneinanderzureihen. Er sucht aber nach dem "esprit du siècle". Die Reihung ist, wie wir gesehen haben, das Kennzeichen dieser Methode und insofern dem hierarchisierenden Denken Taines durchaus entgegengesetzt. So stellt Lanson den Übergang vom 17. zum 18. Jahrhundert folgendermaßen dar:

> Le contraste est saisissant entre le XVIIe siècle et le XVIIIe: et cependant celui-ci sort de celui-là, et le continue. La liaison est aussi étroite que l'opposition est grande. Pour nous en rendre compte, il faut nous remettre sous les yeux les traits généraux de l'une et l'autre époque.[37]

Demgegenüber fällt das Interesse für das 19. Jahrhundert wesentlich ab.

Die Jahrhunderte sind der festgefügte Rahmen auch der Literaturgeschichte. Die politisch-sozialen Umstände führten zum Beispiel auch die Literatur des 18. Jahrhunderts dazu, "à prendre une direction contraire à celle

---

[34] Gustave Lanson: *Histoire de la littérature française*. Paris 1894, 7.
[35] Ebd., 9.
[36] Ebd., 10.
[37] Ebd., 621.

qu'avait suivie la littérature du XVIIe siècle"[38], ohne daß jedoch die genaue literarische Einbruchstelle des Wandels angegeben werden könnte. Der Gegensatz löst sich in der Entwicklung auf; die "traits généraux" erweisen sich lediglich als nachträgliche Kondensate derselben. Ähnliches gilt z.B. auch für den Übergang von der Aufklärung zur Frühromantik. Die Vorgangsweise Lansons impliziert sowohl den Hang zur Synthese als auch lebensphilosophische Einflüsse durch Bergson. Ein Netz der Bezüge spannt sich dabei zurück und nach vorn und macht das Einzelwerk und den Autor zum Teil bzw. zum genialen Instrument eines geheimnisvollen Ganzen in der literarischen Evolution.

Die Kenntnisse und Forschungsinteressen Lansons umspannen praktisch den gesamten Bereich der französischen, z.T. auch der anderen romanischen Literaturen. Allein der Umfang der geleisteten Editionsarbeit ist beachtlich. Im Zentrum steht jedoch zweifellos das klassische französische Theater. Die entsprechenden Betrachtungen haben auch inhaltlich und forschungsgeschichtlich die Klassikerkonzeption weitgehend geprägt. Der "esprit du siècle" ist zugleich Ursache und Folge des Niedergangs der Tragödie nach Racine. Der Gegensatz zwischen raffinierter rationalistischer Gesellschaftskultur und latenter Gefühlssehnsucht äußert sich nach Lanson in der Zweigleisigkeit von Salon und Theater, Leben und Literatur. Der soziologische Aspekt bleibt mithin sittengeschichtlich allgemein. Die "comédie larmoyante" ergibt sich aus einem konstruierten Publikumsbedürfnis, das in subtilem Zirkel auf sie zurückweist.

Der methodologische Gewinn dieser nachtaineschen Literaturgeschichte liegt in der Fülle des literarischen Stoffes, in der Vielseitigkeit seiner Formen, das Problem jedoch in der Vermittlung zwischen normativer Wertung und historischer Erklärung.

Matthew Arnold – Positivismus im Literary Criticism

Zeitgenosse des positivistischen Denkens in der Literaturwissenschaft war im angelsächsischen Bereich Matthew Arnold (1822-1888). Er ist der Begründer eines modernen Literary Criticism; seine Stellung als Literaturkritiker der Viktorianischen Epoche war unbestritten.

Drei Momente scheinen dabei in der Betrachtung seines Verhältnisses zur positivistischen Methode sehr wesentlich. Das erste Moment ist in der Tatsache gegeben, daß die geistige Entwicklung in England zu einer spezifischen

---

[38] Ebd., 625.

Verknüpfung von philosophischem Positivismus und naturwissenschaftlichem Evolutionismus geführt hat; es stehen hier vor allem zwei Namen im Vordergrund: John Stuart Mill (1806-1873) und Herbert Spencer (1820-1903). Mill war mit Comte besonders verbunden, und auch dieser betrachtete die Logik Mills als vollauf legitimen Bestandteil seines philosophischen Systems. Später aber distanzierte sich Mill von Comtes sozial-utopischen Gedankengängen, blieb jedoch auch weiterhin – in seinen spezifischen Methoden zur Entdeckung und Beweisführung kausal-konsekutiver Abhängigkeiten zwischen den Erscheinungen – der Auffassung Comtes verpflichtet. Was hingegen den Evolutionismus betrifft, so hat wohl Spencer die konsequenteste Synthese des Evolutionismus entwickelt. Das grundlegende Prinzip der Welt und unseres Wissens über die Welt ist demnach die Evolution, die nicht nur die organische Natur beherrscht, sondern überhaupt alles Bestehende. Die Entwicklungsprozesse auf den verschiedenen Gebieten bilden nur ein komplexes, energetisch miteinander verbundenes Gefüge. Edward Dowdens bekannte Biographie *Shakespeare: A Critical Study of His Mind and Art* (1875) steht unter dem nicht unbeträchtlichen Einfluß Spencers. Bei den Deutschen beruft sich Arno Holz in *Die Kunst – ihr Wesen und ihre Gesetze* (1891) unter anderem sowohl auf Mill als auch auf Spencer, während sich Taine immerhin von Spencers Agnostizismus und von seiner Theorie des Unverkennbaren distanziert hatte.[39]

Das zweite Moment, bedeutsam für die Verknüpfung englischer Traditionen mit dem kontinentalen Positivismus, kommt in der Tatsache zum Ausdruck, daß für den Durchbruch des Positivismus in der Geschichtswissenschaft auf dem Kontinent gerade das Werk eines englischen Historikers von großer Bedeutung war, nämlich die *History of Civilization in England* (1857-1861) von Henry Thomas Buckle (1821-1862). Buckle unternahm es, für die Kulturgeschichte Frankreichs, Spaniens, Schottlands und Englands, die er jeweils in bestimmten Zeiträumen darstellt, naturgesetzlich zwangsläufige Erscheinungen nachzuweisen, wobei er, knapp vor Taine, dem Einfluß des Klimas auf die kulturellen Erscheinungen eine besondere Rolle zuerkennt. (Das Buch wurde bald darauf von Arnold Ruge ins Deutsche übersetzt und erregte unter anderem die Aufmerksamkeit eines Kreises junger Gelehrter in Berlin, zu denen auch Wilhelm Scherer gehörte; es reichte in seinem Einfluß womöglich noch viel stärker als Taines Werk bis nach Rußland, bis zu Veselovskij.)

Das dritte Moment ist in der Tatsache zu suchen, daß in der englischen empirischen Tradition der Sensualismus schon immer sehr stark vertreten war (J. Locke, D. Hume, G. Berkeley), was auch die Erklärung dafür bieten dürf-

---

[39] Hippolyte Taine: *Derniers Essais de critique et d'histoire*. Paris 1894, 199.

te, daß sich die Literaturbetrachtung im angelsächsischen Bereich vor allem als subjektive Literaturkritik, als Literary Criticism, verstanden hat und nicht so sehr als objektivierte Literaturwissenschaft in der deutschen Bedeutung des Wortes. Ein solcher Literaturkritiker ist zumeist auch selbst ein Dichter.

So verband auch Matthew Arnold als Professor der Poetik in Oxford die Tätigkeit eines Kritikers der englischen Gesellschaft und Kultur mit der Aufgabe des Poeten (*The Forsaken Merman, A Summer Night, Thyrsis*). Arnold tritt für die Kultur, für eine durch das Christentum modifizierte Erneuerung des griechischen Erziehungs- und Bildungsideals der *paideia*, für den kritischen Geist und die kritische Praxis ein. Insbesondere greift er den britischen Provinzialismus an und empfiehlt, den aus dem Kontinent, vor allem aus Frankreich und Deutschland, eindringenden neuen Ideen Tür und Tor zu öffnen. Dies ist und bleibt eine wertvolle Forderung, die in ihrem methodologischen Rahmen gesehen werden muß. Seine berühmte Formel für das Ziel des Literary Criticism "to see the object as in itself it really is" lautet, den Gegenstand so zu sehen, wie er an sich wirklich ist[40], um auf diese Weise ein brauchbares Gegengewicht gegen die individuelle Phantasterei zu schaffen und um so das Beste zu erkennen, was in der Welt erkannt und gedacht worden ist. Das Beste ist hier schon im positivistischen Sinne gemeint, im Sinne Scherers, als dasjenige, das sich durch Generationen hindurch in der Überlieferung erhalten hat, und es bedeutete vor allem etwas Konkretes.

Arnold hat auf diese Weise wichtige Hinweise auch zu einer Theorie des Literary Criticism gegeben. Sein Standpunkt ist nicht durchweg konsequent und mag sich gegen Ende seines Lebens geändert haben. Vor allem aber denkt er in Gegensätzen von Genie und Zeitalter, von Individuum und Gesellschaft, von Dichter und der vorhandenen Ideenfülle. Er deutet aber Erscheinungen fast ebenso oft in Kollektivbegriffen wie Rasse und Lauf der Geschichte und beschäftigt sich beinahe ebensoviel mit Rassentheorie wie Taine. Alle seine Schriften variieren die Gegensätze zwischen der lateinischen, der keltischen und der germanischen Rasse oder zwischen dem hebräischen und griechischen Geist. Er versteht die Geschichte Frankreichs als Konflikt zwischen den Galliern, Römern und Germanen. Seine Vorlesungen "On the Study of Celtic Literature"[41] sind vom Begriff der Rasse geprägt. Er verwirft darin eine rein gesellschaftliche Erklärung der Lebensformen und Einrichtungen. Regierungsweise, Klima und andere Umstände können die Entwicklung einer Anlage fördern oder hindern, so meint er darin, aber sie können die Anlage nicht von sich aus schaffen oder klären. Von seiner Idee überzeugt, schreibt er den Kelten (zu denen er bisweilen auch die Franzosen rechnet) spezifisch literari-

---

40 Matthew Arnold: *Essay in Criticism*. London/Cambridge 1888, 1.
41 Vgl. J. V. Kelleher: "Matthew Arnold and the Celtic Revival". In: Harry Levin (Hg.): *Perspectives of Criticism*. New York 1956, 197-222.

sche Eigenschaften zu: Stilgefühl, Hang zur Melancholie und zum Naturzauber, während er ihnen andere literarische Fähigkeiten, wie zum Beispiel das Gefühl für große Form, abspricht. Niemals stellt er die naheliegende Frage – wie auch später Scherer nicht, wenn er zwischen Hartmann von der Aue als dem Deutschen und Chrétien de Troyes als dem Franzosen unterscheidet –, ob diese Eigenschaften nicht überall in der Welt – auch da, wo keine Kelten wohnten und es keine Germanen gibt – anzutreffen seien.

Die eine Seite der Gleichung bei Arnold ist demnach die Rasse; die andere ist der Strom der Geschichte, der natürliche Lauf der menschlichen Begebenheiten, der natürliche und notwendige Lauf der Dinge, das schicksalhafte Gesetz der Entwicklung, der *moment*. Eine der höchsten Aufgaben des Kritikers besteht im Begreifen dieser Entwicklung. Der Kritiker hat die Hauptströmung der Literatur einer Epoche festzustellen und sie von allen geringeren Strömungen zu unterscheiden. Er kennt nicht nur die Zukunft, er kann sie auch formen und lenken helfen. "A time of true creative activity [...] must inevitably be preceded amongst us by a time of criticism."[42] Einer Zeit echter schöpferischer Tätigkeit geht demnach unvermeidlich eine Zeit der Kritik voraus. Diesem Aufbruch und Wachstum (neuer Ideen) entspringen daraufhin die schöpferischen Literaturepochen. Das ist Arnolds Glaube und Hoffnung für die Zukunft. Er ist der Überzeugung, daß er eine neue Blüte der englischen Literatur vorbereitet und daß England nichts mehr braucht als Kritik, kritischen Geist, Zustrom neuer Ideen vom Ausland und von der Vergangenheit her. Er spricht von "Zentralismus" im Gegensatz zu "Provinzialismus", wobei er unter Provinzialismus einen Mangel an Ideen, eine erstickende Atmosphäre versteht, in der eine angemessene Literatur nicht möglich ist.

Arnold hat sehr viele Anregungen von Taine übernommen, obwohl dieser ihm insgesamt zu systematisch und zu deterministisch schien, überhaupt zu wissenschaftlich. Hier kommt eben einer der grundlegenden Unterschiede zwischen dem deutschen Begriff "Literaturwissenschaft" und dem englischen "Literary Criticism" zum Ausdruck. In einer wesentlichen Aufgabe jedenfalls hat Arnold in der Betrachtung der englischen Literatur das positivistische Programm erfüllt, in der Sichtung der Tradition, in der Gliederung oder Neugliederung der Vergangenheit, der Unterscheidung von bedeutenden und unbedeutenden literarischen Strömungen. So bestimmte er auf lange Zeit die Rangordnung der englischen Dichter und der einzelnen Epochen. Das Elisabethanische Zeitalter zum Beispiel erklärte er als eine zweitrangige Epoche, Shakespeare aber als viel mehr denn Ausdruck einer solchen Epoche. Positivistisch ist auch Arnolds Festlegung auf absolute Maßstäbe, die er "Prüfsteine" (*touchstones*) nennt. Als solche wählt er kurze Abschnitte, auch nur einzelne

---

[42]   Matthew Arnold: *Study of Poetry*. London 1923, 269.

Zeilen als Norm für die Beurteilung einer Dichtung. In *Study of Poetry* führt er elf solcher Prüfsteine an, je drei aus Homer, Dante und Milton und zwei aus Shakespeare.

Gerade am Beispiel Shakespeares könnte die Betrachtung der Verflechtung zwischen Literary Criticism und Positivismus noch fortgesetzt werden. Denn in der angelsächsischen Literaturforschung vermag man an der Geschichte der Shakespeare-Forschung am deutlichsten abzulesen, zu welchen Resultaten jeweils bestimmte Fragestellungen und Verfahrensweisen geführt haben, da aufgrund der ununterbrochenen Auseinandersetzung mit diesem Werk alle Methoden angewandt wurden und somit die Unterschiede in den Ergebnissen klar hervortreten. Die positivistischen Anregungen mußten Shakespeares Werk, insbesondere die Veränderungen, die in ihm zu beobachten sind, unmittelbar auf seine Biographie zurückführen, die aber aufgrund des Mangels an dokumentarischem Material doch nur lückenhaft rekonstruiert werden konnte und damit wiederum breiten Raum für Spekulationen übrig ließ. So gliederte die schon erwähnte und sicherlich bedeutendste Gesamtdarstellung Shakespeares in der zweiten Hälfte des 19. Jahrhunderts, Dowdens *Shakespeare: A Critical Study of his Mind and Art*, die Dramen in die biographischen Gruppen: "In the Workshop" – "In the World" – "In the Depths" – "On the Heights". Der positivistische Eifer in der Suche nach der Lebensechtheit oder Wirklichkeitstreue führte bei Dowden dazu, daß vor allem die Charaktere in den Mittelpunkt des Interesses rückten und als historische Personen verstanden wurden, deren Biographien über den dramatischen Text hinaus rekonstruiert werden können. Die Folge waren typische positivistische Fragestellungen über Hamlets Studienaufenthalt in Wittenberg oder über die Kindheit von Shakespeares Frauengestalten und letztlich auch Fragen wie "How Many Children had Lady Macbeth?". Aufgrund des vom Positivismus vertretenen Konzepts einer Erlebnislyrik konnte man auch annehmen, daß es sich in Shakespeares Sonetten um eine sexuelle autobiographische Männerfreundschaft handelt. Aber gerade diese positivistisch inspirierten negativen Annahmen dürften die großen Leistungen des "character criticism" beschleunigt haben, als deren bedeutendste A. C. Bradleys *Shakespearean Tragedy* (1904) zu gelten hat. Es vollzieht sich demnach auch im Bereich des Literary Criticism der so charakteristische Übergang von der positivistischen zur psychologischen Literaturbetrachtung.

Aleksandr N. Veselovskij – Positivistische Wege zu einer historischen Poetik

Aleksandr Veselovskij (1838-1909), der bedeutendste Vertreter der russischen Literaturwissenschaft, wird von einem seiner bekanntesten Schüler, von Viktor Žirmunskij, als Gelehrter bezeichnet, der sich von einem positivistischen Standpunkt aus zugleich auch schärfstens gegen Comte, Buckle, Taine und Brunetière wandte, wobei er Taine vor allem Leichtfertigkeit im Umgang mit den Fakten vorwarf.[43]

Seit 1872 Professor in Petersburg, entwickelte Veselovskij – nachdem er eine Zeitlang auch in Berlin als Schüler des Sprachforschers und Philosophen H. Steinthal, der mit Wundt als Begründer der Völkerpsychologie gilt, studiert hatte – eine ungemein produktive Lehr- und Forschungstätigkeit, in deren Mittelpunkt seit 1896 seine Vorlesungen und Veröffentlichungen zu einer Historischen Poetik (*Istoričeskaja poetika*) standen. Angeregt gerade durch Steinthal bemühte sich Veselovskij, aus der Literaturgeschichte eine "ästhetische Disziplin" zu gestalten und dazu die Literatur als Gesamtheit von Werken zu sehen, als Prozeß, wobei er aber ein literarisches Werk stets als einen Gegenstand betrachtete, wie eine Art "Ding", das neben anderen Dingen existiert, mit ihnen verglichen und durch Ursachen und Folgen erklärt werden kann, so wie überhaupt alle Fakten im Leben miteinander verbunden sind. Das Endziel sollte die Begründung einer Wissenschaft sein, die er "historische Poetik" nannte, eine universale Entwicklungsgeschichte der Dichtung, in der die Geschichte der poetischen Kunstmittel, Themen, Formen und Gattungen durch die gesamte mündliche und schriftliche Literatur verfolgt werden sollte. Das hochgespannte Unternehmen blieb notgedrungen Fragment; doch die zahlreichen Einzeluntersuchungen schließen sich zu einem allgemeinen Bild zusammen, das den Leser nicht nur durch die Fülle des Materials, sondern auch durch den Scharfsinn und die anregenden Probleme beeindruckt.

Nach Veselovskij ist demnach die dichterische Sprache bereits in prähistorischer Zeit entstanden. Noch jetzt aber spiegelt sich in ihr die Auffassung der Primitiven: der Animismus, der Mythos, die rituellen Bräuche, feierlichen Handlungen usw. Deshalb spiegelt sich auch, als "psychologischer Parallelismus" von Mensch und Natur (nach der These des deutschen Literaturwissenschaftlers W. Wilmanns), in vielen Volksliedern eine ursprünglich animistische Weltauffassung. Diese These setzt eine zwar kaum haltbare, doch für den Positivismus charakteristische Trennung von Inhalt und Form voraus. Dichterische Sprache und Form sind demnach gegeben; der Inhalt ändert sich unter

---

[43] Viktor M. Žirmunskij: "Aleksandr N. Veselovskij i sravnitel'noe literaturovedenie". In: Michael P. Alekseev (Hg.): *Sravnitel'noe literaturovedenie*. Leningrad 1979, 84.

veränderten gesellschaftlichen und geistigen Bedingungen. Auf diese Weise wird die Rolle des Individuums im literarischen Schaffensprozeß stark beschränkt; es vermag lediglich die ererbte dichterische Sprache zu ändern, um den neuen Inhalt seiner Zeit auszudrücken. Veselovskij studiert nun genauestens die Technik, vor allem der mündlichen, anonym überlieferten Dichtung, der Metaphern und Metren ebenso wie die Motive und Handlungen oder Themen (Sujets), die er von den Gegenständen der Realität scharf unterscheidet und in großer Fülle analysiert.

In seinem Bemühen um eine solche "Historische Poetik" konzentriert sich Veselovskij dabei auf folgende vier Problemkreise: 1) auf den ursprünglichen Synkretismus und die Evolution der literarischen Gattungen, auf jenen Zustand der Dichtung demnach, in dem sich Epik, Lyrik und Drama noch nicht aus der ursprünglichen Einheit aussonderten und sich auch die Dichtung noch nicht aus der Verbindung mit der Musik und dem mimetischen Tanz gelöst hatte; 2) auf die Situation des Dichters und die gesellschaftliche Funktion der Poesie; 3) auf die Entwicklung der poetischen Sprache und 4) auf die Poetik der Sujets, der Fabel als Handlungskern im Unterschied zur erzählenden Ausgestaltung. – Alle literarische Entwicklung aber sieht Veselovskij als Weg von der Geschichte der Kultur zur geschichtlichen Poetik.

Veselovskij sieht sich demnach vor allem über die Idee der Evolution mit dem Positivismus verbunden. Jedoch im Unterschied zur vereinfachten Anwendung der Evolutionstheorie wie auch des Positivismus widersetzt er sich der unmittelbaren Übertragung biologischer Gesetzmäßigkeiten in die Sphäre des gesellschaftlichen Lebens, der These Taines von der entscheidenden Einwirkung der Rasse und des Klimas als den Gegebenheiten der Natur, sowie dem Darwinismus eines Brunetière, den er als einen Neophiten, als Neugläubigen des Evolutionismus bezeichnet, in dessen hintersten Erkenntniswinkeln letztlich doch die alten Götter ("gdeto v ugolke soznanija v tišine carjat starye bogi") herrschen.[44] Die Geschichte ist keine Physiologie, lehrt Veselovskij, denn würde sie sich ausschließlich physiologischen Grundsätzen entsprechend entwickeln, so müßte sie aufhören, Geschichte zu sein.

Veselovskijs positivistische Achtung vor den objektiven Tatsachen und der Naturwissenschaft hatte jedoch zur Folge, daß auch er die ästhetischen Fragestellungen nicht zu lösen vermochte. Die spätere russische Literaturwissenschaft, vor allem die Schule der Formalisten, übernahm von ihm sowohl den allumfassenden Universalismus, das antiindividualistische, beinahe kollektivistische Verständnis, das Interesse für die literarische Entwicklung und ihre gesellschaftlichen Ursachen als auch jene positivistische technische Methodik,

---

[44] Aleksandr N. Veselovskij: *Vvedenie v istoričeskuju poetiku*. Sankt Peterburg 1913, 54.

welche die Literatur jedoch auch in dieser neuen Betrachtungsweise wiederum ihres ganzheitlich ästhetischen und damit letzten Endes ihres eigentlich menschlichen Sinnes zu berauben drohte. Veselovskijs "Historische Poetik" aber fordert vor allem zum Vergleich mit Scherers Poetik auf.

Luigi Capuana – Eine militante Form des Positivismus

In der spezifischen Entwicklung der italienischen Literaturgeschichtsschreibung und Literaturkritik von Francesco de Sanctis bis Benedetto Croce wird die Bezeichnung "Positivismus" völlig zurückgedrängt, obwohl in der programmatischen Erklärung, zu der es in "De Sanctis Todesjahr" (1883) in der ersten Nummer des *Giornale storico della letteratura italiana* kommt, den vorhergehenden Bemühungen der Vorwurf gemacht wird, statt unmittelbar das Studium der Tatsachen zu betreiben, hätten sie vorgefaßte ästhetische, politische oder philosophische Meinungen zu interpretieren versucht. Jedoch wie auch der Naturalismus in Frankreich und Deutschland, entsprang der Verismus gleichfalls den Quellen des Positivismus. So vermögen wir rückblickend doch auch zu erkennen, daß in der Übergangszeit von De Sanctis zu Croce – im Vergleich zu Bonaventura Zumbini, Vittorio Imbriani, Francesco D'Ovidio oder Francesco Torraca – an Luigi Capuana (1839-1915), einem der Wortführer des Verismus, das positivistische Modell am ehesten überprüft werden könnte.

Als Romancier unter den Veristen zwar nur eine zweitrangige Figur, übernimmt Capuana jedoch, selbst Sizilianer, eine führende Stellung im Rahmen dieser Bewegung, die vor allem die unerträgliche soziale Lage der süditalienischen Bauern schildert, während sich der beste veristische Autor, Giovanni Verga, nur selten programmatisch äußerte. Dabei sträubte sich Capuana dagegen, als Verist eingeordnet zu werden, bekennt sich aber zu einem "positivismo di studi, di osservazioni, di collezioni di fatti". In den zahlreichen, oft äußerst polemischen und angriffslustigen Aufsätzen der frühen Florenzer Zeit und der Mailänder Periode über zeitgenössische Romane und Dichter, die er in mehreren Sammelbänden veröffentlichte (*Studi sulla letteratura contemporate*), verteidigt er konsequent die Hauptlehren des Naturalismus: die wissenschaftliche Annäherung an den Gegenstand der Beobachtung, das Zurücktreten der Person des Autors, Gegenwartsnähe und Aktualität des Stoffes. Er preist Zola und seine hochherzigen Absichten und findet im Roman *L'Assommoir*, in dem Zola zum ersten Mal in die tiefsten Schichten menschlichen Elends hinabsteigt, eine Fähigkeit zur Empfindung, die nicht einfach ein Zustand der Empfindung bleibt, sondern sich erhebt, sich läutert und Gefühl,

Dichtung wird. So sollte man die Vorgangsweise dieses Vorbildes studieren, die Wahrheit in der Natur, jedoch nur in sich selbst das noch ungeborene Bild der Schönheit und die Inspiration suchen.

Capuana war einer der ersten Kritiker, der Verga, dem er in Florenz erstmals begegnet war, aus ähnlichen Gründen bewunderte: die vollkommene Distanz zur eigenen Person, die Vertrautheit mit seinem Stoff, "die ungeheure Trauer", die von seinen Dichtungen ausgeht. Von Zola und anderen französischen Naturalisten unterscheidet sich Capuana jedoch durch ein striktes Festhalten am konkreten Wesen der Kunst, das zum Teil unverkennbar auf De Sanctis' Einfluß zurückgeht. Er wird nicht müde, die Notwendigkeit der "Form" in De Sanctis' Sinn zu betonen, die "Gefühle" und "Leben" bedeute. Es sind Ausdrücke, die für ihn fast austauschbar sind.

Im Unterschied zur realistischen Theorie lehnt Capuana auch alles ab, was in der Kunst nicht konkret ist, das heißt alles "Typische" oder "Tendenziöse". Fast wörtlich wiederholt er De Sanctis, wenn er den Typus als etwas Abstraktes sieht. Der Typus ist der Wucherer und nicht Shylock, es ist der Mißtrauische und nicht der Othello, es ist der Zauderer, der von Wahnvorstellungen Verfolgte, und nicht Hamlet. Die Ablehnung des Typischen als etwas Abstraktem erstreckt sich auf jedes offenkundig philosophische oder soziale Ziel, auf jede Art von Symbolismus. Bei seiner Vorliebe für das Konkrete findet Capuana auch Gründe gegen den Kosmopolitismus, gegen jenen Typus der "Pariser" Literatur, wie ihn D'Annunzio verkörperte; er sucht Fakten zugunsten der Schilderung der italienischen Wirklichkeit und letzten Endes des Regionalismus als der in Sizilien verwurzelten Kunst Vergas, in deren Mittelpunkt die elementaren Leidenschaften verhältnismäßig einfacher Menschen stehen.

In literarischen Fragen ist Capuana demnach ein kämpferischer, immer zur Polemik geneigter Journalist. Ein großer Teil seiner Tätigkeit ist nichts weiter als gewöhnliche Reportage; aber seine Grundhaltung unterscheidet sich so deutlich von den pseudowissenschaftlichen Ansprüchen der Naturalisten und steht trotzdem ihrem Verhältnis zur Wirklichkeit, zum konkreten Leben innerlich so nahe, daß eine verhältnismäßig klare (wenn auch begrenzte) Theorie des italienischen Naturalismus als Versuch des Ausgleichs von sozialer Idee und ästhetischem Anspruch entsteht.

Die Verbindung dieser Theorie zum Positivismus Spencers und Taines ist in charakteristischer Weise ausgedrückt in den Worten: "Una vera forma artistica indica una maniera di vedere e di sentire molto fuor del comune. Quando la forma ha una spiccata singolarità, vuol dire che questa proviene dal solido impasto dell'organismo."[45] Es bleibt aber doch das Mysterium der literari-

---

[45] Luigi Capuana: *Studi sulla letteratura contemporate*. Mailand 1880-1882, 59.

schen Schöpfung: "Un'opera d'arte, novella o romanzo, è perfetta quando l'affinità e la coesione d'ogni sua parte divien così completa che il processo della creazione rimane un mistero; quando la sincerità della sua realtà è così evidente [...] la mano dell'artista rimane assolutamente invisibile."[46]

Damit ist auch in diesem Fall der Übergang zum Psychologismus gegeben. Mit der Übersiedlung nach Rom tritt in Capuana dementsprechend eine Wandlung zum symbolistischen Stil in seinen literarischen Schöpfungen ein, er zeigt sich von Wagner äußerst beeindruckt; auch in seinen Kritiken wird er immer mehr Impressionist. Sein 1892 erschienenes Werk *Libri e Teatro* kündigt er als Studie über die Krise in der italienischen Literaturwissenschaft an.

Das Positivismusverständnis in Polen – Bestimmendes Merkmal einer Epoche

Im Unterschied zum vorhin erwähnten Stellenwert des Positivismus in der italienischen Literaturwissenschaft wird in Polen, diesem damals nach dem mißglückten Aufstand im russischen Teil im Jahre 1863 dreigeteilten Lande, diese Bezeichnung bestimmend für das Literaturschaffen und überhaupt für die geistige Einstellung. So werden auch die bedeutenden Schriftsteller Henryk Sienkiewicz und Boleslav Prust, Eliza Orzeszkowa und Stefan Żeromski als Positivisten bezeichnet. Die Dominante für den Bereich des literarischen Schaffens ist dabei eindeutig der soziale Utilitarismus. Die weitere Entwicklung – immer unter der Losung des Utilitarismus – führte jedoch von der Betrachtung der Literatur als einem Instrument der Popularisierung zur Anerkennung ihrer spezifischen Möglichkeiten und Aufgaben, vom Primat der postulativen Funktionen zum Primat der kognitiven Funktionen, und zwar zur spezifischen Funktion des Erkennens von der Literatur einerseits als spezifischem allgemeinen Wissen und damit folgerichtig zur Forderung nach einer breiteren Repräsentanz der dargestellten Welt. Ein Kunstwerk ist um so bedeutsamer und schöner, je mehr Gruppen von Erscheinungen der Welt oder der Menschheit durch die in ihm enthaltenen Typen dargestellt werden, schrieb Orzeszkowa zu einem Roman von Tomasz Jez[47], und andererseits ist Literatur auch spezifisches konkretes Wissen, weswegen maximale Individualisierung, die Erfassung kleinster Besonderheiten, erforderlich ist, die den Gestalten

---

[46] Ebd., 122-123.
[47] Elizy Orzeszkowa: "O powieściach Teodora Tomasza Jeza z rzutem oka na powieść w ogóle". In: *Pisma Krytycznoliterackie*, 1955, 144.

entsprechende Plastizität, Illusion und Lebenswahrscheinlichkeit geben, vermerkt Henryk Sienkiewicz über einen Roman der Orzeszkowa.[48]

Positivistische Programmbekundungen treten besonders seit 1871 intensiver auf und in den folgenden Jahren, von 1872 bis 1873, erscheinen der Positivismus und die mit ihm verwandten Strömungen immer häufiger in den Spalten der jungen Presse. Ursache vieler Auseinandersetzungen war von Anfang an die Mehrdeutigkeit des Terminus. Die einen verstanden unter dem Namen "Positivisten" die getreuen Anhänger der Comteschen Schule, die anderen bezeichneten damit auch deren Schüler, und die dritten schließlich umschließen damit alle Philosophen, die ihre Untersuchungsmethode auf die Naturwissenschaft gründen.

Der erste Verfasser einer Literaturgeschichte dieser Zeit, Pjotr Chmielowski, bezeichnet den Zeitraum nach 1863 als Zeit des philosophischen Positivismus und ästhetischen Realismus und unterstreicht, daß man unter Positivismus keine gegebene, exakt bestimmte philosophische Theorie nach Auguste Comte verstehe, sondern eher das Streben nach Errichtung eines Gedankengebäudes und Lebensplanes, das sich auf Kriterien stütze, die durch Erfahrung gewonnen und in jedem Moment auch durch diese bewiesen werden können.[49]

Noch mehr als Chmielowski hat Teodor Jeske-Choiński durch seine Arbeiten über den Warschauer Positivismus und seine Hauptvertreter, *Pozytywizm warszawski i iego główni przedstawiciele* (1885), und über die Typen und das Ideal der positiven polnischen Belletristik, *Typy i ideały pozytywnej beletrystyki polskiej* (1888), zur Rezeption der Bezeichnung "Positivismus" beigetragen. Diesen Terminus verfestigten zudem später die Kompendien und Lehrbücher von Aleksander Brückner, Gabriel Korbut, Kazimierz Wojciechowski, Marian Szyjkowski und Manfred Kridl. Als eine intellektuelle Bewegung, die sich nach 1864 in nahezu einem Vierteljahrhundert entwickelte und ausgesprochen gesellschaftlich-nationale Tendenzen verfolgte, wurde der polnische Positivismus von Aurely Drogoszewski in *Pozytywizm polski* (1931) dargestellt.

In der Zeit zwischen den beiden Weltkriegen begann man im wiedererstandenen Polen, den Positivismus als Periodenbezeichnung aus der Literaturgeschichte zu entfernen und ihn durch den Terminus "Realismus" zu ersetzen, d.h. durch einen Terminus, der spezifische Merkmale der Literatur bezeichnet. Diese Versuche lassen sich durchaus mit den damaligen Bestrebungen erklären, die Literaturgeschichte als Geschichte der sich wandelnden Strömungen oder künstlerischen Stile zu betrachten. Das Verhältnis der marxistischen Literaturgeschichte zu dieser Problematik war daraufhin, nach dem zweiten

---

[48] Henryk Sienkiewicz: *Pan Grabe. Powiesc Elizy Orzeszkowei* (Dziela 45). Warschau 1951, 186.

[49] Pjotr Chmielowski: *Historia literatury polskiej*. Bd. 6. Wilno 1881, 191.

Weltkrieg, wechselvoll. Die weit gefaßte Konzeption des Positivismus als einer geschlossenen Epoche der polnischen Kulturentwicklung und die Bejahung ihrer weltlichen, demokratischen und realistischen Traditionen unterlag vorerst in der Volksrepublik Polen einer gründlichen Revision. Die Spuren dieser Revision lassen sich in der unvollendeten Anthologie über die Kultur in der Epoche des Positivismus, *Kultura epoki pozytywizmu* (1949-1950), sowie im Sammelband *Pozytwywizm* (1950-1951) unter redaktioneller Leitung von Jan Kott feststellen. In den folgenden Jahren wurde dann das ideologische System des sogenannten Positivismus nicht nur abgewertet, weil es angeblich ungerechtfertigte maximalistische Beurteilungskriterien des Fortschritts verwendete (Materialismus, revolutionäre Bewegungen, Tendenzen der nationalen Befreiung), sondern zugleich auch stark reduziert. Die Interpretation lautet nun, daß der Positivismus hauptsächlich eine antirevolutionäre, im Verhältnis zu den Mächten, die Polen geteilt hatten, kompromißbereite Ideologie des Bündnisses der Bourgeoisie und der Gutsbesitzer darstelle. In den literarhistorischen Diskussionen zeigten sich immer deutlicher Tendenzen, nur jene Losungen der positivistischen Ideologie zuzuordnen, die ausschließlich den Klasseninteressen des Bürgertums dienten, also zum Beispiel die Befürwortung des "preußischen" Weges zum Kapitalismus oder den Grundsatz des sozialen Solidarismus. Die humanitären Ideale, das Lob der demokratischen Lebensformen oder die Elemente einer wissenschaftlichen Weltanschauung dagegen betrachtete man als fremde oder sogar gegen den Positivismus gerichtete Elemente und behandelte sie als spezielle "bürgerlich-demokratische Traditionen" oder als Ergebnis des Einflusses der revolutionär-demokratischen Ideologie.

Gegen diese Auffassungen konnte sich seit 1955 eine kritische Stellung zu Wort melden, die allerdings vorerst nur zu dem sehr vorsichtig formulierten Schluß gelangte, daß sich in der Literatur des kritischen Realismus eine grundsätzliche Wandlung der positivistischen Ideologie in ihren essentiellen Merkmalen vollzogen habe, indem die programmatischen Forderungen aufgegeben wurden, die progressiven Elemente des Positivismus und der sich daraus ergebende soziale Kritizismus jedoch erhalten blieben. Spätere Untersuchungen haben dann den Positivismus in diesem Sinne weitgehend rehabilitiert.

Krise und Ablösung des Positivismus

Zur Jahrhundertwende melden sich im kompakten System des Positivismus klar erkennbare Auflösungserscheinungen. Die positivistischen Positionen beginnen ihre entscheidende Rolle in der Wissenschaft und in der Philosophie zu verlieren; sie werden sie dann auch endgültig verlieren. Dieser Prozeß aber ist wiederum Teil einer noch umfassenderen Umwälzung, einer äußeren Krise am Übergang vom 19. in das 20. Jahrhundert, die neben ideellen noch sehr weitläufige Folgen für das gesellschaftliche Bewußtsein mit sich bringen wird.

So stützte sich der Positivismus im Bereich der Wissenschaft, in allerbreitestem Ausmaß gesehen, in seinen grundlegenden Gedanken vor allem auf ein mechanistisches Weltmodell, das sich in der Physik seit Galilei und Newton herausgebildet hatte und durch die Entwicklungslehre des 19. Jahrhunderts ergänzt wurde. Nun aber begann die Physik in den Bau der Atome einzudringen, und damit änderte sich auch wesentlich die bis dahin vorherrschende Ansicht von der Materie. Neue Theorien, darunter vor allem die Relativitätstheorie, stellten auch die absolute Determiniertheit der physikalischen Prozesse in Frage, in der aber gerade die Möglichkeit einer kausalen Erklärung und wissenschaftlichen Voraussage begründet war. Dadurch und durch eine ganze Reihe neuer Fragen und Entdeckungen in verschiedenen wissenschaftlichen Bereichen wurden die bis dahin selbstverständlichen Voraussetzungen des kausal determinierten Weltbildes problematisch.

In der Philosophie wiederum wurde der Einwand immer lauter, daß sich das positivistische Grundprinzip der Beschränkung auf das Wahrnehmbare und des Ausschließens aller Metaphysik nicht vollauf rechtfertigen lasse. Außerdem machte man geltend, daß der Exaktheitsbegriff mit einer Verengung oder Verarmung im Gegenständlichen erkauft werde, daß die Gleichsetzung des Wissenschaftlichen mit dem Wahrnehmbaren willkürlich und selbst metaphysisch bestimmt sei und daß insbesondere die Eigengesetzlichkeit der geisteswissenschaftlichen Erkenntnis durch die Übertragung naturwissenschaftlicher Denkformen auf sie verkannt werde. Diese Einwände kündigen auch schon den späteren Positivismusstreit zwischen K. R. Popper und der Frankfurter Schule an, der darauf zurückzuführen ist, daß man die Erfahrung von völlig unterschiedlichen Hypothesen ausgehend darzulegen vermag, da auf die Wahl dieser Hypothesen andere Umstände entscheidend einwirken, die nicht in der Erfahrung begründet sind, so ein immer schon bestehendes Vorverständnis oder zum Beispiel auch die Ökonomie des Denkens. Daher – so letztlich die Schlußfolgerung – sind auch die zahlreichen Behauptungen der exakten Wissenschaften keineswegs als eine Beschreibung der Welt anzusehen, die notwendigerweise der Erfahrung entspringen muß, sondern viel eher nur als ein künstliches Konstrukt, eine Frucht der Konvention. Solche Überlegungen führten schließlich zur Auflösung grundlegender Kategorien wissenschaftlicher Betrachtung und auch der Vorstellung von der Wissenschaft als einer Beschreibung der Erfahrung, die die Wirkungen verallgemeinert und auf diese Weise Gesetze formuliert. Zur Jahrhundertwende jedenfalls begann in den Augen der Philosophen das Ideal der Unantastbarkeit wissenschaftlicher

Erkenntnisse viel von seiner Autorität zu verlieren, und es überwog immer mehr die Überzeugung, daß die mathematisch-physikalischen und naturwissenschaftlichen Begriffe nicht die allerbesten Vorbilder für eine unmittelbare Übertragung in den geistigen Bereich darstellen müssen.

Es sind im wesentlichen fünf Ausblicke, die zutiefst die Grundlagen der positivistischen Erkenntnistheorie erschütterten. So analysierte nun die empirokritizistische philosophische Ausrichtung, die gleichfalls den positivistischen Grundlagen entsprang, von sich aus die Kategorie der Erfahrung und entwickelte daraus im Unterschied zur positivistischen Betrachtungsweise die psychologische Erkenntnistheorie, in der die Begriffe Subjekt und Objekt in den Vordergrund gestellt und der Versuch unternommen wurde, den Begriff der reinen Erfahrung zu formulieren. Die Wahrnehmungsmöglichkeiten wurden dabei als rein biologisch verstanden, als praktische Reaktionen des Organismus, als Tropismen. Die Rolle des Menschen in diesem Vorgang ist jedoch nicht passiv, sondern aktiv, so daß auch das Modell der Welt als spontane Organisation aller sinnlichen Erkenntnisgaben angenommen wird. Dies führte zum Psychologismus. Alle Sachverhalte wären demzufolge in psychologischen Vorgängen begründet.

Die empirischen, materialistischen, evolutionistischen Richtungen traten aber andererseits – und das wäre der zweite Ausblick – auch vor den erstarkten metaphysischen, idealistischen Bestrebungen zurück, die sich auf die Traditionen zu Beginn des Jahrhunderts stützten. Mächtig meldete sich besonders die neukantische Schule zu Wort, die über die Grenzen der naturwissenschaftlichen Begriffsbildung zur Betonung des Wertgesichtspunktes vorzustoßen bemüht war. Zugleich lebten die irrationalistischen Bestrebungen auf, besonders die Lebensphilosophie, die, als dritter Ausblick, den Geist als höchste Stufe des Lebens auffaßt (Dilthey) oder als Mittel im Dienste des Lebens (Bergson). Das Leben aber ist begrifflich nicht voll faßbar, sondern wir können uns ihm nur durch eigenes Erleben oder durch Verstehen fremden Lebens nähern. Solchem Erleben und Verstehen stellte nun Husserls Phänomenologie – dies wäre der vierte Ausblick – die Konstituierung der Welt ausschließlich in unserem Bewußtsein gegenüber. Einen fünften Ausblick bei der Überwindung des Positivismus boten letztlich die sich anbahnenden Erkenntnisse der Sprachwissenschaft. Saussures Vorlesungen vom sprachlichen Zeichen (*signe*) als Einheit von Namen oder Bezeichnendem (*signifiant*) und Bezeichnetem oder Sinn (*signifié*), das als solches die Beziehung zur außersprachlichen Wirklichkeit, zum Denotat, zur "Sache" ausdrücke, waren zwar zu diesem Zeitpunkt nur einem kleineren Kreis von Eingeweihten bekannt, sie werden erst später veröffentlicht werden, jedoch kann in diesem Zusammenhang der Positivismus auch als Auffassung gewertet werden, daß man für alles Gegebene unmittelbare sprachliche Zeichen setzen kann, sie zu benennen vermag, ohne dabei auch die Änderung in den Bedeutungen, im Bezeichnen zu berücksichtigen. Die darauf folgenden methodologischen Versuche könnten im Unterschied dazu jeweils nach dem Prinzip geordnet werden, ob sie dem Signifikant oder dem Signifikat den Vorrang in ihren Betrachtungen einräumen (worin besteht das Ästhetische des Signifikanten – lautet die Frage der Formalistischen Schule; worin liegt die wahre Bedeutung des Signifikats – so ließe sich das wesentliche Anliegen des New Criticism formulieren).

Alle diese Neuansätze äußerten sich in einer sehr lebhaften literaturkritischen und publizistischen Auseinandersetzung, in der schon gegen die Jahrhundertwende hin Angriffe auf die positivistischen Standpunkte und die positivistische Literaturwissenschaft laut zu werden begannen. Die Anregung dazu boten gewisse Erscheinungen, die, so wie sich die positivistische Forschung ausweitete, immer extremer wurden, wie zum Beispiel das unproportionelle Übergewicht der beschreibenden analytischen Verfahrensweisen, die besonders bei der biographischen und literaturgeschichtlichen Forschung zur Anhäufung von Details führten, die zudem ungenügend miteinander verbunden waren und sich um keinerlei Sinngebung bemühten. So degenerierte die Quellenforschung immer mehr zu einem detektivischen Recherchieren, zu Stoffhuberei und zur Parallelenjagd. Die Literaturbetrachtung wurde zum Selbstzweck, indem sie Fakten über Lebenszeugnisse, Stoffe und Motive anhäufte, ohne dahinter nach den wahren Beziehungen zu suchen. Als wesentlichste Schwäche der positivistischen Literaturwissenschaft wurde jedoch bemängelt, daß ihr die spezifischen ästhetischen Werte unerreichbar bleiben, daß sie bei der Beschreibung der einzelnen Teile das Gesamtbild aus den Augen verliert und bei den genetischen Untersuchungen die Aufmerksamkeit von der endgültigen Redaktion des Werkes ablenkt, indem sie sich in den ersten Ansätzen zu einem solchen Werk oder in seinen Varianten verliert. Bei den biographischen Forschungen wiederum werde das Hauptgewicht auf das Spezifische gelenkt, so daß die Werke selbst im Hintergrund bleiben und vorwiegend als biographische Dokumente dienen, statt die Biographie der Erkenntnis der Werke unterzuordnen.

Eine solche literaturwissenschaftliche Untersuchung – so lautet zusammenfassend der Vorwurf – ist bemüht, die relative Selbständigkeit des literarisch-künstlerischen Bereichs außer acht zu lassen und diesen als ein Resultat der außerliterarischen Einflüsse zu behandeln. Bei der synthetischen Darstellung und Erhellung ihres Gegenstandes stützt sie sich auf andere Wissenschaften oder auf verschiedene reduzierte Varianten und verneint auf diese Weise in der Praxis das Spezifische ihres Gegenstandes. Durch ihre Unfähigkeit, ästhetische Urteile zu fällen, verfällt sie in einen ästhetischen – und zugleich – historischen Relativismus, oder sie übernimmt einfach unreflektierte subjektive Werturteile.

So begann auch die Literaturwissenschaft überall in Europa, eine andere methodologische Ausrichtung zu suchen. Der Übergang zum Psychologismus war ihr zudem schon durch die Kategorie des *Erlebten* vorgegeben. Es versteht sich doch von selbst, daß dieser Prozeß in unterschiedlicher Umwelt auch einen unterschiedlichen Verlauf nahm. Die Betonung des Geistes und der Geschichte als Geistesgeschichte führte zur Synthese, während im Gegensatz dazu die neuen Ansätze durch die Phänomenologie die Autonomie des Kunstwerkes als eines ästhetischen Gebildes in den Vordergrund stellten. Von der Sprachwissenschaft her kam die Frage nach der Poetizität der sprachlichen Aussage im Unterschied zur gewöhnlichen Aussage.

Vor allem in Frankreich entwickelte sich schon in den letzten beiden Jahrzehnten des 19. Jahrhunderts parallel zum Positivismus eine sehr mächtige Strömung der impressionistischen und symbolistischen Literaturkritik, die auch in der Literaturwissenschaft ihren Widerhall fand. Auf ähnliche Weise wirkte später auch der mächtige Einfluß von Bergsons Philosophie. Die Kontinuität des Positivismus in Frankreich wurde jedoch niemals vollständig unterbrochen, da er dort nie in solche Extreme verfallen war und der Großteil der Literaturwissenschaftler sehr wohl die positivistischen Grundsätze mit einem ausgesprochen ästhetischen kritischen Urteil zu verknüpfen wußte (daraus auch das Verfahren der "explication de textes"). Deshalb konnte sich die französische Literaturwissenschaft noch in der ersten Hälfte des 20. Jahrhunderts sehr leicht auf die Tradition des Positivismus stützen.

In England knüpfte der Widerstand gegen den Positivismus an die Tradition des Ästhetizismus und Sensualismus in der Kritik und Kunsttheorie an, so wie sie sich fast ununterbrochen von der Romantik bis zur Moderne entwickelt hatte. Der New Criticism wird in diesem Sinne in erster Linie Form- und Stilfragen, Rhythmus und Bild untersuchen und jede ideologische, soziologische, psychologische, historische oder philosophische Ausdeutung der Dichtung vermeiden. Seine unmittelbare Anwendung findet er im "approach reading".

Auf die italienische Literaturkritik übte Croces Philosophie einen gewaltigen Einfluß aus, der entscheidend zur Unterbindung des Positivismus und sehr viel zur Entwicklung der Ästhetik beitrug und auch die Ausgangspunkte für eine selbständige idealistische literargeschichtliche Ausrichtung schuf, deren Auswirkungen die Grenzen des italienischen Kulturraumes weit überschritten. In der polnischen Literatur hingegen bewahrte der Positivismus noch lange Zeit seine Position und setzte sich vor allem im Roman (W. St. Reymond, S. Żeromski, W. Berent) fort, auch nachdem sich die Bewegung des jungen Polen (Młoda Polska) als Pendant zu den Erscheinungen der Jahrhundertwende im Westen schon etabliert hatte.

In Deutschland aber war der Positivismus, besonders unter den Epigonen der Scherer-Schule, vollauf ins Extreme übergegangen, und diese hielten sich auch gar nicht mehr an seine Ausgangspunkte. Der Widerstand kam daher von allen Seiten. Aus den literarästhetischen Programmen der Moderne zum Beispiel erwuchs im Kreise von Stefan George eine eigene Richtung der literaturgeschichtlichen Biographik, die die großen künstlerischen Eigenschaften mehr aus dem intuitiven Erleben als von einem rationalen Standpunkt her zu zeigen wünschte und versuchte, synthetisch zu den ihnen immanenten geistigen Erlebniskernen vorzudringen. Das synthetische Vorgehen war dabei von Diltheys Typologie der Weltanschauungen beeinflußt und wies auch einen starken Hang zum Psychologisieren auf. Die von Dilthey inspirierte geistesgeschichtliche Methode löste letztlich den Positivismus in der Weise ab, daß die Aufmerksamkeit nun entweder der Geschichte der Ideen galt, die in der Literatur zum Ausdruck gelangten, oder auch den wichtigsten Lebensproblemen, die sich in ihr objektivierten, oder sie stellte das Problem der historischen Epoche in den Mittelpunkt, um in allen ihren Erscheinungsformen die Manifestationen eines einheitlichen Geistes, des Zeitgeistes zu entdecken, den sie als ein selbständiges Wesen betrachtete.

Dem positivistischen Biographismus und Historizismus jedoch widersetzte sich in methodologisch ausgeprägtester und kompaktester Weise die russische formalistische Schule, indem sie die Verbindung zwischen dem literarischen Werk und dem Leben des Autors völlig durchschnitt und total neue Blickpunkte erarbeitete. Gegenstand der Betrachtung ist nun ausschließlich die dichterische Sprache, es sind die Formen dieser Sprache, die Frage, wie dieses Werk aus Sprache so "gemacht" ist, daß es eben ein Kunstwerk ist, und worin letztlich das Spezifische der Literatur als Kunst zu suchen wäre.

Die Nachwirkungen der positivistischen Einstellung

Unsere Ausführungen deckten die verschiedensten Querverbindungen zwischen den positivistischen Bemühungen in den einzelnen Ländern auf. Insgesamt könnte man daher sagen, daß der Positivismus mehr war als nur eine Methode im üblichen Sinne des Wortes. Es war eine Einstellung im allerweitesten Sinne, die sich in vielerlei Hinsicht zu äußern vermochte und am ehesten attributiv – als "positivistisch" – umschrieben werden kann. Die Ansätze, die im literaturwissenschaftlichen Positivismus zusammenwirkten, brachten vor allem eine Fülle monumentaler und wertvoller Textsammlungen hervor, weil man bestrebt war, die Vergangenheit so genau und so vollständig wie möglich zu vergegenwärtigen und zu bewahren. Sie führten zudem zu ausführlichen Stoff- und Quellensammlungen und detaillierten Einflußstudien, da man hoffte, auf diese Weise den Entstehungsprozeß eines Werkes rekonstruieren und somit auch das Werk selbst verstehen zu können. Es entstanden umfassende Autorenbiographien, weil man in ihnen den besten Zugang zum literarischen Werk sah.

Beispielhaft aber bleiben vor allem die Geschichten der einzelnen Nationalliteraturen, die zur Zeit des Positivismus geschrieben wurden. Die eindrucksvollen Leistungen auf diesen Gebieten bilden noch heute unentbehrliche Grundlagen für die Forschung. Freilich darf dabei nicht übersehen werden, daß durch Kausalbeziehungen die zwischenzeitlich nacheinander angeordneten Fakten hergestellt wurden und daß durch die enge Bindung des Werkes an die Persönlichkeit des Autors, die selbst eine Rekonstruktion war, das Werk oft nur wie ein Dokument neben anderen Selbstzeugnissen, wie Briefen oder Tagebüchern, behandelt wurde, was hermeneutisch fragwürdig und wenig erkenntnisfördernd war. Der Positivismus hat aber immerhin auch die Beziehungen zu vorangegangenen Dichtern hergestellt und diese zugleich durch Fragen der Wirkung des jeweiligen Textes auf das Publikum wie auf nachfolgende Autoren ergänzt.

Gegenwärtig gibt es in der europäischen Literaturwissenschaft keine Schule oder Richtung, die sich bewußt als positivistisch bezeichnen würde. Wenn diese Bezeichnung dennoch gebraucht wird, so geschieht das fast ausschließlich im negativen oder polemischen Sinne. Immerhin kommt aber auch in manchen der gegenwärtigen Verfahrensweisen eine ganze Menge Ähnlichkeiten mit dem vormaligen Positivismus zum Ausdruck: die Forderung nach genauen Kenntnissen der Ausgangspunkte, die ausgreifenden Horizonte der theoretischen Erfassung des gegebenen Gegenstandes und die umfassenden methodologischen Lösungen sowie der konkrete, vor allem auf Fakten gestützte Forschungsvorgang. Alle diese Merkmale sind als traditioneller Bestand oder als Fortsetzung der positivistischen Tradition zu sehen.

Dies ist besonders bei einem Großteil der empirisch-deskriptiven und induktiven Verfahrensweisen im breitesten Sinne des Wortes der Fall. Der darin enthaltene Empirismus sowie die Induktion können sicherlich sehr leicht als positivistisch bezeichnet werden, wenn dabei die grundlegende positivistische Ausrichtung auf das literarische Werk, auf seinen Autor und den gesellschaftlichen Hintergrund gegeben ist. Vor allem wenn es um die Summe, um die Beschreibung und Analyse des Stoffes (der Wirkungen) geht, um die Entdeckung neuer Quellen, um die Dokumentation und um den Beweis der erforschten Resultate, wird man von einer positivistischen Einstellung sprechen können, da der Positivismus diesen Fragen eine besondere Bedeutung beigemessen hat und auf ihnen die wissenschaftliche Gültigkeit seiner Voraussetzungen begründete; deswegen ist auch gerade in diesem Bereich das Fortwirken der positivistischen Bestrebungen zu suchen. So war zum Beispiel vieles, was die Rezeptionstheorie und die Wirkungsgeschichte entwickelt haben, im Positivismus schon vorgedacht: die Funktion des Lesers in der Gesellschaft und die Wirkung des Leserpublikums auf die Meinungs- und Geschmacksbildung in der Öffentlichkeit.

Positivistische Bestrebungen finden wir auch weiterhin vor allem im Bereich der Sprachwissenschaft, so daß wir damit eine ganze Reihe von sprachwissenschaftlichen Methoden erfassen können, die jedoch als Verfahrensweisen wiederum in die Literaturwissenschaft hineingreifen. Das gilt vor allem für die Textkritik und für die Editionstechnik sowie für genetische Forschungen, die das Entstehen bedeutender literarischer Werke erhellen helfen. Die Position der Sprachwissenschaft insgesamt hat sich in den letzten Jahrzehnten sehr ausgeweitet, und dadurch sind auch ihre Beziehungen mit der Literaturwissenschaft viel umfassender geworden. Während zur Zeit der Romantik die Philologie sozusagen noch den Mutterbereich aller geistigen Wissenschaften darstellte, teilte sie sich später auf mehrere selbständige Disziplinen auf, und jener Teil, der relevant für die Literatur war, entwickelte sich vorerst zu einer vorbereitenden Stufe oder einer Hilfswissenschaft der Literaturgeschichte und Literaturtheorie, deren Bemühen darin bestand, den ursprünglichen authentischen Text wiederherzustellen und die Frage der Datierung, der Genese und der Urheberschaft zu klären. Die sprachliche Untersuchung des Stoffes ist jedoch eine unerläßliche einleitende Phase auch für alle Befürworter einer immanenten oder hermeneutischen Interpretation. Die philologisch-positivistischen Vorgangsweisen vereinen sich hier sehr leicht mit den unterschiedlichen grundlegenden Ansichten über die Seinsweise der Literatur, die andererseits von sich aus wiederum auf die philologische Technik und ihre Anwendungen einwirken. So lassen sich auch gewisse Zusammenhänge zwischen den Gedankengängen Ferdinand Brunetières und der Interpretationsweise Emil Staigers herstellen.

Auch in der Literaturtheorie setzt sich die positivistische Tradition in der beschreibenden analytischen Darstellung der einzelnen Bestandteile des Werkes fort, in der Aufgliederung ihrer empirisch feststellbaren Kennzeichen, besonders wenn solche Betrachtungen nicht auf eine systematische Erfassung des literarischen Werkes als Ganzheit ausgerichtet sind. Am meisten stoßen wir auf solche Beispiele auf dem Gebiet der Metrik und des Stils. So haben einige Richtungen in der Literaturwissenschaft des 20. Jahrhunderts mathematische bzw. statistische Erfassungen der einzelnen Elemente in die Theorie des Verses hineingebracht, zum Beispiel der Hebungen bei den akzentuierten Maßeinheiten, der Versthemata, des Reims usw. Ähnlich verfuhr man auch in der deskriptiven Analyse, indem man nämlich die Wiederholbarkeit der einzelnen Stilelemente registrierte. Die statistische Analyse ist aber nur die erste Stufe der Betrachtung, und ihre Resultate können ausschließlich als Ausgangspunkt für eine ganzheitliche Analyse des untersuchten Werkes dienen.

Jedenfalls immer dort, wo solche Darstellungen isoliert vorgehen, in der Absicht, die erzielten Ergebnisse wegen ihrer mathematischen Exaktheit als die objektivste und beste wissenschaftliche Methode zu exemplifizieren, enthüllen sie zugleich auch ihre grundlegende positivistische Beziehung zum Werk. Merkmale einer solchen Beziehung treffen wir bei einzelnen Autoren, die – wie schon erwähnt – mathematische bzw. numerische Methoden der Textanalyse einzuführen versuchen, so auch in einer der modernsten Richtungen der Literaturwissenschaft, die sich im Zeichen der Kybernetik entwickelt hat, in der Schule von Tartu, angeführt von Jurij Lotman.

Auf der anderen Seite ist ein Widerhall der positivistischen Tradition ebenfalls in einigen psychologistischen und soziopsychologischen Bestrebungen der neueren literaturwissenschaftlichen Bemühungen spürbar. Hier handelt es sich nicht um eine deskriptive oder induktive Abhandlung des Gegenstandes, sondern um eine Verfahrensweise, die dahin geht, bestimmende Faktoren für das Verstehen der literarischen Kunst aus Bereichen außerhalb der Literatur und aus den wesentlichen Zügen sowie den Gesetzmäßigkeiten dieser Bereiche zu erklären – sei es aus der Psyche des Autors oder der seiner sozialen Umgebung. Die psychologischen Richtungen der ersten Hälfte des 20. Jahrhunderts unterscheiden sich zwar wesentlich von der positivistischen Psychologie zu ihrer Zeit; ihre Modelle des Seelenlebens sind weitaus komplizierter und aufgegliederter als das seinerzeitige positivistische Modell, denn diese Modelle rekonstruierten zu einem überwiegenden Teil nur die Psyche des Autors als einen relativ unabhängigen Bereich. Es ist aber doch ein Rückgriff auf den Positivismus, wenn man dabei auf solche extreme Einstellungen stößt, daß zum Beispiel mit Hilfe der Freudschen Psychoanalyse das Seelische auf einige elementare Faktoren reduziert wird. Eine ähnliche Reduktion können wir auch bei einigen psychologischen Analogien feststellen, die die seelischen Bedeutungen des künstlerischen Werkes vom Standpunkt der psychophysischen Konstitution des Autors zu erklären versuchen, wobei eine wichtige Rolle bei der Erläuterung dieser Typen ihre physiologischen Komponenten spielen.

Das Bestreben, im Rahmen der Betrachtungen der menschlichen Gesellschaft eine einseitige Abhängigkeit der Literatur und somit Kausalität zu erarbeiten oder von einem völligen Determinismus auszugehen, ist in der Vergangenheit auch in einer großen Zahl ideologisch orientierter Werke zum Ausdruck gekommen. Das kann sicherlich mit dem dogmatischen Marxismus in Zusammenhang gebracht werden, nachdem der Sozialistische Realismus als offizielle Richtung in den sozialistischen Ländern proklamiert wurde und seine Einwirkung tief in die europäische Literaturkritik und Essayistik hineinreichte. Die vulgär-marxistische Widerspiegelungstheorie ist in diesem Falle schwer von ähnlichen Bestrebungen im Positivismus zu trennen. Immerhin ist dem grundlegenden methodologischen Ausgangspunkt des Positivismus heute jene Richtung der Literaturwissenschaft näher geblieben, die sich nach dem Beispiel und unter dem Einfluß der empirischen Soziologie entwickelt hat und die in Frankreich zum Beispiel Robert Escarpit vertritt. Das Verhältnis dieser Richtung zum literarischen Werk ist wissenschaftlich insofern objektivistisch, als dieses als Wirkung im sozialen Raum verstanden wird; das auf diese Weise betrachtete literarische Leben bestimmt die literarische Produktion, Distribution und Konsumation als soziale Prozesse, die der empirischen Beschreibung zugänglich sind und der Forschung durch Methoden, die von der Soziologie entwickelt wurden, erschlossen werden können, als Summierung und Analyse von statistischen Angaben, durch Enquetierung – sei es der Autoren oder Nutznießer oder anderer Teilnehmer am literarischen Prozeß – und durch das Studium repräsentativer Beispiele. Auf der Grundlage derart gesammelter Angaben versucht die empirische Literatursoziologie auf solchen Wegen die ständigen Beziehungen zwischen den Erscheinungen bzw. die Regelmäßigkeiten in den Abläufen des literarischen Prozesses, die auf seine Gesetzmäßigkeiten hinweisen, zu erhellen.

Die Tradition des Positivismus setzt sich jedoch gegenwärtig am komplexesten noch immer in einigen Bereichen der Literaturgeschichtsschreibung fort. Natürlich hat die Krise des Positivismus zur Jahrhundertwende dazu geführt, daß auch andere philosophische Richtungen in die Literaturgeschichtsschreibung eindringen konnten, allerdings nicht überall in gleicher Weise, da die Situation in den einzelnen Ländern verschieden war. Vor allem in Frankreich versuchte ein bedeutender Teil der Literarhistoriker, die wesentlichen Errungenschaften der vorhergehenden Zeit zu wahren. Ein repräsentatives Beispiel ist – wie wir hervorheben konnten – die Literaturgeschichte von Gustave Lanson. Die geistige Physiognomie dieses Wissenschaftlers formte sich noch in der unmittelbaren Berührung mit dem ursprünglichen literaturwissenschaftlichen Positivismus, während der bedeutendste Teil seines Werkes jedoch, seine theoretischen und methodologischen Schriften, schon in die Zeit der Auflösung des Positivismus hineingreift. Wenn nun die Literaturgeschichtsschreibung bis dahin ausschließlich nach der allgemeinen Gesetzmäßigkeit des Vergangenen und nach den wichtigsten Ereignissen fragte, so reduzierte Lanson seine Betrachtungen nicht auf diese historische Perspektive, denn die Literatur ist auch den gegenwärtigen Lesern ein gegenwärtiger Wert. In seinem Erkenntnismodell anerkennt er daher den persönlichen Eindruck, das Schicksal des privaten Geschmacks, da er der Auffassung ist, daß es trotz aller Bemühungen um eine Objektivität nicht möglich ist, dies alles außer acht zu lassen. Anstelle dessen versucht er, genau den Platz dieser Elemente zu bestimmen, ihr Ausmaß zu erkennen und ihren Folgen nachzugehen. Auf allen Stufen jedoch wahrt er das kritische Verhältnis, das die Gültigkeit der Erkenntnis überprüft und die Quellen möglicher Irrtümer ausklammern möchte. In dieser Hinsicht antizipiert er in gewissem Sinne eines der wesentlichen Erkenntnisprobleme des Neopositivismus – das Problem der Gültigkeit und der Verifizierbarkeit von Erkenntnis.

Ziemlich gleichmäßig entwickelte sich die positivistische Tradition auf dem Gebiet der Vergleichenden Literaturwissenschaft, besonders in Frankreich, das in der ersten Hälfte des 20. Jahrhunderts zum klassischen Land dieser Wissenschaft wurde. Die Vergleichende Literaturwissenschaft hat in dieser Zeit ihren Aufgabenbereich ausgeweitet, so daß sie die Literaturen der kleineren Völker gleichfalls in ihre Betrachtungen einzubeziehen begann, nachdem sie allmählich auch die höchst synthetische Kategorie der Weltliteratur eingeführt hatte und dies nicht nur als einen theoretischen Begriff, sondern in der Praxis von der Erforschung der Ausmaße der europäischen Literatur bis hinaus zu außereuropäischen literarischen Erscheinungen. Ihren Gegenstand betrachtete sie dabei auf verschiedenen Ebenen, von individuellem Einfluß bis zu kollektiven Bewegungen und Strömungen; auf der einen Seite versuchte sie, theoretisch ihre Struktur zu erläutern, auf der anderen Seite bemühte sie sich, zur Synthese vorzudringen. Sie bestand jedoch immer auf den grundlegenden positivistischen methodologischen Forderungen, indem sie sich auf das traditionelle Wirken von Literatur berief und mit Hilfe detailliert dokumentierter Ausgangspunkte – der "rapports de fait" – den Beweis ihrer Behauptungen zu erreichen versuchte.

Einen spezifischen Versuch der methodologischen Übertragung der positivistischen Literaturwissenschaft innerhalb der Komparatistik dürfte dabei das Werk von Ernst Robert Curtius (1886-1956) darstellen. Von der klassischen Philologie kommend suchte Curtius vor allem die lateinische mittelalterliche Literatur aus wesentlich neuen Horizonten zu erkennen und im Rahmen einer breiteren europäischen Kultur auch den Begriff der europäischen Literatur zu definieren; dieser Begriff besteht für ihn vor allem in einer einheitlichen Literatursprache und einem einheitlichen Kanon der Bildung, worauf er mit einer ganzen Zahl konkreter Hinweise über die durch die Nationalliteraturen parzellierten Darstellungen dieser Zeit hinweist. Die philosophisch-historischen Grundlagen stützen sich zwar einerseits auf Toynbees Konzept der Geschichte als Summe von Kulturkreisen und suchen andererseits nach den Quellen der dichterischen Verwirklichungen im Sinne von Bergson. Jedoch innerhalb dieser Grenzen offenbart sich die Verwandtschaft des Verfahrens von Curtius auch mit einigen Merkmalen der positivistischen methodologischen Standpunkte. So verlangt dieses Verfahren zum Beispiel ausdrücklich, daß die Literaturwissenschaft jene Stufe der wissenschaftlichen Exaktheit zu erreichen habe, die der Exaktheit der zeitgenössischen Naturwissenschaften entspricht. Zu diesem Zweck jedoch darf der literarische "Stoff" nicht nur beschrieben werden, sondern er muß auch zergliedert werden, so wie die Naturwissenschaft die Materie der Natur analysiert. Das entsprechendste Werkzeug dazu ist die Philologie; besonders die nach ihrem Vorbild verfahrende Literaturgeschichtsschreibung soll mit Hilfe der rhetorischen Kategorien in den literarischen Werken bedeutsame Elemente im Bereich der Motivik, besonders aber im Bereich der Topik und Metaphorik entdecken. Das Wiederholen, Verknüpfen und Variieren einzelner solcher Elemente sowie ihrer Gefüge bringt demzufolge die Kontinuität der europäischen Tradition hervor, die von der Antike bis in die zweite Hälfte des 18. Jahrhunderts andauert und in deren Mittelpunkt die Literatur, die Bildung und die gesamte Kultur des lateinischen Mittelalters stehen.

Die erwähnten Nachwirkungen in der europäischen Literaturwissenschaft des 20. Jahrhunderts lassen sich jedoch nicht in ein einheitliches System zusammenfassen, sondern sie sind nur durch umfassende Merkmale erkennbar. Erhalten geblieben aber ist der Name des Positivismus jedoch in der Bezeichnung "Neopositivismus", der auf den englischen Empirismus und auf Comte zurückgeht, zugleich aber auch Einflüsse von der mathematischen Logik, von der Logistik und von der theoretischen Physik erfahren hat. Dieser neue Positivismus, auch "Logischer Positivismus" oder "Logischer Empirismus" genannt, ist am ausgeprägtesten in den 20er Jahren im Rahmen des Wiener Kreises zum Ausdruck gekommen. Die führenden Persönlichkeiten waren Moritz Schlick und Rudolf Carnap, außerhalb des Kreises, diesem jedoch verwandt, stand Wittgenstein. Als dann die meisten Vertreter dieses Kreises vor und während des zweiten Weltkriegs emigrieren mußten, stießen sie vor allem in England wegen der Tradition des englischen Empirismus auf eine große Aufnahmebereitschaft. In der ersten Hälfte unseres Jahrhunderts war jedoch der Widerhall dieser philosophischen Ausrichtung in den Geistes- und Kunstwissenschaften gering. Der philosophische Neopositivismus hat auch von sich aus vorerst keinerlei Affinität für den Bereich der Geschichte und der Kunst gezeigt, offensichtlich weil sein theoretisches Erkenntnismodell den Naturwissenschaften entsprungen war und ihren besonderen Bedürfnissen entsprach. Für die humanistischen Wissenschaften wurde er von gewisser Bedeutung erst in der späteren Phase, in den 50er und 60er Jahren dieses Jahrhunderts, als man in seinem Rahmen prinzipielle methodologische Diskussionen zu führen begann.

Seitdem weitete der Neopositivismus seinen Einfluß auch auf die humanistischen Wissenschaften aus, und zwar vorwiegend deswegen, weil er nicht als wissenschaftliche Philosophie, sondern als nichtmetaphysisches und nichtideologisches System auftritt. So ist für die neopositivistischen Auffassungen die prinzipielle Möglichkeit einer objektiven wissenschaftlichen Erkenntnis von Bedeutung, die auf der einen Seite das literarische Werk als Objekt konstituiert, auf der anderen Seite jedoch ein reines, ideologisch und wertmäßig unberührtes Subjekt voraussetzt. Aus solchen Auffassungen entwickeln sich dann die Überlegungen über die Wahrheit, über den Verlauf und die Grenzen sowie über die gültigen Kriterien der Erkenntnis.

Weiterführende Literatur:

Zur Einführung in den Positivismus:
Leszek Kołakovski: *Die Philosophie des Positivismus*. München 1971.

Zur Gesamtproblematik einer vergleichenden Positivismusforschung:
René Wellek: *A History of Modern Criticism*. Bd. 3. New Haven 1945, dt. *Geschichte der Literaturkritik 1750-1950*. Bd. 3. (*Das späte 19. Jahrhundert*). Berlin 1977. Wellek bietet mit Ausnahme des polnischen Positivismus eine Sammlung von Porträts der Vertreter des französischen, englischen, italienischen und russischen Positivismus.

Zu Hippolyte Taine:
André Cresson: *Hippolyte Taine, sa vie, son œuvre, avec un exposé de sa philosophie*. Paris 1951.
Sholom J. Kahn: *Science and Aesthetic Judgement. A Study in Taines Critical Method*. London 1953.
Friedrich Wolfzettel: *Einführung in die französische Literaturgeschichtsschreibung*. Darmstadt 1989. (Kapitel "Hippolyte Taine und die critique scientifique", 208-228.)

Zu Ferdinand Brunetière:
Dirk Hoeges: *Literatur und Evolution. Studien zur französischen Literaturkritik im 19. Jahrhundert*. Heidelberg 1980. (Kapitel "Brunetière", 67-80.)
Friedrich Wolfzettel: *Einführung in die französische Literaturgeschichtsschreibung*, a.a.O. (Kapitel "Konservative Literaturgeschichtsschreibung zwischen Zweitem Kaiserreich und Dritter Republik. Von Nettement bis Brunetière", 191-208.)

Zu Gustave Lanson:
Henri Peyre: Lanson. *Essais de méthode de critique et d'histoire littéraire*. Paris 1965.

Friedrich Wolfzettel: *Einführung in die französische Literaturgeschichtsschreibung*, a.a.O. (Kapitel "Gustave Lanson und der Lansonismus", 228-236.)

Zu Wilhelm Scherer:

Peter Salm: *Drei Richtungen der Literaturwissenschaft. Scherer-Walzel-Staiger*. Tübingen 1970.

Rainer Rosenberg: *Zehn Kapitel zur Geschichte der Germanistik*. Berlin 1981. (Kapitel "Das Modell der Naturwissenschaften", 101-127.)

Dieter Gutzen: "Literaturwissenschaftlicher Positivismus". In: Dieter Gutzen/Norbert Oellers/Jürgen H. Petersen (Hg.): *Einführung in die deutsche Literaturwissenschaft*. Berlin 1984, 145-160.

Zu Matthew Arnold:

George Watson: "Matthew Arnold and the Victorian Mind". In: Rüdiger Ahrens/Erwin Wolff (Hg.): *Englische und amerikanische Literaturtheorie*. Bd. 1. Heidelberg 1978, 127-142.

Zu Alexander N. Veselovskij:

Klaus Städtke: *Ästhetisches Denken. Kultursituation und Literaturkritik*. Berlin/Weimar 1978 (siehe 258-273).

Viktor M. Žirmunskij: "Aleksandr N. Veselovskij i sravnitel'noe literaturovedenie". In: Michael P. Alekseev (Hg.): *Sravnitel'noe literaturovedenie*. Leningrad 1979, 84-127.

Zu Luigi Capuana:

Giovanni Carsaniga: *Geschichte der italienischen Literatur von der Renaissance bis zur Gegenwart*. Stuttgart 1970. (Kapitel "Luigi Capuana (1839-1915)", 181-185.)

Pietro Mazzamuto: "Capuana critico militante". In: ders.: *Letteratura italiana. I critici. Per la storia della filologia e della critica moderna in Italia*. Bd. 2. Mailand 1969, 965-996.

Zum polnischen Positivismusverständnis:

Henryk Markiewicz: "Zur Dialektik des polnischen Positivismus". In: Eberhard Dieckmann/Maria Janion (Hg.): *Positionen polnischer Literaturwissenschaft der Gegenwart*. Berlin 1976, 76-97.

Henryk Markiewicz: *Literatura pozytywizmu*. Warschau 1986.

Zur Bedeutung Freuds und der postfreudschen Psychoanalyse für die Literaturwissenschaft. Mit Marginalien aus komparatistischer Sicht

> Da entwickeln sich dann die allerseltsamsten Beziehungen zwischen den wirklichen und den erfundenen Figuren. Ich könnte Ihnen von einer Unterhaltung berichten, die zwischen meinem verstorbenen Großonkel [...] und dem Herzog von Helidor stattgefunden hat. Wissen Sie, mit dem, der sich in meinem Opernstoff herumtreibt [...].
>
> (Heinrich Bermann in Arthur Schnitzlers
> *Der Weg ins Freie*)

Am 8. Mai 1906 antwortet Freud auf einen offensichtlich spontan geschriebenen Brief Arthur Schnitzlers:

Seit vielen Jahren bin ich mir der weitreichenden Übereinstimmung bewußt, die zwischen Ihren und meinen Auffassungen mancher psychologischer und erotischer Probleme besteht. Und kürzlich habe ich ja den Mut gefunden, eine solche ausdrücklich hervorzuheben (*Bruchstück einer Hysterieanalyse*, 1905). Ich habe mich oft verwundert gefragt, woher Sie diese oder jene geheime Kenntnis nehmen konnten, die ich mir durch mühselige Erforschung des Objektes erworben, und endlich kam ich dazu, den Dichter zu beneiden, den ich sonst bewundert. Nun mögen Sie erraten, wie sehr mich die Zeilen erfreut und erhoben, in denen Sie mir sagen, daß auch Sie aus meinen Schriften Anregung geschöpft haben. Es kränkt mich fast, daß ich fünfzig Jahre alt werden mußte, um etwas so Ehrenvolles zu erfahren.[1]

Vergeblich werden wir jedoch von nun an eine engere persönliche Beziehung zwischen diesen beiden Männern voraussetzen. Denn fast zwei Jahrzehnte später lesen wir wiederum in einem Schreiben Freuds an Schnitzler, nun zu dessen 60. Geburtstag:

Ich habe mich mit der Frage gequält, warum ich eigentlich in all diesen Jahren nie den Versuch gemacht habe, Ihren Verkehr aufzusuchen und

---

[1] Sigmund Freud: *Briefe 1873-1939*. Hrsg. v. Ernst L. Freud. Frankfurt 1960, 249-250.

ein Gespräch mit Ihnen zu führen (wobei natürlich nicht in Betracht gezogen wird, ob Sie selbst eine solche Annäherung von mir gerne gesehen hätten). Die Antwort auf diese Frage enthält das mir zu intim erscheinende Geständnis. Ich meine, ich habe Sie gemieden aus einer Art von Doppelgängerscheu [...] ich habe immer wieder, wenn ich mich in Ihre Schöpfungen vertiefe, hinter deren poetischen Schein die nämlichen Voraussetzungen, Interessen und Ergebnisse zu finden geglaubt, die mir als die eigenen bekannt waren [...]. So habe ich den Eindruck gewonnen, daß Sie durch Intuition – eigentlich aber infolge feiner Selbstwahrnehmung – alles das wissen, was ich in mühseliger Arbeit an Menschen aufgedeckt habe [...].[2]

Seitdem hat man sich in Anbetracht solch enger Verflechtung wohl immer wieder die Frage stellen müssen, wer dient eigentlich wem mehr: die Psychoanalyse der Literatur oder die Literatur der Psychoanalyse?

Denn die Literatur kann für sich in Anspruch nehmen, daß sie psychische Veränderungen zu beschreiben vermag, die der Psychoanalytiker weder individualpsychologisch noch sozialpsychologisch zu erklären in der Lage ist. Wie kommen zum Beispiel sogenannte Entfremdungen zwischen zwei Menschen zustande, ohne daß Nennenswertes vorgefallen wäre? Der Psychoanalytiker steht dem so hilflos gegenüber wie vielleicht die Beteiligten selbst; der Schriftsteller allein macht solche Prozesse verstehbar, indem er sie im Detail wiedergibt, ohne sie erklären zu wollen. Freud hat zudem bekanntlich gerade mit seinen Literaturinterpretationen den Nachweis der Gültigkeit zentraler Inhalte seiner Lehre (der Triebtheorie, des Ödipuskomplexes) zu erbringen versucht, und so sprechen die Psychoanalytiker geradezu vom Bestehen eines "literarischen Komplexes" (Jean Starobinski) in ihrer Wissenschaft.

Andererseits jedoch suchten Dichter und Schriftsteller vor allem des Wiener Impressionismus, des späten Symbolismus, der gesamten europäischen Neuromantik, des Jugendstils sowie des Expressionismus und des Surrealismus mit Hilfe Freuds, die sich ihnen eröffnende Sphäre des Unbewußten und Irrationalen zu deuten. Stefan Zweig spricht stellvertretend für sie alle, wenn er behauptet: "Wir mußten Freud recht geben, wenn er in unserer Kultur, unserer Zivilisation nun eine Schicht sah, die jeden Augenblick von den destruktiven Triebkräften der Unterwelt durchstoßen werden kann [...]."[3] Jedoch auch wenn wir zum Beispiel das schon erwähnte *Bruchstück einer Hysterieanalyse* betrachten, die berühmte Krankengeschichte von Dora, wo Freud auf vier Ebenen das Geschehen um ein neunzehnjähriges Mädchen wahrnimmt, zuerst in seiner Ordination, dann in der Realität des täglichen Lebens, in der Dimen-

---

[2]   Ebd., 338-339.
[3]   Stefan Zweig: *Die Welt von Gestern*. Frankfurt 1962, 381.

sion erinnerten Lebens und – als viertes – in der Traumwelt, so ist das genauso meisterhaft gestaltet wie eine Schnitzlersche Erzählung. Wohl nie dürfte übrigens die Literatur enger mit einem wissenschaftlichen Bemühen verflochten gewesen sein, der Schriftsteller sich mehr in der Rolle des Analytikers befunden und der Wissenschaftler sich mehr als Führer auf dem Gebiet der Kunst – in diesem Falle in das Gebiet der Kunst als Ersatz für "Triebbefriedigung" und Sublimierung dieser Triebe – betrachtet haben; wohl nie dürften Kunst und Wissenschaft in solcher Eintracht hinter dem poetischen Schein die gleichen Voraussetzungen, Interessen und Ergebnisse zu finden geglaubt haben, und wohl nie sind Werke der Literatur und der Wissenschaft wegen solcher Gemeinsamkeit auch derart konsequent gemeinsam verfolgt, ja sogar zusammen auf dem Scheiterhaufen verbrannt worden.

Auch die traditionelle Wissenschaft von der Literatur – und hier setzt nun mein Thema an – konnte nicht an diesen bedeutsamen Veränderungen vorbeigehen, die zur Jahrhundertwende so deutlich spürbar wurden. Im Gegenteil, sie hatte von sich aus schon wesentliche Voraussetzungen entwickelt. Noch bevor die für die weitere Wirkung auf die Literaturwissenschaft so bedeutsamen Veröffentlichungen Freuds – *Traumdeutung* (1900), *Der Witz und seine Beziehung zum Unbewußten* (1905), *Der Dichter und das Phantasieren* (1907) und die ausführliche Interpretation einer zeitgenössischen Novelle, *Der Wahn und die Träume in W. Jensens 'Gradiva'* (1907) – einsetzten, hatte die Vorherrschaft des Positivismus in der Literaturwissenschaft schon begonnen, sich langsam aufzulösen, unter anderem auch – unter dem Einfluß vor allem Diltheys – im Wege gerade einer stärkeren Durchdringung durch die Psychologie. Der Positivismus hatte bis dahin mit unermüdlichem Fleiß eine immense Fülle von Fakten gesammelt, die jeweils eine bestimmte dichterische Persönlichkeit oder ein Werk betrafen, um ihnen in einer Geschichte der Literatur als dem Pantheon geheiligter Werte einen Ehrenplatz aufzubauen. Das entsprach dem bürgerlichen Bewußtsein jener Zeit, das in der deutschen Literaturwissenschaft – und zwar vor allem in ihrem allgemein anerkannten Nestor Wilhelm Scherer – seinen Ausdruck gefunden hatte und Literatur insgesamt als den Gegenstand eines säkularisierten Kults betrachtete. Die als groß befundenen literarischen Werke wurden als Denkmäler der nationalen Kultur betrachtet, und eine unüberwindliche Schutzmauer der Verehrung sicherte die anerkannten Dichter und Schriftsteller vor indiskreten Blicken. Jede Mißachtung dieses Gebots hätte zugleich eine Schändung nationaler Werte bedeutet.

Auch mit der Antrittsvorlesung Ernst Elsters im Jahre 1894 an der Universität Leipzig,[4] die am Beginn solcher psychologischer Blickrichtung steht, und

---

[4] Ernst Elster: *Die Aufgabe der Literaturgeschichte. Akademische Antrittsrede an der Universität Leipzig.* Halle 1894.

mit seinem drei Jahre später veröffentlichten Werk *Prinzipien der Literatur-wissenschaft* wurde an einer solchen hierarchischen Auffassung nichts geändert. Immerhin meinte Elster in seiner Antrittsvorlesung:

> Wenn wir in den breiten Ausführungen über die Entstehungsgeschichte der Werke das bisher meist beliebte Verfahren nahezu umkehrten und statt nur darzulegen, was der Dichter vorgefunden hat, vor allem das der Berücksichtigung würdigten, was er nicht vorgefunden hat, so würden wir dem Kern aller poetischen Leistung viel näher kommen. Wir würden erkennen, daß sich in jeder Schöpfung bestimmte Grundzüge von dem Gemüts- und Phantasieleben des Verfassers kundgeben, die keineswegs der wissenschaftlichen Forschung unzugänglich sind.[5]

Der Weg vom Positivismus zur Psychologie war demnach über die Biographik gegeben. Es ging zwar auch weiterhin in der positivistischen Tradition um ein Suchen nach Tatsachen. Jedoch, wie Elster sagt, befähigt uns die Psychologie, jene Tatsachen, die in den Gedanken des Dichterischen enthalten sind, zu analysieren und Verbindungen aufzudecken, die sich an und für sich nicht an der Oberfläche befinden, so daß wir gewöhnlich dazu neigen, dieselben nicht zu bemerken. Es ist natürlich bedeutsam hervorzuheben, daß Elster, wenn er von der Psychologie spricht, vor allem an die Theorie denkt, die Wilhelm Wundt vertreten hat, an dessen Versuch, die Psychologie auf den Prinzipien der empirischen Wissenschaften zu begründen, wobei Elster besonders die Bedeutung des Willens und der Gefühle hervorhebt. Elster übernimmt zudem in seinem Werk alle Termini Wundts. Wie auch seine positivistischen Vorgänger wählt Elster gleichfalls vor allem Goethe, Schiller und Lessing, um sie zu analysieren. Elster spricht vom Selbstbewußtsein dieser Dichter (in der Liebe und in der Freundschaft), über ihre sozialen und religiösen Gefühle, über ihre allgemeinen ethischen Prinzipien, über ihre Auffassung von Schuld, Schicksal und der Rolle des Gewissens, von Ehre und Charakter. Jene große Zahl von objektiven Tatsachen, die bis dahin im Wege der positivistischen Forschung zusammengetragen wurden, betrachtet er nur dann als bedeutsam und wertvoll, wenn wir sie als Beweggründe subjektiver Erregungen erkennen. Diese subjektiven Erregungen gilt es nach seiner Ansicht zu ergründen, denn sie bilden die Grundlage des dichterischen Erlebnisses und die Grundlage der ästhetischen Rezeption, nämlich unseres Erlebens als Leser. Aus der objektiven, auf positivistischem Wege erfahrenen Ansicht des dichterischen Gegenstandes müssen wir in die Seele des dichterisch erregten Subjekts blicken und uns die Frage stellen, welche bedeutsamen Merkmale wir darin zu

---

[5] Ebd., 4.

erkennen vermögen, wie sich der Schöpfer dieser Dichtung verhalten hat, aber auch wie sich derjenige verhält, der solche Dichtung liest oder hört. In einer solchen Auffassung ist natürlich auch schon ein Vorgriff auf Diltheys Gedanken in dessen Werk *Das Erlebnis und die Dichtung* (1905), eine der Grundlagen für die Geistesgeschichtliche Methode in der Literaturwissenschaft, enthalten. Nicht empirisch, sondern in einem besonderen Vorgang, dem Verstehen, das auf Erleben zurückgeht, sollen die Dinge erkannt werden.

Von Elster führt jedenfalls in der Methodologie der Literaturwissenschaft eine gerade Linie zu verschiedenen psychologischen Dichtertypologien, zu einem starken Interesse für die Psychopathologie und die Psychologie des Genies und – in gleicher Weise – zu Freuds Psychoanalyse in ihrer Anwendung bei der Betrachtung des literarischen Werkes. Dabei standen jedoch die einzelnen psychologischen und psychologisierenden Ausrichtungen in starkem Gegensatz zueinander. Diejenigen der Literaturwissenschaftler, die im Zeichen Diltheys wirkten – und deren Zahl war nicht gering, denn in den 30er Jahren beherrschte die Geistesgeschichtliche Methode die germanistischen Lehrstühle der deutschen Universitäten – verwarfen Freud mit offensichtlicher Verachtung wegen seiner Enthüllung des Sexuellen aus dem Unterbewußtsein des Menschen. Auch jene Ausrichtung wurde abgelehnt, die ausschließlich dahin ging festzustellen, daß alle berühmten Dichter entweder Neurotiker oder Paraneuiker waren, zumindest daß sie an Depressionen litten, so daß ihre ästhetischen Fähigkeiten als Endresultat einer physischen und psychischen Degeneration zu interpretieren wären und ihre Werke daher nur als Produkte abnormaler Eigenschaften aufgefaßt und auf physiologisch bestimmte Zustände reduziert werden könnten – auf erhöhten Blutdruck, gestörten Geisteszustand oder eine sexuelle Perversion – mit einem Wort, daß der Dichter auf solche psychologische Art betrachtet, kein Olympier mehr sein kann, dessen Inspirationen einer unerklärbaren Oberwelt entspringen, sondern nur ein gewisser psychopathologischer Grenzfall. Jedoch in konsequenter Anwendung solcher Theorien entwickelte sich in Deutschland die psychiatrische Schule, die sich geradezu im Auffinden von Krankheiten und erotischen Abnormalitäten auslebte. Deren bedeutendster Vertreter, Paul Möbius, erklärt in seinen Pathographien sozusagen alle literarischen Erscheinungen als Manifestationen der unbefriedigten Libido. Weder Gefühl noch Verstand, sondern das Unterbewußte ist entscheidend. Es bildete sich geradezu ein Mythos vom kranken Künstler heraus.

Immerhin spätestens seit der *Traumdeutung* Freuds im Jahre 1900 war es klar geworden, daß man mit Hilfe von Freuds Arbeiten doch viel an Erkenntnissen der Literatur gewinnen konnte. Parallelen zwischen der Vorstellungswelt der archaisch-magischen Entwicklungsstufe der Völker und jener der Kinder wurden hergestellt, und wenn im Traum der verdrängte Wunsch eine zentrale Rolle spielte, so hatten im Märchen Wünsche und ihre Verklärung durch böse Zauberer ganz ähnliche Bedeutung. Im Traum wie im Märchen – so erkannte man – werden tabuierte und verdrängte Vorstellungen in oft grotesker Weise verschlüsselt, und diese Vorstellungen wurden nun auch aus den Werken heraus interpretiert. Der Psychoanalyse ist es zweifellos gelungen, viele dieser Inhalte aufzudecken. So manche Fachausdrücke – wie z.B. der Ödipuskomplex – wurden zu allgemein gebräuchlichen Begriffen. Es war jedoch ein Problem für die Literaturwissenschaft, daß bei Freud das Ausnahmewesen Dichter mit den Nervenkranken auf eine Ebene gestellt wurde. Daher lassen sich in der Psychoanalyse und ihrer Anwesenheit in der Literaturwissenschaft auch ganz klar zwei Richtungen feststellen. Eine, die von Freuds Ödipuskomplex ausgeht, und die andere, die sich auf C. G. Jungs Archetypen beruft. Jung, der sich bekanntlich 1914 von Freud löste, hat sich in wiederholten Äußerungen, Vorträgen und Aufsätzen zu den Beziehungen der analytischen Psychologie zur Kunst geäußert: "Nur der Teil der Kunst", stellte er in einem Vortrag im Mai 1922 fest, "welcher im Prozeß der künstlerischen Gestaltung besteht, kann Gegenstand der Psychoanalyse sein, nicht aber jener, der das eigentliche Wesen der Kunst ausmacht. Dieser zweite Teil kann, als die Frage, was Kunst in sich selbst sei, nie Gegenstand einer psychologischen, sondern nur einer ästhetisch künstlerischen Betrachtungsweise sein."[6] Mit direkter Spitze gegen Freud bemerkte er fortsetzend: "Wenn also ein Kunstwerk genauso erklärt wird wie eine Neurose, so ist entweder das Kunstwerk eine Neurose oder die Neurose ein Kunstwerk."[7] Zum Schluß erinnert er daran, daß das Kunstwerk nicht nur Hergekommenes und Abgeleitetes im Sinne einer kausalistischen Psychologie ist, sondern eine schöpferische Neugestaltung.

Der bedeutendste Vertreter der psychoanalytischen Methode in der Literaturwissenschaft war zweifellos Walter Muschg. In seiner 1929 gehaltenen Züricher Antrittsvorlesung "Psychoanalyse und Literaturwissenschaft" definiert er das Wechselverhältnis dieser beiden Disziplinen und bemüht sich um die Möglichkeit einer Verständigung, ohne sich dabei näher zwischen Freud und Jung zu entscheiden.[8] Seine weitere Entwicklung führt ihn jedoch zum Existentialismus. Schon 1930 erklärte er in seiner Abhandlung *Das Dichterportrait in der Literaturgeschichte*, daß in der Dichterpersönlichkeit kein

---

[6] Carl Gustav Jung: "Über die Beziehungen der analytischen Psychologie zum dichterischen Kunstwerk". In: ders.: *Über das Phänomen des Geistes in Kunst und Wissenschaften*. Olten/Freiburg 1971, 75.

[7] Ebd., 77.

[8] Walter Muschg: "Psychoanalyse und Literaturwissenschaft". In: Viktor Zmegač (Hg.): *Methoden der Literaturwissenschaft. Eine Dokumentation*. Frankfurt a. M. 1971, 126-149.

spezifischer Menschenfall gegeben sei, sondern das Sein als solches, das Dasein in einer seiner immer sich wiederholenden Formen, und deswegen forderte er eine "symbolische Biographie", die die wahre Sorge des Menschen um seine Existenz zum Ausdruck bringen würde, außerhalb aller üblichen psychologischen, soziologischen und philosophischen Bestimmungen. Dieses Programm fand seinen Niederschlag in Muschgs *Tragischer Literaturgeschichte* (1948). Elsters ursprünglicher Impuls, die Erforschung der Literatur systematisch in Richtung der Untersuchung der Psyche des Dichters zu lenken, hatte somit in Heideggers Existentialismus einen ihrer Endpunkte gefunden.

Über die gesamte Problematik der unmittelbaren Beeinflussung der Literaturwissenschaft durch Freud besteht eine immense Literatur. René Wellek hat dieser Problematik in seinem grundlegenden Einführungswerk *Theory of Literature* (1949) erstmals ein eigenes Kapitel gewidmet, Johannes Hösle hat dazu einen sehr informativen Essay verfaßt[9], und in der zweiten Ausgabe des deutschen Standardwerkes zur Literaturwissenschaft, im *Reallexikon der deutschen Literaturgeschichte* von Paul Merker und Wolfgang Stammler, Bd. 4, der soeben im Erscheinen begriffen ist, hat der Verfasser dieser Zeilen im Beitrag "Vergleichende Literaturwissenschaft" einen Überblick über die entsprechende Literatur zu geben versucht.[10]

---

[9] Johannes Hösle: "Freuds Auswirkungen auf die Literaturwissenschaft". In: *Enciclopedia Italiana*, Nr. 73 (*Convegno "Freud e la psicoanalisi". Roma, 14-19 aprile 1972*), 1973.

[10] Hier sei nur eine kurze Auswahl angegeben: Leon Edel: "Literature and Psychology". In: Newton P. Stallknecht/Horst Frenz (Hg.): *Comparative Literature*. Carbondale 1961, [2]1973; Peter von Matt: *Literaturwissenschaft und Psychoanalyse. Eine Einführung*. Freiburg i. Breisgau 1972; Jean Starobinski: *Psychoanalyse und Literatur*. Frankfurt a. M. 1973; Norbert Groeben: *Literaturpsychologie: Literaturwissenschaft zwischen Hermeneutik und Empirie*. Stuttgart 1972; Reinhold Wolff: *Psychoanalytische Literaturkritik*. München 1975; Peter Dettmering: *Dichtung und Psychoanalyse*. Darmstadt 1974; Sebastian Goeppert/Henna C. Goeppert: *Psychoanalyse interdisziplinär. Sprach- und Literaturwissenschaft*. München 1981; Jens Malte Fischer: *Psychoanalytische Literaturinterpretation*. München 1980; Peter Dettmering: *Psychoanalyse als Instrument der Literaturwissenschaft*. Frankfurt a. M. 1981.

In den angeführten Werken befindet sich auch eine ausgiebige weiterführende Literatur. Die Vergleichende Literaturwissenschaft bezieht das Gebiet der Betrachtungen von Literatur und Psychologie sowie Psychoanalyse insofern in ihren Aufgabenbereich ein, als sie sich mit dreierlei Fragenkomplexen befassen möchte: den genetischen Beziehungen zwischen verschiedenen Literaturen, den typologischen Analogien zwischen ihnen, jedoch auch den interdisziplinären Berührungen (engl. *Interdisciplinary Surveys*), der Beobachtungen von Phänomenen des literarischen Werkes im Prozeß der Grenzüberschreitung zu anderen Gebieten der menschlichen Tätigkeit, vor allem der Kunst, jedoch auch aller anderen Manifestationen des menschlichen Geistes (im gesellschaftlichen Leben, in der Philosophie, in der Religion und auch in der Beobachtung der menschlichen Psyche).

Jedenfalls schien mit der Abwendung der Literaturwissenschaft von der Absolutisierung des literarischen Kunstwerkes durch die phänomenologischen Betrachtungsweisen und ihre Fortsetzung im Existentialismus auch das Interesse an der Psychoanalyse völlig geschwunden zu sein. Man empfand sie als zu einseitig und überspitzt. Neuere linguistische Forschungen entdeckten zum Beispiel, daß "closet" zu Shakespeares Zeiten keineswegs das Boudoir von Hamlets Mutter bedeutete, sondern einen gewöhnlichen Durchgangsraum, wo sich Mutter und Sohn zufällig trafen. Ein wesentliches Bauelement in Freuds Konstruktion des Verhältnisses Hamlets zu seiner Mutter im Zeichen des Ödipuskomplexes war damit entkräftet.

Wenn nun ein erneutes und außerdem auch ein sehr intensives Interesse für Freud besteht, so muß dem Versuch, dieses zu erklären, ein kurzer Hinweis auf das gegenwärtige Paradigma in der Literaturwissenschaft vorausgeschickt werden.

Nach einer Phase intensiver Beeinflussung durch die Soziologie hat die Literaturwissenschaft nämlich wieder zu sich selbst gefunden. Ihre gegenwärtige methodologische Begründung beruht zum großen Teil auf einer Wiederaufnahme der Ingardschen Deutung der Phänomenologie. Ingarden hatte das literarische Kunstwerk als einen ästhetischen Gegenstand definiert, der im Laufe der Lektüre in unserem Bewußtsein entsteht und sich harmonisch aus vier Schichten bildet: der Schicht der Lautungen, der Bedeutungen, der dargestellten Gegenständlichkeiten – d.h. nicht nur der Gestalten und Dinge, sondern auch der Beziehungen zwischen ihnen und somit der Handlung insgesamt – und, als vierte Schicht, die Schicht der schematisierten Ansichten, jener Assoziationen nämlich, mit denen der Leser die Ansichten des Autors ergänzt. Nun jedoch stellte man fest, daß der Leser nicht – wie Ingarden annahm – etwas Absolutes, ein für allemal Gegebenes, Konstantes ist, sondern daß dieser Leser historisch wandelbar ist. Auf diese Weise kam das historische Denken wieder in die Literaturwissenschaft zurück.

Zur Herausbildung des neuen Paradigmas hat jedoch sicherlich auch die Linguistik sehr viel beigetragen. Nach dem zweiten Weltkrieg erlebte diese einen geradezu ungeahnten Aufschwung und wurde unter den Geisteswissenschaften zur Disziplin par excellence. Unter ihrem Einfluß begann man auch in der Literaturwissenschaft über die Synchronie und Diachronie literarischer Erscheinungen nachzudenken. Was jedoch das Allerwichtigste war, man begann nun das literarische Werk vor allem als einen Text zu betrachten und stellte die Frage, worin der Zusammenhalt des literarischen Textes, seine Kohärenz zu suchen wäre. Die Franzosen bezeichneten eine solche Gesamtheit des Textes als Diskurs, und diese Bezeichnung wurde zu einem allgemein gültigen Terminus. Den Diskurs untersuchen bedeutet demnach, die Art und Weise zu erforschen, in der sich die Sinneinheit eines Textes verwirklicht.

Man erkannte in Verbindung damit auch den Unterschied zwischen dem Text einer ungebundenen Rede, dem mündlich fixierten Text, also der oralen Überlieferung, und – als drittes – dem geschriebenen oder gedruckten Text. Von da aus eröffneten sich nun neue Ausblicke auch auf die Rhetorik und ihr Verhältnis zum Text, als grundlegende Form jedes Diskurses, der sich über die grammatisch korrekte Verteilung des Textes erhebt.

Diese linguistischen Inspirationen waren eng mit jenen Anregungen verbunden, die vom Strukturalismus herrührten. Dieser hatte schon mit Saussures linguistischen Arbeiten seinen Anfang genommen und war dann über die phonologischen Differenzierungen von Nikolai Trubetskoij alsbald in alle Gebiete des menschlichen Denkens eingedrungen. Auch das literarische Werk bot sich als eine Struktur an, in der jeder Einzelteil, jede Mikrostruktur einzig und allein in Folge seiner Stelle und seiner Funktion im Gefüge des literarischen Werkes als Struktur gerade das ist, was es ist. Der Rhythmus, der Reim, die verschiedenen Lautkombinationen vermögen zwar, aus einem Gedicht gelöst, zur theoretischen Verallgemeinerung beizutragen, ihre wahre Wirkung jedoch kann nur innerhalb der Struktur dieses Gedichtes erkannt und erspürt werden. Jede Mikrostruktur – so erkannte man – liegt aber auch in Makrostrukturen eingebettet, die die Grenzen der Struktur des literarischen Werkes überschreiten. Die Sprache eines Verses gehört gleichzeitig auch der Sprache einer Zeit an, in der das Gedicht entstanden ist, und das gleiche gilt auch für die Gestalten, die ihrerseits wiederum der Welt jener Zeit angehören. Oder wenn wir z.B. von den Zitaten in einem Werk ausgehen, so beweisen auch diese, daß sie als Mikrostrukturen umfassenderen Strukturen angehören, die die Grenzen des Werkes überschreiten; daß sie Teil von Systemen sind, eines bestimmten Bildungssystems z.B., das in sich auch die Beherrschung dieser Zitate trägt.

Die Erwähnung des Systems jedoch zeigt zugleich den Zusammenhang mit der Kybernetik. Auch das literarische Werk ist nicht etwas Zufälliges, sondern ein System, und es bewegt sich zugleich auch in breiteren Systemen, z.B. im System der Gattungen und Bewegungen, und letztlich im Gesamtsystem der Literatur, wobei dieses Gesamtsystem und jedes seiner Subsysteme zugleich auch in ein umfassenderes gesellschaftliches und kulturelles System eingebettet ist. In engster Verbundenheit mit der Theorie der Systeme stand auch der Gedanke von den Modellen. Modell bedeutet Vereinfachung, Zusammenziehung innerhalb eines Systems zwecks Überprüfung oder Übertragung. Als Beispiel möchte ich Lucien Goldmann anführen, seinen Hinweis auf das völlige Übereinstimmen des literarischen Genres des Romans mit der bürgerlichen Gesellschaft in einer bestimmten Phase ihrer Entwicklung.

Alle diese Anregungen waren miteinander verwoben, und auch die Kybernetik umfaßte als allgemeine und interdisziplinäre Theorie wiederum eine größere Zahl von Einzeldisziplinen und Forschungsmethoden. Dabei kam vor allem die Semiotik zur Wirkung. In der Literaturbetrachtung wurde diese durch die tschechischen Strukturalisten eingeführt, die das Werk nun als ein System von Zeichen betrachteten. Die Lehre von den Zeichen führt jedoch in gleicher Weise sowohl zur Informationstheorie als auch zur Kommunikationstheorie, wobei die Informationstheorie im Werk ein System organisierter Wahrnehmungen sieht, das die Fülle und Unterschiedlichkeit der Kunst über verschiedene Kanäle ihrer Aufnahme zuführt, zum Beispiel über visuelle, akustische, taktische oder andere Kanäle, während die Kommunikationstheorie, indem sie den komplexen Weg der Entstehung und Rezeption eines literarischen Werkes erfassen möchte, auf ihre Weise auch die historische Dimension einführt. Denn während die Informationstheorie von einer Gemeinsamkeit des sogenannten Codes bei Sender und Empfänger ausgeht, also bei Autor und Leser, ist dies bei der Kommunikationstheorie nicht der Fall, da diese annimmt, daß wir uns als Menschen unserer Zeit zum Beispiel schwerlich völlig in Molières Code einfügen können und unsere Verständigung mit Molière in gleicher Weise herzustellen in der Lage sind, wie sie zwischen ihm und seinen Zeitgenossen bestand.

Das gegenwärtige Paradigma der Literaturwissenschaft erkennt demnach das literarische Werk als ein Kommunikat, das durch das Medium des Textes entsteht. Der Text ist und bleibt etwas ein für allemal Gegebenes. Das Werk jedoch ist veränderlich durch die Unterschiedlichkeit seiner Konkretisationen im Laufe der vielen Kommunikationsprozesse. Bei einer solchen Auffassung konnte nun auch die zeitgenössische Hermeneutik eine rege Tätigkeit entwickeln. Als Lehre vom Verstehen eines Textes im Unterschied zu seiner Deskription, zu seiner Beschreibung, sieht sie dieses Verstehen sowohl durch die Tradition als auch durch die Applikation begrenzt, so daß wir daher zu keiner objektiven, geschweige denn zu einer absoluten Wahrheit gelangen können. Tradition bedeutet jenes Verstehen der Dinge, das immer nur Ausdruck eines veränderbaren Bewußtseins ist und daher auch dem Betrachter gewisse Urteile und Vorurteile auferlegt, die sich gleichfalls ständig ändern. Applikation jedoch bedeutet, daß sich der Gegenstand niemals vollauf dem Beobachter zu erkennen gibt, da dessen Bewußtsein nicht alle Möglichkeiten des Erkennens gegeben sind, und so sieht auch jede Epoche in einem Werk etwas anderes, und dieses wird von Epoche zu Epoche anders verstanden.

Jedoch alle diese Erklärungsversuche führten wieder zur Psychoanalyse zurück. Die Wahl der Zeichen, die Entscheidung für Sinngebung durch den Text, die Wahl der Strukturen und die Vielzahl der möglichen Konkretisationen – dies alles führte zurück zu jenen Grenzbereichen, wo Unbewußtes in Bewußtes übergeht. Schon die französischen Strukturalisten, und zwar in jener Form der Literaturbetrachtung, die als "Nouvelle critique" bezeichnet wird, stellten die Begegnung des Bewußtseins des Kritikers mit dem des Autors in den Mittelpunkt der Betrachtungen, wobei das Werk auf diese Weise zum Gegenstand der Betrachtung auch der Imagination des Autors wurde. Roland Barthes entdeckte z.B. bei einem solchen Verfahren den Archetypus des Helden, der vom Autor aufgebaut wird, wobei sich Barthes besonders mit Racines Helden befaßte; Charles Moreau suchte nach den Bildern, die immer wieder in den Werken eines Schriftstellers zum Vorschein kommen (*métaphores obsédantes*); Jean Pierre Richard versuchte etwas Ähnliches durch thematische Analysen (davon ausgehend, daß jeder Schriftsteller in seinem Werk immer nur ein Thema behandelt); George Boulet suchte gemeinsam mit Jean Starobinski nach jenen Situationen, in denen das Bewußtsein eines Schriftstellers völlig mit dem seiner Leser übereinstimmt, während Northrop Frye, der amerikanische Ausläufer des französischen Strukturalismus in der Literaturwissenschaft, für die mythologische Variante in der Auffassung archetypischer Strukturen als repräsentativ gilt.

Man darf jedoch auch nicht vergessen, daß die offenen Auseinandersetzungen Adornos und Marcuses mit Freud und seiner Schule dazu geführt haben, daß dieser von der europäischen Linken wieder als eine Größe anerkannt wurde, mit der man zu rechnen hatte. Statt Freud dogmatisch zu verurteilen, diskutierte ihn die Neue Linke. Adorno meinte in seiner "Kritik der psychoanalytischen Kunsttheorie":

> Das Kunstwerk ist nicht nur ein historisches Modell, auch nicht nur ein gesellschaftsrelevantes Modell deswegen, weil es jeweils Ausdruck eines bestimmten Niveaus der Gesellschaft ist, sondern es ist auch ein psychologisches Modell in der Widergeburt des Menschen in der Renaissance aus dem Geist der Antike [...].[11]

Dadurch aber, daß nach dem gegenwärtigen literaturwissenschaftlichen Paradigma das literarische Werk nicht etwas Beständiges ist, sondern immer wieder durch das Medium des Textes neu entsteht, erhält der Dialog besondere Bedeutung. Der Leser baut das Werk in sich durch einen Dialog mit dem Dichter oder Schriftsteller auf. Darin ist natürlich wiederum ein starker Hinweis auf die psychologische Betrachtung des Lesers enthalten. Andererseits aber ist schon der Text gleichfalls ein sehr kompliziertes Gewebe, in dem eine Vielzahl psychologischer Hinweise auf den Autor enthalten ist. Es gilt also, aus diesem Gewebe jeweils Faden um Faden herauszugreifen und über den Text auch die Psyche des Autors zu erforschen, um den Text zu verstehen. Das bedeutet eine neue Betrachtung der dichterischen Biographie. Hier lassen

---

[11] Theodor W. Adorno: *Ästhetische Theorie. Gesammelte Schriften VII*. Frankfurt a. M. 1970, 19.

sich nun gerade die Einflüsse von Jacques Derrida und Jacques Lacan, zweier eminenter französischer Psychoanalytiker, erkennen sowie die Wirkung der seit 1956 erscheinenden Zeitschrift *Psychoanalyse*. Im Mittelpunkt der psychoanalytischen Deutung steht der von Roland Barthes geprägte Ausdruck der *écriture*, der Verschriftung. Indem der Dichter oder Schriftsteller seine Gedanken in Schrift umsetzt, vollzieht sich nicht nur ein mechanischer Prozeß der Zeichensetzung, sondern es gelangt auch eine Fülle sehr komplizierter Mechanismen zum Ausdruck. Im Text sind letztlich viele Dialoge enthalten, die der Dichter bewußt oder unbewußt mit den Werten seiner Zeit oder auch mit anderen Schriftstellern in verschiedenen Phasen seines Lebens vor der endgültigen Fixierung des Textes geführt hat. Julia Kristeva unterscheidet in diesem Sinne zwischen "Genotext" und "Phänotext".[12] Der Genotext wäre jener ursprüngliche Text, noch in unzusammenhängender Veranschaulichung, der sich in der Sphäre des außersprachlichen Zeichenmaterials heranbildet, in einer Sphäre, die noch völlig unklar ist und dem Unterbewußtsein angehört. Aus diesem Genotext bildet sich dann der Phänotext, der Text der Phänomene, der Reflexe in unserem Bewußtsein als sich selbst anzeigender Besinnung und als erster Umrisse in sprachlichen Zeichen. Die französischen Poststrukturalisten nähern sich mit dieser Auffassung der Generativen Grammatik, die gleichfalls der Meinung ist, daß der Ursprung eines Satzes irgendwo in der Tiefe des menschlichen Unterbewußtseins zu suchen ist. Noam Chomsky unterscheidet in diesem Sinne zwischen "Kompetenz" und "Performanz", zwischen der Fähigkeit zu sprechen und der Verwirklichung dieser Fähigkeit. Es stellt sich die Frage, wie und in welcher Weise sich diese Fähigkeit verwirklicht.

Der dem Leser vorgelegte Text wäre demnach nur der Schlußpunkt eines langen Prozesses, der in die Tiefe des Unterbewußtseins eines Autors führt. Sartre hat in diesem Sinne seine berühmte Flaubert-Biographie *L'idiot de la famille* geschrieben, nachdem er schon 1960 ein solches Verfahren in seiner Arbeit *Question de méthode* entworfen hatte. So stehen wir nun vollauf in einer neuen, postfreudschen Phase des Interesses der Literaturbetrachtung an der Psychoanalyse. Sie scheint unerläßlich, um die Wissenschaft von der Literatur über einseitigen Historismus und Ästhetizismus zu einer wahren Kenntnis des Menschen und seiner Betätigung in der Kunst zu führen, und sie führt zugleich über die Grenzen der Entwicklung nur einer Literatur hinaus. Freud ist in allen Literaturen zu einem wichtigen Thema geworden, was zugleich zum Vergleich auffordert. Für Mitteleuropa zum Beispiel sind Freud und die Psychoanalyse ein wesentliches Strukturelement dieses Raumes. Wien ist der Mittelpunkt, Triest ein starker Konzentrationspunkt (Italo Svevo, Umberto

---

[12] Julia Kristeva: *Sémèiotikè. Recherches pour une sémyanalyse*. Paris 1969, 281.

Saba), bei den Ungarn widmen Milály Babits, Deszö Kostolányi, Joszef Attila und Gyula Juhśz diesem Pionier des tiefsten Eindringens in die menschliche Seele eigene Gedichte.

Lenaus Gedicht "Der Ring". Ansatzpunkte zu einer phänomenologischen Deutung

Ausgesprochen hymnisch setzt Lenaus Gedicht "Der Ring" mit den Worten ein "Jubelnd ist der Tag erschienen", und ganz deutlich tritt aus dem deutschen Verssystem der Hebungen und Senkungen der einleitende antike Daktylus mit seiner feierlich gedehnten Anfangssilbe hervor. Auch unbewußt verspüren wir eine bestimmte ästhetische Relevanz in dieser ersten Aussage und versuchen sie zu ergründen. Ist es vielleicht die dargestellte Gegenständlichkeit des in voller Schönheit aufbrechenden Tages, oder ist es der Tonfall, in dem wir diese Gegenständlichkeit zum Ausdruck bringen? Eine allgemeine Antwort auf diese Frage wird durch die Tatsache erschwert, daß auch Gegenständlichkeiten, die bei weitem nicht als von Natur aus schön und lieblich bezeichnet werden können, dank der Darstellung des Dichters sehr wohl tiefwirkende ästhetische Eindrücke hervorzurufen vermögen, während man sich andererseits den oben erwähnten Satz auch als einfache Aussage der tagtäglichen sprachlichen Kommunikation vorstellen kann, als Feststellung, die jemand an einem schönen Frühlingsmorgen in einem gewöhnlichen Gespräch trifft.

In einer eigentlich nirgends kodifizierten Abmachung zwischen Sprachwissenschaft und Literaturwissenschaft (wobei erstere ebenfalls ungemein viel den Anregungen der Phänomenologie verdankt) scheinen wir uns heute darüber einig zu sein, daß der Unterschied zwischen Sprache als dichterischer Aussage und Sprache als Kommunikationsmittel des täglichen Lebens wohl vor allem darin beruht, daß der Dichter nicht einfach etwas feststellt, etwas aussagt oder kundgibt, sondern diese Feststellungen, Aussagen und Kundgaben aus einer Gegenständlichkeit heraus vornimmt, die er als etwas für sich Unabhängiges und allein Bestehendes aufbaut. Heideggers Existentialphilosophie spricht ja in diesem Sinne von einer Stiftung des Seins, und bekanntlich hat sich diese Auffassung zutiefst auf die Methodologie der Literaturwissenschaft ausgewirkt. In der Germanistik in Deutschland selbst jedenfalls war eine solche Auffassung durch mindestens ein Jahrzehnt richtungweisend.

Wie immer man sich nun zur Seinstheorie des literarischen Werkes stellen mag, die Logik des Aufbaues einer Gegenständlichkeit erfordert, daß sich alle weiteren Aussagen innerhalb des durch die erste Aussage festgesetzten Horizontes bewegen. Daher auch in unserem Gedicht:

Jubelnd ist der Tag erschienen,
Schwingt den Goldpokal der Sonne,

Gießt auf Berg und Tal berauschend
Nieder seine Strahlenwonne [...]

Diesen *locus amoenus*, dieses amönische Bild, baut nun Lenau durch neun
Strophen hindurch zum Hintergrund für das Motiv der treuen Liebe aus. Denn
– wie der Dichter sagt:

Auf das Glück der treuen Liebe
Will der g a n z e Himmel schauen.

Mit Beginn der zehnten Strophe erfolgt dann der Umbruch. Eine räumlich und
stimmungsmäßig neue Gegenständlichkeit wird aufgebaut, indem uns der
Dichter in das "düstre und verhängnisvolle Zimmer" führt. Diese Gegenständlichkeit ist zwar neu, sie ist aber nicht unabhängig von der Gegenständlichkeit
der ersten neun Strophen, und vor allem ist sie durch die dargestellten Gestalten mit dieser Gegenständlichkeit verknüpft.

Mit diesen Betrachtungen bewegen wir uns eigentlich schon in den Bahnen
der Phänomenologie. Husserl hat sich zwar nicht im geringsten für Kunst und
Literatur interessiert, wir werden uns aber mit jedem Tag zusehends mehr der
Auswirkungen bewußt, die seine Lehre auf die Literaturwissenschaft ausgeübt
hat. Die Absicht dieser kurzen Erörterung ist es nicht, eine Untersuchung
vorzulegen, die alle Möglichkeiten der phänomenologischen Betrachtungsweise konsequent ausschöpfen und zu Ende führen würde, sondern sie möchte
vielmehr versuchen, an einem Gedicht Lenaus auf verschiedene Möglichkeiten
hinzuweisen, die die Phänomenologie der literaturwissenschaftlichen Betrachtung zu bieten vermag. Dabei muß aber vorausgeschickt werden, daß wir
stets die klassische Phase der Phänomenologie vor Augen haben, also jenen
Zeitabschnitt, der von Husserls *Logischen Untersuchungen*, von seiner *Philosophie als strenger Wissenschaft* und von seinen *Ideen zu einer reinen Phänomenologie und phänomenologischen Philosophie* ausgefüllt und geprägt
wird, nicht aber die späteren Werke Husserls, die ihrerseits wiederum unter
dem Zeichen einer Reinterpretation von Heideggers Existentialphilosophie
stehen.[1] Es handelt sich also um jene Gedankengänge Husserls, die dahin

---

[1] Auf die Notwendigkeit einer Unterscheidung in der Gesamtentwicklung von Husserl
scheint als erster Karl-Otto Apel hingewiesen zu haben ("Die beiden Phasen der
Phänomenologie in ihrer Auswirkung auf das philosophische Vorverständnis von
Sprache und Dichtung der Gegenwart". In: *Jahrbuch für Ästhetik und allgemeine
Kunstwissenschaft*, Nr. III, 1955-1957, 54-76) und diese Unterscheidung haben
dann, soviel ich aus der philosophischen Literatur ersehen kann, auch Walter Biemel
("Die entscheidenden Phasen der Entfaltung von Husserls Philosophie". In: *Zeit-
schrift für philosophische Forschung*, Nr. 13, 1959, 187-213), Elisabeth Ströker

gehen, daß es kein allgemeines Bewußtsein gibt, vielmehr daß unser Bewußtsein regelmäßig das Bewußtsein *von* etwas ist, daß es also immer intentional ausgerichtet sein muß, wobei sich wie in einem ständig dahinfließenden Strom der Eindrücke und Erlebnisse die einzelnen Gegenstände konstituieren, und zwar ausschließlich aus dem Medium der Sprache heraus. Daher auch die Forderung Husserls: Zurück zu diesen Gegenständen, denn nur so können wir unser Bewußtsein überprüfen, ja überhaupt erkennen. Alles, was nicht unmittelbar zu den Gegenständen selbst gehört und nicht Teil von ihnen ist, muß ausgeklammert werden. Eine solche Ausklammerung, die sogenannte *epoché* durchführen, bedeutet, den Gegenstand aus allen seinen zeitlichen und historischen Bindungen und Verknüpfungen herauszulösen. Dies ist nur möglich, wenn wir unseren durch viele Erfahrungen gebildeten, dadurch aber auch vorbedingten Standpunkt aufgeben. Es handelt sich also um eine Reduktion auf den unmittelbaren Gegenstand in unserem Bewußtsein, im Laufe derer wir ihn von allen Überlagerungen befreien. Nur in konsequenter Durchführung einer solchen Reduktion gelangen wir zum eigentlichen Wesen des Gegenstandes, und Husserl spricht in Verbindung damit von der Wesensschau als methodologischer Indikation jeglicher phänomenologischer Betrachtung. Intuition wäre demzufolge jener Zustand, in dem wir es vermögen, nicht mit Hilfe des Instinkts, sondern mit Hilfe unseres Intellekts das Wesen des Gegenstandes zu erkennen. Daraus folgt die methodologische Aufgabe, den Weg eines solchen Erkennens genau zu beschreiben. Dies wäre die phänomenologische Deskription. Am Ende dieses sehr mühsamen Weges aber winkt uns die transzendentale Subjektivität als Summe aller reinen Wesenheiten, als Ursprung jeder Sinngebung überhaupt.

Es ist wirklich sonderbar, wie viele Anregungen die Literaturwissenschaft zweifellos von Husserl empfangen hat und empfangen mußte, ohne dabei aber in nur ähnlichem Ausmaße Husserls Namen zu erwähnen. Noch weniger, ja eigentlich überhaupt nicht, erwähnt sie Waldemar Conrad, der sich als

---

("Philosophie als strenge Wissenschaft". In: *Philosophia naturalis*, Nr. 8, 1964, 377-396) und Wilhelm Szilasi (*Nachwort zu Husserls Philosophie als strenge Wissenschaft*. Frankfurt a. M. 1965) aufgegriffen. Als Ausgangspunkt für eine Sichtung der Betrachtungsweisen in der Literaturwissenschaft ist diese Unterscheidung von äußerster Bedeutung, denn sie ermöglicht uns, auch zwischen einer phänomenologischen und existentialistischen Betrachtungsweise genauer zu unterscheiden. Nicht unerwähnt möchte ich bei dieser Gelegenheit lassen, daß von den späteren Werken Husserls, unter denen die *Formale und transzendentale Logik* und die *Méditations Cartésiennes* die bekanntesten sind, die Arbeit *Die Krisis der europäischen Wissenschaften und die transzendentale Phänomenologie* in Belgrad veröffentlicht wurde, 1937 in der Zeitschrift *Philosophia*, zu einem Zeitpunkt also, da dem bedeutenden Philosophen in Deutschland selbst die Veröffentlichungsmöglichkeiten bereits genommen und sogar der Zutritt zu seinem Seminar verwehrt war.

Husserl-Schüler die Frage nach dem ästhetischen Gegenstand in unserem Bewußtsein stellt.[2] Der Einteilung Husserls auf Gegenstände der sinnlichen Wahrnehmung und auf ideale Gegenstände folgend, erblickt er im ästhetischen Gegenstand nicht das Artefakt des Kunstwerkes, sondern jenen idealen Gegenstand, der in unserem Bewußtsein als Konkretisation bei der Betrachtung eines Bildwerkes, beim Hören von Musik, bei der Lektüre eines literarischen Werkes u.a.m. entsteht. Auch Ingardens Bedeutung für die Methodologie der Literaturwissenschaft ist von dieser selbst bei weitem noch nicht im vollen Ausmaße erfaßt, obwohl die von Ingarden in seinem *Literarischen Kunstwerk* entwickelte Schichtentheorie heute doch auf sehr große Verbreitung gestoßen ist. Indem er Conrads Gedankengänge fortsetzt, umreißt Ingarden vier Schichten innerhalb des literarischen Werkes als eines ästhetischen Gegenstandes: Die Schicht der Lautung, die Schicht der Bedeutungen, die Schicht der Gegenstände, die immer nur in ihren einzelnen Ansichten ausgedrückt werden können, und die Schicht der schematisierten Ansichten, also jene Assoziationsschicht, die im Leser durch die Lektüre des Werkes ausgelöst wird.

Ausschlaggebend aber für die Phänomenologie als Betrachtungsweise des literarischen Werkes und für ihre Bedeutung innerhalb der literaturwissenschaftlichen Methodologie ist der Umstand, daß dieser aus Schichten bestehende ästhetische Gegenstand in jedem der erfaßten Phänomene ästhetisch relevant ist. Jedes Phänomen besitzt seine spezifische ästhetische Valenz, und im Endresultat vereinen sich alle diese Valenzen zu einer ästhetisch einheitlichen Polyphonie. Ein einziger Mißklang nur und die ästhetische Einheit ist endgültig zerstört. Die Schicht der Lautung zum Beispiel ist dabei weit umfassender als die für unser Empfinden leichter faßbare Sphäre der Musikalität. Wenn Lenau sagt –

Als sie treten in das düstre
Und verhängnisvolle Zimmer,
Treffen die erstaunten Frauen
Kruzifix und Kerzenschimmer [...]

– so würde die Analyse der Lautung nicht ein Suchen nach Wörtern und Lautgruppen bedeuten, die vielleicht melodiöser klingen, sondern sie müßte den Versuch beinhalten zu ergründen, inwieweit man durch die lautliche Zusammenstellung den vermeinten oder dargestellten Gegenstand noch besser zum Ausdruck bringen könnte, auf jeden Fall aber – wie er zum Ausdruck gebracht worden ist. Dem Lautmaterial hat die menschliche Rede im Lauf der Zeit im

---

2   Waldemar Conrad: "Der ästhetische Gegenstand. Eine phänomenologische Studie". In: *Zeitschrift für Ästhetik und allgemeine Kunstwissenschaft*, 1908, 71-118; 469-511; 1909, 401-455.

Rahmen einzelner Wortlaute bestimmte Bedeutungen gegeben. Diese Wortlaute aber können bei jeder Lesung anders hervorgebracht werden, mit unterschiedlicher Intonation, Klangfarbe, Stärke u.ä.m. Ich wähle Lenaus Verse –

Selbst die rauhen, öden Klippen
Hält die Freude jetzt umschlungen;
Nur wie leichte Nebel schleichen
Durchs Gestein Erinnerungen [...]

– und versuche meinen Möglichkeiten entsprechend, eine in lautlicher Hinsicht ästhetisch wertvolle Lesung zu erzielen. Nicht bei jeder Wiederholung
wird es mir gelingen, meine mir mögliche optimale Klangwirkung zu erreichen. Aber über diese Wirkung hinaus gibt es sicher eine Art der lautlichen
Wiedergabe dieser Verse, welche die allerhöchste und die wahre ästhetische
Valenz dieser Verse auszudrücken vermag. Eine solche Wiedergabe ist vielleicht einem einzigen Künstler in einer einmaligen Lesung in seinem Leben
vorbehalten.

Man wird sicherlich sofort bemerken, daß solche phonästhetischen Analysen der Lautung nicht ohne Heranziehung der Bedeutungen durchgeführt werden können, da ja das Lautmaterial erst durch die Bedeutung zum Wortlaut
wird; daß also jede Trennung der Schicht der Lautung von der Schicht der
Bedeutungen willkürlich sein muß. Dieser Vorbehalt wurde des öfteren schon
en général gegen Ingardens Schichtentheorie vorgebracht. Ich glaube aber,
daß er eine Folge des Umstandes ist, daß die phonästhetische Erforschung der
deutschen Sprache noch arg im Rückstand ist. Die Linguisten scheinen dies
für eine Aufgabe der Literaturforscher zu halten, diese aber berühren dieses
Gebiet in ihren Interpretationen eigentlich nur vom Rande her, wobei sie sich
ausschließlich auf das Phänomen der Musikalität und der Klangmalerei begrenzen. Es könnte aber sehr wohl die ausländische Germanistik sein, die in
dieser Hinsicht ein besonderes Feingefühl entwickelt und ästhetische Valenzen
der deutschen Lautung aufdeckt.

Daß dieses Problem einer völligen Trennung der Lautschicht von der Be-
deutungsschicht für die Zwecke der Betrachtung des literarischen Werkes
doch nicht völlig indiskutabel ist, dafür mögen hier zwei Beispiele angeführt
werden, wobei uns das erste zwar ein wenig von unserem Gedicht entfernt. So
gibt es in James Joyces *Finnegans Wake* eine Stelle, wo zwei Wäscherinnen
quer über den Fluß hinüber, jede von ihrem Ufer aus, ein Gespräch zu führen
versuchen, das aber vom Wetter und von der lauten Strömung des Flusses
immer wieder übertönt wird, so daß es zu einer einzigartigen musikalischen,
rhythmischen, emotiven, assoziativen und phonästhetischen Kombination
kommt, die jede Übertragung in eine andere Sprache zu einer sehr eingehen-

den phänomenologischen Analyse macht. Die diesbezügliche französische Übersetzung hat ja ein ganzer Stab von Schriftstellern besorgt, unter denen sich auch ein so bedeutender deutsch-französischer Vermittler wie Ivan Goll befand. Das zweite Beispiel nun unmittelbar aus unserem Gedicht. Ohne eine fremde Sprache zu beherrschen, lasse ich mir Lenaus Verse

> Wo die lauten Nachtigallen
> Süß verräterische Lieder
> Sangen auf den grünen Zweigen

ins Französische, Englische und Russische übertragen und vertiefe mich in die Lautung des Französischen:

> Là où, avec douceur, chantaient
> Les rossignoles à la voix haute
> Leur chants trompeurs sur les vertes branches

danach in die Lautung des Englischen:

> Where the loud nightingales
> Song sweetly treacherous songs
> On green branches

und zum Schluß höre ich mir die russische Übertragung an:

> Tam gde gromkye soloveji pojut
> Izmeniteljno sladkie pesni
> Na zelenah vedkah

Der gleiche Gegenstand konstituiert sich in unserem Bewußtsein in sprachlich unterschiedlichem Gewand, ausschließlich als Lautung. Ich greife daraus den Gegenstand des grünen Zweiges heraus, sicherlich eines der ältesten Symbole der Menschheit für das Leben überhaupt und gleichzeitig eines der ältesten Topoi der Dichtung, und ich wiederhole für mich hin: auf den grünen Zweigen – sur les vertes branches – on green branches – na zelenah vedkah. Der Vergleich öffnet mir den Weg zu allerfeinsten Lautphänomenen.

Diejenigen aber, die uns diese Verse übersetzt haben, fühlten das Bedürfnis, uns einige ihrer Erwägungen mitzuteilen, uns vor allem darauf aufmerksam zu machen, daß einzelne Bedeutungen schwer übersetzbar sind, daß gewisse Abweichungen durchgeführt wurden und daß für eine endgültige Übertragung noch weitere Änderungen empfehlenswert wären. Sicherlich ist "trompeurs" nicht das gleiche wie "treacherous", "les rossignoles à la voix haute" nicht dasselbe wie die "lauten Nachtigallen". Das Suchen nach dem entsprechenden Wort führt zum Nachdenken über die Feinheit der Nuancierungen. W. Weiß hat ja in Verbindung mit den Vorbereitungen zur Arbeit am Lenau-Wörterbuch zu Fragen der Bedeutung einiger sprachlicher Aussagen Lenaus Stellung genommen.[3] So greift er das sich bei Lenau oft wiederholende Wort "still" mit seiner gesamten Wortgruppe heraus und stellt die besonderen Bedeutungsrichtungen fest, die Lenau diesem Wort verleiht, nämlich im Sinne von "lautlos" und "verborgen". Auch im allerumfangreichsten Wörterbuch einer Sprache sind statistischen Einschätzungen gemäß kaum ein Drittel aller in dieser Sprache bestehenden Wortbedeutungen enthalten. Sie entstehen ständig nicht nur aus dem Gebrauch der Sprache als Kommunikationsmittel, sondern ebenso aus der sprachschöpferischen und sprachgestaltenden Kraft des Dichters; sie liegen im Kontext, im Dialog, in der dargestellten Gegenständlichkeit verborgen. So sehen wir uns auch Lenaus Ausdrücken in diesem Gedicht gegenübergestellt: den lauten Nachtigallen, den süß verräterischen Liedern. Die Phänomenologie hat ja die Sprachwissenschaft darauf aufmerksam gemacht, daß jedes Wort schon allein für sich mehrere Elemente enthält: den intentionalen Richtungsfaktor, den materialen Inhalt, den formalen Inhalt, das Moment der existentialen Charakterisierung und manchmal auch das Moment der existentialen Position.[4] Wenn Lenau vom "düstren und verhängnisvollen Zimmer" spricht, so bezieht sich dieser Ausdruck auf einen bestimmten Gegenstand: Er ist auf diesen Gegenstand gerichtet. "Düster" und "verhängnisvoll" bilden den materialen Inhalt des Ausdruckes, die qualitative Soseinsbestimmtheit des Gegenstandes "Zimmer". Daneben besteht noch ein formaler Inhalt als "Beschaffenheit von Etwas" im Unterschied zu einem Prozeß, einem Zustand u.ä.m. Der Ausdruck "düstres und verhängnisvolles Zimmer" enthält aber auch ein bestimmtes existentiales Charakterisierungsmoment, indem dieser Gegenstand seinem Seinsmodus nach als "real" vermeint wird. Die existentiale Position dagegen wäre in der Beantwortung zu suchen, ob dieses Zimmer geschichtlich wirklich existierte. Im Rahmen des Satzes taucht dann noch das apophantisch-syntaktische Element des Gegenstandes "Zimmer" auf, indem er sich mit dem Kruzifix und dem Kerzenschimmer zu einer Sinneinheit vereinigt.

Alle diese Fragen, hier nur ganz kurz angeschnitten, führen uns in die Tiefen der Sprachphilosophie. Die Phänomenologie hat diesbezüglich in zweierlei Richtung befruchtend gewirkt: in der Ausrichtung auf den Gegenstand, der in unserem Bewußtsein entsteht, und in der Ausrichtung auf die Sprache als das Medium, aus dem heraus sich dieser Gegenstand konstituiert. Wir

---

[3] Walter Weiß: "Das Lenau-Bild und Lenaus Sprache". In: *Lenau-Forum*, Nr. 2, 1969, 4-23.

[4] Roman Ingarden: *Das literarische Kunstwerk*. Tübingen [4]1972, 62-63.

verstehen dabei unter Gegenständen nicht nur die dargestellten Gestalten, also nicht nur Klara Hebert und Johannes, Klaras Mutter und den alten Marko, auch nicht ausschließlich die dargestellten Dinge, die Szenerie der Natur in ihrer Gesamtheit oder in ihren einzelnen Bestandteilen, sondern ein Gegenstand, der sich in unserem Bewußtsein konstituiert, ist auch das "verschwiegene Gefühl" – wie es der Dichter nennt –, das Klara und Johannes verbindet, und Gegenstand ist auch jene verhängnisvolle Erinnerung, die nur angedeutet wird, ja überhaupt die gesamte metaphysische Qualität, die diesem Gedicht entströmt, jene Vermischung von Idylle und einem Gefühl der Bedrohtheit. Es ist Sache der phänomenologischen Analyse zu untersuchen, wie sich diese Qualität offenbart. In der Art der Offenbarung liegt aber auch das eigentlich Künstlerische dieses Gedichtes.

Wenn wir uns aber nun die Gegenstände vor Augen führen, so sehen wir, daß sie immer nur in ihren einzelnen Ansichten dargestellt sind, und zwar müssen es nicht immer unmittelbare Ansichten des Gegenstandes sein, sondern es kann sich auch um Ansichten handeln, die aus der einfachen Erwähnung heraus entstehen. So erfahren wir über Klara Hebert nur, daß sie mit Johannes vor Jahren im selben Garten wandelte und dies mit verschwiegenem Gefühle. Die einzigen Ansichten, die es möglich machen, uns Klara physisch vorzustellen, sind in metaphernreiche Bildlichkeit gehüllt:

> Klara blüht in neuer Schöne,
> Rosen, Fremdlinge seit lange,
> Kehrten schüchtern heute wieder
> Auf die freudenhelle Wange.

Dazu vernehmen wir noch:

> Klara trug das goldne Ringlein
> Auf der stillen Herzenswunde,
> Das ihr scheidend einst gegeben
> Johann in der bangen Stunde.

Die allereinfachsten Fragen, ob Klara zum Beispiel blond oder dunkelhaarig, ob sie blau- oder schwarzäugig ist, schlank und hochgewachsen oder klein und niedlich – all diese Fragen bleiben unbeantwortet, und die Antworten darauf vermittelt erst die Schicht der schematisierten Ansichten, jene Assoziationsschicht, in der die erwähnten Ansichten vom Leser ergänzt werden. Die Ergänzungsmöglichkeiten bewegen sich im Rahmen der Ausgestaltung eines weiblichen Wesens. Diesbezüglich sind der Konstituierung im Bewußtsein des Lesers feste Grenzen gesetzt: Dieses weibliche Wesen muß schön sein und die

Wangen gerötet haben vor Freude. Alles übrige aber ist der Phantasie des Lesers überlassen, seinen Erinnerungen, seiner Erlebniswelt, seinen Wünschen und Wunschvorstellungen.

In Verbindung mit dieser Analyse der Ansichten dürfte die Phänomenologie wohl das Verdienst für sich beanspruchen, die Aufmerksamkeit auf die so vielseitigen Probleme der Perspektive gelenkt zu haben. Denn der Dichter baut alle diese Ansichten von einem Punkt aus betrachtet auf, er fügt sie in eine bestimmte Struktur der Zeit und des Raumes. Hier, im Gedicht "Der Ring", ist der Dichter immer gegenwärtig: Er beobachtet den eintretenden Tag und weiß, daß der unbewölkte Himmel auf das Glück der treuen Liebe zu schauen wünscht; es ist ihm bekannt, daß Klara und Johannes vor Jahren in dem gleichen Garten wandelten; er tritt mit ihnen gemeinsam ins "düstre und verhängnisvolle Zimmer" und ist Zeuge der Begrüßungsszene mit dem alten Marko. Von der zeitlichen Perspektive aus betrachtet, ist das Werk ebenfalls eine Totalität für sich, vollständig unabhängig vom Ablauf der äußeren Zeit. Wir werden in den Augenblick hineingestellt und erleben den schönen Frühlingsmorgen. Es ist dies eine für immer fixierte Gegenwart. Wir werden zurückgeführt in eine Vergangenheit, die im Vergleich zur Gegenwart des Gedichts vergangen ist, und wieder zurückgeführt in die Gegenwart des Gedichts. Aus der Vergangenheit aber ist eine Zukunft angedeutet:

Den Smaragd am Ringe damals
Sah das Volk gar hell erglänzen,
Mit prophetischem Gemahnen
An das Grün von Myrtenkränzen.

Das Gedicht besteht für sich, es hat seine eigenen zeitlichen Dimensionen, unabhängig vom Kantschen Begriff des linearen Ablaufes der Zeit als Vergangenheit, Gegenwart und Zukunft. Lenau versetzt uns aus der Gegenwart in die Vergangenheit, aus der Vergangenheit in die Gegenwart und aus dieser wiederum in die Vergangenheit, um dann von der Vergangenheit in eine Zukunft zu weisen, die zeitlich gleichwertig ist mit dem gegenwärtigen Augenblick des Gedichtes.

Aber die Gegenstände im Gedicht sind nicht nur in eine zeitliche Abfolge gestellt, sondern sie befinden sich auch in einem Raum. Wie die zeitliche Abfolge, so ist auch der Raum kein realer Raum. Er ist nicht Teil des Weltraumes, sondern dargestellte Räumlichkeit des Gedichtes. Aus der Schattenkühle des Gartens steigen Klara und Johannes empor zum hohen Felsenhaus und treten in das "düstre und verhängnisvolle Zimmer". Teile dieser räumlichen Darstellung sind besonders ausgefüllt, andere nur mit einem kurzen Zug angedeutet. Erneut tritt die Schicht der Ansichten in Aktion, und das Gedicht erhält seine Ergänzung durch Bilder von Gärten, durch die wir gewandelt sind, durch Erinnerungen vielleicht an eine Bergbesteigung, und irgendwo im Repertoire unserer schematisierten Ansichten befindet sich sicherlich auch ein Erlebnis, verbunden mit einem düsteren Zimmer und dem Gefühl der Bedrohung. Alle diese erzählerischen, zeitlichen und räumlichen Perspektiven aber, die der Dichter aufwirft, müssen sich auf ihre Daseinsrelativität überprüfen lassen und diese Prüfung bestehen. Unstimmigkeiten zerstören das ästhetische Gebilde. Immer auf die ästhetische Relevanz bedacht, widmet die Phänomenologie besondere Aufmerksamkeit den Problemen der Opalisierung, der Ambiguitäten und der Äquivokationen. Im Unterschied zur Philologie, die darauf besteht zu erfahren, wie es der Dichter gemeint hat, ist dieser Problemkreis für die Phänomenologie eine reine Frage der ästhetischen Relevanz. Opalisierung, Ambiguität und Äquivokation können sogar den ästhetischen Reiz erhöhen. Jedenfalls sind sie Bestandteil des literarischen Werkes, das, losgelöst vom Dichter und allen Bindungen, unter denen es entstanden ist, als eine für sich bestehende Totalität in unserem Bewußtsein Gegenstand der phänomenologischen Untersuchung ist.

Eine phänomenologische Betrachtung überhaupt und auch dieses Gedichtes von Lenau bedeutet, sich in jedes einzelne Phänomen zu vertiefen und darüber nachzudenken. Es ist ein Philosophieren über jede Einzelheit des literarischen Werkes, ein Versuch, zur ästhetischen Relevanz jedes Phänomens vorzudringen. Im Unterschied aber zu jeder induktiven Formulierung einer Wesenheit aufgrund einer Reihe von Einzelbetrachtungen und im Unterschied zu jeder deduktiven Folgerung aus einer vorhergehenden Aussage gelangt die phänomenologische Betrachtungsweise an Hand eines einzigen, dafür aber exemplarischen Beispieles zu Erkenntnissen, die den Wert von allgemeingültigen Gesetzmäßigkeiten besitzen. Ohne die Bedeutung einer positivistischen, psychologischen, geistesgeschichtlichen oder auch soziologischen Betrachtungsweise im geringsten schmälern zu wollen (Scherer schätzte Dilthey, und dieser begrüßte Husserl, so wie auch die marxistische Forschung unserer Tage immer mehr Verständnis für die Phänomenologie bekundet), bin ich doch der Meinung, daß die phänomenologische Methode, systematisch angewandt, in bedeutendem Maße mithelfen kann, auch die Dichtung Lenaus genauer zu erhellen, und auf diesem Wege einen bedeutenden Beitrag zur Theorie der Dichtung im allgemeinen zu leisten vermag.

Über Ingarden hinaus ...
Forschungsgeschichtliche Hinweise zur Entwicklung des phänomenologischen Ansatzes in der Literaturwissenschaft mit einem Blick auf die Komparatistik

Jene lebhafte Diskussion, die sich vor ungefähr zehn Jahren an R. Ingardens Vortrag an der Belgrader Universität zum Thema der phänomenologischen Betrachtungsweise des literarischen Werkes anschloß, ist sicherlich auch heute noch allen damals Anwesenden in Erinnerung. Man war sich nämlich zu diesem Zeitpunkt schon völlig im klaren darüber, daß gerade mit den Arbeiten dieses polnischen Philosophen auch in der Literaturwissenschaft ein neuer Abschnitt begonnen hatte, der eine Überwindung des Positivismus und Psychologismus bedeutete, andererseits aber stand man fragend vor der völligen Bezugslosigkeit seiner Ansichten, wenn es sich um Probleme der menschlichen Gesellschaft und der geschichtlichen Entwicklung handelte. Wie konnte man alle Schriftsteller und Dichter samt ihren biographischen Daten, Schicksalen, Erlebnissen und psychischen Zuständen so einfach aus der Literaturbetrachtung ausschließen? So sahen in diesem Augenblick die Vertreter eines sozialistischen Realismus in Ingarden den Philosophen der "Neutralität in der Literaturtheorie" (J. Koshinov), ja in seinen Arbeiten sogar die "Leugnung der bestimmenden Rolle des gesellschaftlichen Seins in der Entwicklung des gesellschaftlichen Bewußtseins" (G. Fridlender), aber auch aus dem Kreis nicht dogmatisch orientierter marxistischer Philosophen und Literaturwissenschaftler wurde der gleiche Vorbehalt zum Ausdruck gebracht. Unmittelbar darauf angesprochen, antwortete Ingarden bei dieser Gelegenheit sehr frei und spontan, daß ihn ausschließlich das Problem Idealismus-Realismus, also ein Problem allgemein philosophischer Natur, zur Bearbeitung dieses Themas geführt habe, er ansonsten aber auch alle anderen literaturwissenschaftlichen Methoden anzuerkennen bereit wäre, da ja jede auf ihre Weise die Wahrheit des literarischen Werkes zu ergründen versuche und dies wohl auch vermöge.

Ich erwähne diese Antwort aus dem Grunde, weil die phänomenologische Methode sehr oft als endgültig bestimmt und abgegrenzt dargestellt wird und man ihr vor allem die Möglichkeit einer Entwicklung in Richtung auf das gesellschaftliche Denken abspricht. Ingardens persönliche Stellungnahme schien mir bei dieser Gelegenheit vielmehr in dem Sinne deutbar: Bis hierher bin ich gelangt, ich lasse aber alle weiteren Möglichkeiten offen. Aufgabe dieses kleinen Beitrages wäre es nun zu überprüfen, inwieweit solche Möglichkeiten verwirklicht wurden. Vorerst erscheint mir aber auch für den informierten Leser ein kurzer Rückblick angebracht.

Ingarden hat bekanntlich seine Ansichten vom literarischen Kunstwerk als einem ästhetischen Gegenstand in der Struktur unseres Bewußtseins, ferner seine Theorie von der harmonischen, polyphonen Mehrschichtigkeit dieses Gegenstandes und von den Phänomenen als Reflexionen unseres Bewußtseins, die das Bestehen solcher ästhetischer Strukturen widerspiegeln und daher auch selbst ästhetische Werte in sich tragen, vor allem in seinen beiden Büchern *Das literarische Kunstwerk* (1931) und *O poznawaniu dziela Literackiego* (1936, erst 1968 ins Deutsche übersetzt) sowie in den unter dem Titel *Erlebnis, Kunstwerk und Wert* (1969) zusammengefaßten Vorlesungen entwickelt. Die Auffassung vom ästhetischen Erlebnis als einem objektivierten Gegenstand in der Struktur unseres Bewußtseins läßt sich letzten Endes zweifellos mit Hegels Begriff der Totalität als Ganzheit, die nicht einfach Summe ihrer Teile ist, in Einklang bringen, mit einem Gedanken, dem Dilthey später den Begriff der Struktur entnehmen wird. Noch eingehender aber spricht Ingardens Lehrer, E. Husserl, in der dritten seiner *Logischen Untersuchungen*, in der Abhandlung *Zur Lehre von den Ganzen und Teilen*, von der Selbständigkeit und Unselbständigkeit desjenigen, was erweitert und komplex ist. So benötigt zum Beispiel auch die Form, ähnlich wie die Farbe oder die Bewegung, ein Substrat, von dem wir sie nicht zu trennen vermögen, an dem wir sie aber erkennen können. Damit war auf die Möglichkeit einer Überwindung des Gegensatzes von Inhalt und Form hingewiesen, da ja beide im Wesen des Gegenstandes ruhen und nicht voneinander zu trennen sind. Der Gegenstand aber ist immer intentional, denn "meinen" bezieht sich ausnahmslos auf ein "Gegenständliches", das die in unserem Bewußtsein dahinfließenden intentionalen Akte zusammenhält. Dazu auch Husserls Erklärung des Phänomens: Dieses ist als Wort ebenfalls doppelsinnig, sagt er im Vorwort zu seinen *Fünf Göttinger Vorlesungen*, "vermöge der wesentlichen Korrelation zwischen Erscheinen und Erscheinendem". Im Bewußtsein kann demnach zwischen Ding und Dingerscheinung nicht unterschieden werden, oder – wie Sartre es in seiner Erklärung von Husserls Phänomenologie viel simpler ausdrückt – der Baum, den wir betrachten, kann nicht in uns hineinspazieren. Diese grundlegende Auffassung der Subjekt-Objekt-Beziehung bestimmt zugleich auch die Methodik des phänomenologischen Betrachtens.

Als zwanzig Jahre vor Ingarden ein anderer Schüler Husserls, W. Conrad, die phänomenologischen Anregungen als erster auf die Betrachtung von Kunstwerken anzuwenden versuchte und in seiner Arbeit *Der ästhetische Gegenstand. Eine phänomenologische Studie* den Gedanken formulierte –

Wenn wir ein Kunstwerk werten: 'Das ist schön' oder 'Das ist nicht schön', so ist dieses (aktuelle) Urteilen zwar sicherlich auch irgendwie auf eine 'Wirkung' des Kunstwerkes gerichtet, aber es ist jedenfalls mehr als das: wir sagen 'Das Urteil meint etwas' oder 'es bezieht sich auf einen Gegenstand und wertet diesen' [...].

– so hatte er damit zugleich eine neue Ästhetik begründet, nämlich die phänomenologische Ästhetik, die im Unterschied zur Einfühlungsästhetik der Psychologisten nicht mehr die Wirkung zu untersuchen wünschte, sondern den objektivierten Gegenstand des ästhetischen Erlebnisses. In der Darstellung des Aufbaues eines solchen Gegenstandes jedoch geht auch Conrad noch ziemlich mechanisch vor, und wenn er von "Seiten" oder "Momenten" spricht, so empfinden wir noch keine klare Trennung weder zu A. Potebnjas "Ebenen" noch zu J. Kleiners "Sphären" oder J. Petersens "Stufen".

Ingarden unterscheidet bekanntlich in der Struktur des ästhetischen Gegenstandes vier Schichten: die Schicht der sprachlichen Lautgebilde, die Schicht der Bedeutungseinheiten, die Schicht der dargestellten Gegenständlichkeiten und die Schicht der schematisierten Ansichten. Jeder dieser Schichten haften ästhetische Wertqualitäten an, aber es verbinden sich auch Phänomene aus der einen Schicht mit Phänomenen der anderen Schicht, die Lautung zum Beispiel mit der Bedeutung und dieser Wortlaut mit anderen gleichklingenden zum Reim, es entstehen Gegenstände (Gestalten, aber auch deren Beziehungen zueinander, die Handlung oder überhaupt die "Welt" des Werkes), und diese Gegenstände werden nicht nur dargestellt, sondern in der Schicht der schematisierten Ansichten mit dem Gefühl des Autors als auch des Lesers für diese Wirklichkeit in Einklang gebracht. Diese polyphone Harmonie macht ein Werk zum Kunstwerk, in ihr offenbart sich auch eine bestimmte Wesenheit, die Ingarden als metaphysische Qualität bezeichnet: die Wesenheit des Erhabenen, des Tragischen, des Furchtbaren, des Erschütternden, des Unbegreifbaren, des Dämonischen, des Heiligen, des Sündhaften, des Traurigen, des Glücks, aber auch der Groteske, des Reizenden, des Leichten, der Ruhe zum Beispiel. Jedoch nur eine einzige mißglückte Gestaltung im Rahmen der einzelnen Schichten, eine ästhetisch nicht annehmbare Verbindung von Lautung und Bedeutung oder ein Fehler im Aufbau der dargestellten Gegenständlichkeiten kann diese Harmonie und auch die ihr entspringende metaphysische Qualität völlig zerstören. Der ästhetische Gegenstand aber in seiner Ganzheit und völligen Harmonie entwickelt sich in zwei zeitlichen Dimensionen: In der ersten Dimension werden die einzelnen Teile des literarischen Werkes aneinandergereiht, der Dynamik des Erzählens entsprechend, ohne Rücksicht darauf, ob der Erzähler vielleicht in seinen Ausführungen wieder in die Vergangenheit zurückkehrt oder aus seiner allwissenden Position heraus auf ein Ereignis in der Zukunft hinweist; in der zweiten Dimension jedoch treten die einzelnen Schichten gleichzeitig in Erscheinung. Dementsprechend vollzieht sich auch der Prozeß unseres Erkennens des literarischen Kunstwerkes: Zuerst gehen wir durch eine vorästhetische Phase hindurch, in der wir über einzelne äußere Eindrücke aus der Begegnung mit dem Werk rein verstandesmäßig nachdenken und vom ästhetischen Erlebnis noch unabhängig sind, um in der darauffolgenden Phase, die Eindrücke in ästhetische Qualitäten einhüllend, den ästhetischen Gegenstand in unserem Bewußtsein zu konstituieren und uns dann in der letzten Phase der schwersten Aufgabe gegenübergestellt zu sehen, nämlich das ästhetische Erlebnis und damit auch den ästhetischen Gegenstand zu erkennen.

Wir könnten hier noch hinzufügen, daß der Gedanke von der geschichteten Struktur alles Bestehenden eigentlich so alt ist wie das philosophische Denken selbst. Als klar ausgedrückte ontologische Auffassung finden wir ihn beginnend schon mit Platons Lehre von der Seele. Aristoteles hat dann diesem Gedanken einen erfaßbaren Inhalt gegeben, indem er von einer anorganischen, organischen, seelischen und geistigen Schicht spricht, die in ihrer Ganzheit das Leben formen. Übrigens war Aristoteles auch in der Literaturwissenschaft der erste, der auf ein Schichtengefüge des literarischen Werkes hingewiesen hat, indem er ein aus sechs qualitativen Teilen bestehendes Schema der Tragödie festlegte. Diese wären der Mythos, die Charaktere, die Absicht (besser gesagt die das Geschehen begleitenden und notierenden Reflexionen der handelnden Charaktere), die Sprachform, die Musik und das Bühnenbild. Nach jahrhundertelangem Suchen, das über die mechanischen Regeln der humanistischen Poetiken, über die morphologischen Organismustheorien, die Tatsachenhäufungen der Positivisten und die Einfühlungsversuche der Psychologisten führte, hatten sich nun Philosophie und Literaturbetrachtung in Ingardens Darstellung von der harmonischen, aus Schichten gefügten Totalität des literarischen Werkes wieder getroffen.

Wir glauben wohl behaupten zu dürfen, daß ein großer Teil der zeitgenössischen Forscher in der Literaturwissenschaft, sei es bewußt oder unbewußt, diese Auffassung vom literarischen Werk als einer kohärenten und integralen Ganzheit, die sich als ästhetischer Gegenstand im Bewußtsein konstituiert, aufgegriffen hat, wobei Ingarden erwähnt oder auch nicht erwähnt wird. J. Mukařovskij, R. Wellek und K. Troczyński haben dabei die Zahl der Schichten auf drei reduziert, und zwar meistens auf Kosten der Schicht der schematisierten Ansichten, indem sie diese mit der Schicht der dargestellten Gegenständlichkeiten vereinten.[1] Bei N. Hartmann jedoch sind es neben der Schicht

---

[1] Siehe Jan Mukařovskij: "O jezyku poetyckim". In: ders.: *Praska szkola strukturalna Wlatach. 1926-1948.* Warschau 1966; René Wellek/Austin Warren: *Theory of Lite-*

des sinnlich Realen, des Vordergründigen – des Wortes, des Zeichens, der Rede – noch sechs Schichten, die verschiedenen Ansichten der im Werk dargestellten Gestalten entsprechen – von der körperlichen Bewegung, Stellung, Mimik, dem Sprechen, kurz von allem äußerlich Wahrnehmbaren bis zur Schicht der individuellen Idee und der Symbolisierung des Allgemeinmenschlichen.[2]

Für die deutsche Literaturwissenschaft bedeutete W. Kaysers *Das sprachliche Kunstwerk* (1948) zweifellos einen methodologisch tief einschneidenden Wendepunkt. In voller Anerkennung der Verdienste Ingardens entwickelt Kayser ein doppeltes Schema. Als Grundbegriffe der Analyse bezeichnet er den Inhalt (Stoff, Motiv, Leitmotiv, Fabel), den Vers, die sprachlichen Formen (Lautung, Schicht des Wortes, rhetorische Figuren, syntaktische Formen und übersatzmäßige Formen) und den Aufbau (in der Lyrik, der Epik und dem Drama). In einer Synthese vollzieht sich dann die Polyphonie der ästhetischen Wertqualitäten im Gehalt, dem Rhythmus, dem Stil und dem Gefüge der Gattungen als lyrischer, epischer und dramatischer Vorgang. Wenngleich nun Kayser im Vorwort seines Buches, in strikter Anwendung der phänomenologischen Begrenzung ausschließlich auf das Werk, wörtlich behauptet, "Eine Dichtung lebt und entsteht nicht als Abglanz von irgend etwas anderem, sondern als in sich geschlossenes sprachliches Gefüge", unterläßt er es trotzdem nicht, in weiten Partien seiner Ausführungen noch Exkurse in das Gebiet der geschichtlichen Entwicklung und der Lebensbiographie des Dichters zu unternehmen.

Andererseits hat aber die phänomenologische Schichtenbetrachtung den Weg auch zur sowjetischen Literaturwissenschaft gefunden. So betrachtet M. Saporov das literarische Kunstwerk ebenfalls als eine "vielschichtige Hierarchie von Strukturen", in der drei Ebenen unterschieden werden: die Ebene des materiellen Gebildes, der sprachlichen Struktur (als Objekt der unmittelbaren sinnlichen Wahrnehmung); die Ebene des gegenständlich Dargestellten (als Welt des Dichters, als *obraz* im Sinne einer künstlerischen Widerspiegelung der Wirklichkeit) und die Ebene des gegenständlich nicht Dargestellten (und demnach der künstlerischen Bedeutung).[3]

Sicherlich ist damit die Übernahme der Schichtentheorie in den verschiedensten Formen der Werkbetrachtung bei weitem noch nicht vollständig dargestellt. Ein Ding der Unmöglichkeit aber wäre es, wollte man versuchen, auch nur einen bescheidenen Teil jener Arbeiten anzuführen, die in der Unter-

---

rature. New York 1949, 152; Konstantin Troczyński: *Elementy form literackich*. Poznan 1936, 40-45.

[2] Nicolai Hartmann: *Das Problem des geistigen Seins*. Berlin/Leipzig 1933, 364ff.

[3] Mihail Saporov: "Tri 'strukturalizma' i struktura proizvedenija iskusstva". In: *Voprosy literatury*, Nr. 1, 1967, 101-113.

suchung von Einzelproblemen phänomenologisch verfahren, besonders wenn man in Betracht zieht, daß dies oft unbewußt geschieht. Zahllos sind die Betrachtungen, die uns zum Beispiel die ästhetische Relevanz von Intonation, Klangfarbe, lautlicher Wiederholung oder Intensität einzelner Teile im Rahmen des Werkes als eines Ganzen vor Augen führen, die Qualitäten einzelner phonetischer Inhalte bei Übertragungen in andere Sprachen untersuchen, Rhythmus, Melodie und Tempo im Verhältnis zum Gesamtwerk, sei es Lyrik oder Prosa, erforschen, die Nuancen von Bedeutungen dem Dialog entnehmen, den ästhetischen Wert einzelner stilistischer Figuren, vor allem der Metaphern bestimmen, den Aufbau der dargestellten Gegenständlichkeiten im Werk in allen Einzelheiten analysieren und die verschiedensten Perspektiven der Zeit, des Raumes und des Erzählens aus den gegebenen Ansichten festlegen. Dies sind nur einige der möglichen Gebiete phänomenologischer Analysen und Deskriptionen. Ausschlaggebend ist die Beobachtung jenes ununterbrochenen Schwingens vom Teil zum Ganzen und wieder zurück vom Ganzen zum Teil. Der methodologische Wert solcher Betrachtungen besteht in der Möglichkeit, am Einzelbeispiel allgemein gültige Gesetzmäßigkeiten zu erkennen.

Auch in der Untersuchung metaphysischer Qualitäten ist die phänomenologische Betrachtungsweise in Form und bewußter Bezeichnung immer mehr anwesend. In W. Kaysers Buch *Das Groteske* (1957) befindet sich ein Kapitel "Versuch einer Wesensbestimmung des Grotesken", gedacht als Zusammenfassung der in diesem Werk enthaltenen Gedankengänge. Ein Jahrzehnt vorher hatte E. Staiger mit seinen *Grundbegriffen der Poetik* (1946) den breitesten Auftakt zu solchen Forschungen gegeben, indem er das Lyrische, das Epische und das Dramatische ihrem Wesen nach als drei in die Zeit gestellte Grundformen der menschlichen Existenz darstellte: als Erinnerung, als Vergegenwärtigung und als Spannung. In Rußland schreibt A. I. Burov ein Buch über das Komische *O komičeskom* (1957), P. Szondi veröffentlichte seinen *Versuch über das Tragische* (1961), von L. Giesz stammen *Das Phänomen des Kitsches* (1967) und die *Phänomenologie des Kitsches* ([2]1971). Wohl als neueste Erscheinung können wir die *Ironie als literarisches Phänomen* (1974), herausgegeben von H. E. Hass und G. A. Mohrlüder, verzeichnen. Es wäre interessant zu überprüfen, inwiefern diese Werke auch wirklich phänomenologisch vorgehen oder ihr Thema doch wieder geschichtlich behandeln. Aber das könnte nur eine Randbetrachtung im Rahmen dieser kurzen Darlegungen sein.

Das Grundproblem im Versuch, über Ingarden hinauszugelangen und sich doch die phänomenologische Methode dienstbar zu machen, scheint in der vierten der von Ingarden festgesetzten Schichten zu liegen, in der Schicht der schematisierten Ansichten. Ingarden erklärt diese Schicht in der Weise, daß die dargestellten Gegenstände durch die Sachverhalte nur zur Schau gestellt, aber nicht wirklich zur anschaulichen Erfassung gebracht werden können und daß es im literarischen Werk noch eines besonderen Faktors bedarf, damit die anschauliche Erscheinung der dargestellten Gegenständlichkeiten vorbereitet werden kann.[4] Diesen Faktor bilden nicht die konkreten Ansichten der dargestellten Gegenständlichkeiten, sondern deren gewisse Schemata. Als Beispiel führt Ingarden den Roman *L'âme enchantée* von R. Rolland an.[5] Dieser spielt bekanntlich in Paris, und zur Darstellung gelangen darin auch manche Straßen der französischen Hauptstadt. Ingarden beschränkt sich nun auf den Unterschied der entsprechenden Aktualisierung im Bewußtsein eines Lesers, der Paris aus eigener Erfahrung kennt, und eines anderen, der diese Ansichten nie konkret bei einer originären Wahrnehmung dieser Straßen erlebt hat. Aber jeder weitere Vorstoß in das Phänomen der geschichtlichen Struktur des oder dieses Lesers unterbleibt. Für Ingarden bleiben letzten Endes diese schematisierten Ansichten den dargestellten Gegenständlichkeiten einfach untergeordnet, oder sie werden nur "parat gehalten" im Sinne einer gewissen Aktualität, die weder die Aktualität der konkret erlebten Ansichten besitzt noch eine reine Potenz darstellt. E. Leibfried hat in der Fortsetzung dieses Gedankenganges seine Habitustheorie entwickelt.[6] Während Husserl den Terminus "Habitus" noch nicht gebraucht und Ingarden ausschließlich vom Realitätshabitus der dargestellten Gegenstände spricht, nutzt Leibfried eine Anregung von G. Funke, nämlich: "Die Habitualitäten sind die Sedimente erlebter Abläufe als Abläufe."[7] Das einmal aktuell Erlebte, Gelesene, Gesehene oder Gehörte, das einmal aktuell Gedachte, Wahrgenommene, Gefühlte und Verstandene läßt zweifellos Spuren im individuellen Bewußtsein zurück. Aber wo ist die historische Dimension einer solchen Habitustheorie?

Es ist schwer anzunehmen, daß Ingarden sich der Geschichtlichkeit des Lesers nicht bewußt geworden wäre und die Lektüre eines literarischen Werkes nicht als Lektüre in der Zeit verstanden hätte, daß er die Unterschiedlichkeit eines und desselben Werkes in verschiedenen Epochen übersehen hätte. Aber trotz der Verteidigung, die R. Fieguth zu Ingardens Geschichtsunabhängigkeit vorbringt, dürfte dies im System des polnischen Philosophen eine jener Ansatzmöglichkeiten gewesen sein, die es für eine weitere Fortsetzung offen läßt.[8]

---

[4] Roman Ingarden: *Das literarische Kunstwerk*. Halle 1939, 270-271.
[5] Ebd., 281.
[6] Erwin Leibfried: *Kritische Wissenschaft vom Text. Manipulation, Reflexion, transparente Poetologie*. Stuttgart 1970, 88-114.
[7] Gerhard Funke: *Gewohnheit*. Bonn 1958, 541.
[8] Rolf Fieguth: "Rezeption contra falsches und richtiges Lesen? Oder Mißverständnisse mit Ingarden". In: *Sprache im technischen Zeitalter*, Nr. 38, 1971, 142-159.

Diese Fortsetzung kommt vor allem in einer Wiederentdeckung des Lesers zum Ausdruck. K. Hamburger hat diesbezüglich in ihrer *Logik der Dichtung* einige Male das Problem des Leseerlebnisses aufgeworfen. Ihr Blick ist dabei wohl mehr auf die Bedingtheit des dichterischen Erzählens durch die Gegebenheiten der Sprache und des Vorstellens gerichtet. Aber ihr Bemühen, die "epische Fiktion" zu ergründen, führt sie immer wieder auf die Wirkung, die im Teilnehmer an der "epischen Fiktion", also im Leser entsteht, ohne daß sie dabei jedoch ein einheitliches System entwickeln würde, sondern sie untersucht vielmehr das Phänomen des Lesens erzählender Dichtung. So werden nun Kunstmittel, Stilzüge, die man zumeist als Intention des Autors betrachtet, vor allem aus der Sicht des Lesers gesehen, aus jener beständigen Wechselwirkung zwischen der Fiktion des erzählenden Dichters und der Illusion des Lesers. Zum System einer Rezeptionsästhetik hatte inzwischen diesen Ingardenschen Gedankenansatz H. R. Jauß ausgeweitet. Seine Schrift *Literaturgeschichte als Provokation der Literaturwissenschaft* (1970) steht dadurch, daß sie den aufnehmenden Leser, den reflektierenden Kritiker und den selbst wieder produzierenden Schriftsteller in den Mittelpunkt der Werkbetrachtung stellt, in einem nicht zu übersehenden Zusammenhang mit der phänomenologischen Betrachtungsweise, und sie versucht zugleich auch die Auffassung von der Autonomie des Kunstwerkes zu überwinden. So ist Geschichte der Literatur für Jauß vor allem ein Prozeß ästhetischer Rezeption und Produktion, der sich in der Aktualisierung literarischer Texte vollzieht. Aufgabe der Forschung wäre es, die Aufnahme und Wirkung eines Werkes in dem "objektivierbaren Bezugssystem der Erwartungen" zu beschreiben, "das sich für jedes Werk im historischen Augenblick seines Erscheinens aus dem Vorverständnis der Gattung, aus der Form und Thematik zuvor bekannter Werke und aus dem Gegensatz von poetischer und praktischer Sprache ergibt". Mit dem Terminus "Erwartungshorizont" knüpft Jauß jedenfalls an den Husserlschen Horizont und Horizontwandel an. Jedoch so wie Ingarden von einer allgemeinen Schicht der schematisierten Ansichten ausgeht, ohne das individuelle, historisch bestimmte Bewußtsein vor Augen zu haben, operiert auch Jauß mit einem nicht näher bestimmten Publikum, das einzig in seiner Eigenschaft als Literaturrezipient gekennzeichnet wird.

Auch H. Weinrich plädiert bekanntlich für eine Literaturgeschichte des Lesers und geht dabei von einer Kritik der werkimmanenten, von der Phänomenologie inspirierten Interpretationsmethode aus. Seine *Literatur für Leser* (1971) entwickelt den Begriff "Wirkungsästhetik" als Forschungsmethode, die das Werk unter dem Aspekt der in ihm enthaltenen "Leserrolle" analysiert. Das Werk, sofern es Bestand hat, führt nach Weinrich einen langen Dialog mit den Lesern der einzelnen historischen Epochen. Eine Literaturgeschichte schreiben, sagt Weinrich, bedeutet demnach, die Geschichte dieses Dialoges zu schreiben, wobei das literarische Werk als Gegenstand in diesem Fall einen literarischen Kommunikationsprozeß darstellt. Das ist zweifellos eine Möglichkeit der Betrachtung, es stellt sich dabei aber sogleich die Frage, ob nicht auch die Kommunikativität als solche schon in der Struktur des literarischen Werkes selbst liegt.

W. Iser hat seiner kleinen Schrift *Die Appellstruktur der Texte* (1970) den Untertitel *Unbestimmtheit als Wirkungsbedingung literarischer Prosa* gegeben, und er versucht darin, sich mit Ingardens "Unbestimmtheitsstellen", die für dessen Vorstellungen vom Aufbau der dritten und vierten Schicht eine so bedeutende Rolle spielen, auseinanderzusetzen. Ich glaube aber nicht, daß sich Ingarden nicht darüber im klaren war, daß Unbestimmtheit eine Rezeptionsbedingung des Textes ist und daher ein wichtiger Faktor für den Wirkungsaspekt des Kunstwerkes. Wenn zudem E. Wolff den Titel seiner Abhandlung "Der intendierte Leser"[9] anhand geschichtlicher Beispiele als literaturwissenschaftlichen Begriff einzuführen vorschlägt, so ließe sich dies mit Ingardens Vorstellung vom Schichtengefüge völlig in Einklang bringen, denn der Leser ist zweifellos in der Schicht der dargestellten Gegenständlichkeiten als auch in der Schicht der schematisierten Ansicht intendiert. Das Thema Rezeptionsästhetik stand bekanntlich im Mittelpunkt des Hochschulgermanistentreffens in Stuttgart 1972, und es wurde dabei viel Kritik an Jauß geübt. Aber auch Jauß selbst hat seine Ansichten einer eingehenden Kritik unterworfen.[10] Es bleibt dabei letzten Endes die entscheidende Frage, inwieweit eine tiefgreifende Einbeziehung des Lesers bei der Betrachtung des literarischen Werkes die rezeptionsästhetische Fragestellung nicht auch völlig umkehren könnte, so daß diese überhaupt aufhört, eine literaturwissenschaftliche Fragestellung zu sein und sich zu einer soziologischen wandelt, zu einer politisch-gesellschaftlichen, als Fragestellung, die die Rolle der Literatur in der Gestaltung der gesellschaftlichen Erfahrung und der Phantasie des Lesers überhaupt aufwirft.

Sehr intensiv an dieser Problematik hat bekanntlich M. Naumann gearbeitet. Nun liegt auch das in seiner Redaktion herausgegebene Buch *Gesellschaft, Literatur, Lesen. Literaturrezeption in theoretischer Sicht* (1973) vor. Der psychologischen, phänomenologischen und strukturalistischen Ästhetik stellt er eine dialektische Konzeption gegenüber. Das literarische Werk ist demnach das Resultat einer besonderen Aneignung der Wirklichkeit, die auf eine besondere Erweiterung der Aneignungskraft des Menschen zielt. Es steht nicht außerhalb der gesellschaftlichen Praxis, sondern ist Mittel ihrer Beherrschung und Veränderung. Besonders bedeutsam scheint es in diesem Fall, wenn Nau-

---

[9] Erwin Wolff: "Der intendierte Leser". In: *Poetica*, Nr. 2, 1971, 141-166.
[10] Hans Robert Jauß: "Die Partialität der rezeptionsästhetischen Methode". In: *Neue Hefte für Philosophie*, Nr. 4, 1972, 30-46.

mann hervorhebt, daß sich der literarische Prozeß nicht im Abbilden erschöpft, daß schon dieses Abbilden in Hinsicht auf Adressaten erfolgt, daß die durch das Abbilden angelegte oder ermöglichte Potenz der Werke sich erst durch die Leser realisiert und daß nicht alles am Werk auf seinen Widerspiegelungsaspekt reduziert werden kann. Eine solche Auffassung bringt zweifellos viel Neues in die marxistische wie in die Literaturbetrachtung überhaupt. Dem Jaußschen "Erwartungshorizont" wird für diesen Fall der Begriff "Rezeptionsvorgabe" gegenübergestellt. Es ist dies die dialektische Beziehung, innerhalb derer ein Leser das Werk nicht nur in Empfang nimmt, sondern ein Publikum sich auch seine Autoren schafft. Beachtung verdient, daß dabei in der Beschreibung der Rolle des Textes in der Rezeption die grundlegenden Aspekte nach Ingarden benannt werden und daß als Beispiel für eine Rezeptionsvorgabe anhand von B. Brechts Gedicht "Der Rauch" eine Werkinterpretation streng nach vier Schichten durchgeführt wird (Druckgestalt und Lautgestalt; Aufbaumomente der Repräsentation; Symbolfunktion der lyrischen Repräsentation und Modellfunktion der lyrischen Repräsentation).

So kehren wir, in verschiedenster Richtung uns bewegend, in der einen oder anderen Form doch wiederum zum Kunstwerk als einem objektivierten Gegenstand in unserem Bewußtsein zurück und anerkennen seine Totalität. Auch wenn wir es in die Diachronie der geschichtlichen Entwicklung stellen, so weist es doch, als Kommunikationsprozeß betrachtet, auf eine Bewegung hin, die vom Teil zum Ganzen und vom Ganzen zum Teil führt und die immer etwas Gegenständliches meint. Schließen sich der Gedanke von der Autonomie des Werkes einerseits und das Werk als System im Kommunikationsprozeß andererseits, Synchronie und Diachronie, das Bewußtsein des individuellen Lesers und der intendierte Leser oder M. Riffaterres "Superleser" gegenseitig völlig aus? Oder erkennen wir nicht einfach, wie weit wir, indem wir Ingardens Auffassung von einem unvergänglichen Wesen des Kunstwerkes und einem zeitlosen Standpunkt seines Verfassers, seines Lesers und auch seines Betrachters zu ergänzen bereit sind, auch über Ingarden hinausgelangt sind, ohne dabei den Grundgedanken vom literarischen Werk als einem ästhetischem Gegenstand aufgegeben zu haben?

Die Komparatistik wird allein der Tatsache wegen, daß die Phänomenologie ausschließlich von der Konkretisierung des literarischen Werkes als eines einmaligen ästhetischen Gegenstandes im Bewußtsein des Lesers ausgeht, wegen dieser Einmaligkeit vorerst wohl sehr leicht die Möglichkeit des Vergleichens ausschließen. Diese Annahme trifft jedoch nicht zu. Im Gegenteil: Das Bewußtwerden der ästhetischen Funktion nur eines Elements im Aufbau des Kunstwerkes als eines solchen ästhetischen Gegenstandes läßt den ästhetischen Wert gerade dieses Elements erkennen – der einzelnen Lautung oder Bedeutung, aber auch der dem Werk eigenen metaphysischen Qualität. Damit ist aber auch ein fester Ansatzpunkt für Vergleiche geschaffen. Welch großer Unterschied besteht doch zum Beispiel beim Vergleichen des Komischen in den Werken einzelner Dichter?

Verwendete und weiterführende Literatur:

Burov, Aleksandr Ivanovič.: *O komičeskom*. Moskau 1957.

Conrad, Waldemar: "Der ästhetische Gegenstand – Eine phänomenologische Studie". In: *Zeitschrift für Ästhetik*, Nr. 3, 1908, 71-118; und Nr. 4, 1909, 400-455.

Fieguth, Rolf: "Rezeption contra falsches und richtiges Lesen? Oder Mißverständnisse mit Ingarden". In: *Sprache im technischen Zeitalter*, Nr. 38, 1971, 142-159.

Funke, Gerhard: *Gewohnheit*. Bonn 1958.

Giesz, Ludwig: *Phänomenologie des Kitsches*. München [2]1971.

Ders.: *Das Phänomen des Kitsches*. Heidelberg 1967.

Hamburger, Käthe: *Die Logik der Dichtung*. Stuttgart 1957; 2. veränd. Aufl. 1968.

Hartmann, Nicolai: *Das Problem des geistigen Seins*. Berlin/Leipzig 1933.

Hass, Hans-Egon/Mohrlüder, Gustav-Adolf: *Ironie als literarisches Phänomen*. Köln 1973.

Husserl, Edmund: *Logische Untersuchungen*. 2 Bände, Halle 1913 u. 1921.

Ders.: *Fünf Göttinger Vorlesungen*. Haag [2]1958.

Ingarden, Roman: *Das literarische Kunstwerk*. Halle 1931.

Ders.: *Vom Erkennen des literarischen Kunstwerks*. Tübingen 1968.

Ders.: *Erlebnis, Kunstwerk und Wert*. Tübingen 1969.

Iser, Wolfgang: *Die Appellstruktur der Texte*. Konstanz 1970.

Jauß, Hans Robert: *Literaturgeschichte als Provokation der Literaturwissenschaft*. Konstanz 1970.

Ders.: "Die Partialität der rezeptionsästhetischen Methode". In: *neue hefte für philosophie*, Nr. 4, 1972, 30-46.

Kayser, Wolfgang: *Das sprachliche Kunstwerk*. Bern 1948.

Ders.: *Das Groteske*. Oldenburg 1957.

Leibfried, Erwin: *Kritische Wissenschaft vom Text. Manipulation, Reflexion, transparente Poetologie*. Stuttgart 1970.

Mukařovskij, Jan: "O jezyku poetyckim". In: *Praska szkola strukturalna w latach. 1926-1948*. Warschau 1966.

Naumann, Manfred/Schlenstedt, Dieter/Barck, Karlheinz/Kliche, Dieter/Lenzer, Rosmarie: *Gesellschaft – Literatur – Lesen. Literaturrezeption in theoretischer Sicht*. Berlin/Weimar 1975.

Saporov, Mihail: "Tri 'strukturalizma' i struktura proizvedenija iskusstva". In: *Vosprosy literatury*, Nr. 1, 1967, 101-113.

Staiger, Emil: *Grundbegriffe der Poetik*. Zürich 1946.

Szondi, Peter: *Versuch über das Tragische*. Frankfurt 1961.

Troczyński, Konstantin: *Elementy form literackich*. Poznan 1936.

Weinrich, Harald: *Literatur für Leser*. Stuttgart 1971.

Wellek, René/Warren, Austin: *Theory of Literature*. New York 1949.

Wolff, Erwin: "Der intendierte Leser". In: *Poetica*, Nr. 2 (4. Bd.), 1971, 141-166.

Zur hermeneutischen Reflexion in der Komparatistik

"La littérature comparée n'est pas la comparaison littéraire" – mit dieser etwas verwirrenden Behauptung, daß nämlich die Vergleichende Literaturwissenschaft nicht das gleiche sei wie das Vergleichen von Literatur, versucht Jean-Marie Carré in seinem Vorwort zur Einführung in die Komparatistik von Marius-François Guyard *La littérature comparée* (1951), den Inhalt dieses Buches und damit zugleich auch das Wesen der wissenschaftlichen Disziplin zu bestimmen, in die der Leser eingeführt werden soll. Es war ein Versuch, denn sicherlich gibt es wohl nur wenige Wissenschaften, über deren genaue Definition sich ihre Vertreter noch immer so uneinig sind, wie dies bis heute mit der Vergleichenden Literaturwissenschaft der Fall ist.

Das Problem mag im Wort "vergleichen" liegen. Denn Vergleichen bedeutet nicht nur, die zu beobachtenden Gegenstände einfach nebeneinander zu stellen, um empirisch messend ein Gleiches festzustellen, sondern dieser Vorgang meint auch – wie René Wellek hervorhebt – "reproduzieren, analysieren, interpretieren, bewerten, verallgemeinern"[1]. Als eine der grundlegenden Möglichkeiten menschlichen Erkennens steht das Vergleichen somit in unmittelbarem Zusammenhang auch mit der Phantasie als Vorbedingung alles Schöpferischen im Menschen, mit der Fähigkeit – neben dem Denken, dem Fühlen, dem Wollen – sich in eine andere als die gegebene Situation zu versetzen, und es steht in einem ähnlichen Zusammenhang gleichfalls mit dem kritischen Urteilen. Dem Vergleichen als Methode in der Literaturbetrachtung nähert sich daher am ehesten Horst Rüdiger, wenn er, zurückgehend auf Goethes Auffassung vom Besonderen und vom Allgemeinen, behauptet, daß das Vergleichen

erst dann beanspruchen kann, eine Methode zu sein, wenn es reflektiert – wenn das Vergleichen so verfeinert wird, daß es dem Kritiker die Möglichkeit gibt, das Besondere, das Einmalige, Individuelle, das Charakteristische und Spezifische eines bestimmten literarischen Vorganges zu erkennen und zu beschreiben.[2]

---

[1] René Wellek: "Begriff und Idee der Vergleichenden Literaturwissenschaft". In: *Arcadia*, Nr. 2, 1967, 237.

[2] Horst Rüdiger: "Grenzen und Aufgaben der Vergleichenden Literaturwissenschaft". In: ders. (Hg.): *Zur Theorie der Vergleichenden Literaturwissenschaft*. Berlin/New York 1971, 8-9.

Dieser Gedankengang wird von Wolfgang Holdheim bestätigt, denn auch für ihn ist der Vergleich nur Ausgangspunkt, um reflektierend zu einer Tiefendimension vorzudringen, "in der das Nationale nur noch ein einziges, in seiner Bedeutung von Fall zu Fall verschiedenes Moment unter anderen ist"[3].

Die Komparatistik ist also – im Rahmen ihrer Aufgabe, die Beziehungen zwischen den Literaturen zu erforschen sowie auch zwischen der Literatur und allen objektivierbaren Bereichen menschlichen Denkens und Handelns, die durch die Literatur erfaßt werden – unzweifelhaft zugleich auch eine hermeneutische Wissenschaft, wenn sie dieser Aufgabe wirklich gerecht werden möchte.

Aber auch eine hermeneutische Wissenschaft erfordert Übersichtlichkeit und klare Darlegung ihrer Vorgangsweise. In diesem Bemühen möchten wir vor allem einem Entwicklungsstrang in der Methodologie der Literaturwissenschaft insgesamt nachgehen. Wir erinnern uns nämlich vorerst an Saussures Gedanken, daß der Akt unseres Sprechens ("acte de la parole") nicht in einer völligen Isoliertheit vor sich geht, sondern unausweichbar aus dem System der Sprache erfolgt. Diesen Gedanken haben bekanntlich die Prager Strukturalisten und vor allem Jan Mukařovskij in zweierlei Richtung fortgesetzt. Einerseits wiesen sie darauf hin, daß auch jeder Text historisch in einem Kontext als der Totalität menschlichen Handelns und Sagens enthalten ist, daß er in seiner Gesamtheit in diesem Kontext als einem System von Zeichen gleichfalls ein Zeichen darstellt (wodurch zugleich auch die Semiotik in die Vergleichende Literaturwissenschaft eingeführt wurde), andererseits aber haben die Strukturalisten auch hervorgehoben, daß der Text für sich nur ein Artefakt ist, ein materielles Gefüge, das sich erst im Bewußtsein des Lesers als ein ästhetisches Gebilde aktualisiert. Auf diese zweifache Ausrichtung der Beobachtung hat auch – von der Phänomenologie kommend – Husserls Schüler Roman Ingarden hingewiesen, wobei er den Schwerpunkt auf die Aktualisierung legte (das literarische Werk konkretisiert sich erst im Bewußtsein des Lesers als ästhetischer Gegenstand, als Polyphonie von Lautungen, Bedeutungen, Gegenständlichkeiten und Assoziationen).

Es ergeben sich daher auch für die Komparatistik daraus zwei entsprechende Ansatzpunkte der Betrachtung – der ein für allemal fixierte Text und seine jeweiligen Aktualisierungen, die voneinander abweichen können und zumeist auch abweichen. Im fixierten Text wird die Komparatistik vor allem nach Verbindungen zu anderen Texten in einer anderen Sprache und aus einer anderen kulturellen Mitte suchen, in der Aktualisierung wird sie den Veränderungen nachgehen, zu denen es dabei in einer anderssprachigen Tradition

---

[3] Wolfgang Holdheim: "Komparatistik und Literaturtheorie". In: *Arcadia*, Nr. 7, 1972, 302.

gekommen ist und immer von neuem kommt. In dem einen Falle liegt der Ansatzpunkt demnach in der Sphäre der sogenannten "Intertextualität", im anderen Fall ist er im Bereich der "Alterität" zu suchen, dem philosophischen und psychologischen Fragenkomplex vom Fremden im Eigenen, vom Anderswerden und Anderssein einer Erscheinung. In beiden Fällen jedoch wird sich die komparatistische Betrachtung auch der hermeneutischen Reflexion bedienen müssen. Was man in dieser Hinsicht bisher an theoretischen Überlegungen zusammenzufassen versuchte, soll nun in kürzesten Zügen dargelegt werden.

Die Sphäre der Intertextualität

Vor allem Julia Kristeva hat in Anlehnung an Michail Bachtin diesen Begriff für die literaturwissenschaftliche Diskussion und moderne Narratologie fruchtbar gemacht.[4] Besonders in ihren Betrachtungen unter dem Titel *Polyloge* (1978) erläutert sie, daß literarische und nichtliterarische Texte keine fensterlosen Monaden, keine monologischen Strukturen sind, sondern noch am ehesten als Reaktionen auf andere – gesprochene oder geschriebene, fiktionale oder nichtfiktionale – Texte gelesen oder erklärt werden können und manche Werke wie Camus' *Der Fremde* oder Musils *Der Mann ohne Eigenschaften* einfach als Dialoge mit historischen oder kontemporären Gedankenstrukturen aufgefaßt werden sollten. Da sich ein solcher Verweisungscharakter nicht nur auf das vordergründige Gewebe eines Textes begrenzt, sondern auch zu hermeneutischen Betrachtungen durch die gesamte Tiefe des Textes hindurch auffordert – zu Überlegungen zum Beispiel über den Dialog, den ein Schriftsteller im Entstehungsprozeß seines Werks und vielleicht auch schon vorher

---

4 Julia Kristeva entwickelt ihn aus Bachtins Konzept der Dialogizität des Wortes, das dieser am Beispiel Dostoevskijs erarbeitete (*Problemy poètiki Dostoevskogo*, 1929), indem sie ein solches Konzept als *genus proximum* für alle Formen der Beziehungen zwischen dem Fremden und dem Eigenen annimmt. Die Auffassung Bachtins, daß jedes Wort, d.h. jede Aussage, dem Wesen nach dialogisch ist, da es sich um ein Glied in der Kette anderer Aussagen handelt, gilt nach Julia Kristeva für alle Formen der Beziehungen zwischen dem "Fremden" und dem "Eigenen" in einem Text, und sie erfaßt diese Formen eben als Intertext. Nach ihrer "Théorie d'ensemble" impliziert ein Text einen fremden Text als Zeichen einer fremden Sinnposition und ist zugleich auch Antwort auf diesen Text, eine Reflexion. Dieser Tiefendimension des Textes geht Julia Kristeva in ihrem Werk *Sémèiotiké* (1969) nach, wo sie unter dem Text einen Architext erkennt, aus dem heraus – vorerst aus dem Genotext, der aus ganz losen und flüchtigen bildhaften Vorstellungen und Erinnerungen bestehen kann, und daraufhin aus einem in Sprache umgesetzten Phänotext – sich letztlich durch viele Schichten hindurch der Text bildet.

mit bestimmten Werten und Vorstellungen seiner Umwelt geführt hat – sprechen wir von einer "Sphäre" der Intertextualität.[5]

In den letzten zehn Jahren ist nun die Intertextualität offensichtlich zu einem der wesentlichsten Themen des literaturwissenschaftlichen Interesses geworden. Einen ersten Schritt in diese Richtung von der Komparatistik her hat Dionýz Ďurišin getan, ein weiterer wertvoller Beitrag stammt von Manfred Schmeling.[6] Dionýz Ďurišin ging von der Tatsache aus, daß man zwischen externen und internen Kontakten unterscheiden kann, in Abhängigkeit vom rezipierenden Milieu. Die internen Kontakte sind – als Wirkungen – im Text spürbar, sie bringen die literarische Wechselseitigkeit in konkreter künstlerischer Gestalt zum Ausdruck, während die externen Kontakte auf reine Informationen beschränkt bleiben. Ein Dichter wußte von einem anderen, ohne daß dieser jedoch in irgendeiner Weise auf ihn eingewirkt hätte. Im Text lassen sich Wirkungen durch Aufdeckung von Reminiszenzen, Impulsen, Adaptionen und Filiationen beweisen. Manfred Schmeling vertieft nun diesen Ausgangspunkt, indem er einen Drei-Stufen-Plan zur Analyse von Intertextualität entwirft: 1) die Analyse der im eigentlichen Sinne textuellen Vorgänge (direkte und indirekte, konvergierende oder kontrastierende Formen textueller Rückbezüglichkeit) sowie der verschiedenen Ebenen (des Idiolekts, der narrativen Verknüpfungstechnik, des Inhalts); 2) das Erkennen der hermeneutischen Vorgänge sowie 3) der interliterarischen Symbiose. Es gilt demnach, die Anwesenheit eines fremden Textes nicht nur in seiner endgültigen und fixierten Verwobenheit mit dem betrachteten Text zu erkennen, sondern auch die Tiefe seines Eindringens in den neuen Text zu verfolgen. Der Referenz-Text kann zum Beispiel nur durch ein einziges Element anwesend sein, er kann aber auch als Anagramm-Text verborgen liegen.

Die Sphäre der Intertextualität ist demnach ungemein weit, sie bleibt auch nicht auf die Anwesenheit von Elementen aus anderen Literaturen eingeschränkt, sondern weitet den Blick zugleich – wie es zur Aufgabe der Komparatistik gehört – auf den gesamten außerliterarischen Bereich aus. Denn jedes künstlerische Werk und jede zusammenhängende menschliche Tätigkeit – ein

---

[5] Angeregt durch das Buch von Klaus Uhlig, *Theorie der Literaturhistorie. Prinzipien und Paradigmen* (1982), versuchte ich in diesem Sinne, die dort erwähnten Kategorien – der Palingenese, der Ananke, des Palimpsest sowie der Reminiszenz – im Intertext, also in der Tiefe, durch einen Text hindurch zu erfassen: "The Deep Levels of Intertextuality". In: Predrag Palavestra (Hg.): *Teorija istorije književnosti*. Belgrad 1986, 63-67. (Scientific Assemblies of the Serbian Academy of Sciences and Art 35).

[6] Dionýz Ďurišin: *Vergleichende Literaturforschung. Versuch eines methodisch-theoretischen Grundrisses*. Preßburg/Berlin [2]1976, 50-52; Manfred Schmeling: "Textuelle Fremdbestimmung und literarischer Vergleich". In: *Neohelicon*, Nr. 1, 1985, 230-239.

Bild, die Inszenierung durch einen Regisseur, das pulsierende Leben einer Großstadt – kann auch als Text verstanden werden, als ein Erzählen, das nicht an die Sprache gebunden ist (*récit*). In beiden Fällen, ob es sich nun um Elemente aus anderen Literaturen oder aus nichtsprachlichen Texten handelt, bewegt sich die Betrachtung sowohl in der Synchronie als auch in der Diachronie. Einzelne Stellen eines solchen Textes in seiner Gesamtheit können den Betrachter darauf aufmerksam machen, daß es hier Verbindungen zu Texten aus anderen Literaturen oder anderen nichtsprachlichen Kulturen geben muß. Solche Stellen üben demnach eine Signalwirkung auf den Betrachter aus, sie aktivieren zugleich seine Kenntnisse aus dem Gesamtbereich der Literatur und Kultur, und sie regen zu entsprechenden Reflexionen an. Vorauszusetzen ist, daß der Komparatist über einen umfassenderen Vorrat an Kenntnissen verfügt und daher eher festzustellen vermag, welcher Dichter oder welches Werk aus einer anderen Literatur in diesem Falle reminisziert wird, woher die entsprechenden Impulse kommen, worin Übereinstimmungen bestehen, wie genau die Anpassungen sind und wie sich gewisse Erscheinungen im Strom einer Filiation bewegen.

Der Bereich der Alterität

Der Blick kann jedoch in gleicher Weise auch aus der entgegengesetzten Position – vom Kontext zum Text hin – gerichtet werden, und es wird sich nun die Frage stellen, wie hat man einen solchen Text jeweils verstanden und aufgenommen. Daß sich ein Text bei jeder neuen Aktualisierung zu verändern vermag, ist in der Rhetorik schon seit der Zeit des großen Redners und Begründers der Kunstprosa Gorgias bekannt, und in der Hermeneutik ist diese Unterschiedlichkeit seit Schleiermacher geläufig. Goethe äußerte sich dazu in *Dichtung und Wahrheit* in dem Sinne, daß jedes Werk seinen Geist, seinen inneren Grund und sein Urwesen besitze, der Körper aber sich verändern könne. So auch seine Behauptung im Werther: "Jeder liest seinen Homer." Aktuell für das Denken unserer Zeit wurde dieses Problem jedoch vor allem durch Gadamers Werk *Wahrheit und Methode*. So wie die Tradition unser Verstehen eines Textes bestimmt, enthüllt sich auch der Text dem Leser nur in einer Weise, die historisch bedingt ist. Gadamer nennt dies "Applikation" des Textes.

Die Komparatistik bemüht sich in diesem Falle um die Veränderung des Verständnisses und überhaupt um die Aufnahme eines Textes in einer anderssprachigen Mitte und in einer fremden Kultur. Hans Robert Jauß hat auf dem Komparatistenkongreß 1979 in Innsbruck diese Bemühungen in seine Rezeptionsästhetik oder – wie er sie seitdem nennt – in eine Theorie der ästhetischen Kommunikation einzugliedern versucht, nachdem er sich bis dahin der Komparatistik gegenüber sehr skeptisch verhalten hatte.[7] Er geht dabei von der Auffassung aus, daß die Rezeptionsästhetik als eine Theorie und Geschichte der ästhetischen Kommunikation zu verstehen sei, wie sie in mancher Hinsicht als Problem der "Dialogizität" von Bachtin diskutiert wurde, und daß eine solche Theorie in mehrfacher Weise auf das Phänomen der Alterität stößt, das nicht ohne Rückgang auf hermeneutische Reflexion lösbar sei. Alterität als Anderssein besteht demnach zunächst im Verhältnis zwischen dem Produzenten und dem Rezipienten eines literarischen Textes, ähnlich der Beziehung zwischen Sender und Empfänger, wobei zwischen bloßer Information und ästhetischer Information zu unterscheiden ist. Die Informationstheorie setzt gemeinhin denselben Code beim Sender wie beim Empfänger voraus, während die literarische Kommunikation hingegen bei der Verschiedenheit der Codes von Produzent und Rezipient eines literarischen Textes einsetzt. Deren synchrone und diachrone Vermittlung aufzuhellen, wäre demnach die Aufgabe der Rezeptionsästhetik. Auch die Alterität ist nicht ausschließlich ein Phänomen der Synchronie, sondern sie entspringt gleichfalls dem zeitlichen Abstand des Textes zur Gegenwart des Interpreten und ändert sich auch mit dem wachsenden zeitlichen Abstand. Ferner aber ist Alterität – so unterstreicht Jauß – auch die Voraussetzung literarischer Kommunikation zwischen nationalen oder ethnisch verschiedenen Literaturen und Kulturen. Die Aufarbeitung dieser Art von Alterität erfordert nun nicht so sehr ein Absehen vom eigenen historischen Standpunkt als vielmehr eine bewußte Reflexion über das Eigene und das Fremde, die der Dialog in der literarischen Kommunikation voraussetzt.

Anzusetzen wäre sicherlich vorerst mit dem Versuch, die unmittelbare Aktualisierung eines Textes und seine Komplementierung zum Werk im Bewußtsein anderssprachiger Leser nachzuvollziehen. Die Tatsache, daß in diesem Falle der Ausgang zumeist in einer Übersetzung zu suchen ist, soll hier dahingestellt bleiben. Wesentlich scheint uns aber in diesem Falle jede Art der Selbstaussage eines solchen Lesers. Besonderes Gewicht wird dabei den

---

[7] Hans Robert Jauß: "Ästhetik der Rezeption und der literarischen Kommunikation". In: Zoran Konstantinović/Manfred Naumann/Hans Robert Jauß (Hg.): *Literary Communication and Reception*. Innsbruck 1980, 35-38. Damit erfolgte die mögliche Eingliederung der Komparatistik in eine solche Ästhetik der Rezeption. Noch in seiner Arbeit "Paradigmenwechsel in der Literaturwissenschaft" (in: *Linguistische Berichte*, Nr. 3, 1969, 44-56) hatte Jauß der Komparatistik vorgeworfen, an das "substantielle Anderssein und je verschiedene Wesen" der einzelnen Literaturen, d.h. "mithin an das spezifisch 'Deutsche' oder spezifisch 'Französische' zu glauben", und die komparatistische Methode sei erfunden worden, "um das alte, bequeme Paradigma der Nationalhistorie zu sichern" (49).

Selbstaussagen von Dichtern und Schriftstellern beizumessen sein, da sich bei ihnen diese Aktualisierungsprozesse in den weiteren Schaffensprozeß einfügen. Nicht weniger bedeutsam sind solche Aussagen von Literaturkritikern. Jedoch auch die eventuelle Aussage eines gewöhnlichen Lesers besitzt ihren nicht zu verkennenden Wert für die Rekonstruktion vergangener Erwartungshorizonte. Vom Standpunkt der französischen Strukturalisten haben wir es in diesem Falle mit Metatexten zu tun, die uns helfen, einen Text zu verstehen.

So schildert Goethe über Wilhelms lange Gespräche zu Shakespeares *Hamlet*, die der Aufführung im 5. Buch von *Wilhelm Meisters Lehrjahre* vorausgehen, in ausführlichster Weise, wie er um diese Gestalt ringen mußte, in Friedrich Schlegels Bewußtsein aktualisierte sich Hamlet als die Verkörperung des grenzenlosen Mißverständnisses zwischen der denkenden und der tätigen Kraft, als der höchsten intellektuellen Verzweiflung inmitten einer zerrütteten Welt. Nietzsche versteht dies später in dem Sinne, daß die Erkenntnis das Handeln tötet, denn zum Handeln gehört das Umschleiertsein durch die Illusion. Harold Bloom geht in seinem Buch *A Map of Misreading* (1975) von einem Kategorienregister des "creative misreading" von Texten aus, das wir als Grundlage für eine Gliederung der Aktualisierungsmöglichkeiten bezeichnen können. Das Verhältnis zwischen zwei Dichtern oder Schriftstellern – wobei wir uns auf Schriftsteller unterschiedlicher Literaturen begrenzen – wird darin nämlich unter das Zeichen der "revisionary ratios" gestellt und als Antwort der "Dichter-Söhne" auf jene Fragen der "Dichter-Väter" verstanden, die diese offen gelassen hatten. Diese Antwort aber erfolgt als Korrektur oder Deviation (*clinamen*), als antithetische Ergänzung (*tessera*), Auslöschung (*kenosis*), Sublimation (*askesis*), Rückkehr zu den verlorenen Wurzeln (*apophrades*) oder als Durchbruch unerwarteter Folgerungen (*demonisation*).

Keine solche individuelle Aktualisierung erfolgt jedoch völlig isoliert für sich, sondern aus dem bestehenden Kontext und seinen Bedingungen, im Sinne schon von Thomas von Aquins Gedanken: "Quidquid recipitur, recipitur ad modum recipientis." In diesem Zusammenhang verdienen besondere Beachtung die Gedankengänge von George Bisztray, der fünf Möglichkeiten einer umfassenderen Interaktion zwischen dem Aktualisierungsprozeß des Individuums und seinem Kontext sieht und diese als *exchange*, als *cooperation*, als *competion*, als *conflict* und als *domination* definiert.[8] Die konkrete Aktualisierung eines Shakespeare-Stückes zum Beispiel kann demnach im Rahmen eines geistigen Austauschprozesses zwischen zwei Literaturen (der bestehenden Shakespeare-Rezeption in Deutschland zu einem bestimmten Zeitpunkt)

---

[8] George Bisztray: "The Theory of Interaction in Sociology and Comparative Literature". In: János Riesz/Peter Boerner/Bernard Scholz (Hg.): *Sensus communis. Festschrift für Henry Remak*. Tübingen 1986, 123-129.

erklärt werden, sie kann im engsten Zusammenwirken mit einer solchen Rezeption erfolgen, mit ihr konkurrieren, sich dieser aber auch widersetzen und Ausdruck einer bestimmten Vorherrschaft sein. Der Weg zur Synthese der Aktualisierungen und ihrer Verknüpfungen mit spezifischen Rezeptionsvorgängen ist dabei nach jeder Richtung hin offen, nicht nur im Rahmen von Epochen und ganzen Nationalliteraturen, sondern auch im Rahmen von Stilformationen und Gattungen, sogar zum Beispiel auch von Nachwirkungen. Die Komparatistik wird den jeweiligen Konkretisierungsakt aus dem Rezeptionsprozeß erklären. Wieso fand zum Beispiel die deutsche Literatur nach 1945 in Frankreich eine so gute Aufnahme, und warum wurde Handke sogleich als bedeutender Schriftsteller geschätzt?

Ich kehre zum Ausgangspunkt unserer Betrachtungen zurück: "La littérature comparée n'est pas la comparaison littéraire." Das, was Jean-Marie Carré vor mehr als dreißig Jahren – sich selbst noch im Unklaren darüber – mit dieser Behauptung auszudrücken versuchte, vermögen wir heute, aus dem gegenwärtigen Stand unserer methodologischen Erkenntnisse, sehr klar zu belegen. Denn die Linguistik hat sich inzwischen in der Literaturbetrachtung nicht nur mit der Semiotik, sondern auch mit der Informationstheorie sowie mit der Kommunikationstheorie verknüpft. Sie hat dabei versucht, den literarischen Kommunikationsprozeß auch rein mathematisch zu zergliedern, in der Annahme, dort die letzte Gültigkeit zu finden. Aber gerade die Komparatistik oder – genauer gesagt – das Vergleichen der eigenen Literatur mit Erscheinungen aus anderen Literaturen war es, das vor allem darauf aufmerksam machte, daß die literaturwissenschaftliche Betrachtung insgesamt nicht ausschließlich auf der Feststellung von Fakten allein beruhen könne, auf numerischen Angaben, um zu wahren Erkenntnissen vorzudringen. Das Besondere aus dem Allgemeinen zu erklären, das Fremde im Eigenen zu sehen, erfordert nämlich in gleicher Weise ein ständiges Reflektieren. So sind im fixierten Text hermeneutische Vorgänge zu erkennen, die seiner Fixierung vorangingen, und diese verlangen, durch die Tiefe des Textes hermeneutisch ausgelotet zu werden. Ebenso erweist sich auch die Betrachtung der Aktualisierungen im ästhetischen Kommunikationsprozeß ohne Rückgang auf die hermeneutische Reflexion als nicht denkbar. Die Komparatistik zeigt demnach immer wieder, daß sie vollauf auch eine hermeneutische Wissenschaft sein muß, um ihre Aufgaben mit Erfolg zu lösen.

Zur Frage der Literatur in verschiedenen Kulturräumen

Weltliteratur heute?

In seinen Aufzeichnungen zum 31. Januar 1827 berichtet Johann Peter Ekkermann, wie angeregt Goethe sich durch einen chinesischen Roman gefühlt hätte. "Chinesischer Roman?", will Eckermann gefragt und dazu vermerkt haben: "Der muß wohl sehr fremdartig aussehen?" – "Nicht so sehr, als man glauben sollte", habe Goethe darauf geantwortet: "Die Menschen denken, handeln und empfinden fast ebenso wie wir." Es ist jenes Gespräch, in dessen Verlauf dann die bekannte Aussage Goethes fällt: "Ich sehe immer mehr, daß die Poesie ein Gemeingut der Menschheit ist und daß sie überall und zu allen Zeiten in hunderten und aberhunderten von Menschen hervortritt." Eine Aussage, die dann letztlich zur Schlußfolgerung führt: "Nationalliteratur will jetzt nicht viel sagen, die Epoche der Weltliteratur ist an der Zeit, und jeder muß dazu wirken, diese Epoche zu beschleunigen."

Damit war erstmals das Wort "Weltliteratur" gefallen und ein Gegensatz zum Begriff "Nationalliteratur" formuliert, den Herder und Wieland erörtert hatten; und auch die Komparatistik als wissenschaftliche Disziplin, die von der Vorstellung ausgeht, daß alles literarische Schaffen miteinander in Verbindung steht, setzt mit der ersten Erwähnung dieses Wortes ein. Goethe jedoch mußte sich offensichtlich lange mit diesem Gegensatz zwischen der Literatur als etwas allgemein Bestehendem und seiner jeweiligen nationalen Eigenart beschäftigt haben, bis er die neue Bezeichnung prägte. Es war ein Ausdruck ähnlich dem Weltbürger oder Weltgeist, und höchstwahrscheinlich in gleicher Weise von der Absicht getragen, die ganze Welt zu umfassen, dabei aber auch eine besondere Sicht auf diese Welt zum Ausdruck zu bringen. Der Unterschied wird spürbar im Vergleich zum Beispiel zu Ausdrücken wie Weltarchitektur oder Weltmusik, die für sich allein nur das Allumfassende der Architektur oder der Musik als eines Weltphänomens bekunden, die aber noch nicht erkennen lassen, wie ausschließlich in einem Werk die ganze Welt erfaßt sein kann, obwohl wir in der englischen Sprache den Versuch verfolgen können, mit dem Wort "world-music" auch diese Bedeutung einzuführen.

Die Goethe-Forschung jedenfalls weist nach der ersten Verwendung des Begriffes Weltliteratur noch insgesamt auf zwanzig Stellen hin, an denen der Dichter dieses Wort in den Jahren 1827 bis 1831 in jeweils verschiedenen Zusammenhängen verwendet hat und damit das Verhältnis zwischen dem Besonderen und dem Allgemeinen in der Literatur zu klären versuchte. Aufgrund dieser Erwähnungen interpretierte man, daß Goethe unter Weltliteratur sowohl eine Zusammenschau aller Nationalliteraturen als auch eine Auswahl der größten dichterischen Leistungen aller Völker verstanden hätte, dabei aber vor allem die universale Wechselwirkung sämtlicher Literaturen vor Augen hatte und vom Wunsch getragen war, daß sich ein solcher Austauschprozeß der Dichtungen und Bildungswerte so lebhaft wie möglich entwickeln möge.

Es sind demnach drei Formen des Universalen, auf die sich ein solches Verständnis von Weltliteratur zurückführen läßt: das Universale als Summe oder Quantität, als Kanon oder Qualität und als Kommunikation oder als Prozeß. So erleben wir immer wieder Sammlungen, in denen die einzelnen Literaturen zumeist nach Epochen nebeneinander gestellt werden. Wir sind aber auch Zeugen einer sehr angeregten Diskussion um den Begriff des Kanons, der einen festen Maßstab für die Erfassung und Vermittlung von Weltliteratur bieten sollte, und was die allerneuesten methodologischen Erkenntnisse betrifft, so ist Literatur vor allem ein Zeichensystem, das aus einem ständigen Kommunikationsprozeß hervorgeht. Die Fragen, die sich nun für die folgenden Betrachtungen stellen, lauten demnach: Inwieweit läßt sich das gegenwärtige Verständnis von Weltliteratur in ihrer Entwicklung auf diese drei Möglichkeiten der Betrachtung beschränken?[1] Wenn nämlich Weltliteratur die Summe aller Nationalliteraturen ist, kann man diese Summe jemals erfassen, und was wäre der tiefere Sinn eines solchen Erfassens? Wenn Weltliteratur aber ausschließlich ein Kanon ist, wie soll dieser Kanon bestimmt werden? Auch wenn man sich an die Interpretation hält, daß unter Weltliteratur vor allem an die Wechselseitigkeit des literarischen Austauschs zu denken wäre, also an ein

---

[1] Einen ausführlichen Überblick über die Entwicklung dieses Begriffes hat Erwin Koppen in seinem Beitrag "Weltliteratur" im Band 4 des *Reallexikons der deutschen Literaturgeschichte* geboten (Berlin ²1984, 815-827), in dem er auch auf das Verhältnis zwischen den Vorstellungen von Weltliteratur und der Komparatistik eingeht. Auf die Notwendigkeit einer Anpassung der Formulierungen Goethes hat als erster René Etiemble hingewiesen ("Faut-il réviser la notion de Weltliteratur?" In: François Jost (Hg.): *Actes du IVe Congrès de l'Association Internationale de Littérature Comparée*. Den Haag/Paris 1966, 5-16), bis dann zwanzig Jahre später auch José Lambert auf das neue Verhältnis der Komparatistik zum Begriff der Weltliteratur eingeht ("Weltliteratur et les études littéraires actuelles. Comment construire des schémas comparatistes?" In: Roger Bauer (Hg.): *Actes de XIIe Congrès de l'Association Internationale de Littérature Comparée*. Bd. 4, München 1990, 28-35). Den neuesten Beitrag bietet der Sammelband von Manfred Schmeling *Weltliteratur heute: Konzepte und Perspektiven*. Würzburg 1995 (Saarbrückener Beiträge zur Vergleichenden Literatur- und Kulturwissenschaft 1). Hatte Koppen zu der Entwicklung der drei traditionellen Interpretationsstränge dieses Begriffs noch die spezifisch marxistische Sicht hinzugefügt und Lambert die Veränderungen unter den Bedingungen des Wirkens neuer Medien, so wird in diesem Buch, das als Resultat eines Kolloquiums entstanden ist, die Bezeichnung "Weltliteratur" zum Beispiel auch als ein Marketing-Terminus betrachtet. Von einem Schriftsteller zu sagen, er schreibe Weltliteratur, ist zu einem wohlfeilen Begriff geworden.

Kommunizieren von Werten, so bleiben gleichfalls viele Möglichkeiten offen. Auf eine solche Modellstruktur der Weltliteratur als Summe – Kanon – Kommunikation möchten wir einzugehen versuchen.

So zum Beispiel vorerst die Frage nach den Werten überhaupt. Wo und auf welche Weise bilden sich Werte für eine ästhetische Auswahl heraus? Vollzieht sich so etwas ausschließlich im Prozeß der Kommunikation, und sind von den Werten, die wir entdeckt zu haben glauben, auch wirklich alle universale Werte, oder sind es vielleicht nur europäische Werte, das Resultat einer bestimmten Tradition, oder sind es Werte gültig nur im gegebenen Augenblick, für unsere unmittelbare Gegenwart oder für die Zeit, als ein Werk entstand? Eine solche Unvollständigkeit hat zur Hervorhebung von verschiedenen Typologien bestimmter Motive und Gestalten geführt, so auch zur Bestimmung eines jeweiligen Kanons der großen literarischen Werke aufgrund der Tatsache, daß sie weltweit höchste Anerkennung gefunden haben. Hans Georg Gadamer hat in diesem Sinne den Kanon als das historische Wesen der Literatur erklärt, weswegen es daher auch möglich wird, daß ein Werk der Weltliteratur angehört. Denn, so Gadamer, "ein solches Werk wird zu der Welt sprechen, auch wenn die Welt, zu der das Werk spricht, sich völlig verändert hat"[2].

Hans Robert Jauß hingegen ist im Gegensatz zu einer solchen metaphysischen Vorstellung der Auffassung, daß jeder Kanon nur eine Form ist, in der sich eine bestimmte Tradition widerspiegelt, und daß sich der Kanon als ein ständiger Begriff inhaltlich und in seiner Zusammensetzung von Epoche zu Epoche verändert, so daß es die Aufgabe wäre, vor allem die Aufgabe der Komparatistik, die sich, wie schon erwähnt, überhaupt als eine Wissenschaft von der Weltliteratur betrachtet, jenen Kanon ausfindig zu machen, den sich die jeweilige Epoche festgelegt hat, einen Kanon demnach, der zwar universal sein kann, der aber niemals außerzeitlich sein wird.[3] Daher beinhaltet nach solcher Auffassung die Weltliteratur – wie überhaupt jede Form der Tradition – das Aufbewahren, zugleich aber auch das Verdrängen und das Vergessen. So besteht die Beziehung des Kanons zu einem allgemeinen Konsens nicht nur auf der historischen Universalität und gesellschaftlichen Partialität, sondern Weltliteratur – durch den Kanon betrachtet – drückt zugleich auch den Prozeß der Anerkennung wie auch der Beanstandung einer solchen Anerkennung aus, einen Prozeß, in dem die Beurteilung des gegenwärtigen Augenblicks die Erfahrung aus der Vergangenheit übernimmt oder diese Erfahrung einfach verwirft, sie erneuert oder auch verändert.

---

2 Hans Georg Gadamer: *Wahrheit und Methode. Grundzüge einer philosophischen Hermeneutik*. Tübingen ²1965, 154.

3 Hans Robert Jauß: "Goethes und Valerys Faust. Zur Hermeneutik von Frage und Antwort". In: *Comparative Literature*, Nr. 3, 1976, 203.

José Lambert geht dabei so weit, den Nationalcharakter der Literatur als ausschließlichen Fluchtpunkt für eine wissenschaftliche Begründung der Weltliteratur zu bestreiten.[4] Die Art und Weise, in der wir uns die einzelnen literarischen Phänomene vergegenwärtigen, wird solange begrenzt und vereinfacht bleiben, solange die Nationalliteraturen ausschließlich und mechanisch unsere Auffassung von den Fragen der Literatur bestimmen. Denn jede Segmentierung der Weltliteratur auf der Grundlage der Nationalliteratur scheint für Lambert demzufolge überholt und kann mit den Entwicklungen im zwanzigsten Jahrhundert überhaupt nicht in Einklang gebracht werden. Wie könnte es überhaupt möglich sein, fragt sich Lambert, eine Litcraturwissenschaft zu entwickeln, die noch von einer völlig pragmatischen Definition ausgeht, wie dies jetzt, am Ende unseres Jahrhunderts, der Fall ist, da die Literatur unter dem Einfluß der elektronischen Geräte eine neue audiovisuelle Dimension erhält. Unter den Bedingungen, unter denen die Zusammenfassung zu politischen und wirtschaftlichen Ganzheiten der Welt neue Landkarten zu besserer Übersicht auferlegt, auf denen sich die Grenzen kleinerer politischer Einheiten schon verlieren, wird man auch eine entsprechende Landkarte zur Übersicht über die Literatur von neuem zeichnen müssen. Denn nicht nur, daß es politische Ganzheiten gibt, die von den Völkern verschiedenster Sprachen in jüngster Zeit unmittelbar gebildet wurden, es lassen sich auch viele Phänomene in neue Verteilungsschemata nach Nationen einfügen, und mehr denn je überschreiten einzelne Phänomene die nationalen Grenzen, so daß sie auf diese Weise gleichfalls größere Einheiten bilden, die auch größere Räume abdecken. Manchmal kann man auch gar keine Grenzen mehr ziehen, zum Beispiel wenn von der Emigranten- oder Exilliteratur die Rede ist oder von Zonen, die durch die Medien in der Sprache einer der Literaturen bestimmt werden, die viel mehr Verbreitung gefunden haben, so daß sich auch die Übersetzungen aus dieser Literatur viel erfolgreicher durchsetzen konnten. Besonders die Übersetzungen sind in diesem Falle sehr bedeutsam, so zum Beispiel im Falle eines Schriftstellers wie Kafka, wo sie Ausdruck eines Vertreters sowohl des deutsch-tschechischen sprachlichen Raumes als auch der jüdischen Kultur sind. Über die Übersetzung solcher Werke wird zugleich auch der Ausdruck eines kollektiven Geistes übertragen, so daß es sich zugleich auch um die Vermittlung eines Raumes, des mitteleuropäischen Raumes, einer Kultur in diesem Raum, der jüdischen Kultur, handelt. Die gegenwärtig gegebenen Möglichkeiten zur Synchronisierung führen heute sogar auch dazu, daß ein Werk überhaupt nicht als ein fremdes Werk empfunden werden muß. Im Gegenteil, es gibt Werke in Übersetzung, die noch vor dem

---

[4] José Lambert: "Weltliteratur et les études littéraires actuelles. Comment construire des schémas comparatistes?", a.a.O., 30.

Original veröffentlicht wurden. Literarische Landkarten, auf denen man die Literatur von diesem Standpunkt darstellen würde, könnten zugleich auch die Möglichkeit ausschließen, daß man die Weltliteratur nur als eine der Qualitäten des Literarischen betrachtet und daß sich auf diese Weise etwas Eigenes für sich bildet. Die strukturellen Veränderungen in den Produktionsweisen vor allem seit Beginn des 19. Jahrhunderts hatten zur Folge, daß immer mehr auch jene Unterschiede im Entwicklungsstand zwischen den einzelnen Literaturen verlorengingen, so daß sich mit dem Schwinden dieser Unausgeglichenheiten die Literatur notgedrungen erneut in eine weltweit nivellierte Form der Literatur verwandelt. Soviel also an dieser Stelle von den Vorstellungen Lamberts über die Entwicklung der Weltliteratur als eines Begriffes.

Wenn wir nun nach diesen Hinweisen auf Gadamer, Jauß und Lambert erneut zum Beginn unserer Ausführungen zurückkehren und die Unterschiede in der Interpretation des Begriffes Weltliteratur als eines häufig verwendeten Begriffes mit allen jenen unterschiedlichen Aspekten konfrontieren, in denen er sich unter den unterschiedlichen Bedingungen der Entwicklung von Kultur als eines seiner Phänomene verwirklicht, so erwarten wir, daß er immer eine verpflichtende Kraft und Funktion auf internationaler Ebene ausgeübt hätte. Tatsache ist jedoch, daß der Prozeß der inzwischen erfolgten internationalen Integration wenig Gemeinsames mit den idealistischen Bestrebungen von Goethes Zeitalter aufweist, mit den humanistischen und kosmopolitischen Bemühungen des 18. und beginnenden 19. Jahrhunderts, obwohl es auch entgegengesetzte Bemühungen gegeben hat. Auch für diesen unseren gegenwärtigen Augenblick können wir schwerlich vermeiden festzustellen, daß ein spürbares Bedürfnis vorhanden ist, jenen Begriff der Weltliteratur als ein Ideal, als Utopie und letztendlich als Maßstab zu verteidigen und auf dieser Verteidigung zu bestehen. Denn die Entwicklung selbst bestätigt dieses Bedürfnis. Die Meisterwerke der Literatur, ohne Rücksicht darauf, auf welche Weise sie als solche bestimmt wurden, ob als Resultat ästhetischer Übereinstimmung von Kennern oder dank ihres Erfolges als Bestseller, beeinflussen zwar auch weiterhin unser Bewußtsein von Kultur, aber im Gegensatz zu jener Rolle der Literatur, die den Autor und sein Werk zur erhabenen Höhe der Weltliteratur erhebt, wirkt auch der Prozeß, der nivelliert, den wir uns aber als ein bestimmtes strukturierendes Verfahren vorstellen müssen. In der gegenseitigen Verbundenheit der Ereignisse des 20. Jahrhunderts ist die Weltliteratur weder die Summe aller Literaturen der Welt, sie ist auch keine Auswahl von Werken, die besonders hervorzuheben wäre, und sie ist letztlich auch nicht jenes Edle und Humane, das alle Literaturen miteinander verbindet, sondern sie bezeichnet jene immer ausgeprägtere Instrumentalisierung der Welt, darin auch der Literatur, indem sie sich gleichfalls als eine Welt in den allgemeineren Prozeß einer allumfassenden Planetarisierung einfügt.

Wir wissen zur Zeit noch nicht, wohin uns ein solcher Prozeß führen wird. Die pessimistischen Vorausahnungen werden jedoch immer lauter, auch wenn es um die Weltliteratur und ihre Entwicklung zur planetaren Literatur geht. So könnte die entsprechende Schlußfolgerung lauten, daß eine solche Entwicklung einerseits zugleich das endgültige Streben der Weltliteratur verwirklicht, die Literatur der ganzen Welt zu sein, daß aber allein schon dadurch auch ihre Zerstörung vorgegeben ist, da sie jene Idee zerstört, von der sie ausgegangen ist. Extreme Pessimisten sprechen sogar davon, daß uns eine weltliterarische Barbarei bevorsteht. Mit dem Verlust jenes ursprünglichen Ziels jedoch stellt sich die Frage, wozu überhaupt Weltliteratur? Wenn zum Beispiel ein so großes Volk wie die Franzosen mit solcher Vehemenz seine Sprache verteidigt und sie vor allem von jedem Vordringen von Anglizismen bewahren möchte, in der Annahme, daß es auf diese Weise auch ihre französische Identität verteidigt, folgert daraus nicht auch, daß es in gleicher Weise seine Literatur vor einer übermäßigen Verbindung mit anderen Völkern verteidigt? Die Diskussion über den Kosmopolitismus, die schon seit dem 18. Jahrhundert geführt wird und die bis heute nicht aufgehört hat, wirkt jetzt allerdings nicht mehr als eine Diskussion über eine prinzipielle Antithetik zwischen einer mächtigen Idee der Nationalität und der Forderung nach Kosmopolitismus, sondern sie meldet sich als Bestreben, daß der Kosmopolitismus seine Verwirklichung in seiner allerbesten Form finden möge, und diese Form wird in der Art und Weise erkannt, in der die eigene Nation, wie man annimmt, den Kosmopolitismus verwirklicht hat. Die Entwicklungswege könnten in diesem Fall mit dem Verlauf der Entwicklung der Idee vom Weltbürger verglichen werden. Die Aufklärer, vor allem Voltaire und Lessing, haben sich nicht von dieser Art des Bürgers begeistern lassen, aber der Weg des humanistischen Universalismus ist über das Interesse an der Sprache in Richtung des Durchbruches zum Nationalen gegangen, so daß Kosmopolitismus immer auch einen Bereich des Wirkens einer zahlenmäßig stets nur kleinen Elite darstellen wird und niemals das Programm einer großen Bewegung zu bilden vermag, auch nicht der späteren Arbeiterbewegung, die im Namen des Internationalismus der Arbeiterklasse den Kosmopolitismus der Bourgeoisie verurteilt.

Der Zugang zur Weltliteratur erweist sich demnach als etwas sehr Widersprüchliches, wenn es um ihre Besonderheit geht, Grenzen zu überschreiten, in sich die Welt zu enthalten und diese auszusagen, universal zu sein und europäisch oder noch weiter zu wirken. Vor allem die Befürchtung, daß es durch die Verwirklichung jener ursprünglichen Idee, auf der die Weltliteratur begründet war, unausweichlich zu einer Nivellierung kommen muß und auf diese Weise auch zu einer Verdrängung der einzelnen Kulturen, ist nicht ohne Wirkung geblieben. Der Gedanke, daß Anpassung zum Verlust kultureller Substanz führt, ist schon bei Nietzsche anzutreffen, und dieser Gedanke wird dann von Oswald Spengler, Thomas Mann und Paul Valéry bis zu Umberto Eco und der Postmoderne fortgesetzt. Nietzsche zum Beispiel sieht die Gefahr der Kultur darin, daß man auf das Leben vergißt, daß man bei der Erwähnung von Zivilisation, Vermenschlichung oder Fortschritt als einer politischen Formel zuallererst an die demokratische Bewegung in Europa denkt und daß sich parallel damit ein weitreichender physiologischer Prozeß abspielt, der zwar immer mehr an Schwung gewinnt, der aber darin besteht, daß sich die Europäer selbst immer mehr von den Bedingungen entfremden, unter denen unterschiedliche Rassen entstehen, so daß sich aus einer solchen Nivellierung langsam jener übernationale, zugleich aber auch nomadische Typ des Menschen formt, der – betrachten wir ihn physiologisch – ein Maximum an Geschick und Kraft zur Anpassung entwickelt, was ihm aber zugleich zum wichtigsten Merkmal wird. Nietzsche rechnet in seiner Schrift *Jenseits von Gut und Böse* im Kapitel "Völker und Vaterländer" mit dem Glauben der Aufklärung ab, der Fortschritt läge in einem humanistischen System der Werte. Das, was den Menschen verführte und damit auch die Kultur, liegt für Nietzsche nicht so sehr im atavistischen Patriotismus und auch nicht in jener "Schollenkleberei", wie er sie nennt, sondern in viel größerem Ausmaß in der Einschränkung auf die Durchschnittlichkeit. Jenem "wahren Europäer", wie ihn Nietzsche nennt, kann weder an einem solchen Darwinismus noch an einer solchen Heimatverbundenheit gelegen sein. Wenngleich sich Nietzsche auch nicht unmittelbar zur Weltliteratur geäußert hat, so haben diese seine Gedanken doch auch ihre sehr tiefen Spuren in der Diskussion um diesen Begriff hinterlassen.

Hat nun Nietzsche nicht unmittelbar zu dieser Frage Stellung genommen, so äußerte sich dazu um so mehr Oswald Spengler. In seinem berühmten Buch *Der Untergang des Abendlandes*, an dem er 1912 zu arbeiten begann, bringt er die Entwicklung der Weltliteratur in Verbindung mit der urbanen Entwicklung, und dies ausgehend von einem Ort, der gerade erst zur Marktgemeinde geworden ist, bis zur Weltmetropole. "Mit dem Beginn der Romantik beginnt für uns auch das, was Goethe so weitsichtig als 'Weltliteratur' bezeichnet hat; das ist die führende weltstädtische Literatur."[5] Jedoch im Unterschied zu dieser Interpretation von Goethes Auffassung von einer solchen Literatur als künftiger Entwicklung, die auf das literarische Leben in der Metropole hinweist, sieht Spengler in ihr eine Erscheinung, der die Qualität der Endlichkeit eigen ist. In Verbindung damit vergleicht er auch die Tendenzen in der Verbreitung einzelner Sprachen, daß nämlich in ähnlicher Weise auch die englische Sprache zur Weltsprache geworden ist, und so möchte er auch an diesem Beispiel zeigen, wie Kultur und Welt als Gegensätze in Erscheinung treten.

---

[5] Oswald Spengler: *Der Untergang des Abendlandes. Umrisse einer Morphologie der Weltgeschichte*. München 1979, 684.

Dadurch, daß nämlich eine Sprache bis zu globalen Ausmaßen die anderen Sprachen überwiegt, kanalisiert sich auch die Entwicklung der Kultur aus dem Reichtum der Unterschiedlichkeiten in die Begrenztheit ausschließlich einer Richtung. Wohin immer wir uns auch in Bewegung setzen möchten, wir werden uns letztendlich in Berlin, London oder New York finden.

Das entspricht vollauf dem Dreiphasenmodell, das uns Oswald Spengler angeboten hat – die Entfremdung von der Kultur, die inzestiöse Wahrung nur einer zivilisierten Form und der Übergang in den Stand der totalen Verknöcherung und des Absterbens –, womit teilweise auch Nietzsches statische Idee von der Zivilisation (Angleichung bis zum Identitätsverlust und damit Zurückführung auf Mittelmäßigkeit) fortgesetzt wird. In ähnlicher Weise läßt auch das Buch von Hans Sedlmayer *Verlust der Mitte* Spenglers Entwurf mit der Prophezeihung von einer "Weltepoche der planetaren Einheit" ausklingen. Diese Epoche wird ihren Beginn durch "fürchterliche Krisen" ankündigen, sie stellt uns aber als eine Art Trost den Ausblick auf die Entwicklung "neuer Kommunikationsmittel" auf unserem Planeten in Aussicht, wobei unser Planet zuerst "sich in technischer Hinsicht zu einer Einheit gestaltet" – womit eine solche apokalyptische Schlußfolgerung auch ihre realen Konturen erhält.[6]

Es wäre aber andererseits auch eine ungewöhnlich interessante Aufgabe, neben solchen Philosophen wie Nietzsche, Spengler oder Sedlmayer die Wirkung von Goethes Gedanken der Weltliteratur auch unmittelbar auf die bedeutendsten Schriftsteller der Welt zu überprüfen. Eine besondere Gruppe sowohl in qualitativer als auch in historischer Hinsicht würden in diesem Falle Schriftsteller jener Ausrichtung bilden, wie sie von Romain Rolland, Paul Valéry, Thomas Mann, André Gide oder Stefan Zweig vertreten wird. Diese haben besonders in den Jahren zwischen den beiden Weltkriegen ihr gesellschaftspolitisches und literarisches Engagement als Fortsetzung von Goethes humanistischer Idee verstanden, sie standen aber zugleich auch unter der starken Einwirkung von Nietzsche. Die Art und Weise, in der sich diese Schriftsteller nicht nur theoretisch für die internationale Verständigung einsetzten, sondern auch den kosmopolitischen Gedanken zu verwirklichen versuchten, indem sie auf Konferenzen auftraten und Vorträge hielten, zeigt zugleich, daß

---

[6]   Hans Sedlmayer: *Verlust der Mitte*. Salzburg 1948, 323. Sedlmayer zeigt zum Beispiel diesen Weg zur Krise beginnend mit dem Biedermeier. Der obligate runde Tisch in der Mitte des Zimmers, um den herum sich die Familie versammelt, ist auf diese Weise auch der Mittelpunkt einer harmonischen Welt in der Geborgenheit der Familie und der allernächsten Freunde. Von da aus betrachtete man die äußere Welt und sprach auch über Literatur als etwas Ganzem. Dann ging diese Harmonie verloren, das Biedermeiermobilar räumte den Platz unter dem Zug der Zeit, und so schwand auch das Selbstbewußtsein in der Betrachtung der Welt und das Gefühl von der Ganzheit der Literatur.

der Gedanke der Weltliteratur in immer größerem Maße in die soziokulturelle Praxis Eintritt fand. Die Motivation für ein solches Wirken könnte in diesem Falle nicht ausschließlich durch Goethes humanistische Autorität erklärt werden, denn das Bedürfnis nach einem solchen Wirken, zumindest unter den Intellektuellen, bildete schon immer eine besondere Begleiterscheinung von Krisensituationen, vor allem dann, wenn es darum ging, sich dem nationalen Egoismus und seinen kriegerischen Auswirkungen zu widersetzen.

Aber verbunden mit einem solchen Engagement bleibt auch der Glaube, daß die Integration der Weltliteratur in ein solches Wirken vor allem in den Bereich auserwählter Geister fällt, wie übrigens auch die Beschäftigung mit dem Kosmopolitismus, so daß Verlain in einem Brief den bekannten Gedanken zum Ausdruck bringen wird, daß er, als er Eckermanns Gespräche mit Goethe las, zur Schlußfolgerung gelangte, man müsse ein neues Weimar schaffen, das der Mittelpunkt einer europäischen Elite wäre, eine ideale Stadt des Geistes. Die Weltliteratur, gemeinsam mit der Vorstellung vom Weltbürger, wird auf diese Weise eine intellektuelle Zufluchtsstätte für eine international ausgerichtete Elite. Wie sehr eine solche Vorstellung von Europa, gefördert von der intellektuellen Elite, auch zum Thema der Literatur werden konnte, besonders wenn die Rede von der Beziehung zwischen Deutschland und Frankreich ist, zeigt Romain Rollands Roman *Jean Christophe*, zu dem der Verfasser sagen wird: "Je suis Jean Christophe." Andererseits aber setzt sich Rolland auch für die Bewahrung der Dialektik ein, die auf einem produktiven Unterschied zwischen den Kulturen begründet ist, wobei er auch die außereuropäischen Literaturen, die indische, die chinesische und die japanische miteinbezieht, für die er behauptet, daß sie zu einer Quelle von Ideen auch für unsere europäische Literatur geworden sind, so wie auch unser europäischer Gedanke die indische, chinesische und japanische Literatur speist. Das aber kann keinesfalls bedeuten, daß wir uns in Richtung einer entnationalisierten Literatur bewegen, sondern ausschließlich den Wunsch nach einer Kunst, die der Gesamtheit der menschlichen Psyche entspringen würde und in vielfacher Weise ihren Widerhall auf unserem ganzen Planeten zu finden hätte.

Verfolgen wir heute aus einer weitgefaßten Weltperspektive die nationalen Zusammenstöße im 20. Jahrhundert und auch die immer intensivere Homogenisierung der internationalen wirtschaftlichen und kulturellen Entwicklung, was Romain Rolland so sehr am Herzen lag, so muß das zur Zeit wie eine reine Utopie klingen. Der Kultursoziologe Pierre Bourdieu setzt einer solchen Utopie als einzige Antwort den Austausch von Ideen entgegen, der nicht durch nationale Vorurteile getrübt sein sollte, und als erste Bedingung für einen wahrhaftigen intellektuellen Universalismus sieht er die Internationalisierung oder Entnationalisierung in den bestehenden Kategorien des Denkens.[7] Die Diskussion darüber, zu der es nach diesem Beitrag Bourdieus gekommen ist und die auch in der Presse ihren regen Widerhall fand, bestätigte die ausgesprochenen Befürchtungen wegen der gegebenen nationalen Vorurteile, aber sie zeigte zugleich auch, daß die Sorge wegen einer möglichen Nivellierung des Bewußtseins von Kultur ebenso groß war, so daß man auch Stimmen hören konnte, das Zurückschrecken vor dem Nationalen müsse zugleich auch dahin führen, daß man sich nun auf die Jagd nach dem Phantom der Nivellierung, der Ausgleichung, begebe, anstatt daß man – um es so auszudrücken – zur Verteidigung der Heterogenität übergehen würde. Sehr offensichtlich wurden in dieser Hinsicht bestimmte Gegensätzlichkeiten. So wird der Schriftsteller oder Dichter, der etwas von sich hält, der Regel nach seine nationale Eigenart, seine Individualität hervorheben sowie die Tatsache, daß er nicht unter dem Einfluß der Weltliteratur steht. Er wird dafür aber eine große Bedeutung dem Umstand beimessen, daß er am internationalen Leben teilnimmt und auch im kulturellen Austausch anwesend ist. Zu einem solchen Austausch ist er aber nur insofern bereit, als sich dieser für die nationale Eigenart als produktiv erweist und nicht zu einer Nivellierung in kultureller Hinsicht führt.

Insgesamt waren diese Schriftsteller – Romain Rolland, Paul Valéry, André Gide, Thomas Mann und Stefan Zweig – überzeugte Europäer, und sie bangten vor dem gleichen Phantom. Dieses Phantom war für sie die Demokratie, denn sie glaubten, daß die Demokratie dasjenige, was die Kultur zur Kultur macht – die Möglichkeit, den Unterschied im Verhältnis zu etwas Anderem zu unterstreichen, zu etwas, was fremd ist – unmöglich macht. Diese Möglichkeit des Unterscheidens bezieht sich auch auf das Andere, wenn es um die europäische Kulturdomination geht und um das Monopol auf Humanismus und auf Moral, wie es die Tradition des Westens für sich in Anspruch nimmt. Die Verurteilung aller Versuche zur Nivellierung weltliterarischer Bemühungen beruht dabei im erwähnten Bewußtsein der Krise. Der Metapher von der Demokratie widersetzt sich die Metapher der Aristokratie. Dabei übt das aristokratische Verständnis von Weltliteratur sicherlich auch eine bestimmte Funktion aus, nämlich insofern als es die individuelle Aussonderung betont, während der demokratische Begriff der Weltliteratur die Abschaffung der Unterschiede im weltliterarischen Prozeß fordert. Je mehr wir uns jedoch der Gegenwart nähern, desto klarer wird, daß die Diskussion über Weltliteratur zu einer Diskussion über Weltliteratur im Zeichen der Herrschaft der Medien wird. Denn die Internationalität des literarischen Lebens ist nichts anderes als

---

[7] Pierre Bourdieu: "Les conditions de la circulation internationale des idées". In: *Romanistische Zeitschrift für Literaturgeschichte*, Nr. 1-2, 1990, 10.

die Internationalität der Wirtschaft, der Politik und anderer Faktoren, wobei die Internationalität des literarischen Lebens besonders durch die einfach phantastische Entwicklung der Kommunikationsmittel angeregt wird. Diese hat dazu geführt, daß uns jedes literarische Werk ohne besondere Mühe sogleich zur Hand ist, daß wir per Bildschirm zum Beispiel das literarische Leben unmittelbar verfolgen können.

Für den Schriftsteller jedoch bedeutet dies nicht nur einen Gewinn und einen Vorteil, sondern es zeigt sich darin auch eine gewisse Gefahr. Denn das Aufrechterhalten des notwendigen Gleichgewichts zwischen Individualität, Originalität, kultureller Selbstbehauptung und vieler anderer Momente einerseits und der technisch-kulturellen Standardisierung andererseits wird immer komplizierter. Diese Standardisierung ist erkennbar nicht nur an der Art der Distribuierung zum Beispiel internationaler Fernsehserien, dem Entstehen von Verlagen mammutartiger Größe oder der Errichtung elektronischer Bibliotheken, sondern auch am Stil des Schreibens, der immer mehr zur Intertextualität neigt, und zwar im ursprünglichen Sinne dieses Wortes, nämlich als Verknüpfung eines Textes mit anderen Texten, so daß man letztendlich einfach nur aus anderen Texten zitiert. Darin ist offensichtlich die Notwendigkeit erkennbar, den Fluß von Informationen zu fördern und die Übertragung, den Transfer auch auf literarischer beziehungsweise kultureller Ebene zu beschleunigen. Vom Standpunkt der Weltliteratur aus betrachtet sind alle diese Elemente – die veränderten Bedingungen der Distribution und der transkulturellen Intertextualität – sicherlich ein Beweis für die Entwicklungsfähigkeit dieses Begriffs, andererseits aber ist das Nachdenken über die Weltliteratur noch ambivalenter geworden, so daß sich auch die Frage stellt, wo schließlich die Grenze der Möglichkeiten des kulturellen Austausches liegt, damit dieser Austausch überhaupt noch produktiv bleibt; und kann man nicht auch annehmen, daß sich diese Produktivität, die man zu beschleunigen wünscht, in eine Entropie verwandelt, was zu bedeuten hätte, daß in jedem Augenblick eine unerwartete und unvorhergesehene Bewegung in diese oder jene Richtung eintreten könnte?

Denn die Revolution im Bereich der Informationen bedingt zweifellos, daß der Literatur jener Schleier genommen wird, der sie mit dem Geheimnisvollen umhüllt, und daß die lineare Perspektive der Wahrnehmung in der Bearbeitung eines Erlebnisses durch eine Fülle von Wahrnehmungen ersetzt wird. Die Möglichkeit, mit einem Knopfdruck von einem Fernsehsender zum anderen überzugehen, ist dabei gleichfalls einer der Gründe, daß unsere historisch bedingte Art des linearen Denkens durch ein digitales Kodieren von Denkmodellen ersetzt wird. All dies sind Fragen, die in diesem Augenblick sowohl Philosophen als auch Futurologen in gleicher Weise beschäftigen wie auch die Theoretiker der Informatik. Es sind aber Fragen, die auch jene nicht gleichgültig lassen können, die über Literatur in der Welt als einer der grundlegenden Formen, in der sich der menschliche Geist äußert, nachdenken.

Diese kurzen Ausführungen zur Frage "Weltliteratur heute?" – angeregt durch die Frage "Wozu Literatur?" – werden womöglich den verwirrenden Eindruck hinterlassen, daß die Entwicklung der Literatur in der Welt in eine Endsituation gelangt ist, die im völligen Gegensatz zu jeder Idee der Weltliteratur steht, die als wunderschöne Perspektive vom harmonischen Zusammenfließen von allem, was ästhetisch und geistig wertvoll ist, entworfen war und doch nur die Utopie einer Zeit und einer kleinen Provinzstadt darstellte, eine Utopie geboren aus dem zwar idealistischen, letztlich aber doch nur provinziell begrenzten Horizont, die sich jedoch anders entwickelte, so daß man die Idee von der Weltliteratur vorerst aus der Sicht einer zahlenmäßig kleinen Elite zu retten versuchte, die diese Idee als Zufluchtsstätte eines aristokratischen Geistes verkünden wird und die sich auch jedem Versuch widersetzt, diese Idee durch den Prozeß der Nivellierung zu demokratisieren. Auch Spengler integrierte diesen Begriff in die Bewegung einer Kultur, die sich ihrem endgültigen Ende nähert, während Gadamer das Phänomen der Weltliteratur aus der Geschichtlichkeit ihres Wesens zu ergründen suchte, dabei jedoch den Kanon der Außerzeitlichkeit anerkannte. Darauf antwortete Jauß, daß ein solcher Kanon nicht außerzeitlich sein könne, sondern seine Universalität von Epoche zu Epoche ändere, so daß Lambert die Forderung stellen konnte, daß die Betrachtung der Weltliteratur die nationalen Gegensätze im Interesse des kosmopolitischen Gedankens zurückzustellen hätte. Bourdieu meinte vereinfacht, daß die Weltliteratur im besten Falle nichts anderes sein könne als ein Austausch von Ideen über alle nationalen Gegensätze hinweg, wobei jedoch Sedlmayer schon unmittelbar nach dem Zweiten Weltkrieg voraussah, daß uns eine Zeit der planetaren Einheit bevorstehe, die auf neuen, verbesserten Mitteln der Kommunikation beruhen, zugleich aber von einer fürchterlichen Krise begleitet und erschüttert sein werde.

Wir sind Zeugen, daß sich in diesen Voraussagen so manches angekündigt hat, was in seinen wahren Ausmaßen überhaupt noch nicht erkannt werden konnte. Aus der Notwendigkeit im Zweiten Weltkrieg, Systeme zu entwickeln, die einen möglichst schnellen und zahlenmäßig umfassenden Austausch von Informationen ermöglichen sollten, ist die Informatik als Wissenschaft entstanden, die in solchem Maße zur Vervollständigung von Kommunikationsmöglichkeiten beigetragen hat, daß wir heute in der Lage sind, in Sekundenschnelle Informationen zu erhalten, die die gesamte Welt umfassen, so wie es auch uns möglich ist, mit unseren Informationen mit gleicher Geschwindigkeit die gesamte Welt zu erreichen. Diese Situation, die McLuhan mit der bekannten Metapher von der Welt als "globalem Dorf" zum Ausdruck gebracht hat, und Lyotards Feststellung, daß im Besitzen, in der Benutzung und in der Verbreitung von Informationen auch eine ungeahnte Macht enthalten ist, bilden eigentlich den sichtbaren Ausdruck des Bewußtseins vom Beginn der neuen, postmodernen Epoche, also einer Epoche, für die der rücksichtslose Erwerb von Informationen zur Eroberung wirtschaftlicher und politischer Vorherrschaft den Hauptbeweggrund bildet.[8]

Das mußte auch zu völlig neuen moralischen Maßstäben führen, die sich am allerbesten am Beispiel der Vereinigten Staaten von Amerika erkennen lassen, wo nun die riesigen multinationalen Konzerne auch die informativen Systeme auf der ganzen Welt ausschließlich zum Zweck der Absicherung der ökonomischen und strategischen Supradomination dieser einzigen verbliebenen Supermacht in der Welt steuern. Daher ist auch für Amerika heute das postmodernistische Wollen, das technische Perfektion anbietet, aber zugleich mit einer unausweichbaren Enthumanisierung droht, so signifikativ. Einer der bekanntesten Analytiker einer solchen, aus dieser neuen Form des Totalitarismus entstandenen Auffassung der Moral, Jean Baudrillard, ist gerade mit dem Blick auf die Entwicklung der Verhältnisse in der amerikanischen Gesellschaft zur Schlußfolgerung gelangt, daß die Frage von Gut und Böse unter den Bedingungen der Postmoderne zu einer obskuren Frage geworden ist, an die man aus einer völlig anderen Axiomatik und mit einer ganz anderen Logik herantritt, so daß die Moral nur eine konventionelle Form darstellt.[9] Im Gegensatz zur ansonsten so betonten Hervorhebung ihrer Moralität und ihres Puritanismus spielt sich nun in der amerikanischen Gesellschaft durch eine solche Entwicklung alles in Übereinstimmung mit ausschließlich einem Impuls ab, der aber nicht als Impuls des Fortschrittes bezeichnet werden kann, sondern sich darauf beschränkt, alles nach dem Gewinn zu beurteilen und der von der Auffassung ausgeht, daß man alles bezahlen kann und daher auch alles für sich benutzen kann. Auch der Hinweis auf Menschenrechte dient oft nur als Vorwand für die Verwirklichung politischer und wirtschaftlicher Ziele. Im Grunde einer solchen Gesellschaft kann deshalb auch keine wahre menschli-

---

[8] Herbert Marshall McLuhan, der als erster mit der systematischen Erforschung des entscheidenden Einflusses von Fernsehen, Computer und anderen Informationsquellen auf unser Denken und die Ausformung bestimmter Modelle im menschlichen Zusammenleben, in der Kunst, in der Wissenschaft und der Religion begann, hat nicht nur mit *War and Peace in the Global Village* (1968) einen so treffenden aphoristischen Titel gewählt, so daß das "globale Dorf" zu einer prägenden Metapher für die weitere Entwicklung wurde, sondern auch mit den Buchtiteln *The Medium is the Message. An Inventory of Effects* (1967), *From Cliché to Archetyp* (1970) und *City as Classroom* (1977). Jean-François Lyotards entscheidende Feststellung ist das Resultat eines Berichtes aus dem Jahre 1979 an die kanadische Regierung (*La condition postmoderne*).

[9] Jean Baudrillard: *Les stratégies fatales*. Paris 1983, 3-16.

che moralische Norm enthalten sein, sondern eine solche Norm wird jeweils nach den gegebenen Notwendigkeiten konstruiert, und sie wird ausschließlich in der Absicht vertreten, ein bestimmtes Ziel zu verwirklichen. Im Mittelpunkt solcher Bewegungen aber liegt die Manipulation mit Informationen.

Was aber sind unter solchen Verhältnissen die Möglichkeiten für die Literatur, deren edelstes Ziel es schon immer war, nach der Wahrheit zu suchen und das menschliche Wesen durch die Wahrheit zu entdecken? Welches sind ihre Möglichkeiten unter den Bedingungen, in denen die Verpflichtung zur Wahrheit überhaupt nicht mehr als ein vordringliches moralisches Gesetz empfunden wird, sondern einzig und allein nur noch als ein überholter Begriff, dem man ausschließlich in Hinsicht auf jenen Teil der öffentlichen Meinung Rechnung zu tragen sich genötigt sieht, der noch jene traditionelle Vorstellung von der Verpflichtung, an die Wahrheit zu glauben, in sich trägt, so daß man zu diesem Zweck eine angebliche Wahrheit bestellt und kauft, je nach Bedarf, und dabei derart aus Informationen zusammenstellt, daß sie in Einklang mit diesem Bedarf steht und als wirkliche Wahrheit erscheint? Welches sind letztendlich die Inhalte einer Weltliteratur zu einem Zeitpunkt, zu dem die Welt ausschließlich auf ein Dorf beschränkt ist, in dem das gesamte Wissen dieser Welt zur Verfügung steht?

Auf den ersten Blick muß man den Eindruck gewinnen, daß sich die Weltliteratur als Kanon des gegenwärtig Auserwählten vollkommen einem solchen Zustand angepaßt hat, daß sie um keinerlei Wahrheit bedacht ist und daß sie sich mit dem freien Spiel der Informationen begnügt. Der bekannte Roman von Umberto Eco *Der Name der Rose* (*Il nome della rosa*) ist für den Postmodernismus schon zum klassischen Werk dieser Epoche geworden. Dieses Werk besteht bekanntlich in großem Maße aus Zitaten, die als solche spezifische Informationen aus verschiedenen Texten entnommen sind, beginnend mit dem mittelalterlichen deutschen Minnesang über Voltaires Werke bis hin zu den Schilderungen Sherlock Holmes. Das globale Dorf aber, in dem das gesamte Wissen der Welt gesammelt ist und als solches zur Verfügung steht, ist bei Eco durch eine große Klosterbibliothek ersetzt. Und alles ist letztlich so, daß alle zufrieden sind: die Leser in der Weise, daß sie dieses Werk zu einem Bestseller gemacht haben, der Schriftsteller aber, daß er diesem Werk noch ein kleines Buch hinzugefügt hat, in dem er den Lesern enthüllt, von wem und wo er welches Zitat entnommen hat.

Jedoch nach allem zu schließen, kann sich die Literatur und wird sie sich auch nicht mit einer ihr derart auferlegten Situation zufriedengeben, so daß sie es wie immer schon und vor allem in Augenblicken der Krise auch unter den Bedingungen eines neuerlichen Totalitarismus trotz des betäubenden Systems der Desinformationen nicht zulassen kann, daß in ihr die Frage nach der Wahrheit verstummt. Es besteht also noch ein besonderer, nicht zu vernichtender Inhalt der Literatur, aus dem heraus sie immer auch Weltliteratur in einer ihrer bedeutendsten Funktionen sein wird. So werfen wir erneut den Blick auf jene drei Formen der Universalität, die sich aus der Interpretation der ersten Erwähnung von Weltliteratur ergeben – als Quantität, als Qualität und als Prozeß. Diese Erwähnung jedoch stand in Zusammenhang mit den zeitgenössischen Vorstellungen vom Weltbürger und vom Weltgeist. Sie sind der gleichen Auffassung wie auch Weltliteratur entsprungen. Weltarchitektur und Weltmusik bedeuten hingegen schon etwas anderes. Hier nun gilt es, noch an einen anderen Begriff zu erinnern, nämlich an den Begriff der Weltanschauung, der sich dann in einer besonderen Weise zum Terminus "Ideologie" entwickelt hat. Weltliteratur wäre nun in unserer Zeit einer erneuerten totalitären Ideologie noch in einer vierten Bedeutung und Funktion zu verstehen, nämlich nicht nur als Summe aller Literaturen der Welt, nicht nur als ein auserwählter Kanon der bedeutendsten literarischen Werke der Welt und auch nicht nur als das Kommunizieren von Werten innerhalb der Literaturen der gesamten Welt, sondern Literatur zeigt sich uns in der postmodernen Epoche auch als Anti-Ideologie gegen eine Ideologie, die uns den wahren Blick auf die Welt und somit auf die Wahrheit verhüllt. Es ist eine Anti-Ideologie des Multikulturellen, die sich der kulturellen Vereinheitlichung und jedem Fundamentalismus widersetzt und die Werte hervorbringt, wie sie zum Beispiel Rushdie, Naipaul oder Ondaatje geschrieben haben. Diese Autoren vereinen ihrer Abstammung und ihrer Erziehung nach verschiedene Kulturen, und der Universalismus einer solchen Weltliteratur liegt vor allem in der übernationalen Erfahrung, die wahre individuelle kulturelle Werte zu würdigen weiß. Dabei dürfte man sich jedoch keinerlei Illusion aussetzen, daß mit einer solchen Anti-Ideologie die Entwicklung in der Welt aufgehalten werden könnte oder daß man diesen Druck, dem die Welt durch einen ideologischen Monismus, durch Gewalt und durch Manipulationen ausgesetzt ist, wobei der Raum für die Entwicklung von Alternativen immer kleiner wird, aufheben könnte. Aber auch in einer durch die Kommunikationsmittel zusammengeschrumpften und dem Totalitarismus ausgelieferten Welt bleibt der Begriff der Weltliteratur eine nicht zu unterdrückende Utopie.

Der auffindbare Sinn.
Prolegomena zu einer Vergleichenden
Literaturgeschichte Mitteleuropas

> Doch weile auf der Vorwelt unser Blick,
> Die Vorwelt soll uns tief im Herzen wühlen,
> Daß wir uns recht mit ihr zusammenfühlen
> In ein Geschlecht, ein Leben, ein Geschick.
>
> (Nikolaus Lenau, *Die Albingenser*)

Vergegenwärtigt man sich verschiedene Versuche bisher, den zentralen europäischen Raum in seinem übergreifenden, historisch geprägten kulturellen Gehalt zu erfassen, so kann man nicht umhin, auf die Eingleisigkeit solcher Unterfangen hinzuweisen.[1] Jenes Arbeitsgebiet zum Beispiel, das Jakob Bleyer und besonders Fritz Valjavec aus einer immensen Fülle zweifellos sehr wertvoller Einzelangaben aufgebaut haben, geht ausschließlich von einer deutschen Kulturmission zum Südosten hin aus, ohne dabei Wirkungen in entgegengesetzter Richtung zu berücksichtigen.[2] Auch die bekannte, von Johann Willibald Nagl und Jakob Zeidler begonnene und von Eduard Castle weitergeführte – als umfassende Literaturgeschichte Österreich-Ungarns im

---

[1] Vgl. Franz Ronneberger: "Erinnerungen an Mitteleuropa. Zur Geschichte einer Raumidee". In: *Südosteuropa-Mitteilungen*, Nr. 3, 1981, 3-19. Ronneberger läßt in seinen Ausführungen dabei auch die "verschleierten Expansionskonzepte" in der Entwicklung dieser Raumidee nicht außer acht.

[2] Vgl. Fritz Valjavec: "Die geschichtliche Entwicklung der deutschen Südosteuropaforschung". In: ders.: *Ausgewählte Aufsätze*, München 1963, 24-55 (erstmals veröffentlicht unter dem Titel "Der Werdegang der deutschen Südostforschung und ihr gegenwärtiger Stand. Zur Geschichte und Methodik". In: *Südost-Forschungen*, Bd. 6, 1941, 1-14). Durch die Gründung der AIESEE (Association Internationale des Études du Sud-Est-Européen) erhielt die Erforschung dieses Raumes eine neue Ausrichtung, die sich auch auf die Erhellung der dortigen Literaturen bezieht. Vgl. dazu Zoran Konstantinović: "Das Vergleichende Studium der Literaturen Südosteuropas". In: Klaus-Detlev Grothusen (Hg.): *Symposium des Wissenschaftlichen Beirates der Südosteuropa-Gesellschaft 1971 in München*. München 1972, 143-149; Zoe Dumitrescu-Buşulenga/Alexandru Duţu: "L'étude comparée des littératures du Sud-Est-Européen. Problèmes et méthodes (XVI- XX siècle)". In: *Revue des études Sud-est-européennes*, Nr. 2, Bucarest 1980, 181-194; Reinhard Lauer: "Typologische Aspekte der Literaturen Südosteuropas. Eine Einführung in ihre Gemeinsamkeiten, Besonderheiten und zeitgenössischen Probleme". In: *Südosteuropa-Mitteilungen*, Nr. 4, München 1977, 1-16.

Zeitalter Franz-Josephs I. gedachte – umfangreiche positivistische Daten-
sammlung beschränkt sich gleichfalls völlig einseitig auf den Einfluß und die
Wirkung der deutschsprachigen Literatur und des österreichischen Staatsge-
dankens sowie auf die Rolle Wiens als Umschlagplatz und Ausstrahlungspunkt europäischer Kultur im Leben der anderssprachigen Kronländer. Die
habsburgische Atmosphäre des 19. Jahrhunderts wird als Phantasie und österreichischer Optimismus dem zerstörenden Geist der Aufklärung entgegenge-
halten, der durch seinen Rationalismus gehemmt wurde.[3] Aus einer solchen
Auffassung mußte dann auch die Vorstellung von einer völlig problemlosen
Austauschbarkeit der Begriffe "Österreichische Literatur" und "Mitteleuropäische Literatureinheit" resultieren.[4]

Daher auch der Hinweis des ungarischen Literaturhistorikers István Fried,
der vermerkt:

> Eine verständliche Zurückhaltung kennzeichnet die tschechischen, slo-
> wakischen, ungarischen, serbischen, kroatischen und slowenischen For-
> scher, wenn sie sich mit den Beziehungen ihrer Literatur mit Wien be-
> schäftigen. Das Spektrum der einschlägigen Arbeiten reicht von der
> vollständigen Verneinung und Ignorierung bis zur behutsamen Frage-
> stellung – was angesichts der Erfahrungen in der Vergangenheit be-
> rechtigt ist.[5]

Diese behutsame Fragestellung rückt jedoch wegen ihrer wissenschaftlichen
Erkenntnismöglichkeit immer mehr in den Vordergrund, und nicht nur ungarische, tschechische, slowakische und jugoslawische Literaturwissenschaftler,
sondern auch Forscher aus Polen und Rumänien sowie Kenner der in Ostgali-
zien beheimateten ukrainischen Literatur haben in den letzten Jahren wertvolle
Beiträge über die bilateralen Beziehungen ihrer Literatur zur österreichischen
Literatur beigesteuert.[6] Inzwischen hat auch Fried zwei Arbeiten veröffent-

---

[3]   Johann Willibald Nagl/Jakob Zeidler/Eduard Castle: *Deutsch-Österreichische Literaturgeschichte*. Bd. 2. Wien 1914, 253.

[4]   Vgl. Claudio Magris: "Aktuelle Perspektiven der mitteleuropäischen Literatur". In:
Literatur und Kritik, Nr. 26-27, 1968, 321-337. Magris meint: "Österreichische oder
mitteleuropäische Literatur? Die Austauschbarkeit der Begriffe, wie sie durch die
vorangegangenen Betrachtungen erwiesen scheint, ist in Wirklichkeit besonders
heute mehr denn je in Frage gestellt" (323).

[5]   István Fried: "Gedanken über wesentliche Aspekte österreichisch-osteuropäischer
kultureller Beziehungen 1815-1848". In: *Österreich in Geschichte und Literatur*, Nr.
6, 1975, 344-349.

[6]   Eine systematische Erfassung aller diesbezüglichen Arbeiten und ihrer Autoren muß
der Zukunft überlassen bleiben. An dieser Stelle möchte ich nur einige Namen für
die einzelnen Länder erwähnen: Antal Mádl und István Fried (Ungarn), Strahinja

licht, in denen er die jeweilige bilaterale Problematik einer typologischen Zusammenschau entgegenführt.[7]

Für die Herausbildung einer gemeinsamen Einstellung zu einem solchen Arbeitsgebiet ist es jedoch sicherlich sehr bedeutsam, darauf hinzuweisen, daß sowohl in der österreichischen Literatur als auch in der österreichischen Literaturwissenschaft ein beachtlicher Wandel der diesbezüglichen Anschauungen eingetreten ist. Von der rückwärtsgewandten Utopie, die zum Beispiel Stefan Zweig, Franz Werfel oder vor allem Joseph Roth in ihrem Werk zum Ausdruck gebracht haben, hat sich die nachfolgende Generation in den 50er und 60er Jahren – paradigmatisch ist dies an der Entwicklung Gerhard Fritschs von seinem Roman *Moos auf den Steinen* (1956) bis zum nächsten Roman *Fasching* (1967) ablesbar – gelöst und überdenkt nun im Gegensatz zu allen restaurativen Bestrebungen und ohne jegliche Sentimentalität gewisse doch bestehende, gemeinsame Werte der Vergangenheit. Walter Weiss wiederum, einer der namhaftesten österreichischen Literaturwissenschaftler, sieht sein Konzept einer österreichischen Literaturgeschichte in einem erweiterten Literaturbegriff, der die Werke österreichischer Schriftsteller "in übergreifende Zusammenhänge literarischer Stile und Gattungen, literarischer Tendenzen und Bewegungen, der Prozesse und Institutionen des literarischen Lebens, der allgemein kulturellen, politischen, wirtschaftlichen Kontexte" stellt. In Zusammenhang damit geht es ihm an erster Stelle "um literarische Bezüge zu den nicht deutschsprachigen Literaturen im ehemaligen österreichischen Staats- und Kulturgebiet, zu Erscheinungen und Bewegungen der Literatur in tschechischer, polnischer, ungarischer, slowenisch-serbisch-kroatischer, italienischer Sprache", die "bis in die österreichische Gegenwartsliteratur hinein zu beachten sind".[8] Charakteristisch ist wohl auch die Abrechnung eines jüngeren österreichischen Literaturwissenschaftlers, Klaus Ammans, mit dem 1966 erschienenen Buch von Ernst Trost *Das blieb vom Doppeladler*, das als trivialliterarische Erinnerung, "versetzt mit einer Form der Intoleranz und der Überheblichkeit gegenüber den Nachfolgestaaten, die der Überheblichkeit jener Teile des Bürgertums und des Adels vergleichbar sein mag, die eine

---

Kostić (Jugoslawien), Alois Hofman und Elemir Terray (Tschechoslowakei), Heinz Stanescu (Rumänien), Stefan Kazyński und Michal Cieśla (Polen), Dimitrije Zatonski (Ukraine), Claudio Magris und Marino Freschi (Italien).

[7] István Fried: "Zu den Problemen der ostmitteleuropäischen Komparatistik und Kontaktologie". In: *Studia Slavica Hungariae*, Nr. XXVI, 1980, 325-349; "Les possibilités de la comparaison dans l'analyse des littératures de l'Europe Centrale et Orientale". In: *Acta Litteraria Academiae Scientiarum Hungaricae*, Nr. XXIV, 1982, 383-394.

[8] Walter Weiss: "Das Salzburger Projekt einer österreichischen Literaturgeschichte". In: *Sprachkunst*, Nr. XIV, 1983, 64-65.

Koexistenz der Nationen im alten Österreich schließlich unmöglich machte"[9], als beispielgebend für eine "pseudohistorisch verbrämte Schule der Intoleranz und der Vorurteile" betrachtet wird, die sich nach dem Prinzip hält, "daß am liebsten das gelesen wird, was die eigene Meinung bestätigt"[10].

Auch die ungarischen Literaturhistoriker vertreten die Ansicht, daß eine objektive Betrachtung des mitteleuropäischen Raumes und seiner Literatur davon ausgehen muß, daß solche Vorurteile bestehen, jedoch überwunden werden müssen. Auf einem Symposium der Ungarischen Akademie der Wissenschaften, das Vorstellungen von entsprechenden komparatistischen Betrachtungen entwerfen sollte, grenzt sich Tibor Klaniczay in gleicher Weise auch von hegemonistischen Bestrebungen ungarischer Literaturwissenschaftler in der Vergangenheit ab:

> Les recherches hongroises de littérature comparée ont, entre les deux guerres mondiales, examiné en premier lieu l'influence de la littérature hongroise sur les littératures roumaine, slovaque et yougoslave, préoccupant beaucoup moins des impulsions que la littérature hongroise avait reçues de peuples voisins, bien que de telles recherches eussent aussi existé [...] Outre les discernements scientifiques réels, plusieurs facteurs politiques, sains ou malsains, influençaient cette activité. Il y avait avant tout le nationalisme hongrois qui rendait cette tendance de recherche a priori impopulaire dans les sciences littéraires des peuples voisins car les ouvrages de cette catégorie recélaient, bon gré mal gré, l'idée fausse de la prétendue suprématie historique de la culture et de la littérature hongroises dans le bassin danubien [...].[11]

Beim gegenwärtigen Stand der methodologischen Einsichten, von denen die Komparatistik ausgeht, kann jedoch wohl behauptet werden, daß nicht nur die Einflußforschung in ihrer Einseitigkeit völlig überholt ist, sondern daß auch diese Belastungen aus der Vergangenheit als überwunden betrachtet werden können. Inspiriert vor allem durch das Systemdenken, führen uns komparatistische Untersuchungen über die bilateralen Beziehungen zwischen den einzelnen Literaturen hinaus und zum Erkennen nicht nur von epochalen und gattungsmäßigen Systemen, sondern auch von regionalen Systemen mit oft mehreren verschiedenartigen Literaturen als jeweils monoliterarischen Syste-

---

9   Klaus Amann: "Verklärte Erklärer. Zu einigen literarischen Beispielen historischer Mythenbildung". In: Friedbert Aspetsberger (Hg.): *Österreichische Literatur seit den 20er Jahren*. Wien 1979, 141.

10   Ebd., 142.

11   Tibor Klaniczay: "Les possibilités d'une littérature comparée de l'Europe orientale". In: *Acta Litteraria Academiae Scientiarum Hungaricae*, Nr. V, 1962, 120-121.

men. Die einzelnen Erscheinungen rufen durch Rückkoppelung intensive Wechselwirkungen hervor und bestimmen über eine dominierende Erscheinung den Regelkreis des sich auf diese Weise gleichfalls selbststeuernden Systems.[12] Das ganze System wird nun zum *tertium comparationis* und bildet den Kontext sowohl aller in diesem System entstandenen Texte als auch der Aktualisierungen aller Texte überhaupt (was mit anderen Worten zum Beispiel durch die Frage formuliert werden kann, ob und wie man in diesem Raum in besonderer Weise Shakespeare, Molière oder einen anderen Dichter und Schriftsteller gelesen und rezipiert hat). Auf diese Weise vermögen wir innerhalb dieses Systems sowohl in der Diachronie als auch in der Synchronie einzelne Subsysteme festzulegen, gemeinsame Modelle zu abstrahieren und übereinstimmende Erwartungshorizonte abzustecken. Wir rekonstruieren Bewußtseinsinhalte und vorherrschende Vorstellungen (*images*), die es uns ermöglichen, Motive und Handlungen zu erklären und ästhetische Artikulationen nachzuvollziehen.

Es ist nicht sonderlich schwer, in diesem Sinne einen ersten Umriß auch des mitteleuropäischen Raumes als eines eigenen Systems zu entwerfen, denn ein solcher Versuch kann sich auf ein Jahrhunderte hindurch bestehendes Staatengefüge stützen und auf die Gemeinsamkeit historischen Erlebens berufen, wobei eine solche Gemeinsamkeit keineswegs auch die gleiche Art des Erlebens bedeuten mußte. So haben die Glaubenskriege vor allem die Deutschen und die Tschechen erschüttert; die französische Okkupation der illyrischen Provinzen stand bei den Südslawen nicht unter einem negativen, sondern unter einem positiven Vorzeichen, und das Jahr 1848 fand die Völker der Monarchie auf den entgegengesetzten Seiten der Barrikaden. Jedoch trotz alldem und noch so vieler anderer Differenzierungsfaktoren hat der gemeinsame Rahmen, innerhalb dessen sich das Leben abspielte – ähnliche soziale Verhältnisse sowie Verhaltensweisen, eine einheitliche Rechtsauffassung, die gemeinsame Teilhabe an den gleichen praktischen Erkenntnissen der Wissenschaft und Verwirklichungen des technischen Fortschritts, vor allem aber der Einbezug in ein gemeinsames Bildungssystem, in dem vor allem die Universität Wien eine überragende Rolle spielte und auf dem auch so viele andere kulturelle Institutionen, am meisten vielleicht das Theater als Medium einer

---

[12] Um das Systemdenken in der Komparatistik hat sich besonders Irina Neupokoeva in einer Reihe von Aufsätzen bemüht (in deutscher Sprache "Probleme der vergleichenden Literaturbetrachtung in der Geschichte der Weltliteratur". In: Gerhard Ziegengeist (Hg.): *Aktuelle Probleme der Vergleichenden Literaturforschung*. Berlin 1968, 59-65). In ihrem Buch *Istorija vsemirnoj literatury. Problemy sistemnogo i sravnitel'nogo analyza* (*Geschichte der Weltliteratur. Aspekte der System- und der vergleichenden Analyse*), Moskau 1976, hat sie dann auch das regionale System Mitteleuropas (*Central'naja Evropa*) detaillierter ausgearbeitet.

spezifischen Geschmacksbildung, beruhten, bis hin zu einzelnen Zeitungen, die zu einer überregionalen öffentlichen Meinungsbildung beitrugen –, unweigerlich zu gemeinsamen Bewußtseinsstrukturen geführt, die auch in der Aufnahme und Entfaltung ähnlicher literarischer Richtungen, Genres, Sujets, künstlerischer Stile oder einzelner Erscheinungen ihren Ausdruck fanden. Die Verbindung des literarischen Lebens mit umfassenderen geistigen Strömungen und Erscheinungen in der bildenden Kunst, in der Architektur, in der Musik und im Theaterleben kann dabei wohl kaum genügend in Betracht gezogen werden.

Solche Bewußtseinsinhalte blieben jedoch nicht an den Grenzen dieses mitteleuropäischen Staatengebildes stehen, sondern mit der Übernahme einzelner Institutionen durch andere Länder, vor allem durch die Nachbarländer, mit der Ausbildung junger Intellektueller in Wien, die dann in ihre Länder zurückkehrten und dort wirkten, oder auch mit Aufführungen von Theatertruppen und der Verbreitung von Zeitungen, die aus diesem Raum kamen, wurden diese Grenzen vielfach überschritten, sie sind die ganze Zeit hindurch fließend und zeigen immer wieder und zu bestimmten Zeiten ausgeprägte Übergangsgebiete.

Die deutschsprachige Literatur Österreichs muß dabei nicht unbedingt immer als Mittelpunkt aller Vorgänge betrachtet werden. Die Verbindungen liefen oft quer durch die Literaturen der anderssprachigen Völker und verbanden diese unmittelbar mit anderen großen europäischen Literaturen. Auch Joseph Roth formulierte übrigens: "Das Wesen Österreichs ist nicht Zentrum, sondern Peripherie [...]. Die österreichische Substanz wird genährt und immer wieder aufgefüllt von den Kronländern."[13] Eine diesbezügliche mitteleuropäische Literaturgeschichte wird sich daher auch schwerlich auf die traditionellen Periodisierungsbegriffe berufen können, da diese vor allem durch die westeuropäische und die deutsche Literaturgeschichtsschreibung erarbeitet wurden. Sie wären in diesem Falle insgesamt auf ihre Anwendbarkeit zu überprüfen.[14]

Ausgehend jedoch von einem Entwurf von Subsystemen – der rumänische Literatur- und Kulturhistoriker Alexandru Duțu spricht von "longterm trends", von längere Zeit hindurch andauernden und danach noch intensiv nachwirkenden Erscheinungen[15] – dürfte der gesamte Fragenkomplex wohl viel eher lösbar sein. Ein erstes solches Subsystem im Aufriß zu einer mitteleuropäischen Literaturgeschichte dürfte zweifellos der Humanismus gewesen sein, der ein besonderes Bild dieses Raumes formt und ihm einen seiner wesentlichsten

---

13 Joseph Roth: *Die Kapuzinergruft*. Hrsg. v. H. Kesten. Köln 1976, 873.

14 Vgl. Werner Bahner (Hg.): *Renaissance, Barock, Aufklärung. Epochen und Periodisierungsfragen*. Berlin 1976.

15 Alexandru Duțu: *European Intellectual Movements and Modernization of Romanian Culture*. Bukarest 1981, 175-192.

Inhalte gibt.[16] Die Auffassung vom Humanisten als *poeta, orator* und *philosophus christianus* verbindet sich dabei mit der Notwendigkeit von einer europaweiten Abwehr der Türkengefahr. In einem solchen Zusammenhang tritt vor allem die von Konrad Celtis um 1500 gegründete "Sodalitas Litteraria Danubiana" ins Blickfeld, die deutsche, ungarische, südslavische, böhmische und wallachische Humanisten in der gemeinsamen Aufgabe verbindet, die Literaturen dieses Raumes zu pflegen. Mittelpunkt eines anderen bedeutsamen Kreises ist Jakob Piso, der auch die polnischen Humanisten miteinbezieht und vor allem für Erasmus eintritt, dem seinerseits wiederum daran gelegen war, die mitteleuropäischen Humanisten von seiner religiösen Einstellung zu überzeugen und sich ihnen gegenüber von Luther zu distanzieren.[17] Es handelt sich dabei insgesamt um spezifische Formen der Umwandlung spätmittelalterlicher, christlich und feudal bestimmter Vorstellungen in neuzeitliche Lebensanschauungen sich verbürgerlichender Profangesellschaften. Diese Formen aber wirken als eine überaus stark ausgeprägte Tradition nach und verbinden die Völker dieses Raumes vor allem in einer als Latinität bezeichneten Anwesenheit humanistischer Bildung und humanistischen Denkens sowie sprachlicher Ausdrucksformen in Abgrenzung zum byzantinischen Bereich.

Ein nächstes solches Subsystem wäre wohl am ehesten unter dem Begriff des Barocks zu erfassen. Mit seiner Baukunst setzte dieses Subsystem dem mitteleuropäischen Raum nun auch die äußeren sichtbaren Zeichen seiner Zusammengehörigkeit und ermöglichte es, ihn näher auch als "barocke Landschaft" einzugrenzen, denn auch die Kirchen der byzantinischen Christen (der Serben an der Militärgrenze zum Beispiel) werden in diesem Stil gebaut. In der Entwicklung seines literarischen Gehaltes jedoch bleiben so manche Übergänge vom Humanismus her offen. Nikola Zrinski (Miklós Zrinyi) verbindet in seinem Werk als einer der ersten in übernationaler Weise die ungarische, kroatische, lateinische und deutsche Sprache zu einem gemeinsamen Schema des Dekorativen. In seinen Nachwirkungen ist dieses Subsystem in gleicher Weise erkennbar in der Resignation Grillparzers wie in den Ordnungsvorstellungen Hofmannsthals, in den üppigen Wortspielen Herzmanovsky-Orlandos im *Gaulschreck im Rosennetz* wie auch Miroslav Krležas in seinen *Balladen des Perica Kerempuh*. Das, was wir bei der Betrachtung von Systemen als dominierende Erscheinung erkennen, die maßgeblich auch den Zusammenhang von anderen Erscheinungen im System bestimmt, bis dieser Zusammenhang verloren geht und das System sich dabei auflöst, wirkt nun

---

[16] Karel Krejčí: "La zone littéraire européenne". In: *Neohelicon*, Nr. 1-2, 1973, 144-145.

[17] Vgl. Ute Monika Schwob: "Der Ofener Humanistenkreis der Königin Maria von Ungarn". In: *Südostdeutsches Archiv*, Nr. XVII-XVIII, 1974-1975, 50-73.

offensichtlich in anderen Systemen und in anderer Weise nach, da eine solche Erscheinung auch noch andere Elemente in sich aufgenommen hat.

Jedoch auch mit der Aufklärung setzt sich die Abgrenzung des mitteleuropäischen Raumes fort, und zwar weiterhin nicht nur zu anderen Kultursphären, sondern auch zum protestantischen Norden. Österreich richtete sich zwar nach dem deutschen Geistesleben, solange dieses vom Rationalismus bestimmt wurde, jedoch Gottsched galt schon als zu nahe der Tradition der französischen Klassik. Sein Plan, in Wien eine "deutsche Akademie" zu gründen, wurde überhaupt nicht ernst genommen, und auch Lessings Aussichten, an die Spitze des Hoftheaters berufen zu werden, waren niemals sehr erfolgversprechend.[18] Daran jedoch schließt sich nach unseren Vorstellungen das von der Literaturgeschichtsschreibung immer wieder erwähnte Problem des Nichtbestehens einer eigenen österreichischen Romantik an. Denn als Subsystem betrachtet, scheinen Aufklärung und Romantik in diesem Raum keinen Gegensatz gebildet zu haben, sondern wirken eher als ineinander verschmolzen. Auch das Einwirken von Klassik und Klassizismus ist in eine solche Verschmelzung einzubauen.[19]

Diese These wird vielleicht verständlicher, wenn man bedenkt, daß bei den nicht deutschsprachigen Völkern der Donau-Monarchie gerade diese Verschmelzung von Aufklärung und Romantik zur Herausbildung eines modernen Nationalbewußtseins geführt hat, und der tschechische Historiker Miroslav Hroch gliedert in äußerst überzeugender Weise den Ablauf eines solchen Prozesses bei den kleinen europäischen Völkern (er wählt von den Völkern des mitteleuropäischen Raumes nur die Tschechen und widmet sich sonst den Iren, Schotten und anderen Völkern Nordeuropas) in drei gesetzmäßig sich bedingende Phasen.[20] Vorerst – so Hroch – führten die Anregungen Herders und der Aufklärung nur vereinzelt zur Besinnung auf die eigene Geschichte und die eigene Sprache, denn sowohl die Entwicklung des Geschichtsbewußtseins als auch die normale Herausbildung der Sprache waren durch den historischen Ablauf unterbrochen und zum großen Teil zum Stillstand gebracht worden, und man unternimmt nun Versuche, eine dem Volk eigene Schriftsprache aufzubauen, worauf dann – in einer zweiten Phase – solche Bemühungen von zahlenmäßig stärkeren Gruppierungen (die sich in neugegründeten Lesehallen um die ersten Zeitschriften und um die frühesten Theatertruppen

---

[18] Roger Bauer: *Die Welt Gottes. Grundlagen und Wandlungen einer österreichischen Lebensform*. Wien 1974, 86 und 88.

[19] Vgl. István Fried: "Der ostmitteleuropäische Klassizismus. Gesichtspunkte zu einer begrifflichen Klärung". In: *Studia Slavica Hungariae*, Band XXVII, 1981, 53-80.

[20] Miroslav Hroch: "Die Vorkämpfer der nationalen Bewegung bei den kleinen Völkern Europas". In: *Acta Universitas Carolinae*, Nr. XXIX, Prag 1968, 44-47; dazu ergänzend: *Obrozeni malých evropských národů*. Prag 1971.

gebildet hatten) aufgegriffen werden, vor allem jedoch in allen diesen Völkern von einer jungen Dichtergeneration, die der neuen Schriftsprache volles Leben einhaucht,[21] bis diese Bestrebungen dann – in einer dritten Phase – von jenen Schichten, die bei diesen Völkern die Führung übernommen hatten, einer gesetzlichen Kodifizierung zugeführt werden, zum großen Teil auch deswegen, weil es den Interessen dieser Schichten entspricht, in der Verwaltung, im Schulwesen und im Handel über eine eigene Schriftsprache zu verfügen.

Mit Hilfe des von Hroch entwickelten Schemas lassen sich die Bemühungen der einzelnen Sprachforscher – Kazinczys' bei den Ungarn, Karadžićs bei den Serben, Šturs bei den Slowaken, Jungmanns bei den Tschechen, Lewickys bei den Ukrainern oder des transsylvanischen Dreigestirns Micu-Clain, Sincai und Maior bei den Rumänen – sehr leicht auf den gleichen Nenner bringen, und in ähnlicher Weise können auch die bedeutenden Dichtungen – bei den Ungarn von Kölcsey, Vörösmarty und Petöfi, bei den Slowaken von Sládkovič, Chalupka, Kral' und Botto, bei den Slowenen von Jenko und Stritar, bei den Kroaten von Preradović, Vraz, Demeter und Mažuranić, bei den Serben von Radičević und bei den Rumänen von Alecsandri, Russo und Bolintineanu – ohne weiteres in einen umfassenden Zusammenhang gestellt werden.[22]

Wie aber steht es in diesem Falle mit der österreichischen Literatur? Läßt sich in eine solche Gesetzmäßigkeit typologischer Entwicklungen auch die Frage nach einem ähnlichen, spezifisch österreichischen Bewußtsein einbauen, wenn man von der deutschsprachigen Bevölkerung der Donau-Monarchie ausgeht? Gewisse Erscheinungen nach den Napoleonischen Kriegen deuten darauf hin, daß es gerade zu diesem Zeitpunkt auch bei diesem Teil der Bevölkerung Ansätze zur Bildung sowohl eines deutsch-österreichischen als auch eines supranationalen gesamtösterreichischen Bewußtseins gegeben hat. Es geht dabei nicht nur um den Kreis um Hormayr und Karoline Pichler, sondern – gerade in diesem Kontext – auch um ein neues Verständnis von Aussagen, wie zum Beispiel jene von Grillparzer, in der er behauptet, daß er "ein Stockösterreicher mit Leib und Seele ist".[23] Man muß sich vor Augen halten, daß die weitere Entwicklung noch einen viel intensiveren Verlauf in Richtung

[21] Vgl. Robert Auty: "Spracherneuerung und Sprachschöpfung im Donauraum, 1780-1850". In: *Österreichische Ost-Hefte*, Nr. 5, 1961, 363-371.

[22] Vgl. Zoran Konstantinović: "Von der Wiedergeburt der südosteuropäischen Völker aus dem Geist der Romantik". In: *Mitteilungen der Südosteuropa-Gesellschaft*, Nr. 1-2, München 1973, 51-60, sowie "Literatur der nationalen Wiedergeburt: Aufklärung und Romantik bei den Völkern Südosteuropas". In: *Propyläen Geschichte der Literatur*. Bd. 4. Berlin 1983, 433-455.

[23] Vgl. Zoran Konstantinović: "Zur Literaturtypologie des europäischen Zwischenfeldes". In: Kurt Bartsch/Dietmar Goltschnigg (Hg.): *Die Andere Welt. Aspekte der österreichischen Literatur des 19. und 20. Jahrhunderts. Festschrift für Hellmuth Himmel*. Bern/München 1979, 29-38.

eines solchen Selbstbewußtseins hätte nehmen können. Jedenfalls weist die gefühlsmäßige Bindung an bestimmte Vorstellungen und Traditionen in dieser Phase ähnliche Formen der Sublimierung auf wie auch im übrigen mitteleuropäischen Raum.

Aus einer solchen Sicht stellt daher auch die Bestimmung des Verhältnisses von Lenau zur Romantik ein grundlegendes Problem der vergleichenden Betrachtung der Literatur dieses Raumes dar. Es ist äußerst interessant, die diesbezügliche Meinung der sowjetischen Literarhistorikerin Svetlana E. Šlapoberskaja zu hören, die besagt:

> Das Schaffen Lenaus, unbeachtet seiner zweifellos romantischen Natur, läßt die tiefe innere Verbindung zur literarischen Tradition des österreichischen Barocks fühlbar werden und verleiht auf diese Weise dem Schaffen der österreichischen Schriftsteller von den 20er Jahren bis in die 40er Jahre eine spezifische Färbung.[24]

Auch hier demnach wiederum der Rückgriff auf ein vorhergehendes Subsystem. István Fried formt aus diesem Zusammenhang eine spezifische romantische Typologie für den gesamten Raum.[25] Auch Herbert Seidler versucht in seinem Buch *Österreichischer Vormärz und Goethezeit* (1982), diesem Problem gerecht zu werden, unterläßt es dabei jedoch leider in seinem Kapitel "Andere Länder der Monarchie", auch die nicht deutschsprachigen Kronländer zu behandeln, so daß Eduard Winters Werk auch weiterhin eine wichtige Grundlage beim Versuch einer Gesamtschau bleiben wird.[26]

Aber gerade der Vormärz und mit diesem zusammen auch die gedankliche Haltung des Biedermeier lassen sich auf diese Weise als Übergang zu einem neuen Subsystem begreifen. Die Vorstellung von einer verspäteten Entwicklung der österreichischen Literatur im Vergleich zur deutschen scheint aus der Sicht des ganzen Raumes überholt. Denn die Spannung zwischen oppositioneller und revolutionärer Vormärz-Dichtung und dem biedermeierlichen Lebensgefühl ist in allen Literaturen dieses Raumes spürbar und bildet ein Spezifikum für sich. Prozeßartig – wie es der Vorstellung von Systemen entspricht – schließt sich daraufhin die weitere Entwicklung an. In den Darstel-

---

[24] Svetlana E. Šlapoberskaja: "Nikolaus Lenau i sud'by romtizma v Avstriii". In: Irina Neupokoeva (Hg.): *Neizučennye stranicy evropejskogo romtizma*. Moskau 1975, 156-239.

[25] István Fried: "Tripologia slovenskogo i vengerskogo romantizma". In: *Studia Slavica Hungaricae*, Nr. XXVI, 1980, 139-154.

[26] Eduard Winter: *Romantismus, Restauration und Frühliberalismus im österreichischen Vormärz*. Wien 1968; *Revolution, Neoabsolutismus und Liberalismus in der Donaumonarchie*. Wien 1969; *Barock, Absolutismus und Aufklärung in der Donaumonarchie*. Wien 1971.

lungen der österreichischen Literatur werden Adalbert Stifter und Marie von Ebner-Eschenbach ganz allgemein als Repräsentanten einer spezifisch habsburgischen Heimatliteratur betrachtet. Diese Literatur, so heißt es, verschönere die Wirklichkeit und verschließe sich einer weiteren Entwicklung zu naturalistischer Wahrheitstreue.[27] Zugleich aber werden neue Gebiete einbezogen und der Horizont auf diese Weise ausgeweitet. Stifter wendet den Blick nach Ungarn,[28] Marie von Ebner-Eschenbach hat über ihre Werke die mährische Landschaft auch in die übrigen Literaturen dieses Raumes eingeführt.[29] Der gleiche Entwicklungsprozeß insgesamt ist zudem auch in den anderen Literaturen dieses Raumes feststellbar, bei Šenoa zum Beispiel, der in gleicher Weise zwischen Romantik und Realismus stehend, über lokalgebundene Romane seine kroatische Heimat in dieses Subsystem einführt, bis Jirásek, der in ganzen Zyklen von Romanen kulturhistorische Detailmalerei mit tschechischen folkloristischen Elementen durchsetzt. Es existiert eine spezifische Gattung des romantischen Epos, das einer objektiv erkannten, realen Wirklichkeit gegenübertritt.[30] Was jedoch naturalistische Wahrheitstreue betrifft, so wünscht zum Beispiel Kumičić, Zola in die kroatische Literatur einzuführen,

---

[27] Die grundlegende Ausrichtung zu solchen Betrachtungen hat Claudio Magris mit seinem Buch *Il mito absburgico nella letteratura austriaca moderna.* Turin 1963 (dt. *Der habsburgische Mythos in der österreichischen Literatur.* Wien 1966) gegeben. Zusammen mit der Auseinandersetzung von Walter Weiss ("Österreichische Literatur – eine Gefangene des habsburgischen Mythos?". In: *Deutsche Vierteljahrsschrift für Literaturwissenschaft und Geistesgeschichte,* Nr. 43, 1969, 333-345) – der einer solchen Bestimmung als allgemein gültig für die österreichische Literatur das Verhältnis ihrer Gegenwartsautoren zur Tradition entgegenhält, worauf dann Magris mit seiner Arbeit *Der auffindbare Sinn. Zur österreichischen Literatur des 20. Jahrhunderts.* Klagenfurt 1978 (Klagenfurter Universitätsreden, Heft 9) antwortet, indem er neben der Tradition des habsburgischen Mythos auch eine Tradition von Rebellionen eben gegen diesen Mythos anerkennt – ist damit ein allerbreitester Diskussionsrahmen abgesteckt. Hier sei nur vermerkt, daß Magris gleichfalls der Meinung ist, daß das ganze Problem in Anlehnung auch an die benachbarten Literaturen untersucht werden sollte (*Der Habsburgische Mythos in der österreichischen Literatur,* 14).

[28] István Fried: "Adalbert Stifters Beziehungen zu Ungarn". In: *Német filológiai tanulmányok,* Nr. VII, 1973, 51-59.

[29] Jiří Veselý: "Ebner-Eschenbach – Saar – David. Tschechische Elemente in ihrem Werk und Leben". In: *Lenau-Forum,* Nr. 3-4, 1969, 25-45.

[30] Vgl. Emil Niederhauser: "Problèmes de la conscience historique dans les mouvements de renaissance nationale en Europe Orientale". In: *Acta Historica Academiae Scientiarum Hungaricae,* Nr. 13, 1972, 39-73; István Fried: "Beiträge zur Untersuchung des historischen Romans in Ostmitteleuropa". In: *Hungaro-Slavica Academiae Hungaricae,* 1978, 25-37; Zoran Konstantinović: "Geschichtlichkeit und Narrativität. Ein Beitrag zur Vergleichenden Epenforschung der südosteuropäischen Völker". In: *Synthesis,* Nr. 6, 1979, 17-24.

spielt jedoch alles Häßliche und Amoralische in der kroatischen Gesellschaft dem Eindringen fremder Wertvorstellungen zu. In dieser Beziehung gilt es, durch den ganzen mitteleuropäischen Raum hindurch sicherlich noch manchen Zusammenhang zu erkennen.

Dafür hat sich jedoch der Begriff der Moderne als etwas sehr Spezifisches in seinen Ausformungen in diesem Raum schon fest im literarischen Bewußtsein verankert, und in keiner anderen Epoche scheinen die Literaturen der einzelnen Völker derart ineinander zu greifen wie gerade in dieser.[31] Hermann Bahr ist zweifellos ein Mittelpunkt, jedoch insgesamt wird die Dichtung der Jahrhundertwende in diesem Raum nicht nur durch Rilke repräsentiert, sondern auch durch Endre Ady. Ivan Krasko zum Beispiel, der Begründer des slowakischen Symbolismus, ansonsten ein Schüler des großen rumänischen Dichters Eminescu, fühlte sich offensichtlich vor allem von Ady inspiriert, und dieser ungarische Poet wird in gleicher Weise von den Serben und den Tschechen übersetzt und aufgenommen.[32] Es läßt sich daher in diesem Raum nicht nur ein Rilke-Erlebnis, sondern auch ein gleichwertiges Ady-Erlebnis nachvollziehen.

Beim Versuch, diese Zeit der Jahrhundertwende zu erfassen, begrenzt sich die österreichische Literaturgeschichtsschreibung in ihrem Selbstverständnis nur zu gerne auf Koordinaten wie Prater und Blumenkorso, die Ringstraße mit ihren Prachtbauten, die einzelnen Cafés als Treffpunkte der Literaten, auf Schnitzlers Stücke, auf ein frühreifes dichterisches Wunderkind namens Loris und auf Lehárs *Lustige Witwe*. Sie würde einen zusätzlichen Bezug zu den übrigen Literaturen dieses Raumes viel eher herstellen, wenn sie mehr auf Autoren eingehen würde wie Alphons Petzold zum Beispiel oder Jakob Julius David, Ada Christen, Emil Marriot, Ferdinand Hanisch und so manchen anderen, der womöglich nicht nur die eigene Armut in der Stadt der verwöhnten Anatols schildert, sondern auch die Armut so vieler Kleinbürger und Handwerker, bescheidener Geschäftsleute und Angestellter, vor allem der Arbeiter, jener zahlenmäßig weitaus überwiegenden Randgruppen der damaligen Gesellschaft, den Bewohnern der Vorstädte, von denen insgesamt um die 600 000 Menschen aus dem Mährischen, Slowakischen und Böhmischen in die zur Jahrhundertwende insgesamt 1,6 Millionen Einwohner zählende kai-

---

[31] Die Anthologie von Gotthart Wunberg *Die Wiener Moderne. Literatur, Kunst und Musik zwischen 1890 und 1900* (Stuttgart 1981) beschränkt sich ausschließlich auf Beiträge zur österreichischen Kunst und Literatur. Einen Hinweis jedoch auch zu den anderen Völkern hat Josef Matl mit seiner Arbeit "Wien und die Literatur- und Kunsterneuerung der südslawischen Moderne" (In: *Die Welt der Slawen*, Nr. IX, 1964, 376-391) gegeben.

[32] Vgl. László Sziklay: "Ady und unsere Nachbarn". In: *Hungaro-Slavica Academiae Hungaricae*, 1978, 307-324.

serliche Hauptstadt zugewandert waren. Dieses Wien finden wir dann vor allem in den Erzählungen des Slowenen Ivan Cankar und den Gedichten Josef Svatopluk Machars sowie in den Romanen seiner Landsleute Josef Cipr, Maria Majerová, Ivan Olbracht und Adolf Brabec.

Mit vielen anderen Ungarn erlebt ein solches Wien auch Tibor Déry. Mit ihm ist jedoch zugleich auch die Grenze zu einem avantgardistischen Subsystem überschritten, das sich insgesamt in ein umfassendes europäisches System einfügt, und zwar in der Synchronie, als laut sich ankündigende Wende zu einer neuen Kunst und Literatur. Aber gerade in dieser Synchronie läßt uns der mitteleuropäische Raum ein spezifisches Spannungsverhältnis von Futurismus, Expressionismus und Surrealismus erkennen.[33] Dieses resultiert aus gemeinsamen Bewußtseinsstrukturen wie auch aus unmittelbaren persönlichen Begegnungen und schlägt sich erneut – nun schon nach dem Zerfall des gemeinsamen Staates – in einer Fülle überraschender Gemeinsamkeiten nieder.

Es wird sicherlich immer sehr zweifelhaft bleiben, ob sich alle jene Veränderungen im Raum und in der Zeit, die wir als Geschichte bezeichnen, von sich aus einem Ziel zubewegen oder ob sie nicht einfach aus dem Zustand der Entropie heraus oft durch Zufall eine gewisse Zeitspanne hindurch einen bestimmten Verlauf nehmen, den wir – vorgeprägten Vorstellungen entsprechend – als gesetzmäßig bezeichnen können. Immer aber werden wir nur nachträglich diesem Verlauf einen Sinn zu geben vermögen. Allein ein solcher Sinn vermag die "Vorwelt" unseres Wissens zu bilden. Die vergleichende Literaturbetrachtung hilft uns dabei mehr als alle andere Erkenntnis, sich – wie Lenau sagt – mit dieser Vorwelt "zusammenzufühlen" und auch, wenn es in diesem besonderen Falle um die vergleichende Betrachtung Mitteleuropas geht, mit diesem ethnisch so vielfältigen Raum in "ein Geschlecht, ein Leben, ein Geschick" zusammenzufühlen. Darin wird wohl auch der aufzufindende und schließlich auch auffindbare Sinn solchen Bemühens liegen, Standortbestimmung und Wegweisung zugleich, nämlich anstelle von Zerstörung die Notwendigkeit von der Anerkennung und Unterstützung des friedlichen Nebeneinanderwirkens, der Symbiose aller menschlichen Möglichkeiten. Die Vergleichende Literaturbetrachtung Mitteleuropas darf von keinerlei Seite her Expansion bedeuten, sondern soll in jeder Richtung zur Zusammenarbeit anregen. Sie ist umfassende Synthese von Zusammenhängen und zugleich auch eingehende Analyse der bedeutendsten Werke, vor allem in der Schicht ihres Intertextes, in dem die Verknüpfungen des Textes mit diesem Raum als kulturellem Kontext offenbar werden.

---

[33] Vgl. Endre Bojtár: "The Eastern European Avant-garde as a Literary Trend". In: *Neohelicon*, Nr. 3-4, 1974, 93-126; Zoran Konstantinović (Hg.): *"Expressionismus" im europäischen Zwischenfeld*. Innsbruck 1978.

Hermann Broch und der Mitteleuropa-Gedanke

Brochs philosophische Thesen vom Zerfall der Werte und dem dadurch entstehenden Wert-Vakuum, womit der Zustand einer umfassenden Krise erklärt wird, sind schon eingehend interpretiert worden, und zwar sowohl in Hinblick auf die gesamteuropäischen Dimensionen des Kulturpessimismus (so von Paul Michel Lützeler) als auch im Zusammenhang mit dem Untergang der österreichisch-ungarischen Weltordnung (vor allem von Endre Kiss). An Broch aber konnte trotz der negativen, kulturpessimistischen Vorzeichen seiner Thesen auch die Betrachtung jener Literatur nicht vorbeigehen, die in ihrer rückwärtsgewandten Utopie und aus der "Sehnsucht nach Kakanien" die verklärende Vorstellung von Mitteleuropa einfach mit Österreich als austauschbar gleichsetzt und Wien als den ausschließlichen Mittelpunkt dieses schönen, aber verlorengegangenen Systems versteht.

So meint Claudio Magris, vorerst kritisch einer solchen Auffassung gegenüber, dann jedoch selbst von der Faszination, die sein Buch *Il mito absburgico nella letteratura austriaca moderna*, 1963 (dt. *Der habsburgische Mythos in der österreichischen Literatur*, 1966) in diesem Sinne ausübte, in den Bann einer solchen Faszination gezogen:

Die habsburgische Kultur war seit jeher einer einheitlichen Lebensauffassung und einer Durchdringung der konkreten geschichtlichen Zusammenhänge ausgewichen und hatte sich in einzelne Aspekte des Realen hineingerettet, die darum die Gestalt vieler einzelstehender Parallelen angenommen hatten. In dieser Zeit, die Broch glücklich als 'Wert-Vakuum' definierte, das sich hinter dem dekorativen luxusliebenden 'Un-Stil' verbirgt, steigert sich diese fragmentarische Sicht zu einer sinnlichen Befriedigung aus dem Ornament oder der Laune einer Stimmung. Es handelt sich um eine ästhetische, sentimentale Hingabe; darum flüchtet man sich auch in die Sphäre der persönlichen Empfindung und bemäntelt die Wirklichkeit mit einem launischen, herben Reiz [...] Schon Grillparzer und mit ihm andere Dichter bis Hofmannsthal hatten unter dem beunruhigenden Bruch zwischen Individualität und äußerer Wirklichkeit, dem quälenden Hiatus zwischen den eigenen Empfindungen und den Dingen gelitten; schon bei ihnen war die klassische Harmonie zwischen Idealem und Realem, zwischen dem Ich und dem Nicht-Ich zerbrochen. Grillparzers Tagebücher sind das fiebrige Zeug-

nis dieser Lebensbedingung, in der sich das Reale – um einen oft ge-
brauchten Begriff Musils zu verwenden – nicht erfassen und besitzen
läßt, sondern in vielfache und einander widersprechende Möglichkeiten
zergliedert. Schon Grillparzers Generation hatte also an der eigenen
Empfindungsweise und der widersprüchlichen sozialen Situation ihrer
Welt gelitten; in den achtzig Jahren, die zwischen dem *Bruderzwist* und
den *Schlafwandlern* liegen, überstürzen sich die Dinge und nimmt die
Krise unvorstellbare Ausmaße an. Schon die *Aufzeichnungen des
Malte Laurids Brigge* (1910) von Rilke hatten diesen Bruch des traditionellen literarischen Genres und des klassischen Menschenbilds des
neunzehnten Jahrhunderts vorweggenommen. Nach dem Krieg ist es
Kafkas Kunst, die diese Angst vom *Prozeß* bis *Amerika* (1926), von
den *Novellen beim Bau der Chinesischen Mauer* bis zum bösen Zau-
ber im *Schloß* (1926), ausspricht. [...] Vor allem die philosophisch-
erzählerischen Poeme von Hermann Broch, seine Trilogie *Die Schlafwandler* (1928-31) und der symphonieähnliche *Tod des Vergil* (1947)
zerbrechen das letzte Erscheinungsbild des klassischen Romans, indem
sie die Erzählung gleichzeitig auf verschiedenen Ebenen entwickeln
und mit der unbekümmerten Abwechslung philosophischer Abhandlungen, lyrischer Abschnitte, religiöser Betrachtungen und erzählerischer
Seiten jedes traditionelle Aufbauelement aufheben. All dies ist die Verschärfung eines typisch österreichischen Seelenzustandes.[1]

Magris läßt demnach die Frage des Seelenzustandes der anderen Völker des
mitteleuropäischen Raumes in diesem Falle offen. Auch Broch geht nicht derart darauf ein. Er setzt den Zerfall der Werte für ganz Mitteleuropa voraus,
die für ihn, universalistisch gedacht, auch in diesem Falle eine gestaltende und
organisierende Einheitskonzeption darstellen, die jeder wissenschaftlichen
Hypothese, jedem künstlerisch-poetischen Stil und jeder politisch-praktischen
Handlungsform vorausliegt. Im Prozeß des Verfalls kristallisiert sich jeweils
ein Gegenwert heraus – das Ästhetische (*Pasenow oder die Romantik*), das
Opportunistisch-Pragmatische (*Esch oder die Anarchie*), das Technokratisch-
Ökonomische (*Huguenau oder die Sachlichkeit*) und dann die tätige Hilfe als
letzter Gegenwert am Ende einer Kultur (*Der Tod des Vergil*). Zeitlich steht
dieser Versuch im Zeichen des sich wiederholenden Barock als bestimmend
für Mitteleuropa – vor dem Hintergrund des aufgeklärten Liberalismus, der in
der Habsburgermonarchie in die Restauration mündet und von da in den
Scheinliberalismus mit den nie aufhörenden nationalen Problemen führt.

---

[1] Claudio Magris: *Der habsburgische Mythos in der österreichischen Literatur.* Salz-
    burg 1966, 185, 279, 335, 336.

Erfaßt ist dann auch noch der Ständestaat, mit dem das Nachkriegsösterreich aufhörte zu bestehen. Der Versuch einer Antwort auf die Frage, inwiefern sich nun die philosophischen Grundlagen und die mit ihnen zusammenhängende literarische Gestaltung gerade in der Zeit nach dem Ersten Weltkrieg in den übrigen Nachfolgestaaten von einer solchen Situation unterschied, würde eine zu umfassende Ausweitung dieser Betrachtungen darstellen, da sich diese Staaten nach dem Zusammenbruch der österreichisch-ungarischen Monarchie in einer ganz anderen Situation befanden und nun sogar manche ihrer gestaltenden Kräfte auf politischem und kulturellem Gebiet freilegen konnten.

Darauf jedoch, daß einer solchen philosophischen Deutung der Auflösung der Werte im literarischen Werk von Hermann Broch auch ein konkretes politisches Programm dieses Autors für ganz Mitteleuropa gegenübersteht, hat vor allem Michael Benedikt hingewiesen und zugleich auch eine gewisse Unstimmigkeit dieses Programms in bezug auf die philosophischen Vorstellungen festgestellt:

> Nun ist aber jene Auflösung der Werte, deren Erinnerung, deren Suche
> nach verlorener Zeit, nicht nur negativ besetzt. In seinen frühen politi
> schen Essays ebenso wie in seinen Auseinandersetzungen mit Hof
> mannsthal, mit Thomas Mann, mit Musil kommt ein politischer Gedan
> ke zum Tragen, der aus dem Gefüge der Antagonismen zwischen Lo
> renz von Stein und Konstantin Frantz, aus einer Perspektive zwischen
> Max Weber und Kelsen oder aber einer Divergenz zwischen A. Schütz
> und Lukács entstammen könnte. Wenn hier aber ein vollständig neuer
> politischer Rahmen für einen souveränen Ausblick aus dieser kleinen
> vielerprobten Welt umrissen wird, so fehlt im Durchblick durch das
> Werte-Vakuum, abgesehen vom Hintergrund der Werte selbst, gerade
> die neue Welt der gelungenen Einbindung des unbeschädigten Kernes
> dieses angeblich verlorenen Paradieses in das sie größer Umgreifende.[2]

Dieser vollständig neue politische Rahmen für dieses "angeblich verlorene Paradies" ist vor allem mit Brochs Aufsatz "Konstitutionelle Diktatur und demokratisches Rätesystem" aus dem Jahre 1919 entworfen. Broch stellt sich hier die Frage, wie der künftige politische Weg im Raum der ehemaligen österreichisch-ungarischen Monarchie, also in Mitteleuropa, aussehen müßte, nachdem dieser Staat und sein monarchisches System zusammengebrochen waren. Noch unter dem unmittelbaren Eindruck der Oktoberrevolution in

---

[2]   Michael Benedikt: "Ein politischer Philosoph schweigt und wird zum Dichter". In:
      Quirino Principe (Hg.): *La Mitteleuropa negli anni venti: cultura e società* (Istituto
      per gli Incontri culturali Mitteleuropei). Gorizia 1989, 155.

Rußland sieht er diesen Weg als eine Verbindung von "Ständehaus" und "Rätehaus", als Prozeß der Emanzipation sowohl der industriell als auch der bäuerlich Werktätigen, der Gewerbetreibenden, zugleich jedoch auch der Künstler und Gelehrten. Diesen Vertretern ihrer Stände sollte nun die Möglichkeit einer die bloße Repräsentation hinter sich lassenden Herrschaftsform des Volkes gegeben werden. Denn von seinem sozialdemokratischen Standpunkt aus hatte für Broch die russische Revolution zwar die für die Aufrechterhaltung des Sozialismus unausweichliche Diktatur paradigmatisch verwirklicht, zugleich aber auch das Dilemma zwischen sozialistischem Rätesystem und Demokratie offenbar gemacht, nämlich als "Vergewaltigung des Freiheitsgedankens".

Daher sieht Broch den künftigen Weg in diesem Raum in neu zu konstituierenden Arbeiterräten in einer zweiten Kammer der gesetzgebenden Körperschaft. Die erste Kammer hingegen wäre noch immer den seit der Französischen Revolution gewachsenen Parteien zugeordnet, obwohl er ihre Auflösung in der Zukunft voraussieht. Brochs sowohl ständisch als auch räterepublikanisch ausgerichtete Vorstellung ist demnach vor allem um eine Umstrukturierung der zweiten Kammer bemüht, in der das Prinzip des Rätesystems zum Ausdruck gelangt. Besondere Bedeutung fällt dabei den Kulturschaffenden zu. Nicht die Sozialisierung der Produktion kann das letzte Ziel einer solchen neuen Staatsordnung sein, sondern erst in der Sozialisierung des Kulturgutes ist die wahre Befreiung des Menschen zu sehen, erst durch sie ist die Entpolitisierung gegeben, die den Staat zur Gesellschaft verwandelt. Eine solche Zweiteilung der gesetzgebenden Gewalt in ein demokratisches Parlament und in ein demokratisches Rätesystem ist für Broch demnach das einzige Mittel, die Demokratie aufrechtzuerhalten und das Bedürfnis der Sozialdemokratie nach einer zielstrebigen Diktatur zu befriedigen. Am Ende einer solchen Entwicklung würde dann die "völlige Entpolitisierung der Menschheit" stehen, und so schließt Broch auch seinen Essay mit den Worten: "Denn erst wenn der Staat völlig von der apolitischen Idee durchdrungen sein wird, wird er zur Gesellschaft des freien Menschen werden."

Um der Zeitbezogenheit dieses politischen Konzepts einer letztlich völligen Neugestaltung Mitteleuropas nachzugehen, scheint es an dieser Stelle angebracht, die Situation des Mitteleuropa-Gedankens zu jenem Augenblick in knappen Zügen zu skizzieren. Es sind unserer Auffassung nach drei Vorstellungen, auf die sich dieser Gedanke konzentrieren läßt. Die erste Vorstellung wäre die von Friedrich Naumann. Dieser an wirtschaftlichen Fragen interessierte Pastor und Reichstagsabgeordnete hatte 1915 sein Buch *Mitteleuropa* veröffentlicht. Ausgehend vom Universalismus des Mittelalters, vertreten im Heiligen Römischen Reich Deutscher Nation, sieht er im Augenblick der höchsten militärischen Erfolge des Wilhelminischen Kaiserreichs im Ersten

Weltkrieg das künftige Deutsche Reich als Weltmacht neben Großbritannien, Amerika und Rußland. Der mitteleuropäische Raum sollte nach seiner Auffassung zum Raum einer deutschen Dominanz werden. Dieses deutsche Mitteleuropa aber sieht er umgeben ausschließlich von Staaten, die von diesem deutschen Mitteleuropa politisch und daher auch wirtschaftlich völlig abhängig sind, und ohne viel Umschweife bezeichnet er sie auch als "Trabantenstaaten". Naumanns Gedankengänge waren von einem wirtschaftlichen Expansionismus getragen und von Persönlichkeiten wie Max Weber, Robert Bosch, Albert Ballin und Gustav Stolper inspiriert. Der Ausgang des Ersten Weltkrieges hat dann diesen Gedanken vorerst seiner Aktualität beraubt, so daß Friedrich Naumann 1918 in der letzten, der 52. Ausgabe seiner Wochenzeitung *Mittel-Europa* glaubte, feststellen zu müssen: "Mitteleuropa im Ganzen ist zerschlagen als sei es eine vergrößerte Balkanhalbinsel. Deshalb hat es jetzt gar keinen Zweck, Pläne und Projekte aufzustellen." Die Idee aber sollte "rein erhalten" werden, um "im besseren historischen Moment wieder zur Verfügung zu stehen".

Diese Idee Naumanns war jedoch auch bei den Verbündeten des Deutschen Reiches nicht unumstritten. So meldete sich aus österreichischer Sicht Ignaz Seipel mit seiner Studie *Nation und Staat* (1916), in der er den wirtschaftlichen und expansionistischen Vorstellungen von Friedrich Naumann von einem deutschen Mitteleuropa die mitteleuropäische christliche Funktion Österreichs gegenüberstellte. Wohl sieht auch Ignaz Seipel die Unhaltbarkeit der dualistischen Staatsform Österreich-Ungarn und plädiert nun für eine föderative Umgestaltung des Vielvölkerstaates. Jedoch aus der Tradition des Gedankens von der göttlichen Ordnung dieses Raumes als der verwirklichten Welt Gottes vertritt er die Auffassung, daß es die Deutschen wären, die in Mitteleuropa eine missionarische Aufgabe zu erfüllen hätten, indem sie den anderen Völkern die Kultur vermittelten. Ignaz Seipel war einer der Lehrer von Engelbert Dollfuß, der Österreich dann in einen *Ständestaat* verwandelte, der jedoch autoritär ausgerichtet war, und sein Nachfolger, Kurt Schuschnigg, hat dann die Idee von der deutschen Kulturmission Österreichs in Mitteleuropa ganz besonders aufgegriffen und im offiziellen Organ *Der Ständestaat* betont vertreten. Jedoch gerade dadurch schränkte er sehr wesentlich auch die Möglichkeiten ein, über die Österreich im Widerstand gegen das Dritte Reich verfügt hätte, wenn es sich auf seine spezifische multikulturelle Tradition besonnen hätte.

Die Antwort auf Naumanns Buch war jedoch noch vor Seipel auch von sozialdemokratischer Seite erfolgt. In ihrer theoretischen Wochenschrift, in der *Neuen Zeit* für 1915 und 1916, veröffentlichte Karl Kautsky, der Chefideologe der Partei, eine Serie von Beiträgen unter dem Titel "Mitteleuropa".[3] Obwohl sich Karl Kautsky darin verständlicherweise dem deutschen expansionistischen und hegemonistischen Denken Naumanns widersetzte, gelangte er doch – auf der Grundlage der richtungsweisenden Lehre von Marx, daß die Produktionsverhältnisse und somit die wirtschaftliche Entwicklung die Formen der Gesellschaft und das menschliche Bewußtsein bestimmen – wie auch Naumann – zunächst zu der Auffassung, daß Mitteleuropa schon allein aus wirtschaftlichen Gründen zu einen wäre, aber – im Unterschied zu Naumann – ausgehend vom Willen der Völker, als Freistaatenbündnis, als Eidgenossenschaft und in Form einer Arbeiterdemokratie. Ein solches Mitteleuropa könnte daher nur eine Übergangserscheinung für die Vereinten Staaten von Europa werden, so wie sie den Sozialdemokraten vorschwebten. Insgesamt aber erscheinen ihm alle Zukunftsperspektiven mehr als düster.

> Wie immer der Krieg ausgehen mag, daß er Europa im tiefsten Elend zurücklassen wird, steht fest. Der Produktionsprozeß wird in tiefster Zerrüttung sein [...] Die Tendenzen des Kapitalismus zur Verelendung des Proletariats werden sich mit derselben furchtbaren Wucht geltend machen [...].[4]

Kautskys Vorstellungen haben immerhin nicht unbeträchtlich auf Thomás Garrique Masaryk, den Gründer der Tschechoslowakischen Republik, gewirkt. In seinem Werk *Das neue Europa. Der slawische Standpunkt* (1922) spricht sich Masaryk für eine Föderation demokratischer Staaten in Mitteleuropa aus, die in der Lage wäre, sowohl den monarchistischen Restaurierungsbestrebungen der Habsburger als auch dem erneut zu erwartenden deutschen Expansionismus zu widerstehen. Auf einem solchen Gedanken beruhte auch die kleine Entente, ohne daß dieser letztlich verwirklicht werden konnte, so daß dieser Zusammenschluß der Tschechoslowakei, Jugoslawiens und Rumäniens nur auf ein Militärbündnis beschränkt blieb. Aber auch der Rumpfstaat Österreich, dessen Anschluß an das Deutsche Reich sowie entsprechende Zollunionspläne verhindert wurden und in dem Ignaz Seipel Bundeskanzler geworden war, begann nun unter solchen veränderten Umständen neue Donauföderationspläne zu entwickeln. Es ist nicht uninteressant zu erwähnen, daß es in einem bestimmten Augenblick auch zu einer Annäherung sowohl

---

3   *Die neue Zeit. Wochenschrift der Deutschen Sozialdemokratie*, 34. Jg. ("Naumanns Ziel", 423-429; "Großdeutschland", 452-460; "Der übernationale Großstaat in der Praxis", 460-468; "Klasse und Nation", 522-534; "Nation und Sozialismus", 561-569).

4   Ebd., 568.

Österreichs als auch Ungarns an die kleine Entente gekommen ist.[5] Sehr bedeutsam für diese Überlegungen waren nicht nur die politischen Vorstellungen Frankreichs, das ein Gegengewicht zu Deutschland aufbauen wollte, sondern auch der autochtone Gedanke, durch ein starkes wirtschaftliches Gebilde ein Konstrukt zu schaffen, das in der Konfiguration Europas Bestand haben könnte.[6]

Alle diese Pläne sind durch die weitere Entwicklung gegenstandslos geworden. Hitler wurde über Karl Haushofer, den Begründer der Geopolitik als einer grundlegenden Wissenschaft für das Dritte Reich, über die Naumannsche Konzeption informiert, und er hat sie über den Wiener Schiedsspruch und nach der Besetzung Jugoslawiens bei seiner Neuordnung des mitteleuropäischen Raumes auch sehr konsequent angewandt. Während des Zweiten Weltkrieges aber haben andererseits ganz besonders die Engländer an den Plänen für eine entsprechende Nachkriegsordnung gearbeitet. Das britische Außenministerium entwickelte in diesem Zusammenhang vier Konzepte, die 1943 in einem Memorandum ihren Niederschlag fanden. Eines dieser Konzepte war als Entwurf einer mitteleuropäischen Konföderation gedacht.

Mit dem Ende des Zweiten Weltkrieges jedoch war es trotz des diesbezüglich in Jalta getroffenen Abkommens zu vollendeten Tatsachen gekommen. Mitteleuropa fand sich nun durch den Eisernen Vorhang in zwei Teile zerschnitten und zwei feindlichen Systemen zugeteilt. Österreich hatte das Glück, im westlichen Lager zu bleiben, während die Tschechoslowakei, Ungarn, Polen, Jugoslawien und Rumänien nun dem sowjetischen Machtbereich und seiner Gesellschaftsordnung angehörten. Mitteleuropa gab es daher praktisch nicht mehr, und es war nun jene Situation von zwei Großblöcken entstanden, die Broch in seiner umfangreichen Studie *Die Zweiteilung der Welt* (1947) eingehend analysiert hatte. Er sieht diese Zweiteilung erneut als Teilung in Demokratie und Totalitarismus. Der Demokratie jedoch, siegreich zwar im Kampf gegen den nationalsozialistischen und faschistischen Totalitarismus, fehlt seiner Meinung nach eine echte demokratische Ideologie. Man hätte sich die Entwicklung einer solchen echten Demokratie durch die Gründung der Vereinten Nationen erwartet, aber diese Hoffnung wurde sehr rasch ent-

---

[5] Klemens v. Klemperer: *Ignaz Seipel, Staatsmann einer Krisenzeit.* Graz/Wien/Köln 1976, 246.

[6] Ein Vertreter dieses Gedankens war vor allem der ungarische Wirtschaftsexperte Elemér Hantos. In seinen Büchern entwarf er das Projekt einer Donauföderation ohne Deutschland, aber mit Österreich, Ungarn, Polen, der Tschechoslowakei, Jugoslawien und Rumänien als Grundlage einer mitteleuropäischen Zollunion oder Wirtschaftsgemeinschaft. Hantos' Initiative brachte auch Mitteleuropainstitute in Wien, Brünn und Budapest hervor. Vgl. Jacques Le Rider: *Mitteleuropa. Auf den Spuren eines Begriffes.* Wien 1994, 136-137.

täuscht. Statt einer solchen Entwicklung wurde die Demokratie in die Defensive gedrängt, vor allem gerade in Amerika, und so suchte sie nun dort zu ihrer Selbstbehauptung ihre eigene, gleichfalls totalitäre Ideologie, und zwar in Form eines Kapitaltotalitarismus. Dieser Kapitaltotalitarismus jedoch trifft sich mit dem sowjetischen Totalitarismus in einer utopischen Phantasie, nämlich einer Weltzweiteilung. Eine solche zweigeteilte Welt aber hat keinen Platz für eine echte Demokratie.

Von dieser Vorstellung von einer solchen Zweiteilung der Welt ausgehend, sucht Broch aber trotzdem nach einem Raum, der sich zwischen den beiden Teilen abzeichnet. In seinem wohl umfangreichsten Essay "Hugo von Hofmannsthal" (1947-1948) und in den verschiedenen knapp gestalteten Fassungen seines Entwurfs "Hugo von Hofmannsthals Prosaschriften" erarbeitet er diesen Raum vorerst in der Weise, daß er den kulturellen Ausdruck Europas sowohl von Westen als auch von Osten bestimmt sieht, bis dann aus dem deutsch-französischen Gegensatz ein Wert-Vakuum zwischen dem einerseits in Frankreich trotz seiner äußeren, oft sehr emotionalen Fassade kühlen, nüchternen politischen Geist und andererseits der in Deutschland so hektischen, politik-entfremdenden Geschichtsentwicklung entsteht – ein Spannungsverhältnis, das im Zusammenbruch des alten Wertsystems ein Wert-Vakuum erkennen läßt, das aber zugleich auch im tragischen Experimentieren mit dem Leben als dem (zum Scheitern verurteilten) Bemühen um die Selbstbehauptung der Individualität seinen Ausdruck findet. Gegenüber der Säkularisierung des geistigen Lebens, angeregt in Deutschland durch den Protestantismus als Ausdruck eines solchen Wert-Vakuums, hält in diesem Raum die geradezu orientalische Hypertrophierung des Höfischen an, ganz im Unterschied wiederum zu Frankreich, das seine Barockstruktur in den Erschütterungen und Umstürzen der Revolution überwindet. Das Wert-Vakuum in dieser Mitte Europas äußert sich letzlich in der Despektierlichkeit als einer überaus undeutschen Grundhaltung, die als romanischer und slawischer Einschlag das Erbgut des Österreichtums mitkonstituierte. Diese Despektierlichkeit dürfte den letzten, allerdings unpolitisch gewordenen Rest eines einst unzweifelhaft vorhanden gewesenen Revolutionarismus darstellen, in dem sich Volk und Adel aufs glücklichste zusammenfinden konnten. Dieser Gedankengang Brochs klingt dann mit den Worten aus:

Das Habsburgerreich ist aus Kriegen und Staatsakten hervorgegangen, und trotzdem scheint es als Kulturgebilde nicht das mindeste damit zu tun zu haben, vielmehr aus einer seinem Boden verhafteten Prä-

Existenz entstanden zu sein, auf daß es daselbst auch ein ewig währendes post-existentielles Dasein führen könne.[7]

Diese Post-Existenz trat dann auch zu Beginn der achtziger Jahre in einer überraschend folgerichtigen Weise in Erscheinung, als die meisten der Vorkämpfer für einen "Sozialismus mit menschlichem Antlitz" unter den herrschenden Bedingungen schon alle zu Dissidenten geworden waren. Einige dieser Intellektuellen begannen sich nun auch bewußt als "Mitteleuropäer" zu bezeichnen, und die Bezeichnung wurde daraufhin sehr rasch als Besinnung auf bestimmte Werte dieses Raumes aufgegriffen, die man schon für verloren gehalten hatte und deren Verlust man nun bedauerte. Da diese Intellektuellen, vor allem Schriftsteller, in ihren Ländern entweder angefeindet oder totgeschwiegen wurden, begann man vorerst, sie aus dem Ausland wahrzunehmen. So schrieb die Schweizer Literaturkritikerin Ilma Rakusa von einem großen mitteleuropäischen Trio, von drei Schriftstellern, deren Namen mit dem Buchstaben "K" beginnen.[8] Es waren dies Milan Kundera, György Konrad und Danilo Kiš, und die französische Literarhistorikerin Bernadette Jules zeichnet zur gleichen Zeit als erste schon ein zusammenfassendes Bild solch einer mitteleuropäischen Literatur, als Darstellung einer erlebten Niederlage des Selbstbestimmungsrechtes der Völker über die Gestaltung ihres politischen Schicksals, als Identitätssuche, als Anspruch auf ein Weiterbestehen, zugleich aber auch als Umherirren, als eine besondere Form der Verfremdung und der Vertreibung aus dem Bereich der geistigen Entwicklung. Daher, so Bernadette Jules, wird der mitteleuropäische Roman, so wie ihn die Tschechen im Exil, Škvorecký und Kundera, der Jugoslawe Danilo Kiš und der Österreicher Thomas Bernhard schreiben, immer mehr zum Gewissen der Menschen überhaupt, zum Aufruf an die Wachsamkeit der Literatur.[9] Fast unbewußt wird also über den Eisernen Vorhang hinweg auch Thomas Bernhard in eine solche gemeinsame mitteleuropäische Literatur einbezogen. Sein Roman *Auslöschung – Ein Zerfall* ist aber sicherlich eine eingehende Illustration des Werte-Vakuums, in dem letztlich – im Sinne von Hermann Brochs Darstellung des Aufbaus und der Behauptung einer Persönlichkeit inmitten eines solchen Vakuums *(Hugo von Hofmannsthal,* Kapitel II) – das Ich des Autors über alle Zerstörung hinweg triumphiert.

---

[7] Hermann Broch: "Hugo von Hofmannsthals Prosaschriften" (Zweite Fassung). In: ders.: *Schriften zur Literatur I.* (Kommentierte Werkausgabe. Bd. 9/1), hrsg. v. Paul Michael Lützeler. Frankfurt a. M. 1975, 296.

[8] Ilma Rakusa: "Pannonische Inventuren". In: *Bogen,* Nr. 22, 1987.

[9] Bernadette Jules: "Danilo Kiš i srednjoevropski roman". In: *Književne novine,* Nr. 727, 1987, 11.

Die Vorstellungen von einer mitteleuropäischen Literatur, so wie sie hier von Ilma Rakusa und Bernadette Jules umrissen wurden, wären jedoch unbedingt noch durch einige Namen zu ergänzen. Es sind dies bei den Tschechen neben Milan Kundera und Josef Škvorecký noch besonders Bohumil Hrabal, Ludvik Vaculík, Václav Havel, Pavel Kohout und Ivan Klima; bei den Polen, die sich schon immer als zu Mitteleuropa zugehörig gefühlt haben, wären es vor allem Czesław Miłosz, Andrzej Szcypiorski, Slawomir Mrozek und Adam Michnik; bei den Ungarn hat sich Péter Esterházy als Dichter vom Donaustrand und somit auch als Mitteleuropäer bezeichnet, als unerbittlicher Dissident war auch Árpád Göncz aufgetreten, und große Beachtung von diesem Blickpunkt aus fand István Örkeny. Bei den Slowaken bediente man sich zwar weniger dieser Bezeichnung, wohl aus dem Grund, weil der Druck des Systems in Preßburg etwas weniger spürbar war als in Prag, aber die Wünsche und Vorstellungen hinsichtlich der Zugehörigkeit zu einem solchen Mitteleuropa finden ihren Ausdruck vollauf in den Werken von Ladislav Mňačko und Anton Hykisch. Bei den Slowenen trat vor allem Drago Jančar für den Mitteleuropa-Gedanken ein, während ein solcher im Gegensatz dazu bei den Kroaten nicht Fuß fassen konnte, wohl aus dem Grund, weil Krleža, die unbestrittene Leitfigur der kroatischen Literatur, diesen Gedanken sehr vehement abgelehnt hatte, da er in ihm ein restauratives Denken zu erblicken glaubte. Trotzdem, wenn es um allgemeine Bestrebungen mitteleuropäischer Ausdrucksformen geht, so wäre in diesem Zusammenhang vor allem Dubravka Ugrešić zu erwähnen. In Serbien wiederum hat diese Bewegung interessanterweise mehr Anklang gefunden, obwohl es aus dem historischen Rückblick umgekehrt zu erwarten gewesen wäre. Neben Danilo Kiš tritt vor allem Aleksandar Tišma stellvertretend für dieses Gedankengut ein. Von den Rumänen müßte Marin Sorescu erwähnt werden. Aber auch Ionesco bekundet sein Interesse an Mitteleuropa:

> Ich denke also an ein wirkliches Gleichgewicht, das alle Unterschiede wie Bräuche und Traditionen, die einander übrigens merkwürdig ähnlich sind, respektiert. Das wäre der Beginn einer ausgewogenen mitteleuropäischen Konföderation, in der jeder sich von seinem Nachbarn unterscheiden könnte, aber die Möglichkeit hätte, gemeinsam mit ihm zu leben.[10]

All diese Autoren stehen miteinander nicht in näherer Verbindung, sie sind aber von ähnlichen Vorstellungen und Wünschen erfüllt, und diese sind vor allem in den Essays von Milan Kundera "The Tragedy of Middle-Europe" und

---

[10] Eugène Ionesco, zit. nach Erhard Busek/Emil Brix: *Projekt Mitteleuropa*. Wien 1986, 117.

von György Konrad "Der Traum von Mitteleuropa" ausgedrückt worden.[11] Kundera grenzt sich in seinem Essay politisch ganz klar von allen restaurativen Bestrebungen ab:

> Das österreichische Kaiserreich hatte die große Chance, Mitteleuropa zu einem geeinten starken Staat zu machen, aber die Österreicher waren leider selbst hin- und hergerissen zwischen einem arroganten pangermanischen Nationalismus und ihrer eigenen mitteleuropäischen Mission. Es gelang ihnen nicht, eine Föderation gleichberechtigter Nationen zu bilden, und ihr Scheitern war das Unglück für ganz Europa.[12]

Darin, so Kundera, liegt aber die Tragödie Mitteleuropas, und in Brochs *Die Schlafwandler* erscheint ihm dieses Unvermögen "als ein Prozeß schrittweisen Wertverlustes"[13]. Auch György Konrad hebt das Multikulturelle und Pluralistische in diesem Mitteleuropa hervor, das auch die Garantie für das Individuelle bildet:

> Gegeben ist die Vielfalt. Wenn wir einen Sinn für die Realität haben, dann müssen wir auch einen Sinn für unsere Verschiedenartigkeit entwickeln. Ein übergreifendes Sich-Einrichten in der mitteleuropäischen Kultur ist für uns eine natürliche Erweiterung. [...] Aus unserer Lage ergibt sich somit eine Philosophie, die Philosophie der paradoxen Mitte, die eigentlich das Wesen einer vorstellbaren europäischen Weltanschauung sein könnte [...] Möglicherweise könnte daher die Europäisierung Europas durch die Mitteleuropäisierung Mitteleuropas so richtig vorankommen [...] Lassen wir die staatlichen Rahmen und erheben wir die ethnische Wirklichkeit zu einer kulturellen Wirklichkeit [...], in der wir mehr Gewicht legen auf das Qualitative und das Individuelle.[14]

In Anbetracht der geopolitischen Realität von der Teilung in Osteuropa und Westeuropa existierte demnach Mitteleuropa zu diesem Zeitpunkt lediglich als eine kulturpolitische Antithese. Diese kulturpolitische Antithese aber in einem

---

[11] Milan Kundera: "The Tragedy of Middle Europe". In: *The New York Review of Books 1984*, 33-38 (dt. "Die Tragödie Mitteleuropas". In: Erhard Busek/Gerhard Wilflinger (Hg.): *Aufbruch nach Mitteleuropa. Rekonstruktion eines versunkenen Kontinents*, 133-144); György Konrad: "Der Traum von Mitteleuropa". In: *Wiener Journal*, Nr. 45, 1984, übernommen von Erhard Busek/Gerhard Wilflinger, a.a.O., 87-97.

[12] Milan Kundera: "Die Tragödie Mitteleuropas", a.a.O., 144.

[13] Ebd., 142.

[14] György Konrad: "Der Traum von Mitteleuropa". Zitiert nach Erhard Busek/Gerhard Wilflinger (Hg.): *Aufbruch nach Mitteleuropa. Rekonstruktion eines versunkenen Kontinents*, a.a.O., 87f.

Mitteleuropa, das es de facto nicht gab, ging aus solcher Sicht wohl auch über die Realität der Spaltung in Blöcke hinaus; sie war blocktranszendent und dem mitteleuropäischen Raum zugleich immanent:

> Man kann die Idee Mitteleuropa für eine halsstarrige Träumerei nehmen, [...] allerdings besteht die Besonderheit des Phänomens darin, daß die Menschen in Mitteleuropa dieses Bewußtsein brauchen [...] der Traum von Mitteleuropa ist eigentlich etwas Natürliches, worauf man nicht verzichten kann.[15]

Kundera und György Konrad sprechen im Namen der Intellektuellen ihres Raumes, sie wissen auch nur zu gut, daß unter den gegebenen Verhältnissen die Vorstellung von Mitteleuropa eben nur ein Traum bleiben muß, eine Utopie, und daher, so Konrad – "der Traum von Mitteleuropa ist Idealismus". Wenn wir jedoch von einem solchen Traum den Blick erneut zurück zu Hermann Broch wenden, so ergibt sich nicht nur die Ähnlichkeit mit der Vorstellung von einem blocktranszendenten, also blockfreien und neutralen Mitteleuropa außerhalb sowohl einer *Pax Americana* als auch einer *Pax Sovietica*, sondern auch eine ähnliche Vorstellung von der Bedeutung der Intellektuellen. Wenn die utopischen Visionen von Kundera und György Konrad geradezu als Entwurf für eine Republik der Intellektuellen betrachtet werden können, so hat sich auch schon Broch, was die Position der Intellektuellen betrifft, der Kulturschaffenden, wie er sie nennt, von Kautsky distanziert. Im Unterschied zu Kautsky nämlich, der den Intellektuellen dem Bourgeois gleichsetzt und in ihm den Träger aller Nationalismen sieht, den Gegner jeder Überstaatlichkeit, denkt Broch in seinem Rundfunk-Interview "Der Intellektuelle im Ost-West Konflikt" (1950) in völlig anderen Kategorien. Der Traum von 1945, daß aus dem Vergleich von Vor- und Nachteilen von Kollektivierungen, Sozialisierungen und Kommunisierungen gegenüber einzelwirtschaftlichen Betrieben der Ansatz einer Weltplanung hätte entstehen können, war ausgeträumt. Auch für die Vereinten Nationen war deutlich geworden, daß das Prinzip der Staatsraison und der eigenen Saturiertheit, also ein Denken in den Kategorien ausschließlich der eigenen Interessen, nicht zu überwinden war. Auch der von Europa aus so beneidete "American way of life" hatte sich gerade aufgrund seiner Erfolge und seines Reichtums laut Broch schon zu sehr als "in sich verliebt" erwiesen, so daß "ihm und erst recht seiner Außenpolitik jegliche Einfühlung in den Geist anderer Nationen fehlte", und dieses fehlende Einfühlungsvermögen äußerte sich auch, wenn es um das russische Volk ging. Auch der russische Staat muß nach seinen Prinzipien handeln, so sehr dies

---

[15] Ebd., 97.

auch an "Geopolitik" erinnern möge, mag diese auch "zur Bibel des Nazi-staates" erhoben worden sein. So bleibt nur die Hoffnung auf die Vernunft gegenüber der Unvernunft, und es ist "der Intellektuelle, der unter allen Um-ständen für die Wirksamkeit der Vernunft einzutreten hat".[16]

Bei Kundera führt zudem die unmittelbare Verbindung zu Broch gleich-falls über seinen Essay *L'art du roman* (1987), in dem Hermann Broch gera-dezu als Parameter für das Denken der Schriftsteller dieses Raumes firmiert, eines Raumes, den Kundera auch als das "andere Europa" bezeichnet. So sind auch seine Ausführungen insgesamt im Kontext der Äußerung Hermann Brochs zu sehen, daß nämlich die Größe des Romans darin bestehe, alle in-tellektuellen und poetischen Mittel zum Leben zu erwecken, um das zu ent-hüllen, was nur der Roman zu enthüllen vermag: das Sein des Menschen, womit Kundera auch die Bedeutung der Essay-Form von Brochs Romanen zu erklären versucht. Denn Broch ist auf diese Weise sicherlich um die Erfassung jenes unerreichbaren Fluchtpunktes bemüht – der Krise des europäischen Menschen insgesamt, der Natur, der Bestimmung der Moderne. Jedoch aus der ungewöhnlichen Situation des Schriftstellers aus dem "anderen Europa", aus Mitteleuropa, ist diese Funktion des Romans noch ausgeprägter, und Kundera, dem der Durchbruch zum Welterfolg gelungen war, sieht sich selbst in der Tradition des mitteleuropäischen Romans. Im Unterschied zum kausalen Den-ken, begründet durch Descartes und Galilei und durch Cervantes in den Ro-man übertragen, woran sich dann Richardsons Darstellung der menschlichen Gefühlswelt anschließt, Balzacs Enthüllung der gesellschaftlichen Bedingun-gen für den Menschen, Flauberts Entdeckung des Alltäglichen, Tolstois Ent-wurf der Rolle des Irrationalen im menschlichen Handeln, Prousts Wiederfin-den der Zeit und Joyce' vergebliches Bemühen, das unaufhaltsame Fließen der Gegenwart zum Stehen zu bringen – im Kontrast zu all dem ist die Antige-schichtlichkeit des mitteleuropäischen Romans zu sehen, die einlösbar er-scheint insofern, als dieser mitteleuropäische Raum niemals selbst bestimmen-des Subjekt der Geschichte war, sondern immer nur Objekt des Wirkens äuße-rer Kräfte, die sein Schicksal bestimmten. Diese Antigeschichtlichkeit ist, so Kundera, am besten ausgedrückt durch Hašek, der mit Schwejk die totale Irrationalität des geschichtlichen Prozesses erfaßt und diesen Prozeß dann in tragisches Gelächter auflöst, und für diese Antigeschichtlichkeit stehen Kafka und die Dimensionen des wirklich Absurden, die Kundera bei Musil, Broch und Gombrowicz zu finden glaubt. So erfolgt aber auch besonders von Mittel-europa aus über das Aufzeigen der Antigeschichtlichkeit dieses Raumes zu-gleich die Bestätigung, daß sich der Roman insgesamt in einer Vorstellung

---

[16] Hermann Broch: *Politische Schriften*. (Kommentierte Werkausgabe. Bd. 11), a.a.O., 479.

bewegt, die unvereinbar mit dem Totalitarismus ist, da diese Gattung der Literatur immer Zweifel und Relativität ausdrückt.

Plötzlich, und eigentlich völlig unerwartet auch für die Mitteleuropäer selbst, trat dann die große Wende ein. Als ob nun der unerfüllbar scheinende Traum zur Wirklichkeit werden sollte und die Utopie zur Realität sich verwandeln würde.

Über Nacht übernahmen nun diese Mitteleuropäer die leitenden Positionen. Sie wurden nach den ersten freien Wahlen zu Staatspräsidenten erhoben wie Václav Havel in der Tschechoslowakei oder Árpád Göncz in Ungarn, sie vertraten nun die demokratischen Parteien im Parlament, wurden zu Ministern berufen, als Botschafter ins Ausland entsandt, und sie stiegen aus dem Samízdat, aus der Illegalität der Buchverbreitung im Untergrund, zu bestimmenden Redakteuren in den Medien und Verlagen auf. Aber sogleich zeigte es sich, daß es ihnen nicht möglich war, politisch einen Kurs der Mitte zu verwirklichen. Hatte Václav Havel noch als Dissident in einem Interview mit einer amerikanischen Journalistin in Anlehnung an einen Gedanken seines Freundes, des Philosophen Frantisek Belohradský, erklärt, daß er als Mitteleuropäer sowohl gegen den Dogmatismus des Ostens als auch gegen jene Eschatologie der Verbrauchergesellschaft des Westens ankämpfe, die er als Ausdruck des Wirkens gewaltiger Systeme empfinde, die den Menschen manipulieren und zur Entpersönlichung und zum Verlust der menschlichen Dimensionen führen müssen, so sah er sich als Staatsmann sehr rasch gezwungen, eine solche Position aufzugeben.[17]

Auch die politischen Bemühungen um eine *Quadrangonale*, eine *Pentagonale* und *Hexagonale*, in der Schlußphase sogar auch um eine *Septengonale*, die ein solches Mitteleuropa in ein künftiges Europa einbauen wollten, wurden zunichte gemacht. Die Hoffnung auf ein unabhängiges, neutrales Mitteleuropa ist verlorengegangen, auch wenn Havel dieser Hoffnung noch Ausdruck gibt, wie im folgenden Zitat von Lützeler deutlich wird:

> Die Mitteleuropa-Debatte der achtziger Jahre hat ihren intendierten Beitrag zur Überwindung Jaltas, zur Rückgängigmachung der Teilung Europas geleistet. Sie ist damit nicht beendet, doch wird sie eine andere Funktion erhalten. Sie wird sich zu einer Diskussion wandeln, in der die Mitteleuropäer über ihren Ort in Europa als Ganzem und in der die West- und Osteuropäer ihre Beziehung zu Mitteleuropa reflektieren. Ein Beispiel für die Neuorientierung der Debatte hat der tschechoslowakische Schriftsteller und Staatspräsident Václav Havel gegeben. Im

---

[17] "Sudbina sveta je nedeljiva. Razgovor sa Vaclavom Havelom" (dt. "Das Schicksal der Welt ist unteilbar. Gespräch mit Václav Havel"), nach der Literaturzeitschrift *Knijzevne novine*, Nr. 733, Belgrad 1987.

Frühjahr 1990 veröffentlichte er in der *New York Review of Books* einen Essay über die Zukunft Mitteleuropas. Hier gab er zu, daß es augenblicklich noch schwierig sei vorauszusehen, welche politischen Formen die mitteleuropäische Zusammenarbeit in den nächsten Jahrzehnten annehmen würde. Er wies darauf hin, daß Westeuropa in der europäischen Integration verhältnismäßig weiter fortgeschritten sei als Mitteleuropa. Alle ostmitteleuropäischen Staaten, so wünschte er, sollten Mitglieder der verschiedenen in Westeuropa bereits existierenden Europa-Assoziationen werden. Havel hielt es aber für sinnvoller, daß sich die aus dem Warschauer Pakt gelösten Staaten nicht einzeln und in Konkurrenz zueinander um solche Mitgliedschaften bewerben, sondern zunächst einmal eine eigene Vereinigung gründen, welche die mitteleuropäischen Pläne und Interessen gegenüber der westeuropäischen Gemeinschaft formulieren würden.[18]

Die Entwicklung ist aber bis zu dem Zeitpunkt, in dem diese Arbeit geschrieben wurde, also sieben Jahre nach dem erwähnten Beitrag Havels, einen anderen Weg gegangen. Es gibt kein Mitteleuropa mehr, und es wird im Sinne von Broch auch kein Mitteleuropa geben. Die Europäische Union läßt die nun als "Reformländer" bezeichneten Staaten noch immer vor ihrer Tür stehen und warten. Kulturell aber enteuropäisiert sich auch Europa selbst immer mehr. Daß Europa, um bestehen zu können, eine Mitte brauche – dieser Gedanke, den der rumänische Philosoph Emile Çioran in seinem Buch *Histoire et Utopie* (1960) entwickelt hat und der Hermann Broch so verwandt zu sein scheint, hat seine Bedeutung verloren, denn Europa löst sich offensichtlich in der *Pax Americana* auf, für die Hermann Broch vorausgesagt hatte, daß sie die Demokratie zur totalitären Demokratie umfunktionieren und zu einem Kapitaltotalitarismus führen würde. Auch Hermann Brochs Trilogie könnte derart zur Tetralogie ausgeweitet werden, in der ein vierter, letzter Band die Auflösung aller bisher bestehenden europäischen Werte literarisch artikulieren würde, ohne – wie in den drei vorhergehenden Romanen – einen Gegenwert konstruieren zu können. Den Gegensatz zwischen Kommunismus und dem "American way of life" gibt es nicht mehr; damit aber hat sich zugleich auch die historisch fundierte und zeitweilig sehr aktuelle Neutralitätskonzeption für Mitteleuropa erübrigt. Die historischen Konturen Mitteleuropas gehören der Vergangenheit an und ebenso die philosophische Tiefe dieses Raumes, wie sie Hermann Broch zu erfassen vermochte.

---

[18] Paul Michael Lützeler: *Die Schriftsteller und Europa von der Romantik bis zur Gegenwart*. München 1992, 455f.

Zum Begriff der Romantik in den südosteuropäischen Literaturen. Versuch einer regionalen komparatistischen Identifikation

In seiner programmatischen Einführung in das Studium der Vergleichenden Literaturwissenschaft weist Horst Rüdiger[1] unter anderem auch auf den Umstand hin, daß "die Literatur eines Volkes in einem andauernden historischen (vertikalen) Traditionszusammenhang sowie in einem ununterbrochenen regionalen (horizontalen) Austauschverhältnis mit anderen Nationalliteraturen" steht, so daß "eines der Themen der Komparatistik im engeren Sinne die Wechselwirkungen der europäischen Nationalliteraturen untereinander" sind. Dabei begnügt sich die Forschung heute nicht mehr "mit der Feststellung von 'Einflüssen'; sie richtet ihr Augenmerk vielmehr auf die von geistigen Kräften ausgehenden Wirkungen sowie auf die charakteristische, literar-ästhetisch faßbare Art und Weise der Rezeption, d.h. auf die Umgestaltung übernommener Anregungen".

Auch die Frage nach einer Ähnlichkeit der Wirkungen und der Rezeptionen innerhalb der Literaturen der südosteuropäischen Völker, also der Versuch, die Literatur des südosteuropäischen Raumes komparatistisch zu identifizieren, sieht sich in ein solches System unterschiedlicher vertikaler und horizontaler Prozesse oder – mit anderen Worten – verschiedener diachronischer und synchronischer Strukturen gestellt. Es ist vor allem die Frage, ob diese verschiedensprachigen Literaturen doch in irgendeiner Form eine Einheit bilden, die man nicht nur willkürlich oder bestenfalls geographisch festlegt, sondern deren Gesamtheit sich als ein geistiges Gerüst, als eine Aura – wie es Walter Benjamin nennen würde – erkennen läßt, so ähnlich, zum Beispiel, wie wir uns sicherlich auch ein bestimmtes geistiges Gerüst vergegenwärtigen und eine bestimmte Aura verspüren, wenn die Worte "Mediterran", "Abendland", "Lateinamerika" oder "Orient" erwähnt werden. Die räumliche Aufteilung innerhalb der Komparatistik kann ja letzten Endes nur dann einen Sinn haben, wenn sich solche Räume jeweils auch als literarische Identität innerhalb einer Vielheit von national verschiedenartigen Einzelerscheinungen erkennen lassen.

---

[1] Horst Rüdiger: "Vergleichende Literatuwissenschaft. Studieneinführung". In: *Aspekte*, Nr. 3, 1970, 19-22.

Wenn wir nun diese allgemeine Frage nach einer Identität des südosteuropäischen literarischen Raumes stellen und eine solche Frage gleichzeitig auch auf die Romantik beschränken, so dies auch deswegen, weil sich gerade hinsichtlich der Romantik in Südosteuropa völlig entgegengesetzte Meinungen herausgebildet haben. Für die meisten Kenner dieses Raumes bedeutet nämlich die Romantik in Südosteuropa die Selbstentdeckung der südosteuropäischen Völker schlechthin und deren Eintritt oder Wiedereintritt in die europäische Kultur- und Literaturgemeinschaft. Andererseits aber gibt es auch Autoren, die eine völlig gegenteilige Meinung vertreten. So polemisiert zum Beispiel J. A. Kožcvnikov mit S. Ciocuescu, V. Străinu und T. Vianu über das Bestehen einer romantischen Bewegung in der rumänischen Literatur,[2] und ein sicherlich so profunder Kenner Südosteuropas, wie es F. Valjavec war, vertrat sogar die Meinung, daß die Romantik als Ganzes nicht nach Südosteuropa vordringen konnte, weil sie den Völkern dieses Raumes nicht entsprach und daher in ihren Wirkungen nicht nur sehr begrenzt, sondern häufig formaler, oft geradezu nur negativer Natur war.[3] Die Frage könnte daher auch so formuliert werden: War die Romantik der südosteuropäischen Völker wirklich eine Romantik, nämlich im Sinne jener Kategorien, welche die Romantikforschung bis jetzt erarbeitet hat?

Ein solches Urteil, wie es Valjavec gibt, dürfte aber zumindest vorschnell gefaßt worden sein, und es wird sich wohl viel eher darum handeln, daß die Romantik dadurch, daß sie bei den einzelnen südosteuropäischen Völkern noch stark wirkende Elemente der Aufklärung und des Klassizismus verarbeitete oder in bis dahin stilgeschichtlich fast traditionslose literarische Gebiete vorstieß, sicherlich auch gewisse Eigenarten aufweisen mußte, die sie von der übrigen westeuropäischen Romantik und vor allem von der deutschen Romantik unterscheiden. Wenn wir in dieser Hinsicht kurzen Einblick nehmen in einzelne führende und nennenswerte Nachschlagewerke, welche die Geschichte der Literaturen dieser einzelnen Völker in einem historischen, also vertikalen Traditionszusammenhang darzustellen versuchen, so müssen wir als erstes feststellen, daß doch überall von einer Romantik gesprochen wird, daß aber Beginn, Dauer und Wirkung einer solchen romantischen Bewegung bei den einzelnen südosteuropäischen Völkern sehr unterschiedlich dargestellt werden. Der ungarischen Literaturgeschichtsschreibung zufolge vollzieht F. Kazinczy, nachdem er sich 1806 auf sein Gut zurückgezogen hatte, die entscheidende Wendung von der Aufklärung zur Romantik. Gegen die von Goethe beeinflußte klassizistische, intellektuelle Verfeinerung Kazinczys jedoch,

---

[2] Jurij Koževnikov: *Mihail Eminescu i problema romantizma v rumynskoj lit. XIX veka*. Moskva 1967.

[3] Fritz Valjavec: *Geschichte der deutschen Kulturbeziehungen zu Südosteuropa*. Aus dem Nachlaß hrsg. v. Felix von Schroeder. München 1965, 31.

der zudem Kalvinist war, erheben sich die katholischen Nationalisten um S. Kisfaludy. Ihren Höhepunkt findet die ungarische Romantik dann in den Dichtungen von F. Kölcsey und M. Vörösmarty. Es wäre dies demnach die dritte Welle der Romantik in Ungarn, deren Hochform, und die Dichtungen dieser Phase entstanden vorwiegend in den 20er und 30er Jahren des vorigen Jahrhunderts.[4] S. Petöfi, den man ansonsten in den allgemeinen Darstellungen der Weltliteratur regelmäßig als einen der allerechtesten Vertreter der Romantik bezeichnet, wird interessanterweise von der ungarischen Literaturgeschichtsschreibung aus der Romantik ausgeklammert und als Vertreter einer Dichtung mit gegenwartsbezogenen Inhalten dargestellt.[5] Bei den Slovaken dagegen kommt es überhaupt erst in den 40er Jahren zu einem endgültigen Durchbruch ihres Volkstums in der Literatur. Gleichbedeutend mit der Romantik ist die Persönlichkeit L. Štúrs und die sogenannte Štúr-Generation (S. Chalupka, A. Sládkovič, J. Botto und J. Kalinčiak), die bis zum Anfang der 70er Jahre die literarische Szene beherrscht.[6] Für die serbische Literatur wiederum hat D. Živkovič einen Periodisierungsvorschlag ausgearbeitet, der den Beginn der Romantik mit dem Jahre 1814 festlegt (mit dem Jahr also, in dem Vuk Karadžić das erste Bändchen seiner Volkslieder und seine Grammatik der serbischen Sprache herausgibt) und diese Bewegung dann bis 1880 weiterführt, wobei sich seit 1860 als zeitlich parallele Bewegung der Realismus entwickelt.[7] Mit dem gleichen Jahr – wie nach dieser Auffassung die serbische Romantik – endet in der Darstellung von C. Th. Dimaras auch die griechische Romantik.[8] Sie wird mit der "Athenischen Schule" gleichgesetzt und erfaßt

---

[4] Tibor Klaniczay/József Szauder/Miklós Szabolcsi: *Geschichte der ungarischen Literatur.* Budapest 1963.

[5] Der bekannte ungarische Literaturwissenschaftler I. Söter sagt diesbezüglich: "Les stimulations et inspirations étrangères n'enrayent cependant jamais l'évolution spontanée des littératures. Ainsi, le dépassement du romantisme, chez Petöfi, par un réalisme lyrique, révolutionnaire représente non seulement un phénomène spécifiquement national, mais encore un fait unique en son genre dans les lettres mondiales, un fait qui met à l'état retardataire des lettres hongroises et qui, dans un essor révolutionnaire, les conduit au plus haut sommet de la poésie universelle" (István Söter: "Lumières et Romantisme". In: *Acta Lit. Ac. scientiarum hungaricae*, Nr. XII, 1970, 36).

[6] Vgl. Ludwig von Gogolák: "Die historische Entwicklung des slowakischen Nationalbewußtseins". In: *Die Slowakei als mitteleuropäisches Problem in Geschichte und Gegenwart.* München 1965, 27-116.

[7] Dragiša Živkovič: "Periodizacija srpske književnosti XVIII-XX veka". In: *Letopis Matice srpske*, Nr. 148, 1972, 12.

[8] Constantin Th. Dimaras: *Histoire de la Littérature Néo-Hellenique.* Athen 1965. Dimaras teilt die Entwicklung der griechischen Romantik auf die Abschnitte: "La fin d'un monde (Les Phanariotes à Athènes et à Constantinople)"; "L'héritage de Solomos (L'école ionienne)" und "Excès romantique (L'école athénienne)".

daher die Zeitspanne von 1830-1880.[9] Im Unterschied aber zu so lang ange-
setzten zeitlichen Räumen der romantischen Bewegung wird eine solche bei
den Bulgaren zum Beispiel durch eine ganz knappe Zeitspanne von nur wenigen Jahren ausgefüllt: durch die Poesie von H. Botev, dessen Gedichte fast
ausschließlich zwischen 1871 und 1875 entstanden sind.[10] Mit diesen kurzen
Erwähnungen sind natürlich noch nicht alle Literaturen des südosteuropäischen Raumes erfaßt, aber schon diese ersten Angaben zeigen, daß die Romantik bei den unmittelbar nebeneinanderlebenden Völkern des Südostens,
ginge es um eine graphische Darstellung, am ehesten wohl mit einer geologi-
schen Formation verglichen werden könnte, die immer wieder scharf durchbrochen wird, so daß die gleichen Schichten völlig unterschiedlich nebenein-
anderliegen.

Können wir also diese Bewegung in diesem Raum auf einen gemeinsamen
Nenner bringen? Können wir von gemeinsamen Merkmalen einer südosteuropäischen Romantik sprechen, und vermögen es diese Merkmale, uns die Vorstellung von einer gemeinsamen geistigen Struktur dieses Raumes zu vermitteln?

Diejenigen Arbeiten, die es sich bis jetzt zum Ziel gesetzt haben, die Romantik als gesamteuropäische Bewegung und daher auch von einem komparatistischen Blickpunkt aus zu behandeln, sind mit diesem Raum eigentlich sehr
stiefmütterlich verfahren. F. Strich beschränkte sich in seiner Arbeit "Die
Romantik als europäische Bewegung"[11] noch ausschließlich auf die großen
westeuropäischen Völker. O. Walzel stößt dann in seinem Beitrag "Klassizismus und Romantik als europäische Erscheinung"[12] bis zu den Dänen, Polen
und Russen vor, und erst P. Van Tieghem wird in seinem Werk *Le romantisme dans la littérature européenne* (1948) in Kapitel 4 ("Les Formes du mouvement romantique: pays slaves et danubiens") kurze Übersichten über die
romantischen Erscheinungen auch bei den südosteuropäischen Völkern, mit

---

9 Diese Zeitspanne hatte schon Kostis Palamas festgelegt. ("Costis Palamas considère
   que le romantisme grec commence avec le Voyageur de Panayotis Soutsos [...] et fi-
   nit avec l'ode à Byron, qu'Achille Paraschos récita à Missolonghi en 1880".) Zu dieser Problematik vgl. a. Mario Vitti: *Einführung in die Geschichte der neugriechischen Literatur.* München 1972, 93-97.
10 S. Petar Dinekov: "La Division en périodes de la littérature bulgare, vue à la lumière
   du développement des littératures balkaniques". In: *Études Balkaniques,* Nr. 4, 1966,
   5-13.
11 Fritz Strich: "Die Romantik als europäische Bewegung". In: *Festschrift Heinrich
   Wölfflin.* München 1924, 47-61.
12 Oskar Walzel: "Klassizismus und Romantik als europäische Erscheinungen". In:
   Propyläen Weltgeschichte. Bd. 7. Berlin 1929, 249-328.

Ausnahme von Albanien, geben.[13] R. Welleks *Konfrontationen – Vergleichende Studien zur Romantik* (1964), als neuester Beitrag zu dieser Thematik, bedeuteten diesbezüglich in ihrer Einschränkung auf englische, deutsche und amerikanische Literatur einen Rückschritt.

Der Gedanke aber, daß dieser Raum eine Identität darstellt, die auch komparatistisch zu erforschen lohnenswert wäre, wurde meinem Wissen nach erstmals wieder auf der Komparatistentagung in Budapest 1962, im Referat "Les possibilités d'une littérature comparée de l'Europe orientale" von T. Klaniczay ausgesprochen.[14] In Anknüpfung an die von Konrad Celtis um 1500 gegründete *Sodalitas Litteraria Danubiana*, die deutsche, ungarische, böhmische, südslavische und wallachische Humanisten umfaßte und eine erste regionale geistige Verwandtschaft zum Ausdruck brachte, wurde auch der Plan einer systematischen komparatistischen Zusammenarbeit für diesen Raum entwickelt. Die beiden darauffolgenden großen Kongresse der *Association internationale des Études du sud-est européen*, Sofia 1966 und Athen 1970, die sicherlich Ausdruck dieses Planes hätten sein müssen, brachten aber in dieser Hinsicht keine nennenswerten Resultate. Die Hauptreferate gingen nicht in Richtung einer Aufdeckung der gegenseitigen Bezüge zwischen den südosteuropäischen Völkern, sondern versuchten, jedes für sich, die kontinuierte Anwesenheit ihrer jeweiligen Nationalliteratur in der europäischen Literatur vor Augen zu führen und die Vielheit der Verknüpfung dieser Nationalliteratur mit den Literaturen der großen Völker zu beweisen.[15] Einem solchen

---

[13] Zu erwähnen wäre an dieser Stelle vielleicht auch ein viel älteres Werk, nämlich von K. Dietrich: *Die osteuropäischen Literaturen in ihren Hauptströmungen vergleichend dargestellt* (1911), der erste Versuch überhaupt, sich diesem Gebiet vergleichend zu nähern. Die Angaben sind natürlich überholt, gleichfalls die Methoden, aber der Verfasser erkennt einige gemeinsame Merkmale der gesamten osteuropäischen Literatur. Als solche führt er an: die außergewöhnliche Bedeutung der Volkspoesie und die Funktion der Literatur als geistiges Kampfmittel für eine nationale, soziale und geistige Befreiung. Er ist sich der Tatsache bewußt, daß das Fehlen eines entwickelten Bürgertums und einer urbanen Struktur, ähnlich derjenigen im Westen Europas, ein großes Hindernis für die Entwicklung der Literatur in diesem Teil der Welt war. Dietrichs Versuch kann heute nur als erster kleiner Schritt auf dem Gebiet der vergleichenden Forschung Osteuropas einschließlich Südosteuropas gewertet werden. Aber er gibt richtige Prinzipien für die Zukunft und erkennt Zusammenhänge. Um so bedauernswerter ist es, daß seine Anregungen nicht fortgesetzt wurden.

[14] *Acta Litt. Ac. scientiarum Hungaricae*, Nr. V, 1962, 115-127.

[15] Zu einzelnen Beantwortungen kam es dann in den Sektionen, aber immer nur für engere Fragen. In Sofia sprachen V. Bechyrova über die Vermittlerrolle der serbischen und neugriechischen Literatur in der Gestaltung der bulgarischen Literatur, N. Dragova über den Einfluß der rumänischen Literatur auf die Entwicklung des bulgarischen Dramas zur Zeit der Befreiung, B. Ničev über die einzelnen Formen der Sa-

noch unbefriedigenden Zustand, in dem sich augenblicklich die Vergleichende Literaturforschung der südosteuropäischen Völker befindet, könnten die Resultate der weitaus entwickelteren komparatistischen Volksliedforschung und sogar auch der komparatistischen Sprachforschung für diesen Raum gegenübergestellt werden.[16]

Das konstituierende Element aller komparatistischen Untersuchungen aber für den europäischen Südosten, von dem jeder Vergleich, sei er nun auf dem Gebiet der Literatur, der Sprache, der Volkskunst, der Architektur oder der Lebensformen überhaupt, ausgehen muß, ist sicherlich in den sehr ausgeprägten gemeinsamen politisch-geschichtlichen und kulturgeschichtlichen Erlebnismomenten zu suchen. Als beeindruckendstes Erlebnis dieser Völker dürfte sich wohl die kriegerische Berührung mit den Türken ausgewirkt haben und die Erinnerung an oft Jahrhunderte dauernde Fremdherrschaft und Unterdrükkung. Für die vorromantische Epoche ist auch die Tatsache von Bedeutung, daß die Erinnerung an eigene geschichtliche Größe, an jeweils ein mächtiges Reich, das von den Türken vernichtet wurde, niemals verlorengegangen ist, sondern dank dem Volkslied weiterlebte.

Es ist sicherlich zur Genüge bekannt, daß es vor allem die deutsche Romantik war, die im südosteuropäischen Raum die umwälzendsten geistigen Veränderungen auslöste.[17] Für die meisten dieser kleinen Völker des europäischen Südostens war ja die Botschaft der Romantik die erste Kunde von Europa nach einer langen Zeit der geschichtslosen Trennung von der europäischen Kulturgemeinschaft. Sie ließ das nationale Bewußtsein voll aufleben, und sie vermittelte den Gedanken der freien menschlichen Persönlichkeit in einer freien nationalen Gemeinschaft. Die Wirkung war so stark, daß sie den angestauten Unmut über die nationale und soziale Unterdrückung zu großen bewaffneten Aufständen auflodern ließ. Die großen Aufstände der Serben (1804

---

tire bei den Balkanvölkern und V. Vuletič über die Beziehungen zwischen Svetozar Marković und Hristo Botev, während in Athen einige Referate auch das Problem der Romantik berührten. So berichtete L. Cvetkov über das Problem von Gogols Einfluß auf die Romantik der südosteuropäischen Völker, I. Konev über allgemein menschliche und nationalpatriotische Elemente in der romantischen Poesie des Balkans und I. Pulbere über den Zusammenstoß zwischen Klassizismus und Romantik in Rumänien.

[16] Über den Stand einer vergleichenden Volksliedforschung konnte ich einen Überblick in meiner Arbeit geben, die den Titel trägt: "Die Volkspoesie des europäischen Südostens". In: *Die Volkskultur der südosteuropäischen Völker*. In: *Südosteuropa-Jahrbuch*, Nr. 6, 1962, 10-17. Zur komparatistischen Sprachforschung ist die Arbeit von László Gáldi: *La constitution linguistique de la région danubienne – L'évolution littéraire de la région danubienne*. Budapest 1947, grundlegend.

[17] Dazu eine französische Dissertation von René Gérard: *L'Orient et la pensée romantique allemande*. Paris 1963.

und 1813) und der Griechen (1821) sind in ihrer geistigen Grundhaltung, in der Erkenntnis von Volk und Volkstum, eine Folgeerscheinung des Ideengutes der deutschen Romantik, so wie auch das Interesse der deutschen Literatur für diese Ereignisse einer potentiellen Bereitschaft der deutschen Romantik entspringt, mit den unterdrückten Völkern mitzufühlen.[18] Also nicht das irrationale Unendlichkeitsstreben und die Traumwirklichkeit eines Novalis oder, wie bei Ludwig Tieck, jene Verbindung von rationalistischer Ironie, von Humor und von Sinn für das Harmonische, geschweige denn die subtilen ästhetischen Ansichten der Brüder Schlegel haben eine solche Wendung in diesem Teil Europas hervorgerufen, sondern die – nach Ansicht der deutschen Literaturwissenschaftler – der Romantik vorausgehenden, vom Ausland aus und besonders von Südosteuropa aus betrachtet aber schon zur Romantik gehörenden tiefgreifenden Ideen Herders von Sprache, Dichtung und Kultur, seine Rückbesinnung auf Volkstum und Geschichte.

Herder hat in der Auswirkung seiner Gedanken diesen Völkern die Freude an der eigenen Sprache gegeben, jenes Idealbild mittelalterlicher geschichtlicher Größen, die Begeisterung, für die nationale Freiheit zu kämpfen. Der skeptische Byronismus dagegen, als eine andere Spielart der Romantik, wird in den Literaturen dieser Völker nur vorübergehend zu Bedeutung gelangen können. Zwar kommen Herders Ideen nicht immer unmittelbar zu ihnen, aber wohl auf diese Weise zu den Slaven, zu den Slovaken und Südslaven, nicht aber zu den Ungarn. Allen deutschen Einflüssen äußerst mißtrauisch gegenüberstehend, werden die Ungarn auch deutsches romantisches Geistesgut auf dem Umweg über die französische Literatur aufnehmen. F. Verseghy, der von Herder beeinflußte Gedichte schrieb, ist in dieser Hinsicht eine Ausnahme. Auch die rumänische Romantik holte sich ihr geistiges Rüstzeug zuerst bei den Franzosen: bei Saint-Pierre, Prévost, Chateaubriand, Lamartine und Hugo. Erst mit Eminescu knüpft die rumänische Literatur an die deutsche Romantik an, und diesmal an Novalis. Aber der Prozeß der Nationwerdung im modernen Sinne, dieser tiefgehende Vorgang, den die Romantik ausgelöst hatte, war in der Zwischenzeit schon beendet.

Das Gefühl indes für die Sprache, das Gefühl für die Nation läßt sich doch bei allen südosteuropäischen Völkern, auf diesem oder auf jenem Wege, auf

---

[18] Im Jahre 1825 verdeutschte J. Ch. Schlosser die französischen Übersetzungen Cl. Fauriels griechischer Volkslieder, dem folgte eine Übersetzung von W. Müller und im Jahre 1827 die Übertragung K. T. Kinds. In der selben Zeit, von 1825 bis 1828, nur diesmal nicht über den französischen Vermittlungsweg, sondern unmittelbar von den Deutschen ausgehend, erscheinen die serbischen Volkslieder in der Übertragung des Fräulein Talvj, E. Weselys, P. Götzes und W. Gerhards.

Herder zurückführen.[19] Im übrigen Europa hatte nämlich schon die Aufklärung die vorrangigen geistigen Bedingungen für die Erweckung von Nationalgefühlen geschaffen, indem sie die Menschen vernunftmäßig verstehen lehrte, daß sie auch Mitglieder von Gemeinschaften gleicher Sprache seien. Welch unklares Bild besteht noch zu dieser Zeit über den südosteuropäischen Raum! Wenn die Autoren von Reisebeschreibungen der deutschen Aufklärung zum Beispiel dieses Gebiet berühren, so sprechen sie von uns heute manchmal völlig unbekannten Nationalitäten, von Heiduken und Tolpatschen, von Wallachen und Sklavoniern, von Illyriern und Reitzen, von Morlaken und Kurutzen. Die konfessionelle Bindung ist dabei oft stärker und verwehrt den Blick zur wahren ethnischen Zugehörigkeit. Die orthodoxen Christen werden oft insgesamt als Griechen bezeichnet, die Mohammedaner als Türken.

Jener Prozeß aber, der bei den südosteuropäischen Völkern zum Bewußtwerden der eigenen Nationalität im modernen Sinne führte, zeigt bei allen von ihnen einen gleichmäßigen Verlauf. Er begann vor allem mit einer intensiven Besinnung auf die eigene Sprache. So kämpften diese in der Vergangenheit politisch aufgespaltenen und den verschiedensten fremden Kultureinflüssen ausgesetzten Völker vor allem für einen Durchbruch, für eine Festlegung ihrer Sprache. Was die deutschen, englischen, französischen, russischen, spanischen und italienischen Romantiker in diesem Sinne dank einer stark entwickelten und streng genormten sprachlichen Überlieferung schon seit langem als sicheres geistiges Gut besaßen, das mußten sich diese Völker oft erst noch schaffen. Eine der ersten Anregungen der europäischen Romantik in diesem Raum war sicherlich das unwiderstehliche Bedürfnis nach einer eigenen, nach einer dem Volke individuellen Sprache und nach stabilen Sprachnormen, und zwar nicht nur für die Literatur, sondern auch für die Bedürfnisse einer zeitgenössischen nationalen Gesellschaft überhaupt, also für die Bedürfnisse der Verwaltung, der Wissenschaft, des Schulwesens. In jedem dieser Völker kristallisierten sich nun kleine Gruppen von Intellektuellen heraus, manchmal sogar von Autodidakten, die sich aus nationalem Gefühl mit den sprachlichen Problemen ihres Raumes zu befassen begannen und eine Festlegung der Sprache durchzuführen wünschten. Man fühlte im Volk selbst auch die Bedeutung dieser Menschen. Vuk Karadžić, der serbische Spracherneuerer zum Beispiel, nimmt im öffentlichen Leben und im Ansehen des Volkes eine Stellung ein, wie sie wohl kaum jemals ein deutscher Sprachwissenschaftler besessen hat.

Wenn man nun jede einzelne Nationalliteratur für sich betrachtet, so kann man sicherlich auch für die ungarische Literatur, die ja in ihrer Entwicklung

---

[19]   Robert Auty verfolgt in seiner Arbeit "Spracherneuerung und Sprachschöpfung im Donauraum, 1780-1850". In: *Österreichische Osthefte*, Nr. 3, 1961, 363-371, diese Entwicklung für die slavischen Völker im Südosten.

von allen südosteuropäischen Literaturen den westeuropäischen am nächsten steht und auch zeitlich mit ihnen am engsten zusammenläuft, behaupten, daß in Ungarn die Romantik mit dem Versuch des Spracherneuerers Ferenc Kazinczy beginnt. Denn auch die ungarische Sprache war bis dahin sehr stark dem Einfluß der deutschen und der lateinischen Sprache ausgesetzt gewesen und mußte nun vorerst ihre Gleichrangigkeit beweisen. Wir wissen, wie Kazinczy diese Reform gelöst hat: teils durch Neubildungen, teils durch Verkürzungen, teils aber auch durch Hinzufügung von Suffixen. Bei den Slovaken wird es L. Štúr gelingen, die Auseinandersetzung um die Schriftsprache endgültig zu beenden, indem er der Schriftsprache das Mittelslovakische, d.h. die Mundart der mittleren Slovakei, zugrunde legt und dieser die Zustimmung der maßgeblichen Vertreter der Nation sichert, einschließlich der Katholiken. Damit waren die konfessionellen Schranken trotz des Widerstandes einzelner, die wie J. Kollár und J. P. Šafařík auch weiter am Tschechischen festhielten, überwunden und das Slovakentum sprachlich, kulturell und national geeint.

Bei den Slovenen, wo auch die Möglichkeit der Übernahme einer illyrischen, also südslavischen Einheitssprache in Diskussion stand, wird die Frage der Schriftsprache – nicht zuletzt dank dem Wirken Prešerns – um diese Zeit endgültig entschieden und auch deren zeichenhafte Fixierung durch Übernahme des kroatischen Alphabets gelöst. Ein neuer Volksbegriff, dem schon die nächste Generation politischen Inhalt geben sollte, hatte sich herausgebildet, und ein slovenisches Einheitsbewußtsein drängte, trotz territorialer und mundartlicher Schranken, die regionalen und sprachlichen Sondertendenzen der Vergangenheit zurück. Auch bei den Kroaten genügten knapp zwei Jahrzehnte, um die Grundlagen der modernen kroatischen Schriftsprache, Literatur und Kultur zu schaffen und damit die nationale Wiedergeburt zu verwirklichen. Die sprachlich-kulturelle Einigung aller Südslaven erstrebend, beseitigte die Wiedergeburtsbewegung der Illyrer, angeführt vor allem von Lj. Gaj, endgültig die Schranken der Schriftdialekte, der čajkavischen, der kajkavischen und der štokavischen Mundart. Die kroatischen Illyrer gaben ihren heimatlichen kajkavischen Dialekt auf und übernahmen das Štokavische als Schriftsprache, das auch von den serbischen Bewohnern der kroatischen Militärgrenze gesprochen wurde.

Bei den Serben hatte inzwischen Vuk Karadžić nach langwierigem Kampf gegen die Traditionalisten das Slavenoserbische entthront und endgültig die Schriftsprache und die Rechtschreibung im Sinne der vom Volk gesprochenen Sprache reformiert. Dank dem Wirken von Gaj und Vuk Karadžić wurden die Grundlagen zu einer einheitlichen Schriftsprache der Serben und Kroaten gelegt. Bei den Bulgaren wurde durch die poetischen Leistungen der romantischen Dichter, durch Hristo Botev und Petko Slavejkov, der nordöstliche Dialekt des Landes zur Schriftsprache. Auch bei den Mazedoniern hat in den

40er Jahren des vorigen Jahrhunderts Dimitrije Miladinov an einer Grammatik des Dialekts von Struga als Ausgangspunkt zu einer mazedonischen Schriftsprache gearbeitet.

Bei den Rumänen hatte zwar die transsylvanische Schule schon vorgearbeitet, und als die Rumänische Akademie die rumänische Sprache orthographisch normierte, sah sie sich keinerlei Problem einer Entscheidung für einen bestimmten Dialekt gegenübergestellt. Der romantische Prozeß der sprachlichen Eigenbesinnung vollzog sich aber in der Loslösung aus der Verstrickung mit dem Slavischen. Sogar für die Griechen, die niemals die Erinnerung an ihre geistige Tradition vergessen hatten, stellte sich in diesem Augenblick notgedrungen die Frage der Sprache, wenn auch in einer andern Form. Es war ja ein alter Streit, ob das Griechische der klassischen Überlieferung oder das der neueren Umgangssprache, ob also ein archaisches, stilisiertes, oder aber ein 'natürliches', vom Volk gesprochenes Idiom die Sprache der Dichtung und Wissenschaft bilden sollte. Dyonisios Solomos, Vertreter der ionischen Schule, sprach sich vorbehaltlos zugunsten der Volkssprache aus, und dem Beispiel Solomos folgte die ganze – auf den ionischen Inseln heimische – Dichterschule. Auch bei den Albanern erwies sich das Fehlen eines Einheitsalphabets beim Übergang aus der Stammesgemeinschaft zu einer modernen nationalen Gemeinschaft als schwere Hürde. Nach einigen Anläufen wurde ein solches auf einer Delegiertenversammlung in Bitola angenommen. Später einigte man sich auch auf eine einheitliche Rechtschreibung. Längere Zeit hindurch war so der südgegische Dialekt von Elbasan die Grundlage der Schriftsprache, dann wählte man das Toskische.

Kaum aber hatten die südosteuropäischen Völker ihre Sprachen aus der Isolierung des bäuerlichen Alltagsgebrauchs und der einzelnen Mundarten befreit, da brachten sie in der stilistisch umgestalteten Schriftsprache große lyrische Leistungen hervor. Noch Kazinczy lehnte in seinem spracherneuerischen und literarischen Programm entschieden das Streben nach Originalität ab, denn er wünschte vorerst, durch seine Übersetzungen von Molière, Shakespeare, Goethe, Schiller, Lessing und Klopstock die ungarische Sprache für höhere Geschmacksformen verwendbar zu machen. Aber die ungarischen Dichter ließen sich durch sein Programm nicht aufhalten. Die südosteuropäische Romantik hat auch wirklich bedeutende Dichter hervorgebracht: Sládkovič, Preradović, Botev, Radičević und viele andere. Petöfi und Eminescu haben Weltruhm erworben. Es könnte zur schönen Forschungsaufgabe werden, die offensichtlich vorhandenen Analogien, geistigen Verwandtschaften, ja sogar Ähnlichkeiten bei allen diesen Dichtern zu untersuchen und daraus ein gemeinsames Bild der Eigenarten der südosteuropäischen romantischen Lyrik zusammenzufügen. Sicherlich würde sich dabei eine ähnliche Form der temperamentvollen patriotischen Lyrik erkennen lassen, eine ähnliche Naturverbundenheit, die keine Distanz zur Landschaft kennt, da ja der Dichter unmittelbar aus der Landschaft kommt; ähnlich in solcher Unmittelbarkeit ist auch das Gefühl des Dichters zu seinem Volk. In den südosteuropäischen Sprachen hat demnach auch das Wort "Volk" oder die Anrede des Dichters "mein Volk" eine viel tiefere Nuance als in der deutschen Sprache, als im Sinne von "le peuple", "people" oder "il popolo". Dieses Wort drückt zugleich auch ein Mitgefühl des Dichters für die so lang andauernde soziale und nationale Unterdrückung der Gemeinschaft aus, der er entstammt.

Besondere Beachtung verdient auch die Ependichtung: Vörösmartys *Zálans Flucht*, der *Bergkranz* von P. Petrović Njegoš, der *Smailaga Čengić* von J. Mažuranić, *Janošiks Tod* von Botto und viele andere. Die große Zahl hervorragender epischer Leistungen auf diesem Gebiet ist für den Außenstehenden überraschend und nur aus der Volkstradition heraus zu erklären. Das für den gesamten südosteuropäischen Raum Gemeinsame dürfte dabei wohl jene lockere Reihung breit ausgemalter Szenen aus dem Volksleben sein, die mit den einzelnen Festlichkeiten zusammenfallen, ein der Vorliebe des südosteuropäischen Menschen zum epischen Monolog entsprechender Aufbau und die Lebendigkeit der historischen Gestaltung. Es ist zwar epische Dichtung, aber oft lyrisch, gedanklich oder religiös inspiriert; die Synthese einer tief in der Geschichte und im Nationalen verwurzelten Welt der Lebensauffassungen und Wertungen mit einer in schweren inneren Kämpfen errungenen persönlichen Weltsicht und Deutung der Geschichte durch den Dichter.

Südosteuropäische Dichtung der Romantik war demnach mehr als eine poetische Leistung, denn man kann sich mit Recht fragen: Hätte die ungarische Nation in der gegebenen historischen Situation überhaupt bestehen und überstehen können ohne Kölcsey, ohne Vörösmarty, ohne Petöfi? Was wäre aus den Slovaken geworden ohne Štúr und die Štúr-Generation; ohne Sládkovič, ohne Chalupka, Kral', Botto? Was wäre das Schicksal der Slovenen, wenn Fran Levstiks romantische Vision des slovenischen Zukunftsweges nicht Anklang gefunden hätte und Widerhall bei Jenko, bei Stritar und über Stritar bei Gregorčič und Jurčič? Wo wären die Kroaten ohne illyrische Bewegung, ohne Preradović, Vraz, Demeter und Mažuranic? Wie hätte sich die geistige Entwicklung der Serben gestaltet, wenn Branko Radičević und die Generation der *omladina* nicht die Sprachreform Vuk Karadžićs aufgegriffen hätten? Wie wäre die Entwicklung bei den Rumänen verlaufen, wenn die Zeitschrift *Dacia literară* nicht den Gedanken von einer gemeinsamen Literatur für alle rumänischen Fürstentümer aufgegriffen hätte und wenn sich nicht romantische Barden gefunden hätten wie Alecsandri, Alexandrescu, A. Russo, C. Negruzzi, N. Bălcescu, C. Bolliac und D. Bolintineanu?

Wir haben ja diesbezüglich gerade in Südosteuropa das lehrreiche Beispiel der Aromunen oder Zinzaren. Zu Beginn des 19. Jahrhunderts beträgt deren

Zahl auf dem so dünn besiedelten Balkan immerhin 500.000, und die Stadt Moskopolje in Albanien ist Ausgangspunkt der aromunischen nationalen Bewegung. Diese Zahl ist sehr hoch, wenn man bedenkt, daß der von Österreich in den Jahren 1772-1784 besetzte Teil Serbiens nur höchstens 100.000 Menschen zählte, davon 15.000 Katholiken und 85.000 Orthodoxe. Und die aromunische nationale Bewegung hatte auch noch die Kraft, eine aromunische Schriftsprache zu schaffen, in der Kirchenbücher, Fibeln und Zeitschriften erscheinen. Aber dieser Schriftsprache fehlte der beseelende Geist einer überragenden Dichtung. So gelingt es dann in der zweiten Hälfte des 19. Jahrhunderts den Rumänen, einen Teil dieses Balkanvolkes in nationaler Hinsicht für sich zu gewinnen, und heute soll es nur noch 50.000 Aromunen geben.

In der Literatur über die westeuropäische Romantik wird oft nach dem sozialen Hintergrund dieser Bewegung gefragt. War die deutsche Romantik eine Bewegung des Adels oder des Bürgertums? In der ungarischen Literatur hatte diesbezüglich zu Ende des 18. Jahrhunderts der Kleinadel als Träger der Literatur den Hochadel abgelöst. Das Ideal dieses Kleinadels ist nicht mehr der Hofmann, sondern der "úr" (etwa der Herr), dessen strenge Standesdisziplin dann erst der Naturalismus zu durchbrechen wagt. Vörösmarty war Adeliger, Petöfi der Sohn eines Fleischers. Das slowakische und das slovenische Volk hingegen besaßen keinen Adel eigenen Blutes und eigener nationaler Gesinnung. Die Träger der slowakischen Romantik entsprangen dem Kleinbürgertum und waren zum größten Teil aus dem Preßburger evangelischen Gymnasium hervorgegangen. Den Slovenen wiederum fehlte ein nationalbewußtes städtisches Bürgertum und damit auch eine breitere Leserschicht. Die ersten Volksschriftsteller mußten sich den Weg über ein geistig noch schwer bewegliches Bauerntum bahnen, über den Weg des Bauernkalenders. In Kroatien sind Teile des Adels, verbündet mit der jungen bürgerlichen Generation, Träger des nationalen Widerstandswillens. In Serbien gehörten die Romantiker jener soeben entstandenen bürgerlichen Schicht an, die sich vorwiegend aus dem Kaufmannsstand entwickelt hatte. In Griechenland kommen die Romantiker aus den Reihen der Phanarioten. Bei den Rumänen entstammt Radulescu den niederen Schichten, Kogálniceanu und Negruzzi sind Bojaren. Bei den Bulgaren und Mazedoniern taucht in der Dichtung vor allem der Typ des revolutionären Lehrers auf.

Dennoch gibt es noch keinen Unterschied zwischen den Klassen. Alle sind vom Gedanken der Nationalität getragen. Das Aufbegehren gegen die sozialen Unterdrücker aus den eigenen Reihen ist dann zugleich auch das Ende der Romantik, der Vorstellung von einer durch nichts getrennten Einheit des Blutes und der Sprache. Wenn Petöfi 1847 in seinem Gedicht "Im Namen des Volkes" fordert: "so gebt den Menschen Menschenrechte", so ist er sich auch der sozialen Unterschiede in der eigenen Nation bewußt. Nun fragt er: "Dank welcher Taten seid ihr Auserwählte, warum sind Rechte nur auf euch beschränkt?"

Die Romantik war sicherlich eine Revolution der Dichtung, und sie wurde im europäischen Südosten zu einer Dichtung der Revolution und der Volksaufstände. Die Romantiker der südosteuropäischen Völker waren nationale Dichter, aber im Zusammenstoß der Nationen blieben sie Kosmopoliten und suchten nach Versöhnung zwischen den unglücklich zerstrittenen Völkern dieses Raumes. So sind daher auch Beispiele eines nationalitätenfeindlichen Patriotismus in der Dichtung des europäischen Südostens äußerst selten.

Andere Elemente aber, die für die Festlegung romantischer Kategorien in den westeuropäischen Literaturen von Bedeutung sind, können nicht voll für die südosteuropäische Romantik in Anspruch genommen werden. Jene Hinwendung zur Volkspoesie beispielsweise, die in der westeuropäischen Romantik als besonderes Kennzeichen vermerkt wird, setzt sich nämlich bei den südosteuropäischen Völkern auch in den folgenden literarischen Richtungen fort. So können wir etwa in der bulgarischen Literatur eine sehr ausgeprägte Verknüpfung von Volkspoesie und Expressionismus verzeichnen, und die schon erwähnte Frage in der rumänischen Literaturgeschichtsforschung: Hatten wir überhaupt eine Romantik?, ist dadurch entstanden, daß der Schatz der Folklore so stark war, daß er einfach die Grenze zur romantischen Kunstdichtung verwischte. Volkslied und Kunstlied greifen in der Romantik der südosteuropäischen Dichter ineinander. Die Volksdichtung wurde ja und wird noch immer von Generation zu Generation weitergegeben, und im Zeitalter der Romantik war sie lediglich ins Schrifttum übernommen worden.

Vielleicht können wir jetzt, aus dem Gesamtblick auf die nationale Komponente der Romantik, auch eine Erklärung finden für die Unterschiedlichkeit der Dauer dieser Bewegung in den einzelnen südosteuropäischen Literaturen. Wir erwähnten die bulgarische Romantik in ihrer zeitlichen Gerafftheit und können demgegenüber, vielleicht als zeitlich größte Ausweitung der Romantik, die albanische Literatur anführen. Es kann nämlich verhältnismäßig früh auch bei den Albanern von einer Romantik gesprochen werden, und man könnte diesen Beginn vielleicht mit dem Jahr 1836 festsetzen, mit dem Epos *Die Lieder des Milosaos* von G. de Rada, dem Begründer der modernen albanischen Literatur. Romantiker sind dann in der nächsten Generation auch die Brüder Abdul und Naim Frashëri, und die Romantik dauert in Albanien bis Ende der 30er Jahre unseres Jahrhunderts. Die Erklärung, die der albanische Literarhistoriker K. Bihiku dafür gibt, nämlich einerseits der Weiterbestand feudaler und patriarchalischer Beziehungen und andererseits die Notwendigkeit, dem Volk seine Vergangenheit und Eigenart in der Dichtung vor Augen zu führen und seinen nationalen Gedanken zu festigen, dürfte für diesen Raum allgemeingültig sein.[20] Die Literatur der Romantik scheint nämlich einer Gesetzmäßigkeit zufolge bei den südosteuropäischen Völkern so lange anzudauern, bis eine nationale Staatsform in einer gesicherten Staatsorganisation begründet oder durch Ausgleiche ausgehandelt ist. Das könnte auch eine Antwort sein auf die ansonsten so unklare Grenze zwischen Romantik und Realismus bei diesen Völkern.

Daraus läßt sich vielleicht ebenfalls die Tatsache erklären, daß es auch auf der anderen Seite unseres südosteuropäischen Weltbildes, innerhalb der türkischen Literatur, in einem bestimmten Augenblick zu einer Bewegung kommt, die unserer europäischen Romantik verwandt ist.[21] Der Transimat, der Versuch einer politischen Reform des türkischen Reiches, hatte neben anderem den Übergang von der orientalisch ausgerichteten, also von der persisch-arabisch geformten osmanisch-türkischen Literatur, zur europäisch orientierten modernen türkischen Literatur in die Wege geleitet. Die ersten Einflüsse sind dort ausschließlich französisch, und auf dem Wege über die europäische Literatur dringen gleichzeitig westliche Vorstellungen von Freiheit und Vaterland, Begriffe wie Demokratie und Verfassung in die türkische Welt ein. Eine romantische Verdichtung erhält die türkische Literatur aber von jenem Zeitpunkt an, da es immer offensichtlicher wird, daß sich das türkische Imperium seinem Ende nähert. Der Dichter möchte nun ein Erbe hüten und bewahren. Und wie einst Theodor Körner sein Drama *Zriny* als flammenden Aufruf zur Verteidigung des Vaterlandes als einer eingeschlossenen Festung, die sich dem Feind zur Wehr setzt, schreibt, verfaßt nun, viel später natürlich, Namik Kemal sein Drama *Yatan yahud silistre* (*Vaterland oder Silistria*), eine Verherrlichung der Verteidiger jener Festung Silistria in der Dobrudscha, die im Balkankrieg so lange standhielt.

In solchen räumlichen und geistigen Dimensionen betrachtet, muß unter Romantik im südosteuropäischen Raum demnach ein Mehr an Inhalten und Bezügen verstanden werden, als es dies für eine literarische Bewegung im gewöhnlichen Sinne des Wortes der Fall sein dürfte. Die Romantik hatte hier eine ungeheure Funktion zu erfüllen, und rückblickend zeichnet sie sich als ein historischer und geistiger Prozeß von riesigen Ausmaßen ab. Die verschiedensten Elemente einzelner europäischer literarischer Bewegungen und Erscheinungen, vom Klassizismus und der Aufklärung über den Sentimentalismus bis einschließlich dem Biedermeier, vermengen sich in einer allgemeinen Grundstruktur romantischer Ausdrucksweise. Auf den Ausgangspunkt aber unserer

---

[20] Koço Bihiku: *Le développement des littératures du sud-est européen en relation avec les autres littératures du XVIIIe siècle à nos jours. Rapport pour la séance plénière.* Sofia 1966, 11-17.

[21] I. Tatrli: "Les méthodes et les courants de la littérature turque moderne au stade initial de sa formation". In: *Études Balkaniques*, Nr. 5, 1966, 129-153.

Fragestellung nach einer umfassenden komparatistischen Identifikation dieses Raumes in der Literatur zurückkehrend, stellt sich uns die südosteuropäische Romantik mit den sie umgebenden, vielschichtigen geistigen, kulturellen und auch politischen Wirkungen in ihrer wichtigsten Kennzeichnung vor allem als Literatur im Dienste der Konstituierung der Nation dar. Dort, wo die Literatur diese Aufgabe erfüllt hat, wo sie damals eine Nation wiedererweckte, wird diese sehr rasch den Rückstand, in dem sie sich bis dahin befand, überwinden und die Eigentümlichkeiten der nun folgenden literarischen Bewegungen werden im Vergleich zur übrigen europäischen Literatur von nun an immer geringer.

Der südosteuropäische Modernismus und seine europäischen Verbindungen

Als André Mirambel auf dem I. Internationalen Südosteuropakongreß 1966 in Sofia, der die Grundlagen für viele Bereiche der Südosteuropaforschung festlegen sollte, im einleitenden Referat der Literatursektion ("Le développement des littératures du Sud-Est-Européen en relations avec les autres littératures de la fin du XVIIe siècle à nos jours. Généralités et méthodes") den methodologischen Leitgedanken entwickelte, die Betrachtung der südosteuropäischen Literaturen müsse auf zwei Ebenen erfolgen – auf einer ersten Ebene wäre vorerst der Blick ständig auf die Literaturen der großen Völker zu richten, worauf dann, auf einer zweiten Ebene, die auf der ersten Ebene erkannten Werte und Begriffsinhalte, denen man eine unverrückbare Bedeutung beizumessen bereit ist, jeweils an den einzelnen südosteuropäischen Literaturen zu überprüfen wären –, stieß ein solches Konzept schon damals, obwohl darin auch Ansätze zur Modelltheorie vorweggenommen waren, auf sehr starken Widerspruch der Anwesenden.

Die entsprechenden Einwände, daß ein derartiger Ausgangspunkt noch zu sehr auf Begriffe wie Einfluß und Nachahmung zugeschnitten sei und sich nur auf die einseitige Rezeption festlege, so daß solchem positivistischen Denken zufolge die Literaturen Südosteuropas ausschließlich in die Rolle des Nehmenden gedrängt würden, können vom heutigen Standpunkt der inzwischen zurückgelegten methodologischen Entwicklung aus als völlig berechtigt bezeichnet werden. Denn so sehr zum Beispiel in der griechischen Literatur, in der Dichtung von Ioannis Gryparis – wenn es um die Epoche oder Bewegung geht, um deren Erhellung wir uns hier bemühen –, die Geschmeidigkeit der französischen Parnassiens und Symbolisten ihren formgetreuen Niederschlag gefunden haben mag oder aus der anderen Richtung Kostas Chatzopulos in gleicher Weise die Errungenschaften der deutschen neuromantischen Dichtung vermittelte, wie kann man dann im Falle der auf den gleichen formalen Grundlagen beruhenden Botschaften in den Απαντα von Lambros Porphyras die Tatsache erklären, daß aus ihrer suggestiven dichterischen Klage etwas derart Griechisches hervorströmt, wie es uns dies nur die Musik eines Theodorakis zum Ausdruck zu bringen vermag? Wie Chatzopulos war übrigens auch Teodor Trajanov in vieler Hinsicht den Anregungen Hofmannsthals verpflichtet, und trotzdem erreicht dieser bulgarische Dichter durch seine patriotischen Töne eine völlige Eigenstellung.

Mirambels methodologisches Konzept zog demnach nicht das Schöpferische in Betracht, das diese Literaturen von sich aus in Berührung mit den Literaturen der "großen Völker" in Bewegung zu setzen vermochten: die oft verborgene Anregung, die auch in umgekehrter Richtung fließen konnte. Die Bezeichnung "Symbolismus" stammt übrigens von einem Griechen, von Ioannis Papadiamantopulos, der von Griechenland nach Paris gekommen war und unter dem Namen Jean Moréas in französischer Sprache mit seinen Dichtungen an die Tradition der griechisch-lateinischen Antike sowie unmittelbar an die Pléiade anknüpfte. Außerdem ließ Mirambels Konzept auch das Spezifische außer acht, das sich sehr oft aus der unmittelbaren Wechselwirkung zwischen den südosteuropäischen Literaturen herausbildete. Welche Wirkung ging doch von Endre Ady unmittelbar auf die Nachbarvölker aus. Für den Slovaken Ivan Krasko, der übrigens im Gymnasium ein Schüler von Mihai Eminescu war, für den Rumänen Octavian Goga oder für den Serben Veljko Petrović bedeutete Adys Verknüpfung eines mythenschaffenden Symbolismus mit dem Erleben des Schicksals von Volk und Nation viel, viel mehr als zum Beispiel die Dichtung Rilkes, die man so gerne, besonders von der deutschen Literatur aus gesehen, als einen Mittelpunkt auch dieses gesamten Raumes zu betrachten pflegt.

Die methodologische Entwicklung in den letzten zwanzig Jahren hat für diese Problematik völlig neue Ausgangspunkte gesetzt. Denn seit dem Durchbruch des strukturalistischen Denkens begnügte man sich nicht mehr mit der Aufdeckung genetischer Beziehungen als Veränderungen einer Erscheinung von der befruchtenden zur rezipierenden Literatur, sondern begann auch die Frage nach den Zusammenhängen in der Gleichzeitigkeit, in der Synchronie, im übernationalen Kontext zu stellen. Vor einer solchen Fragestellung mußte die Betrachtung von "reinen" und isolierten Nationalkulturen zugunsten der Suche nach den überregional wirkenden geistigen Kräften und den kultur-typologischen Wertkategorien zurücktreten, so wie auch in der Diachronie die zeitliche Aneinanderreihung der Dichter und ihrer Werke ausgeschaltet wurde und anstelle dessen einzelne prägnante Konstellationen traten. In der weiteren Verknüpfung des strukturalistischen Denkens mit der Semiotik, der Kommunikationstheorie und der Vorstellung aller Bewegung in Form von Systemen führten die methodologischen Bemühungen daraufhin dazu, die einzelnen Erscheinungen in solchen Systemen nach ihrer Funktion im Regelkreis, in ihrer Dominanz und aus den entsprechenden Rückkopplungen zu bestimmen. Irina G. Neupokoeva, deren Arbeiten die theoretische Grundlage für die Geschichte der Weltliteratur, die von der Sowjetischen Akademie der Wissenschaften herausgegebenen wird, bildeten, sieht die Literatur als ein System von Systemen, das sich im Rahmen des Weltprozesses im Hegelschen Sinne teleologisch einem Ziel zu bewegt. Als Systeme sieht sie Räume und Epochen, und als einen solchen Raum hebt sie auch Südosteuropa hervor. Itamar Even-Zohar hingegen klammert dieses Endziel aus und spricht von einer Polysystemik, vom ständigen Übergang einzelner Systeme in andere Systeme im Sinne strukturalistischer Reihenbildungen, wobei das Charakteristische darin liegt, daß Erscheinungen von der Peripherie in den Mittelpunkt gelangen. Solche Überlegungen stehen zugleich in engstem Zusammenhang mit der Vorstellung von besonders ausgeprägten Bewegungszusammenhängen, mit den sogenannten "Figurationen", wie sie Norbert Elias nennt.

Was bedeutet dies für die Erforschung Südosteuropas als literarischem Raum? Sie führt sicherlich zu einer grundlegenden Änderung einer solchen Optik, wie sie Mirambel entworfen hat. Diese Änderung hat sich inzwischen auch unbemerkt durchgesetzt, indem einzelne Figurationen schon ganz klar in den Vordergrund getreten sind. Besonders ausgeprägt sind die Resultate, die man bei der Betrachtung jener Zusammenhänge erzielt hat, die bei allen diesen Völkern zur Herausbildung eines modernen Nationalbewußtseins geführt haben. Die großen Bewegungen im übrigen Europa – die Aufklärung, der Sentimentalismus, der Neoklassizismus und die Romantik – greifen in diesem Falle in vielfachster Weise ineinander, sie überschneiden sich, und manchmal greift eine Bewegung der anderen voraus.

Es handelt sich demnach um eine Figuration, die viel umfassender ist als die unter den üblichen Bezeichnungen angeführten Bewegungen im übrigen Europa. Sie zeichnet sich bei allen südosteuropäischen Völkern in gleicher Weise ab und läßt eine völlig übereinstimmende Abfolge der einzelnen Phasen erkennen. Von der Besinnung der ersten Intellektuellen unter diesen Völkern auf ihre sprachliche und geschichtliche Eigenständigkeit und durch einen langen mühsamen Kampf um die Kodifizierung einer Schriftsprache, der dann durch eine begeisterte junge Dichtergeneration eine stürmische nationale Dynamik gegeben wird, führt der Weg zur Entdeckung der Zugehörigkeit auch der breiteren Schichten zu ihrem Volkstum. Immer mehr beginnt man diesen Vorgang insgesamt als "nationale Wiedergeburt" zu bezeichnen und modellartig zu untersuchen.

Ohne spezifische Namensangabe ist jedoch die daraufhin folgende Figuration geblieben. Bojan Ničev, Ilija Konev, Peter Gerlinghoff und Julija D. Belaeva sprechen noch durchweg von einem südosteuropäischen Realismus, wobei Ničev mit seiner Theorie der folkloristischen Durchdringung auf eine spezifische Eigenart dieser Literaturen auch unter den Bedingungen einer nun sozial differenzierten Gesellschaft aufmerksam macht. Ansätze, dieser Figuration ihrem Wesen nach näher zu kommen, wären jedoch der Diskussion um den Begriff der "Europäisierung" zu entnehmen. Es versteht sich von selbst, daß dieser Terminus, obwohl ihn zum Beispiel auch Jovan Skerlić gebraucht, nicht bei allen Literaturwissenschaftlern ungeteilte Aufnahme findet, aber man müßte sich dabei vor Augen halten, daß es sich um einen Vorgang der Akkulturation handelt, um eine Hinwendung zur europäischen Kultur, nicht um eine Enkulturation, um die Unterwerfung einer anderen Kultur, und vor allem nicht um eine kulturelle Assimilation. Es ist im Grunde genommen ein begrüßenswertes Verhältnis dieser Völker zum übrigen Europa, von dem sie durch längere Zeitabschnitte hindurch in der Vergangenheit getrennt waren; ein von Optimismus getragenes Verhältnis, denn ein solches Hineinwachsen soll auch weiterhin der eigenen kulturellen Selbstverwirklichung dienen.

Dieses Verhältnis bildet den Übergang auch zu der Figuration, mit der wir uns unmittelbar auseinandersetzen möchten. Sie entwickelt sich aus der fortschreitenden gesamteuropäischen Differenzierung zwischen Baudelaires radikalisiertem Bewußtsein der Modernität und dem Schönheitsideal der Parnassiens, um dann in gleicher Weise Zola und Nietzsche, Bergson und Proust sowie Freuds psychoanalytische Selbstveräußerung einzubeziehen. Es ist der Weg zum Modernen, geistig die Entscheidung für den Individualismus, für die Kunst als Ausdruck der freien schöpferischen Einzelpersönlichkeit, für die psychologische Durchdringung. Wesentlich jedoch ist, daß auch bei den südosteuropäischen Völkern nun eine soziale Struktur besteht, die dem übrigen Europa angeglichen ist. Sie ist auch die Garantie dafür, daß es nicht einfach um die Übernahme von westeuropäischen Modellen geht, sondern um eine ständige Auseinandersetzung mit ihnen. Peju Javorov, einer der bedeutendsten bulgarischen Lyriker des 20. Jahrhunderts, spricht zwar vom "närrischen Verlangen" seiner Generation, "den Eiffelturm zu besteigen", jedoch oben angelangt – und das gilt für alle südosteuropäischen Dichter – weiß jeder von ihnen, dem Anblick, der sich bietet, neue Nuancen zu entnehmen.

Wie auch in der vorangehenden Figuration der Akkulturation, des Hineinwachsens der wiederentdeckten Nationalitäten dieses Raumes in das übrige Europa, geht es auch in diesem Falle vorerst um eine entsprechende Namensgebung. Immer wieder fällt die Bezeichnung "Symbolismus", dann ist auch von der "Moderne" die Rede – offensichtlich in Verbindung mit der in den Ländern Österreich-Ungarns üblichen Bezeichnung und von Wien aus inspirierten Bewegung –, und dazu kommen noch andere Namen wie "Neuromantik", "Fin de siècle", "Dekadenz", aber auch "Sezessionismus", und zwar nicht nur in der Kunst, sondern auch in der Literatur. Oft wird auch der "Avantgardismus" miteinbezogen.

Die Bezeichnung "Modernismus" wird hier vorgeschlagen, weil sie einerseits als übergeordnete Benennung akzeptabel erscheint, andererseits aber auch deswegen, weil der Ausdruck als solcher besonders die Qualität der Bewegung assoziiert und so eher der Vorstellung von einer Figuration als Bewegungszusammenhang entspricht, während "Moderne" sich in bestimmten Literaturen als festgefügte Bezeichnung eingebürgert hat.[1] Es scheint mir daher auch kein Zufall, daß Ludmila Németi Šargina in der bisher ersten, soeben veröffentlichten Stellungnahme zu diesem Problem sich gleichfalls für die Bezeichnung "Modernismus" entscheidet.[2]

In der methodologischen Weiterführung einer derart angenommenen Figuration wäre dann wohl die Wahl von entsprechenden Modellen vorzunehmen. Als allererster Ausgangspunkt dazu bietet sich die Gegenüberstellung von Texten an. Denn welche modellartige innere Verwandtschaft tritt zum Beispiel bei einer solchen Gegenüberstellung der Gedichte *Nošt* von Javorov und *Košmar* von Antun Gustav Matoš zutage, die Ähnlichkeit ihrer emotionellen Einstellung als Menschen dieses Raumes, ihrer psychischen Reaktionen in der Begegnung mit den Änigmen des Seins, mit den Rätseln des Lebens. Zugleich aber zeugen diese Gedichte auch von dem gleichen Suchen nach einer neuen Ästhetik, von der Möglichkeit, die spezifische Musikalität dieses Raumes zu nutzen.

So lassen sich aus solchen Betrachtungen auch die verschiedensten Modelle gemeinsamer Sprachentwicklung entnehmen. Die südosteuropäischen Sprachen bringen nun alle in der Begegnung mit dem europäischen Modernismus höhere Ausdrucksformen hervor, so unter anderem die der Ironisierung, sie kehren aber auch zu archaisierenden Stilmitteln zurück. Ein Beispiel dafür, daß es auch bei den Serben zu einem solchen Rückgriff gekommen ist, obwohl sich die serbische Sprache in ihrer Kodifizierung für die lebendige, unmittelbar von den Bauern gesprochene Sprache entschieden und völlig von den sprachlichen Traditionen der Kirche und jeder höheren sozialen Schicht gelöst hatte, bieten die *Ragusa*-Gedichte von Jovan Dučić.

Jedes dieser Völker entwickelte auf solche Weise ein ähnliches Verhältnis zu seiner ruhmreichen Geschichte. Das Romantische setzte sich auf dem gleichen Wege in der Moderne fort. Das bedeutete, einstige Idole umzufunktionieren, historische Werte zu transformieren, einen neuen Kult aufzubauen, andererseits aber auch, nicht an den sozialen Gegebenheiten der aktuellen Gegenwart achtlos vorbeizugehen. Es ist äußerst charakteristisch, daß gerade in den südosteuropäischen Literaturen auch ein gewisses Zögern in der unmittelbaren Begegnung mit den übrigen europäischen Literaturen erkennbar wird, so sehr sie ansonsten auch zu einer solchen Begegnung drängen. Es geht doch auch darum, Werte aufzugeben, die aus der Funktion der Literatur im Prozeß der nationalen Wiedergeburt zur Tradition geworden waren. Fühlte sich zum Beispiel das rumänische Selbstgefühl durch die griechische Kultur der Phanario-

---

[1] Alberto Marino: "Modernisme et modernité. Quelques précisions sémantiques". In: *Neohelicon*, Nr. 3-4, 1974, 307-318.

[2] Ludmila Németi-Šargina: "Le modernisme et l'idée de la fin de siècle dans les littératures d'Europe Centrale et Orientale". In: *Neohelicon*, Nr. 1, 1988, 113-129.

ten bedroht, so konnte man nun Stimmen hören, daß mit den modernen Strömungen das Französische eine solche dominierende Stellung einzunehmen begann. Einer dieser Mahner war niemand anderer als der große Dramatiker und Erzähler Ion Luca Caragiale. Das Modellartige einer solchen Einstellung läßt sich in verschiedenster Weise überprüfen. In Ungarn zum Beispiel wurde auch innerhalb der modernistischen Strömung das Prinzip des *L'art pour l'art* als zu anmaßend für das nationale Gesamtprogramm abgelehnt.

Daher ist auch das in den übrigen europäischen Literaturen sehr einheitliche Verhältnis zur Antike in verschiedene Blickrichtungen aufgeteilt. Die römische Antike fasziniert die Rumänen, die byzantinische Tradition wird in der griechischen Dichtung am unmittelbarsten als Fortsetzung der griechischen Antike erlebt, die Slaven greifen auf den heidnischen Götterkult zurück und von da aus auf die Welt Roms und der Hellas. Das Modellartige beruht dabei zumeist darauf, daß auf diese Weise gewisse Tendenzen der Gegenwart umgesetzt werden, um als Verkündigung einer universalen Botschaft zu dienen, manchmal jedoch ist die Berufung auf die Antike nur ein Mittel der Stilisierung. Meistens aber ist die Entscheidung für ein bestimmtes Motiv und für die Art, wie ein solches verwendet wird, vor allem vom Wunsch getragen, die Verbindung zu einer bestimmten Kultur in der Vergangenheit und zum Wertsystem dieser Kultur herzustellen; die Erinnerung wachzurufen, die, wenn auch verschüttet, doch noch in der Gesellschaft weiterlebt. In diesem Sinne spielen die Thrakier und die Daker in der Dichtung des rumänischen Modernismus eine ähnliche Rolle wie das Gesetzbuch des Kaisers Dušan in der serbischen Poesie jener Zeit. Bei Endre Ady könnte man dieses Modell an jenen seiner Gedichte überprüfen, die an die Predigten der Protestanten zur Reformationszeit anknüpfen. All dies steht in engstem Zusammenhang mit der Welt der Mythen und dem mythenschaffenden Instinkt der Dichter. Mythen erhalten auf diese Weise eine neue Funktion in der Literatur. Sie sind nicht einmal so sehr als Themen bedeutsam, sondern die Tatsache, daß sie in verschiedenster Form in den Vordergrund gestellt werden, bildet eher einen charakteristischen Stilzug der Epoche.

In Verbindung damit stellt sich auch die Frage der Verwendung biblischer Motive, die gleichfalls in der Dichtung des südosteuropäischen Modernismus sehr häufig anzutreffen sind. Sie bilden in ähnlicher Weise wie die vorhin erwähnten Modelle aus dem antiken Bereich einen eigenen eidosemantischen Code, der sowohl zur Entschlüsselung der Einstellung zu Fragen universalen Charakters als auch ganz konkreter Probleme zu führen vermag. Zu diesem Bereich antiker und biblischer Modelle könnte man noch den orientalischen Motivkreis hinzufügen, wie er in der Dichtung des südosteuropäischen Raumes aufgenommen und verstanden wird.

Vom Text ausgehend und indem wir so viele dieser Texte wie möglich nebeneinanderstellen, vermögen wir aus dem Stil und der Metaphorik, aus der Wahl und Bearbeitung der Themen und Motive sowohl das Übereinstimmende als auch das Differenzierende zwischen den einzelnen südosteuropäischen Literaturen und zwischen diesen als Gesamtheit und den Entwicklungen in der europäischen Literatur zu erkennen. Ein anderer Weg, der in diesem Falle viel Aufschlußreiches verspricht, führt zur Betrachtung literarischer Zeitschriften. Diese spielten als Sammelpunkte junger Talente und als Ausstrahlungspunkte der neuen, modernistischen Bestrebungen eine große Rolle. In Ungarn ist an den *Nyugat* ein bedeutendes Stück der literarischen Entwicklung dieses Landes gebunden; in Kroatien kommt die Auflehnung der jungen Generation in einer veränderten Rechtschreibung der Zeitschrift *Vijenac* zum Ausdruck. Die vorhergehende Redaktion schrieb noch *Vienac* und vertrat einen konservativen Standpunkt. Ähnliche Bedeutung hatte die Zeitschrift *Τέχνη*, die von Chatzopulos gegründet wurde. Obwohl sie ein hohes geistiges Niveau anstrebte, nutzte sie doch die Dimotiki, die Sprache des Volkes, und stellte sich somit gegen den Konservatismus in Sprache und Kunst. In Rumänien erwirbt sich die Zeitschrift der Juminea-Bewegung, *Convorbiri Literare*, gleichfalls große Verdienste um die Entwicklung einer geglätteten Volkssprache. Das gleiche gilt für den *Srpski književni glasnik* in Belgrad, für die bulgarische Zeitschrift *Misäl* und für die slowakische Revue *Prudy*.

Die Vermittlerrolle dieser Zeitschriften vor allem zur französischen, aber auch zur deutschen, englischen und russischen Literatur um die Jahrhundertwende ist hinlänglich bekannt. Weniger Aufmerksamkeit hingegen hat man bisher den Berührungen in diesen Zeitschriften mit den Nachbarliteraturen gewidmet. Die Slovenen zum Beispiel hatten zunächst keine eigene modernistische Zeitschrift im engeren Sinne dieses Wortes. Kette, Cankar und Župančič fanden jedoch Aufnahme in der kroatischen Zeitschrift *Mladost*. Eine andere kroatische Zeitschrift – *Hrvatska smotra* – zieht durch ihr Interesse für die bulgarische Dichtung die Aufmerksamkeit auf sich, und ein ähnliches Interesse ist auch im *Srpski književni glasnik* zu spüren. Wie in diesen Zeitschriften und zu diesem Zeitpunkt die Beziehungen zwischen den südosteuropäischen Literaturen gepflegt wurden, was die Dichter miteinander verband und was sie in ihrem gemeinsamen Verhalten zu den übrigen, vor allem zu den westlichen Literaturen auszeichnete, ist eine bedeutsame Aufgabe für die südosteuropäische Komparatistik.

Denn auch die Dichter in Südosteuropa hatten sich inzwischen verändert. Wenn sie zur Zeit der nationalen Wiedergeburt zugleich auch als Kämpfer und Anführer ihres Volkes gegen die fremden Unterdrücker wirkten, die ihr Leben zu opfern bereit waren – Petőfi und Christo Botev sind im Kampf für die Freiheit gefallen, die sie so überzeugend besungen hatten, die Brüder

Miladinov sind als Verkünder des mazedonischen nationalen Gedankens in den türkischen Gefängnissen ums Leben gekommen, Alecu Russo und Nicolae Balcescu mußten ihre dichterische Überzeugung mit dem Kerker büßen, und Jerolim de Rada konnte nur knapp seiner Hinrichtung entgehen –, so schuf der unaufhaltsame Prozeß der gesellschaftlichen Umstrukturierung und die damit verbundene Entwicklung eines urbanen Lebens, das dem in Europa nicht unähnlich war, den gleichen Typ des *bohémien* und des *poète maudit*, wie nun auch der Diplomat aus einem dieser südosteuropäischen Staaten (Dučić, Milan Rakić, Trajanov) oder die Gestalt mit dem Flair eines Lebemannes (Konstantinos Christopanos) die Dichtung ihres Landes zu repräsentieren begannen. Der Dichter kann demnach in seinem Verhalten gleichfalls als ein Modell dienen, um den Modernismus in den südosteuropäischen Ländern in entsprechender Weise zu überprüfen.

Die vorliegenden Ausführungen konnten nicht mehr als nur einige methodologische Fragen zum Thema des südosteuropäischen Modernismus und seinen europäischen Verbindungen anschneiden. Sie sehen jedoch die Überprüfbarkeit dieser Verbindungen der einzelnen südosteuropäischen Völker vor allem in schöpferisch rezipierenden Modellen und distanzieren sich von allen Thesen einer mechanischen Rezeption. Zu diesem Zweck erinnern sie an Erkenntnisse, die gleichfalls bei der vergleichenden Erforschung gemeinsamer Entwicklungen für den gesamten Südosten gewonnen werden konnten. Besonders wertvoll waren in dieser Hinsicht die Resultate, die zur Vorstellung von einer umfassenden Epoche der nationalen Wiedergeburt geführt haben. Jedoch auch die Ansätze zu einer umfassenden Einsicht in den allen diesen Völkern gemeinsamen Prozeß der Akkulturation, des Hineinwachsens in die kulturelle Gemeinschaft mit dem übrigen Europa, konnten nicht unerwähnt bleiben, denn dieser ist die Voraussetzung für eine Entwicklung, in der die Wende von der folkloristischen Durchdringung dieses Raumes zur modernen Ausdrucksweise vollzogen wird und die Dichtung von der Darstellung des Menschen als Teil seiner nationalen Gemeinschaft in das Innere des Individuums vorzudringen versucht. Aus den Zusammenhängen, die sich um eine im gesamteuropäischen Ausmaße in den literarischen Raum gestellte Achse ergeben, die ihren Fluchtpunkt vor allem in der Dichtung Baudelaires projiziert sieht, lassen sich in gleicher Weise auch solche Querverbindungen herstellen, die zum Beispiel Endre Ady und Tudor Arghezi in einer ähnlichen urwüchsigen Verbundenheit mit ihrem Volk erkennen lassen, wie man dies in der Dichtung des westlichen Europas nicht anzutreffen vermag.

Wiederum sind es Gesetzmäßigkeiten sowohl im Prozeß der nationalen Wiedergeburt als auch der Akkulturation dieser Völker, die zu einer solchen Entwicklung geführt haben und so manche Erscheinung leichter erklärbar machen. Unter anderem zum Beispiel, daß die modernen Strömungen bei den Slovaken erst später in Erscheinung treten konnten als – über Südosteuropa hinaus gesehen – bei den Tschechen, die den Slovaken ansonsten am nächsten stehen. Denn der Kampf der Slovaken um ihre nationale Existenz war noch unerbittlicher als der, den die Tschechen führen mußten. Die Sicherung einer solchen Existenz jedoch scheint die Vorbedingung für eine modernistische Literatur zu sein. So konnten auch die Mazedonier, erst nachdem sie diesen Bestand gesichert hatten, einen Modernismus verwirklichen. Noch unmittelbar nach dem Zweiten Weltkrieg waren sie mit der Bestätigung ihrer nationalen Identität beschäftigt, legten jedoch daraufhin sehr schnell den Weg der weiteren gesetzmäßigen Entwicklung in der Literatur zurück. Als erster Beweis dafür, daß auch diese südosteuropäische Literatur zum Modernismus gelangt war, dürfte Aco Šopovs Gedichtzyklus *Slej se so tišinata*, 1955 erschienen, gelten.[3]

Dies alles läßt uns bei der Betrachtung viel elastischer sein, nicht nur wenn es um die Gleichzeitigkeit geht, sondern auch wenn es sich um Übergänge handelt. Diese scheinen hier zum Avantgardismus daraufhin viel weniger stürmisch gewesen zu sein als zum Beispiel in der italienischen und besonders in der deutschen Literatur. Deswegen führen wir auch die Vorstellung von Systemen und Strukturen, von Modellen und Figurationen ein und sprechen von "Modernismus", der als Bezeichnung sowohl dem gesamteuropäischen Zusammenhang als auch der südosteuropäischen Eigenart gerecht werden soll.

---

[3] An dieser Stelle möchte ich auf das Referat von Jorgo Bulo auf dem Südosteuropakongreß 1989 in Sofia hinweisen ("Les traits fondamentaux de la littérature albanaise à l'époque moderne", veröffentlicht als Sonderdruck: *Comité national d'études balkaniques*, Tirana 1989). Er glaubt, daß sich gewisse modernistische Erscheinungen in der Dichtung von Alexander Drenova (Asdreni) und Lazgush Poradeci feststellen lassen, obwohl die albanische Gesellschaft noch nicht den Bedingungen für die Entwicklung einer solchen Literatur entsprochen habe.

Über die österreichische Identität als Beispiel kultureller Identität

Das österreichische Selbstverständnis in der internationalen literaturwissenschaftlichen Forschung

Das Bewußtsein eines Volkes seiner selbst als einer Identität ist das Resultat sehr komplizierter Prozesse, in denen Abstammung, sprachliche Entwicklung und geschichtlicher Verlauf in verschiedenster Weise verbunden sein können. Diese Identität gründet auf einem Zusammengehörigkeitsgefühl der Angehörigen, entstanden durch gemeinsame Interessen, sie beruft sich jedoch vorwiegend auf geistige Inhalte und mannigfache Formen des kulturellen Lebens und äußert sich vor allem in ähnlichen Verhaltensweisen. So dienen als Beweise einer solchen Identität zum Beispiel die Melodien, in denen ein Volk seine Lieder singt, oder die Art, wie es seine Häuser baut. Am ausgeprägtesten jedoch läßt sich nationale Identität aus den Werken der Schriftsteller und Dichter bestimmen. Es ist nicht nur die Sprache, in der sie schreiben, sondern auch das Spezifische, wie sie in der ihnen eigenen Weise die Welt erkennen. Aus der gesamten Entwicklung wissen wir nur zu gut, wie gerade die Literatur oft von entscheidender Bedeutung für das Entstehen überhaupt eines Nationalbewußtseins oder für seinen weiteren Bestand zu sein vermochte.

An dieser Stelle sei nur ganz kurz an die Situation in Österreich unmittelbar nach dem Zweiten Weltkrieg erinnert, die der Lyriker und Erzähler Gerhard Fritsch, damals auch Redakteur der bedeutendsten österreichischen Literaturzeitschrift *Wort in der Zeit* als "austriakische Renaissance" bezeichnete. Sowohl die aus der Emigration zurückgekehrten, wie zum Beispiel Franz Theodor Csokor, und die aus einer inneren Emigration wieder hervortretenden Schriftsteller, wie Paula von Preradović, als auch die ehemaligen Mitglieder des "Bundes deutscher Schriftsteller in Österreich", einer nationalsozialistischen Tarnorganisation zur Zeit des Ständestaates, die mit dem Anschluß sogleich auch anerkennungsvolle Aufnahme in die Reichsschrifttumskammer gefunden hatten – sie alle trafen sich nun im Bemühen durch einen Rückgriff auf die Vergangenheit, nämlich auf den Glanz der Habsburger Monarchie, dem wiedererstandenen und unabhängigen Österreich einen entsprechenden Ausblick zu geben und auf diese Weise auch die österreichische Identität zu sichern.

Als besonders charakteristisch für dieses Bemühen kann ein Ausspruch Heimito von Doderers vom "Anschluß an die Tiefe der Zeiten" bezeichnet werden, durch den sich "die ganze Vergangenheit neu zu Kristall" geformt habe, und ein "unter dem Druck von sieben Jahren unösterreichischer Herrschaft verdichtetes österreichisches Bewußtsein" sich "unverzüglich der gesamten und gewaltigen Tradition des Landes überhaupt" bemächtigt hätte.[1] Mit dem Hinweis auf die Tiefe der Zeiten, in der sich vor allem der barocke Gedanke vom Schein allen Seins widerspiegelte, war damit auch die Brücke zu dem damals vorherrschenden existentialistischen Weltbild Heideggerscher Prägung gefunden. Aber noch unmittelbarer spricht Alexander Lernet-Holenia die literarischen Zielsetzungen aus:

> In der Tat brauchen wir nur dort fortzusetzen, wo uns die Träume eines Irren unterbrochen haben, in der Tat brauchen wir nicht voraus-, sondern nur zurückzublicken [...] und wir *sind*, im besten und wertvollsten Sinne unsere Vergangenheit [...]. Auch das Ausland wird kein eigentlich neues, es wird, im Grunde, das alte Österreich von uns erwarten.[2]

Das war jedoch offensichtlich ein Fehlschluß, denn wäre es so gewesen, dann hätte das Ausland vor allem eben Doderer und Lernet-Holenia vorrangig rezipieren müssen und mit ihnen wohl auch Csokors Stück *Der 3. November 1918*. Aber gerade dieses Stück erlebte nur in Ungarn eine Aufführung, und auch diese war nur durch eine ausgiebige Subvention möglich. Das Interesse des ausländischen Publikums hatte sich nämlich von den österreichischen Autoren ausschließlich der paradoxen Vieldeutigkeit von Kafkas Gleichnis- und Bilderwelt und der ironischen, zur Diskussion auffordernden Analyse gesellschaftlicher Strukturen und ihrer Exponenten sowie der Absage an herkömmliche Romanformen, wie sie Musil bot, zugewandt und die breitere Leserschaft war noch immer von Stefan Zweigs psychoanalytischen Novellen um die Verwirrung der Gefühle gepackt, während *Die Welt von Gestern* in diesem Falle nur als eine Art Sekundärliteratur galt.

Zu einer neuen Einstellung des Auslandes zur österreichischen Identität kam es durch den Wandel dieser Einstellung in der österreichischen Literatur selbst. Er ist ablesbar auch am Werk von Gerhard Fritsch, von seinem Roman *Moos über den Steinen* (1956) bis zu seinem Roman *Fasching* (1967). Während der erste der beiden erwähnten Romane noch im Zeichen der Traditionspflege stand, bedeutete der zweite Roman eine Anklage an die Vätergeneration und ihren Versuch einer politischen Restauration aufgrund dieser Tradition und zugleich auch an ihre Bereitschaft, eine unmittelbare, jedoch sehr unangenehme Vergangenheit zu vergessen. Unter diesem Zeichen meldete sich

---

[1] Heimito von Doderer: "Der Anschluß ist vollzogen". In: *Kontinente*, Nr. 8, 1953/54, 20-23.

[2] Alexander Lernet-Holenia: "Brief an den 'Turm'. Gruß des Dichters". In: *Der Turm*, Nr. 1, 1945/46, 109.

nun eine junge Dichtergeneration, von Peter Handke bis Thomas Bernhard. Es ist die Zeit, in der auch im Ausland die "Wiener Gruppe" das Interesse auf sich zieht, in der sich die Grazer Gruppe mit ihren *Manuskripten* zu Wort meldet und auch die Namensänderung der Zeitschrift *Wort in der Zeit* in *Literatur und Kritik* programmatische Bedeutung besitzt; eine Zeit, in der man sich Autoren zu widmen beginnt, die bis dahin völlig aus der Tradition der österreichischen Literatur ausgeschlossen waren, wie zum Beispiel Jura Soyfer oder Theodor Kramer.

Rückblickend erinnern wir uns an eine Reihe von Anthologien, die uns in diesem Sinne als eine Art Bestandsaufnahme für das gewandelte Bewußtsein von einer österreichischen Identität dienen können.[3] Diese Anthologien enthalten auch aufschlußreiche Begleittexte, und der Wandel in der Einstellung zu einer aufmerksam gehegten, traditionellen und bis dahin unantastbaren Dichtergilde äußert sich in derartigen Unehrerbietigkeiten wie etwa: "Bei Hofmannsthal weiß ich mit so viel Müdigkeiten schon gar nichts mehr anzufangen", oder "Wenn er nur ein wenig darauf vergessen könnte, wie berühmt er ist". Bei Ingeborg Bachmann gelangt dann dieser Wandel auch in der Form zum Ausdruck, daß sie in ihrer Novelle *Drei Wege zum See* ihren Vater mit dem Bezirkshauptmann Trotta von Sipolje vergleicht – "Sie ähneln einander so sehr" –, und die Erfüllung ihrer Liebesbeziehungen findet sie gerade in einem der Trottas, die nicht im Übernationalen aufgegangen waren, sondern mit ihrem Boden und ihrer Abstammung verbunden blieben.

So sieht sie auch Österreich nicht mehr in der Mission eines Trägers der deutschen Kultur in Südosteuropa, sondern sie entdeckt das Wesen des Österreichischen in der schicksalhaften Verbundenheit mit seinen Nachbarvölkern, die in gleicher Weise auch ein Nehmen wie ein Geben war. In diesem Sinne empfinden auch die einunddreißig in der Anthologie *Glückliches Österreich* auf ihr Identitätsbewußtsein befragten Schriftsteller Österreich als etwas Selbstverständliches, das als Staat neben anderen Staaten steht und keinerlei Bedürfnis nach restaurativen Bestrebungen verspüren sollte, sondern offen und unbelastet der Zukunft entgegenzuschreiten hätte.

In gleicher Weise ist auch ein Wandel unter den österreichischen Literaturwissenschaftlern in ihrer Definition einer österreichischen Literatur fest-

---

[3] Einige von ihnen seien hier angeführt: Walter Weiss/Sigrid Schmid (Hg.): *Zwischenbilanz. Eine Anthologie österreichischer Gegenwartsliteratur*. Salzburg 1976; Jochen Jung (Hg.): *Glückliches Österreich. Literarische Besichtigung eines Vaterlandes*. Salzburg 1978; Gustav Ernst/Klaus Wagenbach (Hg.): *Rot ich weiß Rot*. Berlin 1982 (Tintenfisch 16); Otto Breicha/Reinhard Urbach (Hg.): *Österreich zum Beispiel. Literatur, Bildende Kunst, Filme und Musik seit 1968*. Salzburg 1982; Michael Scharang (Hg.): *Geschichten aus der Geschichte Österreichs 1945-1983*. Darmstadt 1984.

stellbar. Im Unterschied zu diesbezüglichen "ontologischen Spekulationen" oder "biologistischen Theorien", die einerseits – wie schon erwähnt – zur Tiefe des Seins vorzudringen versuchen, oder anderseits eine österreichische Literatur kontinuierlich von einem allerersten Augenblick bis zur unmittelbaren Gegenwart nachweisen möchten, erläuterte Sigurd Paul Scheichl auf dem Germanistenkongreß 1985 in Göttingen als besten Zugang zu diesem Problem, das "Voraussetzungssystem" zu dieser Literatur in entsprechender Weise zu erforschen.[4] Erst aus dem Unterschied zwischen dem Voraussetzungssystem für die deutsche und für die österreichische Literatur wird man sich ihrer unmittelbaren Unterschiede gewahr werden können. Dieses Voraussetzungssystem ändert sich jedoch, und es kam in verschiedenen Epochen in verschiedenster Weise zum Ausdruck. Für das gegenwärtige Voraussetzungssystem könnte man von folgenden Bezugspunkten ausgehen: so vorerst von der Tatsache, daß mit der Erreichung des Staatsvertrages im Jahre 1955 die Österreich-Ideologie weniger entscheidend und – wie wir sahen – für die neue Generation in höherem Ausmaß selbstverständlich geworden war. Zudem entschärften sich die übrigen Gegensätze im Sinne der Toleranz und der Partnerschaft. Neue Verlage öffneten sich nun auch für Autoren, die nicht mehr die traditionellen Wege beschreiten wollten, und in einem Augenblick beginnen die österreichischen Autoren, im Rahmen der deutschen Literatur eine führende Stellung einzunehmen, was noch mehr ihre Eigenart hervorhebt. Die sprachlichen Eigentümlichkeiten scheinen dabei eine geringere Rolle gespielt zu haben.[5]

---

[4] Sigurd Paul Scheichl: "Weder Kahlschlag noch Stunde Null. Besonderheiten des Voraussetzungssystems der Literatur in Österreich zwischen 1945 und 1966". In: Karl Pestalozzi/Alexander von Bormann/Eberhard Lämmert (Hg.): *Akten des VII. Internationalen Germanistenkongresses*. Bd. 10 (*Vier deutsche Literaturen?*). Göttingen 1986, 37-51.

[5] Das von Scheichl angeführte Voraussetzungssystem für die österreichische Literatur könnte vielleicht noch mit dem Hinweis auf das Salzburger Projekt von Walter Weiss ergänzt werden, wo es heißt, daß die üblichen Perspektiven solcher Darstellungen eine grundlegende Erweiterung erfahren müßten, und zwar in dem Sinne, daß zu diesem Zweck die Werke österreichischer Schriftsteller in "literarische Bezüge zu den nichtdeutschsprachigen Literaturen im ehemaligen österreichischen Staats- und Kulturgebiet zu Erscheinungen und Bewegungen der Literatur in tschechischer, polnischer, ungarischer, slowenisch-serbisch-kroatischer, italienischer Sprache" gestellt werden müßten, die "bis in die österreichische Gegenwartsliteratur hinein zu beachten sind" (Walter Weiss: "Das Salzburger Projekt einer österreichischen Literaturgeschichte". In: *Sprachkunst*, Nr. 14, 1983, 64). Dieser Hinweis war für mich in meinen Arbeiten ein wesentlicher Anknüpfungspunkt im Versuch, die Grundlagen für eine Vergleichende Literaturgeschichte Mitteleuropas zu legen (vgl. dazu den programmatischen Beitrag: "Der auffindbare Sinn. Prolegomena zu einer Vergleichenden Literaturgeschichte Mitteleuropas". In: *Lenau-Forum* 1985, 5-11; wiederabgedruckt im vorliegenden Band). In dem dabei auftauchenden Phänomen der öster-

Wie aber sieht das ganze Problem aus der Sicht nichtösterreichischer Literaturwissenschaftler aus?

Allergrößte Aufmerksamkeit hat seinerzeit das Buch des jungen italienischen Germanisten Claudio Magris ausgelöst – *Il mito absburgico nella letteratura austriaca moderna* (1963; dt. *Der habsburgische Mythos in der österreichischen Literatur*, 1966). Aus der ironischen Distanz des fortschrittlichen Intellektuellen umriß Magris darin diesen Mythos als hinhaltenden Widerstand der untergehenden Habsburgermonarchie und ihrer herrschenden Gesellschaftsschichten gegen jede Art von Reform und somit zugleich als eine durchgängige Gegenposition zu den von der Französischen Revolution entfachten Ideen. Das Buch hatte eine nachhaltige, jedoch entgegengesetzte Wirkung, als jene, die Magris wahrscheinlich vor Augen hatte, da er dieses Buch schrieb. Man war nämlich in restaurativen Kreisen so angetan von diesen Ausführungen, daß man sie als eine Bestätigung für das austriakische Renaissance-Denken empfand und in diesem Sinne mit offenen Armen begrüßte. Es meldeten sich jedoch auch sehr gravierende Gegenstimmen gegen eine solche vereinfachende Darstellung der österreichischen Literatur und somit auch der Reduzierung der österreichischen Identität.[6] So sah sich Magris veranlaßt,

---

reichischen Identität berühre ich mich mit den Ansichten des Historikers Moritz Csáky: "Historische Reflexionen über das Problem einer österreichischen Identität". In: Herwig Wolfram/Walter Pohl (Hg.): *Probleme der Geschichte Österreichs und ihrer Darstellung.* Wien 1991, 29-47, und gleichfalls auch mit seiner Mitteleuropa-Konzeption (so in dem Beitrag: "Österreich und die Mitteleuropadiskussion". In: *Europäische Rundschau*, Nr. 2, 1986, 99-107). Angriffe auf diese Konzeption (zum Beispiel von Hermann Scheuringer: "Deutsches Volk und deutsche Sprache. Zum Verhältnis von Deutsch-Sprechen und Deutsch-Sein in der Schweiz und in Österreich nach 1945". In: *Österreich in Geschichte und Literatur*, Nr. 3-4, 1992, 162-172) glaube ich, kulturhistorisch beantworten zu müssen ("Figurationen mitteleuropäischer Geistigkeit. Versuch einer literarhistorischen Periodisierung". In: Anton Schwob (Hg.): *Die deutsche Literaturgeschichte Ostmittel- und Südosteuropas von der Mitte des 19. Jahrhunderts bis heute. Forschungsschwerpunkte und Defizite.* München 1992, 9-18). Dabei trifft es jedoch sicherlich zu, wenn Scheuringer behauptet, daß das Insistieren auf sprachlichen Unterschieden des Österreichischen zum Deutschen heute nicht mehr jene Bedeutung besitzt wie früher. Trotzdem zeigt eine Arbeit wie die Dissertation von Wolfgang Finger (*Stilistische Aspekte der literarischen Übersetzung, dargestellt an Robert Musils 'Mann ohne Eigenschaften'.* Salzburg 1975), die von drei Übertragungen ausgeht, einer englischen, einer französischen und einer spanischen, daß gerade durch solche Übertragungen jeweils auch Fragen der Austriazismen und überhaupt der österreichischen Besonderheiten auf der Wortebene gelöst werden müssen, da auf diese Weise auch besondere geistige und kulturelle Inhalte vermittelt werden.

6   Vor allem Walter Weiss: "Österreichische Literatur – eine Gefangene des habsburgischen Mythos?" In: *Deutsche Vierteljahrsschrift für Literaturwissenschaft und Geistesgeschichte*, Nr. 43, 1969, 333-345.

seine These zu korrigieren, in dem Sinne nämlich, daß es neben dieser Tradition des österreichischen Mythos in der österreichischen Literatur auch eine Tradition unablässiger Rebellionen eben gegen diesen Mythos gegeben habe und auch in diesem Augenblick wieder gebe.[7] Damit waren auch die Autoren der seit etwa 1965 erfolgten "Wachablöse", wie Handke oder Thomas Bernhard, in die Betrachtungen einbezogen. Trotzdem hatte der "mito absburgico" als bestimmendes Element für das Verständnis der österreichischen Literatur inzwischen eine nicht mehr zu übersehende Eigendynamik angenommen, die sich auch auf die ausländische Germanistik auswirkte und von der auch Magris fasziniert blieb.

Ein solcher Zugang zur österreichischen Literatur war im Grunde genommen ideologisch bestimmt und die österreichische Identität dem konservativen Denken gleichgesetzt. Ideologisch festgelegt, jedoch in anderer Richtung, war auch der Zugang der sowjetischen Literaturwissenschaft zum Phänomen einer österreichischen Literatur. Ihr unabhängiges Bestehen war durch die absolute Anerkennung einer österreichischen Nationalität gegeben. In diesem Sinne lieferte vor allem Dimitrij V. Zatonskij mit seinen Schülern zahlreiche Beiträge, während Pjotr V. Palijevskij sich den typologischen Ähnlichkeiten zwischen der österreichischen und der russischen Literatur widmete.[8] Auflagen von Übersetzungen österreichischer Autoren bis zu hunderttausend Exemplaren haben wesentlich dazu beigetragen, die Vorstellung von einer eigenen österreichischen Literatur als Ausdruck auch einer eigenen österreichischen Identität im Bewußtsein allerweitester Leserschichten zu verankern.

Im Vergleich dazu hat von Frankreich aus Roger Bauer eine fundamentale Konzeption des gesamten österreichischen Kulturschaffens herausgearbeitet und diese Konzeption unter den Gedanken der Idee der Schöpfung als eines Werkes Gottes gestellt, in dem die menschliche Kreatur nur ein Zeichen darstellt, dessen ganze Würde sich aus seiner Zugehörigkeit zum Ganzen ergibt,

---

[7]   Claudio Magris: *Der auffindbare Sinn. Zur österreichischen Literatur des 20. Jahrhunderts.* Klagenfurt 1978 (Klagenfurter Universitätsreden 9).

[8]   Einen Überblick bietet Jurij I. Archipov: "Ot buntarstva k tradicii. Literatura FRG i Avstrii na perelome" ("Vom Rebellentum zur Tradition. Die Literatur der BRD und Österreichs am Wendepunkt"). In: *Voprosy literatuty*, Nr. 7, 1980, 111-157. Eine Fülle von Angaben enthält ein kurzer Beitrag von Johann Marte: "Die österreichische Literatur in der Sowjetunion. Skizze über die Rezeption österreichischer Autoren". In: *Pannonia*, Nr. 2, 1982, 73-80. Die wohl gedankenvollste Studie über österreichische Literatur stammt vom Philosophen Aleksandr V. Mihailov und befindet sich als Einleitung zur umfangreichen zweisprachigen Anthologie österreichischer Dichtung *Zolotoe sečenie. Avstrijskaja poezija XIX-XX vekov v russkih perevodah (Der goldene Schnitt. Lyrik aus Österreich in russischen Nachdichtungen. 19.-20. Jahrhundert).* Moskau 1988. Diese einleitende Studie trägt den Titel "Jz istočnika velikoj kultuty" (dt. "Aus den Quellen einer großen Kultur").

das dieses Teilchen umfängt.[9] Ungefähr zur gleichen Zeit formuliert der bekannte französische Germanist Claude David die Einstellung der Literaturwissenschaft in seinem Land zum Phänomen einer österreichischen Literatur mit den Worten: "Und zum erstenmal gibt es mit Grillparzer, Raimund, Nestroy ein autonomes österreichisches Schrifttum mit österreichischer Gesinnung und österreichischer Tendenz."[10] Um die wissenschaftliche Erforschung der österreichischen Literatur in Frankreich bemüht sich ansonsten die *Austriaca – Cahiers universitaires d'information sur l'Autriche* (Université de Haute-Normandie), und eine Bestandsaufnahme der gegenseitigen Beziehungen bietet der Sammelband *Österreichische Literatur des 20. Jahrhunderts. Französische und österreichische Beiträge.* Hrsg. von Sigurd P. Scheichl, Innsbruck 1986. Insgesamt kann man wohl davon ausgehen, daß in Frankreich eine sehr konsequente Auffassung vom Bestehen einer österreichischen Literatur und somit auch von der Existenz einer österreichischen Identität vertreten wird. Auffallend ist die ungewöhnlich intensive Handke-Rezeption, und erwähnenswert in diesem Zusammenhang ist zweifellos der starke Impuls, der sich, ausgehend von der großen Ausstellung "Traum und Wirklichkeit – Wien 1870-1930" auch befruchtend auf das französische Interesse an der österreichischen Literatur auswirkte.[11]

Wie sich vom Ausland her gesehen die Vorstellung von einer österreichischen Literatur herausbildet und diese Vorstellung auch zur Stärkung des Bewußtseins von einer österreichischen Identität beizutragen vermag, dafür mag als Beispiel die von der University of New York herausgegebene Zeitschrift *Modern Austrian Literature* dienen. Sie trägt den Untertitel *Journal of the International Arthur Schnitzler Research Association* und lief auch unter diesem Namen von 1961-1968. Man war jedoch zur Auffassung gelangt, daß man mit Arthur Schnitzler immer wieder ein Phänomen beleuchtete, das weit über das Werk dieses Schriftstellers hinausging, wie bedeutsam dieses an sich auch sein mochte. So kam es daher auch zur Namensänderung und damit verbunden zu einer Ausweitung des Programms. Aus der bis dahin erworbenen Erfahrung wird nun die Zeitschrift zu einem *Journal devoted to Austrian Literature and Culture of the 19th and 20th Centuries.* Auch der umfaßte

---

[9] Roger Bauer: *La réalité – royaume de Dieu.* Paris 1965 (in gekürzter deutscher Fassung: *Die Welt als Reich Gottes. Grundlagen und Wandlungen einer österreichischen Lebensform.* Wien 1974). Diesen Ausführungen ging ein Referat voraus: "Le problème de la nationalité allemande chez les écrivains autrichiens au début du XIXe siècle". In: François Jost (Hg.): *Actes du IVe Congrès de l'Association Internationale de Littérature Comparée. Fribourg 1964.* Den Haag/Paris 1966, 287-291.

[10] Claude David: *Zwischen Romantik und Symbolismus, 1820-1885.* Gütersloh 1966, 16.

[11] Vgl. Karl Zieger: "Une grande exposition culturelle et son rôle pour la réception d'une littérature étrangère". In: *Revue de Littérature comparée,* Nr. 2, 1989, 217-224.

Zeitabschnitt war Ausdruck einer solchen Erfahrung. Das Erscheinen der Zeitschrift unter dem neuen Titel fiel jedoch mit der Gründung des "American Committee for the Study of Austrian Literature" zusammen, das sich zum Ziel setzte, "die Eigenständigkeit der österreichischen Literatur im Rahmen des bestehenden Deutschunterrichtes in Amerika zu betonen und führende Autoren in ihrer Eigenschaft als Österreicher zu identifizieren".[12]

Treten wir nun vergleichsweise an das Problem aus polnischer Sicht heran, so scheint vorerst ein kurzes Zitat aus einem skizzierten Überblick des Literaturkritikers und Übersetzers Egon Naganowski über die Aufnahme österreichischer Schriftsteller in seinem Land charakteristisch zu sein. Er meint:

> Auch hier in der unmittelbaren Begegnung mit dem Leserpublikum noch so manche Unklarheit: manchmal wurde ich während dieser Diskussion gefragt, ob Musil und besonders Kafka sich eigentlich als österreichische Dichter fühlten, während andere Gesprächsteilnehmer überhaupt keinen Unterschied zwischen der österreichischen und deutschen Literatur machten. Das sei doch ein und dasselbe. Jemand berief sich dabei auf ein 1965 veröffentlichtes Buch der Germanistin Maria Kofra, das Kafka, Musil und Broch behandelt und doch den Untertitel *Studien zur deutschen Literatur der Gegenwart* trägt. Da mußte ich viel erläutern und beweisen (was übrigens bei uns auch einer der Verfechter österreichischer Literatur in Polen, Jan Koprowski, in einem kleinen Skizzenband über Roth, Csokor, Martina Wied, Musil, Altenberg und Karl Kraus sehr schön getan hat) [...].[13]

Die Überzeugung vom Bestehen einer eigenen österreichischen Literatur scheint sich jedoch einem späteren Bericht zufolge gefestigt zu haben.[14] Hier wäre womöglich eine kurze Betrachtung über das Wirken der österreichischen Kulturinstitute im Ausland angebracht. Allgemein jedoch könnte man behaupten, daß eine Unterscheidung zur österreichischen Literatur insgesamt viel eher in jenen Ländern wahrgenommen wird, die durch ihre staatliche Gemeinschaft in der Vergangenheit mit Österreich verbunden waren. Geogra-

---

[12] *Modern Austrian Literature. Journal of the International Arthur Schnitzler Research Association*, Nr. 1, 1968, 53.

[13] Egon Naganowski: "Von Stefan Zweig zu Robert Musil. Ein Bericht über die Verbreitung österreichischer Literatur im heutigen Polen". In: *Geschichte und Literatur*, Nr. 2, 1972, 339.

[14] So nach Karol Sauerland: "Zur Rezeption der österreichischen Literatur in Polen nach 1945". In: Hubert Orlowski (Hg.): *Österreichisch-polnische literarische Nachbarschaft*. Poznan 1979, 145-148 (Seria Filologia germańska 19. Uniwersytet im. Adama Mickiewicza w Poznaniu). S.a. Edyta Polczynska: "Österreichische Literatur in polnischer Übersetzung". In: ebd., 137-144.

phisch entferntere Länder jedoch wie Japan, Brasilien oder Ägypten scheinen im allgemeinen sogar im Falle der intensiveren Rezeption eines österreichischen Dichters nicht auf das Problem seiner literarischen Zugehörigkeit einzugehen. So spricht Yoshia Koshina in seinen Betrachtungen über Rilke aus japanischer Sicht ausschließlich von einem deutschen Dichter.[15]

Die Frage nach der österreichischen Literatur als Ausdruck auch der österreichischen Identität ist zweifellos eine sehr bedeutsame Frage. Von da aus gesehen ist es nur zu bedauern, daß ein ungemein reichhaltiges Material darüber bisher noch nicht veröffentlicht wurde. Es sind die Referate des Kolloquiums im Jahre 1990 an der Universität Saarbrücken (Arbeitsstelle für Robert-Musil-Forschung) zum Thema "Die Rezeption der modernen österreichischen Literatur im Ausland".[16] Es wäre nur zu wünschen, daß diese wertvollen Angaben den interessierten Wissenschaftlern zugänglich gemacht werden.

Wohl ist die Frage nach einer österreichischen Literatur als Beweis auch einer österreichischen Identität heute kaum eine ideologische Frage mehr, denn die Ideologien liegen glücklicherweise hinter uns, wie auch die Notwendigkeit, das Österreichische als Nationalbegriff zu definieren und auf diese Weise zu festigen. Jedoch andererseits ergibt sich aus der Tatsache, daß wir einem geeinten Europa entgegengehen – so erfreulich diese Tatsache auch sein mag und in wirtschaftlicher Hinsicht unbedingt notwendig erscheint – auch die Gefahr einer kulturellen Nivellierung und somit auch des unersetzlichen Verlustes von kultureller Identität. Dieser Gefahr ist die österreichische Identität zweifellos ausgesetzt, da durch die Gegebenheiten der modernen Kulturproduktion der Schriftsteller in die Mechanismen des deutschen Buchmarktes und seiner Forderungen einbezogen ist. So wird es die große Aufgabe der in Österreich entstehenden Literatur bleiben, auch weiterhin diese Identität in allen ihren Ausdrucksformen widerzuspiegeln und zu wahren. So lange sie dies erfolgreich zu verwirklichen in der Lage ist, wird es sicherlich eine österrei-

---

[15] Yoshia Koshina: "Rilke in japanischer Sicht. Rezeption und Wirkung". In: Dietrich Papenfuß/Jürgen Söring (Hg.): *Rezeption der deutschen Gegenwartsliteratur im Ausland*. Stuttgart/Berlin/Köln/Mainz 1976, 205-211.

[16] Hier sollen nur einige dieser Referate erwähnt werden: "Rezeption der österreichischen Literatur in Frankreich vor und nach dem 2. Weltkrieg" (Richard Thieberger), "Zur Rezeption der österreichischen Literatur in Polen oder Der galizische Mythos" (Johann Marte), "Rezeption der österreichischen Literatur in Bulgarien in den 70er und 80er Jahren" (Nedjalka Popowa), "Zur Rezeption der österreichischen Literatur in der Tschechoslowakei" (Ludvik E. Václavek), "Die Rezeption der österreichischen Literatur in Ungarn von 1900 bis zur Gegenwart" (Maria Kajtár), "Zur Rezeption der österreichischen Literatur in der Bundesrepublik Deutschland 1963-1985" (Michael Klein), "Die britische Germanistik und die österreichische Idee" (Edward Timms), "Österreichische Romanforschung in der Sowjetunion. Ergebnisse, Probleme, Perspektiven" (Aleksandr Belobratow).

chische Identität geben. Am ehesten überprüfbar jedoch wird dies durch ihre Bestätigung in anderen Literaturen und in der Literaturkritik und Literaturwissenschaft anderer Länder sein.

Österreichisches in der nichtösterreichisc Literatur. Eine Marginalie zur Wesens- bestimmung des mitteleuropäischen Kulturraumes

In dem von Walter Weiss entwickelten Konzept einer österreichischen Lite- raturgeschichte erfahren die üblichen Perspektiven solcher Darstellungen eine grundlegende Erweiterung, und zwar in dem Sinne, daß die Werke österrei- chischer Schriftsteller nicht nur "in übergreifende Zusammenhänge literari- scher Stile und Gattungen, literarischer Tendenzen und Bewegungen, der Prozesse und Institutionen des literarischen Lebens, der allgemeinen kultu- rellen, politischen, wirtschaftlichen Kontexte" gestellt werden sollen, sondern daß es dabei an erster Stelle "um literarische Bezüge zu den nichtdeutsch- sprachigen Literaturen im ehemaligen österreichischen Staats- und Kulturge- biet, zu Erscheinungen und Bewegungen der Literatur in tschechischer, polni- scher, ungarischer, slowenisch-serbisch-kroatischer, italienischer Sprache" gehen müsse, die "bis in die österreichische Gegenwartsliteratur hinein zu beachten sind".[1] Nach der in der Germanistik so stark verankerten Meinung, daß es sich bei der österreichischen Literatur jeweils nur um verspätete For- men der im nördlichen deutschen Sprachraum auftretenden Stile, Tendenzen und Bewegungen handle, eröffnete sich mit dem Hinweis auf solche Bezüge die Möglichkeit, aus der Erforschung bilateraler Berührungen zwischen der österreichischen Literatur und den Literaturen ihrer Nachbarländer sowie aus der modellartigen Zusammenfassung typologischer Ähnlichkeiten völlig neue Einsichten nicht nur in das Problem einer für Österreich spezifischen Litera- tur, sondern überhaupt auch einer österreichischen Identität zu gewinnen.

Für die Komparatistik in Österreich bedeutete dieses Konzept eine ent- scheidende Bestätigung ihrer Bemühungen, da sie sich eben nicht nur auf jenes Modell zu beschränken wünschte, das wir bei Claudio Magris in seinem vielzitierten Buch *Il mito absburgico nella letteratura austriaca moderna* (1963) folgendermaßen – ich zitiere nach der deutschen Ausgabe – definiert finden:

---

[1] Walter Weiss: "Das Salzburger Projekt einer österreichischen Literaturgeschichte". In: *Sprachkunst*, Nr. 14, 1983, 64f.

Sicher kann man das habsburgische Menschenbild mit seinen Charaktermerkmalen, die hier umrissen werden sollen, auch bei anderssprachigen, aber dem Geist und den Motiven nach 'kakanischen' Schriftstellern finden: So kommen der Italiener Svevo, der Pole Bruno Schulz, die Jugoslawen Krleža und Andrić auf diese mitteleuropäische, zumindest indirekt vom Habsburger Reich geschaffene Koine zurück. Eine undefinierbare, aber ganz spezifische Stimmung verbindet Rezzori, den Anonymo Triestino und viele tschechische oder ungarische Autoren. Diese internationale Komponente könnte in der Bestätigung eines 'habsburgischen' Mythos bei den größeren oder unbedeutenderen Schriftstellern aller Nationalitäten der Monarchie eine wirksame Parallele finden.[2]

Mit der Begrenzung der österreichischen Literatur ausschließlich auf den habsburgischen Mythos hat sich gleichfalls Weiss auseinandergesetzt.[3] Der Begriff hatte, wie wir wissen, eine Eigenentwicklung erfahren, die auch von Magris nicht beabsichtigt war, so daß er dann seine These in dem Sinne richtigstellte, daß es neben dieser Tradition des habsburgischen Mythos in der österreichischen Literatur auch eine Tradition unablässiger Rebellionen eben gegen diesen Mythos gebe.[4] So möchten wir auch vom komparatistischen Standpunkt aus statt vom habsburgischen Mythos eher von der beiläufig erwähnten "mitteleuropäischen Koine" als einer allerweitesten Zusammenfassung sämtlicher solcher Zusammenhänge ausgehen, um darin den Stellenwert des Österreichischen bestimmen zu können.

Zweifellos hat sich schon zur Zeit des Humanismus und der Renaissance in der Sphäre der vom Mediterran her sich ergießenden kulturellen Ausstrahlung ein eigener mitteleuropäischer Kulturraum zu bilden begonnen, mit Mittelpunkten in Wien und in Prag, in Ofen und in Krakau, aber auch in Kronstadt, in Siebenbürgen. Die Ansätze reichen zurück in die Zeit vor den Habsburgern als Herrscher eines großen Teils dieses Raumes, also bis zu den Přemysliden und Luxemburgern, zu den Jagellonen, und zwar sowohl den polnischen als auch den böhmischen. Gesellschaften wie die um 1500 von Conrad Celtis gegründete "Sodalitas Litteraria Danubiana" verbinden deutsche, ungarische, südslawische, böhmische und wallachische Humanisten in

---

[2] Claudio Magris: *Der habsburgische Mythos in der österreichischen Literatur*. Salzburg 1966.

[3] Walter Weiss: "Österreichische Literatur – eine Gefangene des habsburgischen Mythos?" In: *Deutsche Vierteljahrsschrift für Literaturwissenschaft*, Nr. 43, 1969, 333-345.

[4] Claudio Magris: *Der unauffindbare Sinn. Zur österreichischen Literatur des 20. Jahrhunderts*. Klagenfurt 1978 (Klagenfurter Universitätsreden 9).

der gemeinsamen Aufgabe, die Literaturen dieses Raumes zu pflegen. Die Auffassung vom Humanisten als *poeta, orator* und *philosophus christianus* ist von der Notwendigkeit einer gemeinsamen Abwehr der Türkengefahr durchdrungen. Mittelpunkt eines anderen bedeutsamen Kreises ist Jakob Piso, der auch die polnischen Humanisten miteinbezieht. So gehört auch der gesamte polnische Raum zu Mitteleuropa, das aus dem humanistischen Denken im Gewand der Latinität und aus dem gemeinsamen historischen Erlebnis ein eigenes Wertsystem aufbaut.

Die Konturen eines solchen Mitteleuropa werden noch deutlicher, nachdem sich im Schoß der Gegenreformation auch die Kunst des Barock so stürmisch zu entwickeln beginnt. Die Eigenart der Bauten formt auch eine barokke Landschaft. Immerhin unterscheidet sich das mitteleuropäische Barock vom westeuropäischen barocken Lebensbewußtsein; in ihm überwiegt das Irrationale, und es ist mehr dem Spiel der Formen in der bildenden Kunst und in der Musik zugewandt, während sich das französische Barock gerade durch seine descartische Rationalität auszeichnet und der Literatur und Philosophie den Vorrang überläßt. Wir könnten an dieser Stelle jedoch viele Beispiele dafür anführen, daß sich auch bei den nichtdeutschsprachigen Völkern dieses Raumes Zeichen einer Identifikation mit der historischen Aufgabe der Casa d'Austria artikulieren, so wenn Ivan Gundulić, der hervorragendste Vertreter des Goldenen Zeitalters der ragusäischen Literatur, in seinem Epos *Osman* von der historischen Aufgabe der "cesarska Austrija", des kaiserlichen Österreich, spricht. Die geschichtliche Legitimität der Habsburger wird von allen diesen Völkern bis in das 19. Jahrhundert hinein ausnahmslos anerkannt. Wenn zudem zur Zeit des Barock dieser Raum zum Westen hin abgrenzbar wird, so läßt die Aufklärung die ohnehin schon durch die Reformation bestehende Grenze zum Norden gleichfalls noch deutlicher erkennen. Denn während die aufklärerischen Bemühungen dort mehr als eine Philosophie der Vernunft, als Kants kategorischer Imperativ empfunden wurden, zeichnet sich diese große geistige Bewegung hier vor allem durch die unmittelbare praktische Anwendung der neuen Ideen aus.

Das 19. Jahrhundert bringt die verschiedenen Völker dieses Raumes einander näher und entfremdet sie gleichzeitig voneinander. So erfolgt der Übergang vom Klassizismus zu neuen Ausdrucksweisen in den Literaturen aller dieser Völker in ähnlicher Weise: bei dem Polen Mickiewicz, dem Tschechen Mácha, dem Slowenen Prešern und dem Ungarn Vörösmarty. Andererseits aber führt die Romantik auch zur Entwicklung eines glühenden Nationalbewußtseins. Bemühungen eines Josef Hormayr oder Franz Sartori, zugleich auch ein eigenes österreichisches übernationales Bewußtsein und in Verbindung damit ein dazu unbedingt notwendiges Identitätsgefühl der Deutschen in Österreich zu fördern, wurden nicht aufgegriffen. Zwischen Grillparzers

Behauptung, daß er "ein Stockösterreicher mit Leibe und Seele ist", und der Art, wie er den Přemysliden Ottokar darstellt, klafft ein Gegensatz. Diesen Gegensatz zu überwinden, ist den Habsburgern nicht gelungen, und so verloren sie ihren Legitimitätsanspruch in Mitteleuropa.

Trotzdem verstärkt sich die Intensität der gegenseitigen kulturellen Beziehungen. Günter Grass spricht in einem Gedicht davon, wie er, vom Norden kommend, in die Gebiete des Biedermeier gelangt, und Krleža meint in einem seiner Essays: "Alles, was wir Kroaten uns in diesem 19. Jahrhundert immerhin an kulturhistorischen Werten zu erwerben vermochten, stimmt zeitlich mit diesem philisterhaften Stil überein."

Biedermeier und poetischer Realismus, eine besondere Art von Heimatliteratur mit Adelserzählungen und Dorfgeschichten – sie sind Bezugspunkte eines gemeinsamen literarischen Raumes. Die geistige Verwandtschaft zwischen Marie von Ebner-Eschenbach, dem Kroaten Ksaver Šandor Djalski und den Polen Henryk Rzewuski, Józef Korzeniowski und Józef Kraszewski kann nicht übersehen werden. Bei den Ungarn ist es wohl Mór Jókai, der diesen Schriftstellern am nächsten steht. Erstmals scheinen sich diese Völker auch literarisch gegenseitig zu entdecken. Stifter führt die ungarische Landschaft und den Ungarn in eine solche österreichische Heimatdichtung ein, Marie von Ebner-Eschenbach erzählt von der böhmischen Magd Božena, und sogar Galizien und seine Ruthenen werden durch Leopold Sacher-Masoch den Lesern in den übrigen Teilen der Monarchie nähergebracht. Božena Nemcova aber beginnt das Wien-Erlebnis aus der Sicht der zuziehenden, arbeitsuchenden Tschechen darzustellen, und eine große Zahl ihrer Landsleute setzt daraufhin diese Thematik fort.

Es ist insgesamt ein sonderbarer Gegensatz, denn einerseits kann man immer wieder Zeugnisse intensiver kultureller Durchdringung feststellen, andererseits aber Erscheinungen extremer zentrifugaler Bestrebungen beobachten. In Molnárs Stücken sind Wien und Budapest austauschbar, was von den einzelnen Regisseuren auch praktiziert wird, und für die Situation zur Jahrhundertwende gelangt der ungarische Philosoph László Mátrai zur Auffassung, daß sich nun eine kulturelle Eigenart entwickelt hatte, die "weder eine Summe der Kulturen der zusammen lebenden Völker und auch nicht identisch mit der Kultur der deutschsprachigen Bevölkerung Österreichs war, sondern etwas und ein Teil von dem, was dazwischen liegt".[5] So kommt es zu einem seltsam ambivalenten Gefühl: Man spürt diese kulturelle Zusammengehörigkeit, und man bekämpft zugleich das bestehende System der politischen Zusammengehörigkeit. Italo Svevo – eigentlich Hektor Ettore Aron

---

[5] László Mátrai: *Alapját vestett felépitmény* (dt. *Basis, die ihren Überbau verloren hat*). Budapest 1976, 66.

Schmitz –, mütterlicherseits aus jüdischer Familie, väterlicherseits aus dem Rheinland stammend, ist begeisterter Italiener, und das gleiche gilt auch für die anderen Autoren aus dem Triestiner Kreis, für Giani Stuparich, der als Freiwilliger in der italienischen Armee gegen Österreich kämpft, wie auch Scipio Slataper, der in diesem Kampf den Tod findet, und das gilt auch für Umberto Saba, der in letzter Zeit immer mehr in seiner literarischen Bedeutung erkannt wird.

Ebenso ausgeprägt ist dieses ambivalente Gefühl bei den Südslawen. Krleža flüchtet aus der österreichischen Armee, Andrić verbringt einige Jahre in Haft wie auch der Ukrainer Ivan Franko, Volkstribun der Ruthenen in Galizien und einer der bedeutendsten ukrainischen Schriftsteller zur Jahrhundertwende. Besonders werden jedoch die Tschechen als Vertreter einer antiösterreichischen Einstellung hervorgehoben, vor allem Karel Čapek und Jaroslav Hašek. Aber auch die Ungarn, Gyula Krudý und Tibor Derý zum Beispiel, sind eher ironische Betrachter dieser Epoche als Anhänger eines "mito absburgico".

Hier scheint es uns, daß wir auf das eigentliche Problem unserer Betrachtungen gestoßen sind. Denn das Österreichische in der österreichischen Literatur ist nur aus einem historisch entstandenen Kreislauf zu erklären, so daß schon Joseph Roth sagen konnte: "Das Wesen Österreichs ist nicht Zentrum, sondern Peripherie [...] Die österreichische Substanz wird genährt und immer wieder aufgefüllt von den Kronländern."[6]

Von dieser Substanz jedoch wird auch die Peripherie erfaßt, wie sehr sie sich auch in erbitterten Kämpfen dagegen zu wehren wünscht. Das Österreichische in den nichtösterreichischen Literaturen dieses Raumes ist demnach als ein gemeinsames Lebensgefühl zu werten, und im Grunde eines solchen Lebensgefühls liegt auch ein Zusammengehörigkeitsgefühl.

Ein Beispiel dafür, daß dieses Zusammengehörigkeitsgefühl auch nach dem Zusammenbruch des gemeinsamen, jedoch nicht von allen als gemeinsam empfundenen Staates nachwirkt, bietet jene ungarische Dichtergeneration, die sich nach dem Ersten Weltkrieg in Wien in der Emigration sammelt und dort wirkt. Es sind dies neben Tibor Déry noch Andor Gábor, Lajos Kassák, Béla Balasz, György Lukács, Lajos Hatvany, Aladár Komjáth, Sándor Barta, Frigyes Karikás. In Kassáks Wiener Zeitschriften in ungarischer Sprache veröffentlicht auch der junge Gyula Illyés seine ersten modernistischen Gedichte. Diese Emigration steht zum größten Teil auf extrem linker Position; eine ihrer bedeutendsten Persönlichkeiten, nämlich György Lukács, entwickelt jedoch ein herzliches Freundschaftsverhältnis zu Joseph Roth.

---

[6] Joseph Roth: *Werke*. Hrsg. und eingeleitet von Hermann Kesten. Bd. 2. Köln 1975, 873 ("Die Kapuzinergruft").

Hier beginnt sich schon jene geläuterte Lebenserfahrung abzuzeichnen, die sich durch alle unmittelbaren Gegensätzlichkeiten hindurch eines gemeinsamen Wertsystems bewußt wird, das man zur Zeit mit dem Begriff "Mitteleuropa" zu erfassen versucht und in den die Vorstellung vom Österreichischen immer wieder vielschichtig nuanciert hineinspielt. Das Phänomen ist in faszinierender Weise bei einer Reihe jüngerer Schriftsteller zu verfolgen, die sich dabei auch sehr klar von "mito absburgico" abzugrenzen wissen. So möchte auch Giulina Morandini, die Verfasserin der Romane *I cristalli di Vienna* (1978) und *Caffè Specchi* (1983), die mitteleuropäischste aller gegenwärtigen Autoren, wie sie von den Kritikern ihres Landes genannt wird, ihre so intensiven Rückerinnerungen nicht als k. u. k.-Romantik verstanden wissen; es geht ihr vielmehr darum, den Zerfall einer Zivilisation zu objektivieren und damit auch Fundamente für Erkenntniswege in die Zukunft zu legen. Für Fulvio Tomizza prägt sich der wesentliche Gehalt solcher Rückbesinnung im Titel eines seiner Romane als *L'amicizia* (1980). Nach allem, was geschehen ist, bleibt letztlich das Gefühl der Freundschaft zwischen den Menschen dieser Völker.

Wesentlich ist der Rückblick auf die Geschichte. Die Romane des Slowaken Anton Hykisch, *Milujte královnu* (dt. *Geliebt sei unsere Königin*) von 1984, des Tschechen Josef Nesvadba, *Tajná zpráva z Prahy* (dt. *Geheimmeldung aus Prag*) von 1978, des Ungarn Miklós Surányi, *Egyedül vagyunk* (dt. *Wir sind*) von 1982, des Polen Andrzej Kuśniewicz, *Król obojga Sycylii* (dt. *König beider Sizilien*) von 1970 und des Jugoslawen Danilo Kiš, *Peščanik* (dt. *Die Sanduhr*) von 1972 enthalten eine Fülle von Bezügen zu gemeinsamen historischen Begebenheiten, ohne dabei die Geschichte als solche interpretieren zu wollen; es geht ihnen vielmehr um das Drama des Menschen in der Geschichtlichkeit, und auch dann, wenn ein geschichtliches Ereignis ganz besonders akzentuiert wird, soll Geschichtlichkeit verstanden werden, ohne daß sich die Darstellung dabei in der Funktion der Analyse und Aufgliederung des historischen Prozesses sieht. Als ob allen der Gedanke innewohnte, daß die Welt immer wieder in jenen Flammen untergehen muß, aus denen sie entstanden ist, um dann von neuem entstehen zu können. Durch alle diese Untergänge hindurch setzt sich doch die Kontinuität der Kultur durch. Die Verfasser dieser Romane lieben es, an kleinen Gegenständen diese Unzerstörbarkeit des Kulturwillens im Menschen meditierend zu bestätigen. Ein geradezu charakteristisches Beispiel für eine solche Einstellung, die dann von so vielen anderen Autoren aus diesem Raum immer wieder ausgedrückt wird, scheint mir jene Szene aus Krležas Roman *Povratak Filipa Latinovicza* (dt. *Die Rückkehr des Filip Latinovicz*) von 1932 zu sein, in der die Titelgestalt einen ganzen Nachmittag lang eine kleine Bronzefigur spielend in den

Händen bewegt, die der Kuhhirte Miško auf der Weide gefunden hatte, auf jenem Boden, der einst von einem Meer überdeckt war.

Die Bedrohungen, denen der Glaube an die Kontinuität menschlicher Kultur in diesem Augenblick so sehr ausgesetzt ist, dürften wohl der auslösende Beweggrund für das gegenwärtig so starke Mitteleuropa-Gefühl sein. Aus einem solchen Gefühl sind das Österreichische und die Auseinandersetzung damit nicht wegzudenken. Als Schriftsteller ist für eine eingehendere Betrachtung dieses Problems wohl Milan Kundera der geeignetste Bezugspunkt. Eine Stelle in seinem Roman *Nesnesitelná lehkost byti* (dt. *Die unerträgliche Leichtigkeit des Seins*) von 1984 baut die Brücke zu seinem im gleichen Jahr in der *New York Review of Books* erschienenen Essay "The Tragedy of Middle-Europe". Diese Stelle lautet:

> Diejenigen, die glauben, die kommunistischen Regime in Mitteleuropa wären die Schöpfung von Verbrechern, täuschen sich: diese Regime haben nicht Verbrecher geschaffen, sondern Enthusiasten, überzeugt, daß dies der einzige Weg ist, der ins Paradies führt. Entschlossen verteidigten sie diesen Weg und haben auf diese Weise viele Menschen hingerichtet. Später erwies es sich, daß es keinerlei Paradies gäbe und die Enthusiasten eigentlich Mörder sind.

Die Enttäuschung führt Kundera zu folgenden Erkenntnissen: Es besteht ein "gemeinsames kulturelles Erbe" in Mitteleuropa, und die "zeitgenössischen kreativen Anstrengungen" in diesem Raum sind "größer und entscheidender" als im übrigen Europa.

> Das österreichische Kaiserreich hatte die große Chance, Mitteleuropa zu einem starken geeinigten Staat zu machen, aber die Österreicher waren leider selbst hin- und hergerissen zwischen einem arroganten pangermanischen Nationalismus und ihrer eigenen mitteleuropäischen Mission. Es gelang ihnen nicht, eine Föderation gleichberechtigter Nationen zu bilden, und ihr Scheitern war das Unglück für ganz Europa [...]. Das Verschwinden der kulturellen Heimat Mitteleuropa war sicherlich eines der größten Ereignisse dieses Jahrhunderts für die ganze westliche Zivilisation.[7]

---

[7] Milan Kundera, zit. nach der deutschen Übersetzung seines Essays: "Die Tragödie Mitteleuropas". In: Erhard Busek/Gerhard Wilflinger (Hg.): *Aufbruch nach Mitteleuropa. Rekonstruktion eines versunkenen Kontinents*. Wien 1986, 134, 137 und 142.

Eine solche Präokkupation durch einen Leitgedanken muß sich auch in der sprachlichen Ausdrucksweise eines Schriftstellers auswirken. Sie ist keine vereinzelte Erscheinung und wiederholt sich in einer ähnlichen Relation auch bei dem Ungarn György Konrad. Einerseits in seinem Essay "Der Traum von Mitteleuropa",[8] andererseits in seinem soeben in deutscher Sprache erschienenen Roman *Geisterfest*.

So wie mit dem Werk Kafkas und Hašeks jedoch ein Gegenstück zu dem im deutschsprachigen Österreich geborenen und wirkenden Musil und Broch geschaffen wurde, scheint sich ein solches Verhältnis zu Kundera und Konrad durch das jüngste Prosawerk von Thomas Bernhard, den Roman *Auslöschung. Ein Zerfall*, herauszubilden. Auch dieses ist eine Bestandsaufnahme des Lebens in Mitteleuropa in den 80er Jahren. Bernhard könnte sein Werk ruhig auch "Die Vernichtung von Mitteleuropa" nennen. Ein anderer Österreicher, Oswald Wiener, hat 1969 sein Hauptwerk *Die Verbesserung von Mitteleuropa* genannt, und vergleichbar damit ist auch Bernhards Forderung nach Auslöschung eigentlich die Hoffnung auf Errettung, auf Erlösung. Denn in diesem umfangreichen Buch ohne einen einzigen Absatz, in dem der Titel *Auslöschung* wörtlich zu verstehen ist, soll im Erzählen etwas Vergangenes nicht wie üblich aufbewahrt, sondern im Gegenteil zerstört werden, um etwas Neues aufzubauen, und dieses Neue baut der Rebell, der Ich-Erzähler auf.

Der Gedanke erinnert an eine Aufzeichnung des jugoslawischen Schriftstellers Danilo Kiš zu seiner persönlichen Poetik:

> Mitteleuropa – ein Kreidekreis im Raum und eine Perspektive von sechs Jahrhunderten vertikal durch die Zeit hindurch, in deren Lauf sich der objektive Geist des Erzählens als Geist des Erzählers verkörpert, der sich letztlich als klar betontes Ich des Erzählers zu erkennen gibt.[9]

Mitteleuropa – und darin einfach nicht ausklammerbar auch das Österreichische – wird demnach als Kreidekreis verstanden, in den man sich einerseits durch die Kräfte der Tradition und eines gemeinsamen kulturellen Erbes hineingezogen fühlt, während man sich andererseits den Kräften des "mito absburgico", den restaurativen Kräften der rückwärtsgewandten Utopie, zu widersetzen versucht, dem Nichtauslöschen desjenigen im Vergangenen, das nicht gut war.

---

[8] György Konrad: "Der Traum von Mitteleuropa". In: Erhard Busek/Gerhard Wilflinger, a.a.O., 87-97.

[9] Danilo Kiš: "Čelni sudar. Poetika III" (dt. "Frontalzusammenstoß. Poetik III"). In: *Savremenik*, Nr. 10, 1976, 233.

Das Österreichische in einer solchen Ambivalenz der Gefühle sowohl in der in deutscher Sprache geschriebenen Literatur in Österreich als auch in den übrigen Literaturen Mitteleuropas zu suchen, wird sich daher wohl kaum ausschließlich auf die Erwähnung einzelner gemeinsamer historischer Ereignisse oder Institutionen als Hintergrund oder unmittelbarer Schauplatz der Fabel beschränken können, auf Koordinaten wie Prater und Blumenkorso, die Ringstraße mit ihren Prachtbauten, die einzelnen Wiener Cafés als Treffpunkte der Literaten, auf Schnitzlers Stücke, auf ein frühreifes dichterisches Wunderkind namens Loris und auf Lehárs *Lustige Witwe*, denn Mitteleuropa hatte viele Mittelpunkte mit jeweils eigenen Koordinaten, die wieder auf ihre Weise mit dem Österreichischen verquickt waren. Es wird wohl viel eher darum gehen, aus dem Diskurs ein bestimmtes charakteristisches Lebensgefühl zu erkennen, als ähnliche Vorstellung von Liebe und Tod, aber auch von Ehe und Beerdigung, jene seltsam kritische Einstellung zur Tradition und Fähigkeit, die Sprache in einer ganz eigenartigen Weise zu nutzen, von üppiger barocker Ausdrucksweise bis zum sprachlichen Experiment, aber auch ihre Vielfalt in diesem Raum wie etwas, das sich von selbst versteht, anzuwenden (Giuliana Morandini z. B. wechselt in ihren Werken vom Italienischen ins Deutsche und dann ins Kroatische). Das Österreichische in der Literatur scheint somit als Begriff zugleich weiter und enger als die österreichische Literatur zu sein, der Gehalt eines kulturellen Kontextes, Synonym für Mitteleuropa und zugleich doch, weniger geographisch, dafür mehr atmosphärisch gedacht, eine der verbindenden interliterarischen Möglichkeiten zu Werken in anderen Sprachen durch einen ähnlichen Stil und eine verwandte Metaphorik.

**"Grau, teurer Freund, ist alle Theorie,
grün des Lebens goldner Baum"**

Das Unternehmerbild in der modernen Literatur

> Am farbigen Abglanz haben wir das Leben.
> (Johann Wolfgang von Goethe, *Faust*)

Einleitend erlaube ich mir, aus einem Schreiben der Veranstalter des Symposiums "Kulturrevolution und Wirtschaft" die Worte anzuführen, mit denen mir meine Aufgabe, über das Unternehmerbild in der modernen Literatur zu sprechen, näher umrissen wurde:

> Wir sind zu diesem Thema aus folgendem Grund gekommen: Bei anderen Veranstaltungen haben prominente Persönlichkeiten des Fernsehens mehrfach gesagt, die Unternehmerschaft käme im Fernsehen und im Rundfunk im Grunde gar nicht so schlecht weg – so etwa in Wirtschaftssendungen wie z.B. 'Bilanz', was auch im ganzen gesehen zutrifft. Wir alle sind aber der Ansicht, daß die laufende Imageschädigung ganz woanders, unauffälliger und dadurch auch nachhaltiger erfolgt, nämlich in den Unterhaltungssendungen. Dürfen wir es einmal etwas überzeichnen: Der Unternehmer am Swimmingpool, eine 'dufte Biene' am Arm, das Sektglas in der Hand, und seine unternehmerische Tätigkeit wird dadurch manifestiert, daß er hin und wieder einmal ins Telefon brüllt; in ähnlicher Richtung wird der Unternehmer wohl auch in Büchern von Grass, Böll u.a. gezeichnet. Und hier sollte unseres Erachtens Ihr Thema ansetzen: Wo und bei wem steht was?

Als Resultat erwarte man von mir, ein "anschauliches und wahrscheinlich wenig erfreuliches Bild des Unternehmers – Kapitalist, Ausbeuter usw. – mit vielen Zitaten den Teilnehmern vor Augen führen zu können".

Ich muß gestehen, daß ich im ersten Augenblick eine zwiespältige Reaktion verspürte. Einerseits ist mir sehr wohl bekannt, daß der Unternehmer als Personifikation kapitalistischer Denk- und Handlungsweisen in szenischen und literarischen Porträts nur allzuleicht zum monströsen Klischee perfider Unterdrückungs- und Ausbeutungspraktiken wird. Andererseits erinnerte ich mich an eine persönliche Begegnung: Als ich 1957 das erstemal in der Bundesrepublik war, traf ich bei einer Veranstaltung der Münchner Universität einen Herrn von gewinnender Bescheidenheit, der sich mit mir in ein sehr eingehendes und für mich überaus interessantes Gespräch einließ, mich daraufhin auch zum Mittagessen einlud. Er fuhr mich eigenhändig in einem ganz einfachen Volkswagen ins Restaurant. Obwohl ich dem Gespräch entnehmen konnte, daß es sich um einen Mann der Wirtschaft handeln mußte, sagte der Name mir als Fremdem nicht viel; erst später erfuhr ich, daß mein Gastgeber einer der bedeutendsten deutschen Industriellen war.

Daher auch mein Motto zu dieser Arbeit – ein Wort Goethes – als Leitgedanke, mich in meinen Ausführungen nicht mit einem Klischee zufriedenzugeben, sondern im farbigen, vielseitigen Abglanz auch die Antwort auf diese Frage zu suchen. Die Veranstalter des Symposiums scheinen sehr vom Standpunkt des bekannten Finanzwissenschaftlers und Sozialökonomen Günter Schmölders beeinflußt zu sein, der den Unterhaltungsprogrammen des Fernsehens der Bundesrepublik in seinen einschlägigen Untersuchungen nachweisen konnte, daß sie den Unternehmer in der Mehrzahl der Fälle als raffgierigen Autokraten, als Monster hinter einem Palisanderpult, als Ausbeuter und Machtmenschen darstellten, der jederzeit bereit ist, seine Seele dem Mammon zu verkaufen, der in seinem Handeln keine ethischen oder moralischen Normen kennt oder schlicht auch als Gangsterboß gezeichnet wird. Das Unternehmerbild wird in Stereotype gepreßt, deren wichtigste Aufgabe nicht in der Charakterisierung des Gegenstandes zu erkennen ist, sondern in einer möglichst optimalen Verkäuflichkeit des publizistischen oder literarischen Produktes. In Schmölders 1971 erschienenem Buch *Der Unternehmer im Ansehen der Welt* findet sich dazu eine sehr charakteristische Graphik: In einem kleinen Kreis, auf den sich zehn drohende Pfeilspitzen richten, sitzt der Unternehmer. Die Namen der Pfeilspitzen sind "Arbeitnehmer", "Gewerkschaften", "staatlicher Einfluß", "Intellektuelle", "Banken", "Steuern", "soziale Forderungen" und so weiter. Die Graphik ist überschrieben: "Viele Hunde sind des Hasen Tod."

Zweifellos dürfte es nicht schwer sein, eine ganze Sammlung negativer Äußerungen, die irgendwo und von irgendwem über den Unternehmer verkündet wurden, zu zitieren. Ich glaube jedoch, daß ein Unterschied gemacht werden muß zwischen einer schriftstellerischen Produktion, die Literatur aus Klischees produziert, und einem künstlerischen Schaffen. Beim Zusammenfügen von Klischees (einem Verfahren, das manchmal sogar von einem völlig anonymen Autorenkollektiv in dubiosen Verlagen praktiziert wird und in ähnlicher Weise auch für so bekannte Vertreter der Unterhaltungsliteratur gilt, wie es Mario Simmel ist) werden stereotype Darstellungen für Ärzte und Oberärzte, für Krankenschwestern und Filmschauspielerinnen je nach Bedarf wie Kulissen in den Text eingeschoben. Auch der Unternehmer könnte als Klischee sehr leicht völlig den Erwartungen entsprechen, die einleitend auch für meine Aufgabe gesetzt wurden, nämlich am Rande des Swimmingpools stehend, eine "dufte Biene" am Arm, das Sektglas in der Hand und bei Gelegenheit ins Telefon brüllend. Im Sinne der Rollentheorie von Talcott Parson wäre der Unternehmer in diesem Bild demnach identisch mit der Rollenerwartung, die man in ihn setzt. Im Falle der künstlerischen Darstellung jedoch wird versucht, vom Individuum her eventuell auch das Allgemeine zu artikulieren. Außerdem scheint mir Schmölders Reaktion zu sehr durch jene antikapitalistische Strömung in der Mitte der 60er Jahre hervorgerufen, die vor allem in der Jugend offenkundig wurde und die auf privatem Eigentum beruhende Legitimation zur Unternehmensleitung grundsätzlich in Frage stellte. Diese Aktivität ist jedoch offensichtlich wieder abgeflaut. Die Einstellung zum Unternehmer hat sich gewandelt.

Es sei mir daher gestattet, das Thema aus einem kurzen historischen Rückblick in die unmittelbare Gegenwart zu führen und vor allem auch das eigentliche Objekt der Untersuchungen näher zu überdenken. Die Frage, die Sie mir gestellt haben, ist nämlich auch in dieser Hinsicht gar nicht so leicht zu beantworten. So finden wir in der Wochenzeitung *Die Zeit* vom 6. Oktober 1978 einen Beitrag von Eberhard Moths und Peter von Haselberg, der den bezeichnenden Titel trägt "Unternehmer – das unbekannte Wesen". Es sind Auszüge aus dem Kapitel eines Buches dieser beiden Autoren, und wir erfahren daraus, daß die Unternehmer demnach zu den wenigen Gruppen unserer Gesellschaft gehören, die sich mit Erfolg gegen empirische Untersuchungen und sozialwissenschaftliche Befunde wehren können. Dies ist natürlich ein erschwerender Umstand für die literarische Gestaltung; denn diese möchte vor allem den Menschen beschreiben, Handlungen entwerfen und Motivationen erhellen. Der Beruf bleibt dabei doch nebensächlich. Dazu kommt, daß es sich um eine Zielgruppe von rund zwei Millionen sehr unterschiedlicher Personen allein in der Bundesrepublik handelt. Zielt man jedoch von solcher statistischer Ferne auf sie ab, so schwinden sie völlig als Einzelpersonen. Wie aber sagt Goethe – "Am farbigen Abglanz haben wir das Leben."

Nicht einmal der Strukturalismus, eine Zeitlang sehr bedeutsam für die Literaturwissenschaft, ansonsten völlig ahistorisch eingestellt, würde im Unternehmer einen Archetypus sehen, im Sinne von Carl Gustav Jung und Northrop Frye, den Seth aus der frühesten Mythologie, den bösen Bruder des Mardug oder Tammuz, den man später Usiri, den Dulder, nannte. Ist der Unternehmer jener Archetypus des Besitzergreifenden, des Reichen, der den Armen unterdrückt? Ist er der Drache aus der frühesten Menschheitsgeschichte, der nun wieder auferstanden ist und den es zu vernichten gilt? Ist er überhaupt ein existentieller Typ, angesiedelt irgendwo zwischen Prometheus und Orest, einerseits ewiges Modell eines dem Menschen innewohnenden Dranges, das Risiko einzugehen und Besitz zu erwerben, andererseits ausgestoßen, angefeindet und verfolgt von den Erinnyen, von den Forderungen aus den Gesetzen des Staates und den Forderungen der Gewerkschaft, ein Wesen, das wie kein anderes im Leben die Höhen und Tiefen materiellen Erfolges zu verspüren vermag?

Ich würde vorschlagen, daß wir uns in diesem Falle doch mehr an die historische Betrachtungsweise halten, an den Versuch, Erscheinungen aus ihrem Kontext heraus zu erklären. Die Literaturwissenschaft operiert in diesem Zusammenhang zur Zeit sehr gern mit dem Begriff des Erwartungshorizontes, den sie übrigens aus der Soziologie – von Karl Mannheim – übernommen hat. Das Leserpublikum knüpft nämlich bestimmte Erwartungen an das, was ihm die Literatur bieten soll, und diese Erwartungen bilden seinen Erwartungshorizont. Der Schriftsteller entspricht diesem Erwartungshorizont, mit einem künstlerisch wertvollen Werk jedoch vermag er ihn zu erweitern. Dem auf diese Weise erweiterten Horizont entspringen dann neue Autoren. Die Literatur wäre demnach ein dialektischer Prozeß zwischen Leserpublikum und Schriftsteller, den man etwas ungenau als Rezeptionsästhetik zu bezeichnen pflegt. Innerhalb eines solchen Erwartungshorizontes jedoch besteht sicherlich auch ein Bild des Unternehmers. Der gute Schriftsteller wird aber als erster die Veränderungen in diesem Bild erfassen und auf diese Weise dem Publikum voraus sein, jedenfalls als erster eine eingetretene Veränderung zum Ausdruck bringen.

Es gibt aber zur Zeit weder für die strukturalistische noch für die rezeptionsästhetische Betrachtungsweise eine entsprechende Sekundärliteratur, die den Unternehmer zum Gegenstand hätte. Am ehesten könnten wir uns dem Problem über die englischen Arbeiten zur *Industrial Novel* nähern. Denn trotz aller öffentlicher Aufmerksamkeit für die neuere "Literatur der Arbeitswelt" bei den Deutschen ist eigentlich noch niemand auf den Einfall gekommen, über diese Literatur ausführlicher zu berichten. Das zehnjährige Bestehen des "Werkkreises Literatur der Arbeitswelt" war Anlaß nur zu einem schmalen Büchlein mit Dokumenten und kürzeren Analysen.[1] Die Absicht des Werkkreises bestand bekanntlich darin, Arbeitern und Angestellten zu ermöglichen, neben ihrem Beruf auch noch ihre Erfahrungen, ihre persönlichen und politischen Interessen zu artikulieren. In der Praxis ist der Werkkreis weit über die betriebsbezogenen Themenstellungen seiner Gründungsphase hinausgewachsen, und so kann der Leser solcher Literatur nun zwischen Liebesgeschichten und Geschichten aus der Kindheit, zwischen Büchern über Frauenprobleme und Kriminalerzählungen wählen. Der Unternehmer aber taucht in dieser Literatur nicht mehr und nicht weniger auf als in der übrigen Literatur. Die neugegründete Zeitschrift *Linkskurve* wirft übrigens dem Werkkreis auch vor,

---

[1] Peter Fischbach (Hg.): *Zehn Jahre Werkkreis Literatur der Arbeitswelt. Dokumente, Analysen, Hintergründe.* Frankfurt a. M. 1979.

er weiche den großen Themen der Zeit aus, seiner Literatur hafte, im Hängenbleiben an Tagesereignissen, etwas Kleinkariertes an.[2]

So bleibt die von zwei englischen Germanisten, Keith Bullivant und Hugh Ridley erarbeitete Schrift *Industrie und deutsche Literatur 1830-1914* (1976) nach wie vor die umfangreichste Information auch im Hinblick auf einzelne Unternehmergestalten. Der Leser wird sich im literaturgeschichtlichen Rückblick die einschlägigen Angaben verschaffen können. Auf einen interessanten Beitrag jedoch des Leiters der Fernsehredaktion des Bayerischen Rundfunks, Günther von Lojewski, "Das Bild des Unternehmers in der Öffentlichkeit – Beitrag der Massenmedien" (1979), soll besonders hingewiesen werden. Günther von Lojewski versucht sowohl das Bild des Unternehmers aus der Sicht "des Mannes auf der Straße" als auch aus den Definitionen von Redakteuren, Soziologen und Politologen zu erfassen. Dem *Manager-Magazin* entnimmt er die Darstellung des Unternehmers als eines Mannes, der sich die Hände nicht schmutzig macht, der seine Zeit abwechselnd auf einer Privat-Jagd in den Karpaten oder seiner Privatjacht in Saint-Tropez zubringt; der sein Büro nur zeitweilig betritt, und dann nur, um mit seiner Sekretärin zu flirten, die selbstverständlich die Schönheitskönigin des vergangenen Jahres ist. Angeführt wird auch eine Studie des Instituts der Wirtschaft aus dem Jahre 1977, die den Schluß zieht, die Unternehmer paßten im Fernsehen am häufigsten in die Klischees "geldgierig", "rücksichtslos", "inhuman", "machthungrig" und "bösartig". Zitiert werden ferner Helga Pross und Günter Rohrbach sowie der Kölner Soziologe Erwin Scheuch, der das Bild des Unternehmers in der Öffentlichkeit als das eines unermeßlich reichen Menschen erkennen läßt, der autonom gegenüber den Zwängen und Verpflichtungen der Gesellschaft ist, unendlich viel Macht über einzelne Personen besitzt, der anders lebt als die übrigen Menschen und den Reichtum egoistisch nutzt, der autonom ist gegenüber Bezügen, die für andere gelten, sich durch einen aufwendigen Lebensstil auszeichnet, als Mensch unerfreulich wirkt und sich auf einem kulturell beklagenswerten Niveau befindet. Der Erwartungshorizont ist demnach ganz klar bestimmt. Von von Lojewski stammt auch das Beispiel aus den Arbeitsunterlagen für den Sprach- und Literaturunterricht, erschienen im Crüwell-Concordia-Verlag:

> Der Boß ist hier der Herr im Haus
> trotz manchem Schönheitspflaster.
> Er stellt uns ein und schmeißt uns raus,
> gibt unsern Lohn und saugt uns aus,
> wir malochen, er macht Zaster.

---

[2] *Linkskurve*, Nr. 2, 1979.

Von Lojewski führt auch aus einer Sendung der Gruppe "Was tun" im Januar 1976 an:

Ja, die Bosse haben Dich rausgeschmissen
und ein Leben lang ganz schön beschissen.
Du bist arbeitslos
und hast deshalb kein Moos.
Deine Krankheit – Mensch, sei helle –
ist ganz klar eine konjunkturelle,
und als Folge von der Krise;
ja, da geht's Dir ziemlich miese.
Doch da helfen keine Pillen
und keine lange Kur.
Das ist doch keine Frage allein der Konjunktur.
Nur durch vereintes Handeln
kann man etwas wandeln.

Auf die Frage, wieso das Fernsehen gerade eine solche Auswahl trifft, hören wir die Erklärung, daß die Initiative von den Redakteuren ausginge und diese von einer Primärsympathie für die Arbeiter getragen wären, weil man die Arbeiter für die am meisten zu schützende Gruppe der Gesellschaft halte. Hier nun überschreitet gute Literatur den bestehenden Erwartungshorizont. Es gibt daher auch einen bestimmenden Grund für die allgemeine Zurückhaltung der Literaturbetrachtung gegenüber solchen Erzeugnissen, die den Unternehmer zum Thema wählen. Die Texte werden in ihrer Mehrheit der Unterhaltungsliteratur zugezählt. Sie hantieren hauptsächlich mit stereotypen Figuren und unterliegen der Herrschaft konventioneller Sprachbilder. Ja, es ist sogar so, daß ein literarischer Text, um den Marktanforderungen des Fernsehkonsums zu entsprechen, zur Trivialliteratur hin abgebogen wird. Die Bearbeitung einer literarischen Vorlage für das Fernsehen oder den Rundfunk ist ein Problem für sich, doch vollzieht sich eine solche Bearbeitung erwiesenermaßen immer auf Kosten der literarischen Werte.

Vor einigen Jahren, im Dezember 1975, wurde auf Anregung von Prof. Dr. Clemens-August Andreae in Innsbruck ein Symposium zum Thema des Unternehmerbildes in der Literatur abgehalten. Anwesend waren unter anderen Helmut Heissenbüttel, Heinrich Vormweg und Nikolas Born. Das Interesse richtete sich vor allem auf einige Werke, die schon der Namen ihrer Autoren wegen große Aufmerksamkeit hervorrufen mußten. Es waren dies die *Hundejahre* von Günter Grass und Peter Handkes *Die Unvernünftigen sterben aus*. Zweifellos sind es zwei charakteristische Werke, die auch einen sichtbaren Wandel des Unternehmerbildes in der Literatur zum Ausdruck brachten.

Günter Grass zeichnet in den *Hundejahren* bekanntlich das Bild von den Wirtschafts-Wunder-Unternehmern, denen jedoch ein eigenständiges, die Wirtschafts- und Gesellschaftsordnung gestaltendes und veränderndes Handeln abgesprochen wird. Die Unternehmer zappeln bei Grass, gleich Marionetten, an den Fäden übergeordneter, transzendentaler Kräfte. Ein anonymer Handlungszwang, der sich in den *Hundejahren* den Unternehmern durch die Sprache der Mehlwürmer mitteilt, steuert ihr Verhalten. Die ganze Leistungsgesellschaft wird relativiert, die Mehlwürmer übernehmen darin eine mediale Aufgabe. Die Unternehmerpersönlichkeit, nun eine Wurmpotenz, tritt zugunsten der Unternehmerfunktion, auf deren Erfüllung sie keinen entscheidenden Einfluß hat, in den Hintergrund. Der in der Auffassung sichtbar werdende Entpersönlichungsprozeß findet sein Spiegelbild in der Auswechselbarkeit des Unternehmers als Person. Die Persönlichkeit ist in der Unternehmerwelt, in der Wirtschaft ganz allgemein nicht mehr bedeutungsvoll. Deshalb, so wurde gefolgert, ist auch den Literaten das Interesse am Unternehmer abhanden gekommen.

Dieses Werk von Grass stand damals stellvertretend auch für andere Romane wie Martin Walsers Ironisierung des materialistischen Erfolgsstrebens in den *Ehen in Philippsburg* und dessen Darstellung von Wirtschaftswunder und Unternehmertum in der Bundesrepublik der 50er Jahre im Roman *Halbzeit*. Einer solchen Aussage könnten wir auch den später entstandenen Roman Egon H. Rakettes *Die Bürgerfabrik* (1971), Hermann Piwitts *Die Rothschilds* (1972) und August Kühns *Fritz Wachsmuths Wunderjahre* (1978) hinzufügen. In allen ist die Rede von der Blütezeit des deutschen Wirtschaftswunders in ihren – zum Teil – recht seltsamen Gewächsen.

Jedoch wie die *Hundejahre* von Grass scheinen auch *Die Unvernünftigen sterben aus* von Handke das Aussterben einer Art von Unternehmertum anzuzeigen, dessen rücksichtsloser Wille zum Profit auch den ruinösesten Wettbewerb nicht scheut. Anstelle des Wettbewerbes tritt dann aber die Absprache. Die Märkte werden aufgeteilt, die Konkurrenz in einem vernünftigen Sinne wird ausgeschaltet. Der Unternehmer Quitt (eine Anspielung auf den Unternehmer Quant) und seine Kollegen beraten über das Kartell der Produkte und Preise. Quitt, der sich als einziger nicht an das Kartell hält, rennt am Schluß so lange gegen die Felswand, bis er liegenbleibt. Quitt, obwohl für Handke offensichtlich nur ein Paradigma, um die Entfremdung darzustellen, scheitert somit an den Eigengesetzlichkeiten der sozialen Strukturen.

Der Unternehmer ist demnach zwangsläufig bestimmten Gesetzmäßigkeiten ausgesetzt und daher auch in der Literatur eine Gestalt, ein Typ, der sich wandelt. Erstmals tritt er uns literarisch 1792 in William Paleys Dialog *Equality as consistent with The British Constitution* in der Gestalt des Master-Manufacturer entgegen. Es ist zweifellos in diesem Verhältnis zwischen

Arbeitgeber und Arbeitnehmer noch vieles von der gedanklichen Welt des Feudalismus vorhanden. In wohlwollender Verantwortung gewährt auch der Master-Manufacturer seinen Gefolgsleuten den Lebensunterhalt, zwar nicht mehr in Form von Land, dafür aber in Form von Arbeit, und wie Kinder hält auch er sie väterlich-vertrauensvoll vom falschen Weg der Unvernunft ab.

Es ist völlig natürlich, daß in der industriellen Pionierzeit, die in den einzelnen Ländern zu verschiedenen Zeiten einsetzte, der Unternehmer in der Gesellschaft zu einer souveränen Persönlichkeit heranwuchs, und daß man ihn auch in der Literatur zum Protagonisten und seine Welt zum Hauptsujet literarischer Werke erhob. Die englische Literatur war es, die die ersten Dokumente eines solchen neuzeitlichen Unternehmertyps gab, hatte dieses Land doch als erstes die Industrierevolution erlebt. So finden wir auch die Mentalität jener frühen Cotton-Lords, die ihren Reichtum durch unmenschliche Ausnutzung der Sklaven rasch zu mehren wußten, dargestellt in den Werken von Elisabeth Gaskell, Harriet Martineau, Frances Trollope, Charles Kingsley und Charlotte Brontë. Im Jahre 1854 schuf Dickens dann in seinem Roman *Hard Times* das satirische Porträt des reichen Industriellen Bounderby. Es veranschaulichte die in der zweiten Hälfte des 19. Jahrhunderts sich anbahnende tiefe Verschärfung der sozialen Ungerechtigkeiten. "Die glänzende Schule der Romanciers in England", sagt Marx, "hat mit ihren bildhaften und wortreichen Beschreibungen mehr politische und gesellschaftliche Wahrheiten enthüllt, als alle Politiker, Publizisten und Moralisten gemeinsam." Jedoch das Unternehmertum hatte sich gefestigt, und in George Eliots *Middlemarch* (1872) meditiert die zweite Generation über die Entstehung des Familienreichtums. Rosamond Vincy und Fred Vincy müssen sich keinerlei Mühe mehr machen und sind zu keinem Einsatz mehr gezwungen. Ihr Leben verläuft in Lust und Genuß.

Schon früh im 19. Jahrhundert haben auch die deutschen Schriftsteller begonnen, sich mit dem heraufziehenden industriellen Zeitalter auseinanderzusetzen. Die dabei entstandenen Erzählungen und Romane sind allerdings seit langem nahezu vergessen. Die erste Beschreibung eines Industrieunternehmens in der deutschen Literatur befindet sich in Immermanns *Epigonen* aus dem Jahre 1836. Industrialisierung wird als etwas Künstliches aufgefaßt, sie entstelle die Landschaft, und anstelle des gesunden Bauern träte nun der kranke Arbeiter. Die Entwicklung der deutschen Romane solcher Art läßt sich an den Namen von Karl Gutzkow, Johannes Scherr, Ernst Adolf Willkomm, Adolf Tschabuschnig und Robert Eduard Prutz nachvollziehen. In diesen Romanen finden wir schon alles, was die Vorstellung von der Macht der Unternehmer vorwegnimmt. Die Jungdeutschen hatten eine kritische Einstellung. Willkomm gibt seinem Roman den Titel *Weiße Sklaven oder die Leiden des Volkes* (1845). Die Bezeichnung "weiße Sklaven" hatte ihren Ursprung unter den frühsozialistischen englischen Chartisten. Johannes Scherr schaltet in seinem Roman *Michel* (1858) mit der Gestalt der Gritli ein Motiv ein, das die Verhältnisse zwischen einem Fabrikbesitzer und seinen Arbeiterinnen, so wie sie der Autor darstellt, als typisch kennzeichnet. Tschabuschnig spricht in seinem Roman *Die Industriellen* (1854) von einem Fabrikbesitzer, der sich systematisch daran macht, die Landschaft zu vernichten, um seine Industrieobjekte aufzubauen.

Den poetischen Realismus aber könnte man ansonsten mit dem wirtschaftlichen Realismus und dem freien Unternehmertum gleichsetzen. In Gustav Freytags Roman *Soll und Haben* (1855) verurteilt der Prinzipal im Gespräch mit Anton jenen Freiherrn, der versucht hatte, sein Eigentum aus der "großen Flut der Kapitalien und Menschenkraft" dadurch zu isolieren, daß er es auf ewige Zeit seiner Familie verschrieb.

Sie als Kaufmann wissen, was von solchem Streben zu halten ist [...]. Aber dafür gibt es nur ein Mittel und dies Mittel heißt, sein Leben tüchtig machen zur Behauptung und Vermehrung des Erbes. Wo die Kraft aufhört in der Familie oder im Einzelnen, da soll auch das Vermögen aufhören, das Geld soll frei dahinrollen in andere Hände, und die Pflugschar soll übergehen in eine andere Hand, welche sie besser zu führen weiß. Und die Familie, welche im Genusse erschlafft, soll wieder heruntersinken auf den Grund des Volkslebens, um frisch aufsteigender Kraft Raum zu machen. Jeden, der auf Kosten der freien Bewegung anderer für sich und seine Nachkommen ein ewiges Privilegium sucht, betrachte ich als einen Gegner der gesunden Entwicklung unseres Staates.

Es sind bedeutsame Auseinandersetzungen, und der 1869 erschienene Roman *Hammer und Amboß* von Friedrich Spielhagen dürfte eines der aufschlußreichsten literarischen Beispiele für die Bemühungen des 19. Jahrhunderts sein, sich mit der alles umwälzenden industriellen Welt auseinanderzusetzen. Der mit einem finanziellen Risiko verbundene Einsatz wird als ein glorreiches, männliches Abenteuer, als eine Sphäre bürgerlicher Leistungsmöglichkeiten und bürgerlicher Leistungskraft betrachtet. Das in diesem Werk hervorgehobene Motto "Arbeit macht frei" soll die Möglichkeiten widerspiegeln, die Spielhagen für die Entfaltung des Bürgertums im Aufschwung der Wirtschaft sieht. Ein neuer Menschentypus wird die soziale Stellung der Aristokratie übernehmen. Es sind jene Männer, die durch Arbeit und technisches Können fähig sein werden, das Potential der Maschinen voll auszunutzen, die zukünftigen Industriekapitäne.

Spielhagen führt uns in die "Maschinen-Fabrik des Commerzienrathes Streber" ein. Das ist aber eine Ausnahme für den poetischen Realismus. Fontane zum Beispiel schildert den Kommerzienrat Treibel als "guten und auch ganz klugen Kerl", ohne uns einen Einblick in Treibels einträgliche Berlinerblau-Fabrik und seine Beziehungen zu den Arbeitern zu gewähren, und das bewußte Ausklammern dieses Themas ist charakteristisch für den literarischen Fundus jener Zeit.

Man könnte meinen, daß das echte Problembewußtsein in dieser Hinsicht erst in den frühen Werken des jungen Gerhart Hauptmann zum Vorschein kommt. Sein Fabrikant Dreißiger schildert sich selbst als Sündenbock:[3]

> Der Fabrikant muß ran, der Fabrikant ist der Sündenbock. Der Weber wird immer gestreichelt, aber der Fabrikant wird immer geprügelt: Das is'n Mensch ohne Herz, 'n Stein, 'n gefährlicher Kerl, den jeder Presshund in die Waden beißen darf. Der lebt herrlich und in Freuden und gibt den armen Webern Hungerlöhne. – Daß so'n Mann auch Sorgen hat und schlaflose Nächte, daß er so'n großes Risiko läuft, wovon der Arbeiter sich nichts träumen läßt, daß er manchmal vor lauter Addieren und Multiplizieren, Berechnen und Wiederberechnen nicht weiß, wo ihm der Kopf steht, daß er hunderterlei bedenken und überlegen muß und immerfort sozusagen auf Tod und Leben kämpft und konkurriert, daß kein Tag vergeht ohne Ärger und Verlust: darüber macht er sich keine Gedanken.

Mit Gerhart Hauptmanns Stück *Vor Sonnenuntergang* jedoch, dem Pendant zum Jugendwerk *Vor Sonnenaufgang*, scheint in der Gestalt des geheimen Kommerzienrates Matthias Clausen, eines "soignierten" Herren von siebzig Jahren, Ehrenbürger seiner Vaterstadt, des Gründers und Leiters eines großen Geschäftsbetriebes, der überdies noch den Ruf eines außergewöhnlichen Gelehrten besitzt, der Einklang von Geschäfts-, Bildungs- und Geisteswelt erreicht. Jedoch kein Hauch der unmittelbaren Arbeitswelt stört die Betrachtungen des Liebesbedürfnisses des Siebzigjährigen zu einem jungen Mädchen. Wie man dafür aber von der Arbeitswelt her ein solches Bedürfnis beurteilte, dem verleiht Erich Mühsams *Unternehmerhymne* beredten Ausdruck.

Zu bedenken wäre jedenfalls, daß Gerhart Hauptmanns *Weber* ein Rückblick auf den Sommer 1844 waren, ohne auch für die damalige Situation nachträglich eine Lösung anzubieten. Wer jedoch die wirkliche Lage der wirtschaftlichen Entwicklung, den Kampf um die Existenz der kleinen Unternehmer gegen die Konzentration des Kapitals und die Ausweitung des Machtbe-

---

[3] Wohl erstmals wird auf diese Funktion hingewiesen, die später wohl sehr bedeutsam geworden sein muß – ich nenne ein Buch von Clemens August Andreae und Burghard Freudenfeld: *Sündenbock Unternehmer? Das Risiko der Freiheit im Wandel der Gesellschaft*. Köln 1973.

reiches der Industrie zu Hauptmanns Zeiten erfahren möchte, müßte Max Kretzers *Meister Timpe* aus dem Jahre 1888 lesen. Der kleine Unternehmer führt den Kampf gegen den großen Unternehmer, und er muß diesen Kampf verlieren. Dieses Problem zeigt auch Zola am Schicksal seines Deneulin im Roman *Germinal* (1885).

Das Wort "Unternehmer" scheint in seiner Entstehungszeit nicht bei allen Völkern den gleichen Qualitätsinhalt zu besitzen. Wir haben den deutschen Bedeutungsgehalt dieses Wortes vor Augen. Im Englischen würde diesem vielleicht am ehesten der Ausdruck "self-made man" entsprechen, und überhaupt ist die anglo-amerikanische Gesellschaftsstruktur in viel breiterem Maße auf die freie Vereinbarung von Leistung und Lohn ausgerichtet, auch auf Gebieten, die in Preußen und in Deutschland immer nur durch Beamte gewahrt wurden. Damit waren auch ein ganz anderer Spielraum für das Unternehmertum und die Voraussetzungen für eine andere Vorstellung von deren Rechten und Pflichten in der Gesellschaft gegeben. Bei den Franzosen ist diese erste Zeit am ehesten an Balzacs *Le père Goriot* (1835), dem Unternehmer aus dem Reich des Kleinbürgertums, ablesbar. Goriot ist "geduldig, fleißig, energisch, ausdauernd, rasch entschlossen in seinen Unternehmungen", er hat

einen Adlerblick, war allen überlegen, sah alles voraus, wußte alles, verbarg alles, war Diplomat im Fassen, Soldat in der Ausübung seiner Pläne. Aber außerhalb seines Spezialgebietes und seines schlichten, dunklen Ladens, gegen dessen Tür gelehnt er seine Mußestunden zubrachte, war er wieder der dumme, plumpe Arbeiter, der Mann, der unfähig war, einem Gespräch zu folgen, der gegenüber allen geistigen Genüssen stumpf blieb, der im Theater schlief [...].

Das Im-Theater-Schlafen, dieses Kunstbanausentum, ist ein in der Literatur gern gebrauchtes Merkmal für den Unternehmer der frühen Phase. Dieser Beruf scheint keine Kultur zu kennen und auch keine Kunst zu lieben, geschweige denn Leute der Feder. Die Auffassung, daß Kunstverständnis und Mäzenatentum zur Imagebildung dieser Schicht gehören, entwickelte sich erst später. Interessant ist es übrigens, die ersten Gespräche über Kunst in dieser Art von Literatur zu verfolgen. In der deutschen Literatur, in Willkomms Roman *Eisen, Gold und Geist* (1843), werden einmal die Hauptfiguren zu einer solchen Diskussion zusammengeführt. Ausgangspunkt ist ein Gemälde, das einen amerikanischen Sklavenmarkt schildert. Erwähnen möchte ich aber noch, um das Bild abzurunden, daß sich der Unternehmerbegriff bei den Russen, von der Kaufmannsschicht her kommend, entwickelte und daß auch in

Italien der Sprung vom Landeigentümer zum Unternehmer sehr plötzlich und zeitlich sehr spät erfolgte.

Wenn wir aber die großen genealogischen Romane der Weltliteratur herausgreifen, die *Rougon-Macquart* von Zola, die *Forsyte Saga* von Galsworthy, die *Buddenbrooks* von Thomas Mann oder *Das Werk der Artamanows* von Maxim Gorki, in denen ja überall Unternehmer gezeichnet werden und damit das Unternehmerproblem insgesamt historisch aufgerollt wird, so finden wir darin eine interessante Übereinstimmung in der Entwicklung der Generationen. In der ersten Generation das ungestüme Vorwärtsschreiten, aber auch noch die Verbundenheit mit den Arbeitnehmern, in einer zweiten Generation die Entwicklung zum rücksichtslosen Ausbeuter, in der letzten Generation jedoch die Abkehr von einer solchen Welt. Die letzte Generation der Forsytes hat kein Interesse am Geldverdienen, und der letzte Abschnitt der Saga trägt den Titel "Zu vermieten"; das Haus der Forsytes wird vermietet. Zolas letzter Rougon-Macquart, Pascal, wünscht als Arzt unter Bauern zu leben. In den Buddenbrooks endet der Roman mit einem Tableau der Damen Buddenbrook; die Hagenströms, das Finanzkapital, haben das Haus gekauft; und bei Maxim Gorki zieht der letzte Sproß als Student nach Moskau auf die Universität, gerät dort in den Bann der Revolution und stürmt nun mit dem Proletariat die Fabrik des Großvaters und des Vaters, um diese dann den rechtmäßigen Besitzern, den Arbeitern, zu übergeben.

Soweit sich die Psychologie bisher mit der Frage des Unternehmers im 19. Jahrhundert auseinandergesetzt hat, heroisierte sie ihn im Stil der Heldensage. Ein Paradebeispiel dafür stammt aus Ernst Kretschmers bekanntem Werk *Körperbau und Charakter*, das 1967 seine 25. Auflage erlebte. Kretschmer wählt den bekannten Erfinder Werner von Siemens und beschreibt ihn als prachtvollen Charakterkopf mit scharfgebogener Nase, blitzenden Augen, breiten vollen Gesichtsformen. Eine Eroberernatur voll Geist, Lebensfreude und Lebensmut, unbekümmert, frisch, männlich und elastisch; ein Schöpfer, der bis zur Gefahr der Zersplitterung immer neue Pläne und Ideen in überstürzender Fülle hervorbrachte, ein moderner Großindustrieller von tollkühnem geschäftlichem Wagemut, der sich von Hause ohne Vermögen in fast schwindelerregendem Flug die Welt eroberte und Riesen-Unternehmen in Rußland und Übersee aus dem Boden stampfte. Eine kraftstrotzende, von Grund auf heitere Persönlichkeit, ein großer Optimist, wahrhaft, stolz, mutig und durch und durch unsentimental. Auch Joseph Schumpeter, den übrigens auch Handkes Hermann Quitt zitiert, hat in seiner *Theorie der wirtschaftlichen Entwicklung* (1912) die Unternehmerfigur so exeptionell konzipiert. Für ihn war der wahre Unternehmer ein Pionier, und alle übrigen, die es vielleicht auch sein wollten und sich sogar so nannten, waren nur Imitatoren, mit anderen Worten: Leute kleinen Formats, die mit dem Rest der Bevölkerung auf den nächsten Pionier hoffen. In Oswald Spenglers *Untergang des Abendlandes* (1918-1922) wächst daher letztlich der Unternehmer zum Faustischen heran.

Im Übergang zum 20. Jahrhundert jedoch entwickelt sich als Ausdruck der hochkapitalisierten Gesellschaft das Monopolstreben, das Kartell, das Management. Wir könnten nun viele Werke aus der Literatur anführen, die diese Situation widerspiegeln: Vor allem Sinclair Lewis mit *Babbitt* (1922) und Dos Passos mit seinem *Manhatten Transfer* (1925) geißeln in literarisch anerkannter Weise so manche Beispiele amerikanischen Unternehmergeistes, während Theodor Dreiser mit *The Financier* (1912) eher noch eine Parodie auf den amerikanischen Geschäftsmann geben wollte, letztlich aber doch das Stigma erkennen läßt, das auf diesem Typus lastet. Die Aufzählung solcher Romane könnte fortgesetzt werden, jedoch am kennzeichnendsten für diese Art der Darstellung der brutalsten Ausnützung ist zweifellos Bert Brechts Fleischerkönig Pierpont Mauler in der *Heiligen Johanna der Schlachthöfe*. Mauler bekämpft einerseits die streikenden Arbeiter, bedient sich aber ihrer, wenn es sich darum handelt, seine Monopolstellung auszubauen. Immerhin ist dieser Mauler aber in seiner Aktivität eine Persönlichkeit, die man hassen kann, die jedoch für die Literatur trotz ihrer Negativität erfaßbar ist.

Dies aber hat sich gewandelt. Man sagt, die CDU wäre die Partei der Arbeitgeber, somit müßte die Zeit ihrer Herrschaft auch die Zeit der Unternehmer gewesen sein. Jedoch die Adenauer-Zeit gehört der Vergangenheit an, seit dem 1. 12. 1966 ist die SPD an der Regierung beteiligt, seit dem 11. 10. 1969 trägt sie die Hauptverantwortung für die Bundesrepublik. Die SPD, so scheint es, mußte sich vorerst an die Unternehmer gewöhnen und die Unternehmer an die SPD. Vieles hat sich aber in den Jahren seitdem geändert, und auch die objektiven Voraussetzungen für unternehmerisches Engagement haben sich erheblich gewandelt. Die wirtschaftliche Szenerie ist durch Unwissenheit über ihr weiteres Wirtschaftswachstum, über die sozialen Konsequenzen des wissenschaftlich-technischen Fortschritts, die Unberechenbarkeit von Währungsschwankungen und die Notwendigkeit weiterer Zugeständnisse an die Entwicklungsländer geprägt. Die Gesamtsituation, vor allem die wirtschaftspolitische Perspektive, zwingt zum Attentismus. Die sozialdemokratische Regierung hat große Anstrengungen zur Intensivierung und Stützung des Unternehmertums unternommen.

Die Literatur jedoch setzt die Darstellung der Mehlwürmerfunktion der Unternehmer fort. Günter Grass hat übrigens die *Hundejahre* noch in der CDU/CSU-Zeit veröffentlicht. Der einzelne Unternehmer ist daher auch weiterhin nicht mehr als Held oder Nichtheld interessant, wichtig ist vielmehr seine Rolle innerhalb des Systems. Das Interesse an der Literatur gilt auch nicht mehr der Konfrontation zwischen Unternehmer und Arbeiter, sondern den Mechanismen der Arbeitswelt und ihren negativen Auswirkungen auf die

Bewußtseinsbildung aller am Arbeitsprozeß Beteiligten sowie deren Identitätsproblemen, die aus den jeweiligen Faktoren entstehen. Im Mittelpunkt steht daher nicht mehr das Spannungsverhältnis zwischen Arbeitnehmer und Arbeitgeber, sondern das System, in dem wir leben und das sich als solches verselbständigt. Hatte früher der Unternehmer meist sowohl Unternehmerfunktion als auch Managerfunktion und die Funktion des Kapitalisten in seiner Person vereinigt, wodurch er im Brennpunkt des sozialen Konfliktes stand, so zeichnet sich in der weiteren wirtschaftlichen Entwicklung eine Trennung der Funktionen ab. Unternehmertum und Managertum sind nun stärker als vorher als beeinflußte Faktoren und ihre Veränderungen klarer als Verdeutlichungen der Entwicklung zu verstehen.

Wie sehr sich die literarische Darstellung auf diese Funktionen in einem schwer überschaubaren Mechanismus beschränken kann, dazu ein Beispiel: Als noch im Jahre 1965 Bundeskanzler Erhard bei einem Wirtschaftssymposium der CDU/CSU die bekannten Worte über Banausen, Nichtskönner und Pinscher aussprach, nahm der Schriftsteller Christian Friedrich Delius dies zum Anlaß, aus den Protokollen des Symposiums eine Persiflage zu gestalten. Diese Montage-Satire erschien unter dem Titel *Wir Unternehmer. Die Arbeitgeber, Pinscher und das Volksganze.* Die Aussagen einzelner Teilnehmer werden in ihrem Inhalt nicht geändert, jedoch so aufgeteilt, daß sie wie freie Verse wirken. Zwischendurch werden im Schrägstrich die Bemerkungen des Autors eingeschoben. In einem Verzeichnis jedoch werden die Teilnehmer mit allen ihren Funktionen angeführt. Die literarische Gestaltung des Stoffes sieht dann ungefähr so aus, daß Ernst Schneider, Vorsitzender des Vorstandes der Kohlensäure-Industrie AG etc., Düsseldorf, erklärt:

Ich meine, wir müssen zunächst der Öffentlichkeit
eines klarmachen:
Den
Unternehmer
gibt es nicht.
Die Unternehmerschaft als Ganzes bildet
keineswegs eine geschlossene soziale Gruppe.
Sie bildet keine soziale Klasse.
Unternehmer ist gewiß der oberste Chef eines
großen Unternehmens und ebenso der Inhaber
eines kleinen oder mittleren Industriebetriebes.
Aber Unternehmer ist ebenso ein Einzelhandelskaufmann,
der selbst hinter der Theke steht, und bei dem
das Risiko abends je nach dem Kassensturz an die Tür klopft.

Die Gesellschaft, in der wir leben,
ist von den Unternehmern geprägt worden.

Herr Albert Pickert, Konsul etc., Düsseldorf, äußert sich dazu folgendermaßen:

Herr Vorsitzender, meine sehr verehrten Damen und Herren!
Die negative Einstellung einer um die Macht
kämpfenden intellektuellen Schicht
– nicht nur bei uns hier in Deutschland –
beruht auf einer sich verführerisch gebenden Gesinnungsethik.
Doch ist diese Gesinnung,
die zum Teil in der Tradition des Humanismus
zum Teil des Materialismus bzw. Marxismus wurzelt,
in keiner Weise durch die Verpflichtung zur Verantwortung
gebändigt oder gelenkt.
Der Intellektuelle kommt vom Rationalen her,
die Sphäre der Wirtschaft ist
im hohen Maße
irrational.

Frau Professor Elisabeth Nölle-Naumann, Leiterin des Instituts für Demoskopie Allensbach, Dozentin für Publizistik der Freien Universität Berlin, etc., etc., vermerkt vom Standpunkt der Wissenschaft:

In den letzten 15 Jahren
ist nichts in Deutschland geschehen,
um das marxistische Bild des Unternehmers
als Ausbeuter nennenswert abzutragen.
Das negative Unternehmerbild wird Sie, glaube ich, überraschen.
An der Spitze steht nervös.
(Zurufe: Bitte?)
– Nervös!
(Unruhe)
Also nicht, wie Sie vielleicht denken können, egoistisch, brutal, rücksichtslos, sondern eine Eigenschaft, die Sie gleich aus anderen Eigenschaften heraus besser verstehen werden.
Auf dem zweiten Platz steht –
vielleicht für Sie mindestens ebenso verblüffend: –
"Sie haben in der Politik überall ihre Hand drin."
Wer näher hinschaut und weiß, wie schwer es

einem Unternehmer fällt, ein Bundestagsmandat zu erhalten,
der wird sich sicher über die Vorstellung
der Bevölkerung etwas wundern.
Auf dem dritten Platz heißt es: "Die meisten sind Millionäre!"
(Lachen)

Frau Dr. Lily Joens, Geschäftsführerin und Gesellschafterin von W. H. Joens
& Co., GmbH, Düsseldorf, erste Vorsitzende der Vereinigung von Unterneh-
merinnen etc., fügt dem hinzu:

In keiner anderen Industrienation der freien Welt
wird die Auseinandersetzung über die Unternehmerwirtschaft
und mit den Unternehmern
in so gehässiger Weise geführt wie gerade bei uns.
(Zuruf: Sehr richtig!)

Und nun bemerkt erneut Herr Meier:

Was ist ein Unternehmer und was tut ein Unternehmer?
Ich darf ein Bild gebrauchen.
Ich komme aus der Chemie.
Ich vergleiche einen Unternehmer mit einem Katalysator.

Nun aber meldet sich der Autor zu Wort, mit einem Zitat aus dem Großen
Brockhaus, Band 16:

Die Katalysatoren... werden durch die Reaktion selbst nicht verbraucht
oder erleiden doch keine dauernde Veränderung, wirken also scheinbar
durch ihre bloße Gegenwart... Der Katalysator kann schon in kleinen
Mengen außerordentlich viel größere Quantitäten der reagierenden
Stoffe beeinflussen.

Das Symposium klingt letztlich aus mit den Worten von Herrn Johann Philipp
Freiherr von Bethmann, Bankhaus Gebrüder Bethmann, Frankfurt, Vorsitzender der Arbeitsgemeinschaft selbständiger Unternehmer etc.:

Die Unternehmer selbst sind die schlechtesten Verfechter
ihrer Sache. Sie sind krasse Individualisten,
häufig politisch instinktlos, von Natur unsolidarisch.
Trotzdem müssen sie etwas für ihr Ansehen tun.
Die Unternehmer sollten sich das Wort
von Goethe zu Herzen nehmen, das dieser den Meister

im Gedicht "Rechenschaft" sprechen läßt:
"Nur die Lumpe sind bescheiden,
Brave freuen sich der Tat."

Das ruft nun beim Autor folgende Bemerkung hervor:

So erfreulich es ist, Goethe wenigstens in Zitaten lebendig zu sehen, so
schlecht sind diese allerdings zur Aufmunterung geeignet, wenn man
das ganze Gedicht liest und diese Stelle findet: "Wenig hab ich nur zu
sagen: / Denn ich habe nichts getan. / Ohne Sorgen, ohne Plagen / nahm
ich mich der Wirtschaft an [...]."

Dieser Wirtschaftstag der CDU/CSU fand im Jahre 1965 statt, Delius veröffentlichte sein Büchlein ein Jahr später, 1966. Inzwischen hat die Entwicklung
ihren weiteren Verlauf genommen. Die individuelle Unternehmerleistung ist
noch mehr in die kollektive Intelligenz eingeschmolzen, in den unternehmerischen Apparat. In einer so hoch entwickelten Gesellschaft wie in der Bundesrepublik, auch wenn sie sozialdemokratisch regiert wird, scheint der Arbeitnehmer vom Manager oder gar vom Unternehmer immer mehr durch einen
sehr komplizierten Mechanismus getrennt. Jeder ist eine Schraube im Räder-
werk des Betriebes. Die Unternehmerpersönlichkeit jedenfalls ist einer schwer
zugänglichen Unternehmerfunktion gewichen; sie wird von einer Zentrale aus
bestimmt, in der die einzelne Führungsgestalt immer mehr in der Anonymität
verblaßt. Was weiß auch der durchschnittliche Mensch, der durch das Ge-
schäftszentrum einer Großstadt geht, welche Company wem gehört? In dem
Büchlein, das Günter Wallraff und Bernd Kuhlmann 1975 veröffentlichten
(*Wie hätten wir's denn gerne? Unternehmerstrategen proben den Aufstand*),
sind die Autoren Zeugen von Managerschulungen im Kölner "Haus der Deutschen Industrie". Die Kritik hat dieser Schrift vorgeworfen, daß das, was an
Verteufelungen, Voreiligkeiten und Vereinfachungen zum Vorschein kommt,
so zäh geschrieben ist wie die Seminararbeit eines Erstsemestrigen. Den Re-
zensenten interessiert namentlich, wie denn die beiden Autoren überhaupt in
diese Managerschulungen hineingekommen sind – uns dagegen die Tatsache,
daß es eben Manager sind und schon nicht mehr Unternehmer. Der Manager
ist auch im gegenwärtigen sowjetischen Roman anwesend. Jurij Trifonov, der
wohl interessanteste sowjetische Autor der Gegenwart, schildert mit Vorliebe
Helden, die sich den Ansprüchen der bürokratischen Leistungsgesellschaft
entziehen. Ihr Gegenpol ist der geschäftstüchtige, linientreue Manager.
    Wie reagiert nun die Literatur auf alle diese Veränderungen? Günter
Grass, oftmals als das *enfant terrible* der deutschen Wohlstandsgesellschaft
bezeichnet, hat nach seinem *Butt*, einem Schelmenroman, *Das Treffen in*

Telgte veröffentlicht. Friedfertiger wurde nie geschrieben, meint der Rezensent dieses Buches in der *Süddeutschen Zeitung*: Was interessiere denn überhaupt die deutsche Literatur der Gegenwart? Es sei viel Autobiographisches und viel Selbsttherapeutisches, das produziert würde auf dem Wege zur Ich-Suche und zur Selbstbefreiung. Peter Handke versucht nun in seiner *Langsamen Heimkehr*, zu alten Werten zurückzukehren. Max Frisch ergeht sich in *Der Mensch erscheint im Holozän* in den Erinnerungen eines Siebzigjährigen. Das Holozän als längst vergangene Epoche drückt schon allein Entfernungen aus, und die Kritik rückt Frischs Romane und Tagebücher als Privatgeschichten in die Nähe von Paul Heyse und Paul Lindau. Gert Jonke, mit seinem Roman *Der ferne Klang*, dem großen Erfolg der diesjährigen Frankfurter Buchmesse, wirkt völlig verloren in eulenspiegelnden Luftschloßlabyrinthen der Sprache. Hermann Burger spielt in *Zentgraf im Gebirg oder das Erdbeben zu Soglio* ähnlich wie H. C. Artmann auf allen Tasten der manieristischen Klaviatur.

Der Nostalgie-Trip scheint en vogue. Ein beliebtes Thema ist die Rückkehr in die Jugend und früheste Kindheit: in Tilman Mosers *Dramatik der Gefühle* zum Beispiel oder in Helga Novaks *Eisheiligen*. Siegfried Lenz und Horst Bienek wiederum pflegen den Heimatroman. Gert Hofmann, der Preisträger des Bachmann-Wettbewerbes, entwickelt im *Denunzianten* eine neue Form der Perspektive. Hubert Fichte gibt letzte Selbstentblößung wieder, und den Alfred-Döblin-Preis hat Gerhard Späth für einen Schelmenroman erhalten.

Auch die ausländische Literatur kreist interessanterweise um solche Themen. Doris Lessing, die im deutschen Sprachraum wohl bekannteste anglo-afrikanische Erfolgsautorin, flüchtet in ihrem neuesten Werk in die Sphäre der *science fiction*. Die amerikanischen Buchrezensenten und Redakteure haben ihren Preis Thomas Flanagan für einen historischen Roman verliehen. Alejo Carpentier, der kubanische Romancier, wiederum hat neulich in einem Interview erklärt, die heutigen französischen Romane seien immer noch psychologische Romane in der Nachfolge Prousts, Wiederholungen, Nachahmungen, die ihr Vorbild nicht erreichten. Diese Behauptung trifft auch zu, wenn es sich um die Erwähnung von Unternehmern handelt. Jean-Marc Robert zum Beispiel beschreibt in seinem Roman *Affaires étrangères* einen aufstrebenden jungen Mann, der von seinem Chef so sehr entpersönlicht wird, daß ihm seine eigenen Angelegenheiten fremd werden.

Die moderne Literatur scheint insgesamt reduziert auf einen kleinen Lebenskreis: auf eine Person, mehr oder weniger isoliert, oder eine Kleingruppe, auf die Beziehung zwischen Mann und Frau, die Beziehung zu Mutter und Vater. Gelegentlich offenbart sie den Hang zur Selbstliebe und zum Selbstmitleid und einen Mangel an Humor. Sicherlich spielt dabei die soziale Erfahrung der jüngeren Autoren eine Rolle. Diese ist meist eingeschränkt auf die

Eltern, auf Freund oder Freundin, auf das Studium. Die moderne Literatur, meint Fritz Raddatz, ist eine Bestandsaufnahme der Beziehungslosigkeit.

Es ist viel Experiment in allen diesen Werken, aber wenig die Rede vom Unternehmer. Oder dieser Unternehmer ist irgendwie anonym. Die Arbeitgeberin des Helden von Nikolas Born im Roman *Die Fälschung* zum Beispiel ist eine Illustrierte. Es ist ein Aussteigerroman; denn der Held möchte aussteigen aus diesem System, das ihm durch die Arbeit für die Zeitung aufgedrängt wurde. Born jedoch bedient sich der Beschreibung eines absurden Mordes im Stile Camus, um den Versuch eines solchen Aussteigens zu demonstrieren.

Stellt man die Frage, wo in den letzten Neuerscheinungen der Literatur der Unternehmer doch noch unmittelbar anwesend ist, so sehe ich ihn so richtig nur noch in wenigen Werken. In Bölls Roman *Fürsorgliche Belagerung* ist die Rede vom Besitzer eines mittleren regionalen Zeitungsunternehmens und Unternehmerverbandspräsidenten Fritz Tolm. Bewerloh, der Planer eines Anschlages auf Tolm, sprengt sich selbst in die Luft. Seine Komplizin Veronica, Schwiegertochter Tolms, stellt sich der Polizei. Tolm nimmt an der Beerdigung Bewerlohs teil. Er ist also Kapitalist und Mensch. Zwei weitere Romane wären der *Flächenbrand* von Max von der Grün und Martin Walsers *Seelenarbeit*. Max von der Grün, der seit seinen ersten Veröffentlichungen dem gesellschaftskritischen Engagement verpflichtet ist und in seinem Roman *Stellenweise Glatteis* schon einen ähnlichen Fall individueller proletarischer Aktion gegen die Willkür eines Unternehmers beschrieben hat, erzählt in diesem Roman vom Maurer Lothar Steingruber, der, nun arbeitslos, sich vor Jahren jedoch noch ein schuldenfreies Haus bauen konnte, inzwischen aber zusammen mit seinem Freund Frank das Opfer eines betrügerischen Konkurses geworden ist; und sehr dramatisch beginnt die Schilderung mit zwei Schüssen, die von den beiden aus einer gefundenen Pistole auf ihren ehemaligen Arbeitgeber abgegeben werden. Rache für dessen freches Playboyleben nach der Pleite seiner Baufirma ist das Motiv des Anschlages, der allerdings, wie sich schnell herausstellt, kein wirklicher war, sondern nur eine Abreaktion der eigenen Wut – die Schüsse waren in die Luft gerichtet.

Der Arbeitgeber und Unternehmer in diesem Roman, Bäuerlein, der immer wieder oben ist, wird nun folgendermaßen beschrieben:

Dieser ewig freundliche Bäuerlein, der den Mund nur aufmachte, um anzutreiben: Los Leute, Bewegung, time is money, Leute, jeder kann bei mir Polier werden, ohne Thermosflasche und Prüfung, ich bezahle euch nicht fürs Rumstehen, Bewegung, das Denken überlaßt mir, keine Widerrede!

Er kam nie mit seinem Mercedes zur Baustelle, stets mit einem vergammelten VW, der wohl schon seine zwanzig Jahre auf dem Buckel hatte, und er war immer mit einer verdreckten Jeanshose bekleidet und gelben Gummistiefeln, auf dem Kopf trug er, ob Kälte oder Hitze, eine mit bunten Blumen bestickte Jeansmütze.

> Das war Bäuerlein, mein früherer Brötchengeber, es gab genug in un-
> serer Belegschaft, die ihn verehrten und um seine Gunst buhlten, nur
> weil sie ihn als duften Kumpel ansahen wegen seiner dreckigen Klei-
> dung und seines vergammelten VWs und seiner flotten Sprüche: Na
> Kumpel, geht's heute noch auf die Mama. Immer flott weg, wer rastet
> der rostet! He, Lothar, willst noch ein Bier?

Bäuerlein, der kumpelhafte, hat jedoch von Anfang an einen betrügerischen Konkurs geplant und seinen Profit in die Schweiz abgeschoben. Das ist wohl kaum typisch für den deutschen Unternehmer, eine Extrapolation der Realitäten, um das mit vielen stilistischen Mängeln behaftete Werk literarisch interessanter zu machen. Es handelt sich um einen halben Krimi, und der betrügerische Unternehmer wird wohl wegen der Gattung eingeführt.

Dem Versuch, die Beziehung zwischen Arbeitnehmer und Arbeitgeber zu beschreiben, dürfte wohl Martin Walsers Roman *Seelenarbeit* näher sein, wobei nirgends gesagt wird, ob Dr. Gleitze Unternehmer oder Top-Manager ist. Sein Fahrer Xaver Zürn dient als Held dieses Romans: Er führt auf seinen langen Fahrten innere Monologe, während der Chef hinten sitzt. Diese inneren Monologe sind Ausdruck eines legitimen Bedürfnisses nach Austausch und Verständigung, das durch die freundliche Herablassung Dr. Gleitzes zunichte gemacht wird und das Gefälle zwischen Herrn und Knecht betont. Meistens mußte Xaver den Chef aus seinem kleinen Gartenhäuschen, dem Studio, holen. Und immer arbeitete er schon. Nur wenn er ihn vor sechs abholte, mußte er ihn am Haus abholen. Das Gartentor zu öffnen und direkt vor der Haustür vorzufahren, hatte er, wenn Frau Dr. Gleitze mitfuhr oder wenn nur sie abzuholen war. Sie hatte ihm erklärt warum:

> Nicht daß er meine, sie sei zu faul, vom Haus bis zur Straße zu gehen!
> Sie steige nur nicht gern vor den Augen anderer Leute in ein Auto.
> Vielleicht, weil sie so groß sei. Lange habe sie das Gefühl gehabt,
> wenn sie in ein Auto steige, sehe ihr jeder Passant unter den Rock. Sie
> war fast einen Kopf größer als ihr Mann. Xaver hatte ihr die Erklärung
> nicht geglaubt. Aber es hatte ihn gefreut, daß sie sie ihm gegeben hatte.

Bei jeder Fahrt ermunterte sie Xaver, die Fahrt doch bitte zu nützen für sich, für seine Frau und die Kinder. Sie machte detaillierte Vorschläge, was er Agnes und den Mädchen von Salzburg oder Basel oder Straßburg mitbringen könne.

Dr. Gleitze wiederum hatte während der Fahrt meistens die Kopfhörer auf oder las oder schlief. Er hörte Mozart, und gegenüber Xaver erklärte er, er habe sich vorgenommen, alle Aufführungen von Mozart-Opern, die in der zweiten Jahrhunderthälfte in einem der nennenswerten Opernhäuser Europas stattfanden, zu besuchen, da er über die wichtigsten Aufführungen ein Buch schreiben wolle. Jedenfalls hatte er vor, das Jahrhundertende noch zu erleben. Wenn Xaver seinen Herrn in einem Restaurant abzuholen hatte, so wurde er aufgefordert, diesem gegenüber Platz zu nehmen und sich etwas zu bestellen. Gern hätte Xaver sich von seinem Chef etwas von diesen Feinschmeckereien empfehlen lassen, aber er hörte sich leider sagen, er habe schon gegessen. Sich zu beherrschen, das lernt man als erstes in diesem Beruf. Wenn Dr. Gleitze mit seinen Direktoren oder anderen Gästen fuhr und die Herrschaften einander Witze erzählten, lachte er nicht mit. Wenn sie Probleme wälzten, schaute er nicht auch sorgenvoll drein. Er achtete aber auch darauf, nicht zufällig selber etwas zu denken, was ihn zum Grinsen hätte bringen können. Am Ende aber wird Xaver in die Werkstatt rückversetzt, seines Alters wegen, so erklärt ihm die Sekretärin, doch jetzt – fügte sie vielsagend hinzu – dürfe er auch trinken. Dr. Gleitze habe sich eben entschließen müssen, Xaver zuliebe auf Xaver zu verzichten.

Eine Situation, menschlich wohl tragisch, aber nicht im geringsten welterschütternd. Übrigens: Der Wechsel Xavers vom Arbeitnehmer zum Kleinunternehmer als Taxifahrer hätte kein Problem sein können. In einer breiten Zone zwischen Arbeitgebern und Arbeitnehmern bietet sich die Möglichkeit des raschen Überganges. Man kann Kleinunternehmer sein, muß aber ein Risiko tragen, und man kann sich ohne dieses Risiko für einen gesicherten Arbeitsplatz entscheiden, muß dann aber auch solche Unannehmlichkeiten wie die Möglichkeit der Versetzung an eine andere Arbeitsstelle im Betrieb in Kauf nehmen.

Vielleicht ist insgesamt der Unternehmer physisch in den Werken der österreichischen Literatur mehr anwesend: bei Franz Innerhofer, bei Gernot Wolfgruber, Michael Scharang und so manchen anderen. Das entspricht wohl auch der Struktur der österreichischen Wirtschaft, ihren Klein- und Familienbetrieben. Innerhofer hat mit seinem Roman *Schöne Tage* das Startzeichen für ein spezifisches Gebiet sozialer Literatur gegeben und diese Thematik dann fortgesetzt mit seinen Werken *Schattenseite* und *Die großen Wörter*. Dargestellt wird die Entwicklung des Franz Holl, aber nicht – wie einst im Bildungsroman – im ästhetischen und ethischen Bereich, sondern in der Welt der

Produktion. Aber Franz Holl hat auch Verständnis für seinen Lehrherrn: "Gegen meine Überzeugung muß ich mich jeden dritten, vierten Sonntag in die Kirche setzen, ich muß mich sehen lassen, weil ich Aufträge brauche." Gernot Wolfgruber setzte seinen Roman *Auf freien Fuß* in den *Herrenjahren* und zuletzt im *Niemandsland* fort. Bruno Melzer erfährt seine Abhängigkeit tagtäglich vorerst in einem Kleinbetrieb, dann in einer Fabrik, am Fließband. Michael Scharang wurde bekannt mit seinem Roman *Sohn eines Landarbeiters*, der vom Inhaber der ortsansässigen Baufirma jahrelang unter Tarif bezahlt wird. Die Beziehung Unternehmer/Arbeitnehmer ist noch offensichtlich. Aber in seinem neuesten Werk *Der Lebemann* sind die Protagonisten gleichfalls nur Schrauben in einem System der unpersönlichen Arbeitgeber, das für Klaus die Bank und für Monika das große Warenhaus ist. In *Legende vom Glück* des Ostdeutschen Ulrich Plenzdorf ist der Arbeitgeber – für Paula – in ähnlicher Weise ein Supermarkt, und zwar in Ostberlin. Noch etwas jedoch scheint charakteristisch für die österreichischen Autoren: Nicht nur die erwähnten, sondern noch so manche andere haben das Phänomen der Arbeitswelt und des Arbeitnehmers im Verhältnis zum Arbeitgeber am eigenen Beispiel erlebt und reflektieren es auch aus dieser Position. Bei den Engländern könnten wir als entgegengesetztes Beispiel Henry Green erwähnen, einen erfolgreichen Industriellen, der in seinen Mußestunden Romane verfaßte. Der früheste unter ihnen, *Living*, spielt unter Fabrikarbeitern. Bei den Deutschen war Max von der Grün eine Zeitlang sogar Bergarbeiter, bis er freier Schriftsteller wurde. Martin Walser jedoch muß sich in die Mentalität eines Cheffahrers hineindenken, und so hat letztlich Xaver Zürn wenig Ähnlichkeit mit einem Chauffeur, dafür aber mit seinem Erfinder.

Insgesamt aber hat sich das Unternehmertum offensichtlich aufgelöst in der Struktur seiner Unternehmungen. Am deutlichsten hat das Joseph Heller in seinem Stück *Catch 22* dargelegt. Diese Auflösung zeigt auch der Roman von Matthias Mander *Der Kasuar*. Rausak, der an den Schalthebeln der uns letztlich alle beherrschenden Großmacht Industrie steht, wird in der Absurdität seiner Existenz thematisiert, persönlich sagt er uns nichts. Vergeblich würden wir auch den klassischen Typ des Unternehmers im lateinamerikanischen Roman suchen, wo man ihn am ehesten vermuten könnte, wenn Manuel Puig beschreibt, wie die Menschen in der Provinz Argentiniens als Verkäuferinnen, Lehrerinnen, Polizisten und Hausmädchen ihr Geld verdienen. Aber auch hier handelt es sich mehr um die Dialektik von Selbstentfremdung und Selbstbewahrung. Das gleiche gilt auch für Carlos Fuentes, Julio Cortázar, Mariano Azuela, Jorge Luis Borges und Mario Vargas Llosa.

Damit soll nicht bestritten werden, daß es einmal Unternehmer gegeben hat, die Sklavenhalter waren; aber man kann und soll nicht über die Entwicklung hinwegsehen, und das vermag vor allem nicht die Literatur, die meistens unbewußt als erste auch gesellschaftliche Veränderungen registriert. Heute ist der Unternehmer vollauf hoffähig. Die Gefahr der Rezession ließ auch den Arbeitnehmer um den Lebenswillen der unternehmerischen Tätigkeiten bangen. Vom Erfolg jener Gruppe der Bevölkerung, die selbständig und mit eigenem Risiko einen wirtschaftlichen Betrieb leitet, hängt auch die Sicherheit des Arbeitsplatzes ab. Als die Rezession begann und Arbeitsplätze verlorengingen, änderte sich auch für die Literatur das ererbte Feindbild. Ins Visier gerieten für einen Augenblick die Exekutoren der Eigentümer, die Manager. Sie standen an der Rationalisierungsfront, ordneten Kurzarbeit und Entlassungen an. Wolfgruber macht im Roman *Niemandsland* Niggisch verantwortlich dafür, daß die Arbeiter plötzlich bei der ärgsten Schinderei höchstens noch auf die Hälfte der früheren Akkordprämie gekommen waren. Heute spürt auch die Literatur, daß die Wirtschaft ein Organismus ist, der, soll er funktionieren, gesund sein muß. Die Literatur wäre unglaubwürdig, wollte sie mit Klischees vom blutrünstigen, ausbeuterischen Unternehmer oder Manager operieren, wie er mir aus meiner Kindheit von den Wahlplakaten der 20er Jahre in Erinnerung geblieben ist. Unter den Leitern der großen Mittelbetriebe finden sich heute kaum noch solche, die aus dem Handwerk oder der kaufmännischen Praxis hervorgegangen sind. Die meisten sind wissenschaftlich ausgebildet, sie erkennen auch die soziale Aufgabe im modernen Unternehmen, die sich nicht auf den inneren Betrieb beschränken kann.

Im Gegenteil, wir könnten sogar behaupten, daß in einer solchen Entwicklung nicht einmal der Literaturbetrieb sich bestimmten Mechanismen entziehen kann. Es ist interessant festzustellen, daß der Schriftsteller, einst der Seher und Künder, der Dichterfürst, der Einsame im Elfenbeinturm und dann, nach dem Kataklysmus des Zweiten Weltkrieges, das Gewissen der Menschheit, nun auch zum Unternehmer wird. Gewisse Erscheinungen überraschen uns dabei durch ihre starke Dosis von Unternehmertum und lassen uns beim Gedanken vor allem an die Frankfurter Buchmesse die Frage stellen: Sichert sich nicht auch der Schriftsteller eine Art Marktanteil, spricht er sich nicht auch ab mit seinem Verleger und mit den anderen Schriftstellern?

Jedenfalls – das Bild hat sich völlig geändert. Vor Jahren noch nahmen meine Studenten bei der Erwähnung des Unternehmers erbittert Stellung. Er wurde ausschließlich mit dem Stigma des Bösen behaftet. Vor kurzem, als ich in Vorbereitung dieser Ausführungen erneut die Frage stellte, wie man sich zum Unternehmer verhält, mit Sympathie oder ohne Sympathie, lautete die Antwort: weder – noch. Der Unternehmer scheint offensichtlich keine Gestalt mehr zu sein, die die Literatur über ihre Persönlichkeit hinaus interessiert und den Leser besonders erregt. Auch Max von der Grüns Roman endet mit einem Happyend. Und das ist gut so; denn es ist ein Zeichen, daß sich der demokratische Spielraum erweitert und sich die soziale Annäherung unaufhaltsam vollzieht, daß auch die Literatur vom Klischee abrückt und damit zum farbigen Abglanz des Lebens, zur wahren literarischen Gestaltung, zurückkehrt.

Diskussion zum Referat – Das Unternehmerbild in der modernen Literatur

Der Vortrag von Professor Dr. Zoran Konstantinović wurde von den Seminaristen als umfassende Abhandlung aufgenommen und als lückenlose Interpretation gewürdigt. So konnte man sich auf eine relativ kurze Aussprache beschränken. Sie gab Antwort auf einige Detailfragen und machte die Position des Unternehmers im ökonomischen Gefüge der Gegenwart deutlich.

Prof. Dr. Andreae hob den "eindeutig marxistischen Ansatz" der im Referat ausgebreiteten Analyse hervor. Sie sei von Literatur als Widerspiegelung wirtschaftlicher Prozesse ausgegangen und habe sie mit diesem Verständnis kritisch befragt.

Bemerkenswert sei das nachgewiesene, sehr frühe Auftauchen des "Sündenbock-Phänomens" mit der Vorstellung der Gesellschaft, sie könne eine Schuld an bestimmten Entwicklungen auf eine spezielle Gruppe – eben die Unternehmer – übertragen, um sich so zu entsühnen. In der Umkehrung habe dieses Abwälzen zu dem Selbstmitleid der Wirtschaftsführer verleitet, man werde ständig geprügelt.

Im gleichen Maße wie hier nun ein Wandel eintrete, wachse die Sündenbockrolle offenbar den Politikern zu. Über sie werde heute in der Arbeiterschaft am schlechtesten gedacht und am schärfsten geurteilt.

Der Unternehmer müsse es sich indes gefallen lassen, daß die Literatur nicht mehr seiner Person, sondern nur mehr seiner Funktion nachspüre. Zu diesem Trend trügen auch die ökonomischen Wissenschaften bei. Sie beschrieben die Marktwirtschaft gern als einen Mechanismus, und in dem habe der Funktionsträger zwangsläufig die Person zu verdrängen. Am Ende brauche der Unternehmer überhaupt nicht mehr erwähnt zu werden, sondern könne aus der Literatur gänzlich verschwinden. Der Weg führe über die kollektive Intelligenz und den ökonomischen Apparat zur Auflösung. Das Bild des Unternehmers zerfließe. Er habe seine Rolle als Funktionsträger, sei aber als Person nicht mehr wichtig.

Aus dem Plenum heraus wurde die Frage gestellt, ob die ermittelte Abschwächung der Kritik an Wirtschaftsführern wirklich eine Folge der Betrachtung von der Person weg zur Funktion hin sei. Der Grund – so hieß es – könne auch darin liegen, daß sich die Zahl wirklicher Unternehmer, die nicht nur als Teil kollektiver Leitungsgremien anzusprechen seien, immer stärker verringere und die Gruppe somit kaum noch interessant erscheine. In diesem Falle bleibe zu untersuchen, ob die Entwicklung eigentlich positiv stimmen dürfe.

Prof. Dr. Andreae antwortete mit dem Hinweis auf Recherchen, nach denen es in der Bundesrepublik zwei Millionen Unternehmer gäbe. Die Mehrzahl von ihnen habe keine Teilfunktion in Führungskollektiven, sondern rekrutiere sich – anders als in den Vorständen der Assekuranz sichtbar – aus kleinen und mittleren Selbständigen.

Prof. Dr. Konstantinović lehnte es ab, den nachgewiesenen Wandel zu bewerten: "Erfreulich oder nicht, – das ist eine gesetzmäßige Entwicklung, die der Situation unserer Zeit entspringt. Parallel dazu schwindet die Bedeutung der kritischen Schule, indem wir nicht mehr die Philosophen, sondern Volkswirte und Finanzwissenschaftler danach fragen, was wohl morgen sein werde."

Im 19. Jahrhundert hätten Fabrikanten und Kaufleute noch ihre feste separate Position gehabt. Heute säßen Arbeitnehmer und -geber in einem Boot. Die Systeme seien miteinander verflochten. Der Beschäftigte in einem Betrieb wünsche dem Chef durchaus, daß jener Erfolg haben möge, denn der komme ihm ebenso zugute. Diese Zusammenhänge machten eine reine Unternehmerbeschimpfung unglaubwürdig, wenn es um die literarische Forderung gehe, einen Typ darzustellen.

Eine weitere Debattenrunde ging der Frage nach, ob die Bedeutung des wirklichen Unternehmers in der Realität effektiv ähnlich schwinde wie in der Literatur. Man sehe – so wurde im Plenum konzediert – in der Tat eine "Auflösung" einzelner Führungskräfte durch stärkere Kollektivierung. Auf der anderen Seite blieben nach wie vor weite, auch irrationale Freiräume für große starke Persönlichkeiten, die wirtschaftliche Geschehen und Geschicke bestimmten, wenn die Literatur dies auch verkenne.

Dazu der Referent: "Ich plädiere nicht gegen die Ansprüche und Möglichkeiten profilierter Persönlichkeiten. Auch sie aber können heute bedeutende Entscheidungen nicht mehr völlig unabhängig treffen. Selbst stärkste Individuen sind an Strukturen gebunden, und zwar in der Wirtschaft wie auch in der Politik. Die absolut frei handelnden Einzelpersonen verabschieden sich, und die Literatur reagiert darauf. James Joyce und Robert Musil haben überzeugend beschrieben, wie der moderne Mensch zerfließt. Das ist die Wirklichkeit. Wir dürfen die Möglichkeiten einzelner nicht mehr überschätzen!"

Prof. Dr. Andreae gab ergänzend zu bedenken, die Möglichkeiten für Autoren, Realität in ökonomischen Bereichen zu erfassen, könnten so gering geworden sein, daß ihnen derartige Zusammenhänge nur mehr diffus erschienen. Dann sollte es jedoch Wege geben, den Abstand zu verringern und das Mit-Wirken von Persönlichkeiten in der Wirtschaft literarisch wieder präziser zu dokumentieren.

In einer knappen Zwischenrunde behandelte der Referent den Einwand, die elektronischen Medien malten das Bild der Unternehmer sehr viel negativer als gedruckte Werke, obwohl häufig die gleichen Autoren zu Wort kämen. Prof. Dr. Konstantinović bestätigte diese Beobachtung und erklärte sie mit "Umsetzungsprozessen".

Wenn das Fernsehen Literatur aufgreife, werde diese vermarktet und trivialisiert. Die Sendeanstalten richteten sich nach den Abnehmern, den Konsumenten der ausgestrahlten Filme, und nach deren Erwartungshaltung. Gleichzeitig bemühten sie sich, Elemente der Kritik einzubeziehen, wobei eben häufig Klischees durchschlügen.

Der Referent wörtlich: "In der Literatur kennen wir die klassischen Begriffe Lyrik, Prosa und Drama. Daneben sind nun Gebiete erschlossen worden, auf die sich ein breites Publikum begierig stürzt. Ich meine nicht nur die Trivial-, sondern ebenso die Dokumentar-Literatur. Bei diesen Bereichen greift vor allem das Fernsehen voll zu, weil es die Konsumenten solcher Sujets angeblich wollen oder erwarten."

Zum Bild des staatlich beauftragten Unternehmers oder Managers im Ostblock führte Prof. Dr. Konstantinović auf Befragen aus, in sozialistischen Ländern sei Literatur generell nichts "frei Schöpfendes". Sie unterliege vielmehr strengen, programmatisch formulierten Direktiven, wobei die wichtigste Forderung der Perspektive gelte. Das heiße, der Held eines literarischen Werkes müsse sich stets zur sozialistischen Gesellschaft hin entwickeln.

Wirtschaftsführer oder Manager jenseits des Eisernen Vorhangs gehörten zu den herrschenden, beherrschenden Schichten. Deshalb sei eine Kritik dieses Typus nicht möglich. Bedenken dürften lediglich da laut werden, wo sich die Gefahr andeute, die Manager alias Technokraten könnten die Führung übernehmen, indem sie die Partei ausschalteten und somit das System in Gefahr brächten.

Zu einem persönlichen Bekenntnis wurde der Referent schließlich durch die Frage gedrängt, ob er als Marxist sich die Unternehmer nicht eigentlich wegwünsche. Müsse er nicht auch für die Wirtschaft absolute Egalität fordern? Prof. Dr. Konstantinović unterschied in seiner Antwort zwischen Utopien persönlicher Emotionen und den Perspektiven für bestehende Gesellschaftsformen aus einer permanenten kritischen Überprüfung alles Bestehenden heraus. Auf dieser Basis wende er sich gegen Klischees und stehe zu der Aufgabe, stets Einzelphänomene zu analysieren.

Wörtlich sagte der Wissenschaftler: "Ich wünsche mir den Unternehmer durchaus nicht weg. Man sollte ihn sogar stützen, um die weitere Entwicklung der Gesellschaft zu gewährleisten. Aber – wir ändern uns und unsere Bewußtseinsstrukturen. Damit wird sich auch der Unternehmer wandeln. Der demokratische Spielraum in der Wirtschaft erweitert sich. Hier vollziehen sich Angleichungen, die immer mehr Gegensätze ausschalten. Das alles ist eine Sache der Diskussion und des offenen Nachdenkens. Die Forderung nach einer Diktatur des Proletariats ist längst passé. Der Weg führt statt dessen in eine Gesellschaft, die Zwänge vermeidet. Ich meine, hier geht es in die Zukunft."

Orpheus unter Zwetschkenbäumen.
Von der Spiritualität "naiver" Dichtung

Schon Anfang der 30er Jahre begann man auch außerhalb Jugoslawiens von einer Gruppe malender Bauern aus dem Dorf Hlebine zu sprechen, und das Interesse wurde in den folgenden Jahren zusehends größer. Bei einer Austellung, die man dann 1953 für diese "naiven" Künstler in Paris veranstaltete, sollen die Bilder von Ivan Generalić, der inzwischen der bekannteste unter diesen Autodidakten geworden war, die allerhöchsten Angebote erzielt haben, die man in jener Saison in der Metropole der Malerei und bildenden Kunst für Werke lebender Künstler zu zahlen bereit war. Die Bewegung der "Naiven", wie diese Künstler kurz genannt werden, hat sich seitdem beträchtlich ausgeweitet, und in den verschiedensten Gegenden Jugoslawiens bestehen heute solche bäuerlichen Künstlerkolonien: so vor allem in Oparići, in Kovačica, in Uzdin. Nach vollbrachter mühsamer Landarbeit wird der Versuch unternommen, die Eindrücke und Erlebnisse in Öl oder Tempera festzuhalten, und als ganz besonders wirkungsvoll hat es sich dabei erwiesen, wenn dies auf Glas geschieht. Ausnahmslos werden dabei Themen aus dem bäuerlichen Leben wiedergegeben: Ernte, Hochzeit, Kühe auf der Weide, das Aufladen der Rüben im Herbst, das Brennen von Sliwowitz, der erste Schnee, der Winter auf dem Dorfe, Bauerntanz oder Begräbnis. Menschen, Tiere und Gegenstände erscheinen dabei auf solchen Bildern in ihren Formen völlig vereinfacht und auf eine Ebene reduziert, und auch bei Stilleben bildet immer die Landschaft den Hintergrund. Dafür aber ist die Farbgebung äußerst lebhaft und impressiv, die einzelnen Farben werden rein in einer Fläche angelegt und wirken sehr intensiv. Es ist ein entwaffnender Hauch von Frische, ja man könnte sagen von Keuschheit und Verwunderung, der uns von solchen Bildern entgegenstrahlt, und wohl nirgends blühen die Obstbäume so bezaubernd wie auf diesen Glasplatten.

Zu den Malern haben sich dann auch Bildhauer gesellt. Ihre zumeist in Holz geschnitzten Figuren sind in den sonderbarsten Proportionen angelegt und wiederum von einfachster, aber dafür äußerst gewinnender Natürlichkeit, die beim Betrachter eine ähnliche, tiefgehende Wirkung hervorruft wie auch die gemalten Bilder. In letzter Zeit nun scheinen sich auch die naiven Dichter dessen bewußt geworden zu sein, daß ähnlich der bäuerlichen Malerei und bildenden Kunst auch in ihrer Dichtung Werte verborgen liegen, die es verdienten, der Öffentlichkeit zugänglich gemacht zu werden. So erscheint, von Bauern herausgegeben, seit 1968 im Dorf Gornja Crnuća in Serbien viermal im Jahr, jeweils im Frühling, Sommer, Herbst und Winter, und immer der Jahreszeit entsprechend in der gleichen Farbe des Umschlages die Zeitschrift *Raskovnik*. Die deutsche Entsprechung wäre laut Wörterbuch "Roßkümmel", worunter eine wundertätige Pflanze zu verstehen ist, welche die Kraft besitzen soll, alle verschlossenen Tore und Truhen zu öffnen und zu ungeahnten Schätzen zu führen. Daneben aber werden immer wieder kleine Anthologien und Gedichtsammlungen solcher bäuerlicher Autoren veröffentlicht, meistens im Eigenverlag und immer sehr bescheiden in der äußeren Aufmachung, deren Erscheinungsort nur mit Mühe auf der Landkarte zu finden ist. Auch die Titel solcher Veröffentlichungen sind sehr bezeichnend; sie lauten zum Beispiel: *Hinterm Pflug, Die Welt in der Sonnenblume, Der Morgen duftet nach Erdbeeren* u.ä. Am kennzeichnendsten für die Situation solcher Dichtung und solcher Dichter scheint mir der von D. Vitošević und D. Erić für eine Anthologie gewählte Titel *Orpheus unter Zwetschkenbäumen*.

In einem solchen Titel ist zweifellos auch ein kleiner Anflug von Spott zu verspüren, ein gewisses Sich-selbst-Auslachen, denn es ist fürwahr nicht leicht, unter diesen Bauern als Dichter zu gelten. Wenn man ihn nicht gleich als Eigenbrötler, Sinnierer und Tachinierer verhöhnt, so stößt er zumindest auf Unverständnis, und er muß sich unausweichlich vereinsamt fühlen. Im Unterschied zu den Malern und Figurenschnitzern bilden sich keine Dichterkolonien in einzelnen Dörfern, sondern die Dichter leben für sich, über das ganze ländliche Gebiet verstreut. So ist jeder von ihnen im bäuerlichen Rahmen seiner Kunst umso mehr eine Eigenart für sich, und jeder gibt auf seine Weise ein Weltbild wieder, aber auch den menschlichen Aufschrei, den Widerhall und die Antwort auf dieses Weltbild. Nie wird man es eigentlich tiefer zu empfinden vermögen als bei der Lektüre solcher Poesie, wie gerade die Dichtung Ausdruck eines ursprünglichen schöpferischen Triebes ist, dem Menschen von allem Anbeginn gegeben.

Aber noch in andere Richtung muß eine Betrachtung des Unterschiedes zwischen naiven Malern oder Bildhauern und naiven Dichtern führen. Wenn wir nämlich einleitend und in allerkürzesten Zügen naive Malerei als wirklich naive, ungelernte Nutzung der Farben und Formen definiert haben, die einer Unberührtheit der inneren Ausdrucksweise entspringt, so liegt beim naiven Dichter diese Unberührtheit keineswegs in der gleichen Ebene. Schon seit Schiller und Macaulay versucht man ja diesen Begriff des "naiven Dichters" näher zu bestimmen, zumeist als angeborene, ungetrübte Naivität, als Urquelle aller Poesie. Man vergißt dabei aber, daß der naive Dichter im Unterschied zum Maler oder Figurenschnitzer doch eine gewisse Vorbildung besitzt: er muß vor allem lesen und schreiben können, und indem er dies erlernt, entfernt er sich auch von seiner ursprünglichen Unberührtheit; indem er die Dichtung anderer liest, indem er lesend in die Literatur seines Volkes eindringt, wird es ihm – bildlich ausgedrückt – sicherlich immer schwerer fallen, zu seinem, irgendwo in einem Astloch versteckten Gänsekiel zurückzufinden. Seine Naivität äußert sich daher wahrscheinlich im ersten Augenblick darin, daß er das Gelesene bewundert und mit rührender Einfachheit verschiedene Topoi überträgt, die inzwischen meistens schon zu Klischees geworden sind: vom Wonnemonat Mai zum Beispiel, von schlagenden Nachtigallen u.ä.

Als naiv im Sinne von ursprünglich könnte nun solche Dichtung bezeichnet werden, falls es ihr gelingt, sich vom übermächtigen Topos zu lösen und die urwüchsige Kraft des bäuerlichen Ausdruckes zu wahren. Es wären dies dann Bilder wie zum Beispiel: "wettersingende Berge", "klarstimmige Quellen", "mit Pfaden bestickte Gebirge" oder "Mädchen mit Lächeln geschmückt". Naiv ist solche Dichtung sicherlich auch, wenn sie einfach und überzeugend die Bitterkeit wegen des Unwetters, der Dürre, des Hagels wiederzugeben vermag, die Dramatik der Ernte und des Dreschens ("es weinen die erhitzten Stirnen ... halt' aus, meine Seele"), die aufwallende Freude des Pflügers "an der Schwelle des Frühlings" und den hellen Glanz der Abende, an denen sich die Mädchen des Dorfes in der warmen Stube versammeln, um den Flachs aus ihren Spinnrocken zu wickeln.

Es ist ein kennzeichnendes Merkmal, daß sich der naive Dichter immer seiner Isoliertheit in der bäuerlichen Mitte bewußt bleibt und über jenen Zwiespalt zwischen Pflug und Feder in seinem tiefsten Inneren nicht hinwegzukommen vermag. Einer von ihnen zum Beispiel bekennt: "Ich dichte, um die Schläge der Einsamkeit abzuschwächen", der andere spricht von der Qual, die der Bauer ohne Schule und Schulung bei der Begegnung mit seinem dichterischen Trieb empfindet: "Keine Worte zu haben, / immer arm sein an Worten, / an jenen Worten, die in mir brennen", während der dritte die Not des Autodidakten mit den Worten ausdrückt: "Allein meißle ich meine Grammatik, / meine Worte und Buchstaben." Der naive Dichter ist sich zudem auch immer der Bescheidenheit seiner Versuche gewiß, jede dichterische Eitelkeit ist ihm für gewöhnlich fremd, und seine Verse empfindet er bewußt nur für sich selbst als das Allerwertvollste: "Mit ungelenker Hand, statt eines Blumenstraußes, / schenk ich Dir ein Gedicht aus Buchstaben zusammengefügt, / die so ungehorsam waren." Umso rührender muß dann aus solcher Hilflosigkeit und Bescheidenheit heraus das Flehen wirken: "Ihr meine Lieder, / meine allerliebsten Töchterchen, / schämt euch nicht meiner handgewebten Bauernweste." Desto origineller aber klingen in solch mühsamer Verskunst die Gedankenausflüge des Dichters, die ihn in äußerst simpler Weise zu den ursprünglichsten Erkenntnissen des Lebens führen:

Meine Hacke, du meine Feder,
mit dir reime ich auf endlosem Blatt

die Zeilen,
und die Sehnsucht schnellt steil empor
in die Zweige der Erkenntnis,
um etwas Großes zu entdecken.

Ein anderer Dichter drückt eine solche Gedankenwanderung des dichtenden
Bauern mit den Worten aus: "Ich wollte etwas in der Welt finden, / das bereit
wäre, mich zu schonen." Ein dritter wiederum formuliert den Lauf seiner Betrachtungen:

Bleib stehen, eilfüßiger Bach,
laß meine Ochsen trinken,
den ganzen Tag haben wir gepflügt,
sie die Erde,
ich den Himmel.

Und welche Weisheit und letztliche Erkenntnis enthalten die Worte eines
Gedichtes des Bauern S. Popović aus dem Dorfe Gornji Sibovac:

Wanderer, wenn du den Weg beendest
und in die Reichweite deiner Erinnerungen kommst
setz dich nieder
an den Randstein deiner selbst

Steil abwärts blick zurück,
wenn auch alles schon vergangen,
konnte doch alles
noch schöner sein

Wohl aber ist es das gleiche,
ob du nun begehrst oder trauerst
oder nur mit den Händen abwinkst,
in denen solcher Reichtum lag.

Die durch vierhundertjährige Türkenherrschaft verursachte Zurückgebliebenen-
heit des Landes und die allgemeine Rückständigkeit vor allem des Bauerntums
gibt der Poesie dieser Dichter einen überwiegend schwermütigen Ton. Auch
die Namen der Dörfer sind meistens zusammengesetzt aus Bezeichnungen für
düster, dunkel, entfernt und vom Unheil verfolgt, und ebenso wird die ansonsten bei allen Dichtern letztlich doch heitere Note der Kindheitserinnerungen
hier durch Trauer getrübt:

Meine Jahre,
meine Jahre des Kindseins,
ihr Armen,
ihr Unfruchtbaren,
Märtyrerinnen, von Angst verfolgt,
ziellose Vögel,
und doch unvergessen
habt ihr in meinem Herzen
ein Nest der Trauer geflochten.

Auch die innigsten Gefühle müssen naturgegeben durch einfache, allzeit gegenwärtige Bilder und Metaphern ausgedrückt werden. Im Gedicht "Junge
Sennerinnen" findet der Dichter folgende Vergleiche:

Man sagt, sie wären wild,
aber sie sind das Schönste in der Heimat,
zart und zahm
wie die Lämmer ihrer Herden,
wie die Töne der Kuhglocken,
wie die Melodie der Hirtenflöten,
und sie scheuen nicht die Arbeit.

oder:

Von ihren Lippen duften zusammengepreßt
    Weichseln
        Äpfel
            Brombeeren
und Blumen, die an einem Junimorgen blühen.

Aber solche Bilder und Vergleiche vermögen es, sich unbewußt aus der Naivität zu höchster Subtilität emporzuheben:

Was sind wohl ihre Hände?
Weiße Brücken der Liebkosung,
Weit ausgespannte Bogen der Unruhe,
Gestaute Flüsse des Begehrens.

Nur selten aber erlauben sie sich den Durchbruch zu einer gewissen Schalkhaftigkeit, wie im Gedicht "Zwei blaue Augenpaare", in dem es heißt:

Das erstemal, als sie sich trafen,
wollte das eine und das andere etwas,
und durften es nicht,
aber sie beschenkten sich gegenseitig mit Bläue,
und das eine erblühte gleichzeitig
in dem anderen.

Einfach in solcher Metapher und Bildlichkeit wird auch die Liebe zur Heimat ausgedrückt, weit entfernt von jedem Pathos und überschwenglichen Patriotismus. Heimat ist gleich Dorf, und dieses Dorf ist eigentlich immer das gleiche Dorf, dem nämlich die Stadt fremd ist. Daher auch die Liebe der Bauern zum Dorf als Gegensatz zur Fremde, die Liebe zum Vertrauten als Gegensatz zum Unvertrauten und Ungewöhnlichen. Ein Dichter stellt das ganze Vaterland als ein großes Feld dar, voll von üppigem Weizen, aber auch mit rotem Klatschmohn. Dieses schöne Unkraut im Feld sind die Städte im Vaterland.

So ähneln diese Gedichte in ihrer Lebensauffassung wie auch in ihrer gesamten Komposition, Farbenfreudigkeit und Perspektive letztlich wohl völlig den Bildern der naiven Maler, von denen wir in unserer kleinen Betrachtung ausgegangen sind. Wie ein solches Gedicht immer auch ein Bild der naiven Malerei sein könnte, dafür möchte ich abschließend zwei Beispiele anführen. Das erste Gedicht, "Jutro" ("Der Morgen"), stammt von A. Djordjević, einem Bauern aus dem Dorf Gornja Crnuća, und lautet:

Na oštrici kose
zaplesa sunce

Sramežljive nogice leta
vire
ispod šarene suknje proleća

Planinski greben
se uspinje
da dan nadvisi

Auf der Schneide der Sense
beginnt die Sonne zu tanzen

Die verschämten Füßlein des Sommers
lugen
unter dem bunten Röcklein des Frühlings hervor

Der Gebirgsgrat
beginnt in die Höhe zu wachsen
um den Tag zu überragen

Der Verfasser des zweiten Gedichtes, "Seljaci" ("Bauern"), ist D. Erić aus Gornja Gruža, seines Zeichens ebenfalls Landmann wie auch die Gestalten seines Gedichtes, die er mit den Worten darstellt:

Ledja im hrastova uvek povijena
pod teškim vrećama žita i briga.

Dok uzoru proleće i požnju leto
crveni krtičnjaci izriju ledine dlanova.

Pod usijanim nebom ožedne kao zemlja
pod modrim oblakom ručaju zebnje klasja.

Kada se porodi jesen podetinje od sreće
pa sisaju mleko iz dojki lampeka.

Tek tada se sete ljubavi i žena
pa ih opet vole umesto njiva –
sve do proleća!

Die Rücken wie aus Buchenholz und immer gekrümmt
unter den schweren Säcken des Weizens und der Sorge.

Bis sie den Frühling ausgepflügt und den Sommer geerntet
bohren ihnen rote Maulwürfe die Brachfelder ihrer Handflächen aus.

Unter glühendem Himmel werden sie durstig wie die Erde,
unter dunkler Wolke verzehren sie die Bangnisse der Ähre.

Wenn der Herbst gebiert, gebärden sie sich wie kleine Kinder vor Freude
und saugen die Milch aus der Brust des Lämmleins.

Und erst dann erinnern sie sich der Liebe und der Frauen
und lieben diese nun anstelle der Felder –
bis hinein in den Frühling!

Bibliographie

Der erste Teil eines detaillierten Verzeichnisses sämtlicher Veröffentlichungen von Zoran Konstantinović ist im Jahrbuch der Serbischen Akademie der Wissenschaften von 1992 (*Godišnjak Srpske akademije nauka i umetnosti* XCVIII) erschienen und umfaßt vollständig die Arbeiten bis einschließlich 1991. Eine Fortsetzung dieses Verzeichnisses bis Ende 1998 befindet sich im Druck als Teil des genannten Jahrbuches von 1999. Insgesamt umfassen die beiden Bibliographien über 600 Titel, und es ist vorgesehen, daß sie in gebundener Form auch als Sonderpublikationen herausgegeben werden. Die folgende Bibliographie von Zoran Konstantinović basiert auf den beiden Verzeichnissen, und wir möchten an dieser Stelle Frau Joanna Pavković herzlich für die Überlassung der Daten danken.

Für die Veröffentlichung im deutschsprachigen Raum wurde das Gesamtverzeichnis geringfügig ergänzt und nach den Arbeitsschwerpunkten von Zoran Konstantinović gegliedert:

1. Beiträge zu einer vergleichenden Literaturbetrachtung
2. Erörterungen zu Methodenfragen
3. Literaturregionen
   3.1. Mitteleuropa
   3.2. Südosteuropa
4. Wege zur Weltliteratur
5. Deutsche Literatur
6. Deutsch-slawische Beziehungen
7. Österreichisch-slawische Beziehungen
8. Zur Eigenart des Österreichischen
9. Slavica
10. Die Übersetzung als ästhetische Transposition und interkulturelle Translation
11. Persönliche Bekenntnisse

Da sich einige Veröffentlichungen von Zoran Konstantinović mehreren Arbeitsgebieten zuordnen lassen, haben wir uns in diesen Fällen dazu entschlossen, die Titel auch mehrfach anzuführen.

Unter den zahlreichen Beiträgen gibt es einige, welche sowohl den wissenschaftlichen Werdegang von Zoran Konstantinović wie auch die genannten Bereiche in charakteristischer Weise markieren:

Kurz nach dem 2. Weltkrieg beschäftigte sich Zoran Konstantinović sehr eingehend mit deutschsprachigen Dichtern und Schriftstellern. Neben Arbeiten über Goethe, Schiller und Lessing finden sich vor allem Beiträge über Kafka und Musil, über Thomas Mann und Bert Brecht, aber auch über Stefan Zweig, galten doch gerade diese Autoren in der Zeit nach dem Zweiten Weltkrieg an den ausländischen Universitäten als die wahren Repräsentanten einer deutschen Literatur. Hölderlin wurde damals zusammen mit Goethe und Schiller zum Dreigestirn der deutschen Klassik erhoben, es hatte eine neue Welle der Rilke-Verehrung eingesetzt, und man begann, sich auch mit Trakl eingehend zu befassen. Die meisten dieser Beiträge sind als Vorwort oder Nachwort zu Werken dieser Schriftsteller und Dichter erschienen. Es handelt sich dabei größtenteils um Erstübersetzungen dieser Werke im südslawischen Raum – einige davon hat Zoran Konstantinović selbst übersetzt –, und die erwähnten Vorworte und Nachworte enthalten auch entsprechende Hinweise auf die Beziehungen der einzelnen Autoren zu den Südslawen, so daß zugleich ein Thema der Germano-Slavica angeschnitten war.

In gleicher Weise hat sich Zoran Konstantinović auch mit umfassenderen Problemen der deutschen Literatur auseinandergesetzt. Vor allem war es der Expressionismus, mit dem er sich zu einem Zeitpunkt zu befassen begann, als diese Bewegung im deutschsprachigen Raum selbst wieder wahrgenommen wurde. 1967 veröffentlichte Zoran Konstantinović mit *Ekspresionizam* als einer der ersten nichtdeutschen Literaturwissenschaftler ein Buch über den deutschen Expressionismus. Seine dieses Buch vorbereitende Schrift *Koreni ekspresionizma u nemačkoj književnosti* aus dem Jahr 1956 ist in der Anthologie *Srbi o znamenitim Nemcima* 1998 nachgedruckt worden.

Aus Vorlesungen sind Beiträge entstanden, in denen die Probleme der deutschen Literatur nach 1945 behandelt werden, wie beispielsweise "Studije i radovi o nemačkoj posleratnoj književnosti" (1957), "Najnovija nemačka književnost. Problem njenog naziva i njene sistematizacije" (1960), "O filozofskim osnovama najnovije nemačke književnosti" (1960) oder "Pogled na književnost socijalističkog realizma kod Nemaca" (1960).

In seinen Arbeiten geht es Zoran Konstantinović immer wieder um die Beziehungen zwischen Deutschen und Südslawen, vor allem in seinem 1960 erschienenen Buch *Deutsche Reisebeschreibungen über Serbien und Montenegro*, einer überarbeiteten Übersetzung seiner in serbokroatischer Sprache verfaßten Dissertation, oder in der Arbeit "Dva priloga proučavanju medjusobnih odnosa Nemaca i Jugoslovena u doba humanizma" (1959) und im Überblick "Deutsche Bühnenwerke auf dem Spielplan des serbischen Nationaltheaters zu Belgrad von 1868-1878. Zur Geschichte des deutschen Dramas in Jugoslawien" (1961). Über den reinen Betrachtungen der gegenseitigen Begegnungen steht das Bemühen einer Synthese wie im Beitrag "Skerlić i nemačka nauka o književnosti" (1979), bis dann der Gesamtbereich einer solchen Germano-Slavica in "Zur Diachronie und Synchronie der Germano-Jugoslavica. Wendel – Gesemann – Matl – Schmaus" (1977) theoretisch verallgemeinert wird.

Zoran Konstantinović gehört zu jenen Literaturwissenschaftlern, die von Anfang an aus einer vergleichenden Sicht die Eigenart einer österreichischen Literatur anerkannten, ohne sie in irgendeiner Weise gewaltsam von ihrer natürlichen Verbindung mit der übrigen deutschen Literatur zu trennen. Von diesem Standpunkt aus hielt er den Vortrag "Relationship between German and Austrian Literature from the Viewpoint of Yugoslav Germanistic Studies" beim Komparatistenkongreß in Fribourg 1964. Die vielen Beiträge zu einer derart verstandenen österreichischen Literatur reichen von akribischen Archivforschungen wie in der Studie "Saradnja Ludviga Augusta Frankla sa Minom Karadžić na prevodjenju srpskih narodnih pesama" (1966) bis zu Versuchen, das Phänomen der spezifischen Kultur einer Stadt, nämlich Wien, zu ergründen, wie dies beispielsweise in dem Beitrag "Von der Multikultur zur opalisierenden Monokultur. Überlegungen zur Entwicklung der kulturellen Identität Wiens" (1996) der Fall ist. Solche Überlegungen waren zugleich das Resultat umfassender Arbeiten, in denen es vom Standpunkt der Literaturwissenschaft um die Erfassung einer österreichischen Identität insgesamt ging ("Österreichisches in der nichtösterreichischen Literatur. Eine Marginalie zur Wesensbestimmung des mitteleuropäischen Kulturraumes", 1987, und "Das österreichische Selbstverständnis in der internationalen literaturwissenschaftlichen Forschung", 1992).

Der Bereich der Arbeiten zur Südosteuropa-Forschung, also über die Germano-Slavica hinaus, setzt mit dem Beitrag "Die Volkspoesie des europäischen Südostens. Begriff und Deutung" (1962) an und enthält neben vielen Arbeiten zu einzelnen Problemen in diesem Raum immer wieder Versuche, Gemeinsamkeiten der literarischen Entwicklung zu einer Synthese zusammenzufassen. Den Versuch einer Bestandsaufnahme zur Lage der literarischen Erforschung Südosteuropas enthält der Beitrag "Traditionen und Innovationen. Literarische Entwicklungswege in Südosteuropa" (1993).

Den Gedanken einer vergleichenden Erforschung der Literaturen Mitteleuropas und des entsprechenden methodologischen Zuganges formuliert Zoran Konstantinović erstmals auf dem internationalen Komparatistenkongreß in Bordeaux 1970 in seinem Referat "La littérature danubienne: approche méthodologique d'une littérature comparée regionale". Ein Rückblick nach mehr als zwanzig Jahren zu diesem Thema und auch zu den eigenen Arbeiten aus diesem Bereich ist in der Abhandlung "Das Mitteleuropa-Verständnis in der Literatur der Gegenwart" (1997) enthalten. Von den vielen Schriftstellern und Dichtern, die Zoran Konstantinović im Rahmen seines Mitteleuropa-Interesses behandelt und denen er seine Arbeiten widmet, schenkt er dem Dichter Lenau die meiste Aufmerksamkeit (z.B. in "Lenau im Blickpunkt der Mitteleuropa-Diskussion", 1992), und immer wieder findet er in dieser Dichtung auch einen aktuellen mitteleuropäischen Bezug, wie dies beispielsweise in dem Aufsatz "Der Schmerz an der Welt. Aktuelle Lenau-Reminiszenzen in Werken europäischer Schriftsteller" (1997) der Fall ist. Als *den* Philosophen Mitteleuropas jedoch betrachtet Zoran Konstantinović vor allem Hermann Broch ("Hermann Broch und der Mitteleuropa-Gedanke", 1998).

Zoran Konstantinović hat sich außerdem intensiv mit den verschiedenen Methoden der Literaturwissenschaft befaßt. Diejenigen, denen er sich vorerst gegenübergestellt sah, versuchte er in seiner Arbeit "Od Šerera i Diltaja do Lukača i Štajgera" (1964) zu definieren. Das gilt auch für die methodologischen Bemühungen von Antonio Gramsci, mit denen er sich in "Aktuelnost Gramšijevog dela" (1966), auseinandersetzt. All den übrigen Methodenlehren vom Strukturalismus bis zum Dekonstruktivismus, sei es als Rezeptionstheorie, als Mentalitätsforschung oder als postfreudische Psychoanalyse, hat er eingehende Arbeiten gewidmet, der Phänomenologie sogar zwei Bücher. Diese Arbeiten sind schon in ein Gesamtkonzept der Komparatistik eingebaut.

Für ein solches Gesamtkonzept von Zoran Konstantinović steht vorerst seine Einführung *Vergleichende Literaturwissenschaft. Bestandsaufnahme und Ausblicke* aus dem Jahr 1988. Die in diesem Zusammenhang seit dem Erscheinen dieses Buches veröffentlichten Arbeiten können gleichfalls als Markierungen auf dem Wege zur Weiterentwicklung der Grundlagenforschung für eine Theorie der Komparatistik betrachtet werden.

1. Beiträge zu einer vergleichenden Literaturbetrachtung

У знаку приближавања гледишта. Шта је показао светски конгрес за упоредну књижевност. – Политика 19373, 10. септембар 1967.

Ulrich Weisstein, Einführung in die Vergleichende Literaturwissenschaft. Stuttgart, W. Kohlhammer, 1968. – Filološki pregled 1-4, 1969; 174-176.

У свету суседа. Потреба упоредног проучавања књижевности балканских народа. – Политика 20355, 6. јуни 1970.

Dragiša Živković, Evropski okviri srpske književnosti. Beograd, Prosveta, 1970. – Die Welt der Slaven XVI, 3, 1971; 320-321.

Der literarische Austauschungsprozeß. – Jahrbuch der Deutschen Akademie für Sprache und Dichtung (Darmstadt) 1971, 1972; 32-34.

Das vergleichende Studium der Literaturen Südosteuropas. – Symposion des Wissenschaftlichen Beirates der Südosteuropa-Gesellschaft München 1971. München 1972; 143-149.

Literaturgeschichte als Wechselwirkung. – Die Literatur. Freiburg, Herder, 1973; 461-499 (Reihe »Wissen im Überblick«).

Von der Wiedergeburt der südosteuropäischen Völker aus dem Geiste der Romantik. – Mitteilungen der Südosteuropa-Gesellschaft 1-2, 13. Jg., 1973; 51-60.

Књижевност у служби националног препорода. Прилог типолошком проучавању српског романтизма. – Зборник радова наставника и студената, поводом стогодишњице оснивања и двадесетогодишњице обнављања Катедре за светску књижевност на Београдском универзитету. Београд, Универзитет, 1975; 199-214.

La littérature danubienne: approche méthodologique d'une littérature comparée régionale. – Actes du VIe Congrès de l'Association d'une littérature comparée régionale, Bordeaux 1970. Stuttgart 1975; 749-751.

Zum Begriff der Romantik in den südosteuropäischen Literaturen. – Teilnahme und Spiegelung. Festschrift für Horst Rüdiger. Berlin, New York 1975; 527-539.

О савременим теоријама о упоредном проучавању књижевности. Замисли и остварења. – Упоредна истраживања 1. Београд, Институт за књижевност и уметност, 1976; 5-35 (Годишњак I, Сер. А: Компаративна изучавања српске књижевности 1).

Der fremde Dichter zu Gast. Skizzierung von Erwartungshorizonten des serbischen Leserpublikums. – Umjetnost riječi XXI, 1977; 143-151.

Интересовање за Србе у почетној фази аустријске компаратистике. – Зборник МС за књижевност и језик XXV, 1, 1977; 87-91.

Својеврстан приступ баштини. Драгиша Живковић, Европски оквири српске књижевности, II. Београд, Просвета, 1977. – Политика 22969, 15. септембар 1977.

Im Spannungsfeld von Futurismus, Expressionismus und Surrealismus. Eine komparatistische Aufgabenstellung. – »Expressionismus« im Europäischen Zwischenfeld. Hrsg. von Zoran Konstantinović. Innsbruck, Innsbrucker Gesellschaft zur Pflege der Geisteswissenschaften, 1978; 17-26 (Innsbrucker Beiträge zur Kulturwissenschaft. Sonderheft 43).

Der literarische Vergleich und die komparatistische Reflexion. Zur Theorie und Methode der Vergleichenden Literaturwissenschaft. – Beiträge zur Romanischen Philologie XVII, 1, 1978; 121-128.

Der reflektierende Vergleich. Ein Beitrag zur Methodendiskussion in der Komparatistik. – Mainzer Komparatistische Hefte 2: Konzepte der Komparatistik I, 1978; 6-14.

Das europäische Zwischenfeld. Von einer Schwerpunktbildung der österreichischen Komparatistik. – Sprachkunst (Wien) X, 1979; 69-78.

Geschichtlichkeit und Narrativität. Ein Beitrag zur vergleichenden Epenforschung der südosteuropäischen Völker. – Synthesis (București) VI, 1979; 17-25.

Österreichische Projekte zur vergleichenden Untersuchung der Literaturen Südosteuropas. – Südosteuropaforschung in der Bundesrepublik Deutschland und in Österreich. Bonn, Deutsche Forschungsgemeinschaft, 1979; 77-90.

Ulusal kültürlerin gelismesinde cevirinin islevi. – Baglam (Istambul) I, 1979; 268-275.

Vom Interesse an polnischer Literatur im Anfangsstadium einer österreichischen Komparatistik. – Österreichisch-polnische literarische Nachbarschaft. Poznan, Uniwersytet im. Adama Mickiewicza, 1979; 9-20 (Seria Filologia Germanska 19).

Zur literarischen Umgrenzung des pannonischen Raumes. Modelle im europäischen Zwischenfeld. – Lenau-Almanach (Wien), 1979; 128-145.

Zur Literaturtypologie des europäischen Zwischenfelds. – Die andere Welt. Aspekte der österreichischen Literatur des 19. und 20. Jahrhunderts. Festschrift für Hellmuth Himmel zum 60. Geburtstag. Berlin, München 1979; 29-38.

IX Конгресс Международной ассоциации сравнительного литературоведения. – МАИРСК Информационный бюллетень 2, 1980; 88-91.

Expressionismus in Südosteuropa. Fragen der Gemeinsamkeiten. – Actes du VIIe Congrès de l'Association Internationale de Littérature Comparée, 1976. Budapest, Akademiai Kiadó, 1980; 715-719.

Компаратистика као изазов естетици рецепције. – Књижевна реч IX, 152, 10. октобар 1980; 1 и 6.

Компаратистика о превођењу. – Преводна књижевност. Зборник радова петих Београдских преводилачких сусрета, 1979-1980; 11-127.

Das kulturelle Kommunikat. – Internationale Kulturbeziehungen. Brücken über Grenzen. Symposium 80. Baden-Baden 1980; 218 (Schriftenreihe zum Handbuch für Internationale Zusammenarbeit 4).

O smislu poredenja. Prilog metodološkoj diskusiji o komparatistici. – Izraz XXIV, knj. XLVII, 6; 524-537.

Der Rousseau der Deutschen. Zum Perspektivenunterschied zwischen Germanistik und Komparatistik. – Akten des VI. Internationalen Germanisten-Kongresses, Basel 1980. Bern, Peter Lang, 1980; 40-45 (Jahrbuch für Internationale Germanistik, Reihe A, Bd. 8; 3).

Das Unternehmerbild in der modernen Literatur. – Dokumentation des 6. Vorstandsseminars der Deutschen Versicherungsakademie. München 1980; 123-143.

Von der nationalen Wiedergeburt zum Avantgardismus. Über typologische Analogien in der literarischen Entwicklung der kleinen slawischen Völker. – Symposium slavicum 1977. Referate der III. Tagung bayerischer und österreichischer Slavisten. Innsbruck, Innsbrucker Gesellschaft zur Pflege der Geisteswissenschaften, 1980; 93-103 (Innsbrucker Beiträge zur Kulturwissenschaft. Slavica Aenipontana 3).

Чему наука о књижевности – а посебно упоредна? – Књижевне новине 636, 19. новембар 1981; 15-16.

Widerspiegelungen literarischer Selbsterkenntnis. Einige komparatistische Anmerkungen zum Phänomen des »Österreichischen«. – Studien zur Literatur des 19. und 20. Jahrhunderts in Österreich. Festschrift für Alfred Doppler. Innsbruck 1981; 275-290.

»Littérature comparée« et »comparaison littéraire«. – Сравнително Литературознание (София) 1, 1982; 43-51.

Die Modelltheorie in der vergleichenden Betrachtung der literarischen Entwicklung bei den kleinen slawischen Völkern. – Wiener Slavistisches Jahrbuch XXVIII, 1982; 53-63.

Das Tertium Comparationis. Bulgarische Beiträge zur Vergleichenden Literaturwissenschaft. – Die Slawischen Sprachen (Salzburg) 2, 1982; 17-26.

Variationen der Erzählformen im gegenwärtigen Wandel der literarischen Gattungen. – Erzählforschung. Ein Symposion. Hrsg. von Eberhard Lämmert. Stuttgart 1982; 218-232.

Vergleichende Literaturwissenschaft. – Reallexikon der deutschen Literaturgeschichte IV. 1982; 626-650.

Verwandlung im Wandel. Komparatistische Betrachtungen zur Kategorie der Dialogizität und Alterität. – Dialogizität. Hrsg. von Renate Lachmann. München, Fink, 1982; 168-184.

»Za neki beli svet ...«. O komparativnom proučavanju metaforike. – Savremenik (Beograd) XXVIII, 11, 1982; 384-388.

Der heuristische Ausgangspunkt. Zur Frage der komparatistischen Theoriebildung. – Comparative Literary Studies. Essays presented to György Mihály Vajda on his seventieth birthday. Szeged 1983; 25-37.

Literatur der nationalen Wiedergeburt: Aufklärung und Romantik bei den Völkern Südosteuropas. – Propyläen Geschichte der Literatur. Berlin, Propyläen, 1983; 433-455.

Teorija sistema i modela u proučavanju jugoslovenskih književnosti u prvoj polovini XX stoljeća. – Komparativno proučavanje jugoslavenskih književnosti. Prir. Franjo Grčević. Zagreb 1983; 12-20.
Isto: Gesta (Varaždin) V, 17-19, 1983; 12-19.

Увод у упоредно проучавање књижевности. Београд, Српска књижевна задруга, 1984; 231 стр. (Књижевна мисао).

Elrud Ibsch (Hg.), Schwerpunkte der Literaturwissenschaft außerhalb des deutschen Sprachraums. Amsterdam 1982. – Deutsche Bücher I, 1984; 45-47.

Die Moderne in den slawischen Literaturen. Ein Beitrag zur Umgrenzung eines Periodisierungsbegriffes. – Sprachkunst 2, 1984; 270-292.

Le surréalisme. Yougoslavie. – Les avant-gardes littéraires au XXe siècle, I: Histoire. Budapest, Akademiai Kiadó, 1984; 436-439 (Histoire comparée des littératures de langues européennes IV).

Текст у контексту. Компаратистичка размишљања уз нацрт за историју српске књижевности. – Зборник МС за славистику 26, 1984; 7-23.

Comparative perspectives in the studies of Macedonian literature. – Actes du Colloque de l'AILC, Ohrid, 20-25 août 1984. Skopje 1985; 45-49.

Der literarische Bezugspunkt. Zum Komplex der deutschen Literatur im Prozess der nationalen Wiedergeburt Südosteuropas. – Akten des VII. Internationalen Germanistenkongresses, Göttingen 1985, Bd. 9. Tübingen 1985; 85-90.

O nekim komparatističkim prilozima. Festschrift für Nikola R. Pribić. Neuried 1983. – Filološki pregled 23, 14, 1985; 27-32.

Rečnik književnih termina. Beograd, Institut za književnost i umetnost, Nolit, 1985; 896 str. [Z. Konstantinović član uređivačkog odbora i autor više tekstova.]

Die Schönheit des Unterganges. Eine komparatistische Betrachtung zur österreichischen Jahrhundertwende. – Fin de siècle Vienna. Dublin, Trinity College, 1985; 90-103.

Дело браће Миладинов у европском контексту. – XII научна дискусија, Охрид, 1985. Скопје, Универзитет Кирил и Методиј, Семинар за македонски јазик, литература и култура, 1986; 155-166.

Realisierte Hypothesen. Zu Gerhard Gesemanns Vorstellungen von einer vergleichenden Erforschung der südosteuropäischen Region. – Festschrift für Wolfgang Gesemann, Bd. 3: Beiträge zur slawischen Sprachwissenschaft und Kulturgeschichte. München, Hieronymus, 1986; 177-187 (Slavische Sprachen und Literatur 8).

Slawistische Beiträge zur Theorie der Vergleichenden Literaturwissenschaft. – Pontes Slavici. Festschrift für Stanislaus Hafner zum 70. Geburtstag. Graz, Akademische Druck- u. Verlagsanstalt, 1986; 201-208.

Slovenská komparatistická škola. – Romboid (Bratislava) 7, 1986; 64-72.

Zeichen und Bedeutung. Ein Beitrag zur vergleichenden Methodenforschung. – Sensus Communis. Contemporary Trends in Comparative Literature. Tübingen, Gunter Narr, 1986; 39-47.

Artefakt i aktualitas. Hermeneutske refleksije u komparatistici. – Filozofska istraživanja 7, br. 4 (23), 1987; 1149-1156.

Burgten Burg drey Brüder eines Leibes. Ein Beitrag zur vergleichenden deutsch-südslawischen Symbolbetrachtung. – Orbis Litterarum (Copenhagen) 42, Nr. 34: Festschrift für Bengt Algot Sorensen, 1987; 262-270.

Formen gemeinsamer Bewußtseinsbildung in der Habsburgermonarchie. – Études Danubiennes (Strasbourg) 2, 1987; 169-177.

Die Grazer Schule. Zur Frage der Kulturausrichtung bei den slawischen Völkern. – Dona slavica aenipontana. In honorem Herbert Schelesniker. München, Dr. Rudolf Trofenik, 1987; 71-77.

Grenzüberschreitungen in der Literatur. – Mitteleuropa. Ein Gespenst geht um ... Hrsg. von Hans-Albert Steger, Renate Morell. München 1987; 175-182.

Kanonizalás és utópia. – A komparatisztika kézikönyve. Bevezetés az összehasonlító irodalomtudományba. Szeged 1987; 1-12 (Acta Universitatis Segediensis. Cathedra comparationis litterarum universum).

Mitteleuropa: Un ambitio regionale nella ricerca comparata. – Storiografia e scritture. A cura di Maria Enrica d'Agostini, Marino Freschi, Gertrude Kothanek. Napoli 1987; 61-79.

Österreichisches in der nichtösterreichischen Literatur. Eine Marginalie zur Wesensbestimmung des mitteleuropäischen Kulturraumes. – Dialog der Epochen. Studien zur Literatur des 19. und 20. Jahrhunderts. Hrsg. von Eduard Beutner. Wien 1987; 35-42.

Schiller im literarischen Bewußtseinswandel der südosteuropäischen Völker. – Schiller. Angebot und Diskurs. Zugänge, Dichtung, Zeitgenossenschaft. Hrsg. von Helmut Brandt. Berlin, Weimar 1987; 128-138.

Wiener Moderne und die slawischen Literaturen. – Kungl. Vitterhets Historie och Antikvitets Akademiens Konferenser 16. Stockholm 1987; 311-318.

Zur Funktion deutscher Lexik im Aufbau südslawischer Wörterbücher. – Sprache, Sprachen, Sprechen. Festschrift für Hermann M. Ölberg zum 65. Geburtstag. Innsbruck 1987; 229-235 (Innsbrucker Beiträge zur Kulturwissenschaft. Germanistische Reihe 34).

Komparatistična razmišljanja o reformaciji kot modelu nastajanja nacionalne zavesti. – Reformacija na slovenskem. Ljubljana 1987; 66.

Vergleichende Literaturwissenschaft. Bestandsaufnahme und Ausblicke. Bern, Peter Lang, 1988; 206 S. (Langs Germanistische Lehrbuchsammlung 81).

»Am Abend tönen die herbstlichen Wälder«. – Galizien als gemeinsame Literaturlandschaft. Innsbruck 1988; 7-11 (Innsbrucker Beiträge zur Kulturwissenschaft. Germanistische Reihe 47).

Artefact und actualitas. Zur hermeneutischen Reflexion in der Komparatistik. – Synthesis philosophica (Zagreb) 6, vol. 3, fasc. 2, 1988; 541-548.

Bild und Gegenbild. Ein Beitrag zur Imagologie der südosteuropäischen Völker in der Phase ihrer nationalen Wiedergeburt. – L'Europe et la conscience de la nationalité. Bonn 1988; 283-294 (Aachener Beiträge zur Komparatistik 8).

Komparatistički pogledi Antona Ocvirka u sistemu nauke o uporednom proučavanju književnosti. – Obdobja, 8: Sodobni slovenski jezik, književnost in kultura. Ljubljana 1988; 9-16.

Komparatistik und nationale Literaturgeschichtsschreibung. – Prinzipien der Literaturgeschichtsschreibung. Hrsg. von Reinhard Lauer, Horst Turk. Wiesbaden, Otto Harrassowitz, 1988; 49-57 (Opera Slavica NF 10).

Модерна компаратистика искључује једноставно позитивистичко схватање утицаја. – Књижевна реч 321, 10. мај 1988; 13-14. [Интервју]

Die Nachwirkungen der Bibel als Problem der Vergleichenden Literaturwissenschaft. – Die Bibel im Verständnis der Gegenwartsliteratur. Hrsg. von Johannes Holzner, Udo Zeilinger. St. Pölten, Wien 1988; 17-24.

Wiens Bedeutung für die Verbreitung slawischer Volkslieder. – Acta Academiae Scientiarum Polonae: Bracia Grimm. Warszawa 1988; 163-174.

Erwartungen und Programm. Bemerkungen zum Schluß. – Pannonia XIX, 3: Internationales Symposium »Zeitzeichen im Roman der Gegenwart«, 1989; 9-10 und 43.

Intertekst i alteritet. O savremenoj paradigmi u uporednoj književnosti. – Izraz 33, knj. 65, 1-2, 1989; 1-10.

Die kulturelle Entwicklung der Südslawen zwischen Paris und Wien in der Zeit von 1871-1914. – Études Danubiennes V, 2, 1989; 63-71.

Komparatistische Probleme einer mitteleuropäischen Koine. – Lenau-Forum XXII, 1-4, 1989; 79-88.

Vom Photoroman zur Photosequenz. Überlegungen zu einer komparatistischen Grenzüberschreitung. – Dialog der Künste. Intermediale Fallstudien zur Literatur des 19. und 20. Jahrhunderts. Festschrift für Erwin Koppen. Frankfurt, Bern 1989; 185-192.

Лексикон појмова. – Писац (Нови Сад) 6, 1990; 25.

Ne interkulturna germanistika, temveč komparativistika. – Dnevnik (Ljubljana), 16. oktober 1990.

Der Umbruch im Osten. Die Literatur vor neuen Aufgaben. – Tiroler Perspektiven 1, 1990; 8-9.

Vergleichende Literaturforschung in Mitteleuropa. – Österreichische Hochschulzeitung 9, 1990; 25.

»Interkulturelle Germanistik« oder Komparatistik. – Akten des VIII. Internationalen Germanisten-Kongresses, Tokyo 1990, Bd. 2: Theorie der Alterität. Bern, Peter Lang, 1991; 44-49.

Компаратистика у новом кључу. Драгиша Живковић, Токови српске књижевности – од класицизма и бидермајера до експресионизма. Нови Сад, Матица српска, 1991. – Летопис Матице српске 167, књ. 448, 4, 1991; 528-533.

Die Transformanz des Zeichens. Zum interdisziplinären Forschungsbereich der Komparatistik. – Georg Mayer zum 60. Geburtstag. Hrsg. von Ursula Bieber, Alois Woldan. München, Otto Sagner, 1991; 35-43 (Sagners Slawistische Sammlung 16).

Вертеризам и бајронизам. – Бајрон и бајронизам у југословенским књижевностима. Београд, Институт за књижевност и уметност; Загреб, Завод за знаности и књижевности Философског факултета, 1991; 81-85 (Посебна издања Института за књижевност и уметност XIII).

Интердисциплинарност у науци о књижевности: компаратистичко виђење проблема. – Зборник Матице српске за књижевност и језик (Нови Сад) 39, 3, 1991; 502-509.

La letteratura delle minoranze nella Mitteleuropa. – Le "minoranze" nella Mitteleuropa (1900-1945): identità e confronti. A cura di Vittorio Peri. Gorizia, Instituto per gli incontri culturali mitteleuropei, 1991; 41-60.

Über die Grenzen hinaus: Von den Möglichkeiten der Komparatistik. – Zeitschrift für Germanistik, NF 3, 1991; 502-509.

Das Anderswerden der Konkretisation: Zum Problem der Alterität in der Vergleichenden Literaturwissenschaft. – Europa provincia mundi: essays offered to Hugo Dyserinck. Hrsg. von Karl Ulrich Syndram. Bonn, Berlin, Bouvier, 1992; 273-280.

Андрич и славянский мир. – Творчество Иво Андрича: миф, фольклор, история: симпозиум к 100-летию со дня рождения писателя. Редактор-саставитель Олга Кириллова. Москва, Институт славяноведения и балканистики РАН, 1992; 96-99.

Fremde in der Stadt: Einblicke und Einflüsse. – Das poetische Berlin: Metropolenkultur zwischen Gründerzeit und Nationalismus. Hrsg. von Klaus Siebenhaar. Wiesbaden, Deutscher Universitäts-Verlag, 1992; 1-16.

Intertext and alteration: On the modern paradigm in comparative literature. – La cultura italiana e le letterature straniere moderne. A cura di Liana Borghi. Bologna, Università di Bologna; Ravenna, Longo editore, 1992; II, 83-90.

Katja Sturm-Schnabl, Der Briefwechsel Franz Miklosichs mit den Südslawen – Korespondenca Frana Miklošiča z Južnimi Slovani. Maribor, Obzorja, 1991. – Zgodovinski časopis 46, 3, 1992; 409-410.

Књижевна узајамност: компаратистика је у предности да једну појаву види у много ширем склопу. – Дневник (Нови Сад), 6. мај 1992; 17.

Monokultureller Wissenschaftsanspruch versus kulturelle Multinationalität: Zum Verhältnis zwischen "interkultureller Germanistik" und Komparatistik. – Comparative Literature and European Studies. Hrsg. von Hugo Dyserinck, Karl Urlich. Bonn, Berlin, Bouvier, 1992; 281-288.

Das österreichische Selbstverständnis in der internationalen literaturwissenschaftlichen Forschung. – Revue d'Allemagne 24, 4, 1992; 467-475.

Српска књижевност у европском контексту: грађење новог методског приступа. – Зборник у част Војислава Ђурића. Београд, Филолошки факултет, Филозофски факултет, Институт за књижевност и уметност, 1992; 311-323.

Zur Terminologiebildung der interliterarischen Beziehungen: Begriffsbestimmungen der österreichisch-russischen Wechselseitigkeit. – Sprachkunst (Wien) 23, 1, 1992; 15-24.

Компаративно виђење српске књижевности. Нови Сад, Светови, 1993; 244 стр. (Библиотека Светови).

Архитекст: о процесима настајања текста у писцу. – Кровови (Сремски Карловци) 29-30, 1993; 3-7.

Фенотекст и генотекст: о процесу настајања дела Лазе Костића. [Mit einer Zusammenfassung in deutscher Sprache: Phänotext und Genotext: Zum Entstehungsprozeß der Werke von Laza Kostić.] – Лаза Костић и српски и европски романтизам. Научни састанак слависта у Вукове дане 21, 1, 1993; 9-15.

Auf der Suche nach dem Systemzusammenhang: Archetext – Intertext – Kontext. – Celebrating Comparativism. Papers offered for György M. Vajda and István Fried. Szeged 1994; 207-217.

Компаратистичке рефлексије на тему Бидермајер: поводом неких гледања у чешкој, мађарској и румунској науци о књижевности. – Зборник Матице српске за књижевност и језик (Нови Сад) 42, 1-3, 1994; 55-63.

Светски токови компаратистике. – Милан Живановић, Црте и резе: 70 разговора. Нови Сад, Матица српска, 1994; 96-105 (Библиотека Документ).

Archetext – Intertext – Kontext: Paradigma einer supranationalen Literaturforschung. – Germanistik und Komparatistik. DFG-Symposion 1993. Hrsg. von Hendrik Birus. Stuttgart, Weimar, J. B. Metzler, 1995; 556-570 (Germanische Symposien, Berichtsbände 16).

Чему компаратистика? О неким недоумицама и развојним токовима наше културе. – Глас САНУ CCCLXXVII. Одељење језика и књижевности 16, 1995; 57-64. Приступна академска беседа одржана на Свечаном скупу Српске академије наука и уметности 30. маја 1995. године.

Germanistik und Komparatistik: Wege zu einer übernationalen Sehweise. – Lesen und Schreiben: Literatur – Kritik – Germanistik. Festschrift für Manfred Jurgensen zum 55. Geburtstag. Hrsg. von Volker Wolf. Tübingen, Basel 1995; 103-109.

Мост културе: беседа у САНУ. – Политика експрес, 9. јуни 1995.

Развој српске литературе: Драгиша Живковић. Европски оквири српске књижевности. Београд, Просвета, 1995. – Политика, 23. децембар 1995.

Wie Träumer Realisten wurden: Von der Situation der Literatur in den Reformländern. – Kulturelle Interaktionen Ost-West 1985-1995. Hrsg. von der Paul Lazarsfeld Gesellschaft für Sozialforschung. Wien 1995; 47-62.

Историја и историчност: о епском казивању српске прошлости у контексту литературе малих народа. [Mit einer Zusammenfassung in deutscher Sprache: Geschichte und Geschichtlichkeit: Über die epische Darstellung serbischer Vergangenheit im Kontext der Literaturen kleiner Völker.] – Историјски роман: зборник радова. Уредник Миодраг Матицки. Београд, Институт за књижевност и уметност; Сарајево, Институт за књижевност, 1992-1996; 77-86 (Посебна издања Института за књижевност и уметност, Београд 14; Едиција Зборници Института за књижевност, Сарајево 10).

Wien als Schnittpunkt slawischer Sprachbesinnung. – Wechselbeziehungen zwischen slawischen Sprachen, Literaturen und Kulturen in Vergangenheit und Gegenwart. Akten der Tagung aus Anlaß des 25-jährigen Bestehens des Instituts für Slavistik an der Universität Innsbruck. Hrsg. von Ingeborg Ohnheiser. Innsbruck 1996; 17-25.

Komparatistik als Textwissenschaft. – Kritische Fragen an die Tradition. Festschrift für Claus Träger. Hrsg. von Marion Marquardt et al. Stuttgart, Akademischer Verlag, 1997; 260-270 (Stuttgarter Arbeiten zur Germanistik 340).

О прихватању страних писаца у нас. – Алманах Винавер 1, 1, 1997; 141-142.

A rendszerek osszefuggesei keresve. – Utak a komparatisztikában: (az összehasonlito irodalomtudomàny uj-reggi kerdesei). Hrsg. von Istvan Fried. Szeged, Acta Universitatis Segediensis, 1997; 25-38.

Komparatistik als Methode. – Zadravcev zbornik. Slavistična revija (Ljubljana), 1998; 313-322.

Литература као просторни систем: компаративна размишљања о месту македонске књижевности у сфери медитерана. – Македонска литература и култура во контекст на медитеранската културна сфера. Прир. Милан Гурчиноц, Борис Петковски, Елизабета Селева. Скопје, Македонска академија на науките и уметностите, 1998; 77-86 (Компаратистичко проучавање на македонската литература и уметност во XX век 3).

Littérature allemande et transferts culturels dans l'espace sud-slave. – Les littératures de langue allemande et de l'Europe centrale: des Lumières a nos jours. Sous la direction de Jacques Le Rider et Fridrun Rinner. Paris, Presses Universitaires de France, 1998; 203-224.

Предлог за курс из компаратистике на постдипломским студијама у Новом Саду 1982. године. – Постдипломске студије на Одсеку за српску и упоредну књижевност поводом 25-годишњице рада. Нови Сад, Универзитет, 1998; 105.

Tolstojs Roman "Auferstehung": Von der religiösen Überzeugung des Dichters in der Spätphase seines Lebens. – Religion – Literatur – Künste. Aspekte eines Vergleichs. Hrsg. von Peter Tschugnall. Salzburg, Müller-Speiser, 1998; 210-220 (Im Kontext. Beiträge zur Religion, Philosophie und Kultur).

Zum gegenwärtigen Augenblick der Komparatistik: Der Weg zur Intertextualität. – Chloe: Beiheft zu Daphnis. Festschrift für Alberto Martino. Hrsg. von Norbert Bachleitner et al. Amsterdam, Rodopi-Atlanta, 1998; 889-900.

Компаратистика у промењеним условима. – Српски духовни простор. Главни уредник Милорад Екмечић. Бања Лука, Академија наука и умјетности Републике Српске, 1999; 95-108 (Научни скупови АНУ РП 1).

Therese Albertine Luise von Jakob Robinson: Kulturvermittlung aus der Sicht der écriture feminine. – The Self and Risk in English Literatures and other Landscapes. Ed. by Gudrun M. Grabher, Sonja Bahn-Coblans. Innsbruck 1999; 255-282 (Innsbrucker Beiträge zur Literaturwissenschaft 29).

"Tirk oder Griech": Zur Kontamination ihrer Epitheta. – Europäischer Völkerspiegel. Imagologisch-ethnographische Studien zu den Völkertafeln des frühen 18. Jahrhunderts. Hrsg. von Franz Stanzl. Heidelberg, Universitätsverlag Winter, 1999; 302-314.

Karl Kraus "Die letzten Tage der Menschheit". Vergleich zweier Aufführungen in Wien und Belgrad. – Kriegserlebnis und Legendenbildung. Das Bild des modernen Krieges in Literatur, Theater, Photographie und Film, Bd. III. Hrsg. von Thomas F. Schneider. Osnabrück, Universitätsverlag Rasch, 1999; 897-900.

2. Erörterungen zu Methodenfragen

Покушај преоцењивања Меринговог доприноса науци о књижевности. – Књижевност (Београд) 18, 2, 1963; 175-179.

Од Шерера и Дилтаја до Лукача и Штајгера. Милан Мојашевић, »Zur Einführung in die Wissenschaft von der deutschen Dichtung«. Београд 1963. – Књижевност (Београд) 19, 4, 1964; 341-345.

Између технике и хуманизма. Шведска: Са конгреса професора страних језика. – Политика 18678, 3. октобар 1965.

Актуалност Грамшијевог дела. – Политика 18772, 9. јануар 1966.

Токови науке о књижевности. – Политика 19207, 26. март 1967.

Феноменолошки приступ књижевном делу. Београд, Институт за теорију књижевности и уметности, Просвета, 1969; 309 стр. (Студије и расправе V).

Fenomenološki pristup pozorišnom komadu. – Scena V, 2, 1969; 105-112.

Huserlove inspiracije u nauci i književnosti. – Трећи program Radio Beograda 2 (leto), 1969; 231-240.

Л. Лазаревић: На бунару. Покушај феноменолошког приступа. – Анали Филолошког факултета Београдског универзитета 9, 1969; 293-311.

Pogovor. – Ðerđ Lukač, Eseji o književnosti. Beograd, Rad, 1969; 101-105 (Reč i misao 265).

Видови и могућности дијалектичке критике. – Политика 20047, 27. јули 1969.

A. S. Bušmin, Metodologičeskie voprosy literaturovedečeskih issledovanij. – Arcadia (Berlin) V, 3, 1970; 305-306.

Anokin lik u Lazarevićevoj pripoveci na bunaru. (Pokušaj fenomenološke analize). – Umjetnost riječi XIV, 1-2, 1970; 119-128.

Devet metodoloških beleški. Teoretičari nemačke nauke o književnosti. – Трећи program Radio Beograda II, 3, 1970; 403-470.

Криза метода. Књижевно-теоријска мисао данас у свету. – Политика 20467, 26. септембар 1970.

Fenomenologija i kritika. – Savremenik (Beograd) XVII, 10, 1971; 275-279.

Fenomenološka misao u nauci o književnosti. – Gledišta 10, 1971; 1345-1354.

Geschichtlichkeit und Literaturbetrachtung. – Tiroler Tageszeitung, 26. Juni 1971.

Lenaus Gedicht »Der Ring«. Ansatzpunkte zu einer phänomenologischen Deutung. – Lenau-Forum III, 1-2, 1971; 9-12.

Marksistička književna kritika i fenomenologija. – Književna kritika i marksizam. Beograd, Institut za književnost i umetnost, Prosveta, 1971; 344-356 (Posebna izdanja III).

Предговор – Роман Ингарден. О сазнавању књижевног уметничког дела. Београд, Српска књижевна задруга, 1971; VII-XIII (Књижевна мисао 3).

Лингвистика и поетика. Поводом књиге проф. З. Лешића: "Језик и књижевно дело". – Политика 20946, 29. јануар 1972. Исто: Knjiga i nastava. Sarajevo 1972; 9.

Пред прагом искуства. Драгослав Андрић, Из Дневника, издање Просвете. Београд 1972. – Политика 21245, 25. новембар 1972.

Was ist in Frankreich eine Novelle. – Tiroler Tageszeitung, 24. Juni 1972.

Phänomenologie und Literaturwissenschaft. Skizzen zu einer wissenschaftstheoretischen Begründung. München, Fink, 1973; 243 S.

Hermeneutika i teorija vrednovanja. – Polja XIX, 171, 1973; 14-16.

Метод или визија. Светозар Петровић, Природа критике. Загреб 1972. – Политика 21374, 7. април 1973.

Предговор. – Волфганг Кајзер, Језичко уметничко дело. Прев. Зоран Константиновић. Београд, Српска књижевна задруга, 1973; 5-12 (Књижевна мисао 9).

Вредновање и периодизација. – Књижевна историја VI, 21, 1973; 171-178.

Вредновање и периодизација. – Политика 21533, 15. септембар 1973.

István Sötér, The Dilemma of Literary Science. Budapest, Akadémiai Kiadó, 1973. – Arcadia (Berlin) 9, 3, 1974; 300-302.

Može li se napisati istorija književnosti. – Gledišta XV, 9, 1974; 839-890. [Прилог у дискусији]

O Walteru Benjaminu i njegovom delu. – Walter Benjamin, Eseji. Beograd, Nolit, 1974; 9-23 (Biblioteka Sazvežđa 41).

Od Ingardena dalje. – Delo XX, 11, 1974; 1355-1376.

Habitus und Habitustheorie in der Literaturbetrachtung. – Akten des V. Internationalen Germanistenkongresses, Cambridge 1975. Hrsg. von Leonard Forster et al. Bern, Peter Lang, 1975; 145-149.

Књижевна критика и књижевна историја. Покушај осврта на садашњу методолошку ситуацију. – Филолошки преглед XII, 3-4, 1975; 25-32.

Über Ingarden hinaus ... Forschungsgeschichtliche Hinweise zur Entwicklung des phänomenologischen Ansatzes in der Literaturwissenschaft. – Zeitschrift für Literaturwissenschaft und Linguistik – LiLi (Göttingen) 5, Hft. 17, 1975; 25-34.

О савременим теоријама о упоредном проучавању књижевности. Замисли и остварења. – Упоредна истраживања 1. Београд, Институт за књижевност и уметност, 1976; 5-35 (Годишњак I, Сер. А: Компаративна изучавања српске књижевности 1).

Хусерловим траговима. Драган Стојановић, Феноменологија и вишезначност књижевног дела. Београд 1977. – Политика 23044, 1. децембар 1977.

Методолошка кретања у германо-југославистици (приступи проблемима књижевности). – Научни састанак слависта у Вукове дане 6, 1976, св. 3, 1977; 17-28.

Структурализам и наша поезија. Бергел Шулте о песмама Симе Пандуровића "Посмртне почасти". – Политика 23039, 24. новембар 1977.

Својеврстан приступ баштини. Драгиша Живковић, Европски оквири српске књижевности, II. Београд, Просвета, 1977. – Политика 22969, 15. септембар 1977.

Zur Diachronie und Synchronie der Germano-Jugoslavica: Wendel – Gesemann – Matl – Schmaus. – Anzeiger für Slavische Philologie (Graz) 9, 1977; 171-185.

Јединственост стваралачке поруке. Теорија комуникација сред моћи и стрепње електронског доба. – Књижевне новине 571, 25. новембар 1978; 1-2.

Der literarische Vergleich und die komparatistische Reflexion. Zur Theorie und Methode der Vergleichenden Literaturwissenschaft. – Beiträge zur Romanischen Philologie XVII, 1, 1978; 121-128.

Littérature et théorie des communications. – Relations 7, 1978; 94-95.

Predgovor. – Emil Štajger, Umeće tumačenja i drugi ogledi. Beograd, Prosveta, 1978; 7-27 (Biblioteka Književni pogledi).

Predgovor. – Hans Robert Jaus, Estetika recepcije. Izbor studija. Beograd, Nolit, 1978; 9-29.

Horizonti očekivanja srpske čitalačke publike. – Književna kritika X, 1, 1979; 77-85.

Наративност и историчност. Типолошка обележја Андрићеве "Травничке хронике". – Научни састанак слависта у Вукове дане 7, 1977, св. 2, 1979; 141-149.

Поруке песничке речи. Драган Недељковић, Миодраг Радовић, "Уметност тумачења поезије". Београд 1979. – Политика 23749, 17. новембар 1979.

Структура, модел, систем – македонска књижевност у контексту савремених истраживања. – VI научна дискусија, Охрид, август 1979. Скопје, Универзитет Кирил и Методиј, Семинар за македонски јазик, литература и култура, 1979; 54-63.

Теорија Мирослава Хроха и проблем периодизације македонске књижевности. – Зборник на трудовите од V научна дискусија, Охрид 1978. Скопје, Универзитет Кирил и Методиј, Семинар за македонски јазик, литература и култура, 1979; 209-219.

Erwartungshorizonte des serbischen Leserpublikums. – Teorija recepcije. Beograd, Institut za književnost i umetnost, 1980; 151-160 (Godišnjak III, Teorijska istraživanja 1).

Компаратистика као изазов естетици рецепције. – Књижевна реч IX, 152, 10. октобар 1980; 1 и 6.

О јединствености стваралачког поступка. – Књижевна реч IX, 136, 10. јануар 1980.

O smislu poređenja. Prilog metodološkoj diskusiji o komparatistici. – Izraz XXIV, knj. XLVII, 6; 524-537.

Појам вредности у развоју македонске науке о књижевности. – VII научна дискусија, Охрид, август 1980. Скопје, Универзитет Кирил и Методиј, Семинар за македонски јазик, литература и култура, 1980; 37-45.

Промене у савременој парадигми у науци о књижевности. – Зборник МС за књижевност и језик XXVIII, 1, 1980; 5-15.

Превага традиције над иновацијама. Савремени југословенски роман. [Анкета] – Књижевне новине 616, 25. децембар 1980; 16-17.

Unser methodologischer Augenblick. – Književna reč, međunarodno izdanje I, 1980; 8.

Adornova dijalektička misao prosvetiteljstva. Prilog kritičkoj analizi našeg trenutka. – Književna kritika XII, 3, 1981; 37-44.

Дијалогицитет и алтеритет. – Књижевна реч X, 159, 25. јануар 1981.

Gerceklesmemis Kendini Gerceklestrime. – Baglan (Istambul) 3, 1981; 147-158.

A kisérletezés végéröl. – Literatura (Budapest) 1-2, 1981; 25-30.

Опште у посебном. Системи родова и врста у нашој књижевности. – Књижевна реч 166, 10. мај 1981.

Das reine diarische Ich. Zu Theodor Haeckers »Tag- und Nachtbüchern 1939-1945«. – Untersuchungen zum Brenner. Festschrift für Ignaz Zangerle. Salzburg 1981; 229-241.

Fenomen narativnosti. O pripovedanju kao natkategoriji u nauci o književnosti. – Umjetnost riječi XXVI, 1-2, 1982; 91-98.

»Littérature comparée« et »comparaison littéraire«. – Сравнително Литературознание (София) 1, 1982; 43-51.

Мерило савремености. О одабрању живих југословенских писаца за Брокхауз. – Научни састанак слависта у Вукове дане 11, 1981, св. 2, 1982; 277-288.

Die Modelltheorie in der vergleichenden Betrachtung der literarischen Entwicklung bei den kleinen slawischen Völkern. – Wiener Slavistisches Jahrbuch XXVIII, 1982; 53-63.

О вредностима и сензибилитету. – Књижевна реч XI, 188, 10. мај 1982.

Verwandlung im Wandel. Komparatistische Betrachtungen zur Kategorie der Dialogizität und Alterität. – Dialogizität. Hrsg. von Renate Lachmann. München, Fink, 1982; 168-184.

Zur Bedeutung Freuds und der postfreudschen Psychoanalyse für die Literaturwissenschaft. – Texte (Innsbruck) I, 1982; 73-88.

Der heuristische Ausgangspunkt. Zur Frage der komparatistischen Theoriebildung. – Comparative Literary Studies. Essays presented to György Mihály Vajda on his seventieth birthday. Szeged 1983; 25-37.

Književno delo se ostvaruje kroz tekst. – Umetničko delo danas. Beograd, Rad, 1983; 38-42 (Estetičko društvo Srbije, Sveska 2).
Isto: Književna kritika XIV, 1, 1983; 13-16.

Literaturbetrachtung als Wissenschaft. – Die Geisteswissenschaften stellen sich vor. Innsbruck 1983; 181-192 (Veröffentlichungen der Universität Innsbruck 137).

Mehanizmi književne komunikacije. – Mehanizmi književne komunikacije. Beograd, Institut za književnost i umetnost, 1983; 7-20 (Godišnjak V, Teorijska istraživanja 2).
Isto: Književna kritika XIV, 5, 1983; 7-20.

Modellbildungen als Periodisierungsgrundlage. Entwurf zu einer mitteleuropäischen Literaturgeschichte. – Sprachkunst (Wien) XIV, 1983; 120-127.

Ново виђење књижевности. (Поводом Међународног научног симпозијума Института за књижевност, у Београду). – Политика 25139, 1. октобар 1983.

О теоријским развојима историје књижевности. – Izraz XXVII, knj. LIV, 9-10, 1983; 686-695.

Savremena naučna misao o simbolizmu. – Savremenik (Beograd) XXIX, 5-6, 1983; 387-396.

Шта су Срби читали читајући Гетеа ... – Симпозијум о Ј. В. Гетеу, Нови Сад, 29. и 30. X 1982. Нови Сад, Универзитет, 1983; 93-107.

Teorija sistema i modela u proučavanju jugoslovenskih književnosti u prvoj polovini XX stoljeća. – Komparativno proučavanje jugoslovenskih književnosti. Prir. Franjo Grčević. Zagreb 1983; 12-20.
Isto: Gesta (Varaždin) V, 17-19, 1983; 12-19.

Bachtins Begriff des Chronotopos. – Roman und Gesellschaft. Internationales Michail-Bachtin-Colloquium. Jena 1984; 109-117.

Elrud Ibsch (Hg.), Schwerpunkte der Literaturwissenschaft außerhalb des deutschen Sprachraums. Amsterdam 1982. – Deutsche Bücher I, 1984; 45-47.

О вредностима и сензибилитету. – Александар Јовановић, Како предавати књижевност. Београд 1984; 29-46 (Тумачење књижевности I).

Prisustvo fenomenologije u savremenoj metodološkoj misli nauke o književnosti. – Slavistična revija 32, št. 4, 1984; 293-302.

Текст у контексту. Компаратистичка размишљања уз нацрт за историју српске књижевности. – Зборник МС за славистику 26, 1984; 7-23.

У одбрану креативне критике. О методолошком приступу Светозара Петровића. – Књижевна реч 234, 25. мај 1984; 6-7.

Von der Schwierigkeit, die Eitelkeit zu überwinden. Das Urteil von Hildegard Knef als Paradigma des Starromans. – Erzählgattungen der Trivialliteratur. Hrsg. von Zdenko

406

Škreb, Uwe Baur. Innsbruck 1984; 251-261 (Innsbrucker Beiträge zur Kulturwissenschaft. Germanistische Reihe 18).

Wissenschaft und Utopie in der Literatur des 19. Jahrhunderts. – Propyläen Geschichte der Literatur, V. Berlin, Propyläen, 1984; 428-453.

Der auffindbare Sinn. Prolegomena zu einer Vergleichenden Literaturgeschichte Mitteleuropas. – Lenau-Forum (Wien) XVIII, 1-4, 1985; 5-12.

Бертольт Брехт и русский авангард. – Russian Literature (Amsterdam) XVIII, 1985; 103-112.

Ekspresionizam i fenomenologija. Postupak pesničke redukcije na primeru slovenačke poezije. – Obdobja, 5: Obdobje ekspresionizma v slovenskem jeziku, književnosti in kulturi. Ljubljana 1985; 91-97.

Художественное наследие Иво Андрича как посредник между славянским и неславянским миром. – Славянские культуры и мировой культурный процесс. Материалы научной конференции УНЕСКО. Минск 1985; 357-360.

Историчност литературе у историји друштва. – Књижевна реч 252, 10. март 1985.

Немачке књижевнотеоријске анализе приповедака српског реализма. – Научни састанак слависта у Вукове дане 14, 1984, т. 3, 1985; 227-239.

Neue Tendenzen der Literatur. Von der friedensstiftenden Funktion der Schriftsteller. – Pannonia XV, 5, 1985; 24-28.

O nekim komparatističkim prilozima. Festschrift für Nikola R. Pribić. Neuried 1983. – Filološki pregled 23, 14, 1985; 27-32.

Preobražaji rodovskih struktura. – Književni rodovi i vrste – teorija i istorija, I. Beograd, Institut za književnost i umetnost, 1985; 22-36 (Godišnjak VII, Teorijska istraživanja 3).
Isto: Književna kritika XVI, 5, 1985; 22-36.

Дискурз и противдискурз. Приповедање и казивање у Лазаревићевој причи "Ветар". – Научни састанак слависта у Вукове дане 15, 1985, т. 2, 1986; 5-12.

О дубинским димензијама интертекстуалности. – Теорија историје књижевности. Опште претпоставке. Београд, САНУ, 1986; 63-67 (Научни скупови XXXV, Одељење језика и књижевности 6).

О песниковом докучивању егзистенције. Милосав Шутић, Поезија и онтологија. Београд 1985. – Политика 26028, 22. март 1986.

Od imagologije do istraživanja mentaliteta. O jednom značajnom kretanju u savremenoj metodološkoj misli. – Umjetnost riječi XXX, 2, 1986; 137-142.

Phänomenologische Literaturbetrachtung. – Wörterbuch der Literaturwissenschaft. Leipzig, Bibliographisches Institut, 1986; 396 und 647.

Retrospektiven und Modelle. Anmerkungen zu einer bilateralen Betrachtungsweise der österreichisch-jugoslawischen Literaturbeziehungen. – Jugoslawien – Österreich.

Literarische Nachbarschaft. Innsbruck 1986; 19-24 (Innsbrucker Beiträge zur Kulturwissenschaft. Germanistische Reihe 28).

Slawistische Beiträge zur Theorie der Vergleichenden Literaturwissenschaft. – Pontes Slavici. Festschrift für Stanislaus Hafner zum 70. Geburtstag. Graz, Akademische Druck- u. Verlagsanstalt, 1986; 201-208.

Текстот во контекст. – Спектар IV, 8, 1986; 87-91.

Zeichen und Bedeutung. Ein Beitrag zur vergleichenden Methodenforschung. – Sensus Communis. Contemporary Trends in Comparative Literature. Tübingen, Gunter Narr, 1986; 39-47.

Artefakt i aktualitas. Hermeneutske refleksije u komparatistici. – Filozofska istraživanja 7, br. 4 (23), 1987; 1149-1156.

"Интертекстуалност" и "алтеритет". – Књижевна реч 300, мај 1987; 26.

Mesto Franca Meringa u socijalnom realizmu Slovenaca. – Obdobja, 7: Obdobje socialnega realizma v slovenskem jeziku, književnosti in kulturi. Ljubljana 1987; 61-65.

Artefact und actualitas. Zur hermeneutischen Reflexion in der Komparatistik. – Synthesis philosophica (Zagreb) 6, vol. 3, fasc. 2, 1988; 541-548.

Bild und Gegenbild. Ein Beitrag zur Imagologie der südosteuropäischen Völker in der Phase ihrer nationalen Wiedergeburt. – L'Europe et la conscience de la nationalité. Bonn 1988; 283-294 (Aachener Beiträge zur Komparatistik 8).

Interkulturni pristup književnosti. – Kultura 82-83, 1988; 5-8.

Komparatistički pogledi Antona Ocvirka u sistemu nauke o uporednom proučavanju književnosti. – Obdobja, 8: Sodobni slovenski jezik, književnost in kultura. Ljubljana 1988; 9-16.

Komparatistik und nationale Literaturgeschichtsschreibung. – Prinzipien der Literaturgeschichtsschreibung. Hrsg. von Reinhard Lauer, Horst Turk. Wiesbaden, Otto Harrassowitz, 1988; 49-57 (Opera Slavica NF 10).

Модерна компаратистика искључује једноставно позитивистичко схватање утицаја. – Књижевна реч 321, 10. мај 1988; 13-14. [Интервју]

Прилог аналитици лирског. Милосав Шутић, Лирско и лирика. Београд 1987. – Политика 26722, 27. фебруар 1988.

Prilog Franka Volmana teorijskom oblikovanju uporedne nauke o književnosti. – Slavia (Praha) 57, 4, 1988; 347-353.

Tekst u kontekstu. – Književna kritika XIX, 6, 1988; 5-10.

Chronotopos. – Glossarium der russischen Avantgarde. Hrsg. von Aleksandar Flaker. Graz, Wien 1989; 146-151.

Intertekst i alteritet. O savremenoj paradigmi u uporednoj književnosti. – Izraz 33, knj. 65, 1-2, 1989; 1-10.

Komparatistische Probleme einer mitteleuropäischen Koine. – Lenau-Forum XXII, 1-4, 1989; 79-88.

Tekst u kontekstu. – Tekst u kontekstu. Beograd, Institut za književnost i umetnost, 1989; 5-10 (Godišnjak XI, Ser. C: Teorijska istraživanja 5).

Уклети песник. Поезија између ангажмана и дезангажмана. – Новија српска књижевност и критика идеологије. Београд, Ниш, САНУ, 1989; 165-170 (Научни скупови XLVI, Одељење језика и књижевности 10).

Literaturbetrachtung als Fortsetzung kosmopolitischen Denkens. Zur Überwindung der philologischen Ausrichtung des 19. Jahrhunderts. – Gespräche der Fakultäten – Interdisziplinarität. Innsbruck 1990; 85-90 (Veröffentlichungen der Universität Innsbruck 174).

Positivistische Literaturbetrachtung. – Literaturwissenschaftliche Betrachtungsweisen, I. Bern, Peter Lang, 1990; 7-51. (Langs Germanistische Lehrbuchsammlung 65, I).

Figurationen mitteleuropäischer Geistigkeit. Versuch einer literarhistorischen Periodisierung. – Südostdeutsche Vierteljahresblätter (München) 40, 1, 1991; 3-8.

Die Postmoderne (Über die Homogenisierung eines Begriffes). – Razprave SAZU, Razred za filološke in literarne vede XIV, 1991; 69-92.

Расточење. Литерарно докучивање једног егзистенцијалног садржаја националне судбине. – Научни састанак слависта у Вукове дане 20, 1990, т. 1, 1991; 305-313.

Die Transformanz des Zeichens. Zum interdisziplinären Forschungsbereich der Komparatistik. – Georg Mayer zum 60. Geburtstag. Hrsg. von Ursula Bieber, Alois Woldan. München, Otto Sagner, 1991; 35-43 (Sagners Slawistische Sammlung 16).

Über die Grenzen hinaus: Von den Möglichkeiten der Komparatistik. – Zeitschrift für Germanistik, NF 3, 1991; 502-509.

Алтеритет: о феномену другојачења у науци о књижевности. [Mit einer Zusammenfassung in deutscher Sprache: Alterität: Zum Phänomen des Andersseins in der Literaturwissenschaft.] – Зборник Матице српске за књижевност и језик (Нови Сад) 40, 1, 1992; 5-11.

Das Anderswerden der Konkretisation: Zum Problem der Alterität in der Vergleichenden Literaturwissenschaft. – Europa provincia mundi: essays offered to Hugo Dyserinck. Hrsg. von Karl Ulrich Syndram. Bonn, Berlin, Bouvier, 1992; 273-280.

Figurationen mitteleuropäischer Geistigkeit: Versuch einer literarhistorischen Periodisierung. – Die deutsche Literaturgeschichte Ostmittel- und Südosteuropas von der Mitte des 19. Jahrhunderts bis heute: Forschungsschwerpunkte und Defizite. Hrsg. von Anton Schwob. München, Südostdeutsches Kulturwerk, 1992; 9-18 (Wissenschaftliche Arbeiten 54).

Intertext and alteration: On the modern paradigm in comparative literature. – La cultura italiana e le letterature straniere moderne. A cura di Liana Borghi. Bologna, Università di Bologna; Ravenna, Longo editore, 1992; II, 83-90.

Књижевна узајамност: компаратистика је у предности да једну појаву види у много ширем склопу. – Дневник (Нови Сад), 6. мај 1992; 17.

Monokultureller Wissenschaftsanspruch versus kulturelle Multinationalität: Zum Verhältnis zwischen "interkultureller Germanistik" und Komparatistik. – Comparative Literature and European Studies. Hrsg. von Hugo Dyserinck, Karl Urlich. Bonn, Berlin, Bouvier, 1992; 281-288.

Српска књижевност у европском контексту: грађење новог методског приступа. – Зборник у част Војислава Ђурића. Београд, Филолошки факултет, Филозофски факултет, Институт за књижевност и уметност, 1992; 311-323.

Zur Terminologiebildung der interliterarischen Beziehungen: Begriffsbestimmungen der österreichisch-russischen Wechselseitigkeit. – Sprachkunst (Wien) 23, 1, 1992; 15-24.

Контекст. – Српски књижевни магазин 2, 2, 1993; 9-10.

Откривање света кроз знакове: Бранислава Милијић, семиотичка естетика. Проблеми – могућности – ограничења. Београд 1993. – Књижевне новине 875, 15. децембар 1993.

Traditionen und Innovationen – Literarische Entwicklungswege in Südosteuropa. – Deutschland und die Völker Südosteuropas. Festschrift für Walter Althammer zum 65. Geburtstag. Hrsg. von Hans Peter Lins, Roland Schönfeld. München, Südosteuropa-Gesellschaft, 1993; 407-416 (Südosteuropa-Jahrbuch 23).

Auf der Suche nach dem Systemzusammenhang: Archetext – Intertext – Kontext. – Celebrating Comparativism. Papers offered for György M. Vajda and István Fried. Szeged 1994; 207-217.

Germanistik und Komparatistik: Wege zu einer übernationalen Sehweise. – Lesen und Schreiben: Literatur – Kritik – Germanistik. Festschrift für Manfred Jurgensen zum 55. Geburtstag. Hrsg. von Volker Wolf. Tübingen, Basel 1995; 103-109.

О неумољивостима историјског дискурза: асоцијације при поновном читању "Ембахада". [Mit einer Zusammenfassung in deutscher Sprache: Über die Unerbittlichkeit des historischen Diskurses: Assoziationen bei der erneuten Lektüre der "Embahaden".] – Модерно у прозном дискурсу српске књижевности 20. века. Научни састанак слависта у Вукове дане 23, 1, 1995; 5-14.

Развој српске литературе: Драгиша Живковић. Европски оквири српске књижевности. Београд, Просвета, 1995. – Политика, 23. децембар 1995.

Лепота као хармонична целовитост: прилог феноменолошкој теорији слојева у науци о књижевности. – Ка филозофији уметности: у спомен Милану Дамњановићу. Уредник Бранислава Милијић. Београд 1996; 195-201.

Велики компјутерски подухват: Gerhard Neweklowsky, Dositej Obradović, Leben und Abenteuer. Erster Teil, Leipzig 1783. Konkordanzen. Wortlisten. Wien, Verlag der Österreichischen Akademie der Wissenschaften, 1995. – Задужбина 36, 1996; 14.

Књижевност као алтернативна идеологија: о једном аспекту светске књижевности. [Mit einer Zusammenfassung in deutscher Sprache: Literatur als alternative Ideologie: Ein Aspekt der Weltliteratur.] – Из књижевности: поетика, критика, историја: зборник радова у част академика Предрага Палавестре. Уредио Миодраг Матицки. Београд, Институт за књижевност и уметност, 1997; 465-475.

Komparatistik als Textwissenschaft. – Kritische Fragen an die Tradition. Festschrift für Claus Träger. Hrsg. von Marion Marquardt et al. Stuttgart, Akademischer Verlag Stuttgart, 1997; 260-270 (Stuttgarter Arbeiten zur Germanistik 340).

A rendszerek osszefuggesei keresve. – Utak a komparatisztikàban (az össezehasonlito irodalomtudomàny uj-reggi kerdesei). Hrsg. von Istvan Fried. Szeged, Acta Universitatis Segediensis, 1997; 25-38.

Komparatistik als Methode. – Zadravcev zbornik. Slavistična revija (Ljubljana), 1998; 313-322.

Littérature allemande et transferts culturels dans l'espace sud-slave. – Les littératures de langue allemande et de l'Europe centrale: des Lumières a nos jours. Sous la direction de Jacques Le Rider et Fridrun Rinner. Paris, Presses Universitaires de France, 1998; 203-224.

О причи и причању. – Политика 30450, 1. август 1998; 40.

Zum gegenwärtigen Augenblick der Komparatistik: Der Weg zur Intertextualität. – Chloe: Beiheft zu Daphnis. Festschrift für Alberto Martino. Hrsg. von Norbert Bachleitner et al. Amsterdam, Rodopi-Atlanta, 1998; 889-900.

Zum Geleit. – Clemens Sedmak, Peter Tschugnall, Sie haben nur ihre Zeichen: Semiotik – Literaturwissenschaft – Theologie. Salzburg, Müller-Speiser, 1998; V-VI.

"Tirk oder Griech": Zur Kontamination ihrer Epitheta. – Europäischer Völkerspiegel: Imagologisch-ethnographische Studien zu den Völkertafeln des frühen 18. Jahrhunderts. Hrsg. von Franz Karl Stanzl. Heidelberg, Universitätsverlag Winter, 1999; 302-314.

Stvarnost i imaginarno istorijsko mišljenje. – Srpska politička misao 1-2, 1999; 69-78.

3. Literaturregionen

3.1. Mitteleuropa

Petöfi ma. – Irodalomtörténet (Budapest) 1, 1973; 81-83.

Der Expressionismus in der Litteratura Danubiana. – Neohelicon (Budapest) II, 3-4, 1974; 420-422.

Literarische Strukturen des Donauraumes. – Der Donauraum (Wien) 1-2, 19. Jg., 1974; 71-76.

La littérature danubienne: approche méthodologique d'une littérature comparée régionale. – Actes du VIe Congrès de l'Association d'une littérature comparée régionale, Bordeaux 1970. Stuttgart 1975; 749-751.

Im Spannungsfeld von Futurismus, Expressionismus und Surrealismus. Eine komparatistische Aufgabenstellung. – »Expressionismus« im Europäischen Zwischenfeld. Hrsg. von Zoran Konstantinović. Innsbruck, Innsbrucker Gesellschaft zur Pflege der Geisteswissenschaften, 1978; 17-26 (Innsbrucker Beiträge zur Kulturwissenschaft. Sonderheft 43).

Das europäische Zwischenfeld. Von einer Schwerpunktbildung der österreichischen Komparatistik – Sprachkunst (Wien) X, 1979; 69-78.

Zur literarischen Umgrenzung des pannonischen Raumes. Modelle im europäischen Zwischenfeld. – Lenau-Almanach (Wien), 1979; 128-145.

Zur Literaturtypologie des europäischen Zwischenfelds. – Die andere Welt. Aspekte der österreichischen Literatur des 19. und 20. Jahrhunderts. Festschrift für Hellmuth Himmel zum 60. Geburtstag. Berlin, München 1979; 29-38.

Modellbildungen als Periodisierungsgrundlage. Entwurf zu einer mitteleuropäischen Literaturgeschichte. – Sprachkunst (Wien) XIV, 1983; 120-127.

Die »pannonische Synthese«. Die Grazer Doktorarbeit von Ivo Andrić. – Pannonia XII, 2, 1984; 4-6.

Pannonische Trilogie. Zum Leben und Werk des »wiederentdeckten« Miroslav Krleža (1893-1981). – Die Presse (Wien), 7. Juli 1984.

Der auffindbare Sinn. Prolegomena zu einer Vergleichenden Literaturgeschichte Mitteleuropas. – Lenau-Forum (Wien) XVIII, 1-4, 1985; 5-12.

Typologien mitteleuropäischer Geistigkeit. Zwei Thesen zur Karl-Kraus-Rezeption bei den Südslawen. – Burgen – Regionen – Völker. Festschrift für Hieronymus Riedl zur Vollendung des 80. Lebensjahres. Wien 1985; 35-40.

Milan Kundera i »Srednja Evropa«. – Odjek XXXIX, 22, 1986; 7-8.

Formen gemeinsamer Bewußtseinsbildung in der Habsburgermonarchie. – Études Danubiennes (Strasbourg) 2, 1987; 169-177.

Für das literarische Leben nationaler Minderheiten. – Panorama 2, 1987; 13.

Grenzüberschreitungen in der Literatur. – Mitteleuropa. Ein Gespenst geht um ... Hrsg. von Hans-Albert Steger, Renate Morell. München 1987; 175-182.

Milan Kundera i »Srednja Evropa«. – Dijalog 6, 1987; 12-16.

Mitteleuropa: Un ambitio regionale nella ricerca comparata. – Storiografia e scritture. A cura di Maria Enrica d'Agostini, Marino Freschi, Gertrude Kothanek. Napoli 1987; 61-79.

Österreichisches in der nichtösterreichischen Literatur. Eine Marginalie zur Wesensbestimmung des mitteleuropäischen Kulturraumes. – Dialog der Epochen. Studien zur Literatur des 19. und 20. Jahrhunderts. Hrsg. von Eduard Beutner. Wien 1987; 35-42.

Tenir la Mitteleuropa à l'écart des combinaisons politiques ... [Discussion]. – Mitteleuropa. Pour ou contre l'Europe. Paris, Centre de recherches sur les sociétés allemande et autrichienne aux XIXe et XXe siècles, 1987; 65-66 (Publications de l'Institut d'Allemand, Université de la Sorbonne Nouvelle 6).

Tradition und Neubesinnung. Zur mitteleuropäischen Literatur der Gegenwart. – Mitteleuropa. Spuren der Vergangenheit – Perspektiven der Zukunft. Innsbruck 1987; 91-95.

»Doch Verweile auf der Vorwelt unser Blick.« Lenau als geistige Grenzbestimmung mitteleuropäischen Denkens. – Lenau-Forum, 1986/87, 1988; 5-8.

Milo Dors Platz in der mitteleuropäischen Literatur. – Milo Dor. Beiträge und Materialien. Hrsg. von Helmuth A. Niederle. Darmstadt, Paul Zsolnay, 1988; 33-43.

Manès Sperber und Miroslav Krleža. Eine mitteleuropäische Parallele. – Literatur und Kritik 233/234, 1989; 95-103.

Srednja Evropa. Argumenti in protiargumenti. – Naši razgledi (Ljubljana) 24, 1989; 725-726.

Srednja Evropa. Argumenti i protivargumenti. – Republika XLV, 9-10, 1989; 65-70.

Tirol und Mitteleuropa. – Tirol im 20. Jahrhundert. Festschrift für Viktoria Stadlmayer. Bozen 1989; 125-129.

Zur Hungarica in der Zeitschrift »Wort in der Zeit«. – Theorien, Epochen, Kontakte. Festschrift zum 60. Geburtstag von Antal Mádl. Budapest 1989; 51-61 (Budapester Beiträge zur Germanistik 19).

Mitteleuropäische Literatur und kulturelle Identität. – Mitteleuropäische Perspektiven. Hrsg. von Arno Truger, Thomas H. Macho. Wien 1990; 17-31.

Подунавље као подручје сродног литерарног стваралаштва. – Задужбина 9, 1990; 6.

»Die Rückkehr des Filip Latinowicz«. Zum Palimpsest einer pannonischen Identitätssuche. – Künstlerische Dialektik und Identitätssuche. Literaturwissenschaftliche Studien zu Miroslav Krleža. Hrsg. von Reinhard Lauer. Wiesbaden, Otto Harrassowitz, 1990; 123-142. (Opera Slavica NF 19).

Vergleichende Literaturforschung in Mitteleuropa. – Österreichische Hochschulzeitung 9, 1990; 25.

Danube Basin as the Area of Related Literary Creativity. – Danubius (Belgrade) 1-2, 1991; 13-14.

Figurationen mitteleuropäischer Geistigkeit. Versuch einer literarhistorischen Periodisierung. – Südostdeutsche Vierteljahresblätter (München) 40, 1, 1991; 3-8.

Franz Theodor Csokors Stück »Der 3. November 1918«. Vom Wandel des historischen Verständnisses der Habsburger Monarchie. – Immer ist Anfang. Der Dichter Franz Theodor Csokor. Hrsg. von Joseph P. Strelka. Bern, Peter Lang, 1991; 65-74.

Gibt es eine mitteleuropäische Literatur? – Europa und Mitteleuropa. Eine Umschreibung Österreichs. Hrsg. von Andreas Pribersky. Wien 1991; 201-212.

413

Italienische Literatur und Mitteleuropa. Abgrenzung und Aufhebung. – Italienisch-europäische Kulturbeziehungen im Zeitalter des Barock. Tübingen 1991; 47-54 (Stauffenberg Colloquium 23).

Literaturproduktion unter veränderten Bedingungen. Die mitteleuropäischen Schriftsteller vor neuen Aufgaben. – Politicum (Graz) 11, 50, 1991; 60-63.

Морамо да се бранимо. Наша култура као део средњоевропског духовног простора. – Политика 27768, 27. јануар 1991. [Интервју]

Universitas complex. Überlegungen zu einer Literaturgeschichte Mitteleuropas. – »Kakanien«. Aufsätze zur österreichischen und ungarischen Literatur, Kunst und Kultur um die Jahrhundertwende. Budapest, Wien 1991; 9-30 (Schriftenreihe der österreichisch-ungarischen Kommission für Literaturwissenschaft 32).

Ein Wort des Dankes und der Besinnung. – Pannonia XVIII, 5, 1990/91; 19-20 [Symposium Mitteleuropäischer Raum – Gegenwart und Zukunft].

Интердисциплинарност у науци о књижевности: компаратистичко виђење проблема. – Зборник Матице српске за књижевност и језик (Нови Сад) 39, 3, 1991; 502-509.

Figurationen mitteleuropäischer Geistigkeit: Versuch einer literarhistorischen Periodisierung. – Die deutsche Literaturgeschichte Ostmittel- und Südosteuropas von der Mitte des 19. Jahrhunderts bis heute: Forschungsschwerpunkte und Defizite. Hrsg. von Anton Schwob. München, Südostdeutsches Kulturwerk, 1992; 9-18 (Wissenschaftliche Arbeiten 54).

Југословени и "Средња Европа". – Луча (Никшић) 1, 1992; 90-97.

Lenau im Blickpunkt der Mitteleuropa-Diskussion. – Lenau zwischen Ost und West. Hrsg. von Alexander Stillmark, Fred Wagner. Stuttgart, Akademischer Verlag, 1992; 29-50.

Die Literatur in Mitteleuropa der Zwanziger Jahre. – La Mitteleuropa negli anni venti: cultura e società. A cura di Quirion Principe. Gorizia, Istituto per gli incontri culturali mitteleuropei, 1992; 83-97.

La Serbie et l'Europe Centrale. – Le peuple serbe en Yougoslavie, dans les Balkans et en Europe. Colloque organisé par la Section de Russe et Serbo-Croate à l'Université de Nancy II les 6 et 7 décembre 1990. Éd. par le Ministère de l'information de la République de Serbie et al. Belgrade 1992; 115-122.

Србија и "Средња Европа". – Политика, 20. јуни 1992.

Tirolska in Srednja Evropa. – Koledar Mohorjeve družbe v Celovcu 1993. Celovec (Klagenfurt) 1993; 71-74.

Les Slaves du Sud et la Mitteleuropa. – Revue germanique internationale 1, 1994; 45-60.

Verspielte Chancen mitteleuropäischer Literaturausblicke: Über die Zukunft regionaler Literaturen. – Identität und Nachbarschaft: Die Vielfalt der Alpen-Adria Länder. Hrsg. von Manfred Prisching. Wien etc. 1994; 219-252.

414

Србија је део Европе: зборник о културној баштини Европе: немачки филозофи не мисле као немачки политичари. – Политика, 30. септембар 1995.

Wie Träumer Realisten wurden: Von der Situation der Literatur in den Reformländern. – Kulturelle Interaktionen Ost-West 1985-1995. Hrsg. von der Paul Lazarsfeld Gesellschaft für Sozialforschung. Wien 1995; 47-62.

Die Wiener Moderne im Bewußtsein der slawischen Völker. – Slavica in honorem Slavomiri Wollman septuagenenarii. Slavia (Praha) 64, 1-2, 1995; 63-74.

Империја – лимес – варвари: у античко рухо заоденути појмови Фридриха Наумана. – Економика 3, 1996; 162-163.

Место Срба у средњоевропском кругу културе [English abstract: The place of Serbs in the Central European circle of culture]. – Европа и Срби: међународни научни скуп 13-15. децембра 1995. Одговорни уредник Славенко Терзић. Београд, Историјски институт САНУ; Нови Сад, Православна реч, 1996; 61-70 (Зборник радова Историјског института САНУ 13).

Место Срба у средњоевропском кругу културе. – Књижевне новине 926, 15. март 1996; 1, 6.

Vom Werden einer Metropole. Anmerkungen zum Thema "Wien als Magnet". – Wien als Magnet? Schriftsteller aus Ost-, Ostmittel- und Südosteuropa über die Stadt. Hrsg. von Gertraud Marinelli-König, Nina Pavlova. Wien, Verlag der Österreichischen Akademie der Wissenschaften, 1996; 21-33 (Sitzungsberichte. Philosophisch-historische Klasse 637. Veröffentlichungen der Kommission für Literaturwissenschaft 17).

Auf der Suche nach dem kollektiven Bewußtsein Bosniens: Geschichtlichkeit und konkrete historische Erfahrung im literarischen Diskurs. – Der Kampf um das Gedächtnis: Öffentliche Gedenktage in Mitteleuropa. Hrsg. von Emil Brix. Wien, Böhlau, 1997; 377-394.

Helmut Reinalter (Hg.), Europaideen im 18. und 19. Jahrhundert in Frankreich und Zentraleuropa. Frankfurt, Wien, Peter Lang, 1994. – Aufklärung – Vormärz – Revolution 16-17, 1996/97; 381.

Милован Ђилас – идеја о Средњој Европи. – Итака 2, 1, 1997; 144-147.

Das Mitteleuropa-Verständnis in der Literatur der Gegenwart. – Mitteleuropa – Idee, Wissenschaft und Kultur im 19. und 20. Jahrhundert. Beiträge aus österreichischer und ungarischer Sicht. Hrsg. von Richard G. Plaschka et al. Wien, Verlag der Österreichischen Akademie der Wissenschaften, 1997; 73-89 (Sitzungsberichte. Philosophisch-historische Klasse. Zentraleuropa-Studien 44).

Das Projekt "Mitteleuropa" in der neuen Architektur Europas. – Die neue Architektur Europas. Hrsg. von Helmut Reinalter. Thaur, Wien, Verl.-Haus Thaur, 1997; 53-65 (Interdisziplinäre Forschungen 4).

Hermann Broch und der Mitteleuropa-Gedanke. – Hermann Broch: Perspektiven interdisziplinärer Forschung. Hrsg. von Arpad Bernath et al. Tübingen, Stauffenberg Colloquium, 1998; 79-94.

Српска књижевност у систему средњоевропске књижевности. [Mit einer Zusammenfassung in deutscher Sprache: Die serbische Literatur im System der Mitteleuropäischen Literatur.] – Глас САНУ CCCLXXXV. Одељење језика и књижевности 17, 1998; 77-89.

Variationen der Mitteleuropaidee 1848 und danach. – 1848 Revolution in Europa: Verlauf, politische Programme, Folgen und Wirkungen. Hrsg. von Heiner Zimmermann. Berlin, Drucker und Humblot, 1999; 367-379 (Dokumente und Schriften der Europäischen Akademie Oetzenhausen 87).

Vom Erleben eines Kulturraumes: Lenau – Eminescu – Radičević. – Temeswarer Beiträge zur Germanistik 2, 1999; 44-53.

3.2. Südosteuropa

Diskussionsbeitrag: Mathias Bernath, Anfänge der Nationenbildung an der unteren Donau. – Südosteuropa Jahrbuch 5: Die Donau in ihrer geschichtlichen, wirtschaftlichen und kulturellen Bedeutung. München 1961; 58-59.

Die Volkspoesie des europäischen Südostens. Begriff und Deutung. – Die Volkskultur der südosteuropäischen Völker. München, Südosteuropa Verlagsgesellschaft, 1962; 10-17 (Südosteuropa Jahrbuch 6).

Neueste jugoslawische Beiträge zur Erforschung der deutsch-südslawischen Kulturbeziehungen. – Die Kultur Südosteuropas, ihre Geschichte und ihre Ausdrucksformen. Vorträge, gehalten auf der Balkanologen-Tagung der Südosteuropa-Gesellschaft zu München vom 7.-10. November 1962. Wiesbaden, Otto Harrassowitz, 1964; 119-160 (Südosteuropa-Schriften 6).

Научна мисао о Балкану. – Политика 19008, 4. новембар 1966.

Valjavec Fritz, Geschichte der deutschen Kulturbeziehungen zu Südosteuropa IV. Das 19. Jahrhundert. München, R. Oldenbourg, 1965. – Südostforschungen XXVII, 1968; 396-399.

Jugoslawische Beiträge zur Balkanologie und Südosteuropaforschung. – Deuxième Congrès international des études sud-est européennes. Athènes, Association internationale des études sud-est européennes, 1970; 3-16. [Kongreßunterlagen]

У свету суседа. Потреба упоредног проучавања књижевности балканских народа. – Политика 20355, 6. јуни 1970.

Jugoslawische Beiträge zur Balkanologie und Südosteuropaforschung. – Actes du Deuxième Congrès international des études sud-est européennes, Athènes, 7-13 mai 1970, 1: Rapports. Athènes, Association internationale des études sud-est européennes, 1972; 251-266.

Das vergleichende Studium der Literaturen Südosteuropas. Symposion des Wissenschaftlichen Beirates der Südosteuropa-Gesellschaft, München 1971. München 1972; 143-149.

Petöfi ma. – Irodalomtörténet (Budapest) 1, 1973; 81-83.

Von der Wiedergeburt der südosteuropäischen Völker aus dem Geiste der Romantik. – Mitteilungen der Südosteuropa-Gesellschaft 1-2, 13. Jg., 1973; 51-60.

Le conditionnement social des structures littéraires chez les peuples sud-est européens à l'époque du romantisme. – Synthesis (Bucureşti) 1, 1974; 131-137.

Die Entdeckung des slawischen Mediterrans in der deutschen Literatur. – Most (Zagreb) 39-40, 1974; 176-185.

Књижевност у служби националног препорода. Прилог типолошком проучавању српског романтизма. – Зборник радова наставника и студената, поводом стогодишњице оснивања и двадесетогодишњице обнављања Катедре за светску књижевност на Београдском универзитету. Београд, Универзитет, 1975; 199-214.

Zum Begriff der Romantik in den südosteuropäischen Literaturen. – Teilnahme und Spiegelung. Festschrift für Horst Rüdiger. Berlin, New York 1975; 527-539.

Von der Ausstrahlung deutscher Literatur in Südosteuropa. Anmerkungen zu einer Wirkungsgeschichte. – Rezeption der deutschen Gegenwartsliteratur im Ausland. Tagungsbeiträge eines Symposiums der Alexander von Humboldt Stiftung 1975. Stuttgart, Berlin, Kohlhammer, 1976; 117-124.

Geschichtlichkeit und Narrativität. Ein Beitrag zur vergleichenden Epenforschung der südosteuropäischen Völker. – Synthesis (Bucureşti) VI, 1979; 17-25.

Österreichische Projekte zur vergleichenden Untersuchung der Literaturen Südosteuropas. – Südosteuropaforschung in der Bundesrepublik Deutschland und in Österreich. Bonn, Deutsche Forschungsgemeinschaft, 1979; 77-90.

Expressionismus in Südosteuropa. Fragen der Gemeinsamkeiten. – Actes du VIIe Congrès de l'Association Internationale de Littérature Comparée, 1976. Budapest, Akademiai Kiadó, 1980; 715-719.

Literatur der nationalen Wiedergeburt: Aufklärung und Romantik bei den Völkern Südosteuropas. – Propyläen Geschichte der Literatur. Berlin, Propyläen, 1983; 433-455.

Alexandru Duţu: European Intellectual Movements and Modernization of Romanian Culture. Bucureşti 1981. – Canadian Review of Comparative Literature, September 1985; 546-548.

Der Balkan in der deutschen Reisebeschreibung in Wort und Bild bei Felix Philipp Kanitz. – Mitteilungen des Bulgarischen Forschungsinstitutes in Österreich VII, 2, 1985; 13-22.

Der literarische Bezugspunkt. Zum Komplex der deutschen Literatur im Prozess der nationalen Wiedergeburt Südosteuropas. – Akten des VII. Internationalen Germanistenkongresses, Göttingen 1985, Bd. 9. Tübingen 1985; 85-90.

Realisierte Hypothesen. Zu Gerhard Gesemanns Vorstellungen von einer vergleichenden Erforschung der südosteuropäischen Region. – Festschrift für Wolfgang Gesemann, Bd. 3: Beiträge zur slawischen Sprachwissenschaft und Kulturgeschichte. München, Hieronymus, 1986; 177-187 (Slavische Sprachen und Literatur 8).

Schiller im literarischen Bewußtseinswandel der südosteuropäischen Völker. – Schiller. Angebot und Diskurs. Zugänge, Dichtung, Zeitgenossenschaft. Hrsg. von Helmut Brandt. Berlin, Weimar 1987; 128-138.

Bild und Gegenbild. Ein Beitrag zur Imagologie der südosteuropäischen Völker in der Phase ihrer nationalen Wiedergeburt. – L'Europe et la conscience de la nationalité. Bonn 1988; 283-294 (Aachener Beiträge zur Komparatistik 8).

Христо Ботев – един звездин миг. – Информационен Бюлтен. X международен конгрес на слависте. София 1988; 3-4.

Христо Ботев и Херман Вендел. – Литературна мисъл (София) XXXII, 5, 1988; 100-105.

Vuk Karadžićs Wirken und Werk als südosteuropäisches Kulturmodell. – Südosteuropa-Mitteilungen 28, 1, 1988; 50-55.

Geo Milev im Kontext des südslawischen Expressionismus. – Miscellanea Bulgarica (Wien) 7: Teodor Trajanov (1882-1945) – Geo Milev (1895-1925) und die deutschsprachige Literatur, 1989; 105-110.

Literarische Typologien nationaler Bewußtseinsstrukturen in Südosteuropa. – Sixième Congrès international d'études sud-est européennes. Résumés des communications: Arts, Droit, Ethnologie, Instruments de travail, Littérature, Tables rondes, Linguistique. Sofia, Association internationale des études sud-est européennes, Académie bulgare des sciences, 1989; 153.

Той ме очарова (Христо Ботев). – Поглед (София) 1, 1989; 11.

Vuk Karadžićs Wirken und Werk als südosteuropäisches Kulturmodell. – Vuk Stefanović Karadžić (1787-1987). Beiträge zur Feier seines 200. Geburtstages. München, Südostdeutsches Kulturwerk, 1989; 33-48 (Veröffentlichungen des Südostdeutschen Kulturwerks, Reihe D: Kleine Südost-Reihe 17).

Von der Einheit literarischer Vielfalt in Südosteuropa zur Entwicklung eines Forschungsgebietes. – Balcanica XXI, 1990; 33-38.

Literatur als Weg zur nationalen Selbsterkenntnis. Ein Blick auf Südosteuropa. – Literatur und Kritik 251-252, 1991; 55-62.

Südosteuropa – Politisches Spannungsfeld und geistiger Ausstrahlungsraum. – Südosteuropa Mitteilungen 3, 31. Jg., 1991; 173-180.

Der südosteuropäische Modernismus und seine europäischen Verbindungen. – Die Moderne in den Literaturen Südosteuropas. Hrsg. von Reinhard Lauer. München, Südosteuropa-Gesellschaft , 1991; 15-23 (Südosteuropa-Jahrbuch 20).

Orientierung über den Balkan. Innsbruck 1993; 56 S. (Veröffentlichungen der Universität Innsbruck 199).

Traditionen und Innovationen – Literarische Entwicklungswege in Südosteuropa. – Deutschland und die Völker Südosteuropas. Festschrift für Walter Althammer zum 65. Geburtstag. Hrsg. von Hans Peter Lins, Roland Schönfeld. München, Südosteuropa-Gesellschaft, 1993; 407-416 (Südosteuropa-Jahrbuch 23).

Forschungsschwerpunkt: Deutsche Literatur in Südosteuropa: Zusammenfassung und Ausblick. – Methodologische und literarhistorische Studien zur deutschen Literatur Ostmittel- und Südosteuropas. Hrsg. von Anton Schwob et al. München, Süddeutsches Kulturwerk, 1994; 9-23 (Veröffentlichungen des Südostdeutschen Kulturwerks, Reihe B: Wissenschaftliche Arbeiten 67).

Балкан као хронотоп. – Меридијан 4, 1997; 16-19.

Das Phänomen der zweifachen Verdrängung: Vom Renaissancehumanismus zum Barockhumanismus in Südosteuropa. – Verdrängter Humanismus – verzögerte Aufklärung. Hrsg. von Michael Benedikt et al. Klausenburg (Cluj), Napoca, 1997; 679-706 (Editura Triade).

Балкан као хронотоп. [Mit einer Zusammenfassung in deutscher Sprache: Der Balkan als Chronotopos.] – Сусрет или сукоб цивилизација на Балкану: Међународни научни скуп 10-12. децембар 1997. Одговорни уредник Славенко Терзић. Београд, Историјски институт САНУ; Нови Сад, Православна реч, 1998; 87-93 (Зборник радова Историјског института САНУ 16).

Литература као просторни систем: компаративна размишљања о месту македонске књижевности у сфери медитерана. – Македонска литература и култура во контекст на медитеранската културна сфера. Прир. Милан Гурчиноц, Борис Петковски, Елизабета Селева. Скопје, Македонска академија на науките и уметностите, 1998; 77-86 (Компаратистичко проучавање на македонската литература и уметност во XX век 3).

Jena und der südosteuropäische Raum: Eine traditionsreiche Beziehung. – Uni-Journal Jena, November 1998; 13.

Südosteuropa als Gegenstand literaturwissenschaftlicher Forschung. – Handbuch der Südosteuropa-Linguistik. Hrsg. von Uwe Hinrichs. Wiesbaden, Harrassowitz, 1999; 1009-1018 (Slavistische Studienbücher 10).

4. Wege zur Weltliteratur

Космополитизам и национализам у савременој литератури. Белешке са Међународног конгреса за упоредну књижевност у Фрибургу. – Политика 18304, 20. септембар 1964.

Conceptions de l'enseignement des langues étrangères au point de vue de la politique culturelle. – Nouvelles 28-29, 1966; 25-29.

Drama unserer Zeit im Drama unserer Zeit. – Die Zeit (Hamburg), 25. September 1968.

Језици света и светски језици. У Загребу ће се ускоро одржати X међународни конгрес професора страних језика. – Политика 19551, 10. март 1968.

Мостови језикословни. – Политика 19853, 12. јануар 1969.

Књижевност у свету. Поводом најновијег броја "Свезака" Београдског института за књижевност и уметност. – Политика 20652, 3. април 1971.

Из дискусије [уз чланак] *Велимир Михаиловић. Лексика несловенског порекла у предвуковској епоси.* – Научни састанак слависта у Вукове дане 2, 1972; 51.

Expressionism and the South Slavs. – Expressionism as an International Literary Phenomenon. Ed. by Ulrich Weisstein. Budapest, Akadémiai Kiadó; Paris, Marcel Didier, 1973; 259-268 (A Comparative History of Literatures in European Languages 1).

Literaturgeschichte als Wechselwirkung. – Die Literatur. Freiburg, Herder, 1973; 461-499 (Reihe »Wissen im Überblick«).

Rilke in unserer Zeit. – Tiroler Tageszeitung, 15. Februar 1973.

Die romantische Novelle bis 1700. – Tiroler Tageszeitung, 7. November 1973.

Edicija strane književnosti. – Treći program Radio Sarajeva 5, 1976; 400-401.

Weltliteratur. Strukturen, Modelle, Systeme. Freiburg, Herder, 1979; 128 S.

Авангардизам – историјска епоха. – Политика 23722, 20. октобар 1979.

Bericht über das 16. internationale Oktobertreffen in Belgrad 1979. – PEN Informationen 7, 1980; 42-44.

Neues Handbuch der Literaturwissenschaft, Band 17: Europäischer Realismus. Hrsg. von Reinhard Lauer et al. Wiesbaden, Akademische Verlagsgesellschaft Athenaion, 1980. – Arcadia (Berlin) 17, 3, 1982; 328-331.

О настанку писане речи. – Књижевна реч XI, 195, 25. септембар 1982.

Variationen der Erzählformen im gegenwärtigen Wandel der literarischen Gattungen. – Erzählforschung. Ein Symposion. Hrsg. von Eberhard Lämmert. Stuttgart 1982; 218-232.

Vorwort. – Sur l'actualité des Lumièrs. – Aufklärung Heute. Hrsg. von Zoran Konstantinović, Fridrun Rinner et. al. Innsbruck 1983; 6 (Innsbrucker Beiträge zur Kulturwissenschaft 54).

Нове синтезе у светској књижевности. – Књижевна реч XIII, 238-240, 1984; 45.

Die Weltliteratur als ein Gesamtgefüge. – Innsbrucker Stadtnachrichten 5, 1984; 5.

Alexandru Duțu: European Intellectual Movements and Modernization of Romanian Culture. Bucarești 1981. – Canadian Review of Comparative Literature, September 1985; 546-548.

Художественное наследие Иво Андрича как посредник между славянским и неславянским миром. – Славянские культуры и мировой культурный процесс. Материалы научной конференции УНЕСКО. Минск 1985; 357-360.

Response to Claus Clüvers »The difference of eight decades: world literature and demise of national literatures«. – Yearbook of General and Comparative Literature 37, 1988; 143-144.

Literatur als Gärstoff. – Die Furche 51-52, 1989; 28.

Ко је велики писац: понешто о томе како смо прихватали стране писце. – Политика, 2. јули 1994; 14.

420

Светски токови компаратистике. – Милан Живановић, Црте и резе:
70 разговора. Нови Сад, Матица српска, 1994; 96-105 (Библиотека Документ).

*Књижевност као алтернативна идеологија: о једном аспекту светске
књижевности.* [Mit einer Zusammenfassung in deutscher Sprache: Literatur als
alternative Ideologie: Ein Aspekt der Weltliteratur.] – Из књижевности: поетика,
критика, историја: зборник радова у част академика Предрага Палавестре.
Уредио Миодраг Матицки. Београд, Институт за књижевност и уметност,
1997; 465-475.

*Der Schmerz an der Welt: Aktuelle Lenau-Reminiszenzen in Werken europäischer
Schriftsteller.* – Lenau-Jahrbuch, 1997; 233-244.

Weltliteratur heute. – Literatur? 15 Skizzen. Hrsg. von Martin Sexl. Innsbruck, Wien,
Studienverlag, 1997; 135-150.

Косовски бој у светској књижевности. – Задужбина 47, 1999; 4.

5. Deutsche Literatur

Студије и радови о немачкој послератној књижевности. – Живи језици 1, 1-2,
1957; 118-120.

»Sinn und Form« у току 1957. – Живи језици I, 3-4, 1958; 267-269.

Корени експресионизма у немачкој књижевности. Приступно предавање
одржано 23. априла 1959. године на Филозофском факултету Београдског
универзитета. 12 стр.

Jedna korisna antologija nemačke književnosti. – Живи језици II, 2, 1960; 150-162.

Johan Peter Ekerman, Razgovori sa Geteom poslednjih godina njegova života. Izbor i
Pogovor Zoran Konstantinović. Beograd, Rad, 1960; 117 str. (Reč i misao 50).
2. izd. – 1963.
3. izd. – 1965.

Najnovija nemačka književnost. Problem njenog naziva i njene sistematizacije. –
Umjetnost riječi IV, 3-4, 1960; 25-37.

O filozofskim osnovama najnovije nemačke književnosti. – Философија IV, 4, 1960;
3-20.

Pogled na književnost socijalističkog realizma kod Nemaca. – Живи језици II, 1, 1960;
39-70.

Slika stvarnosti u najnovijoj nemačkoj književnosti. – Живи језици II, 2, 1960;
150-162.

Entwicklungstendenzen in der deutschen Nachkriegsliteratur. – Живи језици III, 1-2,
1961; 73-98.

*Primat političke ideje. Prilog razmatranju problema o Brechtovom razvojnom putu do
marksizma.* – Живи језици III, 3-4, 1961; 162-169.

О писцу и делу [Поговор]. – Лион Фојхтвангер, Симона. Београд, Народна књига, 1962; 257-265 (Библиотека Хоризонти).

Импресионизам у немачкој књижевноисторијској систематизацији. – Анали Филолошког факултета Београдског универзитета 2 (1962), 1963; 141-157.

O Geteovom »Verteru«. – Jadi mladog Vertera. Beograd, Branko Đonović, 1963; 7-15 (Knjiga za svakoga. Omiljeni pisci 53).

Savremena nemačka ontološka filozofija kao literarno-filološki problem. Prilog njegovom razmatranju iz jugoslovenske književnoteorijske prakse i srpskohrvatske jezičke perspektive. – Filološki pregled 1-2, 1963; 49-58.

Pogovor. – Gothold Efraim Lesing, Laokoon ili O granicama slikarstva i poezije. Beograd, Rad, 1964; 107-112 (Reč i misao 119).

Значајан прилог науци о књижевности – једна књига о Хелдерлину. – Политика 18056, 12. јануар 1964.

Литература у антиподима. Немачка књижевност између Истока и Запада. – Политика 19071, 6. новембар 1966.

О. Радовић, М. Ђорђевић, М. Мојашевић: Немачка читанка за IV разред гимназије друштвено-језичког смера. Београд 1966. – Живи језици VIII, 1-4, 1966; 91-93.

Поговор. – Ерих Марија Ремарк, Небо нема љубимца. Београд, Народна књига, 1966; 293-299 (Библиотека Хоризонти).

Поздрав немачког песника Руској Федеративној Совјетској Републици. – Ток (Прокупље) 5, 1966; 4.

Predgovor. – Johan Volfgang Gete, Jadi mladoga Vertera. Beograd, Nolit, 1966; 5-12. 2. izd. – 1975.

Томасу Ману, 1937. – Политика 18924, 12. јуни 1966.

Ekspresionizam. Cetinje, Obod, 1967; 200 str. (Biblioteka Književni pravci 6).

Harry Pross, Literatur und Politik. Geschichte und Programme der politisch-literarischen Zeitschriften im deutschen Sprachgebiet seit 1870. 1967. – Живи језици IX, 1-4, 1967; 51-52.

K. O. Conrady, Einführung in die neuere deutsche Literaturwissenschaft. Hamburg 1966. – Filološki pregled I-IV, 1967; 149-151.

Nacionalizam u nauci o nemačkoj književnosti. – Germanist 4, 1967; 2-3.

20. Jahrhundert. Texte und Zeugnisse (1880-1933). Hrsg. von Walther Killy. München 1967. – Живи језици IX, 1-4, 1967; 45-46.

Dva germanistička priručnika. Johannes Hansel, Personal-Bibliographie zur deutschen Literaturgeschichte. Berlin, Erich Schmidt, 1967. Ernst R. Hauschka, Handbuch moderner Literatur in Zitatsentenzen des 20. Jahrhunderts. Regensburg, Friedrich Pustet, 1968. – Живи језици X, 1-4, 1968; 101-103.

»Jugendstil« kao književno-istorijska epoha. Wolfdietrich Rasch, Zur deutschen Literatur seit der Jahrhundertwende. Stuttgart, J. B. Metzlersche Verlagsbuchhandlung, 1967. – Живи језици X, 1-4, 1968; 103-104.

Поговор. – Јохан Волфганг Гете, Страдања младог Вертера. Београд, Просвета, 1968; 159-175 (Библиотека Просвета 113).

Предговор. – Јохан Волфганг Гете, Фауст. Београд, Просвета, 1968; 5-40 (Библиотека Просвета 221).

Aspekte des Expressionismus. Periodisierung, Stil, Gedankenwelt. Sieben Vorträge des Ersten Kolloquiums in Amherst, Massachusetts. Hrsg. von Wolfgang Paulsen. Heidelberg 1968. – Arcadia (Berlin) IV, 3, 1969; 318-322.

Гинтер Грас у Београду. – Политика 19977, 18. мај 1969.

Iz graničnih područja interesovanja za nemački jezik i književnost. – Живи језици XI, 1-4, 1969; 130-132.

"Лутања" младог Брехта. – Градина IV, 2, 1969; 52-57.

O piscu i delu [Pogovor]. – Bertold Brecht, Kalendarske priče. Beograd, Rad, 1969; 105-108 (Reč i misao 214).

Pogovor. – Arnold Cvajg, Novele o Klaudii. Beograd, Rad, 1969; 108-114 (Reč i misao 283).

Pogovor. – Peter Vajs, Rastanak sa roditeljima. Beograd, Rad, 1969; 87-90 (Reč i misao 263).

Ернст Блох о Хегелу. – Политика 20446, 5. септембар 1970.

Gegenwartsliteratur und Fremdsprachenunterricht. – Deutsch als Fremdsprache (Leipzig) 1-2, 1970; 122-128.

Predgovor. – Johan Peter Ekerman, Razgovori sa Geteom, u poslednjim godinama njegova života. Beograd, Kultura, 1970; VII-XXXI.

Heute wäre Brecht 75 Jahre alt. – Tiroler Tageszeitung, 10. Februar 1973.

O Walteru Benjaminu i njegovom delu. – Walter Benjamin, Eseji. Beograd, Nolit, 1974; 9-23 (Biblioteka Sazvežđa 41).

Predgovor. – Karl Marx, Friedrich Engels, Dela 1848-1851, t. 10. Beograd, Institut za međunarodni radnički pokret, Prosveta, 1975; IX-XX.

Немачки препеви македонске уметничке лирике. – III научна дискусија, Охрид, 19-21. август 1976. Скопје, Универзитет Кирил и Методиј, Семинар за македонски јазик, литература и култура, 1976; 82-91.

Von der Ausstrahlung deutscher Literatur in Südosteuropa. Anmerkungen zu einer Wirkungsgeschichte. – Rezeption der deutschen Gegenwartsliteratur im Ausland. Tagungsbeiträge eines Symposiums der Alexander von Humboldt Stiftung, 1975. Stuttgart, Berlin, Kohlhammer, 1976; 117-124.

Expressionismus. – Ernst Alker, Profile und Gestalten der deutschen Literatur nach 1914. Stuttgart 1977; 17-28.

Die Schuld an der Frau. – Kritik – Thesen – Analysen. Beiträge zum 65. Geburtstag von Max Frisch. Hrsg. von Manfred Jürgensen. Bern 1977; 145-157 (Queensland Studies in German Language and Literature VI).

Sprache und Welterkenntnis. Drei Modellfälle aus der deutschen Gegenwartsliteratur. – Kwartalnik Neofilologiczny (Warszawa) XXIV, 2-3, 1977; 311-315.

Die deutsche Literatur. – Périodes, mouvements, zones. Actes du VIIᵉ Congrès de l'Association Internationale de Littérature Comparée, Montréal, Ottawa 1973, T. II. Stuttgart, Budapest, Akademiai Kiadó, 1979; 191-193.

Das diarische Ich im Bühnenwerk. Biographie: Ein Spiel. – Max Frisch: Aspekte des Bühnenwerks. Hrsg. von Gerhard Knapp. Bern, Peter Lang, 1979; 357-369.

Franz Bopp. – Personen und Wirkungen. Biographische Essays. Hrsg. von Werner Helmer. Mainz 1979; 162-168.

G. E. Lessing: Wie aktuell ist sein Werk heute? – Tiroler Tageszeitung, 22. November 1979.

Хесе у наше доба. – Херман Хесе. Београд, Коларчев народни универзитет, 1979; 130-145 (Популарна наука 13).

Njemačka književnost I. – Sarajevo, Svjetlost; Beograd, Nolit, 1979. [Z. Konstantinović urednik i autor tekstova:] *Uvodna reč,* 6. – *Biobibliografski dodatak,* 201-238.

Ekspresionizam. Gornji Milanovac, Dečje novine, 1980; 48 str. (Venčeva školska biblioteka 1).

Der Rousseau der Deutschen. Zum Perspektivenunterschied zwischen Germanistik und Komparatistik. – Akten des VI. Internationalen Germanisten-Kongresses, Basel 1980. Bern, Peter Lang, 1980; 40-45 (Jahrbuch für Internationale Germanistik, Reihe A, Bd. 8; 3).

Hervart Valden. Teorija nemačkog avangardizma i oktobarska revolucija. – Umjetnost riječi XXV, 1981, Izvanredan svezak; 381-389.

Die nicht verwirklichte Selbstverwirklichung. Von einer Modellbildung im deutschen Gegenwartsroman. – Erzählung und Erzählforschung im 20. Jahrhundert. Tagungsbeiträge eines Symposiums der Alexander von Humboldt–Stiftung. Stuttgart 1981; 51-62.

Von der Schwierigkeit, die Eitelkeit zu überwinden. Das Urteil von Hildegard Knef als Paradigma des Starromans. – Erzählgattungen der Trivialliteratur. Hrsg. von Zdenko Škreb, Uwe Baur. Innsbruck 1984; 251-261 (Innsbrucker Beiträge zur Kulturwissenschaft. Germanistische Reihe 18).

Der literarische Bezugspunkt. Zum Komplex der deutschen Literatur im Prozess der nationalen Wiedergeburt Südosteuropas. – Akten des VII. Internationalen Germanistenkongresses, Göttingen 1985, Bd. 9. Tübingen 1985; 85-90.

Njemačka književnost, II. – Sarajevo, Svjetlost; Beograd, Nolit, 1987. [Z. Konstantinović urednik i autor tekstova:] *Uvodna reč*, 5-6. – *Vajmarska klasika*, 7-10. – *Savremenici nemačke klasike*, 63-75. – *Književna strujanja na smeni stoleća*, 179-209. – *Prodor avangardističkih stremljenja*, 211-212. – *Herman Hese*, 269-273. – *Nemačka književnost u drugoj polovini XX veka*, 287-309. – *Biobibliografski dodatak*, 311-360.

Schiller im literarischen Bewußtseinswandel der südosteuropäischen Völker. – Schiller. Angebot und Diskurs. Zugänge, Dichtung, Zeitgenossenschaft. Hrsg. von Helmut Brandt. Berlin, Weimar 1987; 128-138.

Zur Funktion deutscher Lexik im Aufbau südslawischer Wörterbücher. – Sprache, Sprachen, Sprechen. Festschrift für Hermann M. Ölberg zum 65. Geburtstag. Innsbruck 1987; 229-235 (Innsbrucker Beiträge zur Kulturwissenschaft. Germanistische Reihe 34).

Mythen und Wirklichkeit. (Gedanken in unserer Zeit über die Brüder Grimm). – О двестагодишњици Јакоба Грима. Зборник радова са научног скупа одржаног од 12. до 14. новембра 1985. Београд, САНУ, 1988; 269-276 (Научни скупови XL, Одељење језика и књижевности 8).

Gerburg Garmann, Die Traumlandschaften Ludwig Tiecks: Individuationsprozeß aus romantischer Perspektive. – Jahrbuch Aufklärung-Vormärz-Revolution, 1993/94. Innsbruck 1994; 299-301.

Корени експресионизма у немачкој књижевности. – Срби о знаменитим Немцима. Приредио Милорад Софронијевић. Београд, Евро, 1998; 274-288.

6. Deutsch-slawische Beziehungen

Образ наше народноослободилачке борбе у немачкој књижевности. – Живи језици I, 1-2, 1957; 45-55.

Два прилога проучавању међусобних односа Немаца и Југословена у доба хуманизма. – Зборник Филозофског факултета Универзитета у Београду IV, 2, 1959; 425-437.

Deutsche Reisebeschreibungen über Serbien und Montenegro. München, Südost-Institut, 1960; 240 S. (Südosteuropäische Arbeiten 56).

Deutsche Bühnenwerke auf dem Spielplan des serbischen Nationaltheaters zu Belgrad von 1868-1878. Zur Geschichte des deutschen Dramas in Jugoslawien. – Südostdeutsches Archiv (München) IV, 1961; 105-116.

Југословенска германистика. – Политика 17637, 11. новембар 1962.

Немачке похвалне песме у част Милошева повратка из Цариграда. – Анали Филолошког факултета Београдског универзитета 1 (1961), 1962; 335-346.

Историја Катедре за немачки језик и књижевност. – Сто година Филозофског факултета. Београд, Универзитет, Народна књига, 1963; 431-446.

Макс Фасмер (28. II 1886 – 30. XI 1962). – Прилози за књижевност, језик и фолклор XXIX, 3-4, 1963; 366-367.

U spomen Peru Slijepčeviću. – Живи језици VII, 1-2, 1965; 46-48.

О. Радовић, М. Ђорђевић, М. Мојашевић, Немачка читанка за IV разред гимназије друштвено-језичког смера. Београд 1966. – Живи језици VIII, 1-4, 1966; 91-93.

Relationship between German and Austrian Literature from the Viewpoint of Yugoslav Germanistic Studies. – Actes du IVᵉ Congrès de l'Association Internationale de Littérature Comparée, Fribourg 1964. Den Haag, Paris 1966; 908-912.

Krleža o nemačkoj i skandinavskoj književnosti. – Miroslav Krleža. Beograd, Institut za teoriju književnosti i umetnosti, 1967; 145-198 (Posebna izdanja II).

Гете код Срба, Драгослава Перишић, Goethe bei den Serben. München, Otto Sagner, 1968. – Политика 19813, 1. децембар 1968.

Естетске категорије немачког романтизма и српски романтичарски песници. – Дневник (Нови Сад), 12. јуни 1969.

Гинтер Грас у Београду. – Политика 19977, 18. мај 1969.

Mostarska »Zora« i nemačka književnost. – Zora. List za zabavu, pouku i književnost. Mostar 1969; 255-269.

Die Goethe-Medaille 1970 für Zdenko Škreb. – Mitteilungen der Südosteuropa-Gesellschaft 10, Jg. 3-4, 1970; 44-45.

Sekulić Ljerka, Njemačka »Luna« u kulturnom životu Hrvatske. Zagreb, Filozofski fakultet u Zagrebu, 1968. – Südostforschungen XXIX, 1970; 412.

Die literarische Gestaltung südslawischer Gesellschaftsformen in den Werken deutscher Schriftsteller. – Dichtung, Sprache, Gesellschaft. Akten des IV. Internationalen Germanistenkongresses 1970 in Princeton. Frankfurt 1971; 281-289.

Otto Dubislav von Pirch und das serbische Volkslied. – Actes du Premier Congrès international des études balkaniques et sud-est européennes, VII: Littérature, Ethnographie, Folklore. Sofia, Association internationale d'études sud-est européennes, Académie bulgare des sciences, 1971; 883.

Otto Dubislav von Pirch zur Sprache und Literatur der Südslawen. – Serta Slavica. In memoriam Aloisii Schmaus. München, Rudolf Trofenik, 1971; 363-368.

Rnjak Dušan, Bertold Brecht in Jugoslawien. Marburg, N. G. Elwert, 1972. – Südostforschungen XXXII, 1973; 413.

Die Entdeckung des slawischen Mediterrans in der deutschen Literatur. – Most (Zagreb) 39-40, 1974; 176-185.

Прва помињања Стеријиних дела код Немаца. – Јован Стерија Поповић. Београд, САНУ, 1974; 451-456 (Зборник историје књижевности 9).

Auswirkungen der deutschen Reformation auf Sprache, Literatur und Nationalbewußtsein der Südslawen. – Renaissanceliteratur und frühbürgerliche Revolution. Studien zu den sozial- und ideologiegeschichtlichen Grundlagen europäischer Nationalliteraturen. Berlin, Akademie der Wissenschaften der DDR, 1976; 241-251.

Ото Дубислав фон Пирх и наша народна поезија. – Прилози за књижевност, језик, историју и фолклор XLII, 1-4, 1976; 246-255.

Методолошка кретања у гермáно-југославистици (приступи проблемима књижевности). – Научни састанак слависта у Вукове дане 6, 1976, св. 3, 1977; 17-28.

Уметничке модулације у препевима лирике Аце Шопова на немачки језик. – IV научна дискусија, Охрид, 22-25. август 1977. Скопје, Универзитет Кирил и Методиј, Семинар за македонски језик, литература и култура, 1977.

Zur Diachronie und Synchronie der Germano-Jugoslavica: Wendel – Gesemann – Matl – Schmaus. – Anzeiger für Slavische Philologie (Graz) 9, 1977; 171-185.

Hermann Wendel und die Kultur der Südslawen. – Славянские культуры и Балканцы, 2: XVIII-XIX ВВ. София, Институт балканистики Болгарской Академии наук, 1978; 209-212.

Јован Скерлић и немачка књижевност (1877-1977). – Јован Скерлић у српској књижевности. Београд, Институт за књижевност и уметност, 1979; 359-397 (Посебна издања VII).

Скерлић и немачка наука о књижевности. – Научни састанак слависта у Вукове дане 9, 1979, 1980; 253-263.

Интересовање Паула Ернста за српске народне песме. Прилог проучавању рецепције наше књижевности код Немаца. – Научни састанак слависта у Вукове дане 12, 1982, св. 3, 1983; 253-261.

Македонски језик и македонска литература у делима немачких путописа на смени XIX и XX века. – II научна дискусија, Охрид, 19-21. август 1975. Скопје Универзитет Кирил и Методиј, Семинар за македонски језик, литература и култура, 1983; 57-67.

Bertold Brecht – ruska avangarda. – Pojmovnik ruske avangarde, I. Zagreb, Grafički zavod Hrvatske, 1984; 193-205.

Бертольт Брехт и русский авангард. – Russian Literature (Amsterdam) XVIII, 1985; 103-112.

Изражајни елементи немачке лирике у поезији српског симболизма. – Српски симболизам. Типолошка проучавања. Београд, САНУ, 1985; 707-713 (Научни скупови XXII, Одељење језика и књижевности 4).

Немачке књижевнотеоријске анализе приповедака српског реализма. – Научни састанак слависта у Вукове дане 14, 1984, т. 3, 1985; 227-239.

Исидора Секулић о немачкој књижевности. – Зборник историје књижевности САНУ 11, 1986; 195-215.

Burgten Burg drey Brüder eines Leibes. Ein Beitrag zur vergleichenden deutsch-südslawischen Symbolbetrachtung. – Orbis Litterarum (Copenhagen) 42, Nr. 34: Festschrift für Bengt Algot Sorensen, 1987; 262-270.

Mesto Franca Meringa u socijalnom realizmu Slovenaca. – Obdobja, 7: Obdobje socialnega realizma v slovenskem jeziku, književnosti in kulturi. Ljubljana 1987; 61-65.

O Pirhovom putovanju po Srbiji. Prilog proučavanju imagologije u tematici literarnog posredništva. – Funkce vědy ve vývoji slovanských kultur v XVIII. a XIX. století. Příspěvky na konferenci Mezinárodní asociace pro studium a šíření slovanských kultur UNESCO v Praze. Praha, Ústav pro českou a světovou literaturu ČSAV, 1987; 113-127.

Von der Diskursivität des Bösen. Šnajders Kroatischer Faust (1982) als jugoslawischer Beitrag zum Faust- und Satan-Verhältnis. – Zeitschrift für Literaturwissenschaft und Linguistik – LiLi XVII, 67, 1987; 111-115.

Христо Ботев и Херман Вендел. – Литературна мисъл (София) XXXII, 5, 1988; 100-105.

Пушкар Јерг из Нирнберга о Босни и Србији. – Расковник 55-56, Косово у памћењу и стваралаштву, 1989; 41-48.

Томислав Бекић, Томас Ман у нашој књижевној критици. Нови Сад 1987. – Зборник МС за књижевност и језик XXXVII, 3, 1989; 535-538.

Манифест експресионистичке школе Станислава Винавера. – Књижевно дело Станислава Винавера. Београд, Институт за књижевност и уметност, 1990; 35-41 (Посебна издања XI).

Заједничка одговорност за будућност: о перспективама немачко-српских односа. – Политика, 3. октобар 1992.

Германистика и наша народна поезија. – Политика, 3. децембар 1993; 17.

Босна у немачким путописима: "Растргнуто срце". – НИН 2269, 24. јуни 1994; 37.

Косовска легенда у немачкој књижевности. – Косовски бој у европској књижевности. Београд, Српска књижевна задруга; Нови Сад, Матица српска; Приштина, Панорама, Издавачка делатност "Глигорије Божовић", 1994; 89-122 (Косовска споменица 1389-1989, т. 3).

Два симбола у немачко-српским сусретима. – Zwei Symbole der deutsch-serbischen Begegnungen. – Кораци (Крагујевац) 5-6, 1996; 7-13.

Уважавање осенчено болним искуствима: поводом антологије "Срби о Немцима", коју су приредили Милорад Софронијевић и Миодраг Максимовић ... – Политика, 20. април 1996.

Deutsch-serbische Begegnungen: Überlegungen zur Geschichte der gegenseitigen Beziehungen zweier Völker. Berlin, Neue Wege, 1997; 135 S. (Edition Neue Wege 975).

Kulturna misija i politika. Uloga bečkih Mehitarista u štampanju srpskih knjiga 1847. godine. – Zbornik Matice srpske za književnost i jezik 1-3, 1997; 35-43.

Srbima od Nemaca i uzori i ratovi [Razgovor]. – Blic, 17. novembar 1997.

Свет на Дунаву: уз дискусију о немачко-српским односима. – Књижевне новине 950, 15. април 1997; 11.

Два опречна става у оцени конкретне историјске одговорности. Поводом приказа Душана Глишовића о мојој књизи. – Књижевне новине 979, 1. септембар 1998; 5.

Предговор. – Ралф Хартман. Часни мешетари: немачка спољна политика и грађански рат у Југославији. Нови Сад, Матица српска, 1999; 5-7.

Therese Albertine Luise von Jakob Robinson: Kulturvermittlung aus der Sicht der écriture feminine. – The Self and Risk in English Literatures and other Landscapes. Ed. by Gudrun M. Grabher, Sonja Bahn-Coblans. Innsbruck 1999; 255-282 (Innsbrucker Beiträge zur Literaturwissenschaft 29).

Dve slike o jednom egzodusu: Johanes Vajdenhajm i Miodrag Maticki. – Srpski roman i rat. Ured. Miroslav Pantić. Despotovac 1998; 181-190 (Dani srpskog duhovnog preobražaja VI).

Ein Themenkreis der Germano-slavica: Das Interesse der Deutschen für das südslawische Volkslied. – 70 Jahre Germanistik in Bulgarien. Hrsg. von Ruska Simeonova. Sofia, Universitätsverlag Kliment Ohridski, 1999; 255-265.

Kulturna misija i politika. Uloga bečkih Mehitarista u štampanju srpskih knjiga 1847. godine. – Godina 1847. u srpskoj književnosti i kulturi 150 godina kasnije. Ured. Predrag Palavestra. Beograd 1999; 35-44 (Srpska akademija nauka i umetnosti. Naučni skupovi knjiga XCI. Odeljenje jezika i književnosti. Knjiga 13).

7. Österreichisch-slawische Beziehungen

Deutsche Bühnenwerke auf dem Spielplan des serbischen Nationaltheaters zu Belgrad von 1868-1878. Zur Geschichte des deutschen Dramas in Jugoslawien. – Südostdeutsches Archiv (München) IV, 1961; 105-116.

Сарадња Лудвига Аугуста Франкла са Мином Караџић на превођењу српских народних песама. – Вуков зборник. Београд, САНУ, 1966; 629-658 (Посебна издања САНУ CD, Одељење литературе и језика 17, Одељење друштвених наука 56).

Вук Караџић у Аустрији. – Анали Филолошког факултета Београдског универзитета 4 (1964), 1966; 215-227.

Krleža o nemačkoj i skandinavskoj književnosti. – Miroslav Krleža. Beograd, Institut za teoriju književnosti i umetnosti, 1967; 145-198 (Posebna izdanja II).

Франц Теодор Чокор. Потомак српских граничара који је постао знаменит аустријски писац. – Књижевне новине 350, 29. март 1969; 12.

Sekulić Ljerka, Njemačka »Luna« u kulturnom životu Hrvatske. Zagreb, Filozofski fakultet u Zagrebu, 1968. – Südostforschungen XXIX; 1970; 412.

Lebensbejahung und metaphysische Entfremdung. Zur Auseinandersetzung von Andrić, Krleža und Crnjanski mit dem »Prager Dichter« Rilke. – Centro studi »Rainer Maria Rilke e il suo tempo«. Atti del secondo convegno. Duino, Trieste 1974; 58-74.

Вук и Бечка академија. – Ковчежић XII, 1974; 45-51+4 стр. факс.

Хормајр и Сартори. О интересовању бечке публицистике за Србе. – Научни састанак слависта у Вукове дане 5, 1975, 1976; 339-346.

Интересовање за Србе у почетној фази аустријске компаратистике. – Зборник МС за књижевност и језик XXV, 1, 1977; 87-91.

Копитар у новом светлу. Јоже Погачник, »Bartholomäus Kopitar«. Издавач, Leben und Werk, Минхен 1978. – Политика 23327, 14. септембар 1978.

Аустријски конзули у Травнику. Домишљања о два Андрићева лика. – Зборник радова о Иви Андрићу. Београд, САНУ, 1979; 165-180 (Посебна издања САНУ DV, Одељење језика и књижевности 30).

Vom Interesse an polnischer Literatur im Anfangsstadium einer österreichischen Komparatistik. – Österreichisch-polnische literarische Nachbarschaft. Poznan, Uniwersytet im. Adama Mickiewicza, 1979; 9-20 (Seria Filologia Germanska 19).

Вук и Копитар. О неким особеностима њихове преписке. – Научни састанак слависта у Вукове дане 8, 1978, св. 2, 1980; 117-125.

О театру и театралним делима. Бечко позориште у Стеријино доба. – Зборник МС за књижевност и језик XXIX, 2, 1981; 279-284.

Krleža und der Expressionismus. – Wiener Slawistischer Almanach 10: Festschrift für Günther Wytrzens zum 60. Geburtstag, 1982; 387-398.

Merkmale der Aufklärung bei den Serben. – Slawische Kulturen in der Geschichte der europäischen Kulturen vom 18. bis zum 20. Jahrhundert. Hrsg. von Gerhard Ziegengeist. Bern 1982; 157-162.

О Андрићевом докторату. – Свеске Задужбине Иве Андрића I, 1, 1982; 259-276.

Galizien – gemeinsame literarische Heimat. Marginalien zu einem österreichisch-polnischen Symposion. – Die Presse (Wien), 10. November 1984.

Pannonische Trilogie. Zum Leben und Werk des »wiederentdeckten« Miroslav Krleža (1893-1981). – Die Presse (Wien), 7. Juli 1984.

Посредничко дело Ине Јун Броде. Нацрт за поглавље југословенско-аустријских литерарних веза. – Научни састанак слависта у Вукове дане 13, 1983, т. 3, 1984; 27-34.

Andrić's Dissertation Reflected in his Literary Work. – Ivo Andrić. A Symposium, London 1984. London 1985; 96-108 (School of Slavonic and East European Studies. Occasional Papers 4).

Der Balkan in der deutschen Reisebeschreibung in Wort und Bild bei Felix Philipp Kanitz. – Mitteilungen des Bulgarischen Forschungsinstitutes in Österreich VII, 2, 1985; 13-22.

Словима часних отаца Мехитариста. О печатању Вукових дела. – Политика 25843, 14. новембар 1985; 10.

Handke u horizontima naših očekivanja. – Književna kritika XVII, 1, 1986; 37-40.

Die Grazer Schule. Zur Frage der Kulturausrichtung bei den slawischen Völkern. – Dona slavica aenipontana. In honorem Herbert Schelesniker. München, Dr. Rudolf Trofenik, 1987; 71-77.

Histoire et historicité dans l'œuvre d'Ivo Andrić. – Dragan Nedeljković, Reflets de l'histoire d'Ivo Andrić. Nancy 1987; 19-27.

Serbo-Grammaticus in Wien. Vuk Karadžić und die Sprache der Südslawen. – Die Presse (Wien), 28. Februar 1987.

Вук Караџић и Аустрија. – Зборник МС за књижевност и језик XXXV, 1, 1987; 45-54.
Исто: Дневник, 2. септембар 1987, 14689.

Vuk Karadžić und die geistige Atmosphäre Wiens als Schlüsselpunkt slawistischer Forschungen. – Wiener Slawistisches Jahrbuch XXXIII, 1987; 45-55.

Vuk Karadžič und Österreich. Österreich und Vuk Karadžič. – Österreichische Osthefte 29, 1987; 47-59.

Wiener Moderne und die slawischen Literaturen. – Kungl. Vitterhets Historie och Antikvitets Akademiens Konferenser 16. Stockholm 1987; 311-318.

»Am Abend tönen die herbstlichen Wälder«. – Galizien als gemeinsame Literaturlandschaft. Innsbruck 1988; 7-11 (Innsbrucker Beiträge zur Kulturwissenschaft. Germanistische Reihe 47).

Manès Sperber und Miroslav Krleža. – Manès Sperber. Hrsg. von Victoria Lunzer-Taloos. Wien 1988; 134-151.

Milo Dors Platz in der mitteleuropäischen Literatur. – Milo Dor. Beiträge und Materialien. Hrsg. von Helmuth A. Niederle. Darmstadt, Paul Zsolnay, 1988; 33-43.

Ново виђење света (Преображаји у Вука по доласку у Беч). – Научни састанак слависта у Вукове дане 17, 1987, т. 5, 1988; 137-145.

»Schreib' wie du sprichst«. Zur Gedenkfeier für Vuk Karadžić. – Pannonia XVIII, 2, 1988; 68.

Вук Стефановић Караџић, Преписка I-IV. Београд, Просвета, 1988. (Сабрана дела Вука Караџића XX-XXIII). [З. Константиновић преводилац и приређивач преписке Копитар – Вук.]

Wiens Bedeutung für die Verbreitung slawischer Volkslieder. – Acta Academiae Scientiarum Polonae: Bracia Grimm. Warszawa 1988; 163-174.

431

Димитрија нареченог у калуђерству Доситеја, пребивања у царствујушчој Виени. О прожимању просветитељских тежњи у Срба духом јозефинизма. – Зборник МС за књижевност и језик XXXVII, 1, 1989; 13-30.

Die kulturelle Entwicklung der Südslawen zwischen Paris und Wien in der Zeit von 1871-1914. – Études Danubiennes V, 2, 1989; 63-71.

Manès Sperber und Miroslav Krleža. Eine mitteleuropäische Parallele. – Literatur und Kritik 233/234, 1989; 95-103.

Поезија и политика. О Његошевој оди кнезу Метерниху. – Научни састанак слависта у Вукове дане 18, 1988, т. 2, 1989; 105-111.

Das österreichisch-serbische Verhältnis in der deutschen Literatur zum Ersten Weltkrieg. – Österreich und der Große Krieg 1914-1918. Die andere Seite der Geschichte. Hrsg. von Klaus Amann, Hubert Lengauer. Wien 1989; 237-241.

Артикулисање наше прошлости. – Политика 27652, 29. септембар 1990; 19. [Интервју]

Ivan Franko und das österreichische kulturelle und politische Leben am Ausgang des XIX. Jahrhunderts. – Іван Франко і світова культура. Матеріалі міжнародного симпозіуму УНЕСКО, Льівів. Киів, Академия наук Украïнскоï РСР, 1990; 160-164.

Joseph Roth und die Südslawen. Blickpunkte und Rezeptionsmerkmale. – Joseph Roth – Interpretation, Kritik, Rezeption. Hrsg. von Michael Kessler, Fritz Hackert. Tübingen 1990; 181-190 (Stauffenburg Colloquium 15).

"По Бечу сам могао шпацирати колико сам год хотео". Па је тако и Србија поново ушетала у Европу. – Научни састанак слависта у Вукове дане 19, 1989, т. 2; 1990; 135-145 [О Доситеју Обрадовићу].

Rittmeister Jelačić zwischen der Liebe zur Monarchie und zu seinen Söhnen. – Literatur und Kritik 243-244, 1990; 151-156.

Zum Hunger die Pest. Zigtausend Serben flüchteten vor 300 Jahren zu uns. Eine historische Reminiszenz. – Die Presse, 30. Mai 1990.

"In der praktischen Philosophie ist ihm die Menschenwürde das Wesentliche ...": Zu Miklošič's Bewerbung um die Innsbrucker Lehrkanzel für Philosophie. – Österreichische Osthefte 33, Sonderheft 1991; 94-103.

Südslawischer Militäradel: Geschichtlicher Rückblick und literarische Reflexion. – Études Danubiennes (Strasbourg) 7, 2, 1991; 159-164.

Die politische und kulturelle Position der Serben zwischen Wien und Paris am Ausgang des 19. Jahrhunderts. – Revue des études sud-est européennes (București) 30, 3-4, 1992; 231-237.

Ivo Andrić: "... Und dann kamen die österreichischen Beamten". – Der Beamte und der Offizier in der österreichischen Literatur. Hrsg. von Joseph P. Strelka. Bern etc., Peter Lang, 1993; 79-93.

Österreich und die südslawische Militärtradition. – Études Danubiennes 9, 1, 1993; 1-8.

Иво Андрић, Развој духовног живота у Босни под утицајем Турске. A rendszerek osszefuggesei keresve. – Utak a komparatisztikàban (az össezehasonlito irodalomtudomàny uj-reggi kerdesei). Hrsg. von Istvan Fried. Szeged, Acta Universitatis Segediensis, 1997; 25-38.
2. izd. 1995.

Franz Theodor Csokor und die Südslawen. – Franz Theodor Csokor: amicus amicorum. Hrsg. von Brygida Brandys. Łódź 1994; 19-23.

Die Geschichte als Matrix der Literatur: Zur serbischen Geschichte [Vorwort]. – Miodrag Maticki, Das stumme Schiff. Innsbruck, Edition Löwenzahn, 1994; 5-13.

Die Habsburger als Protektoren der serbischen orthodoxen Kirche. – Études Danubiennes 10, 2, 1994; 155-162.

Rilke bei den Serben. – Rilke, die Donaumonarchie und ihre Nachfolgestaaten. Hrsg. von Ferenc Szász. Budapest, Loránd-Eötvös-Universität, 1994; 145-158 (Schriftenreihe des Germanistischen Instituts der Loránd-Eötvös-Universität 26).

Иво Андрић, Развој духовног живота у Босни под утицајем турске владавине. Приредио за штампу и превео Зоран Константиновић. Бања Лука, Коцка, 1995; 146 стр. (Превод дела: Die Entwicklung des geistigen Lebens in Bosnien unter der Einwirkung der türkischen Herrschaft. – Стр. 131-146, Поговор о Андрићевом докторату).

Историја као матрица наше књижевности. – Даница: српски народни календар за годину 1995, 2, 1995; 119-127.

Die Wiener Moderne im Bewußtsein der slawischen Völker. – Slavica in honorem Slavomiri Wollman septuagenenarii. Slavia (Praha) 64, 1-2, 1995; 63-74.

Драгоцени трагови нашег постојања: шта су бечки часописи у доба бидермајера писали о Србима. – Политика, 21. јануар 1995.

Auswirkungen auf Kultur und Literatur: Trennung und Wiedervereinigung der serbisch-orthodoxen Kirche. – Das Europa-Verständnis im orthodoxen Südosteuropa. Hrsg. von Harold Heppner, Grigorios Larentzakis. Graz, Institut für ökumenische Theologie und Patrologie an der Universität Graz, 1996; 79-91 (Grazer Theologische Studien 21).

Ivo Andrić – "Und dann kamen die österreichischen Beamten": Eine literarische Illustration zur österreichischen Verwaltungsgeschichte in Bosnien und der Herzegowina. – Études Danubiennes 11, 2, 1996; 213-222.

Како је спасена Андрићева дисертација. – Свеске Задужбине Иве Андрића 12, 1996; 133-142.

"Пандурство": превредновање пејоративног појма из историјске ретроспективе. [Mit einer Zusammenfassung in deutscher Sprache: "Pandurentum": Umwertung eines pejorativen Begriffes aus dem historischen Rückblick.] – Милош Црњански: теоријско-естетички приступ књижевном делу: зборник радова. Уредник Милослав Шутић. Београд, Институт за књижевност и уметност, 1996; 129-137 (Посебна издања Института за књижевност и уметност 17).

Wien als Schnittpunkt slawischer Sprachbesinnung. – Wechselbeziehungen zwischen slawischen Sprachen, Literaturen und Kulturen in Vergangenheit und Gegenwart. Akten der Tagung aus Anlaß des 25-jährigen Bestehens des Instituts für Slavistik an der Universität Innsbruck. Hrsg. von Ingeborg Ohnheiser. Innsbruck 1996; 17-25.

Културолошки значај Стеријиних комедија. – Комедија у српској књижевности: зборник радова. Уредник Синиша Јелушић. Приштина, Филолошки факултет Универзитета, 1997; 33-46.

Сто педесет година Вуковог Новог Завета. – Даница: српски народни илустровани календар за годину 1997, 4, 1997; 58-66.

Von einer Innsbrucker Hochzeit im südslawischen Volkslied. – Literatur und Sprachkultur in Tirol. Hrsg. von Johann Holzner et al. Innsbruck 1997; 261-263 (Innsbrucker Beiträge zur Kulturwissenschaft. Germanische Reihe 55).

Franz Joseph in der Familienchronik von Dejan Medaković. – An meine Völker: Die Literarisierung Franz Joseph I. Hrsg. von Leopold R. G. Decloedt. Bern, Frankfurt, Peter Lang, 1998; 279-289.

Österreich als Vermittler französischer Kultur zu den Südslawen. – Études Danubiennes 14, 1, 1998; 41-48.

Vom Erleben eines Kulturraumes: Lenau – Eminescu – Radičević. – Temeswarer Beiträge zur Germanistik 2, 1999; 44-53.

Karl Kraus "Die letzten Tage der Menschheit". Vergleich zweier Aufführungen in Wien und Belgrad. – Kriegserlebnis und Legendenbildung. Das Bild des modernen Krieges in Literatur, Theater, Photographie und Film, Bd. III. Hrsg. von Thomas F. Schneider. Osnabrück, Universitätsverlag Rasch, 1999; 897-900.

Kulturna misija i politika: uloga bečkih Mehitarista u štampanju srpskih knjiga 1847. godine. – Godina 1847. u srpskoj književnosti i kulturi 150 godina kasnije. Ured. Predrag Palavestra. Beograd 1999; 35-44 (Srpska akademija nauka i umetnosti. Naučni skupovi knjiga XCI. Odeljenje jezika i književnosti. Knjiga 13).

8. Zur Eigenart des Österreichischen

Jugoslawische Deutschlehrer und österreichische Literatur. – Österreichische Osthefte 6, 1961; 492-497.

Österreichisch-südslawische Literaturbeziehungen. Skizzen zu einer kulturgeschichtlichen Studie. – Österreichische Osthefte 4, 1963; 191-207.

Поговор. – Роберт Музил, Пометње младога Терлеса. Београд, Народна књига, 1963 (Библиотека Спектар 3).

Загонетне визије [Поговор]. – Франц Кафка, Приповетке. Београд, Народна књига, 1963 (Библиотека Спектар 2).

Pogovor. – Rainer Marija Rilke, Zapisi Maltea Lauridsa Brigea. Beograd, Rad, 1964; 159-165 (Reč i misao 105).

Das Landschaftsbild Trakls im Schnittpunkt impressionistischer Bewahrung und expressionistischer Neugestaltung. – Tradition und Ursprünglichkeit. Akten des III. Internationalen Germanistenkongresses 1965 in Amsterdam. Bern, München 1966; 190-191.

Облици отуђења у сликама пејзажа Георга Тракла. – Анали Филолошког факултета Београдског универзитета 6, 1966; 241-253.

Relationship between German and Austrian Literature from the Viewpoint of Yugoslav Germanistic Studies. – Actes du IVe Congrès de l'Association Internationale de Littérature Comparée, Fribourg 1964. Den Haag, Paris 1966; 908-912.

Кафкино наслеђе у савременој немачкој књижевности. – Градина II, 5, 1967; 26-31.

Франц Теодор Чокор. Потомак српских граничара који је постао знаменит аустријски писац. – Књижевне новине 350, 29. март 1969; 12.

Pogovor. – J. Rot, Ispovest ubice ispričana jedne noći. Beograd, Rad, 1969; 107-110 (Reč i misao 248).

Pogovor. – Robert Muzil, Tri žene. Beograd, Rad, 1969; 77-82 (Reč i misao 257).

Pogovor. – Stefan Cvajg, Pismo nepoznate žene i druge novele. Beograd, Rad, 1969; 105-109 (Reč i misao 252).

Шта је мучило Цвајга и Ролана. – Политика 20502, 31. октобар 1970.

A XIX. századi osztrák regény olvasója. Hatástörténeti vizsgálat. – Helikon (Budapest) XXIII, 2-3, 1976; 196-204.

Roger Bauer, Die Welt als Reich Gottes – Grundlagen und Wandlungen einer österreichischen Lebensform. Wien, Europaverlag, 1974. – Arcadia (Berlin) 11, Hft. 3, 1976; 325-326.

Lenau und der innere Monolog. – Lenau Almanach, 1976-1978; 83-93.

Gibt es eine österreichische Literatur? – Die Furche, 8. Dezember 1978; 11.

Најновије критичке интерпретације Рилкеовог песничког дела. – Рајнер Марија Рилке. Београд, Коларчев народни универзитет, 1978; 111-128 (Популарна наука 11).

Der Leser des österreichischen Romans im 19. Jahrhundert. Eine wirkungsgeschichtliche Betrachtung. – Literatur und Literaturgeschichte in Österreich. Budapest, Akademiai Kiadó, 1979; 81-90 (Sondernummer der Zeitschrift Helikon).

Soziabilisierung im Spiegel der Literatur. Zu einem Thema des österreichischen Romans der Gegenwart. – Literatur als Dialog. Festschrift zum 50. Geburtstag von Karl Tober. Johannesburg, Ravan Press, 1979; 453-460.

Vom Interesse an polnischer Literatur im Anfangsstadium einer österreichischen Komparatistik. – Österreichisch-polnische literarische Nachbarschaft. Poznan, Uniwersytet im. Adama Mickiewicza, 1979; 9-20 (Seria Filologia Germanska 19).

Zur Literaturtypologie des europäischen Zwischenfelds. – Die andere Welt. Aspekte der österreichischen Literatur des 19. und 20. Jahrhunderts. Festschrift für Hellmuth Himmel zum 60. Geburtstag. Berlin, München 1979; 29-38.

Aporien einer absterbenden Gattung. Zu: Kirbisch oder Gendarm, die Schande und das Glück. – Morgen (Wien) 17, 1981; 210-215.

Kann die Freiheit überleben? Zu einem Schlüsselbegriff im Werk Hochwälders, der sein 70. Lebensjahr vollendet. – Die Presse (Wien), 30.-31. Mai 1981; IV.

Widerspiegelungen literarischer Selbsterkenntnis. Einige komparatistische Anmerkungen zum Phänomen des »Österreichischen«. – Studien zur Literatur des 19. und 20. Jahrhunderts in Österreich. Festschrift für Alfred Doppler. Innsbruck 1981; 275-290.

Laudatio auf Fritz Hochwälder. – PEN-Informationen (Wien) 9, 1982; 23-26.

Vorwort. – Thematisierung der Sprache in der österreichischen Literatur des 20. Jahrhunderts. Beiträge eines polnisch-österreichischen Germanistensymposions. Innsbruck 1982; 4 (Innsbrucker Beiträge zur Kulturwissenschaft. Germanistische Reihe 2).

Die Wirklichkeit, wie sie wirklich war. Zu einigen österreichischen Romanen der Jahrhundertwende. – Neohelicon (Budapest) IX, 2, 1982; 15-32.

Modellbildungen als Periodisierungsgrundlage. Entwurf zu einer mitteleuropäischen Literaturgeschichte. – Sprachkunst (Wien) XIV, 1983; 120-127.

Galizien – gemeinsame literarische Heimat. Marginalien zu einem österreichisch-polnischen Symposion. – Die Presse (Wien), 10. November 1984.

Die Moderne in den slawischen Literaturen. Ein Beitrag zur Umgrenzung eines Periodisierungsbegriffes. – Sprachkunst 2, 1984; 270-292.

Die Schönheit des Unterganges. Eine komparatistische Betrachtung zur österreichischen Jahrhundertwende. – Fin de siècle Vienna. Dublin, Trinity College, 1985; 90-103.

Die Welt im Schatten. Unbeachtete österreichische Prosa der Jahrhundertwende. – Zeszyty Naukowe Uniwersytetu Jagiellońskiego DCCXXXVII, Prace Historycznoliterackie 57, 1985; 67-80.

Retrospektiven und Modelle. Anmerkungen zu einer bilateralen Betrachtungsweise der österreichisch-jugoslawischen Literaturbeziehungen. – Jugoslawien – Österreich. Literarische Nachbarschaft. Innsbruck 1986; 19-24 (Innsbrucker Beiträge zur Kulturwissenschaft. Germanistische Reihe 28).

Die Grazer Schule. Zur Frage der Kulturausrichtung bei den slawischen Völkern. – Dona slavica aenipontana. In honorem Herbert Schelesniker. München, Dr. Rudolf Trofenik, 1987; 71-77.

Österreichisches in der nichtösterreichischen Literatur. Eine Marginalie zur Wesensbestimmung des mitteleuropäischen Kulturraumes. – Dialog der Epochen. Studien zur Literatur des 19. und 20. Jahrhunderts. Hrsg. von Eduard Beutner. Wien 1987; 35-42.

Das Stadtbild Lembergs in der österreichischen Literatur. – Galizien – eine literarische Heimat. Poznań, Uniwersytet im. Adama Mickiewicza, 1987; 9-20.

Wiens Bedeutung für die Verbreitung slawischer Volkslieder. – Acta Academiae Scientiarum Polonae: Bracia Grimm. Warszawa 1988; 163-174.

Die kulturelle Entwicklung der Südslawen zwischen Paris und Wien in der Zeit von 1871-1914. – Études Danubiennes V, 2, 1989; 63-71.

Franz Theodor Csokors Stück »Der 3. November 1918«. Vom Wandel des historischen Verständnisses der Habsburger Monarchie. – Immer ist Anfang. Der Dichter Franz Theodor Csokor. Hrsg. von Joseph P. Strelka. Bern, Peter Lang, 1991; 65-74.

Universitas complex. Überlegungen zu einer Literaturgeschichte Mitteleuropas. – »Kakanien«. Aufsätze zur österreichischen und ungarischen Literatur, Kunst und Kultur um die Jahrhundertwende. Budapest, Wien 1991; 9-30 (Schriftenreihe der österreichisch-ungarischen Kommission für Literaturwissenschaft 32).

Zum Chronotopos einer Flucht. Wolfgang Georg Fischers Gestaltung des Exils. – Eine schwierige Heimkehr. Österreichische Literatur im Exil 1938-1945. Innsbruck 1991; 263-272.

Das österreichische Selbstverständnis in der internationalen literaturwissenschaftlichen Forschung. – Revue d'Allemagne 24, 4, 1992; 467-475.

Ivo Andrić: "... Und dann kamen die österreichischen Beamten". – Der Beamte und der Offizier in der österreichischen Literatur. Hrsg. von Joseph P. Strelka. Bern etc., Peter Lang, 1993; 79-93.

Kad istorija krene pogrešno: Srđan Bogosavljević, Robert Muzil. – Između utopije i politike duha. – Nedeljna Borba, 16. decembar 1993; III.

Nachdenken über Lenau : Zum ständig sich ändernden Standpunkt jeder Betrachtung. – Nikolaus Lenau: "Ich bin ein unstäter Mensch auf Erden": Begleitbuch zur Ausstellung. Hrsg. von Eduard Schneider, Stefan Sienerth. München, Südostdeutsches Kulturwerk, 1993; 95-102 (Veröffentlichungen des Südostdeutschen Kulturwerks. Reihe A: Kultur und Dichtung 34).

Conscience de la tradition monarchiste et tentatives de solutions republicaines en Autriche. – L'idée d'Europe, vecteur des aspirations démocratiques: Les déaux républicains depuis 1848. Éd. par Marita Gilli. Paris, Annales littéraires de l'Université de Besançon 521, 1994; 119-136.

Компаратистичке рефлексије на тему Бидермајер: поводом неких гледања у чешкој, мађарској и румунској науци о књижевности. – Зборник Матице српске за књижевност и језик (Нови Сад) 42, 1-3, 1994; 55-63.

Die Wiener Moderne im Bewußtsein der slawischen Völker. – Slavica in honorem Slavomiri Wollman septuagenenarii. Slavia (Praha) 64, 1-2, 1995; 63-74.

Ivo Andrić – "Und dann kamen die österreichischen Beamten": Eine literarische Illustration zur österreichischen Verwaltungsgeschichte in Bosnien und der Herzegowina. – Études Danubiennes 11, 2, 1996; 213-222.

Трајање Петера Хандкеа [поговор]. – Петер Хандке, Песма за трајање. Beograd, Interpress, 1996; 61-63.

Трајање Петера Хандкеа. – Меридијан 2-4, 1996; 92-94.

Vom Werden einer Metropole. Anmerkungen zum Thema "Wien als Magnet". – Wien als Magnet? Schriftsteller aus Ost-, Ostmittel- und Südosteuropa über die Stadt. Hrsg. von Gertraud Marinelli-König, Nina Pavlova. Wien, Verlag der Österreichischen Akademie der Wissenschaften, 1996; 21-33 (Sitzungsberichte. Philosophisch-historische Klasse 637. Veröffentlichungen der Kommission für Literaturwissenschaft 17).

Von der Multikultur zur opalisierenden Monokultur: Überlegungen zur Entwicklung der kulturellen Identität Wiens. – Viribus Unitis, Festschrift für Bernhard Stillfried aus Anlaß seines 70. Geburtstages. Hrsg. von Ilona Slawinski, Joseph P. Strelka. Bern etc., Peter Lang, 1996; 213-224.

Das Phänomen der zweifachen Verdrängung: Vom Renaissancehumanismus zum Barockhumanismus in Südosteuropa. – Verdrängter Humanismus – verzögerte Aufklärung. Hrsg. von Michael Benedikt et al. Klasenburg (Cluj), Napoca, 1997; 679-706 (Editura Triade).

Der Schmerz an der Welt: Aktuelle Lenau-Reminiszenzen in Werken europäischer Schriftsteller. – Lenau-Jahrbuch, 1997; 233-244.

Österreich als Vermittler französischer Kultur zu den Südslawen. – Études Danubiennes 14, 1, 1998; 41-48.

Захвалност Мехитариста. – Задужбина 46, 1999.

9. Slavica

Kleine slavische Biographie. – Живи језици II, 1, 1960; 110.

Andrić Ivo. – Brockhaus Enzyklopädie, I. 17. Aufl. Wiesbaden 1966; 508.

Ćosić Dobrica. – Brockhaus Enzyklopädie, IV. 17. Aufl. Wiesbaden 1968; 173.

Karadžić Vuk. – Brockhaus Enzyklopädie, IX. 17. Aufl. Wiesbaden 1970; 743-744.

Krleža Miroslav. – Brockhaus Enzyklopädie, X. 17. Aufl. Wiesbaden 1970; 683.

Dimitrije Vučenov, O srpskim realistima i njihovim prethodnicima. Beograd 1970. – Die Welt der Slaven XVI, 4, 1971; 432-433.

Makedonische Sprache und Literatur. – Brockhaus Enzyklopädie, XII. 17. Aufl. Wiesbaden 1971; 27.

Matoš Antun Gustav. – Brockhaus Enzyklopädie, XII. 17. Aufl. Wiesbaden 1971; 260.

Mažuranić Ivan. – Brockhaus Enzyklopädie, XII. 17. Aufl. Wiesbaden 1971; 302.

Peter (Petar) II. Petrović Njegoš. – Brockhaus Enzyklopädie, XIII. 17. Aufl. Wiesbaden 1971; 432.

Preradović Petar. – Brockhaus Enzyklopädie, XV. 17. Aufl. Wiesbaden 1972; 110.

Prešern Francè. – Brockhaus Enzyklopädie, XV. 17. Aufl. Wiesbaden 1972; 111-112.

Radičević Branko. – Brockhaus Enzyklopädie, XV. 17. Aufl. Wiesbaden 1972; 353.

Serbokroatische Literatur. – Brockhaus Enzyklopädie, XVII. 17. Aufl. Wiesbaden 1973; 324.

Slowenische Literatur. – Brockhaus Enzyklopädie, XVII. 17. Aufl. Wiesbaden 1973; 511.

Vraz Stanko. – Brockhaus Enzyklopädie, XIX. 17. Aufl. Wiesbaden 1974; 749.

Župančič Oton. – Brockhaus Enzyklopädie, XX. 17. Aufl. Wiesbaden 1974; 755-766.

Hasanaginica 1774-1974. Prir. Alija Isaković. – Sarajevo, Svjetlost, 1975. [Tekstovi:] *Talvj* [Komentar uz knjigu J. P. Ekerman, Razgovori sa Geteom], 90-91. *–Goethe i »Hasanaginica«* [Komentar uz knjigu J. P. Ekerman, Razgovori sa Geteom], 115-116.

Проблем пуризма код Вука. – Научни састанак слависта у Вукове дане 4, 1974, св. 2, 1975; 161-170.

Vielfalt und Gemeinsamkeit. Aufzeichnungen zu einer Darstellung der jugoslawischen Literaturen. – Neue Züricher Zeitung, 1. Februar 1976.

Der fremde Dichter zu Gast. Skizzierung von Erwartungshorizonten des serbischen Leserpublikums. – Umjetnost riječi XXI, 1977; 143-151.

"Небиднина". Прилог проблему уметничког транспоновања једне лирско-филизофске метафоре. – Прилози МАНУ II, Одделение за лингвистика и литературна наука 1-2, 1977; 109-114.

Погибељна утопија. Предраг Палавестра, Догма и утопија Димитрија Митриновића. Београд 1977. – Политика 23334, 21. септембар 1978.

Промењена оптика. Анкета "Политике": Како се пише историја српске књижевности. – Политика 23789, 22. децембар 1979; 13.

Г. Витженс, Библиография славянского литературоведения. – Информационный бюллетень МАИРСК (Москва) 8, 1983; 92.

Portreti književnosti. – Odjek XXXIX, 21; 1986; 14-15. [Intervju]

Христо Ботев – един звездин миг. – Информационен Бюлтен. X Международен конгрес на слависте. София 1988; 3-4.

Kosovo. Legende und Wirklichkeit. Vor 600 Jahren verloren die Serben ihre Freiheit. – Pannonia XIX, 2, 1989; 6-8.

О Вуку. – Милош Јевтић, Вук данас. Сведочења. Ваљево 1989; 118-119.

Той ме очарова (Христо Ботев). – Поглед (София) 1, 1989; 11.

Ватрослав Јагић у свом времену. – Књижевност (Београд) 44, 11-12, 1989; 1868-1876.

Наива као поглед на свет. – Прилози за историју српске књижевне периодике. Уредн. Александар Петров. Нови Сад, Матица српска; Београд,

Институт за књижевност и уметност, 1990; 363-369 (Историја српске књижевне периодике 4).

Дело трагалачке упорности и доследног југословенства. Katja Sturm-Schnabl, »Korespondenca Frana Miklošiča z Južnimi Slovani«, Марибор 1991. – Политика 28059, 16. новембар 1991; 20.

Geleitwort. Zur südslavischen Korrespondenz von Franc Miklošić. – Der Briefwechsel Franz Miklosichs mit den Südslaven. Korespondenca Frana Miklošiča z Južnimi Slovani. Hrsg. von Katja Sturm-Schnabl. Maribor, Založba Obzorja, 1991; IX-XIII.

Literatur und Perestrojka. – Compost: Mitternachtsblatt für Leser 2-3, 1991; 146-149.

Наива под ембаргом: међународни форум "Дунав – река сарадње". – Политика, 19. септембар 1992; 11.

Очеви и деца [Разговарала Милена Дражић]. – НИН 2150, 13. март 1992; 38-39.

Matija Majar und die slawische Idee bei den Serben. – Die slawische Idee: Beiträge am Matija Majar-Ziljski-Symposium. Bratislava, Historický ústav Slovenskej akadémie nauk, 1993; 80-90.

О сазнавању словенског света. – Liber amicorum de Dragan Nedeljković. Приредио Миролјуб Јоковић. Београд 1993; 22-33.

Andrić im Blickfeld der Ästhetik. – Андрић у светлу естетике. Приредио Милослав Шутић. Београд, Институт за књижевност и уметност, Светови, 1994; 172-175 (Годишњак Института за књижевност и уметност 16).

Лично доживљавање историје: о Андрићевим казивањима као моделима за судбину која се понавља. – Андрић у своме времену. Научни састанак слависта у Вукове дане 22, 1, 1994; 5-11.

О песничком значају нашег судбинског "заувек". – Дејан Медаковић, Знак на стегу. Београд, Српска књижевна задруга, 1994; 75-81.

О значајном подручју истраживања Андрићевог дела: Андрић у светлу естетике. Београд 1994. – Зборник Матице српске за славистику 46-47, 1994; 286-288.

Великан у светлу естетике: грађа са скупа Пројекта за теорију књижевности и Естетичког друштва Србије открива у чему је лепота у Андрићевом делу. – Политика 29236, 11. март 1995.

Два мишљења. – Григорије Божовић, Крајина Лазара Сочице: путописна проза о Пиви и Пивљанима. Београд, Књижевна заједница Звездара, 1996; 119-120 (Библиотека Путописна књижевност).

Одговор Милошу Јевтићу. – Милош Јевтић, Са домаћим славистима. Београд, Партенон, 1996; 179-203 (Колекција Одговори 30).

Слависти о себи: корени књижевности су дубоки. – Јединство (Приштина), 26-27. август 1996.

У потрази за колективном свешћу Босне. – Књижевне новине 931-932, 1-15. јуни 1996; 3.

Fragmenti kao literarna vrsta: Zora Jetrović, Poetika fragmentarne proze Mihaila Lalića. Plevlja 1996. – Zbornik Matice srpske za slavistiku 53, 1997; 301-302.

Српска књижевност под ембаргом: осврт на године које су за нама. – Задужбина 40, 1997; 10.

Књижевни споменик грађанској култури. – Политика, 13. јуни 1998.

Хероји и изроди: Вук Крњевић. Вјетрена врата. – Политика 30633, 6. фебруар 1999; 39.

Stvarnost i imaginarno istorijsko mišljenje. – Srpska politička misao 1-2, 1999; 12-20.

Adam Mickiewicz und die Südslawen. – Adam Mickiewicz (1798-1855). Ein großer polnischer Dichter. Hrsg. von Franciszek Grucza. Warszawa, Centrum Upowszechniania Nauki Polskiej Akademii Nauk, 1999; 51-55 (Bibliothek des Wiener Zentrums der Polnischen Akademie der Wissenschaften 1)

10. Die Übersetzung als ästhetische Transposition und interkulturelle Translation

Рилке испеван на нашем језику. Награду "Милош Ђурић" за врхунска преводилачка остварења први је примио Бранимир Живојиновић. – Политика 19834, 22. децембар 1968.

Der literarische Austauschungsprozeß. – Jahrbuch der Deutschen Akademie für Sprache und Dichtung (Darmstadt) 1971, 1972; 32-34.

Orpheus unter Zwetschkenbäumen. Von der Spiritualität »naiver« Dichtung. – Brennpunkte. Analysen und Analekte zur spirituellen Poesie. Wien 1973; 95-164.

Marginalien zu einer Theorie der Übersetzungskunst. – Literatur und Kritik 101, 1976; 43-49.

"Небиднина". Прилог проблему уметничког транспоновања једне лирско-филизофске метафоре. – Прилози МАНУ II, Одделение за лингвистика и литературна наука 1-2, 1977; 109-114.

Уметничке модулације у препевима лирике Аце Шопова на немачки језик. – IV научна дискусија, Охрид, 22-25. август 1977. Скопје, Универзитет Кирил и Методиј, Семинар за македонски јазик, литература и култура, 1977.

Ulusal kültürlerin gelismesinde cevirinin islevi. – Baglam (Istambul) I, 1979; 268-275.

Компаратистика о превођењу. – Преводна књижевност. Зборник радова петих Београдских преводилачких сусрета, 1979, 1980; 11-127.

Das kulturelle Kommunikat. – Internationale Kulturbeziehungen. Brücken über Grenzen. Symposium 80. Baden-Baden 1980; 218 (Schriftenreihe zum Handbuch für Internationale Zusammenarbeit 4).

Проблем рецепције и превођења Иве Андрића. – Дело Иве Андрића у контексту европске књижевности и културе. Зборник радова са међународног научног скупа одржаног у Београду од 26. до 28. маја 1980. Београд, Задужбина Иве Андрића, 1981; 773-781.

Književno delo kao komunikat. – Savremenik (Beograd) XXVIII, 4, 1982; 287-296.

Die Übersetzung als ästhetische Transposition. Zur Bestimmung eines komparatistischen Aufgabengebietes. – Tradition und Entwicklung. Festschrift für Eugen Thurnher zum 60. Geburtstag. Innsbruck 1982; 21-32 (Innsbrucker Beiträge zur Kulturwissenschaft. Germanistische Reihe 14).

Mehanizmi književne komunikacije. – Mehanizmi književne komunikacije. Beograd, Institut za književnost i umetnost, 1983; 7-20 (Godišnjak V, Teorijska istraživanja 2). Isto: Književna kritika XIV, 5, 1983; 7-20.

Lenaus Gedicht »Der Ring«. – Vergleichende Literaturforschung. Hrsg. von Antal Mádl, Anton Schwob. Wien 1984; 353-361.

Посредничко дело Ине Јун Броде. Нацрт за поглавље југословенско-аустријских литерарних веза. – Научни састанак слависта у Вукове дане 13, 1983, т. 3, 1984; 27-34.

Предочавање свету. О македонској књижевности у Брокхаузу. – Зборник во чест на Блаже Конески по повод шеесетгодишнината. Скопје, Универзитет Кирил и Методиј, 1984; 347-353.

Художественное наследие Иво Андрича как посредник между славянским и неславянским миром. – Славянские культуры и мировой культурный процесс. Материалы научной конференции УНЕСКО. Минск 1985; 357-360.

Italienische Literatur in deutscher Sprache: Bilanz und Perspektiven. Tübingen, Narr, 1990. – Jahrbuch für Internationale Germanistik 23, 1, 1991; 139-142.

11. Persönliche Bekenntnisse

Über Zufälliges und Entscheidendes im Leben. – Arcadia: Wege zur Komparatistik. Sonderheft für Horst Rüdiger, 1983; 58-62.

Тренутак у токовима меандра: Стрељање ђака у Крагујевцу морало би да подсећа на вечну обавезу Немачке према српском народу. – Политика 28146, 15. фебруар 1992.

Ich habe meine Identität verloren ...: Eine rein persönliche Aufzeichnung zur jugoslawischen Tragödie. – Zeitschrift für Literatur 10, 30, 1993; 4-8.

Интелектуалац о својој одговорности: Предраг Палавестра, Књижевност и јавна реч. Пожаревац 1994. – Политика 29122, 12. новембар 1994; 21.

Ich brauche mein Haus nicht verriegeln. – Neues Deutschland, 7. August 1998.

Wie sehen sie die Deutschen? – Neues Deutschland, 2.-4. April 1999.

Textnachweise

"Der literarische Vergleich und die komparatistische Reflexion. Zur Theorie und Methode der Vergleichenden Literaturwissenschaft". In: *Beiträge zur Romanischen Philologie*, Nr. 1, 1978, 121-128.

"Verwandlung im Wandel. Komparatistische Betrachtungen zur Kategorie der Dialogizität und Alterität". In: Lachmann, Renate (Hg.): *Dialogizität*. München 1982, 168-184.

"Der heuristische Ausgangspunkt. Zur Frage der komparatistischen Theoriebildung". In: Fried, István (Hg.): *Comparative Literary Studies. Essays presented to György Mihály Vajda on his seventieth birthday*. Szeged 1983, 25-35.

"Auf der Suche nach dem Systemzusammenhang. Archetext-Intertext-Kontext". In: Kürtösi, Katalin/Pál, József (Hg.): *Celebrating Comparativism. Papers offered for György Mihály Vajda and István Fried*. Szeged 1994, 207-217.

"Zum gegenwärtigen Augenblick der Komparatistik. Der Weg zur Intertextualität". In: Bachleitner, Norbert/Noe, Alfred/Roloff, Hans Gert (Hg:): *Beiträge zu Komparatistik und Sozialgeschichte der Literatur. Festschrift für Alberto Martino*. Amsterdam 1998, 889-900 (Chloe. Beihefte zum Daphnis 26).

"'Interkulturelle Germanistik' oder Komparatistik". In: *Begegnungen mit dem "Fremden". Grenzen – Traditionen – Vergleiche. Akten des VIII. Internationalen Germanistenkongresses Tokyo 1990*. Bd. 2: Shichiji, Yoshinori (Hg.): "Theorie der Alterität". Bern 1991, 45-49.

"Die Transformanz des Zeichens. Zum interdisziplinären Forschungsbereich der Komparatistik". In: Bieber, Ursula/Woldan, Alois (Hg.): *Georg Mayer zum 60. Geburtstag*. München 1991, 35-43 (Sagners Slavistische Lehrbuchsammlung 16).

"Vom Photoroman zur Photosequenz. Überlegungen zu einer komparatistischen Grenzüberschreitung". In: Moog-Grünewald, Maria/Rodiek, Christoph (Hg.): *Dialog der Künste. Intermediale Fallstudien zur Literatur des 19. und 20. Jahrhunderts. Festschrift für Erwin Koppen*. Frankfurt/Bern/New York/Paris 1989, 185-191.

"Die Nachwirkungen der Bibel als Problem der Vergleichenden Literaturwissenschaft". In: Holzner, Johann/Zeilinger, Udo (Hg.): *Die Bibel im Verständnis der Gegenwartsliteratur*. St. Pölten 1988, 17-24.

"Fremde in der Stadt. Ein komparatistischer Beitrag zur imagologischen Erforschung Berlins". Erschienen unter "Fremde in der Stadt" in: Siebenhaar, Klaus (Hg.): *Das poetische Berlin. Metropolenkultur zwischen Gründerzeit und Nationalsozialismus*. Wiesbaden 1992, 1-16.

"Die Übersetzung als ästhetische Transposition. Zur Bestimmung eines komparatistischen Aufgabengebietes". In: Bauer, Werner-Maria/Masser, Achim/Plangg, Guntram A. (Hg.): *Tradition und Entwicklung. Festschrift für Eugen Thurnher zum 60. Geburtstag*.

Innsbruck 1982, 21-32 (Innsbrucker Beiträge zur Kulturwissenschaft. Germanistische Reihe 14).

"Das Interesse der Deutschen für das südslawische Volkslied". Festvortrag an der Universität Sofia aus Anlaß des 75-jährigen Bestehens des Lehrstuhls für Germanistik, Oktober 1994. (Erstveröffentlichung)

"Die positivistische Literaturbetrachtung und ihre Nachwirkungen. Ein vergleichender Überblick". Gekürzte Fassung des Beitrages "Positivistische Literaturbetrachtung" erschienen in: Roloff, Hans-Gert (Hg.): *Literaturwissenschaftliche Betrachtungsweisen*. Berlin 1990, 7-50 (Germanistische Lehrbuchsammlung 65/1).

"Zur Bedeutung Freuds und der postfreudschen Psychoanalyse für die Literaturwissenschaft. Mit Marginalien aus komparatistischer Sicht". Erschienen unter "Zur Bedeutung Freuds und der postfreudschen Psychoanalyse für die Literaturwissenschaft" in: *Texte*, Nr. 1, Jg. 2, 1982, 73-88.

"Lenaus Gedicht 'Der Ring'. Ansatzpunkte zu einer phänomenologischen Deutung". In: *Lenau-Forum. Vierteljahresschrift für Vergleichende Literaturforschung*, Nr. 1-2, 1971, 3-11.

"Über Ingarden hinaus ... Forschungsgeschichtliche Hinweise zur Entwicklung des phänomenologischen Ansatzes in der Literaturwissenschaft mit einem Blick auf die Komparatistik". Erschienen unter "Über Ingarden hinaus ... Forschungsgeschichtliche Hinweise zur Entwicklung des phänomenologischen Ansatzes in der Literaturwissenschaft" in: *Lili. Zeitschrift für Literaturwissenschaft und Komparatistik*, Nr. 17, 1975, 25-34.

"Zur hermeneutischen Reflexion in der Komparatistik". Erschienen unter "Artefact und actualitas. Zur hermeneutischen Reflexion in der Komparatistik" in: *Synthesis Philosophica*, Nr. 2, 1988, 541-548.

"Weltliteratur heute?" In: Sexl, Martin (Hg.): *Literatur? 15 Skizzen*. Innsbruck/Wien 1997, 135-150.

"Der auffindbare Sinn. Prolegomena zu einer Vergleichenden Literaturgeschichte Mitteleuropas". In: *Lenau-Forum. Jahrbuch für Vergleichende Literaturforschung 1985*, 5-12.

"Hermann Broch und der Mitteleuropa-Gedanke". In: Bernath, Arpád/Kessler, Michael/Kiss, Endre (Hg.): *Hermann Broch. Perspektiven interdisziplinärer Forschung*. Tübingen 1998, 79-93 (Stauffenberg Colloquium 42).

"Zum Begriff der Romantik in den südosteuropäischen Literaturen. Versuch einer regionalen komparatistischen Identifikation". In: Allemann, Beda/Koppen, Erwin (Hg.): *Teilnahme und Spiegelung. Festschrift für Horst Rüdiger*. Herausgegeben in Zusammenarbeit mit Dieter Gutzen. Berlin/New York 1975, 327-339.

"Der südosteuropäische Modernismus und seine europäischen Verbindungen". In: Lauer, Reinhard (Hg.): *Die Moderne in den Literaturen Süosteuropas*. München 1991,15-23 (Südosteuropa-Jahrbuch 20).

"Das österreichische Selbstverständnis in der internationalen literaturwissenschaftlichen Forschung". In: *Revue d'Allemagne et des pays de langue allemande*, Nr. 4, 1992, 467-475.

"Österreichisches in der nichtösterreichischen Literatur. Eine Marginalie zur Wesensbe-stimmung des mitteleuropäischen Kulturraumes". In: Breutner, Eduard/Donnenberg, Josef/Haslinger, Adolf/Höller, Hans/Rossbacher, Karlheinz/Schmid-Bortenschlager, Sigrid (Hg.): *Dialog der Epochen. Studien zur Literatur des 19. und 20. Jahrhunderts. Walter Weiss zum 60.Geburtstag.* Wien 1987, 35-42.

"Das Unternehmerbild in der modernen Literatur". Vortrag beim Symposium "Kulturre-volution und Wirtschaft" veröffentlicht mit einem Diskussionsbeitrag von Clemens Andreae in: Andreae, Clemens-August (Hg.): *Dokumentation. Kulturrevolution und Wirtschaft.* München 1980, 123-141.

"Orpheus unter Zwetschkenbäumen. Von der Spiritualität 'naiver' Dichtung". In: Kup-rian, Hermann (Hg.): *Brennpunkte. Analysen und Analekten zur spirituellen Poesie.* Bd. X. Wien 1973, 95-103.